Arbeitskreis „IDW Arbeitshilfen zur Qualitätssicherung"
des Instituts der Wirtschaftsprüfer in Deutschland e.V.

IDW Praxishandbuch zur Qualitätssicherung 2017/2018

Mit Arbeitshilfen zur internen Qualitätssicherung
und zum risikoorientierten Prüfungsvorgehen
bei der Prüfung kleiner und mittelgroßer Unternehmen

11., überarbeitete Auflage

11., überarbeitete Auflage 2017

Das Werk einschließlich aller seiner Teile ist urheberrechtlich geschützt. Jede Verwertung außerhalb der engen Grenzen des Urheberrechtsgesetzes ist ohne vorherige schriftliche Einwilligung des Verlages unzulässig und strafbar. Dies gilt insbesondere für Vervielfältigungen, Übersetzungen, Mikroverfilmungen und die Einspeicherung und Verbreitung in elektronischen Systemen. Es wird darauf hingewiesen, dass im Werk verwendete Markennamen und Produktbezeichnungen dem marken-, kennzeichen- oder urheberrechtlichen Schutz unterliegen.

© 2017 IDW Verlag GmbH, Tersteegenstraße 14, 40474 Düsseldorf
Die IDW Verlag GmbH ist ein Unternehmen des Instituts der Wirtschaftsprüfer in Deutschland e. V. (IDW).

Druck und Bindung: Druckerei C.H.Beck, Nördlingen
PN 56117/0/0   KN 11773

Die Angaben in diesem Werk wurden sorgfältig erstellt und entsprechen dem Wissensstand bei Redaktionsschluss. Da Hinweise und Fakten jedoch dem Wandel der Rechtsprechung und der Gesetzgebung unterliegen, kann für die Richtigkeit und Vollständigkeit der Angaben in diesem Werk keine Haftung übernommen werden. Gleichfalls werden die in diesem Werk abgedruckten Texte und Abbildungen einer üblichen Kontrolle unterzogen; das Auftreten von Druckfehlern kann jedoch gleichwohl nicht völlig ausgeschlossen werden, so dass für aufgrund von Druckfehlern fehlerhafte Texte und Abbildungen ebenfalls keine Haftung übernommen werden kann.

ISBN 978-3-8021-2136-4

Bibliografische Information der Deutschen Bibliothek
Die Deutsche Bibliothek verzeichnet diese Publikation in der Deutschen Nationalbibliografie; detaillierte bibliografische Daten sind im Internet über http://www.d-nb.de abrufbar.

Coverfoto: © istock.com/avdeev007

www.idw-verlag.de

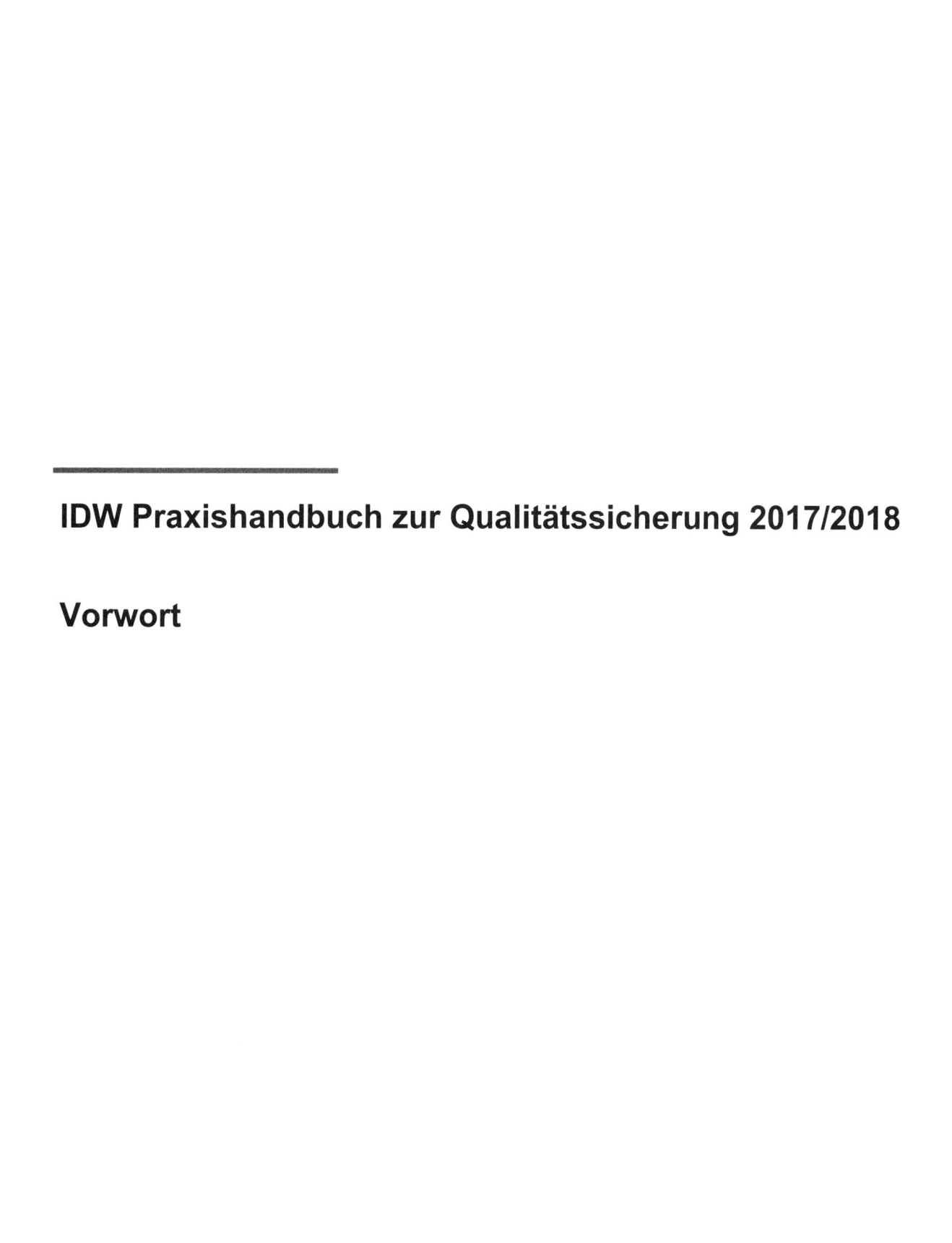

IDW Praxishandbuch zur Qualitätssicherung 2017/2018

Vorwort

IDW Praxishandbuch zur Qualitätssicherung 2017/2018
– mit Arbeitshilfen zur internen Qualitätssicherung und zum risikoorientierten Prüfungsvorgehen –

Vorwort zur 11. Auflage

Nachdem die Auflage des vergangenen Jahres schwerpunktmäßig die EU-Reformen der Abschlussprüfung und deren Umsetzung im nationalen Recht zum Gegenstand hatte, bilden in der vorliegenden 11. Auflage des Qualitätssicherungshandbuchs die neuen Anforderungen an die Berichterstattung des Abschlussprüfers gemäß *IDW EPS 400* ff. und an die Lageberichtsprüfung gem. *IDW PS 350 n.F.*[1] den Schwerpunkt der Neuerungen.

Neuordnung der Prüfung des Lageberichts

Der neugefasste *IDW PS 350 n.F.* enthält eine weitgehend geschlossene Darstellung der Anforderungen an die Prüfung des Lageberichts im Rahmen der Abschlussprüfung. Der risikoorientierte Ansatz wird darin stärker betont. Entsprechend sind die Anforderungen zur Prüfung des Lageberichts/Konzernlageberichts in diesem Handbuch stärker mit der Prüfung des (Konzern-)Abschlusses vernetzt und in das Meilensteinkonzept in Kapitel B integriert. Damit wird klargestellt, dass der Prüfung des Lageberichts bereits im Rahmen der Prüfungsplanung und bei der Gewinnung eines Verständnisses von dem Unternehmen und seinen internen Steuerungssystemen bis hin zur Durchführung aussagebezogener Prüfungshandlungen zu den einzelnen Informationskategorien des DRS 20 die notwendige Aufmerksamkeit zu widmen ist. Zur Unterstützung der Prüfung des Lageberichts wurde eine neue Arbeitshilfe entwickelt, die den gesamten Prozess abbildet und die Anforderungen des *IDW PS 350 n.F.* berücksichtigt. Diese tritt neben die bereits vorhandenen Checklisten zur Prüfung der Vollständigkeit des (Konzern-)Lagebericht, welche um die gesetzlichen Entwicklungen, insb. die Angaben zur nichtfinanziellen Erklärung nach dem CSR-Richtlinie-Umsetzungsgesetz, sowie erstmals anzuwendende DRS ergänzt wurden.

Die neuen Anforderungen an die Berichterstattung des Abschlussprüfers

Das IDW hat Ende 2016 den *Entwurf einer Neufassung des IDW Prüfungsstandards: Bildung eines Prüfungsurteils und Erteilung eines Bestätigungsvermerks (IDW EPS 400 n.F.)* zur Diskussion gestellt. Der Entwurf setzt die vom IAASB verabschiedeten Anforderungen an den Bestätigungsvermerk unter Berücksichtigung der nationalen gesetzlichen Besonderheiten sowie der Regelungen der EU-Abschlussprüferverordnung um. *IDW EPS 400 n.F.* ist Bestandteil der neuen *IDW PS 400er-Reihe*, mit der die Anforderungen an den Bestätigungsvermerk künftig in den vom IDW festgestellten deutschen Grundsätzen ordnungsmäßiger Abschlussprüfung (GoA) geregelt werden sollen.

IDW EPS 400 n.F. behandelt den Regelfall eines uneingeschränkten Bestätigungsvermerks (ohne besonders wichtige Prüfungssachverhalte und Hinweise) und bildet damit die Basis für die weiteren Standards der *IDW PS 400er-Reihe*. Im Unterschied zu den Anforderungen des bisherigen *IDW PS 400* (Stand: 28.11.2014) sah der Entwurf u.a. vor, dass der Abschlussprüfer seine Berichtspflichten über die Prüfung des (Konzern-)Lageberichts in einen gesonderten Abschnitt des Bestätigungsvermerks aufzunehmen hat. Strukturell wäre es damit zu einer Zweiteilung der Urteile und der Beschreibung der jeweiligen Verantwortlichkeiten der gesetzlichen Vertreter und des Abschlussprüfers zum Jahres- bzw. Konzernabschluss einerseits und (Konzern-)Lagebericht andererseits gekommen. Aufgrund von Stellung-

---

[1] Bis Redaktionsschluss lag die finale Fassung des *IDW PS 350 n.F.* noch nicht vor. Daher lauten die Verweise auf den am 13.01.2016 vom HFA verabschiedeten Entwurf *IDW EPS 350 n.F.*

nahmen zum Entwurf und zahlreichen Gesprächen mit Vertretern des Berufsstands hat der HFA die bisher vorgeschlagene zweigeteilte Struktur überdacht.[2] Im Rahmen der endgültig zu verabschiedenden Neufassung des *IDW PS 400*, der im Dezember 2017 veröffentlicht werden soll, wird ein alternativer Ansatz im Sinne einer Zusammenführung der Prüfungsurteile zu Abschluss und Lagebericht sowie der Beschreibung der jeweiligen Verantwortlichkeiten verfolgt. Mit der Zusammenfassung der Prüfungsurteile soll dem engen Zusammenhang, in dem Abschluss und Lagebericht in der nationalen Konzeption der Rechnungslegung stehen und wie er auch von den Adressaten wahrgenommen wird, Rechnung getragen werden. Im September 2017 hat das IDW zur rechtzeitigen Vorbereitung (v.a. für die Abschlussprüfungen für 2017) ein Beispiel für die künftige Struktur des Bestätigungsvermerks veröffentlicht. *IDW PS 400 n.F.* (sowie die anderen Standards der *IDW PS 400*er-Reihe) sind erstmals für die ab dem Jahr 2019 zu erteilenden Bestätigungsvermerke (bei kalenderjahrgleichem Geschäftsjahr also für Prüfungen der Abschlüsse zum 31.12.2018) anzuwenden. Eine vorzeitige Anwendung ist zulässig. **Bis zum Inkrafttreten des zu verabschiedenden *IDW PS 400 n.F.* besteht aus Praktikabilitätsgründen die Möglichkeit, Bestätigungsvermerke auch nach dem veröffentlichten *IDW EPS 400* n.F. zu erteilen. Während des Übergangszeitraums ist für die Abschlussprüfung von Unternehmen, die keine Unternehmen von öffentlichem Interesse sind, auch eine Anwendung des bisherigen *IDW PS 400* (Stand: 28.11.2014) möglich.** Ergänzend wird darauf hingewiesen, dass für Abschlussprüfungen von Geschäftsjahren, die nach dem 31.12.2015 beginnen, die durch das BilRuG neugefasste Regelung in § 322 Abs. 6 Satz 1 HGB anzuwenden ist, wonach der Bestätigungsvermerk eine Aussage zur Entsprechung des (Konzern-)Lageberichts mit den für ihn geltenden gesetzlichen Vorschriften zu enthalten hat.[3] Auf der Grundlage des bisherigen *IDW PS 400* (Stand: 28.11.2014) zu erteilende Bestätigungsvermerke sind daher anzupassen. Da zu Redaktionsschluss eine endgültige Verabschiedung der Standards zum Bestätigungsvermerk noch ausstand, stellen die Verweise zur Berichterstattung im Bestätigungsvermerk in Kapitel B des Qualitätssicherungshandbuchs noch auf den Entwurf des *IDW EPS 400 n.F.* ab.

Weitere Änderungen

Wichtige den Berufsstand betreffende Gesetzesinitiativen seit der letzten Auflage betrafen

- die Änderung des Geldwäschegesetzes,
- die Neuregelung des Schutzes von Geheimnissen bei der Mitwirkung Dritter an der Berufsausübung schweigepflichtiger Personen,
- das CSR-Richtlinie-Umsetzungsgesetz.

Geldwäscheprävention

Für den Bereich der Geldwäscheprävention ergeben sich durch die Änderung des Geldwäschegesetzes zusätzliche Anforderungen an die Organisation der Praxis. Hintergrund ist die vom Europäischen Parlament am 20.5.2015 verabschiedete 4. EU-Geldwäscherichtlinie, die von den Mitgliedstaaten bis zum 26.06.2017 in nationales Recht umzusetzen war. Am 02.06.2017 hat der Bundesrat der vom Bundestag beschlossenen Umsetzung der europäischen Geldwäscherichtlinie zugestimmt. Das Gesetz ist am 26.06.2017 in Kraft getreten. Die Neuregelungen sind im Praxishandbuch, insb. in Kapital A, mit entsprechenden Erläuterungen berücksichtigt worden.

Neuregelung des Schutzes von Geheimnissen bei der Mitwirkung Dritter an der Berufsausübung

Der Deutsche Bundestag hat sich am 30.06.2017 mit der Anpassung der beruflichen Verschwiegenheitspflicht von Wirtschaftsprüfern an die digitale Arbeitswelt befasst und vor diesem Hintergrund das Gesetz zur Neuregelung des Schutzes von Geheimnissen bei der Mitwirkung Dritter an der Berufsausübung schweigepflichtiger Personen verabschiedet. Wirtschaftsprüfer sollen künftig Dienstleistungen leichter auslagern können, ohne sich dadurch strafbar zu machen. Rechtlich problematisch ist bislang,

---

[2] Siehe Mitteilung vom 27.07.2017
[3] Siehe Mitteilung vom 20.06.2016

dass der Wirtschaftsprüfer dem außenstehenden Anbieter Zugang zu vertraulichen Mandantendaten ermöglichen muss; daher hat der Gesetzgeber nun Anpassungen u.a. in § 203 StGB und in §§ 50, 50a WPO vorgenommen. Zum Zeitpunkt des Redaktionsschlusses stand die Verabschiedung des Gesetzes durch den Deutschen Bundesrat noch aus. Gleichwohl wurden bereits die wesentlichen Neuerungen in dieser Auflage berücksichtigt.

CSR-Richtlinie-Umsetzungsgesetz

Das Gesetz zur Stärkung der nichtfinanziellen Berichterstattung der Unternehmen in ihren Lage- und Konzernlageberichten (CSR-Richtlinie-Umsetzungsgesetz) ist erst im April 2017 in Kraft getreten, jedoch bereits im laufenden Geschäftsjahr 2017 anzuwenden. Die Ausführungen in Kapitel B des Praxishandbuchs sowie die von der Thematik betroffenen Arbeitshilfen (z.B. Auftragsbestätigungsschreiben, Checklisten zur Prüfung der Vollständigkeit des Lageberichts/Konzernlageberichts) wurden entsprechend angepasst.

IDW Verlautbarungen und Positionspapiere

Die folgenden neuen IDW Verlautbarungen haben Eingang in die 11. Auflage gefunden:

- *Entwurf einer Neufassung des IDW Prüfungsstandards: Prüfung des Lageberichts im Rahmen der Abschlussprüfung (IDW EPS 350 n.F.) (Stand: 13.01.2016)*
- *Entwurf einer Neufassung des IDW Prüfungsstandards: Bildung eines Prüfungsurteils und Erteilung eines Bestätigungsvermerks (IDW EPS 400 n.F.) (Stand: 14.12.2016)*
- *Entwurf eines IDW Prüfungsstandards: Mitteilung besonders wichtiger Prüfungssachverhalte im Bestätigungsvermerk (IDW EPS 401) (Stand: 14.12.2016)*
- *Entwurf eines IDW Prüfungsstandards: Modifizierungen des Prüfungsurteils im Bestätigungsvermerk (IDW EPS 405) (Stand: 06.04.2017)*
- *Entwurf eines IDW Prüfungsstandards: Hinweise im Bestätigungsvermerk (IDW EPS 406) (Stand: 06.04.2017)*
- *Entwurf einer Neufassung des IDW Prüfungsstandards: Grundsätze ordnungsmäßiger Erstellung von Prüfungsberichten (IDW EPS 450 n.F.) (Stand: 14.12.2016)*
- *Entwurf einer Neufassung des IDW Prüfungsstandards: Grundsätze für die Kommunikation mit den für die Überwachung Verantwortlichen (IDW EPS 470 n.F.) (Stand: 14.12.2016)*
- *IDW Prüfungsstandard: Die Durchführung von Qualitätskontrollen in der Wirtschaftsprüferpraxis (IDW PS 140 n.F.) (Stand: 09.06.2017)*
- *IDW Qualitätssicherungsstandard: Anforderungen an die Qualitätssicherung in der Wirtschaftsprüferpraxis (IDW QS 1) (Stand: 09.06.2017)*
- *IDW Fragen und Antworten: Zur Kommunikation mit dem Aufsichtsorgan nach ISA 260 (Rev) bzw. IDW EPS 470 n.F. (F & A zu ISA 260 bzw. IDW EPS 470 n.F.) (Stand: 12.06.2017)*
- *IDW Prüfungshinweis: Auswirkungen der Angaben zur Frauenquote als Bestandteil der Erklärung zur Unternehmensführung auf Bestätigungsvermerk und Prüfungsbericht (IDW PH 9.350.1)*
- IDW Positionspapier zu Inhalten und Zweifelsfragen der EU-Verordnung und der Abschlussprüferrichtlinie (Dritte Auflage mit Stand: 10.04.2017)
- IDW Positionspapier zu Nichtprüfungsleistungen des Abschlussprüfers (erstmalig überarbeitete Fassung; Stand: 12.05.2017)
- IDW Positionspapier zu Pflichten und Zweifelsfragen zur nichtfinanziellen Erklärung als Bestandteil der Unternehmensführung (Stand: 14.06.2017)

Folgende **NEUE Arbeitshilfen** sind enthalten:

- Leitfaden zur Prüfung des Lageberichts/Konzernlageberichts

IDW Praxishandbuch zur Qualitätssicherung
Vorwort zur 11. Auflage

- Auftragsbestätigungsschreiben Abschlussprüfung PIE (Jahres- und Konzernabschlussprüfung)
- Durchführung der Berichtskritik – PIE
- Durchführung der Konsultation
- Durchführung der Nachschau – Auftragsabwicklung Konzernabschlussprüfung
- Themen für die Besprechung im Prüfungsteam
- Bereitstellung von Unterlagen für die Konzernabschlussprüfung

Darüber hinaus wurden folgende **Arbeitshilfen GRUNDLEGEND ÜBERARBEITET**:

- Auftragsbestätigungsschreiben Abschlussprüfung Non-PIE (Jahres- und Konzernabschlussprüfung) (Englisch – Deutsch)
- Durchführung der Nachschau – Auftragsabwicklung
- Kommunikation zwischen Abschlussprüfer und Aufsichtsorgan des geprüften Unternehmens
- Um Besonderheiten bei Konzernabschlussprüfungen von Unternehmen von öffentlichem Interesse ergänzt: Group Audit Instructions einschließlich dazugehöriger Anlagen

Abschnitte mit inhaltlichen Änderungen, die sich gegenüber der 10. Auflage ergeben haben, sind wie gewohnt mit einem Randbalken markiert, sodass Änderungen/Ergänzungen bzw. neue Dokumente schnell aufgefunden werden können. Auf die Hervorhebung rein redaktioneller Änderungen wurde verzichtet.

Anregungen und Verbesserungsvorschläge nimmt die IDW Geschäftsstelle gerne entgegen (E-Mail: praxishandbuch@idw.de). Technischen Support zur Anwendung der CD-ROM erhalten Sie unter der E-Mail-Adresse: idw-hotline@doctronic.de.

Düsseldorf, Oktober 2017

Organisatorische und fachliche Betreuung:

Britta-Corina Sehlhoff, WP StB Ulrich Schneiß, WP Isabell Schroeder, StB Dr. Britta van den Eynden

alle Institut der Wirtschaftsprüfer in Deutschland e.V., Düsseldorf

IDW Praxishandbuch zur Qualitätssicherung
- mit Arbeitshilfen zur internen Qualitätssicherung
und zum risikoorientierten Prüfungsvorgehen
bei der Prüfung kleinerer und mittelgroßer Unternehmen -

Vorwort zur 1. Auflage

Mit dem am 1.1.2005 in Kraft getretenen Abschlussprüferaufsichtsgesetz[1] wurde die gesetzliche Pflicht zur Einrichtung und Dokumentation eines Qualitätssicherungssystems geschaffen, mit dem die Einhaltung der Berufspflichten in allen Tätigkeitsbereichen der Wirtschaftsprüferpraxis gewährleistet werden soll (§ 55b WPO).

Die Einrichtung eines Qualitätssicherungssystems nach § 55b WPO ist eine allgemeine Berufspflicht, die sich bisher schon aus § 43 Abs. 1 WPO, konkretisiert durch die *VO 1/1995*[2], ergab. Sie gilt für alle Wirtschaftsprüfer und vereidigten Buchprüfer bzw. Wirtschaftsprüfungsgesellschaften und Buchprüfungsgesellschaften. Der Umfang des erforderlichen Qualitätssicherungssystems hat sich an dem Tätigkeitsbereich und den individuellen Verhältnissen der Wirtschaftsprüferpraxis zu orientieren, so dass an die Ausgestaltung des Qualitätssicherungssystems eines in eigener Praxis tätigen Berufsangehörigen andere Anforderungen zu stellen sind als etwa an die Ausgestaltung des Qualitätssicherungssystems einer großen Wirtschaftsprüfungsgesellschaft mit einer Vielzahl, u.a. börsennotierter Prüfungsmandate.

Als Grundsatz gilt: **Der Praxisinhaber entscheidet in eigener Verantwortung, welche Regelungen zur Qualitätssicherung in der Praxis einzuführen sind** (vgl. Begründung zu § 37 Berufssatzung WP/vBP). Kleinere und mittelgroße Wirtschaftsprüferpraxen benötigen in der Regel eine geringere Differenzierung und Formalisierung hinsichtlich der zu treffenden Regelungen und deren Dokumentation als größere Wirtschaftsprüferpraxen. Die Entscheidung, welche Regelungen zur Einrichtung, Überwachung und Durchsetzung eines angemessenen und wirksamen Qualitätssicherungssystems im Einzelfall zu treffen sind, orientiert sich vor allem an dem Zweck der Qualitätssicherung, d.h. der ordnungsgemäßen Auftragsabwicklung.

Die *Gemeinsame Stellungnahme der WPK und des IDW: Anforderungen an die Qualitätssicherung in der Wirtschaftsprüferpraxis (VO 1/2006)* löst die bislang einschlägige *VO 1/1995* ab. Änderungen gegenüber der *VO 1/1995* ergeben sich aus den Anpassungen an neue internationale und nationale Vorgaben. Hierzu zählen die IFAC-Standards ISQC 1[3] und ISA 220 (revised)[4] ebenso wie § 55b WPO und die modifizierten Vorschriften der Berufssatzung.

Das vorliegende *IDW Praxishandbuch zur Qualitätssicherung* wurde vom IDW Arbeitskreis „Arbeitshilfen zur Qualitätssicherung" erarbeitet. Mit dem *IDW Praxishandbuch zur Qualitätssicherung* möchte das IDW insbesondere den mittelständisch geprägten Berufsstand bei der Umsetzung eines Qualitätssicherungssystems unterstützen, das den gesetzlichen Vorschriften, den Bestimmungen der Berufssatzung sowie der *VO 1/2006* entspricht.

---

[1] Gesetz vom 27.12.2004, BGBl. I, S. 3846, in Kraft getreten am 1.1.2005.
[2] Gemeinsame Stellungnahme der WPK und des IDW VO 1/1995 Zur Qualitätssicherung in der Wirtschaftsprüferpraxis
[3] Handbook of International Auditing, Assurance, and Ethics Pronouncements, IFAC 2005, S. 148.
[4] Handbook of International Auditing, Assurance, and Ethics Pronouncements, IFAC 2005, S. 256.

Die im *IDW Praxishandbuch zur Qualitätssicherung* enthaltenen Ausführungen zu konkreten Regelungen oder Vorgehensweisen haben nur exemplarischen Charakter und sind nicht als verpflichtende Vorgaben zu betrachten. Es ist weder beabsichtigt noch wäre es im Sinne der Qualitätssicherung zielführend, wenn das *IDW Praxishandbuch zur Qualitätssicherung* im Rahmen einer externen Qualitätskontrolle nach § 57a ff. WPO als zwingend zu befolgendes Referenzobjekt betrachtet werden würde.

Die Beispiele sind auf mittelständische Wirtschaftsprüferpraxen und entsprechend auf Prüfungen kleinerer und mittelgroßer Unternehmen (KMU) ausgerichtet. Dennoch ist stets eine Anpassung der Vorgehensweisen und Arbeitshilfen an die konkreten Verhältnisse geboten. Bei fehlender praktischer Relevanz kann daher z.B. in Einzelpraxen eine weitere Reduzierung der zu treffenden Regelungen erforderlich und sachgerecht sein (z.B. Mitarbeiterentwicklung, Anleitung und Überwachung der Mitarbeiter etc.).

In Wirtschaftsprüferpraxen mit geringer Aufgabendelegation und einfachen organisatorischen Strukturen muss die **Dokumentation des Qualitätssicherungssystems** nicht notwendiger Weise in einem geschlossenen Qualitätssicherungshandbuch nach dem Muster in Kapitel A und B des *IDW Praxishandbuchs zur Qualitätssicherung* erfolgen. Der Nachweis der Einhaltung der Berufspflichten kann auch im Rahmen der Organisation der Praxis und der Auftragsabwicklung erfolgen, z.B. durch die geordnete Ablage von Mitarbeiterbeurteilungen, Unabhängigkeitserklärungen bzw. die Unterzeichnung der vom verantwortlichen Wirtschaftsprüfer durchgesehenen Arbeitspapiere (vgl. *VO 1/2006*, Tz. 24).

Kapital A erläutert die Anforderungen an die Qualitätssicherung und enthält als **Erstellungshilfe das Muster eines Qualitätssicherungshandbuchs, das entsprechend an die individuellen Verhältnisse der Praxis angepasst werden muss.** Ergänzt wird dieser Abschnitt durch entsprechende Arbeitshilfen (z.B. Formblätter für Verpflichtungserklärungen der Mitarbeiter, Checklisten zur Prüfung der Unabhängigkeit, Dokumentationshilfen zur Durchführung der Berichtskritik und der auftragsbegleitenden Qualitätssicherung etc.).

Kapitel B stellt ein mögliches, **in sich geschlossenes Konzept für eine risikoorientierte Prüfung eines HGB-Jahresabschlusses dar,** mit dem der risikoorientierte Prüfungsansatz, wie er den *IDW Prüfungsstandards*[5] zugrunde liegt, für den Fall der Abschlussprüfung kleinerer und mittelgroßer Unternehmen operabel gemacht wird. Hierzu werden der Prüfungsprozess und das Ineinandergreifen von Prüfungshandlungen zur Risikobeurteilung einschließlich der Aufbauprüfung des IKS, der Feststellung und Beurteilung von Risiken wesentlicher falscher Angaben im Abschluss und der prüferischen Reaktion des Abschlussprüfers auf die beurteilten Fehlerrisiken im Einzelnen skizziert sowie zu den diversen Bereichen der Abschlussprüfung Arbeits- und Dokumentationshilfen bereitgestellt. Kennzeichnend ist die Gliederung des Abschlussprüfungsprozesses in mehrere Phasen (Meilensteine), die vom Auftrags- und Mandatsmanagement bis hin zur Berichterstattung und Archivierung reichen. Zu jedem Meilenstein werden die zentralen Anforderungen der *IDW Prüfungsstandards* identifiziert und Erläuterungen gegeben, wie diese Anforderungen in der Prüfungspraxis umgesetzt werden können.[6]

Gleichwohl sind auch von der in Kapitel B dargestellten abweichende Prüfungssystematiken denkbar, die ebenfalls den Grundsätzen ordnungsmäßiger Abschlussprüfung entsprechen. Insbesondere bei Prüfungen sehr kleinen Umfangs kann es z.B. ausreichend sein, nur bestimmte Elemente des *IDW*

---

[5] Einschließlich der im Dezember vom HFA verabschiedeten Entwürfe der Neufassungen des *IDW EPS 210 n.F.*, des *IDW EPS 300 n.F.* sowie des *IDW EPS 261*.

[6] Der Vollständigkeit halber enthält Kapitel B am Ende jedes Meilensteins auch eine Auflistung der jeweils relevanten ISA.

Praxishandbuchs zur Qualitätssicherung bei der Durchführung der Prüfungshandlungen und deren Dokumentation zu verwenden.

Bei der Anwendung von Kapitel B ist jedoch zu beachten, dass die *IDW Prüfungsstandards* bei Abschlussprüfungen immer insgesamt zu berücksichtigen sind; das dargestellte Prüfungsvorgehen ersetzt daher nicht die Arbeit mit den *IDW Prüfungsstandards*.

Vervollständigt wird das *IDW Praxishandbuch zur Qualitätssicherung* durch eine Zusammenstellung wesentlicher Gesetze, Standards, u.a. Materialien zur Qualitätssicherung und Qualitätskontrolle.

Sämtliche Inhalte des *IDW Praxishandbuchs zur Qualitätssicherung* sind auf der beiliegenden **CD-ROM** auch in elektronischer Form verfügbar, so dass die notwendigen individuellen Anpassungen der Mustertexte und Arbeitshilfen sehr einfach möglich sind.

Anregungen, Verbesserungsvorschläge etc., die bei der Anwendung des *IDW Praxishandbuchs zur Qualitätssicherung* festgestellt werden, nimmt die IDW Geschäftsstelle gerne entgegen [E-Mail: frey@idw.de].

Es ist vorgesehen, eine jährliche Aktualisierung des *IDW Praxishandbuchs zur Qualitätssicherung* zu veröffentlichen, um rechtzeitig vor der Prüfungssaison Entwicklungen im Bereich der Qualitätssicherung, der Prüfungsstandards etc. den Berufsangehörigen zur Verfügung zu stellen.

Düsseldorf, Mai 2006

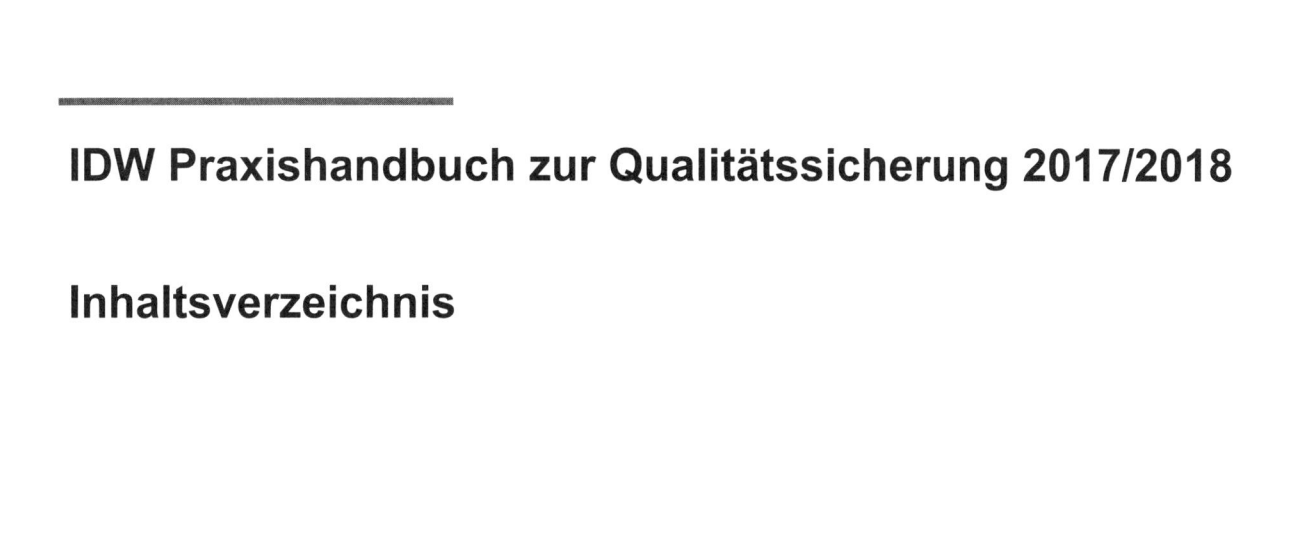

IDW Praxishandbuch zur Qualitätssicherung 2017/2018

Inhaltsverzeichnis

IDW Praxishandbuch zur Qualitätssicherung
Inhaltsverzeichnis

Vorwort zur 11. Auflage	VII
Vorwort zur 1. Auflage	XI
Inhaltsverzeichnis	XVII

Kapitel A: Qualitätssicherung 3

1. Vorbemerkungen 3
2. Definitionen 3
3. Qualitätssicherungskonzept 3
4. Regelungen zur Steuerung und Überwachung der Qualität in der Wirtschaftsprüferpraxis 7

Übersicht Kapitel A 11

    4.1. Beachtung der allgemeinen Berufspflichten 13
        4.1.1. Unabhängigkeit, Unparteilichkeit und Vermeidung der Besorgnis der Befangenheit 13
        4.1.2. Gewissenhaftigkeit 35
        4.1.3. Verschwiegenheit 37
        4.1.4. Eigenverantwortlichkeit 43
        4.1.5. Berufswürdiges Verhalten 45
        4.1.6. Honorarbemessung, Vergütung und Gewinnbeteiligung 51

    4.2. Annahme, Fortführung und vorzeitige Beendigung von Aufträgen 55
    4.3. Mitarbeiterentwicklung 65
    4.4. Gesamtplanung aller Aufträge 73
    4.5. Umgang mit Beschwerden 77
    4.6. Auftragsabwicklung 83
        4.6.1. Organisation der Auftragsabwicklung 83
        4.6.2. Einhaltung der gesetzlichen Vorschriften und der fachlichen Regeln für die Auftragsabwicklung 89
        4.6.3. Anleitung des Prüfungsteams 97
        4.6.4. Einholung von fachlichem Rat 99
        4.6.5. Laufende Überwachung der Auftragsabwicklung und
        4.6.6. Abschließende Durchsicht der Auftragsergebnisse 103
        4.6.7. Auftragsbezogene Qualitätssicherung (Berichtskritik und auftragsbegleitende Qualitätssicherung) 109
        4.6.8. Lösung von Meinungsverschiedenheiten 121
        4.6.9. Auftragsdokumentation 123

		4.6.10.	Auslagerung wichtiger Prüfungstätigkeiten 129
	4.7.	Nachschau	 131

Kapitel B: Risikoorientiertes Prüfungsvorgehen 141

Übersicht Kapitel B 143

Übersicht über den risikoorientierten Prüfungsprozess 145

1. Auftrags- bzw. Mandatsmanagement 149

    1.1. Ziele 149

    1.2 Aktivitäten 150

        1.2.1. Beurteilung der Auftrags- und Mandatsrisiken sowie der Unabhängigkeitsanforderungen/Vorhandensein ausreichender Kenntnisse und Ressourcen 150

        1.2.2. Bestellung des Abschlussprüfers und Auftragsannahme 153

        1.2.3. Festlegung von Prüfungsschwerpunkten/Erweiterungen oder Ergänzungen des Prüfungsauftrags sowie Kommunikation mit dem Aufsichtsorgan 158

        1.2.4. Benennung der zuständigen Personen/Überprüfung auf Notwendigkeit der Rotation 161

        1.2.5. Prüfungsvorbereitung 164

    1.3. Arbeitshilfen 165

    1.4. IDW Prüfungsstandards/ISA 166

2. Informationsbeschaffung und vorläufige Risikoeinschätzung 169

    2.1. Ziele 169

    2.2. Aktivitäten 170

        2.2.1. Besprechung(en) mit der Unternehmensleitung 170

        2.2.2. Gewinnung eines Verständnisses von dem Unternehmen sowie von dessen rechtlichem und wirtschaftlichem Umfeld 172

        2.2.3. Durchführung vorbereitender analytischer Prüfungshandlungen 179

        2.2.4. Identifikation von Fehlerrisiken im Zusammenhang mit nahe stehenden Personen 183

        2.2.5. Vorläufige Beurteilung der Fähigkeit zur Unternehmensfortführung 191

        2.2.6. Beurteilung des Risikos von Unrichtigkeiten und Verstößen 198

        2.2.7. Beurteilung der Angemessenheit von Zeit- und Schätzwerten 205

        2.2.8. Vorläufige Beurteilung von Konsultationen und Zusammenarbeit mit Spezialisten 209

        2.2.9. Vorläufige Prüfung der Rechtsstreitigkeiten des Mandanten 212

IDW Praxishandbuch zur Qualitätssicherung
Inhaltsverzeichnis

    2.2.10. Berücksichtigung von Auslagerungen rechnungslegungsrelevanter Bereiche auf Dienstleistungsunternehmen 213

  2.3. Arbeitshilfen 216

  2.4. IDW Prüfungsstandards/IDW Rechnungslegungsstandards/ISA 216

3. Vorläufige Festlegung der Wesentlichkeit und Beurteilung der Fehlerrisiken 223

  3.1. Ziele 223

  3.2. Aktivitäten 224

    3.2.1. Vorläufige Festlegung der Wesentlichkeit 224

    3.2.2. Festlegung der wesentlichen Prüffelder 234

    3.2.3. Vorläufige Beurteilung der Fehlerrisiken 235

    3.2.4 Abstimmung des Prüfungsvorgehens der an der Prüfung beteiligten Personen 240

  3.3. Arbeitshilfen 241

  3.4. IDW Prüfungsstandards/ISA 242

4. Auswertung der rechnungslegungsrelevanten Prozesse und internen Kontrollen 245

  4.1. Ziele 245

  4.2. Aktivitäten 246

    4.2.1. Aufnahme und Beurteilung der Komponenten des IKS auf Unternehmensebene sowie der Angemessenheit des IKS wesentlicher Geschäftsprozesse (Aufbauprüfung) 246

    4.2.2. Aufnahme und Beurteilung des (IT-gestützten) Rechnungslegungssystems 277

  4.3. Arbeitshilfen 283

  4.4. IDW Prüfungsstandards/ISA 284

5. Festlegung der Prüfungsstrategie und des Prüfungsprogramms 289

  5.1. Ziele 289

  5.2. Aktivitäten 290

    5.2.1. Erstellung eines Prüfungsplanungsmemorandums 290

    5.2.2. Zusammenfassung der vom Management eingerichteten Maßnahmen zur Steuerung und Bewältigung der Risiken 292

    5.2.3. Festlegung von Prüfungshandlungen als Reaktion auf Risiken wesentlicher falscher Angaben (einschl. der bedeutsamen Risiken), um das Prüfungsurteil mit hinreichender Sicherheit treffen zu können 293

  5.3. Arbeitshilfen 302

  5.4. IDW Prüfungsstandards/ISA 302

6. Validierung der internen Kontrollen (Funktionsprüfungen) 305
    6.1. Ziele 305
    6.2. Aktivitäten 305
        6.2.1. Durchführung von Funktionsprüfungen und Nachweis über die Gültigkeit von Kontrollen für den gesamten Prüfungszeitraum 305
        6.2.2. Festlegung von Prüfungshandlungen 310
    6.3. Arbeitshilfen 311
    6.4. IDW Prüfungsstandards/ISA 312
7. Aussagebezogene Prüfungshandlungen 317
    7.1. Ziele 317
    7.2. Aktivitäten 317
        7.2.1. Prüfung der Eröffnungsbilanzwerte 317
        7.2.2. Prüfung der Eröffnungsbilanzwerte im Rahmen von Erstprüfungen 319
        7.2.3. Aussagebezogene Prüfungshandlungen zum Lagebericht 323
        7.2.4. Durchführung weiterer aussagebezogener Prüfungshandlungen 325
        7.2.5. Einholung von Bestätigungen Dritter 338
        7.2.6. Inventurprüfung 345
    7.3. Arbeitshilfen 346
    7.4. IDW Prüfungsstandards/ISA 348
8. Abschließende Prüfungshandlungen 357
    8.1. Ziele 357
    8.2. Aktivitäten 358
        8.2.1. Abschliegende Prüfung des Anhangs 358
        8.2.2. Abschließende Prüfung des Lageberichts 359
        8.2.3. Abschließende Abstimmungsarbeiten und abschließende analytische Durchsicht 368
        8.2.4. Abschließende Beurteilung der Fähigkeit zur Unternehmensfortführung 370
        8.2.5. Abschließende Durchsicht der Protokolle von Versammlungen 371
        8.2.6. Abschließende Prüfung der Rechtsstreitigkeiten des Mandanten 371
        8.2.7. Einholung schriftlicher Erklärungen der gesetzlichen Vertreter 371
        8.2.8. Beurteilung der Auswirkungen von Ereignissen nach dem Abschlussstichtag und kritisches Lesen zusätzlicher mit dem Jahresabschluss veröffentlichter Informationen 374

IDW Praxishandbuch zur Qualitätssicherung
Inhaltsverzeichnis

      8.2.9. Abschließende Beurteilung der Auswirkungen von festgestellten falschen Angaben auf die Abschlussprüfung und Beurteilung der Wesentlichkeit nicht korrigierter Fehler („Nicht korrigierte Prüfungsdifferenzen") 380

      8.2.10. Klärung der kritischen Sachverhalte und abschließende Durchsicht/ Durchsprache aller Prüffelder 388

      8.2.11. Abschließende Beurteilung der Risiken wesentlicher falscher Angaben in der Rechnungslegung und abschließende Würdigung der Prüfungsnachweise und der Gesamtdarstellung des Abschlusses sowie des Lageberichts 389

      8.2.12. Einholung der Vollständigkeitserklärung sowie des unterschriebenen Jahres- bzw. Konzernabschlusses und des Lageberichts/Konzernlageberichts 391

  8.3. Arbeitshilfen 393

  8.4. IDW Prüfungsstandards/ISA 394

9. Berichterstattung und Archivierung 399

  9.1. Ziele 399

  9.2. Aktivitäten 401

      9.2.1. Erstellung des Prüfungsberichts 401

      9.2.2. Bildung des Prüfungsurteils und Erteilung des Bestätigungsvermerks 409

      9.2.3. Kommunikation mit dem Mandanten und den für die Überwachung Verantwortlichen/Teilnahme an der Sitzung des Aufsichtsrats sowie Fertigstellung der Arbeitspapiere 421

      9.2.4. Prüfung der Offenlegung 430

  9.3. Arbeitshilfen 430

  9.4. IDW Prüfungsstandards/ISA 430

Kapitel C: Besonderheiten bei Konzernabschlussprüfungen 435

1. Vorbemerkungen 435

2. Zielsetzung des Konzernabschlussprüfers 437

3. Auftrag und Auftragsannahme 438

4. Gewinnung eines Verständnisses von dem Konzern, von seinen Teilbereichen und dem jeweiligen Umfeld 441

5. Gewinnung eines Verständnisses über Teilbereichsprüfer 443

6. Bestimmung der Wesentlichkeit für die Konzernabschlussprüfung 447

7. Prüfungsstrategie und Prüfungsprogramm 449

  7.1. Zeitliche Planung 449

  7.2. Personelle Planung 450

  7.3. Sachliche Planung 450

8. Reaktion auf die beurteilten Risiken 452

    8.1. Funktionsprüfungen des konzernweiten internen Kontrollsystems 452

    8.2. Festlegung der Art der Tätigkeiten in Bezug auf die Rechnungslegungsinformationen von Teilbereichen 452

        8.2.1 Bedeutsame Teilbereiche 452

        8.2.2. Nicht bedeutsame Teilbereiche 454

    8.3. Einbindung des Konzernprüfungsteams in die Tätigkeit von Teilbereichsprüfern 456

    8.4. Prüfung des Konsolidierungsprozesses 459

9. Ereignisse nach dem Konzernabschlussstichtag 460

10. Kommunikation mit den Teilbereichsprüfern 460

11. Beurteilung der erlangten Prüfungsnachweise 463

    11.1. Beurteilung der Berichterstattung von Teilbereichsprüfern 463

    11.2. Abschließende Beurteilung der erlangten Prüfungsnachweise 463

12. Kommunikation mit dem Konzernmanagement und dem Aufsichtsorgan 464

    12.1. Kommunikation mit dem Konzernmanagement 464

    12.2. Kommunikation mit dem Aufsichtsorgan 464

13. Dokumentation 465

14. Berichterstattung über die Konzernabschlussprüfung 466

15. Arbeitshilfen 467

16. IDW Prüfungsstandards/ISA/ISRE 468

Materialsammlung 471

    Inhaltsverzeichnis: Materialsammlung (auf CD-ROM hinterlegt) 473

Literaturverzeichnis 477

Prüfungsnavigator (auf CD-ROM hinterlegt)

    Inhaltsverzeichnis: Prüfungsnavigator inklusive Besonderheiten bei der Prüfung nach IDW PS 480/490 487

Arbeitshilfen (auf CD-ROM hinterlegt)

    Inhaltsverzeichnis: Arbeitshilfen 491

    Kapitel A: Qualitätssicherung

    Kapitel B: Risikoorientiertes Prüfungsvorgehen

Kapitel C: Konzernabschlussprüfung

Kapitel D: Besonderheiten bei der Prüfung nach IDW PS 480/490

IDW Praxishandbuch zur Qualitätssicherung 2017/2018

Kapitel A: Qualitätssicherung

A. Kapitel A: Qualitätssicherung

1. Vorbemerkung

[Ggf. Vorbemerkung/Leitbild der Praxisleitung einfügen]

2. Definitionen

[Ggf. Definitionen einfügen]

3. Qualitätssicherungskonzept der [Name der Wirtschaftsprüferpraxis]

Mit unserem Qualitätsmanagementprozess verfolgen wir das Ziel,

- die gesetzlichen und berufsständischen Vorschriften bei der Organisation der Praxis und der Auftragsabwicklung einzuhalten,
- mögliche Haftungsrisiken so weit wie möglich zu begrenzen und
- die Erwartungen der Mandanten sowie der Öffentlichkeit an die Abwicklung der Aufträge, insbesondere bei der Durchführung von Abschlussprüfungen, zu erfüllen.

Grundlegendes Ziel der Qualitätssicherung in unserer Wirtschaftsprüferpraxis ist es, die ordnungsgemäße Abwicklung der Aufträge zu gewährleisten. Hierbei kommt der Einhaltung der Berufspflichten eine besondere Bedeutung zu, insbesondere den in § 43 Abs. 1 WPO kodifizierten Berufsgrundsätzen der Unabhängigkeit, Gewissenhaftigkeit, Verschwiegenheit und Eigenverantwortlichkeit. Von dem Wirtschaftsprüfer wird, auch aufgrund seiner im öffentlichen Interesse liegenden Vorbehaltsaufgaben im Bereich der Prüfung, ein korrektes Verhalten sowohl gegenüber Mandanten und Mitarbeitern als auch gegenüber Dritten erwartet. Er hat sich nach § 43 Abs. 2 WPO „der besonderen Berufspflichten bewusst zu sein, die ihm aus der Befugnis erwachsen, gesetzlich vorgeschriebene Bestätigungsvermerke zu erteilen. Er hat sich auch außerhalb der Berufstätigkeit des Vertrauens und der Achtung würdig zu erweisen, die der Beruf erfordert."

Um dieses Qualitätsziel zu erreichen, werden in unserer Praxis

- einem positiven Qualitätsumfeld eine hohe Bedeutung beigemessen und die Mitarbeiter verpflichtet, die gesetzlichen und berufsständischen Vorschriften zu beachten: Qualitätssicherung ist Aufgabe eines jeden Partners und Mitarbeiters
- die gesetzlichen und berufsständischen Vorschriften den Mitarbeitern zur Kenntnis gebracht
- Verantwortlichkeiten für einzelne Aspekte der Qualitätssicherung festgelegt und kommuniziert sowie
- die Einhaltung und ordnungsgemäße Handhabung der festgelegten Regelungen überwacht.

Es werden Regelungen in folgenden Bereichen festgelegt:

- **Regelungen zur allgemeinen Praxisorganisation**
    - Beachtung der allgemeinen Berufspflichten und der Grundsätze zur Honorarbemessung, Vergütung und Gewinnbeteiligung
    - Annahme, Fortführung und vorzeitige Beendigung von Aufträgen
    - Mitarbeiterentwicklung (Einstellung, Aus- und Fortbildung, Beurteilung, Bereitstellung von Fachinformationen)
    - Gesamtplanung aller Aufträge
    - Umgang mit Beschwerden und Vorwürfen (einschließlich Hinweisgeberregelung)

- **Regelungen zur Auftragsabwicklung**
    - Organisation der Auftragsabwicklung
    - Einhaltung der gesetzlichen Vorschriften und der fachlichen Regeln für die Auftragsabwicklung
    - Anleitung des Prüfungsteams
    - Einholung von fachlichem Rat
    - laufende Überwachung der Auftragsabwicklung und abschließende Durchsicht der Auftragsergebnisse
    - auftragsbezogene Qualitätssicherung
    - Lösung von Meinungsverschiedenheiten
    - Auslagerung wichtiger Prüfungstätigkeiten
    - Abschluss der Dokumentation der Auftragsabwicklung und Archivierung der Arbeitspapiere

- **Regelungen zur Nachschau**

Die Regelungen zur allgemeinen Qualitätssicherung bei der **Praxisorganisation** sind grundsätzlich bei allen Tätigkeiten unserer Praxis zu beachten. Die besonderen **Regelungen zur Auftragsabwicklung** betreffen darüber hinaus alle betriebswirtschaftlichen Prüfungen i.S.d. § 2 Abs. 1 WPO, sofern die Berufssatzung WP/vBP (im Folgenden: BS WP/vBP) nicht, wie z.B. bei der Berichtskritik (gesetzliche Abschlussprüfungen), einen engeren Anwendungsbereich vorsieht. Die Nachschau bezieht sich auf die Angemessenheit und Wirksamkeit des Qualitätssicherungssystems, einschließlich der Beurteilung einzelner Prüfungsaufträge.

Zu den *betriebswirtschaftlichen Prüfungen* nach § 2 Abs. 1 WPO zählen z.B. (nicht abschließend):

- gesetzlich vorgeschriebene und freiwillige Abschlussprüfungen
- externe Qualitätskontrollen nach §§ 57a ff. WPO
- prüferische Durchsichten von Abschlüssen
- Gründungsprüfungen, z.B. nach §§ 33 ff. AktG
- Sonderprüfungen, z.B. nach §§ 142 ff., 258 ff., 315 AktG
- Prüfungen nach dem Umwandlungsrecht (z.B. Schlussbilanzen nach § 17 Abs. 2 UmwG)

IDW Praxishandbuch zur Qualitätssicherung
Kapitel A: Qualitätssicherung

- Prüfungen nach dem EEG (*IDW EPS 970 n.F.*)
- Prüfungen von Corporate Governance Systemen (*IDW PS 980 – IDW PS 983*)
- Prüfungen von Liquidationseröffnungsbilanzen
- Prüfungen von Jahres- und Zwischenbilanzen bei Kapitalerhöhungen aus Gesellschaftsmitteln (§ 209 AktG, §§ 57e und 57f GmbHG)
- Erstellungen von Jahresabschlüssen mit Plausibilitätsbeurteilungen oder mit umfassenden Beurteilungen (Auftragsarten (2) und (3) des *IDW Standards: Grundsätze für die Erstellung von Jahresabschlüssen (IDW S 7)*).
- Bei Erstellungen der Auftragsart (1) und bei Aufträgen vereinbarter Untersuchungshandlungen (sog. „Agreed Upon Procedures") sind die Regelungen zur Auftragsabwicklung sinngemäß anzuwenden.

Die *Unternehmensbewertung* ist eine Tätigkeit i.S.v. § 2 Abs. 3 Nr. 1 WPO. Der Wirtschaftsprüfer übt hierbei eine Sachverständigen- oder Gutachterfunktion aus, gibt jedoch keine Erklärungen über Prüfungsergebnisse ab. Deshalb wird diese Tätigkeit nicht zu den betriebswirtschaftlichen Prüfungen nach § 2 Abs. 1 WPO gezählt. Die besonderen Regelungen zur Qualitätssicherung bei der Auftragsabwicklung sind daher bei Unternehmensbewertungen und anderen betriebswirtschaftlichen Beratungsaufträgen, wie z.B. steuerlichen Beratungsaufträgen, nicht zwingend anzuwenden.

Der Aufbau und die Förderung eines positiven **Qualitätsumfelds**, das der Beachtung gesetzlicher und berufsständischer Regelungen eine hohe Bedeutung beimisst und damit die Qualität der Berufsausübung unterstützt, stellt die Grundlage für die übrigen Bestandteile unseres Qualitätssicherungssystems dar. Ein wirksames Qualitätsumfeld hängt maßgeblich von dem integren Handeln, der fachlichen und persönlichen Kompetenz und den Verhaltensweisen der Entscheidungsträger in unserer Praxis ab. Es wird darüber hinaus entscheidend von der Bereitschaft aller Mitarbeiter unserer Praxis beeinflusst, ihre Tätigkeit gewissenhaft und sorgfältig auszuüben. Ein positives Qualitätsumfeld trägt dazu bei, dass unsere Mitarbeiter die eingerichteten Regelungen nicht nur der Form halber beachten, sondern sich mit den Qualitätszielen identifizieren und die erforderlichen Maßnahmen deshalb beachten, weil sie deren Bedeutung erkennen und verstehen.

Es ist Teil des Aus- und Fortbildungsprogramms unserer Praxis, den Mitarbeitern zu vermitteln, wie wichtig es ist, die Regelungen zur Qualitätssicherung zu beachten. Das Beachten der Regelungen wird bei Mitarbeiterbeurteilungen und bei Entscheidungen über Beförderungen und Gehaltsentwicklungen berücksichtigt.

Unsere Praxis ist einer Vielzahl von Risiken ausgesetzt, die die Qualität der Berufsausübung bedrohen können. Das Risiko eines Verstoßes gegen Berufspflichten (Qualitätsrisiko) ist dann als gering einzustufen, wenn die Regelungen zur Steuerung und Überwachung der Qualität ausreichend Gewähr dafür bieten, dass Mängel in der Berufsausübung aufgrund von qualitätsgefährdenden Risiken verhindert oder aufgedeckt und behoben werden. Die **Feststellung und Analyse der qualitätsgefährdenden Risiken** stellt einen kontinuierlichen Prozess in unserer Wirtschaftsprüferpraxis dar und bildet die

Grundlage für die Festlegung von Regelungen zur Qualitätssicherung, mit denen diese Risiken gesteuert und bewältigt werden sollen.

Die **Regelungen zur Qualitätssicherung** sind in diesem (elektronischen) Qualitätssicherungshandbuch dokumentiert, das jedem fachlichen Mitarbeiter zu Beginn seiner Tätigkeit für unsere Praxis ausgehändigt wird, damit eine einheitliche, stetige und personenunabhängige Anwendung sichergestellt ist. Die Dokumentation unserer Regelungen dient darüber hinaus der Nachvollziehbarkeit im Rahmen der Nachschau und der externen Qualitätskontrolle sowie dem Nachweis, dass unsere Wirtschaftsprüferpraxis ihrer Pflicht zur Einrichtung eines ordnungsgemäßen Qualitätssicherungssystems nachgekommen ist und die Regelungen des Qualitätssicherungssystems eingehalten werden. Über Änderungen der Regelungen zur Qualitätssicherung oder von gesetzlichen Vorschriften und fachlichen Grundsätzen der Rechnungslegung, Prüfung und Steuerberatung werden unsere Mitarbeiter regelmäßig z.B. durch Rundschreiben oder interne und externe Schulungsmaßnahmen informiert.

Der schnelle Wandel der internen und externen Bedingungen macht eine permanente Anpassung unseres Qualitätssicherungssystems erforderlich. Durch Maßnahmen der **Überwachung** ist die dauerhafte Wirksamkeit der Regelungen und Prozesse der Qualitätssicherung zu gewährleisten. Zu unterscheiden ist zwischen der prozessunabhängigen Überwachung im Rahmen der Nachschau, die in unserer Wirtschaftsprüferpraxis jährlich erfolgt, und integrierten Kontrollen im laufenden Auftragsprozess (z.B. Überwachung der Auftragsabwicklung und abschließende Durchsicht der Auftragsergebnisse durch den verantwortlichen Wirtschaftsprüfer). Im Rahmen der Nachschau wird die Angemessenheit und kontinuierliche Anwendung und Funktionsfähigkeit unserer Regelungen zur Qualitätssicherung, einschließlich der im Prozess integrierten Kontrollen, überprüft. Die Nachschau soll zudem Verbesserungspotenziale identifizieren und deren Umsetzung überwachen. Darüber hinaus unterziehen wir uns – entsprechend den gesetzlichen Vorschriften der §§ 57a ff. WPO – in regelmäßigen Abständen (mind. alle sechs[1] Jahre) einer externen Qualitätskontrolle.

---

[1] Die allgemeine Frist zur Durchführung einer Qualitätskontrolle beträgt mindestens alle sechs Jahre.

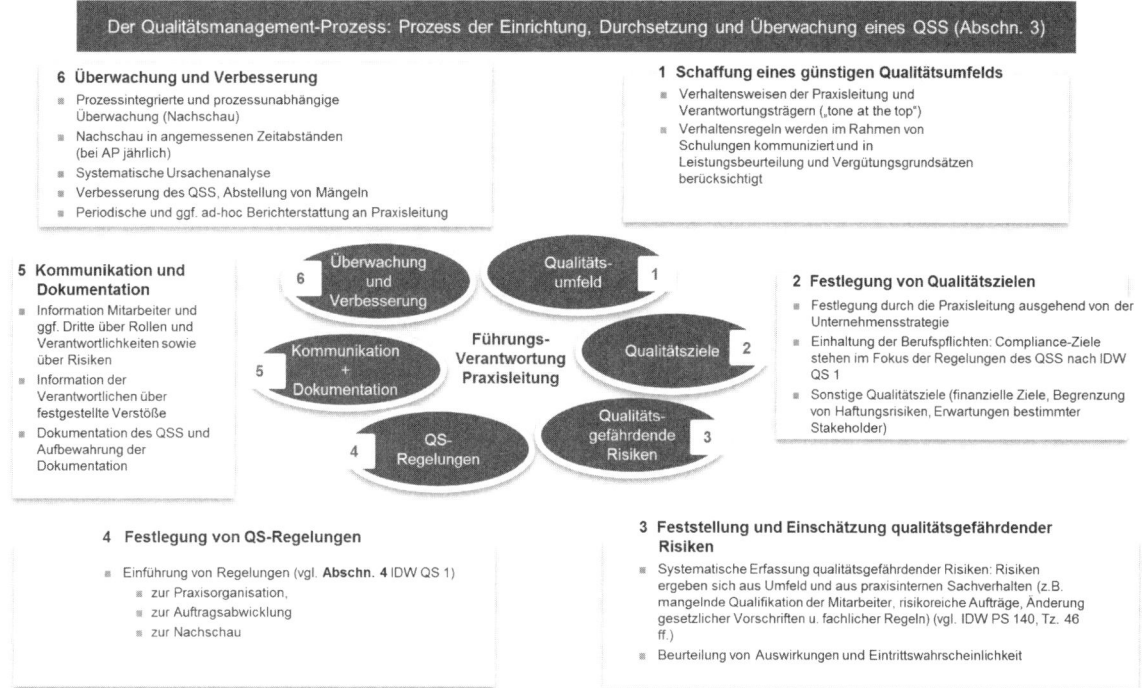

4. Regelungen zur Steuerung und Überwachung der Qualität in der Wirtschaftsprüferpraxis

Das vorliegende Qualitätssicherungshandbuch soll unsere Mitarbeiter auf die in unserer Praxis bestehenden Regelungen zur Qualitätssicherung und deren Zwecke hinweisen und die Bedeutung der Beachtung der gesetzlichen und berufsständischen Anforderungen hervorheben.

Zu den jeweiligen Regelungsbereichen enthält unser Qualitätssicherungshandbuch jeweils

(A) zunächst eine Erläuterung der gesetzlichen und satzungsmäßigen Vorschriften sowie der Anforderungen des *IDW QS 1*,

(B) nachfolgend eine Darstellung des Ziels der praxisinternen Regelungen,

(C) die praxisinternen Regelungen [Anm.: das IDW Praxishandbuch enthält Beispiele zur individuellen Ausgestaltung eines durch die Wirtschaftsprüferpraxis für ihre Verhältnisse zu gestaltenden Qualitätssicherungshandbuchs],

(D) IDW Prüfungsnavigator und Arbeitshilfen zur Qualitätssicherung [Anm.: die im IDW Praxishandbuch dargestellten Arbeitshilfen können gleichzeitig als Instrumente der Dokumentation der Regelungen und Maßnahmen zur Qualitätssicherung genutzt werden].

Nicht-mandatspezifische Zuständigkeiten sind in unserer Praxis wie folgt geregelt:

Verantwortungsbereich:	Zuständig ist:
Unabhängigkeitsbeauftragte/r:	Herr/Frau [Name]

IDW Praxishandbuch zur Qualitätssicherung
Kapitel A: Qualitätssicherung

Geldwäschebeauftragte/r:	Herr/Frau [Name]
Aus- und Fortbildungsbeauftragte/r:	Herr/Frau [Name]
Nachschaubeauftragte/r:	Herr/Frau [Name]

IDW Praxishandbuch zur Qualitätssicherung 2017/2018

Kapitel A: Qualitätssicherung
Abschnitt 4 – Regelungen

Kapitel A: Qualitätssicherung
Übersicht Kapitel A (1/2)

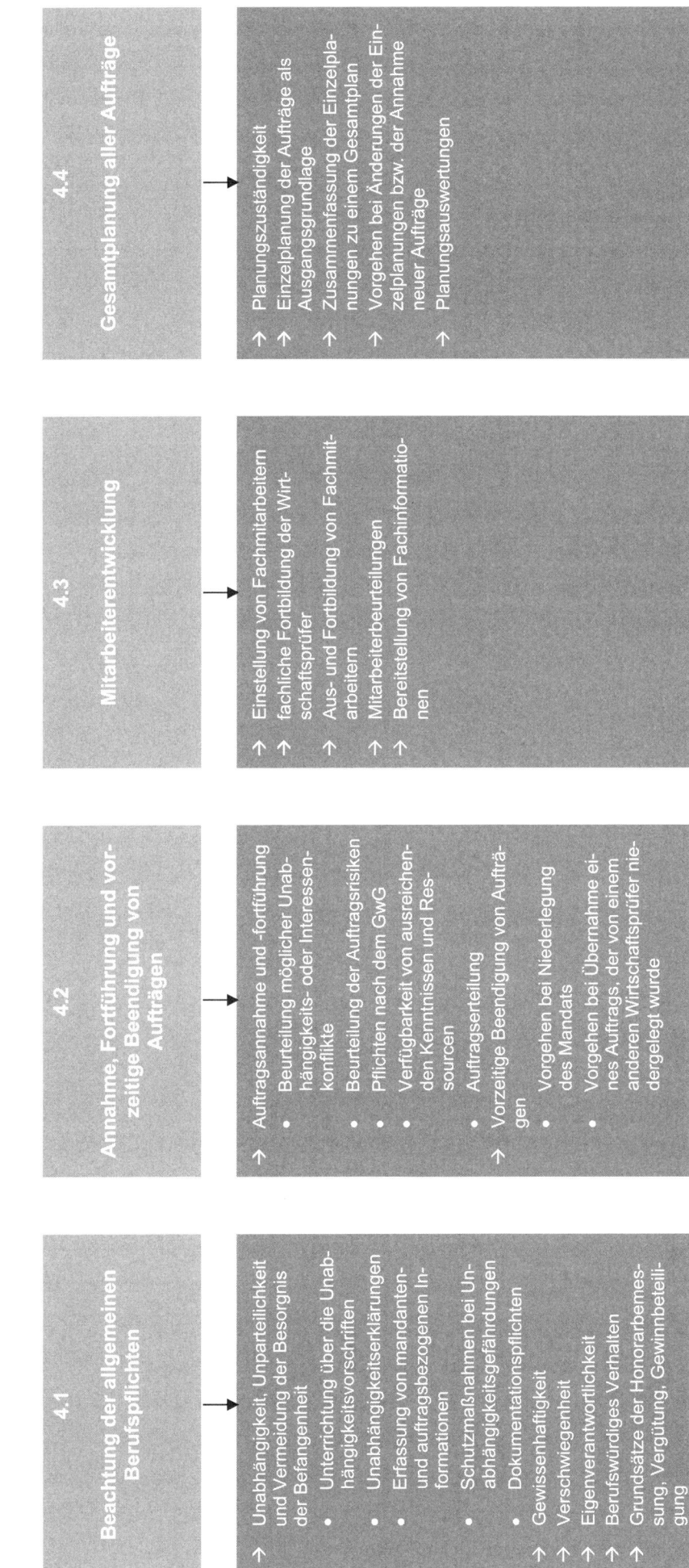

4.1 Beachtung der allgemeinen Berufspflichten

→ Unabhängigkeit, Unparteilichkeit und Vermeidung der Besorgnis der Befangenheit
  - Unterrichtung über die Unabhängigkeitsvorschriften
  - Unabhängigkeitserklärungen
  - Erfassung von mandantenund auftragsbezogenen Informationen
  - Schutzmaßnahmen bei Unabhängigkeitsgefährdungen
  - Dokumentationspflichten
→ Gewissenhaftigkeit
→ Verschwiegenheit
→ Eigenverantwortlichkeit
→ Berufswürdiges Verhalten
→ Grundsätze der Honorarbemessung, Vergütung, Gewinnbeteiligung

4.2 Annahme, Fortführung und vorzeitige Beendigung von Aufträgen

→ Auftragsannahme und -fortführung
  - Beurteilung möglicher Unabhängigkeits- oder Interessenkonflikte
  - Beurteilung der Auftragsrisiken
  - Pflichten nach dem GwG
  - Verfügbarkeit von ausreichenden Kenntnissen und Ressourcen
  - Auftragserteilung
→ Vorzeitige Beendigung von Aufträgen
  - Vorgehen bei Niederlegung des Mandats
  - Vorgehen bei Übernahme eines Auftrags, der von einem anderen Wirtschaftsprüfer niedergelegt wurde

4.3 Mitarbeiterentwicklung

→ Einstellung von Fachmitarbeitern
→ fachliche Fortbildung der Wirtschaftsprüfer
→ Aus- und Fortbildung von Fachmitarbeitern
→ Mitarbeiterbeurteilungen
→ Bereitstellung von Fachinformationen

4.4 Gesamtplanung aller Aufträge

→ Planungszuständigkeit
→ Einzelplanung der Aufträge als Ausgangsgrundlage
→ Zusammenfassung der Einzelplanungen zu einem Gesamtplan
→ Vorgehen bei Änderungen der Einzelplanungen bzw. der Annahme neuer Aufträge
→ Planungsauswertungen

Alle Rechte vorbehalten. © IDW Verlag GmbH, Düsseldorf, 2017

Kapitel A: Qualitätssicherung
Übersicht Kapitel A (2/2)

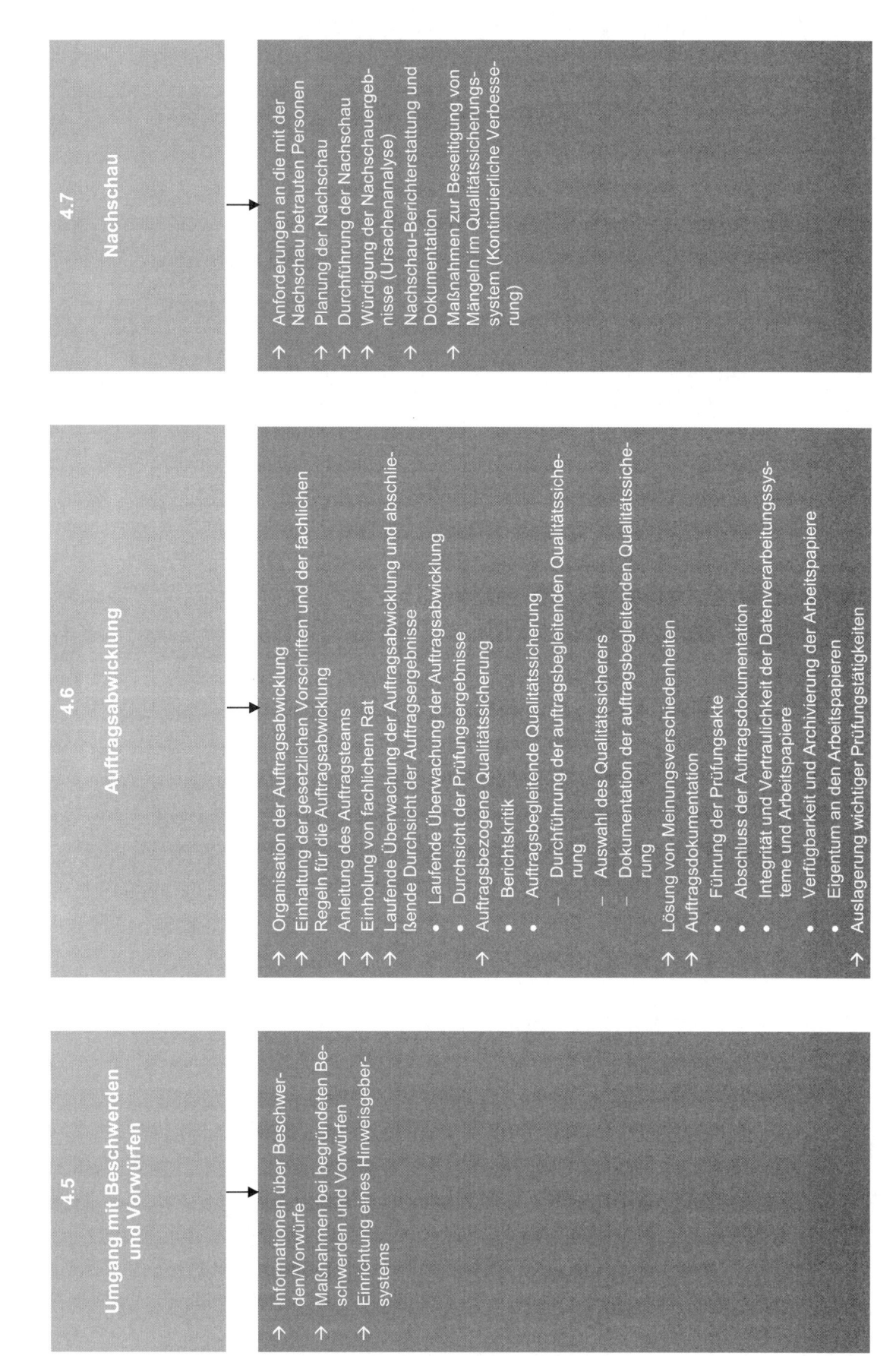

4.5 Umgang mit Beschwerden und Vorwürfen

→ Informationen über Beschwerden/Vorwürfe
→ Maßnahmen bei begründeten Beschwerden und Vorwürfen
→ Einrichtung eines Hinweisgebersystems

4.6 Auftragsabwicklung

→ Organisation der Auftragsabwicklung
→ Einhaltung der gesetzlichen Vorschriften und der fachlichen Regeln für die Auftragsabwicklung
→ Anleitung des Auftragsteams
→ Einholung von fachlichem Rat
→ Laufende Überwachung der Auftragsabwicklung und abschließende Durchsicht der Auftragsergebnisse
  - Laufende Überwachung der Auftragsabwicklung
  - Durchsicht der Prüfungsergebnisse
→ Auftragsbezogene Qualitätssicherung
  - Berichtskritik
  - Auftragsbegleitende Qualitätssicherung
    – Durchführung der auftragsbegleitenden Qualitätssicherung
    – Auswahl des Qualitätssicherers
    – Dokumentation der auftragsbegleitenden Qualitätssicherung
→ Lösung von Meinungsverschiedenheiten
→ Auftragsdokumentation
  - Führung der Prüfungsakte
  - Abschluss der Auftragsdokumentation
  - Integrität und Vertraulichkeit der Datenverarbeitungssysteme und Arbeitspapiere
  - Verfügbarkeit und Archivierung der Arbeitspapiere
  - Eigentum an den Arbeitspapieren
→ Auslagerung wichtiger Prüfungstätigkeiten

4.7 Nachschau

→ Anforderungen an die mit der Nachschau betrauten Personen
→ Planung der Nachschau
→ Durchführung der Nachschau
→ Würdigung der Nachschauergebnisse (Ursachenanalyse)
→ Nachschau-Berichterstattung und Dokumentation
→ Maßnahmen zur Beseitigung von Mängeln im Qualitätssicherungssystem (Kontinuierliche Verbesserung)

4.1. Beachtung der allgemeinen Berufspflichten

4.1.1. Unabhängigkeit, Unparteilichkeit und Vermeidung der Besorgnis der Befangenheit

A. Gesetzliche und satzungsmäßige Grundlagen

1 Am 27.05.2014 wurden die geänderte Abschlussprüferrichtlinie[1] und die EU-Verordnung zur Abschlussprüfung[2] (EU-APrVO) im Amtsblatt der EU veröffentlicht. Sowohl die Richtlinie als auch die Verordnung sind am 16.06.2014 in Kraft getreten. Die Richtlinie war von den EU-Mitgliedstaaten bis zum 17.06.2016 in nationales Recht umzusetzen. In Deutschland erfolgte diese Umsetzung durch das Abschlussprüferaufsichtsreformgesetz (APAReG)[3] und das Abschlussprüfungsreformgesetz (AReG)[4], die am 17.06.2016 in Kraft getreten sind. Die Verordnung ist – auch wenn sie bereits am 16.06.2014 in Kraft getreten ist – erst ab dem 17.06.2016 unmittelbar anzuwenden. Zur **erstmaligen Anwendung** der Vorschriften aus der EU-APrVO vertritt die Generaldirektion Binnenmarkt der EU-Kommission in ihren am 03.09.2014 veröffentlichten Fragen und Antworten die Ansicht, dass die neuen Regeln – ungeachtet spezieller Übergangsregelungen wie etwa in Artikel 41 EU-APrVO – für Geschäftsjahre anzuwenden sind, die nach dem 17.06.2016 beginnen.[5] Bei kalendergleichen Geschäftsjahren würde dies eine Anwendung der EU-APrVO ab dem Geschäftsjahr 2017 bedeuten. Dies gilt allerdings nur für bestimmte Vorschriften, die einen Bezug zum Geschäftsjahr haben, wie z.B. die Regelung zur externen Rotation oder zur Erbringung von Nichtprüfungsleistungen. Regelungen ohne Bezug zum Geschäftsjahr, d.h. Bestimmungen zur nicht auftragsbezogenen Praxisorganisation, sind bereits ab 17.06.2016 zu beachten, wie z.B. die Einrichtung eines Hinweisgebersystems gem. § 55b Abs. 2 Satz 2 Nr. 7 WPO. Das AReG greift die Ansicht der Generaldirektion Binnenmarkt auf: Artikel 2 des AReG zur Änderung des EGHGB sieht vor, dass die Neuregelungen in §§ 319a Abs. 1 bis 3, 321 und 322 HGB „erstmals für Jahres- und Konzernabschlüsse für das nach dem 16.06.2016 beginnende Geschäftsjahr anzuwenden" sind. Gleichzeitig wird klargestellt, dass die bislang geltenden Regelungen der §§ 319a Abs. 1und 2, 321 und 322 HGB „letztmals auf Jahres- und Konzernabschlüsse für vor dem 17.06.2016 beginnende Geschäftsjahre anzuwenden" sind[6].

---

[1] Konsolidierte Richtlinie 2006/43/EG und Einleitung der Richtlinie 2014/56/EU vom 16. April 2014.
[2] Verordnung (EU) Nr. 537/2014 vom 16. April 2014.
[3] Vgl. BGBl. 2016 I Nr. 14 vom 05.04.2016, S. 518.
[4] Vgl. BGBl 2016 I, Nr. 23 vom 17.05.2016, S. 1429.
[5] Vgl. Q&A–Implementation of the New Statutory Audit Framework, S. 1; abrufbar unter http://ec.europa.eu/internal_market/auditing/docs/reform/140903-questions-answers_en.pdf, Stand: 25.07.2017.
[6] Vgl. IDW Positionspapier: Inhalte und Zweifelsfragen der EU-Verordnung und der Abschlussprüferrichtlinie (Stand: 10.04.2017), S. 11. Das Positionspapier ist unter dem Link https://www.idw.de/idw/verlautbarungen/idw-positionspapiere/zweifelsfragen-der-eu-regulierung--idw-positionspapier-/86498, Stand: 26.07.2107 abrufbar.

Kapitel A: Qualitätssicherung
4.1.1. Unabhängigkeit, Unparteilichkeit und Vermeidung der Besorgnis der Befangenheit

2   Wirtschaftsprüfer haben nach § 43 Abs. 1 Satz 1 WPO ihren Beruf **unabhängig** auszuüben (§ 2 BS WP/vBP). Nach § 43 Abs. 1 Satz 2 WPO i.V.m. § 20 Abs. 1 BS WP/vBP haben sich Wirtschaftsprüfer insbesondere bei der Erstattung von Prüfungsberichten und Gutachten **unparteiisch** zu verhalten sowie bei **Besorgnis der Befangenheit** nach § 49 2. Alt. WPO die Durchführung eines Auftrags zu versagen (§§ 29 ff. BS WP/vBP).

3   **Unbefangen** ist, wer sich sein Urteil unbeeinflusst von unsachgemäßen Erwägungen bildet. Die Unbefangenheit kann v.a. durch **Eigeninteressen** (§ 32 BS WP/vBP), **Selbstprüfung** (§ 33 BS WP/vBP)[7], **Interessenvertretung** (§ 34 BS WP/vBP), **persönliche Vertrautheit** (§ 35 BS WP/vBP) sowie **Einschüchterung** (§ 36 BS WP/vBP) beeinträchtigt werden. Das Vorliegen solcher Umstände führt nicht zu einer Beeinträchtigung der Unbefangenheit, wenn die Umstände selbst für die Urteilsbildung offensichtlich unwesentlich sind oder zusammen mit **Schutzmaßnahmen** (§ 30 BS WP/vBP) insgesamt unbedeutend sind (§ 29 Abs. 2 BS WP/vBP).

4   **Besorgnis der Befangenheit** liegt vor, wenn Umstände i.S.d. Tz. 3 gegeben sind, die aus Sicht eines verständigen Dritten geeignet sind, die Urteilsbildung unsachgemäß zu beeinflussen (vgl. § 29 Abs. 3 BS WP/vBP). Maßgeblich ist, ob im Einzelfall aus Sicht eines verständigen Dritten und unter Berücksichtigung der getroffenen Schutzmaßnahmen genügend objektive Gründe vorliegen, an der unvoreingenommenen Urteilsbildung des Wirtschaftsprüfers zu zweifeln.

5   In §§ 319, 319a und 319b HGB wird der **Unabhängigkeitsgrundsatz** für den Fall der gesetzlichen Abschlussprüfung konkretisiert. Diese Vorschriften sind auch bei freiwilligen Abschlussprüfungen zu beachten, bei denen ein Bestätigungsvermerk erteilt wird, der dem gesetzlichen Bestätigungsvermerk in § 322 HGB nachgebildet ist (§ 31 Abs. 1 Satz 2 BS WP/vBP).

[Anm.: Das Gebot der Unbefangenheit gilt nicht nur für die Prüfungstätigkeit, sondern auch für die Beratungstätigkeit (BGH v. 26.09.1990, BB 1990 S. 2362, WPK-Mitteilungen 1991 S. 41), wenngleich das Risiko der Befangenheit in diesem Tätigkeitsbereich weitaus geringer ist, weil i.d.R. nur das Verhältnis Mandant/Berater, nicht aber die Interessen Dritter oder der Öffentlichkeit berührt sind. Eine solche Befangenheit besteht, wenn der Berufsangehörige durch das finanzielle Eigeninteresse gehindert ist, seinem Mandanten den bestmöglichen Rat zu erteilen. Davon ausgenommen sind zulässige Vereinbarungen über Erfolgshonorare (§§ 55, 55a WPO).

Für den Beratungsbereich nicht außergewöhnlich ist auch das Risiko der Befangenheit wegen evtl. Interessenkollision (§ 53 WPO, § 3 BS WP/vBP). In solchen Fällen besteht ein Verbot der Vertretung

---

[7] Zu einem Verstoß gegen das Selbstprüfungsverbot vgl. LG Berlin, Urteil vom 29.04.2005 (WiL 2/05); abrufbar unter www.wpk.de.

Kapitel A: Qualitätssicherung
4.1.1. Unabhängigkeit, Unparteilichkeit und Vermeidung der Besorgnis der Befangenheit

widerstreitender Interessen. Solche widerstreitenden Interessen können z.B. auftreten bei der gleichzeitigen Beratung mehrerer Auftraggeber (Eheleute, Erbengemeinschaft, GmbH und ihre Gesellschafter etc.).[8]]

6   PIE   Besondere Unabhängigkeitsanforderungen beinhalten die Vorschriften zur sogenannten **externen** und **internen Rotation,** die bei der gesetzlich vorgeschriebenen Abschlussprüfung von Unternehmen von öffentlichem Interesse zu beachten sind. Folgende Unternehmen gelten als **Unternehmen von öffentlichem Interesse** (§ 319a Abs. 1 HGB):

- Unternehmen, die kapitalmarktorientiert im Sinne des § 264d HGB sind,
- CRR-Kreditinstitute im Sinne des § 1 Abs. 3d Satz 1 KWG, mit Ausnahme der in § 2 Abs. 1 Nr. 1 und 2 KWG genannten Institute, und
- Versicherungsunternehmen im Sinne des Artikels 2 Abs. 1 der Richtlinie 91/674/EWG.

[Anm.: Für die Einordnung als Unternehmen von öffentlichem Interesse aufgrund der Kapitalmarktorientierung des Unternehmens i.S.d. § 264d HGB kann auf die Veröffentlichungen der nationalen (BaFin) und europäischen Aufsichtsbehörden (EBA, EIOPA, ESMA, EZB) zurückgegriffen werden[9].

Die besonderen Ausschlussgründe des § 319a HGB bezogen sich in Deutschland bisher nur auf kapitalmarktorientierte Unternehmen i.S.d. § 264d HGB. Ab dem 17.6.2016 fallen auch nicht kapitalmarktorientierte Kreditinstitute und Versicherungsunternehmen in den Anwendungsbereich dieser Regelung.[10]]

7   PIE   Gemäß Artikel 17 Abs. 1 EU-APrVO darf das Prüfungsmandat bei Unternehmen von öffentlichem Interesse grundsätzlich eine Höchstlaufzeit von 10 Jahren nicht überschreiten. Nach Ablauf der Höchstlaufzeit dürfen weder der Abschlussprüfer noch in der EU ansässige Mitglieder aus dessen Netzwerk innerhalb der folgenden vier Jahre die Abschlussprüfung bei demselben Unternehmen von öffentlichem Interesse durchführen (**Pflicht zur externen Rotation**). Die Höchstlaufzeit des Prüfungsmandats verlängert sich auf 20 Jahre, wenn der Wahl für das elfte Geschäftsjahr in Folge, auf das sich die Prüfungstätigkeit des Abschlussprüfers erstreckt, ein im Einklang mit Artikel 16 Abs. 2 bis 5 der EU-APrVO durchgeführtes **Auswahl- und Vorschlagsverfahren**[11] vorausgeht. Werden ab dem elften Geschäftsjahr mehrere Wirtschaftsprüfer oder Wirtschaftsprüfungsgesellschaften gemein-

---

[8] Vgl. WP Handbuch, 15. Aufl., Bd. I, Abschn. A, Tz. 151 f.
[9] Vgl. IDW Positionspapier: Inhalte und Zweifelsfragen der EU-Verordnung und der Abschlussprüferrichtlinie, S. 13, a.a.O.
[10] Damit steigt die Zahl der Prüfer von Unternehmen des öffentlichen Interesses auf rund 93 (bisher: 67) und die Anzahl der von ihnen durchgeführten Pflichtprüfungen bei ebendiesen Unternehmen wird sich voraussichtlich verdoppeln (von bisher 624 auf 1.173 Prüfungen); vgl. WPK Marktstrukturanalyse 2015, S. 8/9.
[11] Vgl. IDW Positionspapier zur Ausschreibung der Abschlussprüfung für Unternehmen von öffentlichem Interesse (Stand: 30.05.2016). Das Positionspapier ist unter dem Link https://www.idw.de/idw/verlautbarungen/idw-positionspapiere/ausschreibung-der-abschlusspruefung--idw-positionspapier-/87716, Stand: 27.07.2017 abrufbar; *Buhleier/Niehus/Splinter*, Praktische Herausforderungen bei der Umsetzung der neuen Anforderungen an den Prüfungsausschuss des Aufsichtsrats, Der Betrieb Nr. 33, 19.08.2016, S. 1885.

Kapitel A: Qualitätssicherung
4.1.1. Unabhängigkeit, Unparteilichkeit und Vermeidung der Besorgnis der Befangenheit

sam zum Abschlussprüfer bestellt (**Joint Audit**), verlängert sich danach die Höchstlaufzeit des Prüfungsmandats auf 24 Jahre (§ 318 Abs. 1a HGB).

[Anm.: Im Hinblick auf die besondere Bedeutung von Kreditinstituten und Versicherungen für den Finanzmarkt hat der Gesetzgeber Prüfungsmandate von diesen Unternehmen von den Verlängerungsmöglichkeiten des § 318 Abs. 1a HGB ausgenommen (vgl. § 340k Abs. 1 Satz 1 zweiter Halbsatz und § 341k Abs. 1 Satz 2 HGB)].

8　Bei der Bestimmung des (ersten) Rotationszeitpunkts sind Übergangsvorschriften zu beachten, die in dem nachfolgenden Schaubild dargestellt sind.[12]

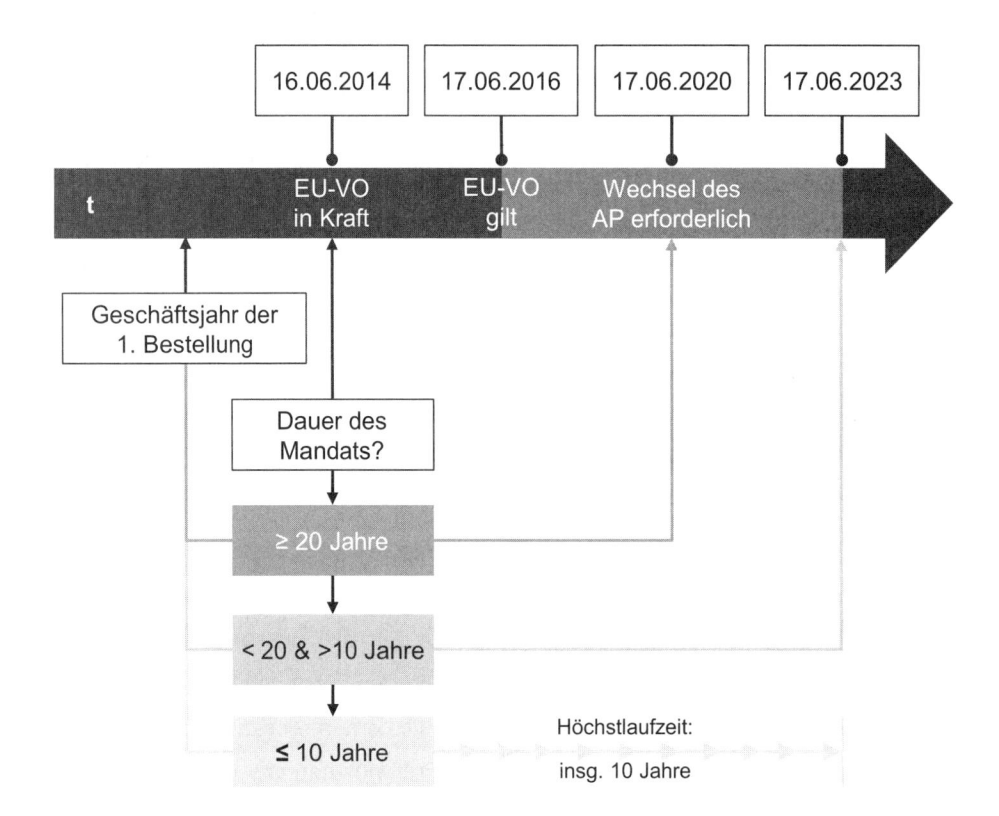

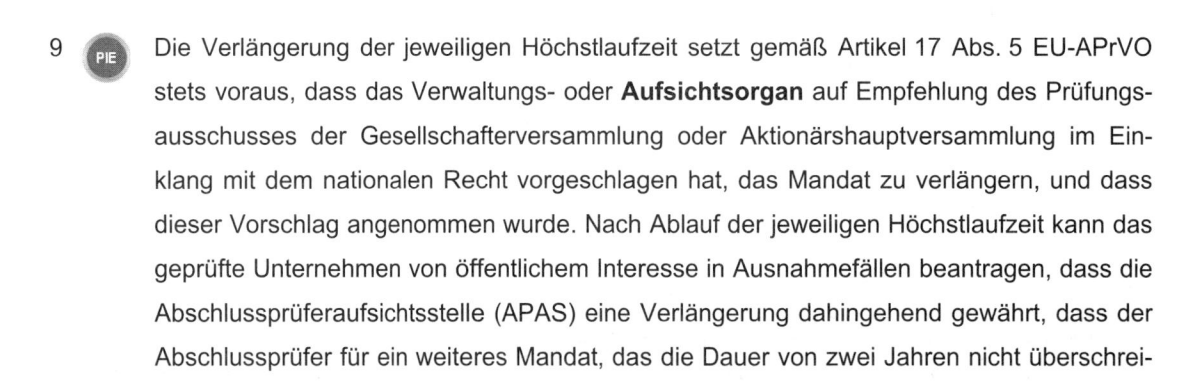

```
                16.06.2014   17.06.2016   17.06.2020   17.06.2023
                     |            |            |            |
    t ──────────────EU-VO────────EU-VO────────Wechsel des─────────►
                   in Kraft       gilt       AP erforderlich

        Geschäftsjahr der
         1. Bestellung
                │
             Dauer des
             Mandats?
                │
            ≥ 20 Jahre
                │
          < 20 & >10 Jahre
                │                    Höchstlaufzeit:
             ≤ 10 Jahre               insg. 10 Jahre
```

9　Die Verlängerung der jeweiligen Höchstlaufzeit setzt gemäß Artikel 17 Abs. 5 EU-APrVO stets voraus, dass das Verwaltungs- oder **Aufsichtsorgan** auf Empfehlung des Prüfungsausschusses der Gesellschafterversammlung oder Aktionärshauptversammlung im Einklang mit dem nationalen Recht vorgeschlagen hat, das Mandat zu verlängern, und dass dieser Vorschlag angenommen wurde. Nach Ablauf der jeweiligen Höchstlaufzeit kann das geprüfte Unternehmen von öffentlichem Interesse in Ausnahmefällen beantragen, dass die Abschlussprüferaufsichtsstelle (APAS) eine Verlängerung dahingehend gewährt, dass der Abschlussprüfer für ein weiteres Mandat, das die Dauer von zwei Jahren nicht überschrei-

---

[12] Vgl. IDW Positionspapier: Inhalte und Zweifelsfragen der EU-Verordnung und der Abschlussprüferrichtlinie, S. 28, a.a.O.; darin werden auch weitere Auslegungsfragen zur Höchstlaufzeit erörtert.

ten darf, bestellt wird, sofern die Voraussetzungen in Artikel 17 Abs. 4 Buchstabe a oder b erfüllt sind (Artikel 17 Abs. 6 EU-APrVO).

10 (PIE) Nach Artikel 17 Abs. 7 Unterabs. 1 und 2 EU-APrVO haben die für die Durchführung einer gesetzlich vorgeschriebenen Abschlussprüfung eines Unternehmens von öffentlichem Interesse verantwortlichen Prüfungspartner ihre Teilnahme an der Abschlussprüfung des geprüften Unternehmens spätestens sieben Jahre nach dem Datum ihrer Bestellung zu beenden (**Pflicht zur internen Rotation**). Sie können frühestens drei Jahre (bislang gemäß § 319a Abs. 1 Nr. 4 HGB a.F. zwei Jahre) nach dieser Beendigung ihrer Teilnahme wieder an der Abschlussprüfung des geprüften Unternehmens mitwirken. **Verantwortlicher Prüfungspartner** ist, wer den Bestätigungsvermerk nach § 322 HGB unterzeichnet oder als Wirtschaftsprüfer von einer Wirtschaftsprüfungsgesellschaft als für die Durchführung einer Abschlussprüfung vorrangig verantwortlich bestimmt worden ist (§ 319a Abs. 1 Satz 4 HGB). Dies umfasst auch den Mitunterzeichner. Bei der Konzernabschlussprüfung gilt als verantwortlicher Prüfungspartner auch, wer als Wirtschaftsprüfer auf der Ebene bedeutender Tochterunternehmen mit Sitz in Deutschland als für die Durchführung von deren Abschlussprüfung vorrangig verantwortlich bestimmt worden ist (vgl. § 319a Abs. 2 Satz 2 HGB). Hiervon erfasst sind Wirtschaftsprüfer der mit der Konzernabschlussprüfung beauftragten Wirtschaftsprüfungsgesellschaft, jedoch nicht Wirtschaftsprüfer eines Netzwerks gem. § 319b HGB. Nach *IDW QS 1*, Tz. 171 unterliegt darüber hinaus bei kapitalmarktorientierten Unternehmen i.S.d. § 264d HGB die für die auftragsbegleitende Qualitätssicherung verantwortliche Person der Pflicht zur internen Rotation.

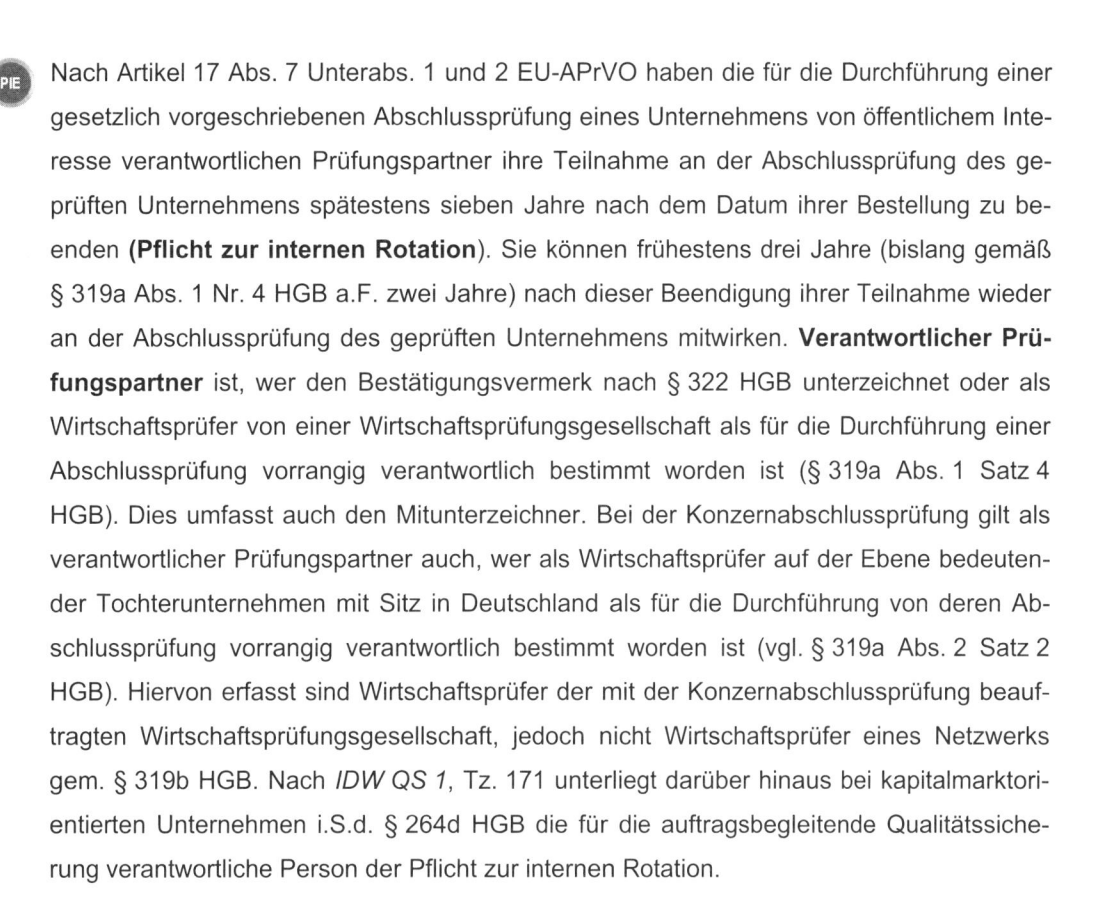

[Anm.: Die EU-APrVO enthält keine Regelung darüber, ob die Ermittlung des Zeitpunkts der internen Rotation nach Artikel 17 Abs. 7 prospektiv oder retrospektiv zu erfolgen hat. Bei einer retrospektiven Betrachtung, die bei der Einführung der internen Rotation in das HGB vorgenommen wurde, wären die vor dem 17.06.2016 liegenden Geschäftsjahre mitzurechnen. Auch die Regeln des IFAC Code of Ethics (Sec. 290.152) legen eine rückwirkende Zählweise an und schreiben eine interne Rotation unabhängig davon vor, wann ein Unternehmen PIE wird. Daher müssten bei der Berechnung der Sieben-Jahres-Frist für die interne Rotation auch die Abschlussprüfungen von Geschäftsjahren mitzurechnen sein, bevor das Unternehmen PIE wurde. Die bislang tätigen verantwortlichen Prüfungspartner können noch an der Prüfung für das Geschäftsjahr 2016 (bei abweichenden Geschäftsjahren 2015/2016) mitwirken (vgl. auch Artikel 79 Abs. 1 EGHGB).[13]

Als auf der Ebene bedeutender Tochtergesellschaften vorrangig verantwortlich bestimmte Prüfungspartner gelten die Abschlussprüfer, die den Jahresabschluss eines in den Konzernabschluss einzubeziehenden Tochterunternehmens prüfen und testieren. Bedeutende Tochterunternehmen sind solche, deren Einbeziehung sich erheblich auf die Vermögens-, Finanz- und Ertragslage des Konzerns auswirkt. Dies ist in jedem Einzelfall gesondert zu beurteilen. Regelmäßig ist jedoch davon auszuge-

---

[13] Vgl. IDW Positionspapier: Inhalte und Zweifelsfragen der EU-Verordnung und der Abschlussprüferrichtlinie, S. 34, a.a.O.

Kapitel A: Qualitätssicherung
4.1.1. Unabhängigkeit, Unparteilichkeit und Vermeidung der Besorgnis der Befangenheit

hen, dass ein Tochterunternehmen bedeutend ist, wenn es mehr als 20 % des Konzernvermögens hält oder mit mehr als 20 % zum Konzernumsatz beiträgt.[14]

Nach Sinn und Zweck der Vorschrift dürften auch die für die Prüfung der Handelsbilanz II bzw. des „reporting packages" bedeutender Tochterunternehmen als vorrangig verantwortlich bestimmten Wirtschaftsprüfer der Pflicht zur Rotation unterliegen, wenn ausnahmsweise für die Prüfung des Jahresabschlusses ein anderer Wirtschaftsprüfer verantwortlich ist.[15]]

11 (PIE) Der Abschlussprüfer hat nach Artikel 17 Abs. 7 Unterabs. 3 der EU-APrVO daneben ein angemessenes **graduelles Rotationssystem** für das an der Abschlussprüfung beteiligte **Führungspersonal** einzuführen, das zumindest die als Wirtschaftsprüfer registrierten Personen erfasst, die eine Leitungsfunktion wahrnehmen. Diese graduelle Rotation erfolgt gestaffelt und betrifft einzelne Personen und nicht das gesamte Prüfungsteam. Sie steht in einem angemessenen Verhältnis zu Umfang und Komplexität der Tätigkeiten des Abschlussprüfers. Der Abschlussprüfer muss in der Lage sein, der Abschlussprüferaufsichtsstelle gegenüber darzulegen, dass dieses System wirksam angewandt wird und dem Umfang und der Komplexität seiner Tätigkeiten angemessen ist.

*[Anm.: Es ist fraglich, welche Personen von dem Begriff „**Führungspersonal**" konkret erfasst sind. Unter Heranziehung des englischen Wortlauts der Norm, ist ein graduelles Rotationssystem für „the most [!] senior personnel" einzuführen. Demnach ist die Norm so zu verstehen, dass vom graduellen Rotationssystem das – an der Abschlussprüfung beteiligte – Führungspersonal zumindest in dem Umfang erfasst werden soll, soweit dieses Führungspersonal zugleich als Wirtschaftsprüfer bestellt ist. Hinsichtlich der konkreten Auslegung ist denkbar, auf entsprechende hierarchische Positionen oder auf die mandatsspezifisch zugewiesene Übernahme von Verantwortung (Führung) – auch unter Erwägung von Wesentlichkeitsgründen – abzustellen. Jede Wirtschaftsprüferpraxis muss insoweit eigene Regeln im Rahmen ihres Qualitätssicherungssystems treffen.[16]]*

12 (PIE) Artikel 5 Abs. 1 der EU-APrVO enthält eine Liste von **Nichtprüfungsleistungen** (sog. Blacklist), die der Abschlussprüfer eines Unternehmens von öffentlichem Interesse und jedes Mitglied seines Netzwerks nicht an das zu prüfende Unternehmen erbringen dürfen. Eine Leistung von dieser **Verbotsliste** darf weder direkt noch indirekt für das geprüfte Unternehmen von öffentlichem Interesse, dessen Mutterunternehmen oder die von ihm beherrschten Unternehmen erbracht werden.[17]

---

[14] Vgl. Gesetzesbegründung zum Regierungsentwurf des BilMoG, BT-Drs. 16/10067, S. 89.
[15] Vgl. Schmid, in: Beck'scher Bilanzkommentar, 10. Aufl., Rz. 38.
[16] Vgl. IDW Positionspapier zu Inhalten und Zweifelsfragen der EU-Verordnung und der Abschlussprüferrichtlinie, S. 36, a.a.O.
[17] Zur Reichweite des Verbots von Nichtprüfungsleistungen vgl. auch IDW Positionspapier zu Nichtprüfungsleistungen des Abschlussprüfers (Stand: 12.05.2017), Fragen im Abschnitt 2.2. Das Positionspapier ist unter dem Link https://www.idw.de/idw/verlautbarungen/idw-positionspapiere/nichtpruefungsleistungen-des-abschlspruefers--idw-positionspapier-/98172, Stand: 27.07.2017 abrufbar.

Kapitel A: Qualitätssicherung
4.1.1. Unabhängigkeit, Unparteilichkeit und Vermeidung der Besorgnis der Befangenheit

[Anm.: Die EU-APrVO enthält keine Definition des Begriffs „Nichtprüfungsleistungen". Nach dem Verständnis der EU-APrVO sind Nichtprüfungsleistungen alle Leistungen, die nicht Abschlussprüfungsleistungen sind. Soweit sie nicht durch die Blacklist des Artikel 5 Abs. 1 der EU-APrVO ausgeschlossen sind, können Sie grundsätzlich durch den Abschlussprüfer erbracht werden.

Eine verbotene Nichtprüfungsleistung darf nach Artikel 5 Abs. 1 Unterabs. 1 EU-APrVO nicht an das geprüfte PIE, Mutterunternehmen des PIE, oder vom PIE beherrschte Unternehmen erbracht werden.

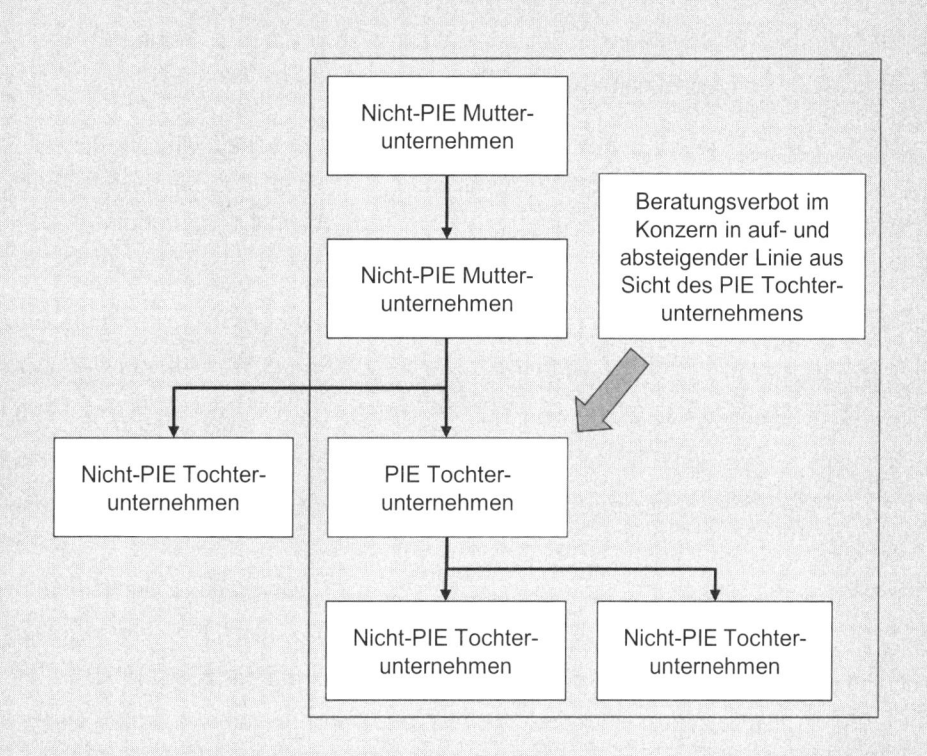

```
                    ┌──────────────────┐
                    │ Nicht-PIE Mutter-│
                    │   unternehmen    │
                    └────────┬─────────┘
                             │                  ┌──────────────────┐
                             ▼                  │ Beratungsverbot im│
                    ┌──────────────────┐        │ Konzern in auf- und│
                    │ Nicht-PIE Mutter-│        │ absteigender Linie aus│
                    │   unternehmen    │        │ Sicht des PIE Tochter-│
                    └────────┬─────────┘        │    unternehmens   │
                    ┌────────┼─────────┐        └──────────────────┘
                    ▼                  ▼
        ┌──────────────────┐  ┌──────────────────┐
        │ Nicht-PIE Tochter-│  │  PIE Tochter-   │
        │   unternehmen    │  │  unternehmen    │
        └──────────────────┘  └────────┬─────────┘
                              ┌────────┼─────────┐
                              ▼                  ▼
                    ┌──────────────────┐  ┌──────────────────┐
                    │ Nicht-PIE Tochter-│  │ Nicht-PIE Tochter-│
                    │   unternehmen    │  │   unternehmen    │
                    └──────────────────┘  └──────────────────┘
```

*Die Übersicht, die dem **IDW Positionspapier zu Nichtprüfungsleistungen** des Abschlussprüfers entnommen ist, verdeutlicht, dass als Mutterunternehmen des PIE alle Mutterunternehmen in „aufsteigender Linie" erfasst sind. Ebenso sind alle vom PIE beherrschten Tochterunternehmen betroffen, auch die mittelbaren Tochterunternehmen und unabhängig von der Frage, ob die Tochterunternehmen selbst PIE sind oder nicht.*

*Sofern der Abschlussprüfer (oder ein Mitglied seines Netzwerks) für ein Unternehmen mit Sitz in einem **Drittstaat**, das von dem geprüften PIE beherrscht wird (nicht für Mutterunternehmen!), Nichtprüfungsleistungen erbringt, bestimmt Artikel 5 Abs. 5 EU-APrVO, dass der Abschlussprüfer zu beurteilen hat, ob dies seine Unabhängigkeit gefährdet. Ist dies der Fall, wendet der Abschlussprüfer ggf. **Schutzmaßnahmen** zur Verminderung dieser gefahren an.[18]]*

---

[18] Vgl. IDW Positionspapier zu Nichtprüfungsleistungen des Abschlussprüfers, Abschn. 2.2.3, a.a.O.

13 (PIE) Grundsätzlich sind nach der Verbotsliste des Artikels 5 Abs. 1 EU-APrVO auch Steuerberatungsleistungen und Bewertungsleistungen gegenüber Abschlussprüfungsmandanten verboten. In Ausübung des Mitgliedstaatenwahlrechts des Artikel 5 Abs. 3 EU-APrVO hat der deutsche Gesetzgeber aber bestimmte Steuerberatungs- und Bewertungsleistungen als zulässig bestimmt. Danach sind **Steuerberatungsleistungen** wie

- die Erstellung von Steuererklärungen,
- Ermittlung von staatlichen Beihilfen und steuerlichen Anreizen,
- Unterstützung hinsichtlich Betriebsprüfungen,
- Berechnung von direkten und indirekten Steuern sowie latenter Steuern,
- Erbringung von (sonstigen) Steuerberatungsleistungen

nur dann verboten, wenn sich diese Leistungen in dem Geschäftsjahr, für dessen Schluss der zu prüfende Jahresabschluss aufzustellen ist, einzeln oder zusammen auf den zu prüfenden Jahresabschluss unmittelbar und nicht nur unwesentlich auswirken (§ 319a Abs. 1 Satz 1 Nr. 2 HGB).

[Anm.: Eine nicht nur unwesentliche Auswirkung liegt insbesondere dann vor, wenn die Erbringung der Steuerberatungsleistungen im zu prüfenden Geschäftsjahr den für steuerliche Zwecke zu ermittelnden Gewinn im Inland erheblich gekürzt hat oder ein erheblicher Teil des Gewinns ins Ausland verlagert worden ist, ohne dass eine über die steuerliche Vorteilserlangung hinausgehende wirtschaftliche Notwendigkeit für das Unternehmen besteht (§ 319a Abs. 1 Satz 1 Nr. 2 letzter Hs.)].

14 (PIE) **Bewertungsleistungen** im Sinne des Artikels 5 Abs. 1 Unterabs. 2 Buchstabe f der EU-APrVO, die in dem zu prüfenden Geschäftsjahr oder bis zur Erteilung des Bestätigungsvermerks über die Prüfungstätigkeit hinaus bei der zu prüfenden oder für die zu prüfende Kapitalgesellschaft erbracht werden, sind nur dann verboten, wenn sie sich einzeln oder zusammen auf den zu prüfenden Jahresabschluss unmittelbar und nicht nur unwesentlich auswirken (§ 319a Abs. 1 Satz 1 Nr. 3 HGB).

*[Anm.: Die Auswirkungen der vom Abschlussprüfer erbrachten nach § 319a Abs. 1 HGB zulässigen Steuerberatungs- und Bewertungsleistungen auf den zu prüfenden Jahresabschluss sind im **Prüfungsbericht** darzustellen und zu erläutern. Der **Prüfungsausschuss** des Unternehmens muss der Erbringung von Steuerberatungsleistungen durch den Abschlussprüfer vorher zustimmen. Falls das Unternehmen keinen Prüfungsausschuss eingerichtet hat, muss die Zustimmung durch seinen Aufsichts- oder Verwaltungsrat erfolgen (§ 319a Abs. 1 Satz 3 und Abs. 3 HGB).]*

15 (PIE) Nach Artikel 4 Abs. 2 der EU-APrVO dürfen die Gesamthonorare für erlaubte Nichtprüfungsleistungen des Abschlussprüfers auf maximal **70%** des Durchschnitts der in den letzten drei aufeinanderfolgenden Jahren an den Abschlussprüfer für die Abschlussprüfung gezahlten Honorare nicht übersteigen (sog. **Cap**).

Kapitel A: Qualitätssicherung
4.1.1. Unabhängigkeit, Unparteilichkeit und Vermeidung der Besorgnis der Befangenheit

[Anm: Das (durchschnittlich gezahlte) Prüfungshonorar umfasst sämtliche Honorare „für die Abschlussprüfung(en) des geprüften Unternehmens und gegebenenfalls seines Mutterunternehmens, der von ihm beherrschten Unternehmen und der konsolidierten Abschlüsse der betreffenden Unternehmensgruppe". In die Gesamtheit der Honorare für Nichtprüfungsleistungen fallen nicht die Honorare für solche Leistungen, die „nach Unionsrecht oder nationalem Recht erforderlich sind" (Artikel 4 Abs. 2 Unterabs. 2 EU-APrVO).

§ 319a Abs. 1a HGB sieht eine Befreiungsmöglichkeit durch die Aufsichtsbehörde bis zu 140% des Durchschnitts der Honorare für die Abschlussprüfung (Artikel 4 Abs. 2 Unterabs. 1 EU-APrVO) und höchstens für ein Geschäftsjahr vor.

Da es kein gesetzliches Rückwirkungsgebot gibt, muss bei kalendergleichen Geschäftsjahren der 70-%-Cap das erste Mal im Geschäftsjahr 2020 beachtet werden.[19]

*Für die Beurteilung, welche Leistungen als **Abschlussprüfungsleistungen** qualifiziert werden, wird auf die IDW Stellungnahme zur Rechnungslegung: Anhangangaben nach §§ 285 Nr. 17, 314 Abs. 1 Nr. 9 HGB über das Abschlussprüferhonorar (IDW RS HFA 36 n.F.) verwiesen.]*

16 Nach § 319 Abs. 3 Satz 1 HGB, § 29 Abs. 4 Nr. 1 BS WP/vBP ist ein Wirtschaftsprüfer auch dann als Abschlussprüfer ausgeschlossen, wenn ein Ausschlussgrund von einer Person erfüllt wird, mit der er seinen Beruf gemeinsam ausübt. Als **gemeinsame Berufsausübung** ist nach dem Zweck der Regelung jede Zusammenarbeit zu verstehen, bei der eine Gleichrichtung der wirtschaftlichen Interessen gegeben ist. Bei einer Einnahmen- und Ausgabenteilung ist regelmäßig von der Verfolgung gemeinsamer wirtschaftlicher Interessen auszugehen. Weitere Voraussetzung ist ferner auch ein gemeinsames Auftreten nach außen, z.B. als Sozietät.[20]

17 Bei einer **Kooperation**, die die Netzwerkkriterien nicht erfüllt, handelt es sich demgegenüber zwar ebenfalls um eine Form der beruflichen Zusammenarbeit, jedoch nicht um eine gemeinsame Berufsausübung i.S.v. § 319 Abs. 3 Satz 1 HGB. Ausschlussgründe, die der Kooperationspartner verwirklicht, führen daher nicht zum Ausschluss eines Wirtschaftsprüfers als Abschlussprüfer.

18 Nach § 319b Abs. 1 HGB werden bestimmte Unabhängigkeitsvorschriften des § 319 HGB und des § 319a HGB auf Mitglieder des Netzwerks, dem der Abschlussprüfer angehört, ausgedehnt. Danach ist ein Abschlussprüfer von der Abschlussprüfung ausgeschlossen, wenn ein Mitglied seines Netzwerks einen Ausschlussgrund nach § 319 Abs. 2, Abs. 3 Satz 1 Nr. 1, 2 oder Nr. 4, Abs. 3 Satz 2 oder Abs. 4 HGB erfüllt, es sei denn, dass das

---

[19] Vgl. IDW Positionspapier zu Nichtprüfungsleistungen des Abschlussprüfers, Abschn. 4.2.1., a.a.O.
[20] Vgl. WP Handbuch, 15. Aufl. 15, Bd. I, Abschn. A, Tz. 505 ff. und 276.

Netzwerkmitglied auf das Ergebnis der Abschlussprüfung keinen Einfluss nehmen kann (widerlegbare Ausschlusstatbestände). Er ist ausgeschlossen, wenn ein Mitglied seines Netzwerks einen Ausschlussgrund nach § 319 Abs. 3 Satz 1 Nr. 3 oder § 319a Abs. 1 Satz 1 Nr. 2 oder 3 HGB erfüllt (vgl. Abb. unten in Tz. 21: Unabhängigkeit im Netzwerk).

19 Ein Netzwerk liegt gemäß § 319b Abs. 1 Satz 3 HGB vor, wenn Personen bei ihrer Berufsausübung zur Verfolgung gemeinsamer wirtschaftlicher Interessen für eine gewisse Dauer zusammenwirken. Ein einmaliges oder nur gelegentliches Zusammenwirken führt ebenso wenig zur Annahme eines Netzwerks wie eine Zusammenarbeit, die nicht die berufliche Tätigkeit betrifft. Dabei kommt es nicht auf die rechtliche Ausgestaltung des Netzwerks und die nationale Zugehörigkeit der Netzwerkmitglieder an.[21] Insbesondere ist eine (gesellschaftsrechtliche) Beteiligung nicht erforderlich. Die Verfolgung gemeinsamer wirtschaftlicher Interessen muss bewusst und gewollt erfolgen (z.B. Gewinn- und Kostenteilung, gemeinsames Eigentum, gemeinsame Kontrolle oder gemeinsame Geschäftsführung, gemeinsame Qualitätssicherungsmaßnahmen und -verfahren, gemeinsame Geschäftsstrategie, Verwendung einer gemeinsamen Marke oder Verbundenheit durch einen wesentlichen Teil gemeinsamer fachlicher Ressourcen).

20 Folgende Fallkonstellationen der Zusammenarbeit mit anderen Berufsträgern können z.B. unterschieden werden, wobei jedoch jeweils der Einzelfall zu betrachten ist:[22]

Zusammenarbeit begründet Annahme eines Netzwerks[23]	Zusammenarbeit begründet für sich genommen **keine** Annahme eines Netzwerks
• Gemeinsames Eigentum[24], gemeinsame Kontrolle oder gemeinsame Geschäftsführung[25], sofern von gewisser Dauer	• Mitgliedschaft in Berufsverbänden (allgemeine berufspolitische oder fachliche Zusammenarbeit ohne Verfolgung gemeinsamer wirtschaftlicher Interessen)
• Gemeinsame Qualitätssicherungsmaßnah-	• (Gelegentliche) gemeinsame Fortbil-

---

[21] Vgl. Gesetzesbegründung zum Regierungsentwurf des BilMoG, BT-Drs. 16/10067, S. 90 f.

[22] Bei den Beispielen ist zu beachten, dass die Frage, ob ein Netzwerk vorliegt, immer einer Gesamtbetrachtung sämtlicher Aspekte unterliegt und nicht für sich alleine zu würdigen ist.

[23] Gilt nur für solche Befangenheitssachverhalte, in denen ein Netzwerkmitglied auf das Ergebnis der Prüfung Einfluss nehmen kann. Diese Bedingung gilt nicht für Fälle des Selbstprüfungsverbots (§ 29 Abs. 4 Satz 3 BS WP/vBP). Von einer Einflussnahmemöglichkeit ist immer dann auszugehen, wenn das (andere) Netzwerkmitglied gesetzlich oder vertraglich befugt ist, dem Wirtschaftsprüfer in Bezug auf dessen Prüfungstätigkeit Weisungen zu erteilen. Die Möglichkeit faktischer Rücksichtnahmen begründet eine Einflussmöglichkeit i.d.S. nur dann, wenn hierfür besondere Gründe bestehen, die über die gemeinsame Netzwerkzugehörigkeit und die übliche Zusammenarbeit erheblich hinausgehen (vgl. Begründung zu § 29 Abs. 4 Satz 3 BS WP/vBP).

[24] Laut WPK Magazin 1/2013, S. 22, kann *gemeinsames Eigentum* z.B. vorliegen bei „Verwendung eines gemeinsamen Betriebssystems und Intranets im EDV-Bereich, die den Praxen den Austausch von Informationen wie Mandantendaten, Abrechnungen und Zeitnachweisen ermöglichen".

[25] Gemäß WPK Magazin 1/2013, S. 22, z.B. bei vollständiger „Personenidentität im Kreis der gesetzlichen Vertreter einzelner oder aller Mitglieder" oder bei teilweiser Personenidentität „erhebliche Intensität der beruflichen Zusammenarbeit der Mitgliedsgesellschaften".

Zusammenarbeit begründet Annahme eines Netzwerks[23]	Zusammenarbeit begründet für sich genommen keine Annahme eines Netzwerks
men und -verfahren bei der Berufsausübung - Gemeinsame fachliche Fortbildungen (mehrfach im Jahr), die eigens für den Verbund organisiert werden[26] - Nutzung gemeinsamer fachlicher Ressourcen (z.B. Spezialisten) in wesentlichem Umfang auf gemeinsame Kosten (z.B. nicht nur im Einzelfall Personalgestellung[27]) - Eigens für den Verbund entwickelte gemeinsame Prüfungsmethodik oder entsprechende Handbücher und/oder gemeinsame Fachabteilungen[28]	dungsmaßnahmen - Bürogemeinschaft, die sachliche und ggf. personelle, nicht aber fachliche Ressourcen betrifft, z.B. durch bloße Kostenbeteiligungen und Umlagen für sächliche Hilfsmittel, gemeinsame Nutzung von Standardsoftware bzw. EDV-Tools oder Nutzung eines gemeinsamen Sekretariats[29]
- Gewinn- oder Kostenteilung in Bezug auf die berufliche Tätigkeit	- Gemeinsame Nutzung von Standardsoftware bzw. EDV-Tools
- Gemeinsame Geschäftsstrategie (z.B. systematische, zentral organisierte Vermittlung von Mandanten innerhalb eines Verbundes, Vorhaltung einheitlicher Informationsmaterialien für die Mandanten oder gemeinsame Mandantenseminare innerhalb des Verbundes)[30]	- Einmaliges oder nur gelegentliches Zusammenwirken, z.B. bei Gemeinschaftsprüfungen (Joint Audits) oder bei der gemeinsamen Erstellung von Gutachten

---

[26] Vgl. WPK Magazin 1/2013, S. 23.
[27] Vgl. WPK Magazin 1/2013, S. 22.
[28] Vgl. WPK Magazin 1/2013, S. 23.
[29] Vgl. WPK Magazin 4/2010, S. 47.
[30] Vgl. WPK Magazin 1/2013, S. 23.

Zusammenarbeit begründet Annahme eines Netzwerks[23]	Zusammenarbeit begründet für sich genommen **keine** Annahme eines Netzwerks
• Verwendung einer gemeinsamen Marke, wenn der Außenauftritt der die Marke verwendenden Personen durch die verwandte Marke bestimmt wird (z.B. Firmen- oder Namensbestandteil). Eine Marke kann auch dann bestehen, wenn der Außenauftritt durch ein gemeinsames Logo oder einen namensähnlichen Hinweis auf einen Zusammenschluss bestimmt wird[31]	• Zusammenarbeit, die nicht auf die berufliche Tätigkeit ausgerichtet ist, z.B. gemeinsame Beteiligung an einer Unternehmensberatungsgesellschaft oder einem gewerblichen Unternehmen, wenn in diesen keine Aufgaben der Berufstätigkeit gemeinsam erledigt werden
• Strukturen, in denen bestimmte Aufträge durch eine gemeinsame Berufsgesellschaft übernommen werden, diese dann aber von den die Anteile haltenden Wirtschaftsprüfern oder Berufsgesellschaften selbst bearbeitet werden, wenn sie mit gemeinsamen Qualitätssicherungsmaßnahmen und -verfahren oder der Nutzung einer gemeinsamen Marke einhergehen	• (Internationale) Kooperationen, die nur auf die gegenseitige Vermittlung von Mandaten ausgerichtet sind, die der Empfehlende aus fachlichen Gründen oder wegen geographischer Gegebenheiten nicht selbst übernehmen kann oder will. Wird für eine solche Kooperation aber im Außenauftritt eine gemeinsame Bezeichnung (Marke) verwendet, führt das gemeinsame Interesse an der Reputation dieses Verbundes zur Annahme eines Netzwerks[32]

21 Die folgende Tabelle enthält eine Übersicht über die Anwendung bestimmter Unabhängigkeitserfordernisse der §§ 319, 319a HGB auf Mitglieder des Netzwerks (§ 319b Abs. 1 HGB):

Regelung in §§ 319, 319a HGB / Effekt für Netzwerkmitglieder	Widerlegbare Ausschlusstatbestände	absolute Ausschlussgründe	nicht anwendbar
§ 319 Abs. 2: Generalklausel	X		
§ 319 Abs. 3 Satz 1 Nr. 1: direkte oder indirekte Beteiligung	X		

---

[31] Vgl. WPK Magazin 4/2010, S. 44.
[32] Vgl. *Gelhausen/Fey/Kämpfer*, Rechnungslegung und Prüfung nach dem Bilanzrechtsmodernisierungsgesetz, 2009, Abschn. T, Rn. 143.

Kapitel A: Qualitätssicherung
4.1.1. Unabhängigkeit, Unparteilichkeit und Vermeidung der Besorgnis der Befangenheit

Regelung in §§ 319, 319a HGB / Effekt für Netzwerkmitglieder	Widerlegbare Ausschlusstatbestände	absolute Ausschlussgründe	nicht anwendbar
§ 319 Abs. 3 Satz 1 Nr. 2: Organ oder Arbeitnehmer	x		
§ 319 Abs. 3 Satz 1 Nr. 3: Mitwirkung am Prüfungsobjekt		x	
§ 319 Abs. 3 Satz 1 Nr. 4: Beschäftigung befangener Personen	x		
§ 319a Abs. 1 Satz 1 Nr. 2: Steuerberatungsleistungen		x	
§ 319a Abs. 1 Satz 1 Nr. 3: Bewertungsleistungen		x	

[Anm.: § 319b Abs. 1 Satz 1 HGB erlaubt dem Abschlussprüfer, die mit der Vorschrift einhergehende Vermutung der Befangenheit zu widerlegen, indem er darlegt und ggf. beweist, dass das Netzwerkmitglied auf das Ergebnis der Abschlussprüfung keinen (rechtlichen oder faktischen) Einfluss nehmen kann (widerlegbare Ausschlusstatbestände). Demgegenüber ist der Prüfer unwiderlegbar ausgeschlossen, wenn das Netzwerkmitglied einen Ausschlussgrund nach § 319 Abs. 3 Satz 1 Nr. 3, § 319a Abs. 1 Satz 1 Nr. 2 oder 3 HGB erfüllt (absolute Ausschlussgründe).

Die Bildung eines Netzwerks soll nicht per se schädlich sein, sondern Netzwerkmitglieder können Prüfungs- und Beratungsleistungen erbringen, ohne dass der netzwerkangehörige Abschlussprüfer – gleichsam automatisch – von der Abschlussprüfung ausgeschlossen ist. Die Erbringung von Beratungsleistungen soll nur dann nicht zulässig sein, wenn sich das Ergebnis der Beratung unmittelbar im Jahresabschluss oder Konzernabschluss widerspiegelt. Damit soll bewusst eine Lösung gewählt werden, die es mittelständischen Abschlussprüfern weiterhin ermöglicht, sich im Rahmen eines Netzwerks mit Spezialisten auf dem Gebiet der Unternehmensberatung zusammenzuschließen und so eine breite Produktpalette anzubieten.[33]]

22　Zur Beurteilung der netzwerkweiten Unabhängigkeit sind sowohl die Mandatsverhältnisse als auch das Netzwerk einer Analyse zu unterziehen. Bei der Annahme eines Prüfungsmandats und bei der laufenden Überwachung bis zur Beendigung des Mandats kann es erforderlich sein, dass die Netzwerkmitglieder hierzu Informationen (über Einzelabfragen oder entsprechende zentrale Datenpools) austauschen. Die Verschwiegenheitspflichten stehen dem nicht entgegen.[34]

---

[33] Vgl. Gesetzesbegründung zum Regierungsentwurf des BilMoG, BT-Drs. 16/10067, S. 90.
[34] Vgl. WPK Magazin 3/2014, Berufsrechtliche Konsequenzen einer Netzwerkmitgliedschaft im Sinne des § 319b HGB, S. 31; Maxl, in: Hense/Ulrich (Hrsg.), WPO-Kommentar, 2. Aufl., § 43, Tz. 135, 163, 164.

Kapitel A: Qualitätssicherung
4.1.1. Unabhängigkeit, Unparteilichkeit und Vermeidung der Besorgnis der Befangenheit

*[Anm.: Bezüglich der **Sicherstellung der Unabhängigkeit im Netzwerk** stellt sich die Frage der organisatorischen Umsetzung, sofern – etwa in kleineren Netzwerken – kein zentraler Server eingesetzt wird. Hier ist als Lösung ein risikoorientiertes Vorgehen denkbar, welches auf die Identifikation wesentlicher Unabhängigkeitsgefährdungen im Netzwerk sowie darauf aufbauende Sicherungsmaßnahmen abstellt.*

Bei der Auftragsannahmeentscheidung und der Informationsbeschaffung muss sich der Abschlussprüfer mit den Mandatsverhältnissen und den wichtigsten Merkmalen des zu prüfenden Unternehmens (vgl. Kapitel B, Meilensteine 1 und 2) auseinandersetzen, etwa den wesentlichen Geschäftsaktivitäten und Beteiligungen bzw. Niederlassungen des Mandanten im In- und Ausland. Zum Beispiel können gezielte Befragungen der gesetzlichen Vertreter des zu prüfenden Unternehmens nach den Erbringern von Beratungs- und Bewertungsleistungen oder gezielte Abfragen bei Netzwerkmitgliedern durchgeführt werden, die in Staaten ansässig sind, in denen das zu prüfende Unternehmen Beteiligungen oder Niederlassungen hat. Dieses Verständnis ermöglicht es dem Abschlussprüfer einzuschätzen, ob die (theoretische) Möglichkeit besteht, dass sich andere Netzwerkmitglieder oder deren nahestehende Personen in einer Situation befinden, die zu einem absoluten Ausschlussgrund führt. Falls kein absoluter Ausschlussgrund besteht, sind die weiteren (widerlegbaren) Ausschlussgründe zu überprüfen; es reicht hier aus, durch geeignete Maßnahmen Einflussnahmemöglichkeiten eines Netzwerkmitglieds im Rahmen der Auftragsabwicklung auszuschließen, sodass dann eine vorherige Abstimmung und Information im Netzwerk sich erübrigt. Eine Abfrage im Netzwerk dürfte insbesondere dann zwingend sein, wenn die Analyse der Mandatsverhältnisse ergibt, dass einer der absoluten Ausschlussgründe nicht ausgeschlossen werden kann. In der Regel werden gezielte Einzelabfragen bei den relevanten Netzwerkmitgliedern ausreichen. Ein zentraler Datenpool oder eine Plattform zum Austausch wird sich regelmäßig nur für große Verbundeinheiten lohnen.[35] Bei widerlegbaren Ausschlussgründen kann ggf. aufgrund der Struktur des Netzwerks auf eine Abfrage verzichtet werden (insbesondere bei losem Netzwerk ohne wechselseitige Einflussnahmemöglichkeiten).[36]

Die Bestätigung der Unabhängigkeit durch Einzelabfragen bei den Netzwerkmitgliedern erfordert grundsätzlich deren ausdrückliche Zustimmung. „Schweigen als fiktive Zustimmung kann nur gelten, wenn die Regeln des Netzwerks dies ausdrücklich vorsehen und eine angemessene im Sinne einer realistischen Reaktionszeit zugrunde gelegt wird."[37]]

23 In den **Arbeitspapieren** sind die zur Überprüfung der Unabhängigkeit ergriffenen Maßnahmen, die Unabhängigkeit gefährdende Umstände und ergriffene Schutzmaßnahmen

---

[35] Vgl. WPK Magazin 3/2014, Berufsrechtliche Konsequenzen einer Netzwerkmitgliedschaft im Sinne des § 319b HGB, S. 33.
[36] Vgl. WPK Magazin 3/2014, Berufsrechtliche Konsequenzen einer Netzwerkmitgliedschaft im Sinne des § 319b HGB, S. 32.
[37] Vgl. WPK Magazin 3/2014, Berufsrechtliche Konsequenzen einer Netzwerkmitgliedschaft im Sinne des § 319b HGB, S. 33.

schriftlich zu dokumentieren (§ 51b Abs. 5 Satz 2 Nr. 1 WPO; § 29 Abs. 5 Satz 2 und § 30 Abs. 2 BS WP/vBP; *IDW PS 460 n.F.*, Tz. 13).

24 Nach § 321 Abs. 4a HGB hat der Abschlussprüfer im Prüfungsbericht **seine Unabhängigkeit zu bestätigen**. Damit soll gewährleistet werden, dass der Abschlussprüfer während der gesamten Dauer der Abschlussprüfung seine Unabhängigkeit sicherstellt und dies überwacht (vgl. *IDW EPS 450 n.F.*, Tz. 23a).

25 Wird eine wesentliche Gefährdung der Unbefangenheit festgestellt und können Schutzmaßnahmen ergriffen werden, ist der **Mandant** über die Gefährdung und die ergriffenen Maßnahmen zu **informieren** (§ 29 Abs. 5 Satz 3 BS WP/vBP WP/vBP).

26 Nach §§ 52 Nr. 5 BS WP/vBP müssen bei gesetzlichen Abschlussprüfungen regelmäßige und anlassbezogene Befragungen (z.B. bei Erstprüfungen) der betroffenen Personen zu finanziellen, persönlichen oder kapitalmäßigen Bindungen durchgeführt werden.

B. Zielsetzung

27 Den Grundsätzen zur unabhängigen und unparteilichen Berufsausübung kommt bei allen Tätigkeiten, vor allem jedoch bei der Abschlussprüfung, eine besondere Bedeutung zu, da die Unabhängigkeit und Unparteilichkeit des Abschlussprüfers als die Grundlage des Vertrauens der Öffentlichkeit in die Urteilsfähigkeit und Urteilsfreiheit des Abschlussprüfers angesehen wird. Unsere Regelungen zur Unabhängigkeit, Unparteilichkeit und Vermeidung der Besorgnis der Befangenheit (im Folgenden: Unabhängigkeitsregelungen) sollen ausreichend Gewähr dafür bieten, dass alle Vorschriften zur Unabhängigkeit, Unparteilichkeit und Vermeidung der Besorgnis der Befangenheit (im Folgenden: Unabhängigkeitsvorschriften) eingehalten werden, die für unsere Wirtschaftsprüferpraxis und unsere Mitarbeiter sowie ggf. für weitere Personen relevant sind, die mit der Abwicklung von Aufträgen befasst werden (z.B. externe Sachverständige oder Mitarbeiter anderer Wirtschaftsprüferpraxen).

C. Praxisinterne Regelungen

28 Die Verantwortung für die Untersuchung und Lösung von Fragen im Zusammenhang mit möglichen Unabhängigkeitsgefährdungen hat in unserer Wirtschaftsprüferpraxis die Praxisleitung/die von der Praxisleitung beauftragte zuständige Person Herr/Frau Name.

C.1. Unterrichtung über die Unabhängigkeitsvorschriften

29 Unsere fachlichen Mitarbeiter werden bei der Einstellung und bei wesentlichen Rechtsänderungen von der Praxisleitung bzw. der von dieser bestimmten zuständigen Person durch

Kapitel A: Qualitätssicherung
4.1.1. Unabhängigkeit, Unparteilichkeit und Vermeidung der Besorgnis der Befangenheit

Rundschreiben über die Anforderungen an die berufliche Unabhängigkeit und unsere diesbezüglichen Regelungen unterrichtet **(Merkblatt: „Unterrichtung über die Berufsgrundsätze", vgl. Arbeitshilfe A-4.1.(1))**.

30 An der Auftragsabwicklung beteiligte externe Personen (z.B. freie Mitarbeiter, externe Sachverständige, Teilbereichsprüfer), welche die Unabhängigkeitsvorschriften beachten müssen, werden auftragsbezogen vom verantwortlichen Wirtschaftsprüfer über die Anforderungen an die berufliche Unabhängigkeit und unsere diesbezüglichen Regelungen unterrichtet. Sie sind in die Beurteilung der Unabhängigkeit einzubeziehen.

C.2. Unabhängigkeitserklärungen

31 Bei Prüfungen eingesetzte Mitarbeiter werden bei Einstellung (Formblatt: „Erklärung zur berufsrechtlichen Unabhängigkeit und zur Einhaltung der Qualitätssicherungsregelungen", vgl. **A-4.1.1.(1)**), jährlich (Formblatt: „Erklärung zur berufsrechtlichen Unabhängigkeit", vgl. **A-4.1.1.(2)**) anhand der jeweils aktuellen Mandantenliste sowie bei gesetzlichen Abschlussprüfungen vor jedem Prüfungseinsatz (mandatsbezogene Abfrage) zu finanziellen, persönlichen oder kapitalmäßigen Bindungen befragt. Die mandatsbezogene Abfrage unmittelbar vor Auftragsbeginn kann mündlich erfolgen, z.B. im Rahmen des Planungsgesprächs mit dem Prüfungsteam. Eine mandatsbezogene Abfrage erfolgt auch bei externen Personen bzw. freiberuflich tätigen Mitarbeitern, die an der Auftragsabwicklung beteiligt sind und deren Arbeit verwertet werden soll. Der verantwortliche Wirtschaftsprüfer hat die Bestätigungen der Mitarbeiter in den Arbeitspapieren zu dokumentieren.

[Bei Verwertung der Prüfungsergebnisse von anderen Abschlussprüfern (Teilbereichsprüfern) durch einen Konzernabschlussprüfer sieht der IDW PS 320 n.F., Tz. 38 vor, dass das Konzernprüfungsteam sich von den Teilbereichsprüfern die Einhaltung der Unabhängigkeitserfordernisse bestätigen lassen muss. Die zu beachtenden Unabhängigkeitsanforderungen sind Pflichtbestandteil der Konzern-Prüfungsanweisungen (vgl. Kapitel C, Abschn. 7.3.) (IDW PS 320 n.F., Tz. 37).]

Hinweise auf in der Praxis vorkommende Fehlerquellen, die in den Kontrollen der APAK/WPK beanstandet wurden:[38]

- *Dokumentationen zur persönlichen Unabhängigkeit der Mitglieder des Prüfungsteams sind unvollständig.*

- *Bei Prüfung komplexer Konzerngebilde: Vollständigkeit und Aktualität der erfassten Beteiligungsstrukturen des zu prüfenden Unternehmens zur Überprüfung der Unabhängigkeit und zur Identifizierung von Interessenkonflikten.*

- *Fehlende Überprüfung der persönlichen Unabhängigkeit von anderen externen Prüfern und von*

---

[38] Quelle: Präsentationen anlässlich Jour fixe-Veranstaltungen der WPK, Frankfurt 2008 und 2009; Berufsaufsichtsbericht 2010 der WPK, S. 24 ff.

> *Sachverständigen, deren Arbeit verwertet wurde.*
>
> - *Unabhängigkeit bei Schnittstellen zu anderen Praxen.*
>
> - *Regeln der Praxis zum Besitz und zur Offenlegung von Wertpapieren und zur Pflege der Daten in den zur Erfassung entsprechender Transaktionen eingerichteten Systemen wurden durch Mitarbeiter verletzt.*

C.3. Erfassung und Bereitstellung von mandanten- und auftragsbezogenen Informationen

32 Der verantwortliche Wirtschaftsprüfer hat mandanten- und auftragsbezogene Informationen zu erfassen und diese zeitnah an die Praxisleitung/zuständige Person weiterzuleiten, um eine Datengrundlage für die Überprüfung möglicher Gefährdungen der Unabhängigkeit, Unparteilichkeit und Vermeidung der Besorgnis der Befangenheit (im Folgenden: Unabhängigkeitsgefährdungen) oder von möglichen Interessenkonflikten mit bestehenden Mandaten zu schaffen. Die Informationen sind in aufbereiteter Form (z.B. Mandantenliste) den fachlichen Mitarbeitern und ggf. weiteren in die Prüfung einbezogenen Personen, zur Verfügung zu stellen, damit diese feststellen können, ob sie die Unabhängigkeitsanforderungen erfüllen.

C.4. Maßnahmen bei Unabhängigkeitsgefährdungen

33 Sofern unsere Mitarbeiter bzw. an der Auftragsabwicklung beteiligte externe Personen *(Anm.: entsprechende vertragliche Regelung bei Externen erforderlich)* Unabhängigkeitsgefährdungen erkennen, sind sie verpflichtet, den verantwortlichen Wirtschaftsprüfer davon unverzüglich in Kenntnis zu setzen.

[Anm.: Bei Abschlussprüfungen börsennotierter Aktiengesellschaften zu beachten: Nach den Verhaltensempfehlungen des Deutschen Corporate Governance Kodex (DCGK) soll der Aufsichtsrat mit dem von der Hauptversammlung gewählten Abschlussprüfer u.a. vereinbaren, dass der Vorsitzende des Aufsichtsrats bzw. des Prüfungsausschusses vom Abschlussprüfer unverzüglich informiert wird über während der Prüfung aufgetretene mögliche Ausschluss- oder Befangenheitsgründe, soweit diese nicht beseitigt werden (vgl. Ziffer 7.2.1, Abs. 2 des DCGK, IDW Prüfungsstandard: Auswirkungen des Deutschen Corporate Governance Kodex auf die Abschlussprüfung (IDW PS 345)).]

34 Die Praxisleitung/zuständige Person sowie der verantwortliche Wirtschaftsprüfer entscheiden gemeinsam darüber, ob weitere Personen in den Informationsprozess einzubinden sind.

C.4.1. Maßnahmen bei bestehender Besorgnis der Befangenheit und Verstößen gegen Unabhängigkeitsregelungen

35 Die Praxisleitung/die für Unabhängigkeitsfragen zuständige Person sowie der verantwortliche Wirtschaftsprüfer entscheiden gemeinsam darüber, welche auftragsbezogenen Maßnahmen im Falle einer bestehenden Unabhängigkeitsgefährdung zu ergreifen sind. Bei den Maßnahmen muss es sich um Gestaltungen handeln, die geeignet sind, eine Gefährdung der Unbefangenheit zu beseitigen oder soweit abzuschwächen, dass aus Sicht eines verständigen Dritten die Gefährdung insgesamt als unwesentlich zu beurteilen ist.

36 Als Maßnahmen können, je nach den vorliegenden Umständen, aus denen sich die Gefährdung ergibt, z.B. in Betracht kommen (vgl. § 30 BS WP/vBP):

- Erörterungen mit Aufsichtsgremien des Auftraggebers
- Erörterungen mit Aufsichtsstellen außerhalb des Unternehmens
- Transparenzregelungen (z.B. die Veröffentlichung von Honoraren)
- Einschaltung von Personen in den Prüfungsauftrag, die nicht schon anderweitig damit befasst sind
- Beratung mit Kollegen, die in Fragen der Unbefangenheit erfahren sind
- personelle und organisatorische Maßnahmen, durch die sichergestellt wird, dass Informationen aus der zusätzlichen Tätigkeit, die zu einer Befangenheit als Abschlussprüfer führen können, den für die Abschlussprüfung Verantwortlichen nicht zur Kenntnis gelangen (Firewalls) und
- Änderungen in der Besetzung des Prüfungsteams.

37 Kann eine wesentliche Unabhängigkeitsgefährdung nicht beseitigt werden, kommen nur die Ablehnung oder die Kündigung des Auftrags (bei gesetzlichen Abschlussprüfungen unter Beachtung von § 318 Abs. 6 HGB) in Frage. Nach § 318 Abs. 8 HGB hat der Abschlussprüfer im Falle einer Kündigung oder eines Widerrufs des Prüfungsauftrags die Wirtschaftsprüferkammer unverzüglich und schriftlich begründet darüber zu unterrichten (vgl. Abschn. 4.2.).

38 Über die getroffenen Maßnahmen werden die Unternehmensleitung und die an der Auftragsabwicklung beteiligten Personen durch die Praxisleitung/zuständige Person zeitnah informiert.

39 Bei wiederholten oder bewussten Verstößen gegen die Unabhängigkeitsvorschriften und unsere diesbezüglichen Regelungen entscheidet die Praxisleitung/zuständige Person über gezielte Fortbildungsmaßnahmen und/oder ggf. zu ergreifende interne Disziplinarmaßnahmen zur Vermeidung künftiger Verstöße.

C.4.2. Maßnahmen zur Vermeidung von Unabhängigkeitsgefährdungen speziell bei langjähriger Tätigkeit eines verantwortlichen Wirtschaftsprüfers bei einem Prüfungsmandanten

40 Zur Vermeidung von Unabhängigkeitsgefährdungen bzw. zur Vermeidung einer möglicherweise zu großen persönlichen Vertrautheit (z.B. im Zeitablauf oder durch Wechsel von Mitgliedern des Prüfungsteams zum Mandanten), wird durch die Praxisleitung/zuständige Person festgelegt, ob und welche besonderen Schutzmaßnahmen (z.B. eine auftragsbegleitende Qualitätssicherung oder die Auswechslung einzelner Mitglieder des Prüfungsteams mit Leitungsfunktion) zu ergreifen sind. In jedem Fall sind Maßnahmen zu ergreifen, wenn es sich um ein Abschlussprüfungsmandat eines Unternehmens von öffentlichem Interesse handelt.

[Anm.: Nach der Berufssatzung können enge persönliche Beziehungen i.S.d. § 35 BS WP/vBP dann zur Besorgnis der Befangenheit führen, wenn sie nach dem Gesamtbild der Verhältnisse zu der Annahme führen können, dass durch diese Beziehungen ein übermäßiges Vertrauen des WP zu dem Mandanten besteht, welches die Urteilsbildung beeinflussen kann. Risiken für die Prüfungsqualität aufgrund eines übermäßigen Vertrauens oder einer zu großen Vertrautheit entstehen, wenn Mitglieder des Prüfungsteams regelmäßig und über einen langen Zeitraum mit der Prüfung desselben Mandanten befasst sind.]

41 (PIE) Bei Abschlussprüfungsmandanten im Sinne des § 319a HGB, bei denen darüber hinaus die Einhaltung der Vorschriften zur internen und externen Rotation sicher zu stellen ist,

  a. werden die betroffenen verantwortlichen Prüfungspartner und das daneben an der Abschlussprüfung beteiligte Führungspersonal von der Praxisleitung über die gesetzlichen **Rotationspflichten** (intern und extern) informiert,

  b. wird von der Praxisleitung auftragsbezogen der (interne und externe) Rotationsplan erstellt und dessen Durchführung überwacht. Die graduelle Rotation für das an der Abschlussprüfung beteiligte Führungspersonal erfolgt gestaffelt und in angemessenem Verhältnis zu Umfang und Komplexität der Prüfung, so dass die Kontinuität der Prüfungsqualität sichergestellt wird.

42 **Folgende Übersicht fasst die zu berücksichtigenden Rotationsfristen** bei gesetzlichen Abschlussprüfungen von Unternehmen von öffentlichem Interesse zusammen:

	Externe Rotation (Artikel 17 Abs. 1 EU-APrVO)	**Interne Rotation (Artikel 17 Abs. 7 Unterabs. 1 EU-APrVO, IDW QS 1, Tz. 52 und 171)**	**Graduelles (internes) Rotationssystem (Artikel 17 Abs. 7 Unterabs. 4 EU-APrVO)**
WP-Praxis	- nach **10 Jahren** (Grundsatz) - nach **20 Jahren** (bei Ausschreibung vor dem 11. Gj. (§ 318 Abs. 1 Satz 1 HGB)) - nach **24 Jahren** (bei Joint Audit ab dem 11. Gj. (§ 318 Abs. 1a Satz 2 HGB)) (4 Jahre Cooling-Off)	–	–
Verantwortliche Prüfungspartner (§ 319a HGB) - verantwortlicher WP - Unterzeichner BV - Bei KAP: auf Ebene bedeutender TU verantwortliche WP	–	- nach **7 Jahren** (3 Jahre Cooling-Off)	- nach **7 Jahren** (3 Jahre Cooling-Off)
Auftragsbegleitender Qualitätssicherer	–	- bei kapitalmarktorientierten Unternehmen i.S.d. § 264d HGB: - nach **7 Jahren** (2 Jahre Cooling-Off)	
Sonstige Wirtschaftsprüfer /Personal mit Leitungsfunktion bei Abschlussprüfung	–	–	- praxisindividuelle Festlegung der Rotations- und Cooling-Off-Fristen (gestaffelt)

> Hinweis auf in der Praxis vorkommende Fehlerquellen, die in den Kontrollen der APAK/WPK beanstandet wurden:[39]
> - Verstoß gegen interne Rotationsregelung.
> - Vollständigkeit und Aktualität der Informationen zur Überwachung der Pflichten zur internen Rotation war nicht für alle rotationspflichtigen Mandate und Berufsträger gewährleistet.

C.5. Dokumentationspflichten

43 Die zur Überprüfung der Unabhängigkeit ergriffenen Maßnahmen und die dabei festgestellten Unabhängigkeitsgefährdungen sind in den Arbeitspapieren zu dokumentieren. Art, Zeitpunkt und Umsetzung der im Einzelfall getroffenen Schutzmaßnahmen sind ebenfalls zu dokumentieren. Die Dokumentation muss so ausführlich sein, dass ein sachverständiger Dritter die Einhaltung der Unabhängigkeitsregelungen nachvollziehen kann
(*IDW PS 460 n.F.*, Tz. 13).

D. Arbeitshilfen

A-4.1.(1): Merkblatt: „Unterrichtung über die Berufsgrundsätze"

A-4.1.1.(1): Formblatt: „Erklärung zur berufsrechtlichen Unabhängigkeit und zur Einhaltung der Qualitätssicherungsregelungen" (bei Einstellung neuer Mitarbeiter)

A-4.1.1.(2): Formblatt: „Erklärung zur berufsrechtlichen Unabhängigkeit" (jährliche Abfrage)

A-4.1.1.(3): Formblatt: „Unabhängigkeitserklärung des Abschlussprüfers gegenüber dem Aufsichtsorgan" (für börsennotierte Aktiengesellschaften)

---

[39] Quelle: Präsentationen anlässlich Jour fixe-Veranstaltungen der WPK, Frankfurt 2008 und 2009, Berufsaufsichtsbericht 2010 der WPK, S. 26.

4.1.2. Gewissenhaftigkeit

A. Gesetzliche und satzungsmäßige Grundlagen

1 Wirtschaftsprüfer haben ihren beruflichen Aufgaben gewissenhaft nachzugehen (§ 43 Abs. 1 Satz 1 WPO). Der Grundsatz der Gewissenhaftigkeit wird in § 4 BS WP/vBP konkretisiert.

2 Nach § 4 BS WP/vBP sind Wirtschaftsprüfer bei der Erfüllung ihrer Aufgaben an das Gesetz gebunden, haben sich über die für ihre Berufsausübung geltenden Bestimmungen zu unterrichten und diese und fachliche Regeln zu beachten. Die fachlichen Regeln sind zum Teil gesetzlich fixiert (z.B. für die Abschlussprüfung in §§ 316 ff. HGB sowie für die Abschlussprüfung von Unternehmen von öffentlichem Interesse in der EU-APrVO) und zum Teil in den Verlautbarungen der Berufsorganisationen der Wirtschaftsprüfer niedergelegt (z.B. in den *IDW Prüfungsstandards* oder den International Standards on Auditing (ISA) des International Auditing and Assurance Standards Board (IAASB)). Für gesetzliche Abschlussprüfungen nach § 316 HGB ist die Pflicht zur gewissenhaften Prüfung darüber hinaus ausdrücklich in § 323 Abs. 1 Satz 1 HGB geregelt.

3 Die Mitarbeiter sind vor Dienstantritt auf die Einhaltung der Regelungen des Qualitätssicherungssystems zu verpflichten. Dies ist zu dokumentieren (vgl. § 6 Abs. 3 BS WP/vBP). Hierzu reichen elektronisch gespeicherte Erklärungen aus.

4 Bei Prüfungen und Gutachten ist während der gesamten Dauer der Auftragsabwicklung eine **kritische Grundhaltung** zu wahren (§ 43 Abs. 4 WPO i.V.m. § 37 BS WP/vBP).

5 Bei der Durchführung von gesetzlichen Abschlussprüfungen nach § 316 HGB ist ausreichend Zeit für den Auftrag aufzuwenden und die zur angemessenen Wahrnehmung der Aufgaben erforderlichen Mittel, insbesondere soweit erforderlich, Personal mit den notwendigen Kenntnissen und Fähigkeiten, einzusetzen (§ 43 Abs. 5 WPO i.V.m. § 47 BS WP/vBP).

6 Wird ein Wirtschaftsprüfer, der nicht als Abschlussprüfer bestellt ist, beauftragt, ein Gutachten über die Beurteilung eines konkreten Sachverhalts in der Rechnungslegung eines Unternehmens abzugeben (sog. **Second opinion**), hat er vor Erstattung des Gutachtens mit dem Abschlussprüfer des Unternehmens diesen Sachverhalt zu erörtern (vgl. § 39 Abs. 5 BS WP/vBP). Hierfür muss der Abschlussprüfer von seiner Verschwiegenheitspflicht entbunden werden. Der Abschlussprüfer selbst wird ein solches Gespräch nicht ablehnen können, wenn er vom Unternehmen entbunden worden ist. Ohne Entbindung darf der Auftrag nicht angenommen werden.

B. Zielsetzung

7 Unsere praxisinternen Regelungen dienen dazu, die gewissenhafte Abwicklung der Aufträge nach den gesetzlichen Bestimmungen und den fachlichen Regeln zu gewährleisten. Dies beinhaltet, dass Mandate nur anzunehmen und zu bearbeiten sind, wenn unsere Wirtschafts-

prüferpraxis hierzu die notwendigen fachlichen Ressourcen und Kenntnisse hat und den Auftrag zeitgerecht abschließen kann.

C. Praxisinterne Regelungen

8 Um dieses Ziel zu erreichen und allen Mitarbeitern die Bedeutung der Qualitätssicherung darzulegen, werden Informations- oder Schulungsveranstaltungen in unserer Praxis durchgeführt. Schwerpunkt der Information sind die Vorschriften und fachlichen Regeln in den Haupttätigkeitsbereichen unserer Praxis sowie insbesondere deren Änderungen; das schließt auch den fachgerechten Einsatz Prüfungssoftware und Prüfungshilfen, Muster-Arbeitsprogramme und Musterberichte ein. Auf Abschn. 4.3. wird verwiesen.

9 Bei der Durchführung von Prüfungen und Gutachten werden die eingesetzten fachlichen Mitarbeiter angehalten, während der gesamten Auftragsabwicklung eine kritische Grundhaltung zu bewahren. Dazu gehört es, Angaben zu hinterfragen, auf Gegebenheiten zu achten, die auf eine falsche Darstellung hindeuten könnten, und die Prüfungsnachweise kritisch zu beurteilen.

10 Unsere Mitarbeiter informieren sich auch eigenständig über Änderungen in den geltenden Bestimmungen und fachlichen Regeln. Bei Zweifelsfragen beachten sie die praxisinternen Regelungen zur Einholung von fachlichem Rat (vgl. Abschn. 4.6.4.).

11 Gleichzeitig verpflichten sich alle Mitarbeiter einmalig bei Dienstbeginn, die geltenden Berufsgrundsätze sowie die Vorgaben unseres Qualitätssicherungshandbuchs einzuhalten (vgl. **Formblatt: „Erklärung zur berufsrechtlichen Unabhängigkeit und zur Einhaltung der Qualitätssicherungsregelungen" (bei Einstellung neuer Mitarbeiter), Arbeitshilfe A-4.1.1.(1)**).

12 Die Integrität, Vertraulichkeit und Verfügbarkeit der zur Qualitätssicherung eingesetzten Datenverarbeitungssysteme wird durch interne Sicherheits- und Kontrollverfahren gewährleistet. Unsere Verhaltensregeln für die Benutzung von IT-Systemen und zur Datensicherheit **(Arbeitshilfe A-4.1.3.(2))** sind zu beachten.

D. Arbeitshilfen/Dokumentation

A-4.1.(1): Merkblatt: „Unterrichtung über die Berufsgrundsätze"
A-4.1.1.(1): Formblatt: „Erklärung zur berufsrechtlichen Unabhängigkeit und zur Einhaltung der Qualitätssicherungsregelungen" (bei Einstellung neuer Mitarbeiter)
A-4.1.3.(2): Verhaltensregeln für die Benutzung von IT-Systemen und zur Datensicherheit

4.1.3. Verschwiegenheit

A. Gesetzliche und satzungsmäßige Grundlagen

1 Nach § 43 Abs. 1 Satz 1 WPO ist der Wirtschaftsprüfer zur Verschwiegenheit verpflichtet. Wirtschaftsprüfer dürfen Tatsachen und Umstände, die ihnen bei ihrer Berufstätigkeit anvertraut oder bekannt werden, nicht unbefugt offenbaren und nicht unbefugt für eigene oder fremde Vermögensdispositionen nutzbar machen (§§ 10 Abs. 1, 11 BS WP/vBP). Bei gesetzlichen Abschlussprüfungen ergibt sich die Verschwiegenheitspflicht zudem aus § 323 Abs. 1 Satz 1 HGB.

[Anm.: Darüber hinaus ist die Verschwiegenheitspflicht durch das Strafrecht (§ 203 StGB) sowie eine Vielzahl spezialgesetzlicher Normen abgesichert (vgl. Anlage zu Formblatt A-4.1.3.(1)).]

2 Die **Verschwiegenheitspflicht** gilt zeitlich unbegrenzt (§ 10 Abs. 3 BS WP/vBP) und gegenüber jedermann, soweit sie nicht aufgrund gesetzlicher Vorschriften entfällt (z.B. im Rahmen der Qualitätskontrolle nach § 57b WPO) oder der Mandant den Wirtschaftsprüfer wirksam von der Verschwiegenheitspflicht entbindet.[1] Sie ist auch innerhalb der Wirtschaftsprüferpraxis gegenüber nicht mit dem betreffenden Mandat befassten Personen zu beachten.

[Anm.: Zu dem von der Verschwiegenheitspflicht betroffenen Personenkreis innerhalb einer Sozietät oder Partnerschaft (vgl. WP Handbuch, 15. Aufl., Bd. I, Abschn. A, Tz. 172).]

3 Der Wirtschaftsprüfer hat die von ihm **beschäftigten Personen** sowie solche Personen, die im Rahmen einer berufsvorbereitenden Tätigkeit oder einer sonstigen Hilfstätigkeit an der beruflichen Tätigkeit des Wirtschaftsprüfers mitwirken, in Textform zur Verschwiegenheit zu verpflichten und sie dabei über die strafrechtlichen Folgen einer Pflichtverletzung zu belehren. Dies gilt nicht für angestellte Personen, die im Hinblick auf die Verschwiegenheitspflicht den gleichen Anforderungen wie der Wirtschaftsprüfer unterliegen (z.B. beschäftigte Steuerberater, Rechtsanwälte) (§ 50 WPO n.F.[2], § 6 Abs. 3 BS WP/vBP).

4 **Dienstleistern** (z.B. IT-Dienstleistern) darf Zugang zu Tatsachen nur eröffnet werden, auf die sich die Verpflichtung zur Verschwiegenheit gemäß § 43 WPO bezieht, soweit dies für die Inanspruchnahme der Dienstleistung erforderlich ist. Ein Dienstleister ist eine andere

---

[1] Zum Herantreten des Abschlussprüfers an Dritte ohne Zustimmung des Mandanten vgl. Beschluss des LG Berlin vom 06.02.2003 (WiL 19/02). Zum Verstoß gegen die Pflicht, Verschwiegenheit zu wahren, aufgrund der Offenbarung von Namen früherer Mandaten Dritten gegenüber vgl. Beschluss des LG Berlin vom 29.04.2008 (WiL 7/08). Beide abrufbar unter http://www.wpk.de/wpk/berufsaufsicht/berufsrechtliche-entscheidungen/, (Stand: 27.07.2017)

[2] § 50 WPO i.d.F. des Entwurfs eines Gesetzes zur Neuregelung des Schutzes von Geheimnissen bei der Mitwirkung Dritter an der Berufsausübung schweigepflichtiger Personen: liegt derzeit nach Verabschiedung durch den Bundestag dem Bundesrat vor.

Person oder Stelle, die vom Wirtschaftsprüfer im Rahmen seiner Berufsausübung mit Dienstleistungen beauftragt wird (§ 50a Abs. 1 WPO[3]).

5   Der Wirtschaftsprüfer ist verpflichtet, den Dienstleister sorgfältig auszuwählen. Die Zusammenarbeit muss unverzüglich beendet werden, wenn die Einhaltung der dem Dienstleister nach § 50a Abs. 3 WPO zu machenden Vorgaben (siehe nachfolgende Textziffer) nicht gewährleistet ist. Bei der Inanspruchnahme von Dienstleistungen, die unmittelbar einem einzelnen Mandat dienen, darf der Wirtschaftsprüfer dem Dienstleister den Zugang zu fremden Geheimnissen nur dann eröffnen, wenn der Mandant darin eingewilligt hat (§ 50a Abs. 2 und Abs. 5 WPO[4]).

6   Die folgende Übersicht fasst die vom Wirtschaftsprüfer zu beachtenden Vorkehrungen im Zusammenhang mit der Sicherstellung der Verschwiegenheit von Mitarbeitern und Dienstleistern zusammen:

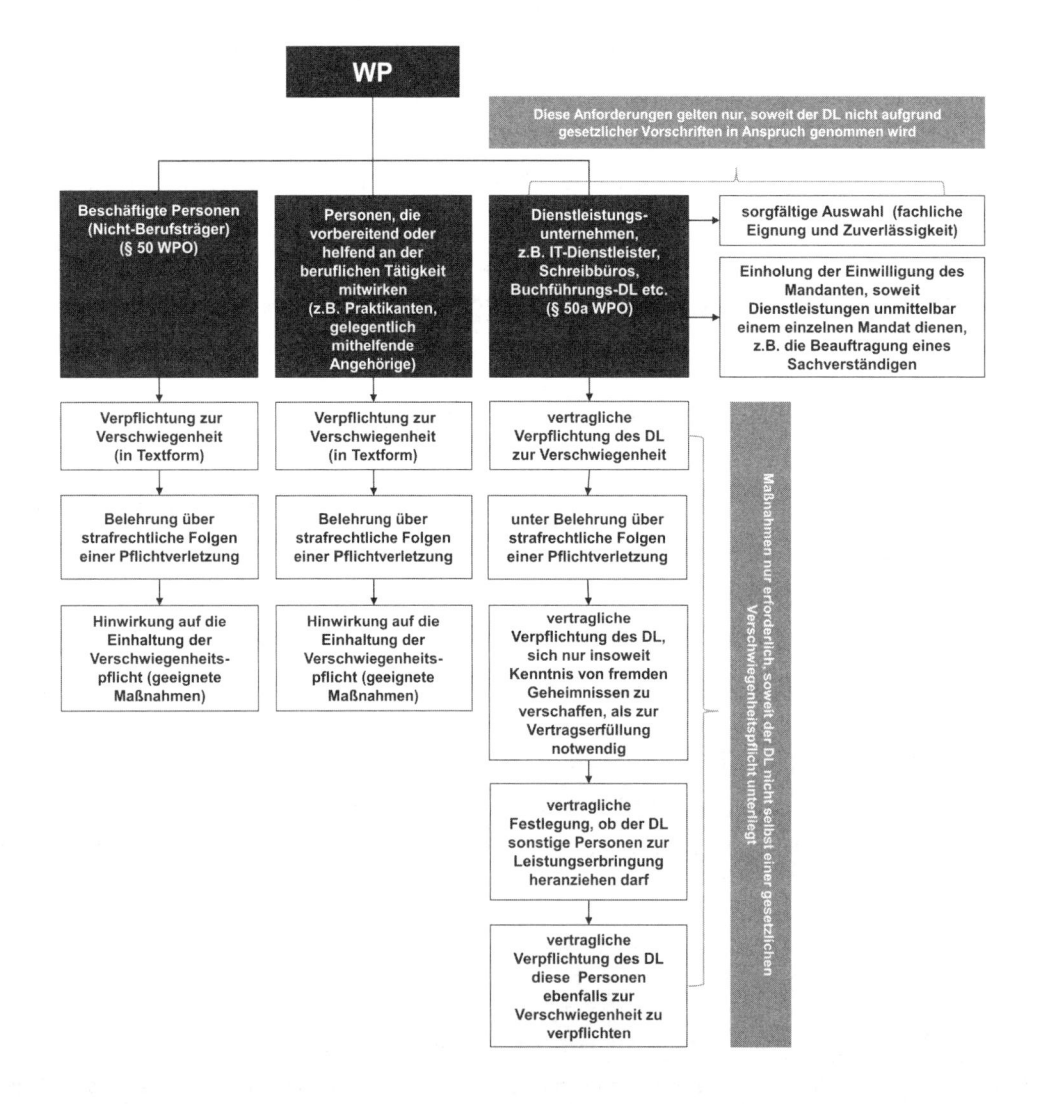

```
                              ┌──────┐
                              │  WP  │
                              └──────┘
         ┌────────────────────┬────────────────────┐
         │                    │                    │  Diese Anforderungen gelten nur, soweit der DL nicht aufgrund
         │                    │                    │  gesetzlicher Vorschriften in Anspruch genommen wird
         ▼                    ▼                    ▼
 ┌──────────────┐    ┌──────────────┐    ┌──────────────────┐
 │ Beschäftigte │    │ Personen,    │    │ Dienstleistungs- │    ┌────────────────────────────────┐
 │ Personen     │    │ die vor-     │    │ unternehmen,     │───▶│ sorgfältige Auswahl (fachliche │
 │ (Nicht-      │    │ bereitend    │    │ z.B. IT-         │    │ Eignung und Zuverlässigkeit)   │
 │ Berufsträger)│    │ oder helfend │    │ Dienstleister,   │    └────────────────────────────────┘
 │ (§ 50 WPO)   │    │ an der       │    │ Schreibbüros,    │    ┌────────────────────────────────┐
 │              │    │ beruflichen  │    │ Buchführungs-DL  │    │ Einholung der Einwilligung des │
 │              │    │ Tätigkeit    │    │ etc.             │───▶│ Mandanten, soweit              │
 │              │    │ mitwirken    │    │ (§ 50a WPO)      │    │ Dienstleistungen unmittelbar   │
 │              │    │ (z.B.        │    │                  │    │ einem einzelnen Mandat dienen, │
 │              │    │ Praktikanten,│    │                  │    │ z.B. die Beauftragung eines    │
 │              │    │ gelegentlich │    │                  │    │ Sachverständigen               │
 │              │    │ mithelfende  │    │                  │    └────────────────────────────────┘
 │              │    │ Angehörige)  │    │                  │
 └──────────────┘    └──────────────┘    └──────────────────┘
         │                    │                    │
         ▼                    ▼                    ▼
 ┌──────────────┐    ┌──────────────┐    ┌──────────────────┐
 │ Verpflichtung│    │ Verpflichtung│    │ vertragliche     │
 │ zur Ver-     │    │ zur Ver-     │    │ Verpflichtung    │
 │ schwiegen-   │    │ schwiegen-   │    │ des DL zur       │
 │ heit (in     │    │ heit (in     │    │ Verschwiegenheit │
 │ Textform)    │    │ Textform)    │    │                  │
 └──────────────┘    └──────────────┘    └──────────────────┘
         │                    │                    │
         ▼                    ▼                    ▼
 ┌──────────────┐    ┌──────────────┐    ┌──────────────────┐
 │ Belehrung    │    │ Belehrung    │    │ unter Belehrung  │
 │ über straf-  │    │ über straf-  │    │ über straf-      │
 │ rechtliche   │    │ rechtliche   │    │ rechtliche       │
 │ Folgen einer │    │ Folgen einer │    │ Folgen einer     │
 │ Pflichtver-  │    │ Pflichtver-  │    │ Pflichtver-      │
 │ letzung      │    │ letzung      │    │ letzung          │
 └──────────────┘    └──────────────┘    └──────────────────┘
         │                    │                    │
         ▼                    ▼                    ▼
 ┌──────────────┐    ┌──────────────┐    ┌──────────────────┐
 │ Hinwirkung   │    │ Hinwirkung   │    │ vertragliche     │
 │ auf die      │    │ auf die      │    │ Verpflichtung    │
 │ Einhaltung   │    │ Einhaltung   │    │ des DL, sich nur │
 │ der Ver-     │    │ der Ver-     │    │ insoweit Kenntnis│
 │ schwiegen-   │    │ schwiegen-   │    │ von fremden      │
 │ heitspflicht │    │ heitspflicht │    │ Geheimnissen zu  │
 │ (geeignete   │    │ (geeignete   │    │ verschaffen, als │
 │ Maßnahmen)   │    │ Maßnahmen)   │    │ zur Vertrags-    │
 │              │    │              │    │ erfüllung        │
 │              │    │              │    │ notwendig        │
 └──────────────┘    └──────────────┘    └──────────────────┘
                                                  │
                                                  ▼
                                        ┌──────────────────┐
                                        │ vertragliche     │
                                        │ Festlegung, ob   │
                                        │ der DL sonstige  │
                                        │ Personen zur     │
                                        │ Leistungser-     │
                                        │ bringung heran-  │
                                        │ ziehen darf      │
                                        └──────────────────┘
                                                  │
                                                  ▼
                                        ┌──────────────────┐
                                        │ vertragliche     │
                                        │ Verpflichtung    │
                                        │ des DL diese     │
                                        │ Personen eben-   │
                                        │ falls zur Ver-   │
                                        │ schwiegenheit zu │
                                        │ verpflichten     │
                                        └──────────────────┘
```

Maßnahmen nur erforderlich, soweit der DL nicht selbst einer gesetzlichen Verschwiegenheitspflicht unterliegt

---

[3] § 50a Abs. 1 WPO i.d.F. des Entwurfs eines Gesetzes zur Neuregelung des Schutzes von Geheimnissen bei der Mitwirkung Dritter an der Berufsausübung schweigepflichtiger Personen: liegt derzeit nach Verabschiedung durch den Bundestag dem Bundesrat vor.

Kapitel A: Qualitätssicherung
4.1.3. Verschwiegenheit

7   Die Verschwiegenheitspflicht umfasst auch das **Verbot der Verwertung von Insiderinformationen**. Nach Artikel 7 Verordnung (EU) Nr. 596/2014 (Marktmissbrauchsverordnung, MAR)[5] umfasst dies folgende Arten von Informationen:

- nicht öffentlich bekannte präzise Informationen, die direkt oder indirekt einen oder mehrere Emittenten oder ein oder mehrere Finanzinstrumente betreffen und die, wenn sie öffentlich bekannt würden, geeignet wären, den Kurs dieser Finanzinstrumente oder den Kurs damit verbundener derivativer Finanzinstrumente erheblich zu beeinflussen;

- Für Personen (z.B. Berater, Mitarbeiter und Abschlussprüfer), welche mit der Ausführung von Aufträgen in Bezug auf Finanzinstrumente beauftragt sind, bezeichnet der Begriff auch Informationen, die von einem Kunden mitgeteilt wurden und sich auf die noch nicht ausgeführten Aufträge des Kunden in Bezug auf Finanzinstrumente beziehen, die präzise sind, direkt oder indirekt einen oder mehrere Emittenten oder ein oder mehrere Finanzinstrumente betreffen und die, wenn sie öffentlich bekannt würden geeignet wären, den Kurs dieser Finanzinstrumente, damit verbundener Waren-Spot-Kontrakte oder zugehörige derivativer Finanzinstrumente erheblich zu beeinflussen;

- in Bezug auf Emissionszertifikate oder darauf beruhende Auktionsobjekte nicht öffentlich bekannte präzise Informationen, die direkt oder indirekt ein oder mehrere Finanzinstrumente dieser Art betreffen und die, wenn sie öffentlich bekannt würden, geeignet wären, den Kurs dieser Finanzinstrumente oder damit verbundener derivativer Finanzinstrumente erheblich zu beeinflussen;

- für Personen, die mit der Ausführung von Aufträgen in Bezug auf Finanzinstrumente beauftragt sind, bezeichnet der Begriff auch Informationen, die von einem Kunden mitgeteilt wurden und sich auf die noch nicht ausgeführten Aufträge des Kunden in Bezug auf Finanzinstrumente beziehen, die präzise sind, direkt oder indirekt einen oder mehrere Emittenten oder ein oder mehrere Finanzinstrumente betreffen und die, wenn sie öffentlich bekannt würden, geeignet wären, den Kurs dieser Finanzinstrumente, damit verbundener Waren-Spot-Kontrakte oder zugehöriger derivativer Finanzinstrumente erheblich zu beeinflussen.

8   Insidergeschäfte sind nach Artikel 14 Verordnung MAR verboten. Die fachlichen Mitarbeiter und Gehilfen (einschließlich Dienstleistungsgesellschaften) sind gemäß Artikel 18 Abs. 2 Verordnung (EU) Nr. 596/2014 schriftlich zur Einhaltung der Vorschriften bezüglich Insiderregeln zu verpflichten. Börsennotierte Emittenten oder alle in ihrem Auftrag oder für ihre

---

[4] § 50a Abs. 2 und Abs. 5 WPO i.d.F. des Entwurfs eines Gesetzes zur Neuregelung des Schutzes von Geheimnissen bei der Mitwirkung Dritter an der Berufsausübung schweigepflichtiger Personen: liegt derzeit nach Verabschiedung durch den Bundestag dem Bundesrat vor.

[5] Verordnung (EU) Nr. 596/2014 des Europäischen Parlaments und des Rates vom 16. April 2014 über Marktmissbrauch (Marktmissbrauchsverordnung) und zur Aufhebung der Richtlinie 2003/6/EG des Europäischen Parlaments und des Rates und der Richtlinien 2003/124/EG, 2003/125/EG und 2004/72/EG der Kommission, ABl. EU Nr. L 173 vom 12.06.2014, S. 1.

Rechnung handelnde Personen (u.a. Wirtschaftsprüfer) sind verpflichtet eine Liste aller Personen aufzustellen, die Zugang zu Insiderinformationen haben.[6] Darüber hinaus sind gemäß § 6 BS WP/vBP die Mitarbeiter auch zur Einhaltung von Datenschutzbestimmungen verpflichtet (vgl. *IDW QS 1*, Tz. 59).

*[Anm.: Die Verschwiegenheitspflicht erstreckt sich auch auf den **prozessualen Bereich** (§ 53 StPO, § 383 Abs. 1 Nr. 6 ZPO, § 385 AO). Hier besteht ein Zeugnisverweigerungsrecht, auf das sich der Mitarbeiter im Regelfall zu berufen hat.*

Wegen der Verschwiegenheitspflicht besteht auch grundsätzlich keine Auskunftspflicht gegenüber der Finanzverwaltung und der Wertpapieraufsicht. Zudem ist der Wirtschaftsprüfer gehalten, die Beschlagnahme seiner Akten und ihm anvertrauter Unterlagen im Rahmen des Möglichen zu verhindern (§ 97 Abs. 1 Nr. 3 StPO). Die Verschwiegenheitspflicht entfällt nur, soweit sie aufgrund gesetzlicher Vorschriften eingeschränkt ist (z.B. nach Artikel 7 der EU-APrVO, nach § 320 Abs. 3 Satz 2 HGB für die Konzernabschlussprüfung oder nach § 320 Abs. 4 HGB bei einem Abschlussprüferwechsel (siehe Abschn. 4.2)). Darüber hinaus entfällt sie, wenn der Mandant wirksam von der Verschwiegenheitspflicht entbindet. Wirksam kann nur entbinden, wer von der Verschwiegenheitspflicht geschützt werden soll, das ist i.d.R. der Auftraggeber. Bei juristischen Personen entscheidet das zur Geschäftsführung befugte Organ. Eine Befugnis zur Offenbarung von der Verschwiegenheitsverpflichtung unterliegenden Tatsachen kann sich auch aus der Wahrnehmung berechtigter eigener Interessen ergeben, z.B. um Honorare einzuklagen. Vorgänge, die offiziell bekannt gemacht worden sind, unterliegen nicht der Verschwiegenheitspflicht. Dagegen berechtigen Presseveröffentlichungen, die nicht vom Geschützten veranlasst worden sind, den Abschlussprüfer nicht, sein Schweigen zu brechen (vgl. WP Handbuch, 15. Auflage, Bd. I, Abschn. A, Tz. 177 ff.).]

9 Die Verschwiegenheitspflicht des Wirtschaftsprüfers ist in berufsaufsichtsrechtlichen und berufsgerichtlichen Verfahren eingeschränkt (vgl. § 62 Abs. 2 und 3 WPO). Hier darf die vollständige Auskunft und Vorlage von Unterlagen nicht verweigert werden, wenn die Auskunft und die Vorlage von Unterlagen im Zusammenhang mit der gesetzlichen Abschlussprüfung eines prüfungspflichtigen Unternehmens stehen. Der Abschlussprüfer kann sich also zur **Aussageverweigerung** oder Verweigerung der Vorlage von Unterlagen nicht auf die Verschwiegenheitspflicht aus dem Mandat berufen. Nur bei Gefahr der Selbstbelastung darf der Wirtschaftsprüfer die Aussage, nicht jedoch die Vorlage von Unterlagen, verweigern. Dies gilt entsprechend für Auskünfte und Vorlagen gegenüber der Abschlussprüferaufsichtsstelle (§ 66a Abs. 7 Satz 1 WPO).

[Anm.: Die Angestellten der WPK, sowie die sonstigen Personen, derer sich die WPK bei der Berufsaufsicht bedient, können die Grundstücke und Geschäftsräume der betroffenen WP-Praxen und der Personen, die den Beruf gemeinsam mit diesen ausüben, innerhalb der üblichen Betriebs- und Ge-

---

[6] Betroffen sind Emittenten, deren Finanzinstrumente an einem geregelten Markt, an einem multilateralen Handelssystem („MTF") oder an einem organisierten Handelssystem („OTF") gehandelt werden (Artikel 18 Abs. 2 Unterabschn. 2 Durchführungsverordnung zu Marktmissbrauchsverordnung). Anlage 1 der Durchführungsverordnung enthält ein verbindliches Muster zur Erstellung dieser Liste. Für weiterführende Informationen siehe auch FAQ der BaFin unter https://www.bafin.de/SharedDocs/Downloads/DE/FAQ/dl_faq_mar_art_18_insiderlisten.html (Stand 25.07.2017).

schäftszeiten betreten und besichtigen, Einsicht in Unterlagen nehmen und hieraus Abschriften und Ablichtungen anfertigen (§ 62 Abs. 4 WPO).]

B. Zielsetzung

10 Bei der Durchführung von Aufträgen, insbesondere bei Abschlussprüfungen, werden uns Betriebs- und Geschäftsgeheimnisse unserer Mandanten bekannt. Die Pflicht zur Verschwiegenheit bildet deshalb das Fundament für das Vertrauen, das uns als Wirtschaftsprüfer entgegengebracht wird. Dieses Vertrauen ist die Basis für die Erfüllung unserer beruflichen Aufgaben. Unsere Regelungen zur Verschwiegenheit sollen ausreichend Gewähr dafür bieten, allen Vorschriften zur Verschwiegenheitspflicht gerecht zu werden und dadurch die vertrauensvolle Zusammenarbeit mit unseren Mandanten im Hinblick auf die uns zur Kenntnis gebrachten Betriebs- und Geschäftsgeheimnisse zu sichern.

C. Praxisinterne Regelungen

11 Das Fachpersonal sowie die für unsere Wirtschaftsprüferpraxis freiberuflich tätigen Mitarbeiter werden zu Beginn ihrer Tätigkeit sowie bei Änderungen der Vorschriften und Regelungen über die Verschwiegenheitspflichten, Insidervorschriften und Datenschutzbestimmungen informiert.[7] Das Fachpersonal und die Gehilfen müssen bei Abschluss eines Arbeits- oder Dienstvertrags und bei Änderungen mittels **Formblatt: „Verpflichtungserklärung für Gehilfen und Mitarbeiter von Angehörigen der wirtschaftsprüfenden und der steuerberatenden Berufe zur Verschwiegenheit" (vgl. Arbeitshilfe A-4.1.3.(1))** eine schriftliche Erklärung zur Einhaltung der Verschwiegenheitspflicht, des Datenschutzes und der Insidervorschriften unterzeichnen.

12 Um unsere **Arbeitspapiere** gegen unbefugten Zugriff und/oder Ergänzungen zu sichern, sind diese im Büro und beim Mandanten unter Verschluss zu halten.

13 Datenverarbeitungssysteme und Arbeitspapiere sowie sonstige mandantenbezogene Informationen, die in digitaler Form vorliegen und der Verschwiegenheitspflicht, dem Datenschutz oder Insidervorschriften unterliegen, sind durch Passwortschutz und ähnliche Vorkehrungen vor unbefugtem Zugriff zu sichern bzw. vor Verlust zu schützen. Besondere Sorgfalt ist diesbezüglich auch für den E-Mail-Verkehr anzuwenden. Bei – auch lediglich kurzzeitigem – Verlassen des PC-Arbeitsplatzes ist dieser zu sperren. Mobile Endgeräte dürfen außerhalb unserer Geschäftsräume nicht unbeaufsichtigt bleiben (Einzelheiten sind unseren **„Verhaltensregeln für die Benutzung von IT-Systemen und zur Datensicherheit" (vgl. Merkblatt: A-4.1.3.(2))** zu entnehmen).

14 Vergleiche im Übrigen Abschn. 4.6.9.

---

[7] Die Bundessteuerberaterkammer (BStBK) hat am 25.04.2012 Hinweise zum Datenschutz und zur Datensicherheit in der Steuerberaterpraxis beschlossen. Die dortigen Ausführungen lassen sich weitgehend auf den Umgang mit der Verschwiegenheitspflicht, dem Datenschutz und der Datensicherheit in der Wirtschaftsprüferpraxis übertragen.

D. Arbeitshilfen

A-4.1.3.(1): Formblatt: „Verpflichtungserklärung für Gehilfen und Mitarbeiter von Angehörigen der wirtschaftsprüfenden und der steuerberatenden Berufe zur Verschwiegenheit und zur Einhaltung der Qualitätssicherungsregelungen"

A-4.1.3.(2): Merkblatt: „Verhaltensregeln für die Benutzung von IT-Systemen und zur Datensicherheit"

4.1.4. Eigenverantwortlichkeit

A. Gesetzliche und satzungsmäßige Grundlagen

1 Der Wirtschaftsprüfer hat sein Handeln in eigener Verantwortung und frei von Weisungen zu bestimmen, sich selbst ein Urteil zu bilden und seine Entscheidungen selbst zu treffen (§ 44 WPO, § 12 Abs. 1 BS WP/vBP). Die Tätigkeit der Mitarbeiter muss der Wirtschaftsprüfer derart überblicken, dass er sich selbst eine auf Kenntnis beruhende fachliche Überzeugung bilden kann (§ 13 BS WP/vBP). Berufliche Tätigkeiten dürfen nicht übernommen werden, wenn die berufliche Verantwortung nicht getragen werden kann oder nicht getragen werden soll (§ 12 Abs. 2 BS WP/vBP).

[Anm.: Es ist mit dem Gebot der Eigenverantwortlichkeit grundsätzlich vereinbar, sich der Mithilfe von fachlich vorgebildeten Mitarbeitern zu bedienen. Allerdings muss der Wirtschaftsprüfer an der praktischen Arbeit in ausreichendem Umfang selbst teilnehmen. Bei Vorbehaltsaufgaben gilt, dass eine Vertretung durch Angestellte ohne persönliche Befugnis unzulässig ist. Die Eigenverantwortlichkeit ist jedoch nicht davon abhängig, dass dem angestellten Wirtschaftsprüfer auch die Prokura erteilt wird (§ 45 WPO). Es handelt sich insoweit nur um eine Sollvorschrift. Im Rahmen der gemeinsamen Berufsausübung mit Nicht-Wirtschaftsprüfern hat der Wirtschaftsprüfer darauf zu achten, dass er hinsichtlich der Entscheidung, Aufträge zur Durchführung gesetzlich vorgeschriebener Prüfungen anzunehmen, nicht von der Zustimmung seiner Sozien/Partner abhängig sein darf. § 12 Abs. 2 BS WP/vBP spricht vor allem Fälle an, in denen Wirtschaftsprüfer mehrere Funktionen übernehmen. Bei Übernahme von Mehrfachfunktionen ist der Grundsatz der Eigenverantwortlichkeit nur gewahrt, wenn jede der übernommenen Tätigkeiten unter Beachtung der Berufspflichten tatsächlich ausgeübt und persönlich übersehen werden kann (vgl. WP Handbuch, 15. Aufl., Bd. I, Abschn. A, Tz. 217).]

2 Gemäß § 44 Abs. 1 Satz 1 WPO darf ein Wirtschaftsprüfer keinen Weisungen unterliegen, die ihn verpflichten, Prüfungsberichte und Gutachten auch dann zu unterzeichnen, wenn sich ihr Inhalt nicht mit seiner Überzeugung deckt.

3 Anteilseigner sowie Mitglieder der Verwaltungs-, Leitungs- und Aufsichtsorgane der WP-Praxis oder einer verbundenen Gesellschaft der WP-Praxis dürfen auf die Durchführung von Abschlussprüfungen nicht in einer Weise Einfluss nehmen, die die Unabhängigkeit der verantwortlichen Wirtschaftsprüfer beeinträchtigt (§ 44 Abs. 1 Satz 3 WPO).

B. Zielsetzung

4 Die Beachtung der Vorschriften zur Eigenverantwortlichkeit dient dazu, die Qualität der Auftragsabwicklung zu sichern. Darüber hinaus dienen diese Vorschriften der Sicherung eines unabhängigen Urteils unserer Wirtschaftsprüfer. Ein wichtiger Aspekt ist hierbei die Gewähr-

leistung ausreichender zeitlicher Reserven unserer Wirtschaftsprüfer und Mitarbeiter bei der Auftragsabwicklung.[1]

C. Praxisinterne Regelungen

5 Um ausreichende zeitliche Reserven zu gewährleisten, überwacht die Praxisleitung insbesondere die Arbeitsbelastung und Verfügbarkeit der verantwortlichen Wirtschaftsprüfer. Die Praxisleitung achtet in diesem Zusammenhang vor allem auf folgende Gesichtspunkte:

- bei ihrer Personalbedarfsplanung (vgl. Abschn. 4.3.) auf die Einhaltung eines angemessenen zahlenmäßigen Verhältnisses der verantwortlichen Wirtschaftsprüfer zu den übrigen fachlichen Mitarbeitern unter Berücksichtigung der Personalstruktur und der Qualifikation der fachlichen Mitarbeiter und
- bei der Gesamtplanung aller Aufträge (vgl. Abschn. 4.4.) auf die Angemessenheit der Anzahl der von den einzelnen Wirtschaftsprüfern jeweils betreuten Mandate.

6 Der verantwortliche Wirtschaftsprüfer plant den sachgerechten Einsatz von erfahrenen und weniger erfahrenen Mitarbeitern sowie von Spezialisten bei der Abwicklung von Aufträgen (vgl. Abschn. 4.6.1.), wobei der verantwortliche Wirtschaftsprüfer in der Lage sein muss, die Arbeit der Mitarbeiter und Spezialisten ausreichend zu überblicken.

7 Die eigenverantwortliche Urteilsbildung des verantwortlichen Wirtschaftsprüfers wird – insbesondere für den Bereich der Abschlussprüfungen nach § 316 HGB – auch durch unsere Regelungen zur Qualitätskultur (Kapitel A, Abschn. 3) sowie die Regelungen zur Auftragsannahme (vgl. Abschn. 4.2.) und zur Auftragsabwicklung (vgl. Abschn. 4.6.), einschließlich der Regelungen zur Lösung von Meinungsverschiedenheiten (vgl. Abschn. 4.6.8.), unterstützt.

D. Arbeitshilfen
./.

---

[1] Zur Beurteilung geordneter wirtschaftlicher Verhältnisse des Wirtschaftsprüfers für die sachgerechte Aufgabenerfüllung vgl. Urteil BVerwG vom 17.08.2005 (6 C 15.04), S. 14 ff., abrufbar unter www.wpk.de.

4.1.5. Berufswürdiges Verhalten

A. Gesetzliche und satzungsmäßige Grundlagen

1 Nach § 43 Abs. 2 WPO hat sich der Wirtschaftsprüfer jeder Tätigkeit zu enthalten, die mit seinem Beruf oder mit dem Ansehen des Berufs unvereinbar ist. Er hat sich der besonderen Berufspflichten bewusst zu sein, die ihm aus der Befugnis erwachsen, gesetzlich vorgeschriebene Bestätigungsvermerke zu erteilen. Er hat sich auch außerhalb der Berufstätigkeit des Vertrauens und der Achtung würdig zu erweisen, die der Beruf erfordert.

2 Der Wirtschaftsprüfer hat seine Tätigkeit zu versagen, wenn sie für eine pflichtwidrige Handlung in Anspruch genommen werden soll (§ 49 WPO).

3 Sofern Wirtschaftsprüfer bei Wahrnehmung ihrer Aufgaben Gesetzesverstöße feststellen, sind sie verpflichtet, ihre Auftraggeber auf diese aufmerksam zu machen (§ 14 Abs. 2 BS WP/vBP).

4 Wirtschaftsprüferpraxen müssen über ein wirksames Risikomanagement zur Verhinderung von Geldwäsche und Terrorismusfinanzierung verfügen, das im Hinblick auf Art und Umfang ihrer Geschäftstätigkeit angemessen ist (§ 4 Abs. 1 GwG). Das Risikomanagement muss eine Risikoanalyse (§ 5 GwG) sowie interne Sicherungsmaßnahmen (§ 6 GwG) umfassen.

5 Wirtschaftsprüferpraxen haben ferner bei allen ihren beruflichen Tätigkeiten grundsätzlich

- der Pflicht zur Identifizierung des Vertragspartners (§§ 10 Abs. 1 Nr. 1, 11 Abs. 1 GwG),
- der Pflicht zur Feststellung und Identifizierung des wirtschaftlich Berechtigten anhand des Transparenzregisters (§§ 18 ff. GwG) und anderer Dokumente und Informationen (§§ 10 Abs. 1 Nr. 2, 11 Abs. 1 i.V. mit Abs. 5 GwG) sowie
- den Aufzeichnungs- und Aufbewahrungspflichten (§ 8 GwG) nachzukommen.

*Anm.: Als **wirtschaftlich Berechtigter** gilt bei Kapital- und Personengesellschaften jede natürliche Person, unter deren unmittelbarer oder mittelbarer Kontrolle die Gesellschaft steht. Dies wird insbesondere dann angenommen, wenn eine Person mehr als 25 % der Anteile hält bzw. der Stimmrechte kontrolliert oder auf andere Weise (z.B. durch vertragliche Vereinbarungen) Kontrolle über die Gesellschaft ausübt (§ 3 Abs. 2 GwG).*

*Im **Transparenzregister** enthalten sind insbesondere Angaben zum wirtschaftlich Berechtigten von juristischen Personen des Privatrechts (u.a. AG, GmbH) und in öffentlichen Registern eingetragene Personengesellschaften (u.a. OHG, KG, Partnerschaftsgesellschaften, dagegen nicht die Gesellschaft bürgerlichen Rechts). Über das Transparenzregister sind Vor- und Nachname, Geburtsdatum, Wohnort sowie Art und Umfang des wirtschaftlichen Interesses, d.h. Angaben dazu, woraus die Stellung als wirtschaftlich Berechtigter folgt (z.B. Höhe der Kapitalanteile oder der Stimmrechte, Funktion als gesetzlicher Vertreter der Gesellschaft), zugänglich.*

6 Sie unterliegen darüber hinaus

- bei entsprechenden Anhaltspunkten einer **Verdachtsmeldepflicht** (§ 43 GwG),
- der Pflicht, angemessene **interne Sicherungsmaßnahmen** dagegen zu treffen, dass sie zur Geldwäsche oder zur Terrorismusfinanzierung missbraucht werden können (§ 6 GwG). Diese Pflicht umfasst, soweit die jeweilige Wirtschaftsprüferpraxis nicht aufgrund der Anordnung der Wirtschaftsprüferkammer nach § 6 Abs. 9 GwG persönlich befreit ist, die Einrichtung interner Sicherungssysteme und Maßnahmen nach § 6 Abs. 2 Nr. 1 bis 7 GwG (siehe Anm. zu Tz. 15)

7 Die Ausübung einer gewerblichen oder sonstwie mit dem Beruf des Wirtschaftsprüfers unvereinbaren Tätigkeit ist untersagt (§ 43a Abs. 3 WPO).

8 Werbung ist zulässig, es sei denn, sie ist unlauter (§ 52 WPO).

[Anm.: Der in § 52 WPO verwendete Begriff „unlauter" entspricht dem des § 3 UWG (vgl. Precht, in: Hense/Ulrich, WPO Kommentar, 2. Aufl., § 52, Rn. 2).

Mit der 7. WPO-Novelle wurde das bis dahin geltende weitreichende Werbeverbot liberalisiert. Zu beachten ist jedoch, dass das Berufsrecht anderer sozietätsfähiger Berufe (noch) nicht in gleichem Maße angepasst wurde (vgl. §§ 8 Abs. 2, 57a StBerG, § 43b BRAO). Dies kann bei interprofessionellen Zusammenschlüssen oder bei Doppel- oder Mehrfachqualifikation zu Erschwernissen führen. In Zweifelsfällen sollten geplante Werbemaßnahmen nicht nur mit der WPK, sondern auch mit den anderen zuständigen Berufskammern abgestimmt werden (vgl. Precht, in: Hense/Ulrich, WPO Kommentar, 2. Aufl., § 52, Rn. 5).]

9 Bei der Übernahme von Aufträgen sind Wirtschaftsprüfer gehalten, sich gegenüber Berufskollegen aus anderen Wirtschaftsprüferpraxen kollegial zu verhalten (§§ 16 und 42 Abs. 3 BS WP/vBP).

[Anm.: Aus dem Gebot, sich jeder Tätigkeit zu enthalten, die mit dem Beruf oder dessen Ansehen unvereinbar ist, wird auch die Pflicht abgeleitet, sich sachlich zu äußern (§ 14 Abs. 1 BS WP/vBP). Auch die Aufforderung des § 17 BS WP/vBP, wonach Wirtschaftsprüfer gehalten sind, an der Ausbildung des Berufsnachwuchses im Rahmen ihrer Möglichkeiten mitzuwirken, wird als Folge des Gebots zu berufswürdigem Verhalten für Wirtschaftsprüfer eingeordnet. § 16 der BS WP/vBP regelt das berufswürdige Verhalten gegenüber anderen Wirtschaftsprüfern bzw. vereidigten Buchprüfern. Danach dürfen Wirtschaftsprüfer Mitarbeiter eines anderen Wirtschaftsprüfers nicht abwerben oder abwerben lassen. Darüber hinaus dürfen Wirtschaftsprüfer weder bei Gründung einer eigenen Praxis noch bei Wechsel des Arbeitgebers Auftraggeber ihres bisherigen Arbeitgebers veranlassen, ihnen Aufträge zu übertragen.]

B. Zielsetzung

10 Unsere Regelungen zum berufswürdigen Verhalten dienen dazu, der Tatsache Rechnung zu tragen, dass der Beruf des Wirtschaftsprüfers dem Berufsbild des freien Berufs zuzurechnen ist, und entsprechend Tätigkeiten, Handlungen und vertragliche Vereinbarungen zu unterlassen sind, die mit dem Berufsbild des Wirtschaftsprüfers, dem wichtige, auch im öffentlichen Interesse liegende Aufgaben bei der Prüfung und Steuerberatung vorbehalten sind, nicht vereinbar sind.

C. Praxisinterne Regelungen

11 Unsere Mitarbeiter verhalten sich sowohl bei der Ausübung ihrer Berufstätigkeit als auch außerhalb ihrer Berufstätigkeit gegenüber Mandanten, Kollegen und Dritten korrekt und integer.

12 Bei der Übernahme von Aufträgen sind sich unsere Mitarbeiter stets der Anforderungen berufswürdigen Verhaltens bewusst. Sie beachten deshalb die Regelungen unserer Praxis zur Qualitätssicherung, insbesondere auch diejenigen zur Auftragsannahme aus Abschn. 4.2. dieses Qualitätssicherungshandbuchs. Diese Regelungen stellen das berufswürdige Verhalten bei der Auftragsannahme sicher.

13 Die **Risikoanalyse** im Rahmen der Maßnahmen zur **Geldwäscheprävention** ist Teil des Qualitätsmanagementansatzes unserer Praxis (vgl. Kapitel A, Abschn. 3. Qualitätssicherungskonzept). Wir ermitteln und bewerten in diesem Zusammenhang die Risiken der Geldwäsche und Terrorismusfinanzierung, die im Zusammenhang mit den von uns ausgeübten Tätigkeiten stehen. Dabei sind insbesondere die in den Anlagen 1 und 2 zum GwG genannten Risikofaktoren sowie länderspezifische Informationen zu berücksichtigen. Durchführung und Ergebnisse der Risikoanalyse sind zu dokumentieren, regelmäßig zu überprüfen, erforderlichenfalls zu aktualisieren und der WPK als Aufsichtsbehörde auf Verlangen zur Verfügung zu stellen.

14 Bei Aufnahme und Fortführung von Mandantenbeziehungen müssen die betreffenden Mitarbeiter sich der Identität des Kunden vergewissern sowie die über den Mandanten gewonnenen Hintergrundinformationen kontinuierlich dokumentieren.

15 Alle Mitarbeiter sind verpflichtet, Hinweise auf einen Geldwäscheverdacht in schriftlicher Form unter Beschreibung des verdachtsauslösenden Sachverhalts sowie mit Angabe der beteiligten natürlichen und/der juristischen Personen an die Praxisleitung [*oder – sofern vorhanden – an den Geldwäschebeauftragten*] zu melden. Die Beschreibung muss auf folgende Punkte eingehen: Wie hat sich der Vorgang abgespielt, warum ist der Vorgang verdächtig, welche Informationen wurden herangezogen? Die Mitteilungen können anonym abgegeben werden (vgl. Abschn. 4.5. Hinweisgebersystem).

[Anm.: Wirtschaftsprüfer gehören gemäß § 2 Abs. 1 Nr. 12 GwG zu den Berufsgruppen, welche verpflichtet sind, Maßnahmen und Vorkehrungen zur Bekämpfung der Geldwäsche und der Terrorismusfinanzierung zu treffen. Die zuständige Aufsichtsbehörde ist gemäß § 50 Nr. 6 GwG die Wirtschaftsprüferkammer. **Verdachtsmeldungen** *nach § 43 GwG sind nicht mehr, wie nach altem Recht, an die WPK, sondern grundsätzlich in elektronischer Form unmittelbar an die nunmehr beim Zollkriminalamt angesiedelte* **Zentralstelle für Finanztransaktionsuntersuchungen (FIU)** *zu übermitteln. Die Meldepflicht besteht nicht, wenn sich der meldepflichtige Sachverhalt auf Informationen bezieht, die der WP im Rahmen eines der Schweigepflicht unterliegenden Mandatsverhältnisses erhalten hat. Die Meldepflicht bleibt jedoch bestehen, wenn der Verpflichtete weiß, dass der Vertragspartner das Mandatsverhältnis für den Zweck der Geldwäsche, der Terrorismusfinanzierung oder einer anderen Straftat genutzt hat oder nutzt.*

Die Meldung muss ab dem 01.01.2018 elektronisch über das auf der Website der FIU (www.fiu.bund.de) eingerichtete Meldeportal „goAML" abgegeben werden. Voraussetzung für die Abgabe einer Verdachtsmeldung ist ab Inkrafttreten der Neufassung des Geldwäschegesetzes eine einmalige Registrierung des Verpflichteten. Das amtliche Registrierungsformular kann unter http://www.formulare-bfinv.de (Formularcenter/Unternehmen/FiU) abgerufen werden.

Wirtschaftsprüfer sind gemäß § 6 Abs. 2 Nr. 1 bis 7 GwG grundsätzlich zur Vornahme von angemessenen **internen Sicherungsmaßnahmen** *verpflichtet. Dazu gehören:*

- *Ausarbeitung von internen Grundsätzen, Verfahren und Kontrollen in Bezug auf den Umgang mit Risiken, die Kundensorgfaltspflichten nach den §§ 10 bis 17 GwG, die Erfüllung der Meldepflicht nach § 43 Absatz 1 GwG, die Aufzeichnung von Informationen und die Aufbewahrung von Dokumenten nach § 8 GwG und die Einhaltung der sonstigen geldwäscherechtlichen Vorschriften,*

- *Bestellung eines Geldwäschebeauftragten und seines Stellvertreters für Verpflichtete,*

- *Schaffung und Fortentwicklung geeigneter Maßnahmen zur Verhinderung des Missbrauchs von neuen Produkten und Technologien zur Begehung von Geldwäsche und von Terrorismusfinanzierung oder für Zwecke der Begünstigung der Anonymität von Geschäftsbeziehungen oder von Transaktionen,*

- *Überprüfung der Mitarbeiter auf ihre Zuverlässigkeit durch geeignete Maßnahmen, insbesondere durch Personalkontroll- und Beurteilungssysteme der Verpflichteten,*

- *erstmalige und laufende Unterrichtung der Mitarbeiter in Bezug auf Typologien und aktuelle Methoden der Geldwäsche und der Terrorismusfinanzierung sowie die insoweit einschlägigen Vorschriften und Pflichten, einschließlich Datenschutzbestimmungen, und*

- <u>Neu</u>: *Überprüfung der zuvor genannten Grundsätze und Verfahren durch eine unabhängige Prüfung, soweit diese Überprüfung angesichts der Art und des Umfangs der Geschäftstätigkeit angemessen ist.*

Angemessen *sind solche Maßnahmen, die der jeweiligen Risikosituation des einzelnen Verpflichteten entsprechen und diese hinreichend abdecken (§ 6 Abs. 1 GwG).*

*Des Weiteren sind nach § 6 Abs. 6 GwG Vorkehrungen zu treffen, um auf **Anfrage der FIU** oder auf Anfrage anderer zuständiger Behörden Auskunft darüber zu geben, ob die WP-Praxis während eines Zeitraums von fünf Jahren vor der Anfrage mit bestimmten Personen eine Geschäftsbeziehung unterhalten hat und welcher Art diese Geschäftsbeziehung war. Es ist sicherzustellen, dass die Informationen sicher und vertraulich an die anfragende Stelle übermittelt werden. Hierbei kann die Auskunft verweigert werden, wenn sich die Anfrage auf Informationen bezieht, die der WP im Rahmen eines der Schweigepflicht unterliegenden Mandatsverhältnisses erhalten hat. Die Pflicht zur Auskunft bleibt bestehen, wenn der Verpflichtete weiß, dass sein Mandant das Mandatsverhältnis für den Zweck der Geldwäsche oder der Terrorismusfinanzierung genutzt hat oder nutzt.*

*Gemäß Anordnung der WPK vom 01.03.2012 sind Wirtschaftsprüferpraxen von diesen Pflichten ausgenommen, wenn in der eigenen Praxis nicht mehr als insgesamt **zehn Berufsangehörige** oder Berufsträger sozietätsfähiger Berufe gemäß § 44b Abs. 1 WPO tätig sind. Dies gilt nicht für solche Wirtschaftsprüfer/vereidigte Buchprüfer, die überwiegend treuhänderische Tätigkeiten im Sinne der §§ 2 Abs. 3 Nr. 3, 129 Abs. 3 Nr. 3 WPO ausüben. Eine überwiegende Ausübung treuhänderischer Tätigkeiten liegt vor, wenn mehr als 50 % des Gesamtumsatzes der Praxis auf diese Tätigkeiten entfallen (vgl. WPK Magazin 2/2012, S. 30 - 32). **Die WPK hat am 28. Juni 2017 angekündigt, diese Mitteilung an die neue Rechtslage anzupassen.***

*Ferner hatte die WPK von ihrer Befugnis gemäß § 9 Abs. 4 Satz 1 GwG a.F. Gebrauch gemacht und Wirtschaftsprüferpraxen, in denen mehr als insgesamt 30 Berufsangehörige oder Berufsträger sozietätsfähiger Berufe gemäß § 44b Abs. 1 WPO tätig sind, verpflichtet, einen **Geldwäschebeauftragten** sowie einen Stellvertreter zu bestellen. Dieser ist Ansprechpartner für die Strafverfolgungsbehörden, das FIU und die WPK. Seine Bestellung und Entpflichtung sind der WPK mitzuteilen (vgl. WPK Magazin 2/2012, S. 32 f.). **Die WPK hat am 28. Juni 2017 angekündigt, diese Mitteilung nur redaktionell zu überarbeiten.** Nach neuem Recht kann die WPK einen Verpflichteten von der Pflicht, einen Geldwäschebeauftragten zu bestellen, befreien, wenn sichergestellt ist, dass 1. die Gefahr von Informationsverlusten und -defiziten aufgrund arbeitsteiliger Unternehmensstruktur nicht besteht und 2. nach risikobasierter Bewertung anderweitige Vorkehrungen getroffen werden, um Geschäftsbeziehungen und Transaktionen zu verhindern, die mit Geldwäsche oder Terrorismusfinanzierung zusammenhängen (§ 7 Abs. 2 GwG).*

Durch die genannten größenabhängigen Erleichterungen sind kleine Wirtschaftsprüferpraxen insoweit nicht davon befreit, entsprechende, auf die Größe der Einheit abgestimmte Vorkehrungen zur Erkennbarkeit von Geldwäsche zu treffen. Vielmehr wird davon ausgegangen, dass bei größeren Wirtschaftsprüferpraxen die Gefahr von Informationsverlusten und -defiziten durch arbeitsteiliges Vorgehen und durch Anonymisierung der innerbetrieblichen Prozesse in erhöhtem Maß besteht.

Die Anordnungen der WPK wurden mit der Bundesrechtsanwaltskammer (BRAK) und der Bundessteuerberaterkammer (BStBK) abgestimmt, um einheitliche Maßstäbe zu schaffen.

Die WPK hat Auslegungs- und Anwendungshinweise zum GwG erlassen, welche auf der Website der WPK abgerufen werden können (URL: www.wpk.de/geldwaesche/anwendungshinweise.asp). Das IDW hat hierzu ergänzend einen Praxishinweis (IDW Praxishinweis: Empfehlungen für die Ausgestaltung interner Sicherungsmaßnahmen zur Geldwäscheprävention in der Wirtschaftsprüferpraxis (IDW Praxishinweis 2/2012)) veröffentlicht.

*Die Arbeitshilfe: **Mustergeldwäscherichtlinie für die Wirtschaftsprüferpraxis (Arbeitshilfe A-4.1.5.)** kann als Grundlage für die praxisbezogene Definition des Geltungsbereichs, der Bestimmung und Dokumentation der Praxisorganisation im Bereich Geldwäschebekämpfung sowie der Festlegung und Beschreibung der für die Praxis bestimmten Verfahren verwendet werden.*

Die WPK hat angekündigt, ihre Auslegungs- und Anwendungshinweise zum GwG an die geänderte Rechtslage anzupassen. Auch der IDW Praxishinweis 2/2012 und die Mustergeldwäscherichtlinie für die Wirtschaftsprüferpraxis werden derzeit überarbeitet.]

D. Arbeitshilfen

A-4.1.5: Mustergeldwäscherichtlinie für die Wirtschaftsprüferpraxis

A-4.1.5.-Erl.: Erläuterung zur Mustergeldwäscherichtlinie

4.1.6. Honorarbemessung, Vergütung und Gewinnbeteiligung

A. Gesetzliche und satzungsmäßige Grundlagen

1 Die Vereinbarung und Abrechnung der Honorare für die Durchführung von Prüfungen und die Erstattung von Gutachten hat dergestalt zu erfolgen, dass die Qualität der beruflichen Tätigkeit sichergestellt ist (vgl. § 55 WPO, § 43 Abs. 1 Satz 1 BS WP/vBP).

2 Eine angemessene Qualität erfordert eine hinreichende Bearbeitungszeit für den jeweiligen Auftrag sowie den Einsatz qualifizierter Mitarbeiter. Bei zu geringem Honorar entsteht regelmäßig die Gefahr, dass diesen Erfordernissen nicht in hinreichendem Maße Rechnung getragen werden kann. Dies kann im Ergebnis zu Einbußen bei der Qualität und damit letztlich zu Verstößen gegen die Pflicht zur gewissenhaften Berufsausübung führen. Wenn zwischen der erbrachten Leistung und dem vereinbarten Honorar für gesetzlich vorgeschriebene Abschlussprüfungen ein erhebliches Missverhältnis besteht, muss der Wirtschaftsprüferkammer oder der Abschlussprüferaufsichtsstelle auf Verlangen nachgewiesen werden können, dass für die Prüfung eine angemessene Zeit aufgewandt und qualifiziertes Personal eingesetzt wurde (§ 55 Abs. 1 Satz 5 WPO).

3 Die Vereinbarung von **Erfolgshonoraren** für prüferische, gutachterliche und treuhänderische Tätigkeiten ist grundsätzlich berufswidrig (§ 55 Abs. 1 WPO, § 2 Abs. 2 Nr. 1 BS WP/vBP, Artikel 4 Abs. 1 Unterabs. 1 EU-APrVO). Für Beratungstätigkeiten in wirtschaftlichen Angelegenheiten i.S.d. § 2 Abs. 3 Nr. 2 WPO ist es jedoch zulässig, zusätzlich zum Honorar erfolgsbezogene bzw. ergebnisabhängige Vergütungen zu vereinbaren (vgl. § 55 Abs. 1 WPO). Für **Hilfeleistungen in Steuersachen** darf nach § 55a Abs. 2 WPO i.V.m. § 2 Abs. 2 Nr. 2 BS WP/vBP ein Erfolgshonorar nur für den Einzelfall und nur dann vereinbart werden, wenn der Auftraggeber ansonsten aufgrund seiner wirtschaftlichen Verhältnisse von der Rechtsverfolgung abgehalten würde. Damit soll dem Rechtsuchenden die Möglichkeit gegeben werden, in Einzelfällen das mit der Geltendmachung der Rechte verbundene Kostenrisiko auf den Berater zu übertragen.

4 **Pauschalhonorare** dürfen für Prüfungs- oder Gutachtenaufträge grundsätzlich nur vereinbart werden, wenn festgelegt wird, dass bei Eintritt nicht vorhersehbarer Umstände beim Auftraggeber, die zu einer erheblichen Erhöhung des Aufwands führen, das Honorar entsprechend zu erhöhen ist (§ 43 Abs. 2 BS WP/vBP).

5 Im Falle einer Auftragsvermittlung dürfen **Provisionszahlungen** weder geleistet noch entgegen genommen werden (§ 55 Abs. 2 WPO).

6 Das **Honorar** für gesetzliche Abschlussprüfungen nach § 316 HGB darf darüber hinaus nicht an weitere Bedingungen geknüpft sein und es darf auch nicht von der Erbringung zusätzlicher Leistungen für das geprüfte Unternehmen beeinflusst oder bestimmt sein (§ 55 Abs. 1 Satz 3 WPO; § 2 Abs. 2 Nr. 3 BS WP/vBP).

7   **Zuwendungen** (z.B. Geldleistungen oder die Gewährung von Sachleistungen oder anderen materiellen Vorteilen) von einem Auftraggeber oder von für ihn handelnden Dritten dürfen nur angenommen werden, wenn die Zuwendungen offensichtlich unbedeutend sind und aus Sicht eines vernünftigen und über alle relevanten Informationen verfügenden Dritten keinen Einfluss auf die Entscheidungsfindung oder das Ergebnis der Tätigkeit haben. Wirtschaftsprüfer haben darüber hinaus sicherzustellen, dass ihre Mitarbeiter diese Grundsätze ebenfalls beachten, und deren Einhaltung angemessen zu überwachen (vgl. § 14 Abs. 3 BS WP/vBP).

8   (PIE) Abschlussprüfer von Unternehmen von öffentlichem Interesse haben der APAS[1] jährlich eine Liste der geprüften Unternehmen von öffentlichem Interesse vorzulegen, die nach dem von diesen Unternehmen bezogenen Einnahmen aufgeschlüsselt ist, die in Folgendes unterteilt ist (Artikel 14 EU-APrVO):

- Einnahmen aus der Abschlussprüfung:
  - Einnahmen aus anderen Nichtprüfungsleistungen als solchen nach Artikel 5 Abs. 1 EU-APrVO, die aufgrund von Unionsrecht oder nationalem Recht erforderlich sind;
  - Einnahmen aus anderen Nichtprüfungsleistungen als solchen nach Artikel 5 Abs. 1 EU-APrVO, die nicht aufgrund von Unionsrecht oder nationalem Recht erforderlich sind.

9   Die **Vergütung oder Leistungsbewertung** von Personen, die an der Abschlussprüfung beteiligt sind oder auf andere Weise in der Lage sind, das Ergebnis der Abschlussprüfung zu beeinflussen, darf ebenfalls nicht von der Erbringung zusätzlicher Leistungen für das geprüfte Unternehmen beeinflusst oder bestimmt sein (§ 55 Abs. 1 Satz 4 WPO).

[Anm.: Zur gewissenhaften Berufsausübung gemäß § 43 WPO gehört es, als Praxis dafür Sorge zu tragen, dass die vom Lohn/Gehalt der Arbeitnehmer der Wirtschaftsprüferpraxis einbehaltenen Anteile zur gesetzlichen Sozialversicherung umgehend abgeführt werden und dass der Berufsangehörige die ihm nach § 54 WPO obliegende Verpflichtung zur lückenlosen Unterhaltung einer Berufshaftpflichtversicherung beachtet (vgl. Urteile des LG Berlin vom 22.07.2003 (WiL 17/02), vom 07.11.2003 (WiL 10/03), vom 22.12.2006 (WiL 10/06) und vom 31.10.2007 (WiL 5/07).[2]]

B.   Zielsetzung

10   Unsere Regelungen zur Honorarbemessung, Vergütung und Gewinnbeteiligung unserer Partner und Mitarbeiter sollen Anreize setzen, sowohl eine möglichst optimale Dienstleistungsqualität für die Mandanten zu erbringen, als auch zur Entwicklung und zum Erfolg der Praxis beizutragen und ein ansprechendes Arbeitsumfeld zu bieten.

---

[1] Die APAS ist die zuständige Behörde im Sinne des Artikels 14 EU-APrVO (§ 66a Abs. 2 WPO).
[2] Jeweils abrufbar unter www.wpk.de.

C. Praxisinterne Regelungen

11 Die Vereinbarung von Honoraren erfolgt unter Beachtung der gesetzlichen Anforderungen. Die Vereinbarung von erfolgsbezogenen bzw. ergebnisabhängigen Honoraren für Beratungstätigkeiten ist mit der Praxisleitung abzustimmen.

12 Neben einer Fixvergütung orientiert sich die Vergütung unserer Partner und Führungskräfte an ergebnis- und leistungsabhängigen Kriterien. Bei der Vergütungsfestlegung wird darauf geachtet, dass diese nicht im Widerspruch zu den berufsrechtlichen Anforderungen stehen.

13 Die ergebnis- und leistungsabhängige Vergütung basiert auf zwei zentralen Bausteinen: der Zielvereinbarung und der Feststellung der Zielerreichung. Dieser liegt eine jährliche Leistungsbewertung (vgl. Abschn. 4.3.) zugrunde, die nach festgelegten Kriterien erfolgt. Diese Kriterien umfassen insbesondere die Qualität der Arbeit, den Umfang der erbrachten Leistungen für Mandanten, Mitarbeiterentwicklung (bspw. Durchführung von Schulungen, Führen von Mitarbeitergesprächen, individuelle Förderung von Mitarbeitern) sowie die Beachtung der Regelungen unseres Qualitätssicherungssystems.

14 Dabei ist es untersagt, dass die Leistungsbewertung und die Bemessung der ergebnis- und leistungsabhängigen Vergütung für die verantwortlichen Prüfungspartner und anderen Personen mit Schlüsselfunktionen bei unseren Abschlussprüfungsmandanten von der Erbringung anderer Dienstleistungen für denselben Mandanten beeinflusst oder bestimmt werden.

15 Gleiches gilt für die Vereinbarung von Prüfungshonoraren bei gesetzlichen vorgeschriebenen Abschlussprüfungen. Bei der Honorarbemessung darf die Höhe nicht von der erwarteten Erbringung anderer Dienstleistungen für denselben Mandanten beeinflusst oder bestimmt werden.

16 Bei Verstößen gegen Qualitätsstandards werden entsprechende Maßnahmen eingeleitet. Diese können Gehaltsreduzierungen über zusätzliche Schulungen und zusätzliche Beaufsichtigung bis hin zu einer Zuweisung von anderen Aufgaben reichen.

17 Honorare für sämtliche Aufträge von Mandanten, bei denen gesetzliche Abschlussprüfungen nach § 316 HGB durchgeführt werden, werden in der **Auftragsdatei (Arbeitshilfe A-4.7.(3))** erfasst.

18 Geld- oder Sachleistungen sowie andere materielle Vorteile von einem Mandanten dürfen nur angenommen werden, wenn sie offensichtlich unbedeutend sind und in keinerlei Zusammenhang mit der Prüfungstätigkeit bei dem Mandanten stehen. In jedem Fall ist zuvor der verantwortliche Wirtschaftsprüfer zu befragen.

D. Arbeitshilfen

A-4.7.(3): Arbeitshilfe: „Auftragsdatei"

4.2. Annahme, Fortführung und vorzeitige Beendigung von Aufträgen

A. Gesetzliche und satzungsmäßige Grundlagen

1 Die Regelungen zur Auftragsannahme und -fortführung müssen unter Berücksichtigung der mit den Aufträgen verbundenen Risiken hinreichend sicherstellen, dass nur Mandate angenommen oder fortgeführt werden, die in sachlicher, personeller und zeitlicher Hinsicht ordnungsgemäß abgewickelt werden können (für Abschlussprüfungen nach § 316 HGB vgl. § 51 Abs. 1 Nr. 2 und 3 und § 53 BS WP/vBP).

2 Bei gesetzlichen Abschlussprüfungen nach § 316 HGB ist eine **Kündigung** des Prüfungsauftrags nur aus **wichtigem Grund** möglich (§ 318 Abs. 6 HGB). Ein wichtiger Grund liegt z.B. dann vor, wenn die Prüfungsfortführung nach den Umständen des Einzelfalls und unter Abwägung aller Interessen für den Abschlussprüfer unzumutbar ist.

[Anm.: Für das Vorliegen eines wichtigen Grundes ist ein strenger Maßstab anzulegen. Im Fall festgestellter Unregelmäßigkeiten ist eine Kündigung des Prüfungsauftrags nur bei grundlegenden Zweifeln an der Vertrauenswürdigkeit der handelnden Unternehmensorgane statthaft, die einer weiteren Zusammenarbeit zwischen Gesellschaft und Abschlussprüfer die Grundlage entziehen würden.[1]]

3 Wird ein Prüfungsauftrag bei einer gesetzlichen Abschlussprüfung durch Kündigung nach § 318 Abs. 6 HGB oder durch Widerruf gemäß § 318 Abs. 1 Satz 5 HGB beendet, darf der vorgesehene Mandatsnachfolger den Auftrag nur annehmen, wenn er sich über den Grund der Kündigung oder des Widerrufs und das Ergebnis der bisherigen Prüfung unterrichtet hat. Der Mandatsvorgänger ist verpflichtet, dem Mandatsnachfolger auf schriftliche Anfrage die schriftliche Begründung der Kündigung (§ 318 Abs. 6 Satz 3 HGB) oder das Ersetzungsurteil (§ 318 Abs. 3 HGB), die Mitteilungen an die Wirtschaftsprüferkammer (§ 318 Abs. 8 HGB) sowie das Ergebnis der bisherigen Prüfung nach § 318 Abs. 6 Satz 4 HGB in entsprechender Anwendung des § 321 HGB vorzulegen und zu erläutern. Erfolgt die Erläuterung nicht, ist das Mandat abzulehnen, es sei denn, der vorgesehene Mandatsnachfolger hat sich auf andere Art und Weise davon überzeugt, dass gegen die Auftragsannahme keine Bedenken bestehen (vgl. § 42 Abs. 3 BS WP/vBP).

4 Bei freiwilligen Abschlussprüfungen gilt das Vorstehende sinngemäß, wenn ein Bestätigungsvermerk erteilt werden soll, der dem gesetzlichen Bestätigungsvermerk in § 322 HGB nachgebildet ist (vgl. § 42 Abs. 5 BS WP/vBP).

5 Nach § 320 Abs. 4 HGB hat bei einem **Abschlussprüferwechsel** der bisherige Abschlussprüfer dem neuen Abschlussprüfer auf schriftliche Anfrage über das Ergebnis der bisherigen Prüfung zu berichten (*IDW PS 220*, Tz. 28). § 320 Abs. 4 HGB gewährt dem neuen Abschlussprüfer ein unmittelbar gegenüber dem bisherigen Abschlussprüfer wir-

---
[1] Vgl. (mit weiteren Nachweisen) *Schindler/Haußer*: Die Pflicht gesetzlicher Vertreter von Kapitalgesellschaften zur Aufdeckung von Unregelmäßigkeiten und die Reaktionen des gesetzlichen Abschlussprüfers, in: WPg 2012, S. 245.

kendes **Informationsrecht**. Es wird sichergestellt, dass der bisherige Abschlussprüfer den neuen Abschlussprüfer ebenso wie die Organe des geprüften Unternehmens nach § 318 Abs. 6 Satz 4 HGB in Berichtsform informiert. Gleichwohl besteht für den bisherigen Abschlussprüfer keine Verpflichtung, den neuen Abschlussprüfer unaufgefordert zu informieren. Das Auskunftsrecht beinhaltet auch keinen Anspruch auf Einsichtnahme in die oder auf die Übergabe der Arbeitspapiere. Die Vorschrift betrifft den regulären und den vorzeitigen Abschlussprüferwechsel nach § 318 Abs. 3 und 6 HGB (vgl. Gesetzesbegründung zum Regierungsentwurf des BilMoG, BT-Drs. 16/10067, S. 91).

6 Nach § 318 Abs. 8 HGB ist die Wirtschaftsprüferkammer unverzüglich und schriftlich begründet durch den Abschlussprüfer und die gesetzlichen Vertreter der geprüften Gesellschaft von der Kündigung oder dem Widerruf des Prüfungsauftrags zu unterrichten.

[Anm.: Dies soll verhindern, dass das geprüfte Unternehmen und der Abschlussprüfer sich in unzulässiger Weise – und unbemerkt – einvernehmlich trennen (vgl. Gesetzesbegründung zum Regierungsentwurf des BilMoG, BT-Drs. 16/10067, S. 88).]

7 Im Falle eines regulären Prüferwechsels ohne Widerruf oder Kündigung des Prüfungsauftrags aus wichtigem Grund hat sich der Mandatsnachfolger den Prüfungsbericht über die vorangegangene Abschlussprüfung vorlegen zu lassen. Dem Mandatsnachfolger ist es dabei freigestellt, ob er sich zwecks Vorlage des Berichts an den Mandanten oder den Mandatsvorgänger richtet. Der Mandatsvorgänger ist dem Mandatsnachfolger auf dessen schriftliche Anfrage zur Vorlage verpflichtet (§ 42 Abs. 4 BS WP/vBP).

B. Zielsetzung

8 Unsere Regelungen zur Annahme, Fortführung und vorzeitigen Beendigung von Geschäftsbeziehungen zu Mandanten sind für alle Arten von Aufträgen, nicht nur für Prüfungsaufträge, festzulegen. Sie beinhalten drei Hauptkomponenten. Von besonderer Bedeutung für die Frage, ob ein Auftrag angenommen oder fortgeführt werden darf, ist die Sicherstellung der Einhaltung der Berufspflichten, insbesondere des Grundsatzes der Unabhängigkeit, Unparteilichkeit und der Vermeidung der Besorgnis der Befangenheit sowie sonstiger Interessenkonflikte mit bereits bestehenden oder zu erwartenden Mandantenbeziehungen (vgl. Abschn. 4.1.1.). Ferner muss eine Beurteilung der mit den Aufträgen verbundenen Risiken und der verfügbaren Ressourcen in zeitlicher und personeller Hinsicht erfolgen.

9 Die Überprüfung möglicher Unabhängigkeits- oder sonstiger Interessenkonflikte ist notwendig um festzustellen, ob ein Auftrag abgelehnt oder niedergelegt werden muss, da die Annahme oder Fortführung für unsere Wirtschaftsprüferpraxis nicht möglich bzw. mit nicht tragbaren Konflikten verbunden wäre.

Kapitel A: Qualitätssicherung
4.2. Annahme, Fortführung und vorzeitige Beendigung von Aufträgen

10 Die Risikobeurteilung der Aufträge ist erforderlich für die Einschätzung, mit welchen Risiken für unsere Praxis ein Auftrag voraussichtlich verbunden sein könnte und die Entscheidung, ob ein Mandat trotz nicht bestehender Interessenkonflikte aufgrund nicht tragbarer Risiken abgelehnt werden sollte bzw. welche Maßnahmen zur Risikobegrenzung erforderlich sind.

11 Die Einschätzung der eigenen verfügbaren Ressourcen dient dazu, frühzeitig festzustellen, ob unsere Wirtschaftsprüferpraxis über die notwendigen Mittel, Kenntnisse und Erfahrungen verfügt, um den Auftrag sachgerecht durchführen zu können. Diese Beurteilung soll mit hinreichender Sicherheit gewährleisten, dass nur solche Aufträge angenommen oder fortgeführt werden, die in sachlicher, personeller und zeitlicher Hinsicht ordnungsgemäß abgewickelt werden können.

C. Praxisinterne Regelungen

C.1. Auftragsannahme und -fortführung

12 Zur Vereinheitlichung der Vorgehensweise bei Auftragsannahme und -fortführung kann der Fragebogen: „Übernahme und Fortführung eines Auftrags" (vgl. Arbeitshilfe **A-4.2.(1)**) verwendet werden. Die Bearbeitung dient auch der Dokumentation der Überlegungen zur Auftragsannahme und -fortführung. Weitere Hilfestellungen enthalten die Dokumente „Übersicht zu den Unabhängigkeitsvorschriften" (Arbeitshilfe **A-4.2.2.(1)**), „Besondere Unabhängigkeitsanforderungen bei PIE-Abschlussprüfungen" (Arbeitshilfe **A.-4.2.2.(2)**) sowie „Bestimmung der Größenklasse nach §§ 267, 267a HGB" (Arbeitshilfe **A-4.2.(4)**).

*[Anm.: Die zur Bestimmung der Größenklasse maßgeblichen Schwellenwerte wurden durch das Bilanzrichtlinie-Umsetzungsgesetz (BilRUG) angehoben. Dies geht einher mit einer Neudefinition der Umsatzerlöse i.S.d. § 277 Abs. 1 HGB i.d.F. des BilRUG. Das BilRUG ist erstmalig vollumfänglich anzuwenden in Jahresabschlüssen für Geschäftsjahre, die nach dem 31.12.2015 beginnen. Der Gesetzgeber räumt jedoch in Art. 75 Abs. 2 Satz 1 und 3 EGHGB die Möglichkeit der **vorzeitigen Anwendung der §§ 267, 267a Abs. 1 und 277 Abs. 1 HGB i.d.F. des BilRUG** in Jahresabschlüssen für **Geschäftsjahre, die nach dem 31.12.2013 beginnen**, ein.]*

C.1.1. Beurteilung möglicher Unabhängigkeits- oder Interessenkonflikte

13 Vor jeder Annahme bzw. Fortführung eines Auftrags ist durch den verantwortlichen Wirtschaftsprüfer zu überprüfen, ob die Unabhängigkeitsregelungen der Wirtschaftsprüferpraxis eingehalten werden (Hilfestellung: „Übersicht zu den Unabhängigkeitsvorschriften" (vgl. Arbeitshilfe **A-4.2.2.(1)** und „Besondere Unabhängigkeitsanforderungen bei PIE-Abschlussprüfungen" (vgl. Arbeitshilfe **A-4.2.2.(2)**). Anhand der Mandantenliste muss er zudem prüfen, ob Interessenkonflikte mit bestehenden Mandaten drohen. Werden Unabhängigkeitsverstöße bzw. -gefährdungen oder Interessenkonflikte festgestellt, sind diese

mit der Praxisleitung zu erörtern und ist über Maßnahmen zur Lösung zu entscheiden. Können diese nicht gelöst werden, muss der Auftrag abgelehnt oder niedergelegt werden.

C.1.2. Beurteilung der Auftragsrisiken

14 Vor der Entscheidung über die Annahme oder die Fortführung eines Auftrags muss der verantwortliche Wirtschaftsprüfer die **Integrität des Mandanten** und die mit dem Auftrag verbundenen Risiken analysieren (vgl. *IDW QS 1*, Abschn. 4.2.). Dabei ist insbesondere auf mögliche Haftungsrisiken oder das Risiko eines Reputationsverlusts zu achten. Sind die Risiken so bedeutend, dass der Ruf oder die wirtschaftliche Lage unserer Praxis gefährdet ist, darf der Auftrag nicht angenommen bzw. fortgeführt werden, sofern keine ausreichenden Maßnahmen zur Risikobegrenzung ergriffen werden können.

15 Die Risikobeurteilung bezieht sich z.B. auf die Beurteilung der Integrität der Unternehmensleitung, die wirtschaftliche Lage des Unternehmens, mögliche Prüfungshemmnisse oder Risikoindikatoren für Verstöße (vgl. im Einzelnen: **„Übernahme und Fortführung eines Auftrags" (Arbeitshilfe A-4.2.(1), Teil C)**).

16 Vor jeder Auftragsannahme und Fortführung muss der verantwortliche Wirtschaftsprüfer zudem prüfen, ob die Pflichten nach dem Geldwäschegesetz erfüllt wurden (insbesondere Identitätsüberprüfung nach § 11 ff. GwG). Sofern die Identität der Personen, welche das Mandatsunternehmen beherrschen, nicht festgestellt werden kann, ist der Auftrag abzulehnen oder nicht fortzuführen.

[Anm.: Aufgrund seiner gesetzlichen Befugnis hat der Vorstand der Wirtschaftsprüferkammer Anwendungshinweise zum Geldwäschegesetz verabschiedet. Sie stellen die Auslegung des Berufsstands zu den einzelnen Pflichten der Berufsangehörigen nach dem Geldwäschegesetz dar. Auf der Homepage der Wirtschaftsprüferkammer sind darüber hinaus umfangreiche Informationen zum Thema Geldwäsche und weiterführende Links zu finden: siehe unter http://www.wpk.de/mitglieder/bekaempfung-der-geldwaesche/. Auf Abschn. 4.1.5. wird verwiesen.]

17 Wird der Auftrag angenommen bzw. fortgeführt, ist der Auftrag in eine der Risikoklassen „hohes Risiko", „mittleres Risiko" oder „niedriges Risiko" einzustufen. Das Ergebnis der Risikoanalyse entscheidet auch darüber, welche konkreten Qualitätssicherungsmaßnahmen bei der Annahme bzw. Fortführung des Mandats durchzuführen sind.

18 Wird ein Auftrag angenommen, obwohl Zweifel am Vorliegen der Voraussetzungen bestehen, muss dokumentiert werden, ob und wie die Zweifel ausgeräumt wurden.

19 Um Informationen einzuholen, empfiehlt es sich, Auskunfteien und Wirtschaftsdatenbanken zu nutzen. Ist der Auftrag nach § 318 Abs. 6 HGB niedergelegt worden, ist auch der Vorprüfer zu kontaktieren.

20 Bei der Entscheidung über die Fortführung von Aufträgen ist besonders auf Veränderungen in den Verhältnissen zu achten, z.B. Gesellschafterwechsel, Wechsel von Managern in Schlüsselpositionen, Veränderungen im Auskunftsverhalten oder Ereignisse, die Zweifel an der Integrität der Unternehmensleitung aufkommen lassen. Wenn beim Mandanten neue Geschäftstätigkeiten hinzugekommen sind, die Spezialkenntnisse erfordern, ist festzustellen, ob unsere Praxis über die erforderlichen Ressourcen verfügt (vgl. unten C.1.3.).

[Anm.: Länger bestehende Geschäftsbeziehungen sollten von dem verantwortlichen Wirtschaftsprüfer vor jedem Folgeauftrag, d.h. in der Regel jährlich, daraufhin untersucht werden, ob sich das Risiko erhöht hat (v.a., ob der Mandant unter den gegebenen Bedingungen beim Erstauftrag akzeptiert worden wäre) und ob zusätzliche Risikobegrenzungsmaßnahmen, die bei den bisherigen Aufträgen nicht erforderlich waren, durchzuführen sind. Hierbei sollte auch berücksichtigt werden, inwieweit Honorarsenkungen die Möglichkeit zur Erbringung qualitativ hochwertiger Leistungen beeinträchtigen können.]

21 Auch nach der Entscheidung zur Auftragsannahme bzw. -fortführung (z.B. in der Planungsphase oder während der Durchführung) ist zu beobachten und zu bewerten, ob Bedingungen eintreten, die zu einer Änderung der Risikobeurteilung oder sogar zur Ablehnung des Auftrags geführt hätten, wenn sie bereits vor der Annahme des Auftrags bestanden hätten.

22 Über die Annahme bzw. Fortführung von Aufträgen, die als „niedriges Risiko" eingestuft werden, entscheiden der verantwortliche Wirtschaftsprüfer und der Zweitunterzeichner gemeinsam. Die Praxisleitung ist über die Annahme oder Fortführung zu informieren. Sofern ein Auftrag als „mittleres Risiko" oder „hohes Risiko" eingeschätzt wird oder ein Zweifelsfall gegeben ist, muss die Praxisleitung informiert werden, welche dann über die Annahme oder Fortführung des Auftrags entscheidet.

23 Sind mit dem Auftrag hohe Risiken verbunden, die aber nicht zur Ablehnung geführt haben, entscheidet die Praxisleitung außerdem darüber, ob und welche Maßnahmen zur Risikobegrenzung zu ergreifen sind. In Betracht kommt z.B. die Durchführung einer auftragsbegleitenden Qualitätssicherung durch einen nicht mit dem Auftrag befassten Partner, sofern die auftragsbegleitende Qualitätssicherung bei gesetzlichen Abschlussprüfungen von Unternehmen von öffentlichem Interesse nach Artikel 8 EU-APrVO nicht ohnehin vorgeschrieben ist (vgl. Abschn. 4.6.7.).

24 In Bezug auf die Entscheidung zur Fortführung von Mandaten sind der Praxisleitung von den verantwortlichen Wirtschaftsprüfern alle Sachverhalte zur Entscheidung rechtzeitig vorzulegen, die dazu führen können, dass ein Mandat nicht fortgeführt werden kann. Die Praxisleitung entscheidet gemeinsam mit dem verantwortlichen Wirtschaftsprüfer über die notwendigen Schritte, einschließlich der Niederlegung des Mandats.

Kapitel A: Qualitätssicherung
4.2. Annahme, Fortführung und vorzeitige Beendigung von Aufträgen

C.1.3. Verfügbarkeit von ausreichenden Kenntnissen, Mitteln und Ressourcen

25 Bei der Beurteilung, ob ausreichende Kenntnisse, Mittel und Ressourcen für die ordnungsgemäße Auftragsdurchführung vorhanden sind, sind die besonderen Anforderungen des Auftrags zu berücksichtigen. In diesem Zusammenhang ist z.B. festzustellen, ob die für die Durchführung des Auftrags erforderlichen Fach- und Branchenkenntnisse vorhanden sind und genügend Zeit und Personal für die Auftragsabwicklung zur Verfügung steht, sodass die vorgesehenen Berichtstermine realistischer Weise eingehalten werden können (vgl. **„Übernahme und Fortführung eines Auftrags" (Arbeitshilfe A-4.2.(1), Teil D.)**).

C.1.4. Auftragserteilung

26 Jeder Auftrag muss mit einem Auftragsbestätigungsschreiben bestätigt werden. Ein solches Schreiben fixiert die vereinbarten Auftragsbedingungen und hilft, Missverständnisse mit dem Auftraggeber zu vermeiden. Bei der Formulierung des Auftragsbestätigungsschreibens ist der *IDW PS 220* zu beachten. Musterformulierungen für Auftragsbestätigungsschreiben (**Arbeitshilfen A-4.2.3.(1) – A-4.2.3.(11)**) bei den wesentlichen in unserer Praxis angebotenen Auftragsarten sind in der Muster-Datenbank auf unserem zentralen Server hinterlegt. Abweichungen von diesen Mustern sind mit der Praxisleitung abzustimmen.

27 Der verantwortliche Wirtschaftsprüfer überwacht, dass das vom Mandanten unterzeichnete Auftragsbestätigungsschreiben zu den Arbeitspapieren genommen wird.

[Anm.: Die Verwendung eines Auftragsbestätigungsschreibens ist gesetzlich nicht ausdrücklich vorgeschrieben. IDW PS 220, Tz. 15 weist jedoch darauf hin, dass es bei Abschlussprüfungen unabhängig von der Art und Weise des Zustandekommens des Prüfungsauftrags im Interesse beider Vertragsparteien ist, dass vor Prüfungsbeginn stets ein Auftragsbestätigungsschreiben versandt wird. Das Auftragsbestätigungsschreiben ist an das zuständige Organ des Unternehmens (z.B. den Aufsichtsrat bei der AG) zu richten.

Die Rücksendung des vom Unternehmen gegengezeichneten Auftragsbestätigungsschreibens ist insbesondere dann erforderlich, wenn das Auftragsbestätigungsschreiben gegenüber der Auftragserteilung durch den Mandanten zusätzliche Bestandteile für den Auftragsinhalt aufweist. In diesem Fall bedarf es der Annahme des veränderten Angebots durch das Unternehmen. Dies kann zwar konkludent geschehen, sollte aber aus Gründen der Rechtssicherheit ausdrücklich erklärt werden (IDW PS 220, Tz. 7).

*Der **Inhalt der Leistungspflicht** des Wirtschaftsprüfers bei einer **gesetzlichen Abschlussprüfung** (vgl. §§ 316 ff. HGB, §§ 43 ff. WPO sowie die spezifischen Vorschriften des PublG, AktG, GmbHG, KWG, BHO, HGrG, Eigenbetriebsrecht etc.) kann nicht durch eine entsprechende Vereinbarung unter den gesetzlichen Mindestprüfungsumfang herabgemindert werden.*

*Auch bei einer **freiwilligen Abschlussprüfung** darf der Umfang grundsätzlich nicht unter den für eine gesetzliche Abschlussprüfung vorgesehenen Mindestumfang herabgesenkt werden. Erfolgt dies dennoch, ist nur die Erteilung einer Bescheinigung bzw. eines Prüfungsvermerks i.S.d. IDW PS 480 möglich. Dagegen obliegt die Bestimmung des Leistungsinhalts bei sonstigen, nicht gesetzlich vorgeschriebenen Prüfungen oder anderen Aufträgen der Parteienvereinbarung. Da Missverständnisse über den Auftragsinhalt sehr leicht eintreten können, empfiehlt sich eine möglichst genaue Formulierung des Auftrags, damit der Umfang der zu erbringenden Leistungen eindeutig erkennbar wird.*

*Die **Haftung** des gesetzlichen Abschlussprüfers ist durch Gesetz auf 1 Mio. € bzw. 4 Mio. € bei Prüfung einer AG, deren Aktien zum Handel im regulierten Markt zugelassen sind, begrenzt (§ 323 Abs. 2 HGB). Dies gilt auch für andere gesetzlich vorgeschriebene Prüfungen (z.B. Gründungs-, Sonder-, oder Verschmelzungsprüfungen). Bei freiwilligen Abschlussprüfungen und sonstigen Aufträgen ohne Parteivereinbarungen haftet der Wirtschaftsprüfer unbegrenzt. Es ist deshalb unumgänglich, eine Haftungsbegrenzung vertraglich zu vereinbaren. Wird der Prüfungsauftrag erweitert, so sollte die Erweiterung – im Gegensatz zu einer Ergänzung um einen zusätzlichen Auftrag, der mit einem gesonderten Schreiben bestätigt werden sollte (vgl. IDW PS 220, Tz. 14) – im Auftragsbestätigungsschreiben zur gesetzlichen Abschlussprüfung bezeichnet werden (z.B. Prüfung des Risikofrüherkennungssystems bei der GmbH). Für die Erweiterung greift dann die gesetzliche Haftungsbeschränkung.]*

28 Im Fall einer verspäteten Beauftragung sollten im Auftragsschreiben die daraus resultierenden Konsequenzen aufgezeigt werden (z.B. nicht mögliche Inventurbeobachtung und daraus resultierende Konsequenzen für die Durchführung der Prüfung und Berichterstattung).

29 Jedem Auftragsbestätigungsschreiben sind die vom IDW veröffentlichten „Allgemeinen Auftragsbedingungen" in der jeweils aktuellen Fassung beizufügen (erhältlich im IDW Verlag). In dem Auftragsbestätigungsschreiben ist ausdrücklich auf die Allgemeinen Auftragsbedingungen Bezug zu nehmen. Sie werden nur dann Bestandteil des Auftrags, wenn bei Vertragsschluss ausdrücklich auf diese hingewiesen wird und dem Mandanten die Möglichkeit verschafft wird, in zumutbarer Weise von deren Inhalt Kenntnis zu nehmen.

30 Der verantwortliche Wirtschaftsprüfer muss sicherstellen, dass die Auftragsbestätigung vollständig ist.

C.2. Vorzeitige Beendigung von Aufträgen

C.2.1. Vorgehen bei Niederlegung des Mandats

31 Wird die Niederlegung des Mandats erwogen, entscheidet die Praxisleitung gemeinsam mit dem verantwortlichen Wirtschaftsprüfer, welche der folgenden Maßnahmen vorzunehmen sind:

- Erörterung des Sachverhalts und möglicher Handlungsalternativen mit dem Mandanten bzw. dem Aufsichtsorgan.
- Prüfung, ob eine rechtliche Pflicht zur Fortführung des Auftrags besteht.
- Dokumentation der bedeutsamen Aspekte, der vorgenommenen Konsultationen und der Gründe für die Entscheidung über die Niederlegung oder Fortführung des Auftrags.

32 Die Wirtschaftsprüferkammer ist unverzüglich und schriftlich begründet durch den Abschlussprüfer und die gesetzlichen Vertreter der geprüften Gesellschaft von der Kündigung oder dem Widerruf des Prüfungsauftrags zu unterrichten (*IDW PS 220*, Tz. 32 Abs. 2 Satz 2). Bei Abschlussprüfungen sind die Berichterstattungspflichten nach §§ 318 Abs. 6 Satz 4 HGB, 320 Abs. 4 HGB und § 26 BS WP/vBP zu beachten.

33 Auf Auskunftsersuchen eines nachfolgenden Abschlussprüfers unterrichten wir diesen, ob u.E. Berufsgrundsätze einer Mandatsübernahme entgegenstehen. Bestehen entsprechende Gründe oder andere Aspekte, die im Rahmen unserer Informationspflichten nach § 320 Abs. 4 HGB dem neuen Abschlussprüfer gegenüber offengelegt werden sollten, geben wir ihm grundsätzlich detailliert Auskünfte und besprechen mit ihm offen alle für die Beauftragung relevanten Aspekte entsprechend unseren Informationspflichten nach § 320 Abs. 4 HGB.

[Anm.: Es ist zu empfehlen, im Auftragsbestätigungsschreiben auf das im Falle eines Abschlussprüferwechsels unmittelbar gegenüber dem bisherigen Abschlussprüfer wirkende Informationsrecht, das dem neuen Abschlussprüfer nach § 320 Abs. 4 HGB eingeräumt wird, ausdrücklich hinzuweisen.]

C.2.2. Vorgehen bei Übernahme eines Auftrags, der von einem anderen Wirtschaftsprüfer niedergelegt wurde

34 Wird ein Prüfungsauftrag durch Niederlegung oder Abberufung eines anderen Wirtschaftsprüfers beendet und auf unsere Kanzlei übertragen, ist die Zustimmung des Mandanten zur Kontaktaufnahme mit dem bisherigen Prüfer einzuholen sowie auf dessen Entbindung von der Verschwiegenheitspflicht hinzuwirken.

[Anm.: Auch ohne die Entbindung von der Verschwiegenheitspflicht durch den Mandanten hat der Abschlussprüfer bei Abschlussprüfungen nach § 316 HGB ein Informationsrecht gegenüber dem Vorprüfer (vgl. Tz. 5).]

35 Mit dem bisherigen Prüfer sind die Gründe des Prüferwechsels sowie die Ergebnisse der bisherigen Prüfung zu besprechen. In jedem Fall sollte der bisherige Prüfer gefragt werden, ob aus berufsständischer Sicht Gründe vorhanden sind, die einer Auftragsannahme entgegenstehen.

D. Arbeitshilfen/Dokumentation

A-4.1.1.(3):	Unabhängigkeitserklärung des Abschlussprüfers gegenüber dem Aufsichtsorgan
A-4.2.(1):	Fragebogen: „Übernahme und Fortführung eines Auftrags"
A.4.2.2.(1):	Übersicht zu den Unabhängigkeitsvorschriften
A-4.2.2.(2):	Besondere Unabhängigkeitsanforderungen bei PIE-Abschlussprüfungen
A-4.2.3.(1):	Auftragsbestätigungsschreiben – Abschlussprüfung Non-PIE
A-4.2.3.(1)-PIE:	Auftragsbestätigungsschreiben – Abschlussprüfung PIE
A-4.2.3.(1)-E:	Engagement Acceptance Letter – Audit
A-4.2.3.(2):	Auftragsbestätigungsschreiben – Steuerberatung
A-4.2.3.(3):	Auftragsbestätigungsschreiben – Jahresabschlusserstellung
A-4.2.3.(4):	Auftragsbestätigungsschreiben – Prüferische Durchsicht von Abschlüssen
A-4.2.3.(4)-E:	Engagement Acceptance Letter – Review
A-4.2.3.(5):	Auftragsbestätigungsschreiben Externe Qualitätskontrolle
A.4.2.3.(6):	Auftragsbestätigungsschreiben Prüfungen nach IDW PS 480
A-4.2.3.(7):	Auftragsbestätigungsschreiben Prüfungen nach IDW PS 490
A-4.2.3.(8):	Auftragsbestätigungsschreiben Prüfung von Compliance Management Systemen
A-4.2.3.(9):	Auftragsbestätigungsschreiben Prüfung des Risikomanagementsystems
A-4.2.3.(10):	Auftragsbestätigungsschreiben Prüfung des IKS der Unternehmensberichterstattung
A-4.2.3.(11):	Auftragsbestätigungsschreiben Prüfung des Internen Revisionssystems
A-4.2.(4):	Bestimmung der Größenklassen nach §§ 267, 267a HGB

4.3. Mitarbeiterentwicklung

A. Gesetzliche und satzungsmäßige Grundlagen

1 Wirtschaftsprüfer haben bei der Einstellung von fachlichen Mitarbeitern deren fachliche und persönliche Eignung zu prüfen (§ 6 Abs. 1 BS WP/vBP). Die fachlichen Mitarbeiter sind nach Maßgabe ihrer Verantwortlichkeit über die Berufspflichten sowie über das in der Praxis eingerichtete Qualitätssicherungssystem zu informieren. Sie sind vor Dienstantritt auf die Einhaltung der Regelungen des Qualitätssicherungssystems zu verpflichten; dies ist zu dokumentieren (vgl. § 6 Abs. 3 BS WP/vBP).

2 Wirtschaftsprüfer sind nach § 43 Abs. 2 Satz 4 WPO verpflichtet, sich fortzubilden. Die Fortbildung soll die Fachkenntnisse, die Fähigkeit zu ihrer Anwendung sowie das Verständnis der Berufspflichten auf einem ausreichend hohen Stand halten (vgl. § 5 Abs. 1 BS WP/vBP).

3 In der Wirtschaftsprüferpraxis muss eine angemessene praktische und theoretische Ausbildung des Berufsnachwuchses und Fortbildung der fachlichen Mitarbeiter organisiert werden. Die Aus- und Fortbildung muss strukturiert sein und inhaltlich die Tätigkeitsbereiche des fachlichen Mitarbeiters betreffen (§ 7 Abs. 1 BS WP/vBP). Hierzu zählt die Festlegung von Zuständigkeiten für die Aus- und Fortbildung. Die fachlichen Mitarbeiter sollen in angemessenen Abständen beurteilt werden (§ 7 Abs. 3 BS WP/vBP).

4 Die Regelungen zur Einstellung, zur Aus- und Fortbildung, zur Beurteilung von fachlichen Mitarbeitern sowie zur Bereitstellung von Fachinformationen (für gesetzliche Abschlussprüfungen: vgl. § 55b Abs. 2 Satz 2 Nr. 4 WPO; § 51 Abs. 1 Nr. 4-6, Nr. 8 BS WP/vBP) sollen sicherstellen, dass ausreichend personelle Ressourcen vorhanden sind und die Mitarbeiter ausreichend qualifiziert und bereit sind, die allgemeinen Berufspflichten zu beachten, damit die Aufträge unter Beachtung der gesetzlichen und berufsständischen Anforderungen abgewickelt werden und die Berichterstattung den Umständen des Einzelfalls entsprechend ordnungsgemäß erfolgt. Es ist gemäß § 7 Abs. 2 BS WP/vBP sicherzustellen, dass Mitarbeitern Verantwortung nur dann übertragen wird, wenn sie über die erforderliche Qualifikation in persönlicher und fachlicher Hinsicht verfügen.

[Anm.: Das „Allgemeine Gleichbehandlungsgesetz" (AGG) gilt zum einen für Beschäftigungsverhältnisse (§§ 6-18) und zum anderen für bestimmte Bereiche des privaten Vertragsrechts (§§ 19-21). In der Wirtschaftsprüferpraxis ist sicherzustellen, dass das AGG bezüglich des personenbezogenen und sachlichen Anwendungsbereichs eingehalten wird. Zu beachten sind etwa Regelungen für Stellenausschreibungen, Einstellungs- und Auswahlverfahren, Kündigungen, Beurteilungen und Zeugnisse. Davon betroffen sind Organisation, Zusammenarbeit, Mitarbeiterführung und Gehaltsfragen ebenso wie die Mitbestimmungsmodalitäten der Arbeitnehmer. Neben der Einhaltung der gesetzlichen Vorschriften ergeben sich für den Arbeitgeber weitergehende Verpflichtungen, die z.B. in der Schulung und Information der Mitarbeiter, der Sanktion von Benachteiligungen, der Überprüfung bestehender Vereinbarungen und der Dokumentation der durchgeführten Maßnahmen bestehen (vgl. Bauer/Krieger:

Kapitel A: Qualitätssicherung
4.3. Mitarbeiterentwicklung

Allgemeines Gleichbehandlungsgesetz, Kommentar, C.H. Beck, 4. Aufl. 2015, München; Müthlein/Jaspers: AGG – Rechtssichere Personalprozesse und -datenverarbeitung, Handlungshilfe für Datenschutzbeauftragte/-verantwortliche, Personalverantwortliche, Führungskräfte, Data Kontext, 1. Aufl. 2007, Frechen.]

B. Zielsetzung

5 Die Wettbewerbsfähigkeit unserer Wirtschaftsprüferpraxis wird entscheidend vom Ausbildungsniveau, der Qualifikation und der Spezialisierung unserer Mitarbeiter und Partner geprägt. Vordringliches Anliegen ist daher die Sicherstellung eines hohen Qualifikations- und Informationsstandards unserer Mitarbeiter. Folgende Maßnahmen sollen dazu beitragen, sowohl den gesetzlichen Anforderungen als auch unserem eigenen Anspruch an eine qualifizierte Auftragsabwicklung durch sämtliche Mitarbeiter und Partner unserer Wirtschaftsprüferpraxis Rechnung zu tragen:

- Sorgfältige Auswahl der Mitarbeiter bei Einstellung
- Information über Berufs- und Arbeitsgrundsätze
- Ausbildung der Berufsanfänger
- Fachliche Fortbildung der Berufsträger und Mitarbeiter
- Weiterentwicklung der Mitarbeiter durch regelmäßige Eigen- und Fremdbeurteilungen
- Regelmäßige und ausreichende Fachinformation.

C. Praxisinterne Regelungen

[Anm.: Wirtschaftsprüfer in eigener Praxis ohne fachliche Mitarbeiter benötigen naturgemäß keine umfangreichen Regelungen zur Mitarbeiterentwicklung. Dessen ungeachtet sollten diese Berufsangehörigen zumindest die eigenen geplanten und vollzogenen Aus- und Fortbildungsaktivitäten sowie die Art und Weise dokumentieren, wie sie die eigene Fachinformation auf den Gebieten der beruflichen Betätigung sicherstellen (vgl. C.2.).]

C.1. Einstellung von Fachmitarbeitern

6 Auf Basis der Auftragsplanung unserer Wirtschaftsprüferpraxis ist die Entscheidung über eine gezielte Mitarbeitersuche zu treffen. Die Gesamtpersonalplanung kann anhand des **Formblatts: „Kapazitätsplanung" (vgl. Arbeitshilfe A-4.4.(3))** durch Gegenüberstellung von vorhandenem bzw. erwartetem Auftragsvolumen mit den vorhandenen personellen Ressourcen erfolgen. Diese Planung hat so frühzeitig zu erfolgen, dass wirksame Maßnahmen zur Mitarbeitersuche getroffen werden können.

7 Bewerber werden in einem Einstellungsgespräch auf ihre fachliche und persönliche Eignung geprüft. Die maßgeblichen Beurteilungskriterien dabei sind:

- Fachliche Qualifikation
- Persönliche Eigenschaften

- Gesprächsführung

8 Zum Vorstellungsgespräch muss der Bewerber Lebenslauf und Zeugnisse über Ausbildung bzw. bisherige Berufslaufbahn vorlegen. Jedes Bewerbungsgespräch wird mithilfe des **Formblatts: „Bewerberbeurteilung" (vgl. Arbeitshilfe A-4.3.(1))** dokumentiert und archiviert.

9 Berufsanfänger sind unmittelbar nach Einstellung über die Arbeits- und Berufsgrundsätze zu informieren. Auf die Ausführungen in Abschn. 4.1. Beachtung der allgemeinen Berufspflichten und das **Merkblatt: „Maßnahmen bei der Einstellung von Mitarbeitern (vgl. Arbeitshilfe A-4.3.(2))** wird verwiesen.

10 Zuständig für die Entscheidung zur Einstellung von Mitarbeitern, die Führung der Bewerbungsgespräche und die Information über Arbeits- und Berufsgrundsätze sind [Herr/Frau] [Name(n)].

11 Rechtzeitig vor Ablauf der üblicherweise ein halbes Jahr betragenden Probezeit sind die fachlichen, persönlichen und organisatorischen Leistungen des Mitarbeiters zu beurteilen und es ist eine Entscheidung über die Übernahme in ein festes Anstellungsverhältnis zu treffen. Die Beurteilung kann anhand des **Formblatts: „Beurteilung Probezeit" (vgl. Arbeitshilfe A-4.3.(3))** erfolgen.

12 Die **Zuständigkeit** für die rechtzeitige Mitarbeiterbeurteilung liegt bei dem Wirtschaftsprüfer, in dessen Arbeitsbereich der Mitarbeiter vorzugsweise eingesetzt ist. Die Zuständigkeit ist bei Arbeitsaufnahme des Mitarbeiters festzulegen. Die Entscheidung zur Übernahme in das feste Anstellungsverhältnis wird einvernehmlich mit der Praxisleitung getroffen.

C.2. Aus- und Fortbildung

C.2.1. Verantwortlichkeit

13 Die Erfüllung der Pflicht zur fachlichen Fortbildung der Wirtschaftsprüfer sowie der Aus- und Fortbildung der sonstigen fachlichen Mitarbeiter wird jährlich überwacht. Zuständig ist der Aus- und Fortbildungsbeauftragte [Herr/Frau] [Name].

C.2.2. Fachliche Fortbildung der Wirtschaftsprüfer

14 Die fachliche Fortbildung der Wirtschaftsprüfer unserer Praxis bezieht sich schwerpunktmäßig auf die folgenden Tätigkeiten (vgl. § 5 Abs. 4 Satz 1 BS WP/vBP):

- Prüfungstätigkeit (§ 2 Abs. 1 WPO)
- Beratung und Vertretung in steuerlichen Angelegenheiten (§ 2 Abs. 2 WPO)
- Tätigkeiten nach § 2 Abs. 3 WPO

Der Schwerpunkt der fachlichen Fortbildung liegt in der ausgeübten oder beabsichtigten Berufstätigkeit des jeweiligen Wirtschaftsprüfers, insbesondere in der Prüfungstätigkeit bei Wirtschaftsprüfern, die Abschlussprüfungen durchführen (§ 5 Abs. 4 Satz 2 BS WP/vBP).

15 Die Fortbildungsverpflichtung wird durch Fortbildungsmaßnahmen als Hörer oder Dozent sowie durch **Selbststudium** (insbesondere Lesen von Fachschrifttum) erfüllt (§ 5 Abs. 1 Satz 2 BS WP/vBP). Zu den **Fortbildungsmaßnahmen** zählen z.B.:

- Interne oder externe Fachveranstaltungen (z.B. Vorträge, Seminare, Diskussionsgruppen oder ähnliche Veranstaltungen)
- das (nachweisbare) Absolvieren von IT-gestützten Fachkursen (E-Learning, Web-Based-Training)
- schriftstellerische Facharbeit
- Tätigkeit in externen oder praxisinternen Fachgremien
- Tätigkeit als Dozent an Hochschulen

16 Die Fortbildung *soll* einen **Umfang** von 40 Stunden jährlich nicht unterschreiten (§ 5 Abs. 5 Satz 1 BS WP/vBP), wovon 20 Stunden auf Fortbildungsmaßnahmen entfallen *müssen*.

17 Für Nachweiszwecke sind die durchgeführten Fortbildungsmaßnahmen dem Aus- und Fortbildungsbeauftragten unter Bezeichnung von Art und Gegenstand zu melden und von diesem zu dokumentieren (§ 5 Abs. 5 BS WP/vBP) (vgl. hierzu **A-4.3.(7): Nachweis der Fortbildungsmaßnahmen**).

[Anm.: Die Mindeststundenzahl von 20 Stunden kann auch durch spezielle Fortbildungsmaßnahmen für Prüfer für Qualitätskontrolle erbracht werden (vgl. § 5 Abs. 5 Satz 3 BS WP/vBP).]

C.2.3. Aus- und Fortbildung der sonstigen fachlichen Mitarbeiter

18 Die **Ausbildung** in unserer Wirtschaftsprüferpraxis basiert auf drei Säulen:

- *Standardausbildung*: Die standardisierte Berufsausbildung erfolgt in erster Linie durch Teilnahme an der berufsbegleitenden Ausbildung und weiteren Ausbildungskursen des IDW sowie fallweise an Veranstaltungen anderer professioneller Anbieter, um die Vermittlung sowohl fachlicher als auch sozialer Fertigkeiten sicherzustellen.
- *Praktische Ausbildung*: Dieser Teil der Ausbildung nimmt in unserer Wirtschaftsprüferpraxis einen hohen Stellenwert ein. Durch die Arbeit in kleinen Teams und die umfassende Einbeziehung des verantwortlichen Wirtschaftsprüfers in die Prüfung bzw. Auftragsabwicklung vor Ort wird ein entsprechender Informationstransfer von Berufserfahrung sichergestellt. Es ist unser Prinzip, unsere Mitarbeiter sehr früh und eingehend in Fachprobleme im Rahmen der Auftragsabwicklung einzubeziehen und in Mandantengespräche – insbesondere auch in Schlussbesprechungen – zu involvieren.
- *Lernen durch Literaturstudium und praxisinterne Fortbildungsmaßnahmen*: Die Information über aktuelle Entwicklungen ist grundsätzlich in die Autonomie und Selbstinitiative

Kapitel A: Qualitätssicherung
4.3. Mitarbeiterentwicklung

des Mitarbeiters gestellt. Erwartet wird das regelmäßige Studium der einschlägigen Berufszeitschriften, die Bestandteil unserer Fachbibliothek sind. Daneben finden regelmäßig praxisinterne Fachveranstaltungen zu aktuellen Themen statt, deren Besuch verpflichtend ist.

19 Der Umfang der individuellen Ausbildungsmaßnahmen entsprechend diesen Grundsätzen ist im nachfolgend beschriebenen Jahresgespräch zur Mitarbeiterbeurteilung im **Formblatt: „Mitarbeiterbeurteilung" (vgl. Arbeitshilfe A-4.3.(4))** festzulegen.

[Anm.: Auf die Begründung zu § 7 BS WP/vBP wird verwiesen. Danach ist der Mindestumfang der Aus- und Fortbildung der fachlichen Mitarbeiter, die keine Wirtschaftsprüfer sind, nicht geregelt. Gleichwohl wird es als ausreichend angesehen, wenn die Fortbildung von erfahrenen Mitarbeitern in dem von § 5 BS WP/vBP vorgesehenen Rahmen erfolgt.]

20 Sämtliche Partner und fachlichen Mitarbeiter sind verpflichtet, ihr berufliches Wissen ständig zu aktualisieren und entsprechend den beruflichen Erfordernissen zu erweitern, insbesondere durch das regelmäßige Studium der einschlägigen Zeitschriften. Spezialisierungs- und Vertiefungskurse sind unter Berücksichtigung der aktuellen und der künftigen Arbeitsbereiche zu strukturieren und im Sinne der Gesamtoptimierung mit dem zuständigen Wirtschaftsprüfer/Partner abzustimmen.

21 Unser **Fortbildungskonzept** beinhaltet interne und externe Fortbildungsveranstaltungen für den jeweiligen Einsatzbereich der fachlichen Mitarbeiter (z.B. IDW Landesgruppenveranstaltungen, IDW Arbeits- und Fachtagungen). Das Fortbildungskonzept gliedert sich in

- Vertiefungs- und Spezialisierungskurse für den Prüfungsbereich
- Grundlagen und Vertiefungskurse für den Umgang, den Einsatz von IT-gestützter Prüfungstechnik und die Durchführung von IT/IKS-Prüfungen
- Vertiefungskurse zum deutschen und internationalen Steuerrecht
- Vorbereitungskurse Berufsexamina
- [...].

22 Der Umfang der individuellen Fortbildungsmaßnahmen der Mitarbeiter entsprechend diesen Grundsätzen ist im Rahmen des nachfolgend beschriebenen Jahresgesprächs zur Mitarbeiterbeurteilung im **Formblatt: „Mitarbeiterbeurteilung" (vgl. Arbeitshilfe A-4.3.(4))** festzulegen. Darin sind auch die durchgeführten Aus- und Fortbildungsmaßnahmen zu dokumentieren. Verantwortlich für die Überwachung der Aus- und Fortbildungsmaßnahmen ist die Praxisleitung.

23 Die durchgeführten Aus- und Fortbildungsmaßnahmen sind zusammenfassend zu dokumentieren und zu überwachen. Auf das entsprechende **Formblatt: „Mitarbeiteraus- und Fortbildungsstatistik" (vgl. Arbeitshilfe A-4.3.(5))** wird verwiesen. Es empfiehlt sich, für die fachlichen Mitarbeiter Aus- und Fortbildungsprofile zu erstellen (dazu **Formblatt: „Mitarbei-**

teraus- und Fortbildungsprofil" (vgl. Arbeitshilfe A-4.3.(6))), die bei der Personaleinsatzplanung Verwendung finden (siehe Abschn. 4.6.1.). Zuständig für die Dokumentation und zentrale Archivierung ist der für Aus- und Fortbildung Verantwortliche [Herr/Frau ...].

> *Hinweise auf in der Praxis vorkommende Fehlerquellen, die in den Kontrollen der WPK beanstandet wurden:*[1]
>
> - *keine regelmäßigen Schulungen der an der Abschlussprüfung von § 319a HGB-Unternehmen beteiligten Personen, insbesondere im Bereich IFRS.*

C.3. Mitarbeiterbeurteilungen

24 Aufgrund der Größe und Struktur unserer Wirtschaftsprüferpraxis ist die innerbetriebliche Kommunikation intensiv und ausgeprägt. Durch die umfassende auftragsbezogene Zusammenarbeit zwischen Partnern sowie Assistenten und Prüfern in weitgehend konstant zusammengesetzten Teams sind auftragsnahe fachliche und persönliche Feed-Back-Prozesse üblich. Unterjährige projekt-/auftragsbezogene Beurteilungen halten wir daher für entbehrlich. Trotz intensiver unterjähriger Abstimmprozesse ist es jedoch erforderlich, zumindest einmal im Jahr mit jedem fachlichen Mitarbeiter ein strukturiertes Beurteilungs- und Entwicklungsgespräch zu führen.

25 Dieses Gespräch hat u.a. folgende **Zielsetzungen**:

- Leistungsbeurteilung des Mitarbeiters für das abgelaufene Jahr
- Zielvereinbarung für das folgende Jahr
- Festlegung von Aus- und Fortbildungsmaßnahmen aufgrund festgestellter Stärken bzw. Schwächen sowie Bestimmung von Mandanten- und Spezialisierungsschwerpunkten.

26 Die Beurteilung orientiert sich an folgenden übergeordneten Kriterien (Hinweis auf das **Formblatt: „Mitarbeiterbeurteilung"** (vgl. Arbeitshilfe A-4.3.(4))):

- Fachkompetenz
- Sozialkompetenz
- Mandantenorientierung
- Unternehmerische Orientierung
- Arbeitsqualität (einschließlich der Beachtung der Berufspflichten und der Qualitätssicherungsregelungen)

Die Gewichtung der einzelnen Merkmalsausprägungen ist naturgemäß abhängig vom Erfahrungsniveau des Einzelnen, das in die Beurteilung einbezogen werden muss.

27 Das Jahresgespräch dient als Grundlage für die Entscheidung über Beförderung, Übernahme von Verantwortung und Gehaltsentwicklung.

---

[1] Quelle: Berufsaufsichtsbericht 2010 der WPK, S. 27.

28 Die Informationen über die Beförderung eines Mitarbeiters bzw. über besondere Fach- und Branchenkenntnisse werden nach Durchführung des Jahresgesprächs an den/die für die Gesamtplanung verantwortliche(n) [Herrn/Frau] [Name] weitergeleitet, um dort bei der Mitarbeitereinsatzplanung berücksichtigt zu werden (vgl. Abschn. 4.6.1. Organisation der Auftragsabwicklung, Tz. 16 f.).

29 Das **Formblatt: „Mitarbeiterbeurteilung" (vgl. Arbeitshilfe A-4.3.(4))** dient als Richtschnur für Gesprächsführung und Dokumentation des Gesprächsinhalts. Verantwortlich für die fristgerechte Führung des Gesprächs zum Ende des abgelaufenen Jahres ist der Partner, in dessen Verantwortungsbereich der Mitarbeiter im Wesentlichen tätig ist. Die Beurteilung ist der Praxisleitung zur Kenntnis zu bringen. Die Archivierung der Gesprächsdokumentation erfolgt in der Personalakte des betreffenden Mitarbeiters.

C.4. Organisation von Fachinformationen

30 Jeder fachliche Mitarbeiter erhält bei seiner Einstellung eine Grundausstattung mit Fachliteratur, die Berufsgrundsätze in Form der BS WP/vBP sowie unser Qualitätssicherungshandbuch in der aktuellen Fassung ausgehändigt.

31 Unsere Wirtschaftsprüferpraxis verfügt über eine Bibliothek, welche die für unsere Arbeitsschwerpunkte wesentlichen Gesetze und Rechtsprechung, die maßgebliche Kommentierung im Schrifttum sowie die Standards und Informationen der Berufsorganisationen zu Fragen der nationalen und internationalen Rechnungslegung, zur Prüfung, zur Steuerberatung und zur betriebswirtschaftlichen Beratung vorhält.

32 Von unseren Mitarbeitern wird die eigenverantwortliche Nutzung der Bibliothek zur Klärung fachlicher Fragen und zur Fortbildung erwartet. Darüber hinaus verfügt jeder Mitarbeiter über einen Internet-Zugang, der zur Informationsrecherche zu nutzen ist.

33 Über Gesetzesänderungen, aktuelle Rechtsprechung und nationale bzw. internationale berufsständische Verlautbarungen wird in unregelmäßigen Abständen in praxisinternen Rundschreiben informiert und – soweit erforderlich – eine einheitliche Handhabung vorgegeben. Abweichungen sowie darüber hinausgehende Zweifelsfragen bedürfen der Abstimmung mit der Praxisleitung.

34 Die Aktualisierung der Fachinformation und der interne Informationstransfer über Gesetzesänderungen und berufsständische Regelungen wird durch [...] sichergestellt.

D. Arbeitshilfen/Dokumentation

A-4.3.(1):   Formblatt: „Bewerberbeurteilung"
A-4.3.(2):   Merkblatt: „Maßnahmen bei der Einstellung von Mitarbeitern"
A-4.3.(3):   Formblatt: „Beurteilung Probezeit"
A-4.3.(4):   Formblatt: „Mitarbeiterbeurteilung"

A-4.3.(5): Formblatt: „Mitarbeiteraus- und Fortbildungsstatistik"
A-4.3.(6): Formblatt: „Mitarbeiteraus- und Fortbildungsprofil"
A-4.3.(7): Formblatt: „Nachweis der Fortbildungsmaßnahmen"
A-4.4.(3): Formblatt: „Kapazitätsplanung"

4.4. Gesamtplanung aller Aufträge

A. Gesetzliche und satzungsmäßige Grundlagen

1 Wirtschaftsprüfer haben gemäß §§ 4 Abs. 3 und 46 Abs. 2 Satz 2 BS WP/vBP durch eine sachgerechte Gesamtplanung aller Aufträge die Voraussetzungen dafür zu schaffen, dass die übernommenen und erwarteten Aufträge unter Beachtung der Berufsgrundsätze ordnungsgemäß durchgeführt und zeitgerecht abgeschlossen werden können.

2 Art und Umfang der erforderlichen Gesamtplanung sind im Wesentlichen abhängig von den jeweiligen Besonderheiten der einzelnen Wirtschaftsprüferpraxis sowie der Anzahl, dem Volumen und dem Schwierigkeitsgrad der durchzuführenden Aufträge (vgl. Begründung zu § 4 Abs. 3 BS WP/vBP).

B. Zielsetzung

3 Die sachgerechte Gesamtplanung aller Aufträge soll dazu beitragen, dass unsere Wirtschaftsprüferpraxis sowohl die bereits übernommenen als auch die noch zu erwartenden Aufträge unter Beachtung der gesetzlichen und berufsständischen Vorgaben ordnungsgemäß durchführen und termingerecht fertigstellen kann.

C. Praxisinterne Regelungen

[Anm.: Die nachfolgend dargestellten Regelungen sind in kleinen Praxen mit überschaubarem Auftragsbestand zur Sicherstellung einer ordnungsgemäßen und termingerechten Durchführung der Aufträge nicht in dem gleichen Detaillierungsgrad erforderlich wie in größeren Praxen. In diesen Fällen kann es bereits ausreichend sein, wenn eine übersichtliche Terminplanung der Aufträge erfolgt (z.B. in einem Terminkalender), die eine personelle und zeitliche Abstimmung mit den übrigen Aufträgen ermöglicht.]

C.1. Planungszuständigkeit

4 Die Gesamtplanung aller Aufträge obliegt der Praxisleitung bzw. dem von der Praxisleitung benannten Disponenten.

[Anm.: In Wirtschaftsprüferpraxen mit organisatorisch getrennten Geschäftsbereichen oder mit Niederlassungen kann die Gesamtplanung auch nach Geschäftsbereichen oder Niederlassungen erfolgen (vgl. IDW QS 1, Tz. 100).]

C.2. Einzelplanungen als Ausgangsgrundlage

5 Ausgangsgrundlage der Gesamtplanung aller Aufträge sind die Einzelplanungen der abzuwickelnden Aufträge. Die gewissenhafte Berufsausübung erfordert einen angemessenen Detaillierungsgrad dieser Einzelplanungen in zeitlicher und personeller Hinsicht. Bei der Erstel-

lung der Einzelplanungen kann in Abhängigkeit von Art und Umfang der Aufträge eine Zusammenfassung zu Auftragsgruppen sinnvoll sein. Letzteres kann sich insbesondere bei Aufträgen außerhalb des Prüfungsbereichs empfehlen, die wegen fehlender zeitlicher Bestimmtheit bzw. fehlender Termingebundenheit einzeln nur schwer planbar sind (vgl. *IDW QS 1, Tz. 100*).

6   Die Einzelplanungen sollen sowohl den Zeitbedarf als auch den quantitativen und qualitativen Personalbedarf berücksichtigen und daher folgende Angaben beinhalten:

- Beginn und Ende der Aufträge
- geschätzter Zeitbedarf in Arbeitstagen/Stunden
- Anzahl der benötigten Mitarbeiter mit Angabe der erforderlichen Qualifikation (Ausbildung, Erfahrung) und ggf. Spezialkenntnisse und
- ggf. Namen der benötigten Mitarbeiter.

7   Die für die abzuwickelnden Aufträge verantwortlichen Wirtschaftsprüfer haben die Einzelplanungen vor Beginn der Prüfungssaison bis spätestens zum [Datum] der Praxisleitung vorzulegen. Für die Mitteilung der Einzelplanungen kann das **Formblatt: „Bedarfsmeldung Einzelauftrag/Auftragsgruppe"** (vgl. Arbeitshilfe A-4.4.(1)) verwendet werden.

C.3. Zusammenfassung der Einzelplanungen zu einem Gesamtplan

8   Auf der Grundlage der übermittelten Einzelplanungen erstellt die Praxisleitung eine Gesamtplanung aller Aufträge. Dabei sind auch die Urlaubsplanung der Mitarbeiter, die für die Aus- und Fortbildung vorgesehenen Zeiten, die geplante Einstellung neuer Mitarbeiter sowie – soweit bekannt – das Ausscheiden von Mitarbeitern zu berücksichtigen. Die hierzu benötigten Informationen werden von dem Personalverantwortlichen vor Beginn der Prüfungssaison bis spätestens zum [Datum] bereitgestellt. Während der Prüfungssaison hat die Personalabteilung die Praxisleitung regelmäßig über Veränderungen der personalbezogenen Plandaten einschließlich der Veränderungen von Qualifikationen zu unterrichten.

9   Bei der Gesamtplanung aller Aufträge ist auch die erwartete Auftragsentwicklung zu berücksichtigen. Es sollten daher ausreichende Ressourcen für neue Aufträge einkalkuliert werden. Für eventuell auftretende unvorhergesehene Probleme sind ebenfalls zeitliche Reserven einzuplanen (*IDW PS 240*, Tz. 26).

10 Terminliche Überschneidungen und personelle Engpässe sind soweit wie möglich in Abstimmung mit den betroffenen verantwortlichen Wirtschaftsprüfern zu bereinigen.

[Anm.: Sind bei Wirtschaftsprüferpraxen mit mehreren Niederlassungen/Geschäftsbereichen die Kapazitätsengpässe innerhalb einer Niederlassung (Geschäftsbereich) nicht zu bereinigen, sollte der Disponent dieser Niederlassung (Geschäftsbereich) in Abstimmung mit der Leitung der Niederlassung (Geschäftsbereich) zunächst versuchen, die temporäre Unterbesetzung durch Anforderung von entsprechend qualifizierten Mitarbeitern anderer Niederlassungen (Geschäftsbereiche) auszugleichen.

Der Mitarbeiteraustausch zwischen den Niederlassungen (Geschäftsbereiche) sollte dabei in kollegialem Einvernehmen kurzfristig und formlos durch die jeweiligen Disponenten koordiniert werden. Kommt es dabei zu keiner Einigung, sollten die Disponenten die Praxisleitung informieren, die dann aufgerufen ist, eine Lösung des Problems herbeizuführen.]

C.4. Vorgehen bei Änderung der Einzelplanungen bzw. der Annahme neuer Aufträge

11 Werden während der Prüfungssaison die Einzelplanungen geändert bzw. neue Aufträge angenommen, so haben die verantwortlichen Wirtschaftsprüfer dies mithilfe der (ggf. korrigierten) **„Bedarfsmeldung Einzelauftrag/Auftragsgruppe" (vgl. Arbeitshilfe A-4.4.(1))** unverzüglich der Praxisleitung/dem Disponenten mitzuteilen, damit diese die Gesamtplanung regelmäßig aktualisieren können.

C.5. Planungsauswertungen

12 Für jeden Einzelauftrag bzw. jede Auftragsgruppe trägt die Praxisleitung – nach Monaten unterteilt – den benötigten Zeitbedarf in Stunden in das **Formblatt: „Auftragsplanung Einzelauftrag/Auftragsgruppe" (vgl. Arbeitshilfe A-4.4.(2))** ein. Durch die Verknüpfung aller Auftragsplanungen erhält man die Auswertung: **„Kapazitätsplanung" (vgl. Arbeitshilfe A-4.4.(3))**, in der die gesamten Planstunden – nach Mandanten sortiert und nach Aufträgen untergliedert – auf einer nach Monaten gegliederten Zeitachse dargestellt sind. Durch die Gegenüberstellung der geplanten Stunden mit den verfügbaren produktiven Stunden wird die monatliche Kapazitätsauslastung erkennbar.

13 Auf der Grundlage der mitgeteilten Planungsinformationen erstellt die Praxisleitung darüber hinaus die **„Mitarbeitereinsatzplanung" (vgl. Arbeitshilfe A-4.4.(4))**. Die Mitarbeitereinsatzplanung liefert in Form einer kalendermäßigen Darstellung einen Überblick darüber, wann die Mitarbeiter für die Abwicklung von (welchen) Aufträgen eingeplant sind und wann sie bedingt durch den Besuch von Fortbildungsmaßnahmen, durch Urlaub oder Krankheit nicht für die Auftragsabwicklung zur Verfügung stehen werden. Daneben dient sie dem Erkennen freier Kapazitäten.

14 Die Praxisleitung sowie die verantwortlichen Wirtschaftsprüfer und Prüfungsleiter erhalten einmal monatlich am letzten Arbeitstag eines Monats die jeweils aktuelle Mitarbeitereinsatzplanung. Den übrigen Mitarbeitern ist die Mitarbeitereinsatzplanung durch Aushang bekannt zu geben. Die „Auftragsplanung Gesamtauswertung" wird einmal monatlich am letzten Arbeitstag eines Monats der Praxisleitung übermittelt.

[Anm.: Der Informationszyklus ist praxisindividuell in Abhängigkeit von Art und Umfang der abzuwickelnden Aufträge sowie von der Wahrscheinlichkeit des Auftretens von Planungsänderungen und Engpässen festzulegen.]

D. Arbeitshilfen

A-4.4.(1): Formblatt: „Bedarfsmeldung Einzelauftrag/Auftragsgruppe"

A-4.4.(2): Formblatt: „Auftragsplanung Einzelauftrag/Auftragsgruppe"

A-4.4.(3): Formblatt: „Kapazitätsplanung"

A-4.4.(4): Formblatt: „Mitarbeitereinsatzplanung"

4.5. Umgang mit Beschwerden

A. Gesetzliche und satzungsmäßige Grundlagen

1   Gemäß § 40 BS WP/vBP sind Wirtschaftsprüfer verpflichtet, Beschwerden oder Vorwürfen von Mitarbeitern, Mandanten oder Dritten nachzugehen, wenn sich aus ihnen Anhaltspunkte für Verstöße gegen gesetzliche oder fachliche Regeln ergeben.

2   In der Wirtschaftsprüferpraxis sind Regelungen einzuführen, die eine angemessene Behandlung begründeter Beschwerden oder Vorwürfe von Mitarbeitern, Mandanten oder Dritten im Hinblick auf die Beachtung der gesetzlichen Vorschriften und fachlichen Regeln bei der Berufsausübung, einschließlich der internen Qualitätssicherungsregelungen der Praxis, zum Gegenstand haben.

3   U.a. sind organisatorische und administrative Vorkehrungen für den Umgang mit Vorfällen zu treffen, welche die ordnungsmäßige Durchführung der gesetzlichen Abschlussprüfungen nach § 316 HGB beeinträchtigen können (vgl. § 55b Abs. 2 Satz 2 Nr. 6 WPO i.V.m. § 51 Nr. 11 BS WP/vBP). In diesem Zusammenhang sind Verfahren einzurichten, die es den Mitarbeitern unter Wahrung der Vertraulichkeit ihrer Identität ermöglichen, potentielle oder tatsächliche Verstöße gegen die EU-APrVO oder gegen andere Berufspflichten sowie etwaige strafbare Handlungen oder Ordnungswidrigkeiten innerhalb der WP-Praxis an geeignete Stellen innerhalb oder außerhalb der WP-Praxis zu berichten (vgl. § 55b Abs. 2 Satz 2 Nr. 7 WPO i.V.m. §§ 50 Abs. 1, 51 Nr. 11 und 59 BS WP/vBP; sog. **„Hinweisgebersystem"**).

4   Nach § 6 Abs. 5 GwG haben Wirtschaftsprüferpraxen im Hinblick auf ihre Art und Größe angemessene Vorkehrungen zu treffen, damit es ihren Mitarbeitern und Personen in einer vergleichbaren Position unter Wahrung der Vertraulichkeit ihrer Identität möglich ist, Verstöße gegen geldwäscherechtliche Vorschriften geeigneten (praxisinternen) Stellen zu berichten.

[Anm.: Das für den Bereich der Abschlussprüfungen nach § 316 HGB einzurichtende „Hinweisgebersystem" ist nach den konkreten Gegebenheiten der WP-Praxis (z.B. Umfang, Komplexität und Risiko der Abschlussprüfungen) auszugestalten (§ 59 Nr. 1 BS WP/vBP).

Das von Wirtschaftsprüfern gemäß § 6 Abs. 5 GwG einzurichtende Meldesystem ist Teil des nach § 55b Abs. 2 Satz 2 Nr. 7 WPO einzurichtenden Hinweisgebersystems.]

5   Mitgeteilte Verstöße gegen Berufspflichten und Verstöße gegen die EU-APrVO, soweit sie nicht nur geringfügig sind, sowie die aus diesen Verstößen erwachsenen Folgen und die zur Behebung der Verstöße ergriffenen Maßnahmen sind in den jährlichen Nachschaubericht (vgl. Abschn. 4.7.) aufzunehmen (§ 55b Abs. 3 Satz 3 Nr. 3 und 4 WPO).

Kapitel A: Qualitätssicherung
4.5. Umgang mit Beschwerden

B. Zielsetzung

6 Die im Folgenden definierten Regelungen sollen sicherstellen, dass in unserer Praxis eine angemessene Behandlung begründeter Beschwerden oder Vorwürfe (im Folgenden: Beschwerden) von Mitarbeitern, Mandanten oder Dritten im Hinblick auf die Beachtung der gesetzlichen Vorschriften und fachlichen Regeln bei der Berufsausübung, einschließlich der Qualitätssicherungsregelungen unserer Praxis, gewährleistet wird.

7 Die Untersuchung und Weiterverfolgung begründeter Beschwerden sollen dazu beitragen, die Wirksamkeit des Qualitätssicherungssystems unserer Wirtschaftsprüferpraxis dauerhaft sicherzustellen.

[Anm.: Beschwerden können sich in sehr unterschiedlicher Form zeigen. Hier ist z.B. zu denken an: Mitarbeiterbeschwerden, Beschwerden von Mandanten gegenüber Mitgliedern des Prüfungsteams, die Aufnahme eines berufsaufsichtlichen Verfahrens oder Anfragen der Wirtschaftsprüferkammer wegen vermeintlicher Berufspflichtverletzungen, negative Presseveröffentlichungen über einen Mandanten (insbesondere unter Nennung des Namens der Wirtschaftsprüferpraxis) oder die Einleitung eines Gerichtsverfahrens gegen einen Mandanten, von dem die Praxis berührt werden könnte.]

C. Praxisinterne Regelungen

[Anm.: In einer Einzelpraxis und sehr kleinen Wirtschaftsprüferpraxen dürfte es zum Erreichen der oben genannten Zielsetzung im Allgemeinen ausreichen, wenn vorab festgelegt wird, welche Maßnahmen im Fall von begründeten Beschwerden über vermeintliche Berufspflichtverletzungen zu ergreifen sind, und bei Eintritt dieser Fälle dokumentiert wird, welche Maßnahmen zur Untersuchung und Bearbeitung der Beschwerden konkret ergriffen wurden. Falls Mitarbeiter vorhanden sind, müssen diese verpflichtet werden, ihnen bekannt gewordene Beschwerden der Praxisleitung unverzüglich mitzuteilen.]

C.1. Informationen über Verstöße sowie Beschwerden und Vorwürfe

8 Jeder Mitarbeiter ist, wenn er Kenntnis von einer Beschwerde, einem Vorwurf oder einem möglichen Haftungsanspruch erhält, verpflichtet, diese Information unverzüglich an die Praxisleitung oder die unter Tz. 11 bezeichnete zuständige Person weiterzuleiten. Auf Wunsch des Mitarbeiters wird die Information vertraulich behandelt.

9 Für die Mitteilung von potenziellen oder tatsächlichen Verstößen, strafbare Handlungen oder Ordnungswidrigkeiten durch Angehörige der Praxis steht den Mitarbeitern folgende Möglichkeit offen:

[...]

[Anm.: Auf etwaige Pflichtverstöße von Mandanten bezieht sich das Hinweisgebersystem nicht. Diese sind im Rahmen der Prüfung unmittelbar zu adressieren. Das Hinweisgebersystem ergänzt damit die

nach §§ 40, 51 Abs. 1 Nr. 11 BS WP/vBP zu treffenden Regelungen zum Umgang mit Beschwerden und Vorwürfen.

Ausgestaltung des internen Hinweisgebersystems („Whistleblowing"): Das festzulegende Verfahren umfasst die Benennung einer Stelle, an die berichtet werden kann, und die Festlegung des weiteren Vorgehens (insb. Zuständigkeit für die weitere Untersuchung, Entscheidung über etwaige Maßnahmen, ggf. Rückmeldung an den Hinweisgeber, wenn das Verfahren dies unter Wahrung der Vertraulichkeit zulässt).[1] Es ist sicherzustellen, dass Mitarbeiter der Praxisleitung oder einer von dieser benannten Person ohne Besorgnis vor persönlichen Nachteilen Verstöße zur Kenntnis bringen können. In Frage kommt ab einer bestimmten Praxisgröße z.B. die Benennung eines Ombudsmanns oder einer Vertrauensperson, an die sich die Mitarbeiter vertraulich wenden können.

Insbesondere trägt ein positives Qualitätsumfeld dazu bei, dass Mitarbeiter ermutigt bzw. bei konkretem Fehlverhalten verpflichtet werden, Verstöße anzuzeigen und Verbesserungsvorschläge offen anzusprechen. Daher sollte diese Möglichkeit der Hinweisgabe im Sinne einer offenen Kommunikationskultur in der Wirtschaftsprüferpraxis gegenüber den Mitarbeitern auch so kommuniziert werden.

Die Einräumung der Möglichkeit einer anonymen Mitteilung kann dazu beitragen, dass auch Fehlverhalten angezeigt wird, das bei offener Mitteilung nicht angezeigt würde. Bei der Entwicklung und Umsetzung eines Hinweisgebersystems in der Praxis ist insbesondere auf den Schutz der Hinweisgeber zu achten. Wird eine interne oder externe Vertrauensperson eingesetzt, kann diese die Hinweise annehmen und dem Hinweisgeber beratend zur Seite stehen sowie die Hinweise entsprechend an die Praxis weiterleiten, ggf. mit eigenen Vorschlägen zum Umgang mit diesen. Eine solche Stelle/Person ist zu verpflichten, die Vertraulichkeit der Identität eines Hinweisgebers zu wahren, und zwar gegenüber allen anderen Angehörigen der Praxis. Eine externe Person sollte ihrerseits der beruflichen Verschwiegenheitspflicht unterliegen (WP/vBP, StB, RA).[2]

Ein weiteres geeignetes Instrument für eine anonyme Hinweisgabe kann ein elektronischer Briefkasten sein, der von der Praxisleitung oder der von dieser benannten zuständigen Person betreut wird.[3] In diesem Fall ist dafür Sorge zu tragen, dass die Vertraulichkeit durch angemessene technisch-organisatorische Maßnahmen sichergestellt wird. Es bietet sich an, eine Vorabkontrolle durch den Datenschutzbeauftragten der Praxis durchführen zu lassen. Darüber hinaus sollten die Maßnahmen, die die Vertraulichkeit gewährleisten, den Mitarbeitern im Rahmen der Einführung des Systems erläutert werden.[4]

---

[1] Vgl. Gelhausen, Praxishinweise der WPK zum neuen Berufsrecht, „Ausgestaltung eines internen Hinweisgebersystems („Whistleblowing")"; abrufbar unter: http://www.wpk.de/mitglieder/praxishinweise/internes-hinweisgebersystem-whistleblowing/ (Stand: 27.07.2017).

[2] Vgl. Gelhausen, Praxishinweise der WPK zum neuen Berufsrecht, „Ausgestaltung eines internen Hinweisgebersystems („Whistleblowing")"; a.a.O.

[3] Vgl. Konstanz Institut für Corporate Governance: Empfehlungen für die Ausgestaltung und Beurteilung von *Compliance-Management-Systemen*, S. 96 f., 2014.

[4] Vgl. Gelhausen, Praxishinweise der WPK zum neuen Berufsrecht, „Ausgestaltung eines internen Hinweisgebersystems („Whistleblowing")"; a.a.O.

Für die Akzeptanz des Hinweisgebersystems in der Wirtschaftsprüferpraxis ist es wichtig, gegenüber den Mitarbeitern zu kommunizieren, welcher Zweck mit dessen Einrichtung verfolgt wird. Es sollte klar herausgestellt werden, dass es bei der Meldung von Hinweisen nicht darum geht, Kollegen oder Vorgesetzten zu schaden oder sie zu denunzieren. Für die Glaubwürdigkeit und Akzeptanz des Hinweisgebersystems ist es überdies wichtig, den Mitarbeitern zu kommunizieren, dass ihre Hinweise ernst genommen werden und ihnen nachgegangen wird und dass die Hinweisgeber bei Meldung eines berechtigten Hinweises in gutem Glauben keine disziplinarischen oder sonstigen negativen Konsequenzen für sich selbst fürchten müssen. Zur Vermeidung eines Missbrauchs des Hinweisgebersystems sollte jedoch auch klar herausgestellt werden, dass das System nicht für das Anbringen allgemeiner Beschwerden oder sonstiger Verleumdungen gedacht ist, sondern ausschließlich ein Kanal für die Meldung schwerwiegender Verstöße und Fehlverhalten.[5] Des Weiteren dient das Hinweisgebersystem nicht dazu, in der Praxis auf dem dafür vorgesehenen Weg, insbesondere nach Konsultation, verantwortlich getroffene Entscheidungen in Frage zu stellen und noch einmal überprüfen zu lassen.[6]]

10 Die Praxisleitung oder die unter Tz. 11 bezeichnete zuständige Person nimmt gemeinsam mit dem verantwortlichen Wirtschaftsprüfer eine vorläufige Einschätzung des Sachverhalts, insbesondere der Begründetheit und Bedeutung des Sachverhalts vor.

[Anm.: Sofern sich ein Berufsaufsichtsverfahren gegen eine in der Wirtschaftsprüferpraxis angestellte Einzelperson richtet, besteht ggf. ein konkreter Anlass für die Praxisleitung, die Praxisorganisation bzw. das Qualitätssicherungssystem zu überprüfen. Daher unterrichtet die Wirtschaftsprüferkammer grundsätzlich den Inhaber der Wirtschaftsprüferpraxis über die Einleitung von aufsichtlichen Verfahren sowie die erhobenen Vorwürfe gegen bei ihm angestellte Wirtschaftsprüfer, sofern ein konkreter Bezug zur Tätigkeit des Angestellten für seinen Arbeitgeber gegeben ist (vgl. WPK Magazin 2/2007, S. 23 f.).]

11 Bei offensichtlich begründeten und bedeutsamen Beschwerden muss eine weitergehende Untersuchung unter Leitung eines unbeteiligten Partners/qualifizierten Mitarbeiters stattfinden.

[Anm.: Im Fall kleiner WP-Praxen mit wenigen Partnern und qualifizierten Mitarbeitern kann es praktisch unmöglich sein, einen nicht in den Auftrag eingebundenen Partner oder eine andere nicht beteiligte qualifizierte Person mit der Untersuchung des Sachverhalts zu betrauen. In diesem Fall kann es sich anbieten, solche Untersuchungen von anderen Wirtschaftsprüfern oder einem externen Berater durchführen zu lassen (vgl. IDW QS 1, Tz. 106).]

---

[5] Vgl. Konstanz Institut für Corporate Governance: Empfehlungen für die Ausgestaltung und Beurteilung von *Compliance-Management-Systemen*, S. 98., 2014.

[6] Vgl. Gelhausen, Praxishinweise der WPK zum neuen Berufsrecht, „Ausgestaltung eines internen Hinweisgebersystems („Whistleblowing")"; a.a.O.

C.2. Maßnahmen bei Beschwerden

12 Werden die Beschwerden bzw. Verstöße durch die vorgenommenen Untersuchungen erhärtet, sind Maßnahmen gemäß der im Folgenden definierten Vorgehensweise einzuleiten:

[...]

[Anm.: Als Maßnahmen kommen z.B. in Frage: die Anforderung von Lösungsvorschlägen des verantwortlichen Wirtschaftsprüfer, Festlegung des weiteren Vorgehens und Verteilung der zu erledigenden Aufgaben, Beachtung der Obliegenheiten gegenüber der Berufshaftpflichtversicherung, Mitteilung der vorgesehenen Maßnahmen an den Beschwerdeführer, Einholung rechtlichen Rats.]

13 Im Fall von begründeten Beschwerden von Mandanten oder Dritten entscheidet die Praxisleitung, ob die Einholung rechtlichen Rats erforderlich ist.

[Anm.: An dieser Stelle könnte ein Hinweis erfolgen, dass bei Beschwerden von Mandanten keine oder ab wann und von wem Verhandlungen mit dem Mandanten aufgenommen werden dürfen (ggf. erst nach Abstimmung der Vorgehensweise mit der Berufshaftpflichtversicherung).]

14 Sofern eine Beschwerde einen noch nicht abgeschlossenen Prüfungsauftrag betrifft, sind durch den verantwortlichen Wirtschaftsprüfer in Abstimmung mit der Praxisleitung umgehend Maßnahmen zu ergreifen (ggf. Erörterung mit dem auftragsbegleitenden Qualitätssicherer, vgl. *IDW QS 1*, Tz. 106, damit der zu der Beschwerde führende Sachverhalt beseitigt wird, bevor die Berichterstattung erfolgt. Wurde der Bestätigungsvermerk bereits ausgeliefert, ist zu prüfen, ob die Voraussetzungen für einen Widerruf des Bestätigungsvermerks gegeben sind (vgl. *IDW EPS 400 n.F.*, Tz. 86 ff., A77 ff.).

15 Deuten die Untersuchungsergebnisse auf Schwächen im Qualitätssicherungssystem oder auf die Nichtbeachtung von Regelungen des Qualitätssicherungssystems unserer Wirtschaftsprüferpraxis hin, müssen Maßnahmen ergriffen werden, damit die Schwächen beseitigt bzw. künftig die Regelungen des Qualitätssicherungssystems eingehalten werden. Über diese Maßnahmen entscheidet die Praxisleitung.

[Anm.: Als Maßnahmen kommen z.B. in Frage:
- *Information der (betroffenen) Mitarbeiter über die Beschwerden oder Vorwürfe und die getroffenen Maßnahmen*
- *Anpassung der Aus- und Fortbildungsprogramme für die Mitarbeiter*
- *Anpassung der Prüfungs- und Nachschaurichtlinien*
- *Einschaltung eines externen Beraters zur Durchführung spezieller Untersuchungen, um den Sachverhalt weiter aufzuklären*
- *Verhängung disziplinarischer Maßnahmen bei wiederholter Nichtbeachtung von gesetzlichen Vorschriften und fachlichen Regeln bzw. der Regelungen des Qualitätssicherungssystems*
- *Veränderung in der Zuordnung von Wirtschaftsprüfern/Mitarbeitern zu Prüfungsaufträgen*

Kapitel A: Qualitätssicherung
4.5. Umgang mit Beschwerden

- *[...].*

16 Die begründeten Beschwerden sowie deren Behandlung sind von der zuständigen Person zu dokumentieren und zu archivieren.

[Anm.: Die Vorgehensweise der Untersuchung von Hinweisen auf mögliche Verstöße gegen gesetzliche Vorschriften oder fachliche Regeln könnte wie in der folgenden Übersicht organisiert werden:]

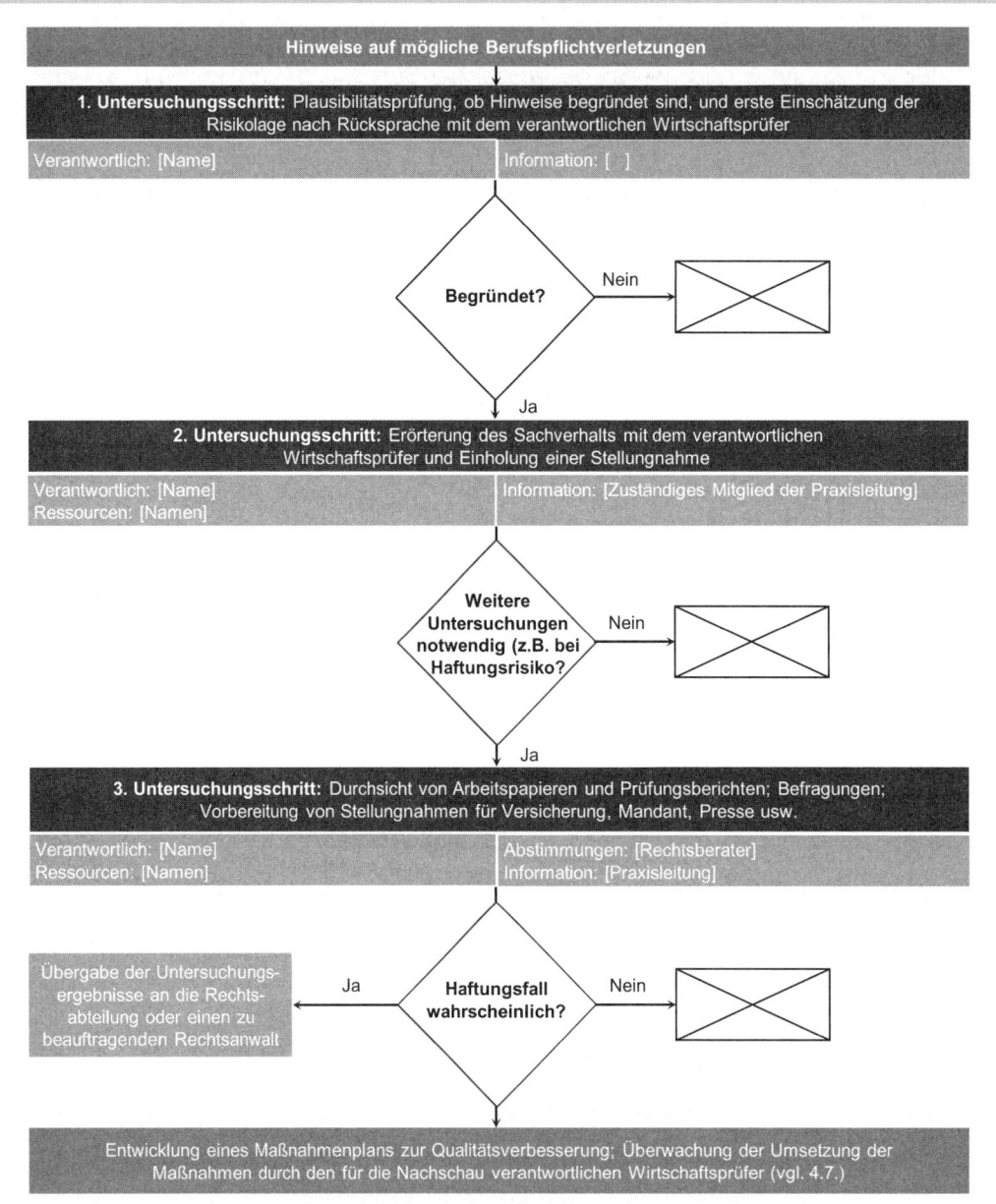

Hinweise auf mögliche Berufspflichtverletzungen

1. Untersuchungsschritt: Plausibilitätsprüfung, ob Hinweise begründet sind, und erste Einschätzung der Risikolage nach Rücksprache mit dem verantwortlichen Wirtschaftsprüfer

Verantwortlich: [Name]   Information: [ ]

Begründet? — Nein → ✕

Ja ↓

2. Untersuchungsschritt: Erörterung des Sachverhalts mit dem verantwortlichen Wirtschaftsprüfer und Einholung einer Stellungnahme

Verantwortlich: [Name]   Information: [Zuständiges Mitglied der Praxisleitung]
Ressourcen: [Namen]

Weitere Untersuchungen notwendig (z.B. bei Haftungsrisiko?) — Nein → ✕

Ja ↓

3. Untersuchungsschritt: Durchsicht von Arbeitspapieren und Prüfungsberichten; Befragungen; Vorbereitung von Stellungnahmen für Versicherung, Mandant, Presse usw.

Verantwortlich: [Name]   Abstimmungen: [Rechtsberater]
Ressourcen: [Namen]   Information: [Praxisleitung]

Übergabe der Untersuchungsergebnisse an die Rechtsabteilung oder einen zu beauftragenden Rechtsanwalt ← Ja — **Haftungsfall wahrscheinlich?** — Nein → ✕

↓

Entwicklung eines Maßnahmenplans zur Qualitätsverbesserung; Überwachung der Umsetzung der Maßnahmen durch den für die Nachschau verantwortlichen Wirtschaftsprüfer (vgl. 4.7.)

Vorgehen bei Hinweisen auf Berufspflichtverletzungen [Quelle: Schmidt, St., WPg 5/2006, S. 273]

D. Arbeitshilfen

./.

4.6. Auftragsabwicklung

4.6.1. Organisation der Auftragsabwicklung

A. Gesetzliche und satzungsmäßige Grundlagen

1 Gemäß § 38 Abs. 2 BS WP/vBP sind für betriebswirtschaftliche Prüfungen und Gutachten die Verantwortlichkeiten hinsichtlich der Auftragsdurchführung festzulegen und zu dokumentieren. Werden gesetzlich vorgeschriebene Bestätigungsvermerke erteilt, so müssen diese sowie die dazugehörigen Prüfungsberichte zumindest von dem für die Auftragsdurchführung Verantwortlichen unterzeichnet werden (§ 44 Abs. 1 BS WP/vBP).

2 Die Zusammensetzung des Auftragsteams hat sich nach § 38 Abs. 3 BS WP/vBP an der ausreichenden praktischen Erfahrung, dem Verständnis der fachlichen Regeln, den notwendigen Branchenkenntnissen sowie dem Verständnis für das geltende Qualitätssicherungssystem zu orientieren. In der Wirtschaftsprüferpraxis sind Regelungen einzuführen, die sicherstellen, dass die eingesetzten Mitarbeiter sowie sonstige an der Auftragsabwicklung beteiligte Personen über angemessene Kenntnisse und Erfahrungen für die ihm zugewiesenen Aufgaben verfügen (für gesetzliche Abschlussprüfungen explizit geregelt in § 55b Abs. 2 Satz 2 Nr. 4 WPO).

3 Bei gesetzlichen Abschlussprüfungen nach § 316 HGB ist dem Mandanten der verantwortliche Wirtschaftsprüfer und dessen Funktion mitzuteilen (vgl. § 57 Nr. 1 BS WP/vBP). Darüber hinaus sind gemäß § 51b Abs. 5 Satz 3 WPO die verantwortlichen Prüfungspartner und deren jeweilige Funktion in den Arbeitspapieren zu benennen und es ist zu dokumentieren, dass diese nach der WPO zugelassen, d.h. als Wirtschaftsprüfer bestellt und registriert, sind.

B. Zielsetzung

4 Die Vorgaben zur Organisation der Auftragsabwicklung sollen insbesondere sicherstellen, dass die Verantwortlichkeiten innerhalb des Prüfungsteams klar festgelegt und unsere Regelungen zur Annahme und Fortführung von Aufträgen (Hinweis auf Abschn. 4.2.) bei betriebswirtschaftlichen Prüfungen und der Erstattung von Gutachten eingehalten werden. Die Regelungen sollen gewährleisten, dass mögliche Unabhängigkeitsgefährdungen bzw. Interessenkonflikte rechtzeitig festgestellt werden sowie ausreichende quantitative und qualitative Ressourcen für die Auftragsabwicklung zur Verfügung stehen.

C. Praxisinterne Regelungen

C.1. Festlegung der Verantwortlichkeit

5 Der für die Auftragsdurchführung zu benennende Auftragsverantwortliche muss über die erforderlichen Erfahrungen und Kenntnisse sowie über ausreichende zeitliche Reserven zur ordnungsgemäßen Durchführung des Auftrags verfügen. In unserer Praxis trägt die Verant-

wortung zur Durchführung einer betriebswirtschaftlichen Prüfung i.S.d. § 2 Abs. 1 WPO stets eine Person mit Wirtschaftsprüfer-Qualifikation (**verantwortlicher Wirtschaftsprüfer**).

[Anm.: Die Verantwortung für die Durchführung von Vorbehaltsaufgaben muss auch berufsrechtlich immer zwingend bei einer Person liegen, die über die Berufsqualifikation als Wirtschaftsprüfer verfügt. Dies ist im Rahmen der Organisationsverantwortung durch die Praxisleitung sicherzustellen (vgl. Gelhausen, Organisation der Abschlussprüfung, Unterzeichnung von Bestätigungsvermerken und berufsrechtliche Verantwortung; in: WPK Magazin 4/2007, S. 59).]

6   Die in unserer Wirtschaftsprüferpraxis für Zwecke der Nachschau geführte Auftragsdatei (**vgl. Arbeitshilfe A-4.7.(3)**) enthält sämtliche Prüfungen nach § 2 Abs. 1 WPO. In dieser Auftragsdatei wird für jeden Auftrag der Name des Unterzeichners des Testats bzw. der Bescheinigung geführt, der damit auch als der Wirtschaftsprüfer gilt, der die Gesamtverantwortung für die Planung und Durchführung des Auftrags trägt. Bei Neuaufträgen entscheidet die Praxisleitung über die Zuständigkeit zur Auftragsdurchführung.

7   Dem Mandanten sind der für den Auftrag verantwortliche Wirtschaftsprüfer sowie etwaige weitere verantwortliche Prüfungspartner (z.B. Mitunterzeichner) mitzuteilen. Dies geschieht gegenüber dem Mandanten regelmäßig durch die Aufnahme der Namen in das Auftragsbestätigungsschreiben.

8   Der verantwortliche Wirtschaftsprüfer kann einen Teil seiner Aufgaben auf andere erfahrene Mitglieder des Prüfungsteams delegieren. In diesem Fall muss der verantwortliche Wirtschaftsprüfer aufgrund seiner Gesamtverantwortung für die ordnungsgemäße Planung und Durchführung des Auftrags die Durchführung der delegierten Aufgaben in angemessenem Umfang überwachen.

9   Vor Beginn der Prüfung ist durch die Praxisleitung festzulegen, welcher Partner/Mitarbeiter ggf. mit der Durchführung der Berichtskritik bzw. der auftragsbegleitenden Qualitätssicherung zu beauftragen ist. Die Berichtskritik erfolgt in unserer Praxis i.d.R. durch den Mitunterzeichner des Prüfungsberichts. In diesem Fall darf der Mitunterzeichner an der Erstellung des Prüfungsberichts nicht beteiligt sein. Im Fall der auftragsbegleitenden Qualitätssicherung entscheidet die Praxisleitung ohne Einbeziehung des verantwortlichen Wirtschaftsprüfers über die Person des Qualitätssicherers (vgl. Abschn. 4.6.7. Auftragsbezogene Qualitätssicherung).

10 Jede gesetzliche Abschlussprüfung nach § 316 HGB ist spätestens mit Annahme des Prüfungsvertrags in die **Auftragsdatei** (Arbeitshilfe A-4.7.(3)) mit den folgenden Angaben aufzunehmen (§ 51c WPO, § 45 BS WP/vBP):

- Name, Anschrift und Ort des Auftraggebers
- Namen der verantwortlichen Prüfungspartner

- Für jedes Geschäftsjahr die für die Abschlussprüfung und für andere Leistungen in Rechnung gestellten Honorare.

Die Auftragsdatei kann auch als Grundgesamtheit für die Stichprobenauswahl im Rahmen der Nachschau der Auftragsabwicklung, der Qualitätskontrolle sowie bei PIE-Prüfern als Ausgangspunkt für die der APAS zu übermittelnde Liste der Einnahmen, die von Unternehmen von öffentlichem Interesse bezogen wurden, verwendet werden.

C.2. Einhaltung der Berufspflichten

11 Der verantwortliche Wirtschaftsprüfer hat vor Annahme eines Auftrags festzustellen und zu dokumentieren, ob die Voraussetzungen für die Annahme oder Fortführung des Auftrags, v.a. im Hinblick auf die Einhaltung der Unabhängigkeitsvorschriften (vgl. Arbeitshilfen A-4.2.(1) und A-4.2.2.(1) und A-4.2.2.(2)) gegeben sind. Die zur Überprüfung getroffenen Maßnahmen und dabei festgestellte kritische Sachverhalte sind in den Arbeitspapieren zu dokumentieren. Über wesentliche Gefährdungen, die durch Schutzmaßnahmen auf ein akzeptables Maß reduziert werden können, ist der Mandant vor Auftragsannahme unter Nennung der Art der Unabhängigkeitsgefährdung sowie der ergriffenen Schutzmaßnahmen zu informieren (vgl. § 29 Abs. 5 BS WP/vBP).

12 Zu Beginn jeder Prüfung muss der verantwortliche Wirtschaftsprüfer von jedem Mitglied des Prüfungsteams eine (mündliche) Bestätigung hinsichtlich der Unabhängigkeit gegenüber dem zu prüfenden Mandanten einholen und in den Arbeitspapieren dokumentieren (vgl. Abschn. 4.1.1.).

13 Im Übrigen gelten die in Abschn. 4.2. (Annahme, Fortführung und vorzeitige Beendigung von Aufträgen) getroffenen Regelungen.

C.3. Festlegung der Auftragsziele sowie fachliche und zeitliche Ressourcen

14 Zu Beginn der Auftragsabwicklung hat der verantwortliche Wirtschaftsprüfer die Auftragsziele zu definieren, soweit diese nicht gesetzlich geregelt sind.

15 Bei der Zusammensetzung des Auftragsteams hat sich der verantwortliche Wirtschaftsprüfer davon zu überzeugen, dass die eingesetzten Mitarbeiter insgesamt über ausreichende Kenntnisse, Fähigkeiten und zeitliche Ressourcen verfügen, um den Auftrag ordnungsgemäß abzuwickeln. Dabei sind insbesondere folgende Aspekte zu berücksichtigen:

- Gegebenenfalls notwendige Zusammenarbeit mit Spezialisten (z.B. IT-Prüfern) sowie anderen externen Wirtschaftsprüfern oder Sachverständigen
- Qualifikation der einzusetzenden Mitarbeiter (Ausbildung, Erfahrung, ggf. Spezialkenntnisse) bei der Aufgabenverteilung im Team
- Kenntnisse der einzusetzenden Mitarbeiter über den Mandanten und dessen Branche

- Kontinuität bzw. planmäßiger Wechsel in der personellen Besetzung des Auftragsteams (z.B. Vorschriften zur internen Rotation)
- Zeitliche Verfügbarkeit der einzusetzenden Mitarbeiter
- Erfahrung in der Führung von Mitarbeitern

16 Zur Beurteilung der erforderlichen fachlichen Fähigkeiten und der zeitlichen Verfügbarkeit wird sich der Wirtschaftsprüfer an der Mitarbeitereinsatzplanung orientieren. Der verantwortliche Wirtschaftsprüfer stimmt sich bei der Besetzung des Prüfungsteams mit dem für die Gesamtplanung zuständigen Disponenten, [Frau/Herrn ...] ab (vgl. Abschn. 4.4., Tz. 7).

C.4. Unterzeichnung des Bestätigungsvermerks und Prüfungsberichts

17 Bestätigungsvermerke über Abschlussprüfungen werden in unserer Wirtschaftsprüferpraxis stets von einem Mitglied der Praxisleitung (Links- oder Mitunterzeichner) sowie dem für die Auftragsabwicklung verantwortlichen Wirtschaftsprüfer unterzeichnet.

18 Der Mitunterzeichner muss sich mit allen wesentlichen Aspekten des Auftrags und der Auftragsdurchführung befassen, um das Prüfungsergebnis mittragen zu können. Dies erfordert, dass sich der Mitunterzeichner zumindest über die grundlegenden Inhalte des Prüfungsergebnisses, den Ablauf der Prüfung und die wesentlichen Fragestellungen informiert oder vom verantwortlichen Wirtschaftsprüfer unterrichten lässt. Hierzu gehört i.d.R. auch die Durchführung der Berichtskritik, sofern die Objektivität des Berichtskritikers gemäß Tz. 9 gegeben ist.

[Anm.: Verantwortliche Prüfungspartner müssen aktiv an der Durchführung der gesetzlichen Abschlussprüfung nach § 316 HGB beteiligt sein (vgl. § 43 Abs. 6 Nr. 3 WPO). Bei einer gesetzlichen Abschlussprüfung, bei der mehrere verantwortliche Prüfungspartner tätig sind, ist diese aktive Beteiligung jedoch abhängig von der jeweiligen Funktion. Für den verantwortlichen Wirtschaftsprüfer gilt, dass dieser unabhängig von der weiteren Zusammensetzung des Prüfungsteams für die Durchführung der Abschlussprüfung von der Planung bis zur Berichterstattung vorrangig verantwortlich ist. Hierzu gehört die Besetzung, Anleitung und Überwachung des Prüfungsteams und die Durchsicht der Auftragsergebnisse. Die aktive Beteiligung eines Mitunterzeichners (weiterer verantwortlicher Prüfungspartner) setzt voraus, dass sich dieser eigenverantwortlich mit allen wesentlichen Aspekten des Auftrags und der Auftragsdurchführung befasst, sodass er das Prüfungsergebnis in allen wesentlichen Belangen mittragen kann. Hierzu muss er sich über den Prüfungsansatz, den wesentlichen Ablauf der Prüfung, über die wesentlichen und kritischen Fragestellungen im Verlauf der Prüfung und über die Inhalte des Prüfungsergebnisses sowohl im Prüfungsbericht als auch im Bestätigungsvermerk jeweils ein eigenes Urteil bilden. Nicht erforderlich ist das eigenständige Einholen von Prüfungsnachweisen zu der zu prüfenden Rechnungslegung. Die berufsrechtliche Verantwortung des Mitunterzeichners zur Befassung mit den Arbeitsergebnissen bedeutet nicht, dass die verantwortlichen Prüfungspartner unabhängig voneinander jeweils eine vollständige Durchsicht der Arbeitspapiere vorsehen müssen. Der Mitunterzeichner kann sich vom verantwortlichen Wirtschaftsprüfer und anderen Mitgliedern des

Prüfungsteams informieren lassen, muss bei diesen aber auch selbst nachfragen und ausgewählte Arbeitspapiere zur Prüfungsplanung und zu risikobehafteten Prüffeldern durchsehen. Diese Befassung des Mitunterzeichners kann auch im Rahmen der Berichtskritik erfolgen, die in diesem Fall bis zum Datum des Bestätigungsvermerks abgeschlossen sein muss. Etwaige Delegationsmöglichkeiten für bestimmte Teilaufgaben, insb. was die Durchsicht der Arbeitspapiere angeht, bleiben von der Verantwortung des mitunterzeichnenden Prüfungspartners unberührt. Anders als der verantwortliche Wirtschaftsprüfer hat der mitunterzeichnende Prüfungspartner aber nicht die Aufgabe, die Einzelheiten der Prüfungsdurchführung aktiv mitzugestalten und zu begleiten (vgl. IDW QS 1, Tz. 110 ff.).]

19   Die Ausgestaltung der aktiven Beteiligung der verantwortlichen Prüfungspartner wird in der folgenden Grafik zusammengefasst:

Verantwortlicher Prüfungspartner

Linksunterzeichner Mitunterzeichner	**Rechtsunterzeichner** als für die Durchführung des Auftrags vorrangig verantwortlich bestimmte Person
Befähigung zur Mittragung des Prüfungsurteils: • eigene Urteilsbildung über Prüfungsansatz, wesentlichen Ablauf der Prüfung, wesentliche und kritische Fragestellungen, Inhalte des Prüfungsergebnisses im Prüfungsbericht und Bestätigungsvermerk • Durchsicht ausgewählter Arbeitspapiere zu risikobehafteten Prüffeldern • kein eigenständiges Einholen von Prüfungsnachweisen • kann im Rahmen der Berichtskritik erfolgen	**Vorrangige Verantwortung für:** • Durchführung der Abschlussprüfung von der Planung bis zur Berichterstattung • Besetzung, Anleitung und Überwachung des Prüfungsteams • aktive Mitgestaltung und Begleitung der Prüfungsdurchführung • Durchsicht der Arbeitsergebnisse

Aktive Beteiligung (§ 43 Abs. 6 Nr. 3 WPO)

20   Die **Unterzeichnung des Prüfungsberichts** erfolgt durch die den Bestätigungsvermerk unterzeichnenden Personen. Der verantwortliche Wirtschaftsprüfer hat im Fall der gesetzlichen Abschlussprüfung den Bestätigungsvermerk und den Prüfungsbericht zu unterzeichnen (§ 44 Abs. 1 BS WP/vBP).

21 Zur elektronischen Signatur und Siegelführung bei vollelektronischen Bestätigungsvermerken und Prüfungsberichten vgl. Kapitel B, Meilenstein 9, Abschn. 9.2.2.1.

D. Arbeitshilfen

A-4.2.(1):	Fragebogen: „Übernahme und Fortführung eines Auftrags"
A-4.2.2.(1):	Hilfestellung: „Übersicht zu den Unabhängigkeitsvorschriften" und
A-4.2.2.(2):	Besondere Unabhängigkeitsanforderungen bei PIE-Abschlussprüfungen
A-4.7.(3):	Formblatt: „Auftragsdatei"

4.6.2. Einhaltung der gesetzlichen Vorschriften und der fachlichen Regeln für die Auftragsabwicklung

A. Gesetzliche und satzungsmäßige Grundlagen

1 Gemäß § 38 Abs. 1 BS WP/vBP haben Wirtschaftsprüfer von der Auftragsannahme an durch sachgerechte Planung dafür Sorge zu tragen, dass ein den tatsächlichen Verhältnissen des Unternehmens angemessener und ordnungsgemäßer Ablauf der Prüfung in sachlicher, zeitlicher und personeller Hinsicht gewährleistet ist.

2 Wirtschaftsprüfer haben nach § 39 Abs. 1 BS WP/vBP für eine den Verhältnissen des zu prüfenden Unternehmens entsprechende Prüfungsdurchführung Sorge zu tragen. Dabei sind Art, Umfang und Dokumentation der Prüfungsdurchführung eigenverantwortlich und nach pflichtgemäßem Ermessen in Abhängigkeit von Größe, Komplexität und Risiko des Prüfungsmandats zu bestimmen (**Skalierte Prüfung**).[1]

3 Die Regeln zur Auftragsabwicklung haben mit hinreichender Sicherheit zu gewährleisten, dass die Prüfung einschließlich der Berichterstattung entsprechend den gesetzlichen Vorschriften und fachlichen Regeln abgewickelt wird. Dies betrifft insbesondere die

- **sachgerechte zeitliche, personelle und sachliche Planung** des Auftrags nach §§ 38 Abs. 1 (für gesetzliche Abschlussprüfungen nach § 316 HGB: vgl. §§ 50 Abs. 1, 51 Abs. 1 Nr. 9 und 56 BS WP/vBP),
- **Anleitung des Prüfungsteams** durch den verantwortlichen Wirtschaftsprüfer gemäß § 39 Abs. 2 BS WP/vBP (für gesetzliche Abschlussprüfungen nach § 316 HGB: vgl. §§ 50 Abs. 1, 51 Abs. 1 Nr. 10 und 57 Nr. 2 und 3 BS WP/vBP)
- **Überwachung der Auftragsabwicklung** durch den verantwortlichen Wirtschaftsprüfer (für gesetzliche Abschlussprüfungen nach § 316 HGB: vgl. §§ 50 Abs. 1, 51 Abs. 1 Nr. 10 und 57 Nr. 3 und 5 BS WP/vBP)
- **abschließende Durchsicht der Ergebnisse des Auftrags** und der wesentlichen Beurteilungen durch den verantwortlichen Wirtschaftsprüfer (bei gesetzlichen Abschlussprüfungen nach § 316 HGB: verantwortliche Prüfungspartner) sowie die Dokumentation der Auftragsabwicklung (für gesetzliche Abschlussprüfungen nach § 316 HGB: vgl. §§ 50 Abs. 1, 51 Abs. 1 Nr. 10 und 57 Nr. 6 sowie 58 BS WP/vBP).

4 Bei Prüfungen, die nicht nach § 316 HGB gesetzlich vorgeschrieben sind, und bei denen ein Bestätigungsvermerk erteilt wird, sind die Regelungen des Qualitätssicherungssystems für gesetzliche Abschlussprüfungen nach § 316 HGB entsprechend anzuwenden (§ 8 Abs. 2 Satz 1 BS WP/vBP). Dies betrifft z.B. gesetzlich vorgeschriebene Prüfungen außerhalb des § 316 HGB-Kreises, bei denen § 322 HGB anzuwenden ist oder auch freiwillige Abschlussprüfungen, bei denen mit dem Mandanten – ggf. auf Veranlassung eines Kreditgebers – eine

---

[1] Siehe hierzu IDW: Hinweise und Beispiele zur Prüfungsdokumentation bei kleinen und mittelgroßen Unternehmen nach ISA und IDW Prüfungsstandards.

Prüfung und Berichterstattung entsprechend den Anforderungen an gesetzliche Abschlussprüfungen vereinbart wird.

5   Soweit freiwillige Abschlussprüfungen unter ausschließlicher Anwendung der International Standards on Auditing (ISA) durchgeführt und in diesem Zusammenhang ein Vermerk nach ISA 700 erteilt werden soll, sind die hierfür relevanten Anforderungen zu beachten. Dazu gehören neben allen relevanten ISA-Anforderungen die Anforderungen des International Standard on Quality Control 1 „Quality Control for Firms that Perform Audits and Reviews of Financial Statements, and Other Assurance and Related Services Engagements" (ISQC 1)[2] und des IESBA Code of Ethics for Professional Accountants bzw. mindestens so anspruchsvolle nationale Anforderungen.

B. Zielsetzung

6   Unsere Praxis hat sich bei der Durchführung von Abschlussprüfungen zu einem einheitlichen risikoorientierten Prüfungsvorgehen, das den berufsrechtlichen Anforderungen entspricht, verpflichtet. Der methodische Ablauf ist in unserem Prüfungsansatz (vgl. **Kapitel B des Qualitätssicherungshandbuchs**) festgelegt, der wiederum die einschlägigen gesetzlichen Vorschriften und beruflichen Regeln (insbesondere die *IDW Prüfungsstandards*) widerspiegelt. In **Kapitel C** werden Besonderheiten des Prüfungsprozesses bei Konzernabschlussprüfungen erläutert.

7   Die Regelungen zur Prüfungsplanung und -vorbereitung sowie zur Anleitung des Prüfungsteams, Überwachung und Dokumentation sollen sicherstellen, dass die Auftragsabwicklung einheitlichen Arbeitsabläufen und Qualitätsgrundsätzen folgt.

C. Praxisinterne Regelungen

8   Die nachfolgenden Grundsatzregelungen für die gesetzliche und freiwillige Jahresabschlussprüfung gelten sinngemäß – soweit sachlich anwendbar – auch für andere betriebswirtschaftliche Prüfungen (vgl. Abschn. 3.).

9   Bei der Abwicklung von gesetzlichen Abschlussprüfungen sind die gesetzlichen Vorschriften (§§ 316 ff. HGB) und die *IDW Prüfungsstandards* zu beachten. Die Qualitätssicherung bei der Auftragsabwicklung folgt den Grundsätzen der BS WP/vBP und des *IDW QS 1* (vgl. Abschn. 4.6.).

C.1. Prüfungsplanung und -vorbereitung

10 Ein planvolles Vorgehen bei der Abschlussprüfung ist unerlässlich für eine effiziente, qualitativ angemessene und den Verhältnissen des Einzelfalls entsprechende Auftragsabwicklung. Die Prüfungsplanung hat eine sachliche, eine zeitliche und eine personelle Dimension; es

---

[2] Verabschiedet vom IAASB am 15. Dezember 2009, Handbook of International Quality Control, Auditing, Review, Other Assurance and Related Services Pronouncements, IFAC 2014, S. 39.

Kapitel A: Qualitätssicherung
4.6.2. Einhaltung der gesetzlichen Vorschriften und der fachlichen Regeln für die Auftragsabwicklung

gilt der *IDW Prüfungsstandard: Grundsätze der Planung von Abschlussprüfungen (IDW PS 240)*.

11 Bei der **sachlichen Prüfungsplanung** ist eine risikoorientierte Prüfungsstrategie und ein darauf aufbauendes Prüfprogramm zu entwickeln (vgl. Kapitel B, Meilensteine 2-5).

Kriterien für Umfang und Detailliertheit der Prüfungsplanung sind:

- Größe und Komplexität des zu prüfenden Unternehmens,
- Schwierigkeitsgrad der Prüfung,
- Kenntnisstand des Prüfungsteams bezüglich
    - des rechnungslegungsbezogenen internen Kontrollsystems und
    - des wirtschaftlichen und rechtlichen Umfelds des Unternehmens

(und damit auch die Berücksichtigung von Erst- oder Folgeprüfung).

12 Die sachliche Prüfungsplanung hat die Vorgabe von wesentlichen Prüfungszielen sowie die Festlegung von Art, Umfang und zeitlichem Ablauf der geplanten Prüfungshandlungen im Einzelnen unter Berücksichtigung des erwarteten Fehlerrisikos zum Inhalt. Zur sachlichen Prüfungsplanung gehört auch die Abstimmung mit dem Unternehmen im Hinblick auf dessen Prüfungsbereitschaft und die Verwertung von Prüfungsergebnissen Dritter (vgl. *IDW PS 320 n.F., IDW PS 321, IDW PS 322 n.F.*). Zur Kommunikation zwischen dem Konzernabschlussprüfer und den an der Konzernabschlussprüfung beteiligten externen Abschlussprüfern (Teilbereichsprüfern) wird auf Kapitel C, Abschn. 7.3., dieses Handbuchs verwiesen.

13 Die **zeitliche Prüfungsplanung** erfordert Vorgaben zu drei Dimensionen:

- der Aufteilung der Prüfungshandlungen auf Vor- und Hauptprüfung unter Berücksichtigung der Prüfungsbereitschaft des Mandanten,
- der zeitlichen Verfügbarkeit der Mitarbeiter und
- den Bearbeitungszeiten für die einzelnen Prüffelder unter Berücksichtigung zeitlicher Reserven für Unvorhergesehenes.

Zur zeitlichen Prüfungsplanung gehören auch:

- die rechtzeitige Vorgabe der Prüfungsanweisungen zu Beginn der Prüfung,
- die zeitliche Berücksichtigung der laufenden Auftragsüberwachung und der abschließenden Durchsicht der Arbeitsergebnisse durch den verantwortlichen Wirtschaftsprüfer,
- die zeitliche Berücksichtigung der Berichtskritik (soweit eine solche durchgeführt wird) und
- ggf. der auftragsbegleitenden Qualitätssicherung (vgl. Abschn. 4.6.7.).

Zur Unterstützung und Dokumentation der zeitlichen Planung kann die **Arbeitshilfe A-4.6.2.(1)** verwendet werden.

14 Die **personelle Planung** hat sicherzustellen, dass die bei der Auftragsabwicklung und bei der Qualitätssicherung eingesetzten Mitarbeiter über ausreichende fachliche und zeitliche Ressourcen verfügen und den Unabhängigkeitserfordernissen genügen.

15 Den Vorgaben des Artikels 17 der EU-APrVO zur internen und externen Rotation ist Rechnung zu tragen (vgl. Abschn. 4.1.1. Unabhängigkeit, Unparteilichkeit und Vermeidung der Besorgnis der Befangenheit).

C.2. **Anleitung und Überwachung der Auftragsabwicklung**

16 Zur **Anleitung** und laufenden **Überwachung** der Auftragsabwicklung wird auf die Ausführungen in Abschn. 4.6.3. und 4.6.5. verwiesen.

C.3. **Abschließende Würdigung der Ergebnisse, Berichterstattung und Dokumentation der Auftragsabwicklung**

17 Vor Beendigung des Auftrags und Datierung der Berichterstattung müssen die verantwortlichen Prüfungspartner die Prüfungsergebnisse daraufhin beurteilen, ob die gesetzlichen und fachlichen Regeln eingehalten wurden. Dies umfasst eine Durchsicht der Arbeitsergebnisse, deren Dokumentation und der geplanten Berichterstattung (Arbeitspapiere, Entwurf Prüfungsbericht). Zur **abschließenden Durchsicht der Prüfungsergebnisse** vgl. im Einzelnen die in Abschn. 4.6.6. getroffenen Regelungen. Die Dokumentation der **Arbeitspapierdurchsicht** erfolgt durch manuelle Abzeichnung an den in den Arbeitspapieren hierfür vorgesehenen Stellen.

18 Die für einen Prüfungsauftrag angelegten **Arbeitspapiere** und der Prüfungsbericht, soweit dieser Dokumentationspflichten erfüllt, enthalten sämtliche Prüfungsnachweise, die sich auf die in der Buchführung, im Abschluss und Lagebericht (Rechnungslegung) enthaltenen Angaben beziehen und vom Abschlussprüfer für seine Schlussfolgerungen verwendet werden (*IDW PS 300*, Tz. 6). Um ihrer Dokumentations-, Nachweis- und Unterstützungsfunktion gerecht zu werden, müssen die Arbeitspapiere inhaltlich so abgefasst sein, dass sie einem erfahrenen Prüfer, der nicht mit der Prüfung befasst war, in angemessener Zeit ermöglichen, sich ein Bild über die Abwicklung der Prüfung zu machen (Risikoeinschätzung, darauf aufbauende Prüfungsstrategie und Prüfprogramm, Ergebnisse der Prüfung). Dies wird auch dadurch gewährleistet, dass die Arbeitspapiere einer einheitlichen formalen Strukturierung folgen (Hinweis auf die **Muster/Formblätter: „Arbeitspapierindex", „Prüffeld-Deckblatt" und „Dauerakte"** (vgl. Kapitel B, Meilenstein 1)), die sich an den einzelnen Schritten unseres Prüfungsvorgehens orientieren. Es gilt der *IDW Prüfungsstandard: Arbeitspapiere des Abschlussprüfers (IDW PS 460 n.F.).*

19 In den Arbeitspapieren sind in angemessener Weise und in angemessener Zeit mindestens zu **dokumentieren** (vgl. *IDW PS 460 n.F.*, Tz. 13 ff.):

- Für gesetzliche Abschlussprüfungen nach § 316 HGB: ob die Anforderungen an die Unabhängigkeit i.S.d. § 319 Abs. 2 bis 5 HGB und § 319a HGB *erfüllt* werden, die Maßnahmen zur Überprüfung der Unabhängigkeit, die Unabhängigkeit gefährdende Umstände und ergriffene Schutzmaßnahmen und ob die WP-Praxis über die Zeit, das Personal und die sonstigen Mittel verfügt, die nach § 43 Abs. 5 WPO zur angemessenen Durchführung der Abschlussprüfung erforderlich sind (§ 51b Abs. 5 Satz 2 Nr. 1 und 2 WPO).
- Informationen zur Planung der Prüfung einschließlich der im Verlauf der Prüfung vorgenommenen Änderungen
- Art, zeitlicher Ablauf und Umfang der durchgeführten Prüfungshandlungen
- deren Ergebnisse
- die erlangten Prüfungsnachweise
- Überlegungen des Abschlussprüfers zu bedeutsamen Sachverhalten, einschließlich bedeutsamer Ermessensentscheidungen und die vom Abschlussprüfer gezogenen Schlussfolgerungen
- Gespräch über bedeutsame Sachverhalte mit dem Management, dem Aufsichtsorgan oder anderen Personen unter Angabe von Gesprächszeitpunkt und -partnern sowie der besprochenen Thematik
- Angaben darüber, von wem und zu welchem Datum die Arbeitspapiere angelegt wurden, von wem die dokumentierten Prüfungshandlungen durchgeführt und zu welchem Datum sie beendet wurden
- Angaben darüber, von wem und zu welchem Datum die Arbeitspapiere durchgesehen wurden sowie zum Umfang der Durchsicht
- Angaben darüber, aus welcher Quelle die Informationen stammen und von wem und wann Unterlagen in Empfang und zu den Arbeitspapieren genommen wurden.

Zu einzelnen Dokumentationsanforderungen bei Abschlussprüfungen, die sich aus den *IDW Prüfungsstandards* ergeben, wird auf die Ausführungen in Kapitel B verwiesen.

20 Wenn während der Prüfungsdurchführung Informationen bekannt werden, die im Widerspruch zur bisherigen Beurteilung eines bedeutsamen Sachverhalts stehen, ist zu dokumentieren, wie diese Informationen bei der abschließenden Beurteilung des Sachverhalts berücksichtigt wurden (*IDW PS 460 n.F.*, Tz. 16).

[Anm.: Zur Veranschaulichung, wie die Dokumentationsanforderungen bei der Prüfung kleiner und mittelgroßer Unternehmen effizient umgesetzt werden können, wird auf die Veröffentlichung des IDW: „Hinweise und Beispiele zur Prüfungsdokumentation bei kleinen und mittelgroßen Unternehmen nach ISA und IDW Prüfungsstandards" verwiesen. Das Kernstück bildet eine Fallstudie über eine freiwillige Jahresabschlussprüfung eines kleinen Unternehmens des Hotel- und Gaststättengewerbes.]

Kapitel A: Qualitätssicherung
4.6.2. Einhaltung der gesetzlichen Vorschriften und der fachlichen Regeln für die Auftragsabwicklung

21 Hält es der verantwortliche Wirtschaftsprüfer im Rahmen seiner Eigenverantwortlichkeit **in Ausnahmefällen** für erforderlich, **von einer relevanten Anforderung eines *IDW Prüfungsstandards* abzuweichen**, ist – wenn er sich auf eine Prüfung nach den *IDW Prüfungsstandards* bezieht – zu dokumentieren, wie durch alternative Prüfungshandlungen das Ziel der jeweiligen Prüfungsanforderung erreicht wird und – sofern nicht bereits offenkundig – der Grund für die Abweichung zu nennen (*IDW PS 460 n.F.*, Tz. 17).

22 Sofern ausnahmsweise **nach der Erteilung des Bestätigungsvermerks zusätzliche Prüfungshandlungen** vorgenommen oder **neue Prüfungsfeststellungen** getroffen werden, sind zu dokumentieren (*IDW PS 460 n.F.*, Tz. 30):

- die dafür ursächlichen Umstände
- die zusätzlich durchgeführten Prüfungshandlungen, die erlangten Prüfungsnachweise, die getroffenen Prüfungsfeststellungen und deren Auswirkungen auf den Bestätigungsvermerk sowie
- von wem und wann die Änderungen in den Arbeitspapieren vorgenommen und durchgesehen werden.

23 Die **Dauerakte** ist laufend zu ergänzen und auf dem neuesten Stand zu halten.

24 Die **Berichterstattung** über gesetzliche Abschlussprüfungen hat grundsätzlich entsprechend unseren **Musterberichten** zu erfolgen. Handelt es sich um die Berichterstattung über einen Prüfungsauftrag, gilt der *Entwurf einer Neufassung des IDW Prüfungsstandards: Grundsätze ordnungsmäßiger Erstellung von Prüfungsberichten (IDW EPS 450 n.F.)*.

25 Der verantwortliche Wirtschaftsprüfer ist verpflichtet, das oder die ihm übergebenen Berichtsmanuskripte sorgfältig durchzuarbeiten und ggf. unter Rückgabe an die Bearbeiter in die Form zu bringen, die für eine klare, problemorientierte und stilistisch einwandfreie Berichterstattung verlangt werden muss. Besondere Aufmerksamkeit ist der inhaltlichen Konsistenz der Ausführungen und der rechnerischen Richtigkeit zu widmen.

26 Jedes Mitglied des Prüfungsteams ist nicht nur für die inhaltliche, sondern auch für die rechnerische Richtigkeit seiner Berichtsteile einschließlich Anlagen verantwortlich.

27 Die Auslieferung von **Leseexemplaren** des Berichts ist allgemein üblich. Mitunter genügt aber auch die Abstimmung einzelner wichtiger Abschnitte mit dem Mandanten. Die **endgültigen Berichte** dürfen erst ausgeliefert werden, nachdem wir die Vollständigkeitserklärung und den unterschriebenen (aufgestellten) Abschluss und Lagebericht (bei Abschlussprüfungen) erhalten haben. Vor Auslieferung der endgültigen Exemplare ist auf die Rückgabe der Leseexemplare zu achten, wenn nachträglich nicht nur redaktionelle Änderungen vorgenommen wurden.

28 Liegt zwischen dem Ende der materiellen Prüfungshandlungen und der Berichtsauslieferung eine größere Zeitspanne, ist eine zeitnahe Erklärung von den gesetzlichen Vertretern einzu-

holen, dass inzwischen keine Ereignisse eingetreten sind, die zu einer anderen Beurteilung führen könnten (vgl. *IDW PS 203 n.F.*, Tz. 19).

29 Der vom verantwortlichen Wirtschaftsprüfer auszufüllende **„Berichtsbegleitbogen", (vgl. Arbeitshilfe B-1.6.)** dient der internen Organisation der Berichterstattung. Dieser ist zusammen mit dem Berichtsentwurf zu den Arbeitspapieren zu nehmen.

30 Verantwortlich für die Sicherstellung der Einhaltung der gesetzlichen Vorschriften und fachlichen Regeln für die Auftragsabwicklung ist der verantwortliche Wirtschaftsprüfer (vgl. Abschn. 4.6.1., Tz. 5).

D. Arbeitshilfen

A-4.6.2.(1): „Zeitliche Prüfungsplanung"

B-1.6.: „Berichtsbegleitbogen" (vgl. unter Kapitel B, Meilenstein 1).

IDW: Hinweise und Beispiele zur Prüfungsdokumentation bei kleinen und mittelgroßen Unternehmen nach ISA und IDW Prüfungsstandards

4.6.3. Anleitung des Prüfungsteams

A. Gesetzliche und satzungsmäßige Grundlagen

1 Gemäß § 39 Abs. 2 Sätze 1 und 2 BS WP/vBP haben die Prüfungsanweisungen durch den verantwortlichen Wirtschaftsprüfer sicherzustellen, dass die Prüfungshandlungen sachgerecht vorgenommen und in den Arbeitspapieren ausreichend dokumentiert werden sowie ordnungsgemäß Bericht erstattet werden kann.

B. Zielsetzung

2 Unsere Regelungen zur Anleitung des Prüfungsteams sollen gewährleisten, dass sämtliche Aufträge den gesetzlichen Vorschriften und fachlichen Regeln entsprechen und nach praxiseinheitlichen Arbeitsabläufen und Qualitätsgrundsätzen abgewickelt werden.

3 Durch die Prüfungsanweisungen soll sichergestellt werden, dass die Prüfungshandlungen den Besonderheiten des Mandantenumfelds und der Risikoeinschätzung entsprechend durchgeführt und dokumentiert werden. Dazu müssen sämtliche Mitglieder des Prüfungsteams Sinn und Zweck der ihnen übertragenen Aufgaben verstehen.

C. Praxisinterne Regelungen

4 Den Mitgliedern des Prüfungsteams sind vom verantwortlichen Wirtschaftsprüfer im Hinblick auf Größe und Schwierigkeitsgrad des Auftrags angemessen strukturierte und klar verständliche Prüfungsanweisungen zu erteilen.

5 Dies setzt voraus, dass den Mitgliedern des Prüfungsteams vollständige Informationen über den Auftrag, die Auftragsdurchführung, das Geschäft des Mandanten, mögliche Auftragsrisiken und besondere Problembereiche zur Verfügung gestellt werden. Zweckmäßigerweise erfolgt diese Information in einem Planungsgespräch mit dem Prüfungsteam zu Auftragsbeginn, das in den Arbeitspapieren zu dokumentieren ist (vgl. Kapitel B, Meilenstein 3).

6 Der verantwortliche Wirtschaftsprüfer hat weiterhin dafür zu sorgen, dass mit dem Prüfungsfortschritt gewonnene zusätzliche Erkenntnisse, insbesondere über das Geschäft des Mandanten, seine Steuerungs- und Überwachungssysteme, nahe stehende Personen und mögliche Risiken für Unregelmäßigkeiten, unverzüglich die Mitglieder des Prüfungsteams erreichen. Eine Dokumentation des Informationsaustauschs empfiehlt sich.

7 Eine angemessene Aufgabenverteilung innerhalb des Prüfungsteams ist sicherzustellen. Dies bedeutet vor allem in der Planungsphase eine erhebliche zeitliche Involvierung des Auftragsverantwortlichen in die Auftragsabwicklung. Im Rahmen der Auftragsabwicklung wird der verantwortliche Wirtschaftsprüfer daher üblicherweise in den Prozess der Entwicklung eines Verständnisses über die Geschäftstätigkeit, das wirtschaftliche und rechtliche Umfeld sowie das interne Kontrollsystem des Mandanten intensiv einbezogen sein. Gleiches gilt für

die Formulierung bzw. Freigabe der Prüfungsstrategie einschließlich der Bestimmung der Wesentlichkeitsgrenzen, der Ableitung des Prüfprogramms sowie der Prüfung besonders komplexer Prüffelder.

8 Der verantwortliche Wirtschaftsprüfer hat darauf zu achten, dass die Mitglieder des Prüfungsteams ihre Aufgaben unter Beachtung der Berufspflichten wahrnehmen. Darüber hinaus soll der verantwortliche Wirtschaftsprüfer einen fachlichen Austausch der weniger erfahrenen Mitglieder des Prüfungsteams über sich ergebende Fragen und Zweifelsfälle mit erfahreneren Teammitgliedern fördern (vgl. Kapitel B, Meilenstein 3).

D. Arbeitshilfen

./.

4.6.4. Einholung von fachlichem Rat

A. Gesetzliche und satzungsmäßige Grundlagen:

1 Gemäß § 39 Abs. 3 BS WP/vBP sind Wirtschaftsprüfer verpflichtet, bei für das Prüfungsergebnis bedeutsamen Zweifelsfragen internen oder externen fachlichen Rat einzuholen, soweit dies bei pflichtgemäßer Beurteilung des Wirtschaftsprüfers nach den Umständen des Einzelfalls erforderlich ist. Die Ergebnisse des Rats und die daraus gezogenen Folgerungen sind zu dokumentieren.

2 In der Wirtschaftsprüferpraxis sind Regelungen für eine angemessene Konsultation zu schaffen. Für gesetzliche Abschlussprüfungen nach § 316 HGB ist diese Regelungspflicht explizit in §§ 50 Abs. 1, 51 Abs. 1 Nr. 10, 57 Nr. 4 und 58 BS WP/vBP vorgeschrieben.

B. Zielsetzung

3 Unsere Praxis bewegt sich bei der Durchführung von Aufträgen in einem komplexen Umfeld mit hoher Veränderungsgeschwindigkeit. Es ist deshalb nicht unüblich, dass im Verlauf einer Prüfung Zweifelsfragen auftreten. Sind diese für das Prüfungsergebnis bedeutsam, ist über die Einholung fachlichen Rats zu entscheiden. Ziel ist die Sicherung der Prüfungsqualität, sodass die Prüfungsaussagen mit hinreichender Sicherheit getroffen werden können (*IDW PS 200*, Tz. 24).

4 Im Konsultationsprozess werden das Erfahrungswissen und die fachlichen Kompetenzen unserer Wirtschaftsprüferpraxis genutzt, um das Risiko von Fehlentscheidungen zu reduzieren. Deshalb wird in unserer Wirtschaftsprüferpraxis Konsultation als Stärke betrachtet. Die Konsultation soll von unseren Wirtschaftsprüfern und Mitarbeitern durchgeführt werden, wann immer es im Interesse der Qualitätssicherung als erforderlich erscheint. Wenn Zweifel bestehen, ob die Kompetenz und das Fachwissen des Einzelnen oder des Prüfungsteams für die Lösung oder Beurteilung eines Problems ausreichend sind, soll Rat eingeholt werden.

5 Die Konsultationsregelungen unserer Wirtschaftsprüferpraxis sollen mit hinreichender Sicherheit gewährleisten, dass

- bei allen für das Prüfungsergebnis bedeutsamen Zweifelsfragen eine angemessene Konsultation stattfindet,
- Art, Umfang und Ergebnisse der Konsultationen dokumentiert und
- die Konsultationsergebnisse umgesetzt werden.

C. Praxisinterne Regelungen

6 Sachverhalte oder spezielle Situationen, bei denen eine Konsultation außerhalb des Prüfungsteams oder ggf. außerhalb der Wirtschaftsprüferpraxis notwendig sein könnte, können nicht abschließend definiert werden.

Kapitel A: Qualitätssicherung
4.6.4. Einholung von fachlichem Rat

[Anm.: Fachlicher Rat ist bei wesentlichen Rechnungslegungs-, Prüfungs-, Berichts-, Unabhängigkeits- oder sonstigen Sachverhalten einzuholen, wenn sich der Einzelne oder das Prüfungsteam unsicher sind in Bezug auf eine Frage, die wesentliche Auswirkungen auf den Prüfungsverlauf, das Prüfungsurteil, die Beziehung zum Mandanten oder die Prüfungsgesellschaft haben könnte. Im Sinne einer Risikominimierung und einheitlichen Vorgehensweise ist zu empfehlen, in der Wirtschaftsprüferpraxis typisierte Sachverhalte/Umstände festzulegen, bei deren Vorliegen bzw. Eintreten eine interne bzw. externe Konsultation i.d.R. stattfinden sollte, wenn eine Frage innerhalb des Prüfungsteams bzw. innerhalb der Wirtschaftsprüferpraxis nicht gelöst werden kann. In Frage kommen z.B.:

- *erstmalige Anwendung neuer gesetzlicher Vorschriften oder fachlicher Regeln,*
- *erstmalige Bilanzierung nach internationalen Standards,*
- *Zweifel bei der Anwendung von Rechnungslegungsvorschriften, z.B. Fragen der Bilanzierung und Prüfung ungewöhnlicher Transaktionen (etwa die Veräußerung eines Teils der Gesellschaft, Wertpapieremissionen etc.), neue Geschäftspraktiken (z.B. Gründung von Joint Ventures, Arbeiten unter Lizenzverträgen),*
- *Lösung von Meinungsverschiedenheiten, insb. mit dem Mandanten,*
- *Entscheidung über Einschränkung oder Versagung des Prüfungsurteils,*
- *Änderung eines Jahresabschlusses nach Auslieferung der Berichterstattung,*
- *Erwägung der Nachholung von unterlassenen Prüfungshandlungen oder nachträgliches „Bekannt Werden" von Tatsachen, die bereits bestanden, als die Berichterstattung abgegeben wurde,*
- *Anfragen von Aufsichtsstellen betreffend eingeholter Nachweise zu angewandten Bilanzierungsmethoden,*
- *[...].]*

7 Vor der Einholung fachlichen Rats sind zunächst die vorhandenen Recherchemöglichkeiten (z.B. Fachbibliothek, Internet, Datenbanken) zu nutzen.

8 Der mandatsverantwortliche Wirtschaftsprüfer ist dafür zuständig, dass die Mitglieder des Prüfungsteams für das Prüfungsergebnis bedeutsame Zweifelsfragen mit ihm oder anderen erfahrenen Teammitgliedern rechtzeitig besprechen. Kann eine Frage **innerhalb des Prüfungsteams** nicht gelöst werden, so sind weiterführende Konsultationen mit der Praxisleitung oder Experten unserer Wirtschaftsprüferpraxis erforderlich. Als Ansprechpartner kommen intern in Betracht:

- Berufsrecht: [Name] [Position]
- Bilanzierungsfragen HGB: [Name] [Position]
- Bilanzierungsfragen IFRS: [Name] [Position]
- Bilanzierung/Prüfung nach US-GAAP/PCAOB Rules: [Name] [Position]
-

Verbleibt hiernach weiterer Klärungsbedarf, ist externer Rat einzuholen. Hierfür kommen z.B. das IDW, Experten aus unserem Netzwerkverbund oder sonstige Sachverständige in Betracht.

9 Über die Einholung von fachlichem Rat **außerhalb des Prüfungsteams** entscheidet der jeweils verantwortliche Wirtschaftsprüfer.

10 Da Konsultationsprozesse erfahrungsgemäß eine gewisse Zeit benötigen, sollte die Kontaktierung des/der Experten bzw. der Praxisleitung zeitnah nach der Identifizierung des zu klärenden Sachverhalts erfolgen.

11 Dem Konsultierten sind alle relevanten Fakten vorzulegen, die für einen fundierten Rat notwendig sind. Außerdem ist bei Fachanfragen dem Konsultierten die eigene Auffassung, ggf. unter Angabe einschlägiger Literaturmeinungen oder Kommentierungen, mitzuteilen.

12 Sofern eine wesentliche Konsultation stattgefunden hat, ist ein Aktenvermerk über die Angelegenheit in den Arbeitspapieren anzulegen. Zur Dokumentation kann die Arbeitshilfe A-4.6.7.(3) verwendet werden. Der Name des Konsultierten ist zu vermerken. Die Dokumentation muss ausreichend detailliert sein, um einem sachkundigen Dritten ein Verständnis für

- den betreffenden Sachverhalt mit allen relevanten Fakten und
- die Ergebnisse der Konsultation einschließlich der getroffenen Entscheidungen, die Grundlagen für diese Entscheidungen und die Art und Weise ihrer Umsetzung sind,

zu ermöglichen.

[Anm.: Die Dokumentation sollte alle für die Beurteilung des Sachverhalts relevanten Fakten und Umstände, Hinweise auf Fachliteratur, die zur Entscheidung herangezogen wurde, die konsultierten Personen, die getroffene (und begründete) Entscheidung enthalten und in den Arbeitspapieren des Auftrags abgelegt werden. Es empfiehlt sich auch, die Dokumentation zentral abzulegen, damit in vergleichbaren Fällen gleichartig entschieden werden kann. Erfolgt die Ablage in elektronischer Form, wird durch die Recherchemöglichkeiten der systematische Zugriff auf das enthaltene Fachwissen erleichtert.]

13 Die Ergebnisse der Konsultation sind vom verantwortlichen Wirtschaftsprüfer nach Abschluss des Konsultationsprozesses umzusetzen; dies ist zu dokumentieren.

D. Arbeitshilfen

A-4.6.7.(3): Durchführung der Konsultation

4.6.5. Laufende Überwachung der Auftragsabwicklung und
4.6.6. Abschließende Durchsicht der Auftragsergebnisse

A. Gesetzliche und satzungsmäßige Grundlagen

1 Gemäß § 39 Abs. 2 Satz 3 BS WP/vBP ist die Einhaltung der Prüfungsanweisungen zu überwachen.

2 Gemäß § 39 Abs. 4 BS WP/vBP hat sich der Wirtschaftsprüfer auf der Grundlage der Arbeitsergebnisse der an der Prüfung beteiligten Personen und der eigenen bei der Prüfung erworbenen Kenntnisse eigenverantwortlich ein Urteil über die Einhaltung der gesetzlichen und fachlichen Regeln zu bilden. Dabei sind auch die Ergebnisse der auftragsbezogenen Qualitätssicherung zu berücksichtigen.

3 In der Wirtschaftsprüferpraxis sind Regelungen einzuführen, die gewährleisten, dass vor Beendigung der Aufträge und vor der Datierung des Bestätigungsvermerks eine Beurteilung der Auftragsergebnisse durch die verantwortlichen Prüfungspartner vorgenommen wird. Für gesetzliche Abschlussprüfungen nach § 316 HGB ist dies auch in §§ 50 Abs. 1, 51 Abs. 1 Nr. 10 und 57 Nr. 3 und 5 BS WP/vBP vorgeschrieben.

B. Zielsetzung

4 Laufende Überwachung der Auftragsabwicklung und abschließende Durchsicht der Prüfungsergebnisse haben den Zweck, für alle wesentlichen Prüfungshandlungen das **Vier-Augen-Prinzip** sicherzustellen und zu gewährleisten, dass die Abwicklung der Prüfungsaufträge in Übereinstimmung mit den gesetzlichen, berufsständischen und praxisinternen Regelungen erfolgt. Im Unterschied zur Berichtskritik und auftragsbegleitenden Qualitätssicherung (vgl. Abschn. 4.6.7.) wird die Überwachung der Auftragsabwicklung und die abschließende Durchsicht der Auftragsergebnisse vom verantwortlichen Wirtschaftsprüfer bzw. den von diesem beauftragten und überwachten Personen durchgeführt.

C. Praxisinterne Regelungen

5 Die Gewährleistung der Prüfungsqualität erfordert eine ordnungsgemäße Beaufsichtigung der Prüfungsdurchführung und die Beurteilung der Prüfungsergebnisse, bevor sie den Adressaten mitgeteilt werden. Die Auftragsabwicklung muss daher in jeder Phase von dem verantwortlichen Wirtschaftsprüfer oder anderen erfahrenen Mitgliedern des Prüfungsteams angemessen überwacht werden.

6 Den Mitgliedern des Prüfungsteams sind vom verantwortlichen Wirtschaftsprüfer im Hinblick auf Größe und Schwierigkeitsgrad des Auftrags und unter Berücksichtigung der in diesem Prüfungshandbuch zur Verfügung stehenden Hilfsmittel angemessen strukturierte und klar verständliche Prüfungsanweisungen zu erteilen.

C.1. Laufende Überwachung der Auftragsabwicklung

7 Der verantwortliche Wirtschaftsprüfer muss an der Prüfungsdurchführung in einem Umfang beteiligt sein, dass er sich ein eigenverantwortliches Urteil bilden kann. Er muss in angemessener Weise laufend überwachen, ob die Teammitglieder die ihnen übertragenen Aufgaben in sachgerechter Weise unter Beachtung der für sie relevanten Berufspflichten erfüllen und ob hierfür genügend Zeit zur Verfügung steht.

8 Voraussetzung für die Überwachung der Prüfungsabwicklung sind sorgfältig geführte und geordnete Arbeitspapiere, um die von den jeweiligen Bearbeitern getroffenen Feststellungen überprüfen und würdigen zu können und um die sachgerechte Anleitung der betreffenden Mitarbeiter sicherzustellen.

9 Die Überwachung durch den verantwortlichen Wirtschaftsprüfer umfasst die Verfolgung des Auftragsfortschritts und dient der Feststellung, ob

- die bei der Prüfung eingesetzten Mitarbeiter die Auftragsziele und Prüfungsanweisungen verstehen und ordnungsgemäß umsetzen oder ob bei einzelnen Mitarbeitern ggf. zusätzliche Maßnahmen der Anleitung und Überwachung erforderlich sind,
- der tatsächliche Prüfungsablauf mit der Prüfungsstrategie und dem vorgesehenen Prüfungsprogramm in Einklang steht,
- Konsultationen in fachlichen Zweifelsfragen durchgeführt werden,
- Meinungsverschiedenheiten entsprechend den praxisinternen Regelungen gelöst werden,
- die zeitliche Planung der Prüfung realistisch ist oder ggf. angepasst werden muss.

10 Für bedeutsame Abweichungen der Prüfungshandlungen vom genehmigten Prüfungsprogramm ist vorher die Zustimmung des verantwortlichen Wirtschaftsprüfers einzuholen.

11 Der verantwortliche Wirtschaftsprüfer sieht grundsätzlich die nicht von ihm selbst erstellten Arbeitspapiere durch. Soweit die Arbeitspapierdurchsicht (teilweise) von einem anderen erfahrenen Mitglied des Prüfungsteams durchgeführt wird, überwacht der verantwortliche Wirtschaftsprüfer Zeitpunkte und Umfang der Durchsicht.

12 Auch ein **mitunterzeichnender verantwortlicher Prüfungspartner** muss sich soweit mit allen wesentlichen Aspekten des Auftrages und der Auftragsdurchführung befassen, dass er das Prüfungsergebnis in allen wesentlichen Belangen mittragen kann. Hierzu muss er sich über die grundlegenden Prüfungsansätze, den wesentlichen Ablauf der Prüfung, über die wesentlichen und kritischen Fragestellungen im Verlauf der Prüfung und über die Inhalte des Prüfungsergebnisses sowohl im Prüfungsbericht als insbesondere auch im Bestätigungs- oder Versagungsvermerk jeweils ein eigenes Urteil bilden. Hierzu kann er sich vom auftragsverantwortlichen Wirtschaftsprüfer und anderen Mitgliedern des Auftragsteams informieren lassen, muss dort aber auch selbst nachfragen und ausgewählte Arbeitspapiere zur Prüfungsplanung und zu risikobehafteten Prüffeldern durchsehen (*IDW QS 1*, Tz. 112).

Kapitel A: Qualitätssicherung
4.6.5. Laufende Überwachung der Auftragsabwicklung und
4.6.6. Abschließende Durchsicht der Auftragsergebnisse

13 Die **Arbeitspapierdurchsicht** sollte genügend in die Tiefe gehen, damit der Durchsehende das nötige Verständnis vom Inhalt der Arbeitspapiere bekommt und sich ein eigenes Urteil bilden kann. Bei der Festlegung des Überwachungsumfangs sind alle wesentlichen Qualitätsfaktoren zu berücksichtigen, insbesondere

- Erfahrung und Qualifikation der Mitglieder des Prüfungsteams (und etwaiger hinzugezogener Spezialisten),
- das Risiko wesentlicher Fehlentscheidungen,
- Umfang und Zeitpunkte der unmittelbaren Beteiligung des verantwortlichen Wirtschaftsprüfers an der Prüfungsdurchführung.

[Anm.: Umfang und Zeitpunkte der unmittelbaren Beteiligung des verantwortlichen Wirtschaftsprüfers an der Durchführung der Prüfung haben wesentliche Auswirkungen auf die Art und Weise, wie die Pflicht zur Auftragsüberwachung und zur Durchsicht der Prüfungsergebnisse zu erfüllen ist. Bei der Prüfung kleiner Unternehmen wird der verantwortliche Wirtschaftsprüfer die Funktion des Prüfungsleiters i.d.R. selbst wahrnehmen. In diesem Fall sollte der verantwortliche Wirtschaftsprüfer alle wesentlichen nicht von ihm selbst erstellten Arbeitspapiere durchsehen und mit Datum abzeichnen.]

14 Die Überwachung der Auftragsabwicklung ist keine isolierte Maßnahme zum Ende der Prüfung, sondern prüfungsbegleitend, d.h. so bald wie möglich nach Beendigung wesentlicher Prüfungshandlungen durchzuführen und zu dokumentieren. Unterstützend kann der „**Nachweisbogen zur laufenden Überwachung und abschließenden Durchsicht der Auftragsergebnisse**" (vgl. Arbeitshilfe A-4.6.5.(1)) herangezogen werden.

15 Überprüfte Arbeitspapiere sind zur Übernahme der Verantwortung für Form und Inhalt mit dem Datum der Durchsicht und dem Kurzzeichen zu versehen. Die Pflicht zur Dokumentation der Arbeitspapierdurchsicht bedeutet nicht, dass jedes einzelne Arbeitspapier abgezeichnet werden muss. Es ist ausreichend, wenn aus der Dokumentation hervorgeht, von wem und zu welchem Datum die Dokumentation bestimmter Prüfungsgebiete durchgesehen wurde (vgl. *IDW PS 460 n.F.*, Tz. 18).

C.2. Durchsicht der Prüfungsergebnisse

16 Die Prüfungsergebnisse müssen rechtzeitig vor dem Prüfungsende und bevor die Berichterstattung datiert wird durchgesehen werden, damit der verantwortliche Wirtschaftsprüfer eventuell festgestellte bedeutende Sachverhalte noch klären kann. Die Durchsicht beinhaltet eine Würdigung der Arbeitsergebnisse, deren Dokumentation und der geplanten Berichterstattung durch den verantwortlichen Wirtschaftsprüfer oder den damit beauftragten erfahrenen Mitarbeiter. Folgende Aspekte sind bei der Durchsicht der Prüfungsergebnisse von besonderer Bedeutung:

- Einhaltung der gesetzlichen und berufsständischen Anforderungen
- Anpassung von Art und Umfang der Prüfungshandlungen an die im Verlauf der Prüfung gewonnenen Erkenntnisse

Kapitel A: Qualitätssicherung
4.6.5. Laufende Überwachung der Auftragsabwicklung und
4.6.6. Abschließende Durchsicht der Auftragsergebnisse

- Nachvollziehbarkeit der aus der Auftragsbearbeitung gewonnenen Erkenntnisse und Berücksichtigung dieser Erkenntnisse bei der Urteilsbildung
- ggf. Umsetzung der Ergebnisse der auftragsbegleitenden Qualitätssicherung
- ggf. Konsultation bei für das Prüfungsergebnis bedeutsamen Zweifelsfragen sowie Umsetzung und Dokumentation der Konsultationsergebnisse
- Lösung von Meinungsverschiedenheiten
- Bereiche mit erheblichen Risiken oder Beurteilungsspielräumen
- Dokumentation der Prüfungsfeststellungen und der daraus abgeleiteten Schlussfolgerungen in den Arbeitspapieren
- Absicherung der Prüfungsergebnisse durch angemessene und ausreichende Prüfungsnachweise
- Ordnungsmäßigkeit der vorgesehenen Berichterstattung an den Mandanten.

Werden Mängel festgestellt, sind sie vor der Datierung des Bestätigungsvermerks bzw. der Bescheinigung zu beheben.

17 Wenn im Verlauf der Auftragsabwicklung die Zuständigkeit für das Mandat auf unsere Wirtschaftsprüferpraxis übergegangen ist, hat der verantwortliche Wirtschaftsprüfer die bis zum Zeitpunkt des Wechsels durchgeführten Arbeiten durchzusehen. Bei der Durchsicht muss er sich davon überzeugen, dass die Auftragsabwicklung in Übereinstimmung mit den berufsständischen und gesetzlichen Anforderungen erfolgt ist.

18 Umfang und Zeitpunkt der Durchsicht der Prüfungsergebnisse sind zu dokumentieren (vgl. *IDW PS 460 n.F.*, Tz. 18). Zur Unterstützung dabei kann der **„Nachweisbogen zur laufenden Überwachung und abschließenden Durchsicht der Auftragsergebnisse" (vgl. Arbeitshilfe A-4.6.5.(1))** herangezogen werden.

19 Das Prüfungsteam muss den oder die verantwortlichen Prüfungspartner zeitnah mündlich oder schriftlich über die Punkte unterrichten, die für die Durchführung der Prüfung und die Berichterstattung wesentlich sind. Die wesentlichen Punkte sollen oder die den verantwortlichen Prüfungspartner über bedeutsame im Verlauf der Auftragsabwicklung bekannt gewordene Sachverhalte und Problemfelder informieren. Es empfiehlt sich, für diese Zwecke das **Formblatt „Zusammenstellung wesentlicher Punkte für den Wirtschaftsprüfer" (vgl. Arbeitshilfe A-4.6.5.(2))** zu verwenden. Beispiele für Punkte, die ggf. in das Formblatt aufgenommen werden sollten, sind:

- wesentliche Veränderungen in der wirtschaftlichen und finanziellen Lage des Mandanten und in den Leistungskennzahlen
- Änderungen der angewandten Ansatz-, Bewertungs- und Ausweismethoden und deren Auswirkung auf den Abschluss
- Sachverhalte, die besondere Ansatz-, Bewertungs- und Ausweisfragen aufwerfen
- aus dem Jahresabschluss nicht unmittelbar ersichtliche Risiken

- wesentliche interne Kontrollschwächen und deren Auswirkung auf Art und Umfang der Prüfungshandlungen
- sonstige mit dem Mandanten in der Schlussbesprechung aufzugreifende Punkte
- im Vorjahr festgehaltene Punkte, die weiterhin von Bedeutung sind
- Prüfungsfeststellungen, die eine Einschränkung oder Versagung des Prüfungsurteils begründen können.

20 Der verantwortliche Wirtschaftsprüfer muss über ggf. zu ergreifende Maßnahmen und Berichterstattungspflichten sowie die Klärung offener Punkte entscheiden oder die vom Prüfungsteam vorgeschlagenen Lösungen genehmigen. Erforderliche Entscheidungen sind zu begründen und zu dokumentieren.

21 Darüber hinaus ist bei Abschlussprüfungen zusammen mit der Vollständigkeitserklärung eine Aufstellung nicht korrigierter Prüfungsdifferenzen sowie die Erklärung der gesetzlichen Vertreter einzuholen, dass nach ihrer Auffassung die Auswirkungen dieser nicht korrigierten Prüfungsdifferenzen im Jahresabschluss/Konzernabschluss und von nicht korrigierten Angaben im Lagebericht/Konzernlagebericht sowohl einzeln als auch insgesamt unwesentlich sind (vgl. *IDW PS 303 n.F.*, Tz. 28). Für die Aufstellung kann die **Arbeitshilfe B.1.3.** verwendet werden.

22 Ein Bestätigungsvermerk ist erst nach Klärung aller offenen Punkte (einschließlich der Ergebnisse der Konsultation oder auftragsbegleitenden Qualitätssicherung) und Unterzeichnung durch den verantwortlichen Wirtschaftsprüfer zu erteilen.

D. Arbeitshilfen

A-4.6.5.(1):   Arbeitshilfe: „Nachweisbogen zur laufenden Überwachung und abschließenden Durchsicht der Auftragsergebnisse"

A-4.6.5.(2):   Arbeitshilfe: „Zusammenstellung wesentlicher Punkte für den Wirtschaftsprüfer"

B-1.3.:   Korrekturvorschlagsliste inkl. Berichtigungen und Aufstellung nicht korrigierter Prüfungsdifferenzen

4.6.7. Auftragsbezogene Qualitätssicherung (Berichtskritik und auftragsbegleitende Qualitätssicherung)

A. Gesetzliche und satzungsmäßige Grundlagen

1 Bei Abschlussprüfungen nach § 316 HGB ist in Abhängigkeit von dem Risiko des Prüfungsmandats (z.B. Art, Branche, Komplexität) zu entscheiden, ob eine **Berichtskritik** durchzuführen ist (vgl. § 48 Abs. 1 BS WP/vBP). Gegenstand der Berichtskritik ist die Überprüfung des Prüfungsberichts vor seiner Auslieferung, ob die für den Prüfungsbericht geltenden fachlichen Regeln eingehalten sind; dabei ist auch zu beurteilen, ob die im Prüfungsbericht dargestellten Prüfungshandlungen und Prüfungsfeststellungen schlüssig sind (§ 48 Abs. 2 Satz 1 BS WP/vBP).

2 Die Berichtskritik soll nur von solchen fachlich und persönlich geeigneten Personen wahrgenommen werden, die an der Erstellung des Prüfungsberichts nicht selbst mitgewirkt haben und die an der Durchführung der Prüfung nicht wesentlich beteiligt waren (§ 48 Abs. 2 Satz 2 BS WP/vBP).

3 In der WP-Praxis sind Regelungen zu schaffen, die sicherstellen, dass die Berufspflichten zur Durchführung der Berichtskritik eingehalten werden (§§ 50 Abs. 1, 51 Abs. 1 Nr. 12, 60 Abs. 1 BS WP/vBP).

4 [PIE] Für gesetzliche Abschlussprüfungen von Unternehmen von öffentlichem Interesse i.S.d. § 319a HGB ist eine **auftragsbegleitende Qualitätssicherung** verpflichtend durchzuführen (Artikel 8 EU-APrVO).

5 Für andere Aufträge ist ausgehend von dem Risiko des Mandats unter Heranziehung geeigneter Kriterien zu entscheiden, ob und unter welchen Voraussetzungen eine auftragsbegleitende Qualitätssicherung stattzufinden hat (für gesetzliche Abschlussprüfungen nach § 316 HGB vgl. hierzu § 48 Abs. 1 BS WP/vBP).

6 Die auftragsbegleitende Qualitätssicherung darf nur von solchen fachlich und persönlich geeigneten Personen wahrgenommen werden, die an der Prüfungsdurchführung nicht beteiligt sind (§ 48 Abs. 3 Satz 3 BS WP/vBP).

7 In der Wirtschaftsprüferpraxis sind entsprechende Regelungen für eine auftragsbegleitende Qualitätssicherung einzuführen. Für gesetzliche Abschlussprüfungen nach § 316 HGB siehe hierzu auch §§ 50 Abs. 1, 51 Abs. 1 Nr. 12, 60 BS WP/vBP.

B. Zielsetzung

8 Die Berichtskritik soll in Bezug auf das Prüfungsergebnis und seine Darstellung im Prüfungsbericht eine zusätzliche Sicherheit verschaffen, indem auch die Tätigkeit des verantwortlichen Wirtschaftsprüfers dem **„Vier-Augen-Prinzip"** unterliegt.

Kapitel A: Qualitätssicherung
4.6.7. Auftragsbezogene Qualitätssicherung

9   Die Wahrung des „Vier-Augen-Prinzips" für den verantwortlichen Wirtschaftsprüfer und die zeitnahe Überprüfung der wesentlichen fachlichen Entscheidungen ist bei Prüfungen von Unternehmen des öffentlichen Interesses oder anderen Risikoprüfungen von besonderer Bedeutung. Deshalb setzt bei diesen Prüfungsaufträgen die auftragsbezogene Qualitätssicherung bereits zu Beginn der Prüfung, bei der Auftragsannahmeentscheidung, ein und begleitet den gesamten Prüfungsprozess bis zur Auslieferung der Berichterstattung an den Mandanten.

10 Die auftragsbegleitende Qualitätssicherung dient im Einzelnen der Beurteilung, ob Anhaltspunkte dafür vorliegen, die darauf hindeuten, dass die Prüfung nicht unter Beachtung der fachlichen Regeln und gesetzlichen Anforderungen durchgeführt wird und ob die Behandlung wesentlicher Sachverhalte angemessen ist. Hierdurch wird die Qualität der Prüfungsleistungen durch eine objektive Beurteilung der wichtigsten fachlichen Entscheidungen des Auftragsteams abgesichert (zweite Meinung) und unser Haftungsrisiko vermindert.

C.   Praxisinterne Regelungen

C.1. Berichtskritik

11 Die Praxisleitung bestimmt gemeinsam mit dem verantwortlichen Wirtschaftsprüfer, welcher Wirtschaftsprüfer/Mitarbeiter mit der Berichtskritik beauftragt wird. Art und Umfang der erforderlichen Fachkompetenz sind von den Gegebenheiten des einzelnen Auftrags abhängig und schließen ggf. notwendige spezielle Kenntnisse (z.B. Branchenkenntnisse) ein. Die persönliche Eignung setzt ein Mindestmaß an Berufserfahrung sowie Objektivität des Qualitätssicherers bzgl. des zu beurteilenden Gegenstands voraus. Der Mitunterzeichner und Mitglieder des Prüfungsteams dürfen die Berichtskritik durchführen, sofern deren Mitwirkung an der Prüfungsdurchführung für die Gesamtwürdigung der Prüfungsdurchführung und -ergebnisse nicht wesentlich ist und sie nicht an der Erstellung des Prüfungsberichts beteiligt waren. Der verantwortliche Wirtschaftsprüfer darf die Berichtskritik nicht durchführen.

12 Bei der Berichtskritik wird anhand des Prüfungsberichts nachvollzogen, ob die für die Erstellung von Prüfungsberichten geltenden fachlichen Regeln, d.h. bei Abschlussprüfungen insbesondere die Grundsätze des *IDW EPS 450 n.F.* eingehalten worden sind. Dies umfasst auch die Kontrolle, ob die im Prüfungsbericht enthaltenen Informationen mit denen im Abschluss in Einklang stehen und in sich widerspruchsfrei sind. Darüber hinaus ist anhand des Prüfungsberichts in Form einer Plausibilitätsbeurteilung nachzuvollziehen, ob die Ausführungen zu den wesentlichen Prüfungshandlungen keine Verstöße gegen die anzuwendenden *IDW Prüfungsstandards* erkennen lassen, ob aus den im Bericht dargestellten Erkenntnissen aus der Prüfung die zutreffenden Schlussfolgerungen und Beurteilungen gezogen worden sind und das Prüfungsergebnis insoweit nachvollziehbar abgeleitet worden ist (vgl. *IDW QS 1*, Tz. 149). Nur wenn die Darstellung im Bericht selbst für diese Überprüfung nicht ausreicht und Anlass zu Nachfragen gibt, sind auch die Arbeitspapiere heranzuziehen oder

Auskünfte des Prüfungsteams einzuholen. Zur Unterstützung und Dokumentation der Berichtskritik sollte die **Arbeitshilfe A-4.6.7.(1): Durchführung der Berichtskritik** verwendet werden.

[Anm.: Gelegentlich wird die formelle Richtigkeit des Prüfungsberichts (z.B. rechnerische Richtigkeit, Abstimmungshandlungen etc.) bereits durch ein Sekretariat/Schreibbüro oder den verantwortlichen Wirtschaftsprüfer bzw. Prüfungsleiter selbst überprüft. Der Berichtskritiker wird sich in diesem Fall auf die sachliche Richtigkeit, besondere Probleme und die Schlüssigkeit der Berichtsaussagen beschränken.]

13 Der Berichtskritiker hat für seine Beurteilung die einschlägigen gesetzlichen Vorschriften, die *IDW Prüfungsstandards* und *-hinweise* sowie die *Stellungnahmen zur Rechnungslegung des IDW* sowie anderer fachlicher Institutionen (z.B. DRSC), das jeweils aktuelle Qualitätssicherungshandbuch unserer Praxis und die maßgeblichen Kommentare sowie die Fachliteratur heranzuziehen.

14 Die bei der Berichtskritik aufgetretenen Fragen, die einer Klärung bedürfen, sind in der **Arbeitshilfe A-4.6.7.(1): Durchführung der Berichtskritik** einzutragen und dem mandatsverantwortlichen Wirtschaftsprüfer zwecks Erledigung zur Kenntnis zu bringen/mit diesem zu erörtern.

15 Die Fassung des Prüfungsberichts, anhand der die Berichtskritik vorgenommen wurde, ist für Zwecke der Nachschau aufzubewahren.

16 Die Beurteilung, ob eine Berichtskritik erforderlich ist, ist durch den verantwortlichen Wirtschaftsprüfer unter Berücksichtigung des mit dem Auftrag verbundenen Risikos zu treffen. Folgende Gesichtspunkte sind hierbei von Bedeutung:

- Erst- oder Folgeprüfung durch die WP-Praxis
- Größe und Branchenzugehörigkeit des Unternehmens
- Komplexität des Prüfungsgegenstands (z.B. des einem Abschluss zugrunde liegenden Rechnungslegungssystems)
- Komplexität und Transparenz der Unternehmensstruktur (z.B. Eigentums- und Beteiligungsverhältnisse, Umfang und Bedeutung der Geschäftsprozesse und der darin enthaltenen internen Kontrollen, Internationalisierung)
- Wesentliche Änderungen der Unternehmensverhältnisse (z.B. neue Geschäftsfelder, bedeutsame Veränderungen in der Eigentümer-, Beteiligungs- oder Gläubigerstruktur bzw. der Unternehmensleitung, beabsichtigter Börsengang)
- Erhöhte Fehlerrisiken, z.B. aufgrund von Unsicherheiten bezgl. der Unternehmensfortführung.

17 Der verantwortliche Wirtschaftsprüfer hat im Rahmen einer Gesamtwürdigung unter Abwägung der genannten Gesichtspunkte zu beurteilen, ob eine Berichtskritik durchzuführen ist.

In Zweifelsfällen ist die Praxisleitung zu konsultieren. Die Praxisleitung entscheidet auch darüber, ob ggf. externer fachlicher Rat einzuholen ist.

Hinweise auf in der Praxis vorkommende Fehlerquellen, die in den Kontrollen der WPK beanstandet wurden.[1]

- *Ausschließlich formelle Berichtskritik (Lesen und Rechnen)*
- *Durchführung einer Berichtskritik ohne Vorliegen eines Lage-/Konzernlageberichts*
- *Auswahl des Berichtskritikers (z.B. Personen, die wesentlich mit der Auftragsdurchführung befasst waren)*
- *Verzicht auf Berichtskritik, ohne dass dafür die Voraussetzungen vorlagen.*

C.2. Auftragsbegleitende Qualitätssicherung

C.2.1. Durchführung der auftragsbegleitenden Qualitätssicherung

18 **PIE** Bei allen gesetzlichen Abschlussprüfungen von Unternehmen von öffentlichem Interesse ist eine auftragsbegleitende Qualitätssicherung nach den im Folgenden ausgeführten Regelungen durchzuführen.

19 Für Abschlussprüfungen nach § 316 HGB, die keine gesetzlichen Abschlussprüfungen von Unternehmen von öffentlichem Interesse sind, ist unter Verwendung der im Vorspann der **Checkliste: Durchführung der Auftragsbegleitenden Qualitätssicherung (vgl. Arbeitshilfe A-4.6.7.(2))** genannten Kriterien vom verantwortlichen Wirtschaftsprüfer zu bestimmen, ob eine auftragsbegleitende Qualitätssicherung erforderlich ist. Ist zu Prüfungsbeginn keine Erforderlichkeit ermittelt worden, muss der verantwortliche Wirtschaftsprüfer während der Auftragsbearbeitung auf Umstände und neu gewonnene Erkenntnisse achten, die eine auftragsbegleitende Qualitätssicherung erforderlich machen können. In diesem Fall muss der verantwortliche Wirtschaftsprüfer unverzüglich darauf hinwirken, dass ein auftragsbegleitender Qualitätssicherer benannt wird.

[Anm.: Bei der Festlegung der Kriterien für die Entscheidung, ob eine auftragsbegleitende Qualitätssicherung durchzuführen ist, sollten u.a. die Relevanz des Auftragsgegenstands und der Auftragsergebnisse für die Öffentlichkeit (z.B. Abschlussprüfungen bei Einheiten, die im besonderen Blickpunkt der Öffentlichkeit stehen), sowie besondere Umstände oder Risiken zugrunde gelegt werden, die mit dem Auftrag verbunden sind (z.B. wenn Unsicherheiten bzgl. der Unternehmensfortführung bestehen).]

20 Um sicherzustellen, dass die Regelungen zur auftragsbegleitenden Qualitätssicherung eingehalten werden, muss der verantwortliche Wirtschaftsprüfer zunächst feststellen, ob ein Qualitätssicherer entsprechend den Regelungen des Praxishandbuchs benannt ist. Ist zu

---

[1] Quelle: Präsentation anlässlich Jour fixe-Veranstaltung der WPK, Frankfurt 2008 und 2009 sowie Tätigkeitsbericht der Kommission für Qualitätskontrolle 2013, S. 9.

Beginn der Auftragsbearbeitung der Einsatz eines Qualitätssicherers nicht erforderlich, hat der verantwortliche Wirtschaftsprüfer während der Auftragsbearbeitung auf Veränderungen in den Verhältnissen zu achten, die den Einsatz eines Qualitätssicherers bedingen können.

21 Die Verantwortung für die Bestimmung von Art und Umfang der auftragsbegleitenden Qualitätssicherung im Einzelfall obliegt dem Qualitätssicherer. Der Umfang hängt ab von der Art und der Komplexität des Auftrags, den mit dem Auftrag verbundenen Risiken und der Erfahrung und den Kenntnissen der Mitglieder des Auftragsteams. Zur Unterstützung und Dokumentation kann die **Checkliste: Durchführung der Auftragsbegleitenden Qualitätssicherung (vgl. Arbeitshilfe A-4.6.7.(2))** verwendet werden.

22 (PIE) Die auftragsbegleitende Qualitätssicherung bei der gesetzlichen Abschlussprüfung eines Unternehmens von öffentlichem Interesse umfasst eine objektive Beurteilung, ob das Prüfungsteam nach vernünftigem Ermessen zu dem in der Berichterstattung vorgesehenen Prüfungsurteil und den darin enthaltenen Schlussfolgerungen gelangen konnte (vgl. Artikel 8 Abs. 1 EU-APrVO). Sie bezieht sich gemäß Artikel 8 Abs. 5 der EU-APrVO mindestens auf die Beurteilung der folgenden Aspekte:

- die Unabhängigkeit des Abschlussprüfers bzw. der Prüfungsgesellschaft von dem geprüften Unternehmen,
- die bedeutsamen Risiken, die für die Abschlussprüfung relevant sind und die das Prüfungsteam bei Durchführung der Abschlussprüfung festgestellt hat, und die Maßnahmen, die es zur angemessenen Steuerung dieser Risiken getroffen hat,
- die Schlussfolgerungen des Prüfungsteams, insbesondere im Hinblick auf die Festlegung der Wesentlichkeit und die Beurteilung der bedeutsamen Risiken,
- die Entscheidung über die Notwendigkeit zur Einbeziehung externer Sachverständiger des Abschlussprüfers sowie die Prüfungshandlungen zur Verwertung der Arbeiten dieser Sachverständigen,
- Art und Umfang der korrigierten und nicht korrigierten falschen Angaben im Abschluss, die bei Durchführung der Prüfung festgestellt wurden,
- die mit dem Prüfungsausschuss und der Unternehmensleitung und/oder dem Aufsichtsorgan des geprüften Unternehmens erörterten Themen,
- die mit den zuständigen Behörden und gegebenenfalls mit anderen Dritten erörterten Themen,
- ob die von dem auftragsbegleitenden Qualitätssicherer aus den Arbeitspapieren ausgewählten Prüfungsnachweise das vom Prüfungsteam in der Berichterstattung abgegebene Urteil untermauern.

23 Ist nach der Entscheidung des auftragsverantwortlichen Wirtschaftsprüfers bei anderen Aufträgen als den Abschlussprüfungen von Unternehmen von öffentlichem Interesse eine auftragsbegleitende Qualitätssicherung durchzuführen, ist diese nach § 48 Abs. 3 Satz 1 der BS WP/vBP auf die Beurteilung gerichtet, ob Anhaltspunkte dafür vorliegen, die darauf hindeu-

ten, dass der Auftrag nicht unter Beachtung der gesetzlichen Vorschriften und fachlichen Regeln durchgeführt wird und ob die Behandlung wesentlicher Sachverhalte angemessen ist. Je nach den Umständen des Einzelfalls und den gegebenen Auftragsrisiken müssen hierbei nicht alle der vorstehend genannten Aspekte die gleiche Bedeutung haben (vgl. *IDW QS 1*, Tz. 163).

24 Die Durchführung einer auftragsbegleitenden Qualitätssicherung schließt u.a. folgende Aktivitäten ein:

- Erörterungen bedeutsamer Sachverhalte mit dem verantwortlichen Wirtschaftsprüfer
- die Durchsicht des Auftragsgegenstands (z.B. des Abschlusses und des (Konzern-)Lageberichts)
- die Durchsicht von ausgewählten Teilen der Arbeitspapiere, die im Zusammenhang mit den bedeutsamen Beurteilungen des Auftragsteams stehen,
- die Einschätzung der Angemessenheit der vorgesehenen Berichterstattung, insbesondere der gezogenen Schlussfolgerungen.

25 Folgende Unterlagen sind möglichst zeitnah nach ihrer Erstellung bzw. Bearbeitung durchzusehen und mit dem verantwortlichen Wirtschaftsprüfer zu erörtern:

- Vorjahresabschluss, Prüfungsbericht und Bestätigungsvermerk des Vorjahres
- Dokumentation zur Auftragsannahme und Fortführung
- Dokumentation zur Risikobeurteilung und Prüfungsplanung, z.B. Planungsmemorandum (Planung der Prüfungsstrategie einschließlich der nachträglichen Anpassungen der ursprünglichen Prüfungsstrategie), Ergebnisse der Besprechung im Prüfungsteam
- Prüfungsprogramm für wesentliche Abschlussposten und Anhangangaben sowie wesentliche Angaben im Lagebericht mit der Dokumentation der durchgeführten Prüfungshandlungen und der hieraus abgeleiteten Prüfungsergebnisse
- Weitere Arbeitspapiere für kritische Prüfungsgebiete und Aktenvermerke über durchgeführte Konsultationen
- die Dokumentation der laufenden Überwachung der Auftragsabwicklung und die abschließende Durchsicht der Auftragsergebnisse (z.B. Durchsicht der folgenden Arbeitshilfen „Zusammenstellung wesentlicher Punkte für den Wirtschaftsprüfer" (Arbeitshilfe **A-4.6.5.(2)**), „Berichtigungen" (Arbeitshilfe **B-1.3.**) sowie ggf. „Aufstellung nicht korrigierter Prüfungsdifferenzen" (Arbeitshilfe **B-1.3.**)).
- der endgültige Abschluss und ggf. der (Konzern-)Lagebericht
- die von der Geschäftsführung/dem Vorstand des zu prüfenden Unternehmens abgegebenen Erklärungen
- der Entwurf des Prüfungsberichts.

26 Der verantwortliche Wirtschaftsprüfer erörtert bedeutsame Sachverhalte, die im Rahmen der Auftragsabwicklung und der auftragsbegleitenden Qualitätssicherung festgestellt werden, mit dem Qualitätssicherer.

27 Bei Meinungsverschiedenheiten zwischen dem Qualitätssicherer und dem Auftragsteam zur Umsetzung von Empfehlungen des Qualitätssicherers darf die Berichterstattung nicht datiert werden, bevor die Differenzen unter Beachtung unserer Regelungen zur Lösung von Meinungsverschiedenheiten (vgl. Abschn. 4.6.8.) beigelegt sind. Hierfür ist der verantwortliche Wirtschaftsprüfer zuständig.

28 Die auftragsbegleitende Qualitätssicherung ist vor dem Datum der Berichterstattung abzuschließen. Dies setzt voraus, dass die vom Qualitätssicherer aufgeworfenen Fragen geklärt und ggf. aufgetretene Meinungsverschiedenheiten beigelegt sind.

C.2.2. Auswahl des Qualitätssicherers

29 Die Praxisleitung bestimmt zu Beginn der Prüfung, welcher Partner/Mitarbeiter mit der Durchführung der auftragsbegleitenden Qualitätssicherung beauftragt wird. An dieser Entscheidung darf der verantwortliche Wirtschaftsprüfer nicht beteiligt sein.

[Anm.: Es kann sich anbieten, die Auswahl des Qualitätssicherers der für Unabhängigkeitsfragen zuständigen Person zu übertragen.]

30 Der auftragsbegleitende Qualitätssicherer muss über ausreichende Erfahrung, Fachkompetenz und persönliche Autorität sowie die notwendige Objektivität verfügen, um diese Aufgabe erfüllen zu können. Art und Umfang der erforderlichen Fachkompetenz sind von den Gegebenheiten des einzelnen Auftrags abhängig und schließen ggf. erforderliche spezielle Kenntnisse (z.B. Branchenkenntnisse) ein. Die persönliche Eignung setzt ein Mindestmaß an Berufserfahrung sowie Objektivität des Qualitätssicheres von dem zu beurteilenden Gegenstand voraus. Es muss sich nicht um einen als gesetzlicher Abschlussprüfer registrierten Berufsträger handeln. In Frage kommen auch andere geeignete Personen, die nicht Wirtschaftsprüfer sind.

31 (PIE) Dagegen darf die auftragsbegleitende Qualitätssicherung bei der gesetzlichen Abschlussprüfung eines Unternehmens von öffentlichem Interesse gemäß Artikel 8 Abs. 2 Satz 2 EU-APrVO nur von einem nach § 38 Nr. 1 Buchst. h) WPO als gesetzlicher Abschlussprüfer registrierten Berufsangehörigen oder von einem Wirtschaftsprüfer einer als gesetzlicher Abschlussprüfer nach § 38 Nr. 2 Buchst. j) WPO registrierten Wirtschaftsprüfungsgesellschaft durchgeführt werden, der nicht an der Durchführung der Abschlussprüfung beteiligt ist. Geeignet sind auch Personen, die von den zuständigen Stellen eines anderen EU-Mitgliedstaats als gesetzlicher Abschlussprüfer zugelassen sind (vgl. § 60 Abs. 2 BS WP/vBP).

32 Um die notwendige **Objektivität des Qualitätssicherers** zu gewährleisten, darf dieser

- nicht vom mandatsverantwortlichen Wirtschaftsprüfer bestimmt werden,
- nicht anderweitig an der Abwicklung des Auftrags beteiligt sein,
- keine Entscheidungen für das Prüfungsteam treffen,

- im Falle der auftragsbegleitenden Qualitätssicherung bei Abschlussprüfungen von kapitalmarktorientierten Unternehmen i.S.d. § 264d HGB nicht bereits sieben Jahre entweder für die Abschlussprüfung bei dem Unternehmen oder einem bedeutenden Tochterunternehmen als verantwortlicher Prüfungspartner i.S.d. § 319a Abs. 1 Satz 4 HGB bestimmt gewesen sein oder die auftragsbegleitende Qualitätssicherung bei der Prüfung des Unternehmens durchgeführt haben, es sei denn, seit der letzten Unterzeichnung bzw. Beteiligung an der auftragsbegleitenden Qualitätssicherung sind zwei oder mehr Jahre vergangen,
- den Bestätigungsvermerk und den Prüfungsbericht nicht (mit-)unterzeichnen.

[Anm.: Der Zeichnung des Bestätigungsvermerks für den Jahresabschluss steht es gleich, wenn stattdessen oder zusätzlich der Bestätigungsvermerk für den Konzernabschluss des Unternehmens gezeichnet worden ist.

Der Qualitätssicherer kann weitere Aufgaben, z.B. im Rahmen des Konsultationsprozesses wahrnehmen, vorausgesetzt, er verliert dadurch nicht die erforderliche Objektivität.]

33 Die Erörterung von Fachfragen mit dem Qualitätssicherer im Verlauf der Auftragsabwicklung durch Mitglieder des Auftragsteams berührt dessen Objektivität grundsätzlich nicht. Bei nach Art und Umfang bedeutenden Konsultationen haben der verantwortliche Wirtschaftsprüfer und der Qualitätssicherer sicherzustellen, dass dadurch die Objektivität des Qualitätssicherers nicht beeinträchtigt wird, indem eine zu große Nähe zum Auftragsteam entsteht. Gegebenenfalls sind diese Fachfragen mit anderen Personen innerhalb oder außerhalb der Wirtschaftsprüferpraxis, z.B. mit der Fachabteilung des IDW, zu erörtern. Hierüber entscheidet der verantwortliche Wirtschaftsprüfer. Die Praxisleitung entscheidet im Zweifelsfall über die Bestimmung eines neuen Qualitätssicherers oder über die Einschaltung eines anderen Konsultationspartners.

34 Die Praxisleitung muss zeitnah über Feststellungen im Rahmen der auftragsbegleitenden Qualitätssicherung informiert werden, die auf Schwächen im Qualitätssicherungssystem hindeuten. Die Ergebnisse der auftragsbegleitenden Qualitätssicherung werden darüber hinaus bei der Nachschau ausgewertet.

C.2.3. Dokumentation der auftragsbegleitenden Qualitätssicherung

35 Zur „Dokumentation der auftragsbegleitenden Qualitätssicherung" ist die Checkliste: „Durchführung der Auftragsbegleitenden Qualitätssicherung" (vgl. **Arbeitshilfe A-4.6.7.(2)**) zu verwenden.

[Anm.: Aus der Dokumentation muss sich u.a. ergeben, dass die auftragsbegleitende Qualitätssicherung entsprechend den Regelungen der Wirtschaftsprüferpraxis durchgeführt wurde und vor Ausliefe-

rung der Auftragsergebnisse an den Mandanten inhaltlich abgeschlossen war (einschließlich der Klärung der vom Qualitätssicherer aufgeworfenen Fragen zur Zufriedenheit des Qualitätssicherers).]

36 **PIE** Bei Abschlussprüfungen von Unternehmen von öffentlichem Interesse ist zumindest Folgendes festzuhalten:

- die mündlichen und schriftlichen Informationen, die der auftragsbegleitende Qualitätssicherer vom verantwortlichen Wirtschaftsprüfer zur Untermauerung der wesentlichen Beurteilungen und der wichtigsten Feststellungen aufgrund der durchgeführten Prüfungshandlungen und der aus diesen Feststellungen gezogenen Schlussfolgerungen erhalten hat,
- das im Entwurf des Bestätigungsvermerks und Prüfungsberichts vorgesehene Urteil des Prüfungsteams.

37 **PIE** Die Ergebnisse der auftragsbegleitenden Qualitätssicherung bei Abschlussprüfungen von Unternehmen von öffentlichem Interesse und die zugrunde liegenden Erwägungen sind entsprechend unserer Aufbewahrungsregelungen mit den Arbeitspapieren aufzubewahren.

Hinweise auf in der Praxis vorkommende Fehlerquellen, die in den Kontrollen der APAK/WPK beanstandet wurden:[2]

- *Qualitätssicherer verfügt nicht über ausreichende IFRS-Kenntnisse*
- *Tätigkeit des Qualitätssicherers lässt sich anhand der Dokumentation nicht nachvollziehen, insbesondere ist nicht erkennbar, dass die auftragsbegleitende Qualitätssicherung zu geeigneten Zeitpunkten während der Auftragsabwicklung durchgeführt wurde und alle Prüfungsphasen von der Auftragsannahme bis zur vorgesehenen Berichterstattung umfasste*
- *zu geringe Auseinandersetzung mit wichtigen Beurteilungen des Prüfungsteams (komplexe Rechnungslegungsfragen)*
- *zeitliche Involvierung des Qualitätssicherers entspricht nicht der Komplexität des Mandats*
- *fehlende Regelungen bei der Prüfung von sog. Nicht-§ 319a HGB-Unternehmen*

---

38 Die folgende Tabelle fasst den Anwendungsbereich und die zu treffenden Regelungen für die Berichtskritik und die auftragsbegleitende Qualitätssicherung schematisch zusammen:

Aspekte	Berichtskritik	Auftragsbegleitende Qualitätssicherung
Anwendungsbereich	in Abhängigkeit vom dem Risiko des Prüfungsmandats (Art, Branche, Komplexität) (§ 48 Abs. 1 BS WP/vBP)	in Abhängigkeit vom dem Risiko des Prüfungsmandats (Art, Branche, Komplexität) und der Relevanz des Prüfungsgegenstands für die Öffentlichkeit (§ 48 Abs. 1 BS WP/vBP, *IDW QS 1*, Tz. 159)

---

[2] Quelle: Präsentation anlässlich Jour fixe Veranstaltungen der WPK, Frankfurt 2008 und 2009 sowie Tätigkeitsbericht der Kommission für Qualitätskontrolle 2013, S. 9.

		▪ Pflicht bei gesetzlichen Abschlussprüfungen bei Unternehmen von öffentlichem Interesse gem. Art. 8 EU-APrVO
Gegenstand	▪ Überprüfung des Prüfungsberichts auf: - Einhaltung der geltenden fachlichen Regeln - schlüssige Darstellung der Prüfungshandlungen und Prüfungsfeststellungen	▪ objektive Beurteilung, ob: - gesetzlichen und fachlichen Regeln beachtet wurden - wesentliche Sachverhalte angemessen behandelt wurden - Erlangung ausreichender und angemessener Prüfungsnachweise für das Prüfungsurteil (vgl. *IDW QS 1*, Tz. 161 ff. für weitere Details)
Person	▪ fachlich und persönlich geeignete Personen ▪ keine Mitwirkung bei der Erstellung des Prüfberichts ▪ keine wesentliche Beteiligung an der Durchführung der Prüfung ▪ kann auch auftragsbegleitender Qualitätssicherer sein	▪ fachlich und persönlich geeignete Personen ▪ keine Mitwirkung an der Durchführung der Prüfung ▪ bei PIE: zwingend Wirtschaftsprüfer
Zeitpunkt	▪ vor Auslieferung des Prüfberichts ▪ ist der Berichtskritiker Mitunterzeichner: bis zum Datum des Bestätigungsvermerks	▪ auftragsbegleitend ▪ von der Auftragsannahme bis zur Berichterstattung ▪ Abschluss vor dem Datum des Bestätigungsvermerks
Mitunterzeichnung möglich	▪ ja	▪ nein
Rotation	▪ Nein, es sei denn Berichtskritiker ist Mitunterzeichner (siehe rechts)	▪ Ja, bei gesetzlichen Abschlussprüfungen von kapitalmarktorientierten Unternehmens i.S.d. § 264d HGB nach sieben Jahren
Dokumentation	▪ angemessen ▪ vgl. **Arbeitshilfen A-4.6.7.(1) und A-4.6.7.(1)-PIE**	▪ angemessen ▪ bei PIE: zumindest erhaltene mündliche und schriftliche Informationen sowie Entwurf des Prüfungsberichts und Bestätigungsvermerks (Art. 8 EU-APrVO) ▪ vgl. **Arbeitshilfe A-4.6.7.(2)**

D. Arbeitshilfen

A-4.6.5.(2):   „Zusammenstellung wesentlicher Punkte für den Wirtschaftsprüfer"
A-4.6.7.(1):   Checkliste: „Durchführung der Berichtskritik" – Non PIE
A-4.6.7.(1)-PIE: Checkliste: Durchführung der Berichtskritik bei PIE-Prüfungen

Kapitel A: Qualitätssicherung
4.6.7. Auftragsbezogene Qualitätssicherung

A-4.6.7.(2): Checkliste: „Durchführung der Auftragsbegleitenden Qualitätssicherung"

B-1.3.: Korrekturvorschlagsliste inkl. Berichtigungen und Aufstellung nicht korrigierter Prüfungsdifferenzen

4.6.8. Lösung von Meinungsverschiedenheiten

A. Gesetzliche und satzungsmäßige Grundlagen

1 In der WP-Praxis sind Regelungen zur Vorgehensweise bei Meinungsverschiedenheiten zu bedeutsamen Zweifelsfragen innerhalb des Auftragsteams und zwischen dem verantwortlichen Wirtschaftsprüfer, den konsultierten Personen sowie gegebenenfalls der für die auftragsbezogene Qualitätssicherung zuständigen Person und zur Lösung solcher Differenzen einzuführen (vgl. hierzu auch Artikel 8 Abs. 6 Satz 2 EU-APrVO).

B. Zielsetzung

2 Die folgenden Regelungen definieren die Vorgehensweise bei der Lösung von Meinungsverschiedenheiten innerhalb des Auftragsteams und zwischen dem Auftragsteam und dem auftragsbezogenen Qualitätssicherer (Berichtskritiker oder ggf. auftragsbegleitender Qualitätssicherer) oder konsultierten Personen. Schließlich können fachliche Meinungsverschiedenheiten auch mit dem Mandanten bestehen. Die Regelungen sollen zudem aufzeigen, wie die Ergebnisse aus dem Verfahren zur Lösung von Meinungsverschiedenheiten umzusetzen und zu dokumentieren sind.

C. Praxisinterne Regelungen

C.1. Lösung von Meinungsverschiedenheiten

3 Der jeweils verantwortliche Wirtschaftsprüfer muss sicherstellen, dass Meinungsverschiedenheiten über bedeutsame Zweifelsfragen vor dem Datum der Berichterstattung ausgeräumt werden.

C.2. Meinungsverschiedenheiten innerhalb des Auftragsteams

4 Fachliche Meinungsverschiedenheiten innerhalb des Auftragsteams, die auch nach intensiver Auseinandersetzung mit der einschlägigen Fachliteratur und Inanspruchnahme der praxisüblichen Recherchemöglichkeiten nicht geklärt werden können, sind zwischen den Beteiligten unter Hinzuziehung des verantwortlichen Wirtschaftsprüfers zu besprechen. Der verantwortliche Wirtschaftsprüfer hat sicherzustellen, dass die Meinungsverschiedenheiten – ggf. unter Einbeziehung des auftragsbegleitenden Qualitätssicherers und/oder der Praxisleitung – gelöst werden.

C.3. Meinungsverschiedenheiten zwischen dem Auftragsteam und dem auftragsbezogenen Qualitätssicherer, konsultierten Personen bzw. mit Mandanten

5 Bei wesentlichen Meinungsverschiedenheiten, die zwischen dem verantwortlichen Wirtschaftsprüfer und konsultierten Personen oder dem auftragsbezogenen Qualitätssicherer bestehen und die nach Abschluss des Konsultationsprozesses weiter bestehen, ist die Pra-

xisleitung einzuschalten. Diese entscheidet gemeinsam mit dem verantwortlichen Wirtschaftsprüfer über den Sachverhalt und darüber, ob rechtlicher Rat einzuholen ist und welche weiteren Maßnahmen ggf. zu ergreifen sind.

6   Bei Meinungsverschiedenheiten mit Mandanten sind ggf. zusätzlich die in Abschn. 4.5. (Umgang mit Beschwerden und Vorwürfen) vorgesehenen Regelungen zu beachten.

7   Für die Dokumentation der Meinungsverschiedenheiten und deren Lösung in den Arbeitspapieren gelten die in Abschn. 4.6.4., Tz. 12 dargestellten Regelungen analog.

D.   Arbeitshilfen

./.

4.6.9. Auftragsdokumentation

A. Gesetzliche und satzungsmäßige Grundlagen

1 Für gesetzliche Abschlussprüfungen nach § 316 HGB ist sicherzustellen, dass in der Prüfungsakte auch stets die in § 51b Abs. 5 WPO und § 58 BS WP/vBP genannten Angaben festgehalten werden (§ 55b Abs. 2 Satz 2 Nr. 5 WPO).

2 Für gesetzliche Abschlussprüfungen nach § 316 HGB sind Regelungen zur Einrichtung wirksamer **Kontroll- und Sicherheitsvorkehrungen für eingesetzte Datenverarbeitungssysteme** einzuführen. Dabei sind zumindest die Vertraulichkeit, die Integrität und Verfügbarkeit der Datenverarbeitungssysteme und Daten sowie die Befugnisse für einen Zugriff zu regeln (vgl. § 55b Abs. 2 Satz 2 Nr. 2 WPO; §§ 50 Abs. 1, 51 Abs. 1 Nr. 10, 57 Nr. 7 BS WP/vBP).

3 Der Wirtschaftsprüfer hat die Arbeitspapiere für die Dauer von zehn Jahren nach Beendigung des Auftrags aufzubewahren. Diese Verpflichtung erlischt jedoch schon vor Beendigung dieses Zeitraums, wenn der Wirtschaftsprüfer den Auftraggeber aufgefordert hat, die Handakten i.S.v. § 51b Abs. 4 WPO in Empfang zu nehmen und der Auftraggeber dieser Aufforderung binnen sechs Monaten, nachdem er sie erhalten hat, nicht nachgekommen ist (§ 51b Abs. 2 WPO).

4 Arbeitspapiere können in Papierform aufbewahrt oder auf elektronischen oder anderen geeigneten Medien gespeichert werden (vgl. § 51b Abs. 5 WPO).

5 Wirtschaftsprüfer haben dafür Sorge zu tragen, dass Tatsachen und Umstände, die ihnen bei ihrer Berufstätigkeit anvertraut oder bekannt werden, Unbefugten nicht bekannt werden. Sie haben entsprechende Vorkehrungen zu treffen. Diese Pflichten bestehen nach Beendigung eines Auftragsverhältnisses fort (§ 10 BS WP/vBP).

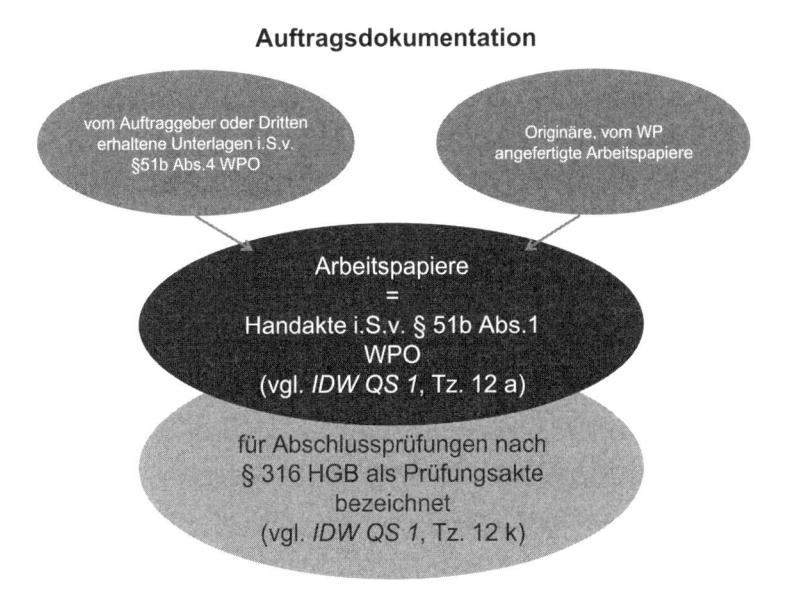

Auftragsdokumentation

- vom Auftraggeber oder Dritten erhaltene Unterlagen i.S.v. §51b Abs.4 WPO
- Originäre, vom WP angefertigte Arbeitspapiere

→ **Arbeitspapiere = Handakte i.S.v. § 51b Abs.1 WPO** (vgl. *IDW QS 1*, Tz. 12 a)

für Abschlussprüfungen nach § 316 HGB als Prüfungsakte bezeichnet (vgl. *IDW QS 1*, Tz. 12 k)

B. Zielsetzung

6 Die Fertigstellung der Arbeitspapiere in angemessener Zeit nach Abschluss der Prüfungsarbeiten dient dazu, spätere Probleme beim Nachvollzug der Prüfungshandlungen, der Prüfungsfeststellungen und der Prüfungsergebnisse zu vermeiden.

7 Arbeitspapiere müssen vor unbefugtem Zugriff und Veränderungen sowie gegen Verlust und Beschädigungen geschützt werden, damit die in den Arbeitspapieren enthaltenen Informationen nicht verfälscht werden und deren Verfügbarkeit und Wiederherstellbarkeit gesichert ist.

Zur Erfüllung der Nachweisfunktion müssen die Arbeitspapiere solange aufbewahrt werden, wie im Zusammenhang mit unseren Prüfungstätigkeiten Ansprüche gegen unsere Wirtschaftsprüferpraxis oder gegen Organe eines Mandanten oder andere Personen gestellt werden können und wir als Auskunftsperson in Anspruch genommen werden können.

C. Praxisinterne Regelungen

C.1. Prüfungsakte

8 In der **Prüfungsakte** für gesetzliche Abschlussprüfungen nach § 316 HGB ist folgendes festzuhalten:

- die Einhaltung der Unabhängigkeit, das Vorliegen von die Unabhängigkeit gefährdenden Umständen und der ergriffenen Schutzmaßnahmen,
- die Zeit, das Personal und die sonstigen Mittel, die zur angemessenen Durchführung der Abschlussprüfung erforderlich sind,
- Art, Umfang und Ergebnisse der Verwertung der Arbeit von internen und externen Sachverständige des Abschlussprüfers,
- die verantwortlichen Prüfungspartner,
- alle Informationen und Unterlagen,
    - die zur Begründung des Bestätigungsvermerks und des Prüfungsberichts dienen,
    - die zur Kontrolle der Einhaltung der Berufspflichten von Bedeutung sind,
    - über schriftliche Beschwerden,
- bei Abschlussprüfungen von Unternehmen von öffentlichem Interesse ist zusätzlich folgendes nach den Artikeln 6 bis 8 der EU-APrVO in der Prüfungsakte zu dokumentieren:
    - die Beurteilung, ob die WP-Praxis die Anforderungen der Artikel 4 EU-APrVO (Prüfungshonorare) und Artikel 5 EU-APrVO (Verbot der Erbringung von Nichtprüfungsleistungen) erfüllt,
    - ob die in Artikel 17 EU-APrVO (Laufzeit des Prüfungsmandats) festgelegten Bedingungen erfüllt sind (insb. keine Überschreitung der Höchstlaufzeit für das Mandat),

- die Beurteilung der Integrität der Mitglieder der Aufsichts-, Verwaltungs- und Unternehmensleitungsorgane des Unternehmens (vgl. Meilenstein 1, Abschn. 1.2.1.),
- bei der Abschlussprüfung festgestellte bzw. vermutete eingetretene oder möglicherweise eintretende Unregelmäßigkeiten sowie etwaige vom Unternehmen ergriffene Maßnahmen, um eine Wiederholung dieser Unregelmäßigkeiten in der Zukunft zu vermeiden,
- die Ergebnisse der auftragsbegleitenden Qualitätssicherung nach Artikel 8 der EU-APrVO, insb. die mündlichen und schriftlichen Informationen, die der auftragsbegleitende Qualitätssicherer von dem verantwortlichen Prüfungspartner zur Untermauerung der wesentlichen Beurteilungen und der wichtigsten Feststellungen aufgrund der durchgeführten Prüfungshandlungen und der aus diesen Feststellungen gezogenen Schlussfolgerungen erhalten hat und
- das im Entwurf des Bestätigungsvermerks und Prüfungsberichts vorgesehene Prüfungsurteil.

C.2. Abschluss der Auftragsdokumentation

9 Die Arbeitspapiere sind in angemessener Zeit nach Beendigung der materiellen Prüfung fertigzustellen, d.h. nach Datierung des Bestätigungsvermerks bzw. der Bescheinigung. Dies gilt entsprechend für Prüfungen von Abschlüssen, die für Zwecke eines Konzernabschlusses eines Mutterunternehmens erstellt werden (sog. „Reporting Packages").

10 Bei gesetzlich vorgeschriebenen Abschlussprüfungen nach § 316 HGB ist gemäß § 51b Abs. 5 Satz 1 WPO die Prüfungsakte spätestens 60 Tage nach dem Datum des Bestätigungsvermerks zu schließen (vgl. *IDW PS 460 n.F.*, Tz. 27). Folgende Übersicht veranschaulicht den zeitlichen Zusammenhang:

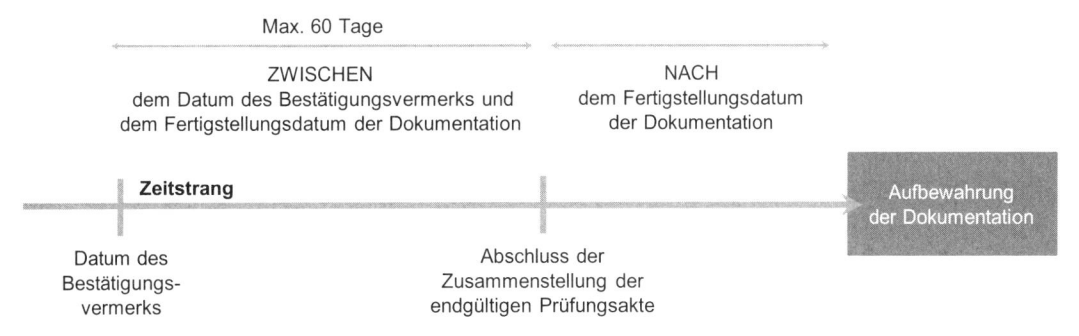

Max. 60 Tage

ZWISCHEN
dem Datum des Bestätigungsvermerks und dem Fertigstellungsdatum der Dokumentation

NACH
dem Fertigstellungsdatum der Dokumentation

Zeitstrang

Aufbewahrung der Dokumentation

Datum des Bestätigungsvermerks

Abschluss der Zusammenstellung der endgültigen Prüfungsakte

© 2011, 2017 International Federation of Accountants (IFAC). Alle Rechte vorbehalten.

11 Zur Fertigstellung der Auftragsdokumentation gehört beispielsweise das Löschen oder die Entfernung überholter Dokumente/Unterlagen/Dateien sowie die Sortierung und Ordnung der Arbeitspapiere. Der Abschluss der Auftragsdokumentation wird vom verantwortlichen Wirtschaftsprüfer mit Datum und Unterschrift dokumentiert (vgl. *IDW PS 460 n.F.*, Tz. 26 ff.).

12 Nach dem Abschluss der Auftragsdokumentation dürfen während der Aufbewahrungsfrist die Arbeitspapiere nicht geändert, ergänzt, entfernt oder gelöscht werden. Geschieht dies dennoch, hat der verantwortliche Wirtschaftsprüfer zu dokumentieren, von wem und wann die Änderung erfolgte, den Grund sowie ggf. die Konsequenzen für die Prüfungsfeststellungen (vgl. *IDW PS 460 n.F.*, Tz. 28 f.).

> *Hinweise auf in der Praxis vorkommende Fehlerquellen, die in den Kontrollen der APAK beanstandet wurden:*[1]
>
> - *Anlage größerer Teile der Auftragsdokumentation nach dem Datum des Bestätigungsvermerks*
> - *Querverweise von der elektronisch geführten Hauptakte auf weitere (elektronische und papiergebundene) Prüfungsnachweise waren nicht vorhanden.*

C.3. Integrität und Vertraulichkeit der Datenverarbeitungssysteme und Arbeitspapiere

13 Arbeitspapiere, die nicht für laufende Auftragsarbeiten benötigt werden, sind unabhängig vom Datenträger so aufzubewahren, dass ein Einblick Unbefugter nicht möglich ist. Dies gilt auch für die Prüfungsberichte.

14 Arbeitspapiere, die bei laufenden Arbeiten verwendet werden oder neu entstehen, sind von den Mitarbeitern am Tätigkeitsort sorgfältig zu verwahren, um nicht befugten Mitarbeitern von Mandanten oder anderen Personen den Einblick zu verwehren. Zuständig für die Festlegung, in welcher Form die Arbeitspapiere verwahrt werden, ist der jeweils verantwortliche Wirtschaftsprüfer. Bei der elektronischen Führung von Arbeitspapieren sind PC und Speichermedien sorgfältig gegen Fremdzugriffe und Datenverlust zu verwahren und angemessene elektronische Schutzmaßnahmen (z.B. Passwörter, Verschlüsselungen, Datensicherungen etc.) zu ergreifen. Auf das **Merkblatt: „Verhaltensregeln für die Benutzung von IT-Systemen und zur Datensicherheit", vgl. Arbeitshilfe A-4.1.3.(2)** (vgl. Abschn. 4.1.3.) wird verwiesen.

15 Sofern endgültig fertiggestellte Arbeitspapiere zu einem späteren Zeitpunkt geändert oder ergänzt werden, ist zu dokumentieren, wann und von wem die Änderungen/Ergänzungen vorgenommen und durchgesehen wurden sowie der Grund für die Änderung (siehe Tz. 12).

16 Sofern in Papierform vorliegende Arbeitspapiere gescannt und elektronisch archiviert werden, ist durch den jeweiligen Bearbeiter Folgendes sicherzustellen:

- Gescannte Unterlagen haben den vollständigen Inhalt der Originaldokumente zu enthalten, einschließlich Unterschriften, Referenzierungen und Anmerkungen.
- Die gescannten Unterlagen sind in die Arbeitspapiere zu integrieren; dies schließt deren Indexierung und Genehmigung ein.
- Die elektronischen Kopien müssen wieder herstellbar sein und ausgedruckt werden können.

---

[1] Quelle: Tätigkeitsbericht der APAK 2013, S. 11.

C.4. Verfügbarkeit und Archivierung der Arbeitspapiere

17 Die Arbeitspapiere müssen entsprechend den gesetzlichen und berufsständischen Vorgaben aufbewahrt werden. Die **gesetzliche Aufbewahrungsfrist** beträgt Jahre ab dem Datum des Bestätigungsvermerks. Im Übrigen richtet sie sich nach den Umständen des Einzelfalls und dient vor allem dem Zweck, spätere Beweisnot zu vermeiden.

18 Die Arbeitspapiere müssen während der gesamten Aufbewahrungszeit verfügbar und zugänglich sein sowie lesbar gemacht werden können. Bei elektronischer Archivierung müssen neben den archivierten Dokumenten und Daten auch die notwendigen IT-Anwendungen und die IT-Infrastruktur zur Verfügung stehen.

19 Befugten Dritten muss Einsicht in die Arbeitspapiere gewährt werden, z.B. für Zwecke der externen Qualitätskontrolle.

Hinweise auf die in der Praxis vorkommenden Fehlerquellen, die in den Kontrollen der APAK/WPK beanstandet wurden:[2]

- *Im Rahmen der Prüfung angefertigte Unterlagen von Spezialisten wurden getrennt von den übrigen Arbeitspapieren und ohne entsprechende Verweise aufbewahrt.*
- *Die Archivierung der von Spezialisten angefertigten Unterlagen war nicht sichergestellt.*
- *Zum Verständnis der durchgeführten Prüfungshandlungen und der daraus abgeleiteten Ergebnisse erforderliche Unterlagen wurden in den persönlichen E-Mail-Postfächern von Prüfungsteammitgliedern aufbewahrt.*
- *Die Archivierung der Arbeitspapiere erfolgte [Anm.: ohne Grund] mehr als 60 Tage nach dem Datum des Bestätigungsvermerks.*

C.5. Eigentum an den Arbeitspapieren

20 Die Arbeitspapiere stehen im Eigentum unserer Wirtschaftsprüferpraxis. Ob wir Arbeitspapiere oder Auszüge aus den Arbeitspapieren Mandanten oder Dritten zugänglich machen, entscheidet die Praxisleitung im Einzelfall unter Berücksichtigung der geltenden Rechtsvorschriften (insbesondere des Verschwiegenheitsgrundsatzes, der Datenschutzbestimmungen und des Steuergeheimnisses) nach pflichtgemäßem Ermessen. Bei dieser Entscheidung zieht die Praxisleitung auch in Betracht, ob durch die Zugänglichmachung der Arbeitspapiere oder von Teilen der Arbeitspapiere die ordnungsgemäße Durchführung der Prüfung, vor allem die Einhaltung der Unabhängigkeitsvorschriften gefährdet werden könnte.

[Anm.: Beispielsweise ist im Einzelfall abzuwägen, ob die Mitteilung der angewendeten Wesentlichkeitsgrenzen gegenüber dem Mandanten eine spätere unabhängige Entscheidung des Abschlussprüfers über die Wesentlichkeit von festgestellten Fehlern in der Rechnungslegung beeinträchtigen könnte oder die Aushändigung von selbst erstellten Bewertungsnachweisen an den Mandanten zu einer Gefährdung der Unabhängigkeit des Abschlussprüfers führen könnten.

---

[2] Quelle: Berufsaufsichtsbericht 2010 der WPK, S. 29 f. sowie Tätigkeitsbericht der APAK 2013, S. 11.

*Um die Ermittlungsbefugnisse der Berufsaufsicht zu stärken, wurde § 62 WPO im Rahmen der 7. WPO-Novelle neu gefasst. Das Recht auf Auskunftsverweigerung wegen Verletzung der Verschwiegenheitspflicht bleibt grundsätzlich bestehen. Das Recht auf Auskunftsverweigerung bei Gefahr der Selbstbelastung wird ausdrücklich geregelt; es gilt jedoch nicht für die Vorlagepflicht von Unterlagen (§ 62 Abs. 2 WPO). § 62 Abs. 3 WPO durchbricht die Verschwiegenheitspflicht im Zusammenhang mit gesetzlichen Abschlussprüfungen insofern, als **in berufsaufsichtlichen Verfahren** kein Recht mehr zur Auskunftsverweigerung oder zur Nichtvorlage von Unterlagen wegen drohender Verletzung der Verschwiegenheitspflicht gegenüber der Wirtschaftsprüferkammer besteht.]*

D. Arbeitshilfen

A-4.1.3.(2): Merkblatt: „Verhaltensregeln für die Benutzung von IT-Systemen und zur Datensicherheit

4.6.10. Auslagerung wichtiger Prüfungstätigkeiten

A. Gesetzliche und satzungsmäßige Grundlagen

1 Die Regelungen des Qualitätssicherungssystems müssen gewährleisten, dass bei gesetzlichen Abschlussprüfungen nach § 316 HGB durch die Auslagerung wichtiger Prüfungstätigkeiten auf Dritte die interne Qualitätssicherung und die Berufsaufsicht auch in Bezug auf die ausgelagerten Tätigkeiten nicht beeinträchtigt werden (vgl. § 55b Abs. 2 Satz 2 Nr. 9 WPO; §§ 50 Abs. 1, 51 Abs. 1 Nr. 14 und 62 BS WP/vBP). Des Weiteren müssen die Regelungen sicherstellen, dass auch in Fällen der Auslagerung die Verschwiegenheitspflichten und die datenschutzrechtlichen Anforderungen eingehalten werden und die eigenverantwortliche Urteilsbildung des bestellten Abschlussprüfers, bei WP-Praxen des verantwortlichen Wirtschaftsprüfers, gewährleistet bleibt und wichtige Entscheidungen immer von dem verantwortlichen Wirtschaftsprüfer getroffen werden. Die Einhaltung der Regelungen zur Auslagerung ist zu überwachen.

2 **Dienstleistern** darf Zugang zu Tatsachen, auf die sich die Verpflichtung zur Verschwiegenheit gemäß § 43 WPO bezieht, nur soweit eröffnet werden, wie dies für die Inanspruchnahme der Dienstleistung erforderlich ist. Dienstleister ist eine andere Person oder Stelle, die vom Wirtschaftsprüfer im Rahmen seiner Berufsausübung mit Dienstleistungen beauftragt wird (vgl. § 50a Abs. 1 WPO).[1] Bezüglich der Verpflichtung des Dienstleisters zur Verschwiegenheit nach § 50a Abs. 3 WPO wird auf Kapitel A, Abschn. 4.1.3. verwiesen.

B. Zielsetzung

3 Unsere Praxis beauftragt fallweise externe Wirtschaftsprüfer zur Erledigung von Teilaufgaben im Rahmen der Abschlussprüfung oder anderer Prüfungen bzw. bei Erstellungen von Abschlüssen und zur Durchführung von qualitätssichernden Maßnahmen. Gelegentlich werden zudem IT-Dienstleister zur Durchführung von IT-Systemprüfungen bei der Abwicklung von Abschlussprüfungen hinzugezogen. Sofern die beauftragten Personen nicht unmittelbar dem Qualitätssicherungssystem unserer Praxis unterliegen, achten wir darauf, dass die beauftragten Personen ausreichend qualifiziert sind sowie angemessen angeleitet und überwacht werden, damit die Prüfungsqualität nicht beeinträchtigt wird.

C. Praxisinterne Regelungen

4 Eine Auslagerung ist dadurch gekennzeichnet, dass Prüfungstätigkeiten von Personen oder Gesellschaften ausgeführt werden, die anders als das angestellte Fachpersonal nicht in die Strukturen der WP-Praxis eingebunden sind und die daher insbesondere von deren Quali-

---

[1] § 50a Abs. 1 WPO i.d.F. des Entwurfs eines Gesetzes zur Neuregelung des Schutzes von Geheimnissen bei der Mitwirkung Dritter an der Berufsausübung schweigepflichtiger Personen: liegt derzeit nach Verabschiedung durch den Bundestag dem Bundesrat vor.

Kapitel A: Qualitätssicherung
4.6.10. Auslagerung wichtiger Prüfungstätigkeiten

tätssicherungssystem nicht unmittelbar erfasst werden. Dies betrifft z.B. die Tätigkeit eines externen Berichtskritikers oder die IT-Prüfung durch Dritte.

5 Der verantwortliche Wirtschaftsprüfer muss Dritte, auf die wichtige Prüfungstätigkeiten ausgelagert werden, verpflichten, die für sie relevanten Regelungen unseres Qualitätssicherungssystems oder vergleichbare eigene Regelungen zu beachten. Dies umfasst insbesondere die Einhaltung der berufsrechtlichen und gesetzlichen Anforderungen, einschließlich der Unabhängigkeits- und Verschwiegenheitsanforderungen. Zudem ist der Dritte zu verpflichten, im Fall von Ermittlungen der Berufsaufsicht und im Rahmen einer Qualitätskontrolle für erforderliche Auskünfte zur Verfügung zu stehen und diesbezüglich Unterlagen zur Verfügung zu stellen.

6 Darüber hinaus sind über folgende Aspekte Vereinbarungen mit dem Dritten zu treffen:

- Sicherstellung der angemessenen praktischen und theoretischen Aus- und Fortbildung der Mitarbeiter im Hinblick auf die spezifischen Anforderungen der Prüfung
- Konkrete Definition von Art, Umfang und Zeitpunkt der Tätigkeiten, die durch den Dritten zu erbringen sind
- Festlegung von Art, Umfang und Zeitpunkten der Kommunikation einschließlich der Berichterstattung
- Umfang der Dokumentation.

D. Arbeitshilfen

./.

4.7. Nachschau

A. Gesetzliche und satzungsmäßige Grundlagen

1   Gemäß § 55b Abs. 1 Satz 1 WPO hat die WP-Praxis die Anwendung der Regelungen zum Qualitätssicherungssystem zu überwachen und durchzusetzen. Die Einhaltung der Berufspflichten in der Praxis ist in angemessenen Abständen zu überprüfen und Mängel sind abzustellen (vgl. § 8 Abs. 1 Satz 2 BS WP/vBP). Für gesetzliche Abschlussprüfungen nach § 316 HGB sind im Hinblick auf die Nachschau ergänzende Vorgaben zu berücksichtigen (§ 55b Abs. 3 WPO i.V.m. §§ 50 Abs. 1, 51 Abs.1 Nr. 15 und 63 BS WP/vBP).

2   Ziel der Nachschau ist es, die Angemessenheit und Wirksamkeit des Qualitätssicherungssystems zu beurteilen. Die Nachschau bezieht sich auf die Frage, ob die Regelungen des Qualitätssicherungssystems, einschließlich der Regelungen zur Abwicklung von einzelnen Prüfungsaufträgen, angemessen sind und in der Praxis eingehalten werden. Die Nachschau muss in angemessenen Abständen sowie bei gegebenem Anlass stattfinden. Bei WP-Praxen, die gesetzliche Abschlussprüfungen nach § 316 HGB durchführen, muss die Nachschau jährlich erfolgen, zumindest bezogen auf die Überwachung der Angemessenheit und Wirksamkeit der Regelungen für die Abschlussprüfung, die Fortbildung, die Anleitung und Kontrolle der fachlichen Mitarbeiter sowie für die Prüfungsakte (vgl. § 55b Abs. 3 Satz 1 WPO).

3   Die Nachschau der Abwicklung von Prüfungsaufträgen ist ein Vergleich der Anforderungen an eine gewissenhafte Abwicklung von Prüfungsaufträgen mit deren tatsächlicher Abwicklung. Art und Umfang der Nachschau müssen in einem angemessenen Verhältnis zu den abgewickelten Prüfungsaufträgen stehen, wobei die Ergebnisse einer Qualitätskontrolle nach §§ 57a ff. WPO berücksichtigt werden können. Dabei sind alle auftragsverantwortlichen Wirtschaftsprüfer mindestens einmal in einen **Nachschauzyklus** einzubeziehen, der in unserer WP-Praxis außerhalb von gesetzlichen Abschlussprüfungen drei Jahre beträgt.

4   Das Ergebnis der Nachschau ist zu dokumentieren. Die bei der Nachschau getroffenen Feststellungen sind Grundlage für die Fortentwicklung des Qualitätssicherungssystems.

5   Die Ergebnisse der Nachschau sind mindestens einmal jährlich an die Praxisleitung zu berichten (für gesetzliche Abschlussprüfungen nach § 316 HGB vgl. auch § 55b Abs. 3 Satz 3 WPO). Der Bericht muss die folgenden Informationen enthalten:

- Beschreibung der durchgeführten Nachschaumaßnahmen
- Feststellungen zur Angemessenheit und Wirksamkeit des Qualitätssicherungssystems
- Vorschläge und bereits durchgeführte Maßnahmen zur Beseitigung von Mängeln des Qualitätssicherungssystems
- Behebung der in früheren Nachschaumaßnahmen festgestellten Mängel.

6 In dem jährlichen Bericht sind gemäß § 55b Abs. 3 Satz 3 Nr. 3 und 4 WPO außerdem im Rahmen der Nachschau festgestellte oder auf andere Weise bekannt gewordene, nicht geringfügige, Verstöße gegen Berufspflichten oder gegen die EU-APrVO bei der Durchführung von gesetzlichen Abschlussprüfungen nach § 316 HGB anzugeben, einschließlich der aus den Verstößen erwachsenen Folgen und den zur Behebung der Verstöße ergriffenen Maßnahmen.

B. Zielsetzung

7 Die Nachschau ist ein wesentliches Element unseres Qualitätssicherungssystems. Sie soll sicherstellen, dass unser Qualitätssicherungssystem jederzeit den gesetzlichen und berufsständischen Anforderungen entspricht und ggf. erforderliche Anpassungen zeitnah vorgenommen werden.

C. Praxisinterne Regelungen

C.1. Anforderungen an die mit der Nachschau betrauten Personen

8 Die Verantwortung für die Nachschau liegt bei der Praxisleitung.

9 Die Praxisleitung überträgt die Organisation des Nachschauprozesses einer Person (Nachschaubeauftragter), die über die erforderliche Erfahrung, Fachkompetenz und Autorität verfügt, um die Aufgabe wahrnehmen zu können. Nachschaubeauftragter ist [Herr/Frau] [Name].

10 Mit der Durchführung der Nachschau hat der Nachschaubeauftragte ausreichend erfahrene und kompetente Mitarbeiter zu betrauen. Dabei muss es sich nicht zwingend um Wirtschaftsprüfer handeln.

[Anm.: Um die Objektivität der Nachschauergebnisse zu erhöhen, sollten, soweit möglich, in größeren Praxen bei der Nachschau niederlassungsfremde (abteilungsfremde) Personen eingesetzt werden. Jede Niederlassung (Abteilung) sollte zu diesem Zweck einen entsprechend qualifizierten Mitarbeiter benennen, der an der Durchführung der Nachschau mitwirkt und den Nachschaubeauftragten unterstützt.]

C.2. Planung der Nachschau

11 Der Nachschaubeauftragte hat die Nachschau jährlich (ggf. unter Zuhilfenahme der Formblätter: „Planung der Nachschau der allgemeinen Praxisorganisation" (vgl. Arbeitshilfe **A-4.7.(1)**) sowie „Planung der Nachschau der Auftragsabwicklung" (vgl. Arbeitshilfe **A-4.7.(2)**)) in sachlicher, zeitlicher und personeller Hinsicht zu planen. Die Planung beinhaltet im Einzelnen die Festlegung:

- des Umfangs der Nachschau (Auswahl der zu beurteilenden Elemente des Qualitätssicherungssystems einschließlich der Auswahl der nachzuprüfenden Aufträge),

- der Termine (Zeiträume), an (in) denen die Nachschau durchgeführt werden soll,
- des Termins, an dem die Nachschauergebnisse an den Nachschaubeauftragten zu übermitteln sind,
- der Mitarbeiter und ggf. externen Personen, die die ausgewählten Elemente des Qualitätssicherungssystems sowie die ausgewählten Aufträge einer Nachschau unterziehen sollen.

12 Um eine kontinuierliche Verbesserung des Qualitätssicherungssystems zu erreichen, wird festgelegt, dass in unserer Praxis mindestens einmal jährlich eine Nachschau durchzuführen ist. Die Durchführung der Nachschau sollte vorzugsweise außerhalb der Prüfungssaison in den Monaten […] und […] eines Jahres stattfinden, sodass mögliche Feststellungen bis zu Beginn der neuen Prüfungssaison durch korrigierende Maßnahmen berücksichtigt werden können. Außerhalb des jährlichen Nachschauturnus können ad-hoc-Nachschaumaßnahmen veranlasst sein, wenn sich die Verhältnisse unserer Wirtschaftsprüferpraxis dergestalt ändern, dass eine Anpassung des Qualitätssicherungssystems an die sich verändernden Verhältnisse notwendig erscheint.

13 Die Nachschau der Abwicklung einzelner Aufträge (Auftragsprüfung) vollzieht sich innerhalb eines Nachschauzyklus von drei Jahren. Innerhalb dieses Nachschauzyklus sind alle in unserer Wirtschaftsprüferpraxis tätigen Wirtschaftsprüfer, die Verantwortung für die Abwicklung von Aufträgen tragen, mindestens mit einem Auftrag in die Nachschau einzubeziehen. Da die gesetzliche Nachschau im Hinblick auf gesetzliche Abschlussprüfungen nach § 316 HGB jährlich erfolgt, sind in jedem Jahr auch gesetzliche Abschlussprüfungen nach § 316 HGB in die Auftragsprüfungen einzubeziehen.

14 Um bei der Auftragsprüfung eine sachgerechte Stichprobenauswahl treffen zu können, ist eine **„Auftragsdatei"** (vgl. Arbeitshilfe A-4.7.(3)) zu führen, in der nach Auftragsannahme die abzuwickelnden Aufträge eingetragen werden.

15 Auf Basis der Auftragsdatei hat der Nachschaubeauftragte im Wege einer bewussten und risikoorientierten Auswahl die in die Nachschau einzubeziehenden Aufträge auszuwählen. Dabei sind z.B. die folgenden qualitativen Auswahlkriterien zu berücksichtigen:

- Komplexität des Auftragsgegenstands (z.B. die Prüfung von IFRS-Konzernabschlüssen)
- Größe und Branche des Mandanten
- Vorliegen besonderer Haftungsrisiken (z.B. Erteilung eines Comfort Letter oder die Prüfung von Prospekten)
- Öffentliches Interesse am Auftrag (z.B. Abschlussprüfungen börsennotierter Unternehmen)
- Honorarvolumen im Verhältnis zu Art und Umfang des Auftrags
- Erstprüfungen
- […].

16 Art und Umfang der Auftragsprüfungen müssen in einem angemessenen Verhältnis zu den abgewickelten Prüfungsaufträgen stehen und sollten einen angemessenen Querschnitt aller durchgeführten Aufträge darstellen.

17 Die Nachschau ist mit den Erfordernissen der externen Qualitätskontrolle abzustimmen, um sicherzustellen, dass die Ergebnisse der Nachschau für die Qualitätskontrolle verwertet werden können.

18 Umgekehrt sind bei der Planung von Art und Umfang der Nachschau die Ergebnisse der letzten durchgeführten externen Qualitätskontrolle zu verwerten (§ 49 Abs. 2 Satz 2 BS WP/vBP). In Abhängigkeit vom Ergebnis der externen Qualitätskontrolle kann der Umfang der Auftragsstichprobe bei der Nachschau in dem Jahr der externen Qualitätskontrolle verringert werden. Darüber hinaus sollten bei der Festlegung des Gegenstands der Nachschaumaßnahmen die bereits bei der externen Qualitätskontrolle vorgenommenen Prüfungshandlungen berücksichtigt werden. Über Art und Umfang der Verwertung der Ergebnisse der externen Qualitätskontrolle entscheidet der Nachschaubeauftragte (vgl. *IDW QS 1*, Tz. 217).

19 Bei der personellen Planung der Auftragsprüfungen ist neben dem unter Tz. 10 erwähnten Grundsatz der Nachschau durch ausreichend erfahrene und kompetente Mitarbeiter zusätzlich zu berücksichtigen, dass die mit der Durchführung der Auftragsprüfungen betrauten Personen weder an der Auftragsdurchführung noch an der auftragsbegleitenden Qualitätssicherung beteiligt gewesen sein dürfen. Der Nachschaubeauftragte hat die mit der Nachschau betrauten Personen in ihre Aufgabe einzuweisen, das grundsätzliche Vorgehen zu erläutern und ggf. auf Schwerpunkte der Nachschau hinzuweisen.

*[Anm.: Sofern entsprechend geeignete Mitarbeiter innerhalb der Wirtschaftsprüferpraxis oder einer nahestehenden, rechtlichen Einheit (z.B. verbundene Unternehmen, Netzwerkpartner) nicht zur Verfügung stehen und die Hinzuziehung eines Externen nach Art und Umfang der in der Wirtschaftsprüferpraxis abgewickelten Aufträge unzumutbar wäre, kann die Auftragsprüfung von Unternehmen, die keine Unternehmen von öffentlichem Interesse sind, auch im Sinne einer **Selbstvergewisserung** durchgeführt werden. Die Durchführung der Nachschau im Wege der Selbstvergewisserung setzt einen angemessenen zeitlichen Abstand zur Abwicklung des einzelnen Auftrags voraus.]*

20 Im Rahmen der zeitlichen Planung der Auftragsprüfungen hat der Nachschaubeauftragte in Zusammenarbeit mit dem für die betreffende Auftragsprüfung eingeteilten Mitarbeiter den Termin (Zeitraum) festzulegen, an (in) dem die Nachschau stattfinden soll. Einige vom Nachschaubeauftragten auszuwählende Auftragsprüfungen sind ohne Vorankündigung beim Auftragsteam vorzunehmen. Das Auftragsteam ist in diesen Fällen erst unmittelbar vor Beginn der Auftragsprüfung zu informieren. In den anderen Fällen empfiehlt sich eine vorherige Bekanntgabe des Nachschautermins, um sicherzustellen, dass geeignete Mitarbeiter des Auftragsteams für Auskünfte zur Verfügung stehen (vgl. *IDW QS 1*, Tz. 216).

C.3. Durchführung der Nachschau

21 Bei der Nachschau sind die einzelnen Elemente des Qualitätssicherungssystems, einschließlich der Einhaltung der Regelungen für die Abwicklung von Aufträgen, zu beurteilen. Hierzu sind u.a. bereits abgeschlossene Aufträge in Stichproben nachzuprüfen. Die Beurteilung des Qualitätssicherungssystems umfasst u.a. die Analyse (vgl. *IDW QS 1*, Tz. 212):

- neuerer Entwicklungen der gesetzlichen und berufsständischen Anforderungen und die Art und Weise, wie diese Anforderungen im Qualitätssicherungssystem berücksichtigt werden,
- der Einhaltung bzw. Kenntnis der Regelungen des Qualitätssicherungssystems,
- der Dokumentation der Einhaltung der Unabhängigkeitsregelungen sowie der (zumindest) jährlichen Unabhängigkeitsabfrage,
- des Aus- und Fortbildungsprogramms und der vom Fachpersonal durchgeführten Aus- und Fortbildungsmaßnahmen,
- der Entscheidungen, die zur Annahme, Fortführung und Beendigung von Mandatsbeziehungen getroffen wurden,
- der angemessenen Behandlung von Beschwerden und Vorwürfen in der Praxis,
- der Kommunikation von festgestellten Mängeln des Qualitätssicherungssystems an die Praxisleitung,
- der Korrektur von festgestellten Mängeln des Qualitätssicherungssystems und der Umsetzung von Verbesserungsvorschlägen aus früheren Nachschaumaßnahmen,
- der Berücksichtigung der Feststellungen und Empfehlungen des Prüfers für Qualitätskontrolle bei der Weiterentwicklung des Qualitätssicherungssystems.

22 Die Auftragsprüfung dient der Feststellung, ob (vgl. *IDW QS 1*, Tz. 213):

- die gesetzlichen und berufsständischen Anforderungen bei der Auftragsabwicklung eingehalten wurden,
- die Berichterstattung über die Ergebnisse des Auftrags ordnungsgemäß erfolgt ist und
- die Regelungen des internen Qualitätssicherungssystems zur Auftragsabwicklung eingehalten wurden (Organisation der Auftragsabwicklung, Einhaltung der gesetzlichen und fachlichen Regeln, Anleitung des Auftragsteams, Konsultation, laufende Überwachung der Auftragsabwicklung, abschließende Durchsicht der Auftragsergebnisse, auftragsbezogene Qualitätssicherung).

23 Die Nachschau der Auftragsabwicklung sowie der sonstigen Elemente des Qualitätssicherungssystems kann unter Zuhilfenahme der Nachschau-Fragebögen **„Nachschau – Allgemeine Praxisorganisation"** (vgl. **Arbeitshilfe A-4.7.(5)**) sowie **„Nachschau – Auftragsabwicklung"** (vgl. **Arbeitshilfen A-4.7.(6)** für JAP und **A-4.7.(7)** für Konzern-AP) durchgeführt und dokumentiert werden.

C.4. Würdigung der Nachschauergebnisse

24 Die mit der Nachschau betrauten Personen haben die von ihnen bearbeiteten Nachschau-Fragebögen termingerecht an den Nachschaubeauftragten weiterzuleiten, damit dieser die Feststellungen zusammenfassen und auswerten kann. Diese Feststellungen dienen als Grundlage für die Fortentwicklung des Qualitätssicherungssystems. Die Gründe für die aufgedeckten Sachverhalte sind im Rahmen einer systematischen **Ursachenanalyse** daraufhin zu untersuchen, ob sie auf Schwächen im Qualitätssicherungssystem zurückzuführen sind oder ob es sich um Einzelfehler handelt. Bei Schwächen im Qualitätssicherungssystem, welche die Angemessenheit oder die Einhaltung der Regelungen zur Organisation der Wirtschaftsprüferpraxis betreffen, sind Verbesserungsvorschläge zu entwickeln (vgl. *IDW QS 1*, Tz. 218).

25 Im Rahmen von Auftragsprüfungen aufgedeckte Verstöße gegen die Regelungen zur Qualitätssicherung bei der Auftragsabwicklung oder gegen gesetzliche oder berufsständische Pflichten (einschließlich die EU-APrVO) sind dem verantwortlichen Wirtschaftsprüfer unmittelbar mitzuteilen (vgl. *IDW QS 1*, Tz. 222). Im Rahmen der Nachschau oder anderweitig bekannt gewordene nicht geringfügige Verstöße sind darüber hinaus in den Bericht an die Praxisleitung (vgl. Tz. 26) aufzunehmen. Beispiele sind:

- die Annahme eines Auftrags trotz fehlender Unabhängigkeit einzelner Mitglieder des Prüfungsteams,
- die Erteilung fehlerhafter Bestätigungsvermerke und Prüfungsberichte,
- die Nichtdurchführung notwendiger Prüfungshandlungen.

C.5. Berichterstattung und Dokumentation

26 Über die Ergebnisse der Nachschau muss der Nachschaubeauftragte mindestens einmal jährlich, spätestens Mitte [...] eines jeden Jahres, an die Praxisleitung schriftlich berichten. Die Gliederung der Berichterstattung hat sich an dem **„Gliederungsvorschlag zum Nachschaubericht" (vgl. Arbeitshilfe A-4.7.(4))** zu orientieren. Der Nachschaubericht soll die folgenden Informationen enthalten (vgl. *IDW QS 1*, Tz. 221 ff.):

- Beschreibung der durchgeführten Nachschaumaßnahmen einschließlich des Umfangs der durchgeführten Auftragsprüfungen
- Feststellungen zur Wirksamkeit des Qualitätssicherungssystems
- Nicht geringfügige Verstöße gegen Berufspflichten, einschließlich solcher gegen die EU-APrVO bei der Durchführung von gesetzlichen Abschlussprüfungen nach § 316 HGB, und die aus den Verstößen erwachsenen Folgen sowie die zur Behebung der Verstöße ergriffenen Maßnahmen (§ 55b Abs. 3 Satz 3 Nr. 3 und 4 WPO)
- Sonstige wesentliche einzelne Fehler, die bei den Auftragsprüfungen außerhalb der gesetzlichen Abschlussprüfungen festgestellt wurden
- Mängel in den einzelnen Elementen des Qualitätssicherungssystems und die Maßnahmen, die zu ihrer Beseitigung vorgeschlagen bzw. bereits durchgeführt wurden, sowie

- Behebung der in früheren Nachschaumaßnahmen bzw. der letzten Qualitätskontrolle festgestellten Mängel.

27 Neben der Berichterstattung an die Praxisleitung unterrichtet der Nachschaubeauftragte die verantwortlichen Wirtschaftsprüfer und die sonstigen fachlichen Mitarbeiter über die ihren Arbeitsbereich betreffenden Feststellungen. Wenn Mängel festgestellt worden sind, haben die jeweiligen verantwortlichen Wirtschaftsprüfer zu beurteilen, ob diese Aspekte Bedeutung für ihre Aufträge haben und ob die vorgeschlagenen Maßnahmen zur Beseitigung der Mängel geeignet sind (vgl. *IDW QS 1*, Tz. 223).

[Anm.: Stützt sich die Wirtschaftsprüferpraxis auf ein mit anderen Wirtschaftsprüferpraxen gemeinsam organisiertes Qualitätssicherungssystem einschließlich der Nachschau, sind die anderen Wirtschaftsprüferpraxen ebenfalls mindestens einmal jährlich über den Umfang und die Ergebnisse der Nachschau zu informieren. Werden wesentliche Mängel festgestellt, sind diese Mängel unverzüglich den zuständigen Stellen innerhalb der beteiligten Wirtschaftsprüferpraxen mitzuteilen, sodass rechtzeitig korrigierende Maßnahmen ergriffen werden können.]

28 Die Organisation, die Durchführung und die Ergebnisse der Nachschau sind angemessen zu dokumentieren, um insbesondere auch eine Verwertung der Nachschauergebnisse bei der externen Qualitätskontrolle zu ermöglichen (vgl. *IDW QS 1*, Tz. 225).

29 Aus der Dokumentation der Nachschau muss sich ergeben, dass hierbei beurteilt wurde, ob die gesetzlichen und berufsständischen Anforderungen eingehalten wurden, die Berichterstattung über die durchgeführten und in der Nachschau überprüften Aufträge ordnungsgemäß war und die Regelungen des Qualitätssicherungssystems eingehalten wurden (vgl. *IDW QS 1,* Tz. 226). Der Nachschaubeauftragte hat die während der Nachschau erstellten Dokumentationen (die Planungsunterlagen einschließlich der Auftragsdatei, die bearbeiteten Nachschau-Fragebögen sowie den Nachschaubericht) bis zur Beendigung der nächsten externen Qualitätskontrolle/Inspektion gesondert aufzubewahren.

C.6. Maßnahmen zur Beseitigung von Mängeln im Qualitätssicherungssystem

30 Der Nachschaubeauftragte entwickelt auf Basis einer systematischen Ursachenanalyse Maßnahmen zur Beseitigung der Mängel und sonstige Verbesserungsvorschläge und legt diese der Praxisleitung zur Genehmigung vor. Die Praxisleitung entscheidet auf der Grundlage des Nachschauberichts über die Maßnahmen zur Beseitigung der Mängel und die Umsetzung der Verbesserungsvorschläge, z.B.:

- Mitteilung der festgestellten wesentlichen Mängel und der entsprechenden Verbesserungsvorschläge an die jeweils betroffenen verantwortlichen Wirtschaftsprüfer, die für die Einhaltung der Regelungen zur Qualitätssicherung bei der Auftragsabwicklung verantwortlich sind,

- Anpassung der Regelungen zur Organisation der Wirtschaftsprüferpraxis, z.B. des Aus- und Fortbildungsprogramms,
- Anpassung der Arbeitsanweisungen/Arbeitshilfen der Wirtschaftsprüferpraxis,
- Verhängung disziplinarischer oder anderer Maßnahmen gegen die Mitarbeiter, welche die Regelungen zur Qualitätssicherung (wiederholt oder bewusst) nicht beachtet haben,
- Durchführung von speziellen Untersuchungen zur weiteren Aufklärung der betreffenden Sachverhalte,
- Planung ergänzender Nachschaumaßnahmen.

31 Werden Mängel des Qualitätssicherungssystems festgestellt, die den Grundsatz der Unabhängigkeit betreffen, sind unverzüglich der Nachschaubeauftragte und die Praxisleitung zu informieren. Letztere hat dafür Sorge zu tragen, dass die Mängel abgestellt werden und der für Unabhängigkeitsfragen zuständige Partner/Mitarbeiter eingeschaltet wird.

32 Nach Ablauf einer angemessenen Frist ist zu überprüfen, ob die geplanten Korrekturmaßnahmen durchgeführt worden sind und ob mit den Maßnahmen die angestrebten Ziele erreicht worden sind (Follow-Up).

Hinweise auf in der Praxis vorkommende Fehlerquellen, die in den Kontrollen der WPK beanstandet wurden:[1]

- *nicht sachgerechtes Beurteilungssystem (z.B. Saldierung von Positiv- und Negativbeurteilungen)*
- *Wiederholung von Beanstandungen aus Vorjahren (ohne Ergreifen von Maßnahmen)*
- *kein aktueller Nachschaubericht an die Praxisleitung*
- *keine zeitnahe Einleitung von Maßnahmen im Anschluss an Feststellungen*
- *fehlende Regelungen zur anlassbezogenen Nachschau oder der Turnus der Nachschau wurde nicht eingehalten*
- *Durchführung der Nachschau im Wege der „Selbstvergewisserung", obwohl die Voraussetzungen für diese nicht vorlagen, da in der Wirtschaftsprüferpraxis eine persönlich und fachlich geeignete, nicht mit der Abwicklung des betreffenden Auftrags befasste Person vorhanden war oder die Hinzuziehung eines externen Dritten zumutbar gewesen wäre (z.B. bei einer großen Anzahl von Prüfungen oder dem Einsatz von externen Wirtschaftsprüfern ei der Abwicklung der Prüfungen).*
- *[...].*

D. Arbeitshilfen

A-4.7.(1): Arbeitshilfe: „Planung der Nachschau der allgemeinen Praxisorganisation"

A-4.7.(2): Arbeitshilfe: „Planung der Nachschau der Auftragsabwicklung"

A-4.7.(3): Arbeitshilfe: „Auftragsdatei"

A-4.7.(4): Arbeitshilfe: „Gliederungsvorschlag zum Nachschaubericht"

---

[1] Quelle: Präsentationen anlässlich Jour fixe-Veranstaltungen der WPK, Frankfurt 2008 und 2009, Berufsaufsichtsbericht 2010 der WPK sowie Tätigkeitsbericht der Kommission für Qualitätskontrolle 2013, S. 9.

A-4.7.(5): Arbeitshilfe: „Nachschau – Allgemeine Praxisorganisation"
A-4.7.(6): Arbeitshilfe: „Nachschau – Auftragsabwicklung JAP"
A-4.7.(7): Arbeitshilfe: „Nachschau – Auftragsabwicklung Konzern-AP"

IDW Praxishandbuch zur Qualitätssicherung 2017/2018

Kapitel B: Risikoorientiertes Prüfungsvorgehen
Meilensteine

Kapitel B: Risikoorientiertes Prüfungsvorgehen
Übersicht Kapitel B (1/2)

M 1 – Auftrags- bzw. Mandatsmanagement

- → Beurteilung der Auftrags- und Mandatsrisiken sowie der Unabhängigkeitsanforderungen/Vorhandensein ausreichender Kenntnisse und Ressourcen
- → Bestellung des Abschlussprüfers und Auftragsannahme
- → Festlegung von Prüfungsschwerpunkten/Erweiterungen oder Ergänzungen des Prüfungsauftrags sowie Kommunikation mit dem Aufsichtsorgan
- → Benennung der zuständigen Personen/Überprüfung auf Notwendigkeit der Rotation
- → Prüfungsvorbereitung

M 2 – Informationsbeschaffung und vorläufige Risikoeinschätzung

- → Besprechungen mit der Unternehmensleitung
- → Gewinnung eines Verständnisses von dem Unternehmen sowie von dessen rechtlichem und wirtschaftlichem Umfeld
- → Durchführung vorbereitender analytischer Prüfungshandlungen
- → Identifikation von Fehlerrisiken im Zusammenhang mit nahe stehenden Personen
- → Vorläufige Beurteilung der Fähigkeit zur Unternehmensfortführung
- → Beurteilung des Risikos von Unrichtigkeiten und Verstößen
- → Beurteilung der Angemessenheit von Zeit- und Schätzwerten
- → Vorläufige Beurteilung von Konsultationen und Zusammenarbeit mit Sachverständigen
- → Vorläufige Prüfung der Rechtsstreitigkeiten des Mandanten
- → Berücksichtigung von Auslagerungen rechnungslegungsrelevanter Bereiche auf Dienstleistungsunternehmen

M 3 – Vorläufige Festlegung der Wesentlichkeit und Beurteilung der Fehlerrisiken

- → Vorläufige Festlegung der Wesentlichkeit
- → Festlegung der wesentlichen Prüffelder
- → Vorläufige Beurteilung der Fehlerrisiken
- → Abstimmung des Prüfungsvorgehens der an der Prüfung beteiligten Personen

M 4 – Auswertung der rechnungslegungsrelevanten Prozesse und internen Kontrollen

- → Aufnahme und Beurteilung der Komponenten des IKS auf Unternehmensebene sowie der Angemessenheit des IKS wesentlicher Geschäftsprozesse (Aufbauprüfung)
- → Aufnahme und Beurteilung des (IT-gestützten) Buchführungssystems

M 5 – Festlegung der Prüfungsstrategie und des Prüfungsprogramms

- → Erstellung eines Prüfungsplanungsmemorandums
- → Zusammenfassung der vom Management eingerichteten Maßnahmen zur Steuerung und Bewältigung der Risiken
- → Festlegung von Prüfungshandlungen als Reaktion auf Risiken wesentlicher falscher Angaben (einschl. der bedeutsamen Risiken), um das Prüfungsurteil mit hinreichender Sicherheit treffen zu können

Kapitel B: Risikoorientiertes Prüfungsvorgehen
Übersicht Kapitel B (2/2)

M 6
Validierung der internen Kontrollen (Funktionsprüfungen)

→ Durchführung von Funktionsprüfungen und Nachweis über die Gültigkeit von Kontrollen für den gesamten Prüfungszeitraum
→ Festlegung von Prüfungshandlungen

M 7
Aussagebezogene Prüfungshandlungen

→ Prüfung der Eröffnungsbilanzwerte
→ Prüfung der Eröffnungsbilanzwerte im Rahmen von Erstprüfungen
→ Aussagebezogene Prüfungshandlungen zum Lagebericht
→ Durchführung weiterer aussagebezogener Prüfungshandlungen
→ Einholung von Bestätigungen Dritter
→ Inventurprüfung

M 8
Abschließende Prüfungshandlungen

→ Abschließende Prüfung des Anhangs
→ Abschließende Prüfung des Lageberichts
→ Abschließende Abstimmungsarbeiten und analytische Durchsicht
→ Abschließende Beurteilung der Fähigkeit zur Unternehmensfortführung
→ Abschließende Durchsicht der Protokolle von Versammlungen
→ Abschließende Prüfung der Rechtsstreitigkeiten des Mandanten
→ Einholung schriftlicher Erklärungen der gesetzlichen Vertreter
→ Beurteilung der Auswirkungen von Ereignissen nach dem Abschlussstichtag und kritisches Lesen zusätzlicher mit dem Jahresabschluss veröffentlichter Informationen
→ Abschließende Beurteilung der Auswirkungen von festgestellten falschen Angaben auf die Abschlussprüfung und Beurteilung der Wesentlichkeit nicht korrigierter Fehler („Nicht korrigierte Prüfungsdifferenzen")
→ Klärung der kritischen Sachverhalte und abschließende Durchsicht/Durchsprache aller Prüffelder
→ Abschließende Beurteilung der Risiken wesentlicher falscher Angaben in der Rechnungslegung und abschließende Würdigung der Prüfungsnachweise und der Gesamtdarstellung des Abschlusses sowie des Lageberichts
→ Einholung der Vollständigkeitserklärung sowie des unterschriebenen Jahres- bzw. Konzernabschlusses und des Lageberichts/Konzernlageberichts

M 9
Berichterstattung und Archivierung

→ Erstellung des Prüfungsberichts
→ Bildung des Prüfungsurteils und Erteilung des Bestätigungsvermerks
→ Kommunikation mit dem Mandanten und den für die Überwachung Verantwortlichen/ Teilnahme an der Sitzung des Aufsichtsrats sowie Fertigstellung der Arbeitspapiere
→ Prüfung der Offenlegung

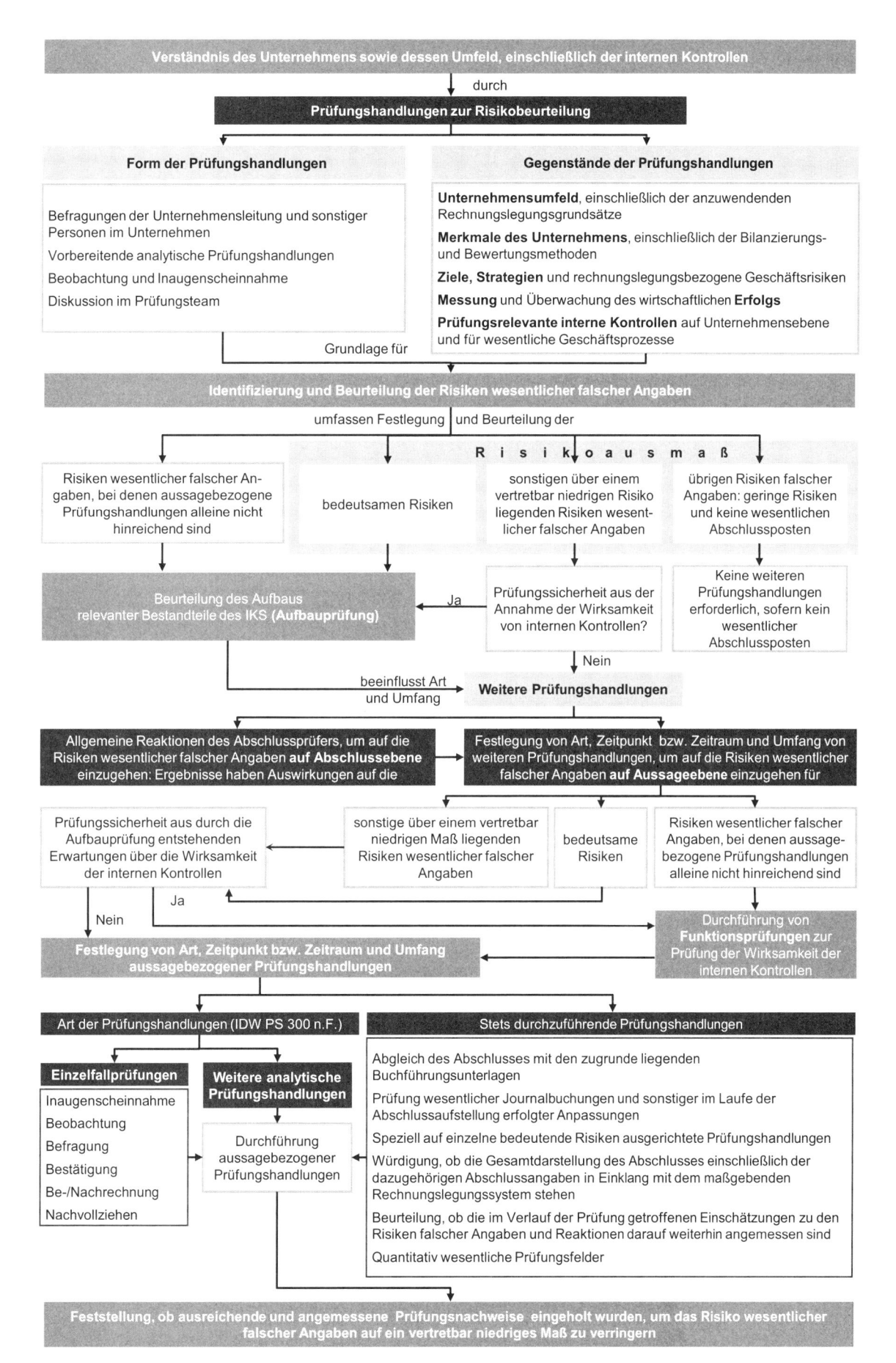

Kapitel B: Risikoorientiertes Prüfungsvorgehen
Übersicht über den risikoorientierten Prüfungsprozess

Verständnis des Unternehmens sowie dessen Umfeld, einschließlich der internen Kontrollen

durch

Prüfungshandlungen zur Risikobeurteilung

Form der Prüfungshandlungen
- Befragungen der Unternehmensleitung und sonstiger Personen im Unternehmen
- Vorbereitende analytische Prüfungshandlungen
- Beobachtung und Inaugenscheinnahme
- Diskussion im Prüfungsteam

Gegenstände der Prüfungshandlungen
- **Unternehmensumfeld**, einschließlich der anzuwendenden Rechnungslegungsgrundsätze
- **Merkmale des Unternehmens**, einschließlich der Bilanzierungs- und Bewertungsmethoden
- **Ziele, Strategien** und rechnungslegungsbezogene Geschäftsrisiken
- **Messung** und Überwachung des wirtschaftlichen **Erfolgs**
- **Prüfungsrelevante interne Kontrollen** auf Unternehmensebene und für wesentliche Geschäftsprozesse

Grundlage für

Identifizierung und Beurteilung der Risiken wesentlicher falscher Angaben

umfassen Festlegung und Beurteilung der

Risikoausmaß

- Risiken wesentlicher falscher Angaben, bei denen aussagebezogene Prüfungshandlungen alleine nicht hinreichend sind
- bedeutsamen Risiken
- sonstigen über einem vertretbar niedrigen Risiko liegenden Risiken wesentlicher falscher Angaben
- übrigen Risiken falscher Angaben: geringe Risiken und keine wesentlichen Abschlussposten

Beurteilung des Aufbaus relevanter Bestandteile des IKS (Aufbauprüfung) ← Ja — Prüfungssicherheit aus der Annahme der Wirksamkeit von internen Kontrollen?

Keine weiteren Prüfungshandlungen erforderlich, sofern kein wesentlicher Abschlussposten

Nein

beeinflusst Art und Umfang → **Weitere Prüfungshandlungen**

| Allgemeine Reaktionen des Abschlussprüfers, um auf die Risiken wesentlicher falscher Angaben **auf Abschlussebene** einzugehen: Ergebnisse haben Auswirkungen auf die | Festlegung von Art, Zeitpunkt bzw. Zeitraum und Umfang von weiteren Prüfungshandlungen, um auf die Risiken wesentlicher falscher Angaben **auf Aussageebene** einzugehen für |

- Prüfungssicherheit aus durch die Aufbauprüfung entstehenden Erwartungen über die Wirksamkeit der internen Kontrollen
- sonstige über einem vertretbar niedrigen Maß liegenden Risiken wesentlicher falscher Angaben
- bedeutsame Risiken
- Risiken wesentlicher falscher Angaben, bei denen aussagebezogene Prüfungshandlungen alleine nicht hinreichend sind

Ja / Nein

Durchführung von Funktionsprüfungen zur Prüfung der Wirksamkeit der internen Kontrollen

Festlegung von Art, Zeitpunkt bzw. Zeitraum und Umfang aussagebezogener Prüfungshandlungen

Art der Prüfungshandlungen (IDW PS 300 n.F.)

Einzelfallprüfungen
- Inaugenscheinnahme
- Beobachtung
- Befragung
- Bestätigung
- Be-/Nachrechnung
- Nachvollziehen

Weitere analytische Prüfungshandlungen
- Durchführung aussagebezogener Prüfungshandlungen

Stets durchzuführende Prüfungshandlungen
- Abgleich des Abschlusses mit den zugrunde liegenden Buchführungsunterlagen
- Prüfung wesentlicher Journalbuchungen und sonstiger im Laufe der Abschlussaufstellung erfolgter Anpassungen
- Speziell auf einzelne bedeutende Risiken ausgerichtete Prüfungshandlungen
- Würdigung, ob die Gesamtdarstellung des Abschlusses einschließlich der dazugehörigen Abschlussangaben in Einklang mit dem maßgebenden Rechnungslegungssystem stehen
- Beurteilung, ob die im Verlauf der Prüfung getroffenen Einschätzungen zu den Risiken falscher Angaben und Reaktionen darauf weiterhin angemessen sind
- Quantitativ wesentliche Prüfungsfelder

Feststellung, ob ausreichende und angemessene Prüfungsnachweise eingeholt wurden, um das Risiko wesentlicher falscher Angaben auf ein vertretbar niedriges Maß zu verringern

IDW Praxishandbuch zur Qualitätssicherung 2017/2018

Kapitel B: Risikoorientiertes Prüfungsvorgehen
Meilenstein 1: Auftrags- bzw. Mandatsmanagement

Meilenstein 1: Auftrags- bzw. Mandatsmanagement

1.1.	Ziele	149
1.2.	Aktivitäten	150
	1.2.1. Beurteilung der Auftrags- und Mandatsrisiken sowie der Unabhängigkeitsanforderungen/Vorhandensein ausreichender Kenntnisse und Ressourcen	150
	1.2.2. Bestellung des Abschlussprüfers und Auftragsannahme	153
	1.2.3. Festlegung von Prüfungsschwerpunkten/Erweiterungen oder Ergänzungen des Prüfungsauftrags sowie Kommunikation mit dem Aufsichtsorgan	158
	1.2.4. Benennung der zuständigen Personen/Überprüfung auf Notwendigkeit der Rotation	161
	1.2.5. Prüfungsvorbereitung	164
1.3.	Arbeitshilfen	165
1.4.	IDW Prüfungsstandards/ISA	166

1.1. Ziele

1 Vor Annahme eines Auftrags zur Durchführung einer Abschlussprüfung für einen neuen oder einen bestehenden Mandanten sind die Mandats- und Auftragsrisiken zu beurteilen sowie die personellen und sachlichen Voraussetzungen für die Prüfungsabwicklung zu organisieren. Dies ist erforderlich, damit trotz der Begrenzungen in zeitlicher und personeller Hinsicht ein zutreffendes Prüfungsurteil bei gleichzeitiger Realisierung der finanziellen Ziele abgegeben werden kann.

Abläufe bei der Auftragsannahme und -fortführung

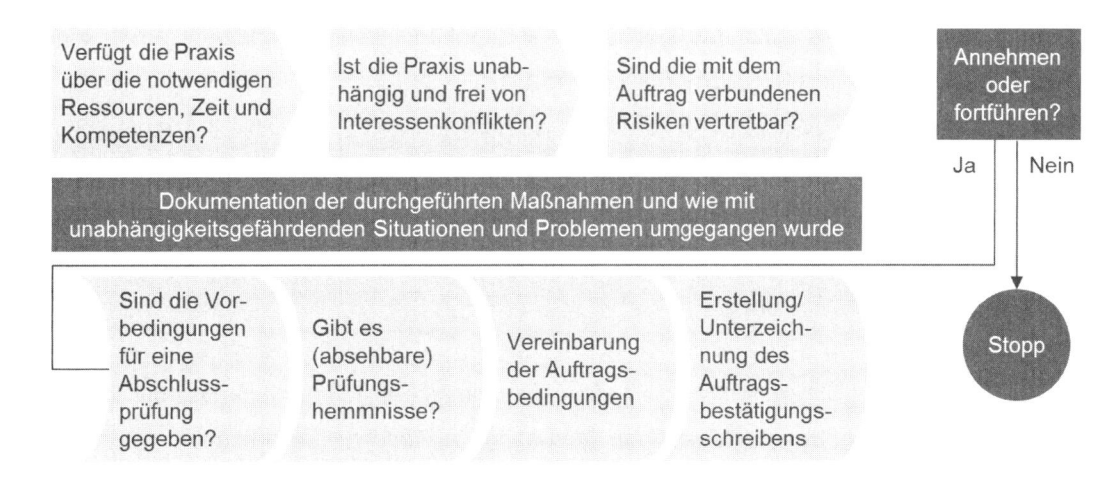

© 2011, 2017 International Federation of Accountants (IFAC). Alle Rechte vorbehalten.

2 Falls die Entscheidung zur Annahme bzw. Fortführung eines Auftrags getroffen wurde, muss sichergestellt werden, dass

- die Bestellung unserer Wirtschaftsprüferpraxis zum Abschlussprüfer (Wahl und Beauftragung) ordnungsgemäß erfolgt ist,

- die personelle Zuständigkeit für den neuen Mandanten bzw. Auftrag festgelegt wird und
- die erforderlichen mandanten- und auftragsbezogenen Informationen in unserer Wirtschaftsprüferpraxis zentral erfasst werden.

1.2. Aktivitäten

Im Rahmen des Auftrags- bzw. Mandatsmanagements sind vor allem folgende Aktivitäten von Bedeutung:

1.2.1. Beurteilung der Auftrags- und Mandatsrisiken sowie der Unabhängigkeitsanforderungen/Vorhandensein ausreichender Kenntnisse und Ressourcen

1.2.1.1. Prüfungsanforderungen

3 Vor der Annahme oder Fortführung eines Auftrags ist eine erste Evaluierung des Unternehmensumfelds des Mandanten und der mit dem Auftrag verbundenen Risiken vorzunehmen. Dabei muss auch die **Integrität** des Mandanten analysiert und auf mögliche Haftungsrisiken oder das Risiko eines Reputationsverlusts geachtet werden. Sind die **Auftragsrisiken** so bedeutend, dass die wirtschaftliche Lage oder der Ruf der Praxis gefährdet ist, darf der Auftrag nicht angenommen bzw. fortgeführt werden, sofern keine ausreichenden Maßnahmen zur Risikobegrenzung ergriffen werden können (vgl. *IDW QS 1*, Tz. 72 ff. und Tz. 112, *IDW PS 220*, Tz. 11).

4 Es dürfen nur Aufträge angenommen bzw. fortgeführt werden, bei denen die allgemeinen **Berufspflichten**, u.a. der Grundsatz der Unabhängigkeit, eingehalten werden können (vgl. *IDW QS 1*, Tz. 116 ff., *IDW PS 220*, Tz. 11).

5 Aufträge dürfen nur angenommen oder fortgeführt werden, wenn ausreichende Erfahrung und Kompetenz sowie **personelle und zeitliche Ressourcen** vorhanden sind, um den jeweiligen Auftrag ordnungsgemäß abwickeln zu können (vgl. *IDW QS 1*, Tz. 72 und Tz. 119, *IDW PS 220*, Tz. 11).

6 Bei der Entscheidung über die Auftragsannahme oder -fortführung muss der verantwortliche Wirtschaftsprüfer die Regelungen des Kapitels A, Abschn. 4.2. beachten.

1.2.1.2. Hinweise zur Bearbeitung

7 Berücksichtigen Sie folgende **Skalierungsaspekte** im Rahmen der Beurteilung der Auftrags- und Mandatsrisiken sowie der Beurteilung der Unabhängigkeitsanforderungen:

- Der Umfang der Informationsbeschaffung und Dokumentation ist abhängig von Größe, Komplexität und Risiko des Unternehmens
- Informationsvorteile aufgrund langjähriger Mandantenbeziehung nutzen
- Unterjährig durch zulässige Beratungstätigkeit bekannt gewordene Informationen verwenden
- Erkenntnisse aus Vorjahresprüfung berücksichtigen
- Gründe für Unabhängigkeit ohne Verwendung von Checklisten zur Dokumentation kurz darstellen
- Auf relevante Unabhängigkeitssachverhalte konzentrieren (vgl. Veröffentlichung des IDW: „Hinweise und Beispiele zur Prüfungsdokumentation bei kleinen und mittelgroßen Unternehmen nach ISA und IDW Prüfungsstandards").

*Anm.: Die Regelungen der EU-APrVO zur internen und externen **Rotation** (Artikel 17), zum **70% Cap** für erlaubte Nichtprüfungsleistungen (Artikel 4) und zur Erbringung von **Nichtprüfungsleistungen** (Artikel 5) gelten ab Geschäftsjahren, die nach dem 17.06.2016 beginnen (vgl. IDW Positionspapier zu Inhalten und Zweifelsfragen der EU-Verordnung und der Abschlussprüferrichtlinie (Stand: 10.04.2017), Seite 11). Artikel 4 Abs. 2 EU-APrVO setzt für die Anwendung des 70% Cap voraus, dass in den „letzten drei aufeinanderfolgenden Geschäftsjahren" Honorare für Abschlussprüfungen gezahlt worden sind. Das bedeutet für den Fall des kalendergleichen Geschäftsjahres, dass der 70% Cap das erste Mal im Geschäftsjahr 2020 beachtet werden muss (vgl. IDW Positionspapier zu Nichtprüfungsleistungen des Abschlussprüfers (Stand: 12.05.2017), Seite 43).*

8   Im Hinblick auf die Integrität des Mandanten sind vor allem die folgenden Aspekte von Bedeutung:

- Identität und geschäftlicher Ruf der maßgebenden Gesellschafter, der gesetzlichen Vertreter, der Mitglieder des Aufsichtsorgans und ggf. dem Mandanten nahe stehender Personen oder Unternehmen
- Art der geschäftlichen Aktivitäten und der Geschäftspraktiken
- besonderer Honorardruck durch den Mandanten
- Hinweise auf unangemessene Beschränkungen des Prüfungsumfangs
- Verdacht auf die Verwicklung des Unternehmens in Geldwäsche- oder andere kriminelle Aktivitäten
- Gründe für einen Prüferwechsel sowie
- Transparenz der Finanzberichterstattung (z.B. aggressive Bilanzierungspraktiken) und Ausgestaltung des internen Kontrollsystems.

Informationen zu diesen Aspekten können insb. durch die Nutzung allgemein zugänglicher Quellen (z.B. Zeitschriften oder Internet) eingeholt werden. Darüber hinaus kommen u.a. in Betracht:

- Nutzung spezialisierter Informationsdienste

- Gespräche mit Dritten, z.B. mit Vorprüfern.

Auch nach Annahme eines Auftrags ist auf Hinweise zu achten, die Zweifel an der Integrität des Mandanten wecken können.

9   Werden besondere Auftrags- und Mandatsrisiken identifiziert, ist im Einzelfall zu prüfen, ob diesen Risiken mit einem darauf abgestimmten Prüfungsvorgehen und besonderen Maßnahmen zur Qualitätssicherung, z.B. der Einbeziehung von Spezialisten, begegnet werden kann. Ist dies nicht der Fall, darf der Auftrag nicht angenommen bzw. fortgeführt werden (vgl. Kapitel A, Abschn. 4.2.).

1.2.1.3. Festlegung von Prüfungshandlungen

Wenn der verantwortliche Wirtschaftsprüfer die Prüfungshandlungen festlegt, sollte er folgende Eckpunkte beachten und eigenverantwortlich einschätzen, ob sie unter den gegebenen Umständen mit Blick auf das Prüfungsziel erforderlich sind:

a) Evaluierung des **Unternehmensumfelds**, Beschaffung von Informationen über die **Geschäftstätigkeit**

b) Beurteilung der **mit dem Auftrag verbundenen Risiken**

c) Beurteilung, ob **berufsrechtliche Hinderungsgründe** der Annahme entgegenstehen.

Falls das zu prüfende Unternehmen Tochtergesellschaft einer im Ausland ansässigen Mutter ist, sind mit dem Abschlussprüfer der Muttergesellschaft die anzuwendenden Unabhängigkeitsanforderungen abzustimmen.

Falls das zu prüfende Unternehmen Muttergesellschaft mit ausländischen Tochtergesellschaften ist, sind die Abschlussprüfer dieser Gesellschaften (Teilbereichsprüfer) über die Unabhängigkeitsanforderungen zu informieren und Unabhängigkeitserklärungen der Teilbereichsprüfer einzuholen (vgl. Kapitel C).

Falls der Mandant den SEC-Regelungen unterliegt, ist stets die für Fragen der Unabhängigkeit zuständige Person Herrn [Name] einzuschalten.

d) Zuordnung des Auftrags als Ergebnis der vorläufigen Risikoanalyse einer der **Risikoklassen** „hohes Risiko", „mittleres Risiko" oder „niedriges Risiko" und Festlegung in Abhängigkeit von der Risikoeinschätzung, welche konkreten Qualitätssicherungsmaßnahmen (z.B. Einbeziehung von Spezialisten oder auftragsbegleitende Qualitätssicherung) für den Fall der Annahme bzw. Fortführung des Auftrags durchzuführen sind.

e) Feststellung, ob ausreichende **Kenntnisse und Ressourcen** vorhanden sind, um den Auftrag ordnungsgemäß und zeitgerecht abwickeln zu können. Hierbei ist zu berücksichtigen, ob für die

> Durchführung des Auftrags besondere Fach- und Branchenkenntnisse oder besondere Erfahrungen mit einschlägigen rechtlichen Anforderungen oder Berichterstattungspflichten erforderlich sind. Sollte dies der Fall sein ist zu prüfen, ob die Einbindung von **Spezialisten** erforderlich ist.
>
> Um die Vorgehensweise bei Auftragsannahme und -fortführung zu vereinheitlichen, sollte der **Fragebogen „Übernahme und Fortführung eines Auftrags"** (vgl. **Arbeitshilfe A-4.2.(1)**) verwendet werden. Die Bearbeitung des Fragebogens dient auch der Dokumentation der Überlegungen zur Auftragsannahme und -fortführung.

> *Hinweise auf in der Praxis vorkommende Fehlerquellen, die in den Kontrollen der APAK beanstandet wurden:[1]*
>
> - *Abschließende Beurteilung des Mandanten- und Auftragsrisikos erfolgt erst nach Abgabe des Angebots an das zu prüfende Unternehmen bzw. erst nach der Wahl der Praxis zum Abschlussprüfer auf der Hauptversammlung des zu prüfenden Unternehmens.*

1.2.2. Bestellung des Abschlussprüfers und Auftragsannahme

1.2.2.1. Prüfungsanforderungen

10 Bei gesetzlich vorgeschriebenen Abschlussprüfungen ist darauf zu achten, dass der Abschlussprüfer nicht nur beauftragt, sondern auch ordnungsgemäß gewählt worden ist. Auch bei Personenidentität zwischen Gesellschafter und Geschäftsführer reicht ein Auftragsschreiben des Geschäftsführers an den Abschlussprüfer im Allgemeinen nicht aus, um eine rechtskräftige **Bestellung** zu bewirken (vgl. *IDW Prüfungshinweis: Besonderheiten der Abschlussprüfung kleiner und mittelgroßer Unternehmen (IDW PH 9.100.1*, Tz. 9*)*).

11 (PIE) Der Bestellung des Abschlussprüfers bei Unternehmen von öffentlichem Interesse gehen ein Ausschreibungsprozess und ein Auswahlverfahren voraus, die unter der Schirmherrschaft des Prüfungsausschusses der zu prüfenden Gesellschaft durchgeführt werden (vgl. Artikel 16 EU-APrVO; weitergehende Erläuterungen enthält das IDW Positionspapier zur Ausschreibung der Abschlussprüfung für Unternehmen von öffentlichem Interesse (Stand: 30.05.2016). Die folgende Abbildung fasst die wesentlichen Schritte zusammen:

---

[1] Quelle: Bericht der APAK über die Ergebnisse der Inspektionen für die Jahre 2007-2010, S. 6 f.

Prozessübersicht: Auftrags- bzw. Mandatsmanagement

Zuständigkeit im Unternehmen	Prozessschritte	Anzahl der Wirtschaftsprüfer
Prüfungsausschuss (PA)*	**Festlegung der Anforderungen und Auswahlkriterien** • Erstellung der Ausschreibungsunterlagen • Festlegung transparenter, diskriminierungsfreier Auswahlkriterien	→ Öffentliche Ausschreibung
Prüfungsausschuss (PA)*	**Durchführung des Auswahlverfahrens** • Vorauswahl • Angebotsabgabe u. Präsentation • Beurteilung der Angebote anhand der Auswahlkriterien (z.B. Unabhängigkeit) • Auswahlentscheidung • Validierung eines Berichts über Beurteilungen und Schlussfolgerungen • Abgabe einer begründeten Empfehlung mit mind. 2 Vorschlägen und einer Präferenz und Erklärung über Freiheit von ungebührlicher Einflussnahme	← Angebote
	↓ Begründete Empfehlung	
Aufsichtsrat (AR)	Unterbreitung eines Wahlvorschlags an die Hauptversammlung: kann von Empfehlung des Prüfungsausschusses abweichen, muss diese jedoch enthalten und ist ggf. zu begründen	
	↓ Wahlvorschlag	
HV	Wahl des Abschlussprüfers	
AR/PA	Auftragsvergabe	→

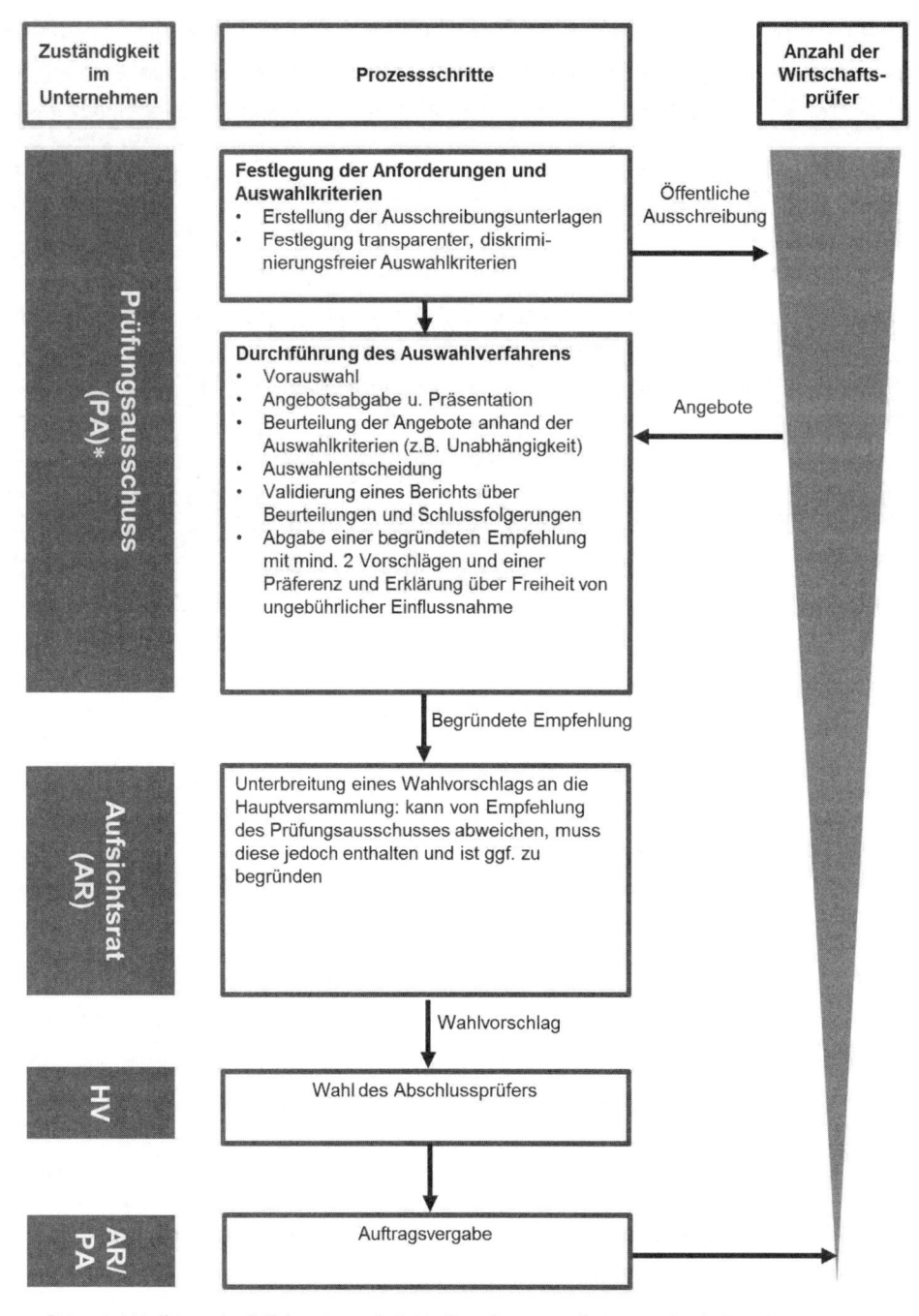

* "Herr des Verfahrens" mit Delegationsmöglichkeit bestimmter Aufgaben an das Unternehmen

12   Der Abschlussprüfer muss über einen **Auszug aus dem Berufsregister** verfügen, aus dem sich ergibt, dass die Eintragung nach § 38 Nr. 1 Buchstabe h) oder Nr. 2 Buchstabe f) WPO vorgenommen worden ist. Abschlussprüfer, die erstmalig eine gesetzlich vorgeschriebene Abschlussprüfung nach § 316 HGB durchführen, müssen spätestens sechs Wochen nach Annahme eines Prüfungsauftrages über den Auszug aus dem Berufsregister verfügen (§ 319 Abs. 1 Satz 3 HGB).

13   Die Bestellung zum Jahresabschlussprüfer muss auch bei **Folgeprüfungen** für jedes Geschäftsjahr neu erfolgen. Nach § 318 Abs. 1 Satz 3 HGB bezieht sich die erforderliche Wahl

des Abschlussprüfers auf den Jahresabschluss eines bestimmten Geschäftsjahres und muss **für jedes Geschäftsjahr neu** vorgenommen werden. Ein Wahlbeschluss für die Pflichtprüfung von Jahresabschlüssen mehrerer Geschäftsjahre ist nicht zulässig. Es besteht jedoch die Möglichkeit, den Prüfungsauftrag als **Rahmenvereinbarung** über mehrere Jahre zu erteilen. In einer solchen Rahmenvereinbarung werden die Bedingungen für Einzelaufträge (das „Wie" der Durchführung) festgelegt, die später innerhalb eines bestimmten Zeitraums vergeben werden sollen. In der Frage, „ob" sie die Einzelverträge abschließen wollen, müssen die Parteien allerdings frei bleiben (vgl. WP Handbuch, 15. Aufl., Abschn. A, Tz. 272).

14 Der Abschlussprüfer hat bei jeder Prüfung stets erneut zu klären, ob der **Prüfungsauftrag** angenommen werden darf (vgl. *IDW Prüfungsstandard: Beauftragung des Abschlussprüfers (IDW PS 220*, Tz. 24*)*). Bei einer Änderung der Bedingungen für den Auftrag ist gewissenhaft zu prüfen, ob der Auftrag unter den veränderten Bedingungen fortgeführt werden darf oder soll. Hierzu ist auch festzustellen, ob Gründe für die Änderung erkennbar sind, die eine Fortführung des Auftrags zu den geänderten Bedingungen rechtfertigen. Bei freiwilligen Abschlussprüfungen und sonstigen Beauftragungen stehen einer Kündigung des Auftrags keine berufsrechtlichen Beschränkungen entgegen. Entschließt sich der Abschlussprüfer zur Annahme der Auftragsänderung, sind neue Bedingungen für den Auftrag zu vereinbaren; die Bestimmungen über die Regelungen zum Prüfungsauftrag in einem Auftragsbestätigungsschreiben sowie über Form und Inhalt des Auftragsbestätigungsschreibens gelten entsprechend (vgl. *IDW PS 220*, Tz. 31).

15 Sofern ein Auftrag zur Durchführung der gesetzlich vorgeschriebenen Abschlussprüfung abgelehnt werden soll, muss die Ablehnung unverzüglich angezeigt werden, um evtl. Schadensersatzansprüche des Unternehmens zu vermeiden (§ 51 WPO).

16 Unabhängig von der Art und Weise des Zustandekommens des Prüfungsauftrags liegt es im Interesse beider Vertragsparteien, dass vor Prüfungsbeginn stets ein **Auftragsbestätigungsschreiben** versandt wird (vgl. *IDW PS 220*, Tz. 15).

17 Die **Offenlegung** der Abschlussunterlagen liegt in der Verantwortung der gesetzlichen Vertreter des Unternehmens. Der Abschlussprüfer kann es auf Bitte des geprüften Unternehmens übernehmen, an dieses das Testatsexemplar in Form einer elektronischen Datei zu liefern, die vom Bundesanzeiger für die Einreichung und Offenlegung gemäß §§ 325 ff. HGB akzeptiert wird. Dies kann bereits in dem Auftragsschreiben gesondert vereinbart werden. Unabhängig von der Form der Beauftragung handelt es sich um eine **Nebenleistung** aus dem Prüfungsauftrag, sodass die hierfür geltenden Regelungen unter Einschluss des § 323 Abs. 2 HGB und der AAB anwendbar sind.[2]

---

[2] Vgl. FN-IDW 2007, S. 323 ff.

18 Bei der Prüfung der ordnungsgemäßen Bestellung und Auftragsannahme sind die weiteren Hinweise und Regelungen des Kapitels A, Abschn. 4.2. zu beachten.

1.2.2.2. Hinweise zur Bearbeitung

19 Die genaue Abgrenzung des Auftragsinhalts ist insb. bei der Betreuung von KMU von Bedeutung, für die oft mehrere Dienstleistungen, z.B. Prüfung sowie Steuer- und Unternehmensberatung, erbracht werden.

20 Bei Prüfungen von KMU ist eine **schriftliche Auftragsvereinbarung** auch deshalb erforderlich, um dem Eigentümer-Unternehmer die ihm obliegenden Verantwortlichkeiten im Zusammenhang mit der Aufstellung und Prüfung des Abschlusses zu verdeutlichen (vgl. *IDW PH 9.100.1*, Tz. 10).

21 Enthält der Lagebericht **lageberichtsfremde Angaben** (vgl. Meilenstein 8, Abschn. 8.2.2.1, Tz. 15 ff.), sind diese grundsätzlich in die Lageberichtsprüfung einzubeziehen, es sei denn, sie sind eindeutig von den lageberichtstypischen Angaben abgegrenzt. Es ist empfehlenswert, den Umgang mit lageberichtsfremden Angaben im Vorfeld mit dem Auftraggeber zu besprechen und das Ergebnis in der Auftragsvereinbarung festzuhalten (vgl. *IDW EPS 350 n.F.*, Tz. 14).

22 (PIE) Im Rahmen von Ausschreibungen für (Konzern-)Abschussprüfungen von Unternehmen von öffentlichem Interesse gemäß Artikel 16 Abs. 3 der EU-APrVO werden von teilnehmenden Wirtschaftsprüfern/Wirtschaftsprüfungsgesellschaften in zunehmenden Maße **Arbeitsproben** eingefordert. Diese Praxis ist berufsrechtlich bedenklich, wenn sich die Arbeitsproben auf Sachverhalte beziehen, die von konkreter Bedeutung für die Rechnungslegung des ausschreibenden Unternehmens sind, da die Arbeitsprobe in diesem Fall eine Second Opinion i.S.v. § 39 Abs. 5 BS WP/vBP darstellt, die nur nach vorheriger Erörterung des Sachverhalts mit dem von der Schweigepflicht entbundenen Abschlussprüfer des Unternehmens erstellt werden darf. Darüber hinaus kann die Erstellung einer Arbeitsprobe bei der späteren Durchführung der Abschlussprüfung zur Besorgnis der Befangenheit führen, da sich der (neue) Abschlussprüfer aus Sicht eines objektiven Dritten zum konkreten Sachverhalt vorab de facto festgelegt haben könnte. Die Erstellung von Arbeitsproben, die sich nicht auf konkrete Bilanzierungssachverhalte beziehen, ist demgegenüber aus berufsrechtlicher Sicht unbedenklich.[3] Sollte das Unternehmen ausnahmsweise dennoch zur Einschätzung der Expertise der Bewerber Arbeitsproben verlangen, muss darauf geachtet werden, dass keinerlei Beziehung zu tatsächlichen Unternehmenstransaktionen bestehen und die rein abstrakten Arbeitsproben in einem angemessenen Verhältnis zur ausgeschriebenen Abschlussprüfung

---

[3] Vgl. Praxishinweise der WPK zu Arbeitsproben bei Ausschreibungen, „Einforderung von Arbeitsproben im Rahmen von Ausschreibungen – berufsrechtliche Grenzen"; abrufbar unter
http://www.wpk.de/mitglieder/praxishinweise/ausschreibungen/ (Stand: 02.08.2017)

stehen. Im Rahmen der Abschlussprüfung sind Maßnahmen zur Begrenzung der Unabhängigkeitsrisiken vorzunehmen.[4]

23 (PIE) Abschlussprüfer von Unternehmen von öffentlichem Interesse sowie Netzwerkmitglieder dürfen gemäß Art. 5 Abs. 4 EU-APrVO nur dann Nichtprüfungsleistungen erbringen, wenn diese keine verbotenen Nichtprüfungsleistungen gemäß Art. 5 Abs. 1 und 2 EU-APrVO sind und vom Prüfungsausschuss nach Beurteilung der Gefährdung der Unabhängigkeit und angewendeter Schutzmaßnahmen gebilligt wurden (vgl. IDW Positionspapier zu Nichtprüfungsleistungen des Abschlussprüfers (Stand: 12.05.2017), Seite 21 ff.).

24 Abschlussprüfer von Emittenten, deren Finanzinstrumente an einem geregelten Markt, an einem multilateralen Handelssystem („MTF") oder an einem organisierten Handelssystem („OTF") gehandelt werden, sind gemäß Art. 18 Abs. 2 Verordnung (EU) Nr. 596/2014 (Marktmissbrauchsverordnung)[5] verpflichtet, eine Liste aller Personen aufzustellen, die Zugang zu Insiderinformationen haben. Anlage 1 der Durchführungsverordnung (EU) 2016/1055 der Kommission vom 29.06.2016 enthält ein verbindliches Muster zur Erstellung dieser Liste.

25 Bei **Folgeaufträgen** sollten zumindest die wesentlichen Vertragsmerkmale erneut vereinbart und aus Gründen der Klarheit eine Bezugnahme auf frühere Abreden vermieden werden. Um Wiederholungen zu vermeiden, kann auf die sonstigen Bedingungen für den Auftrag bei vorherigen Prüfungen Bezug genommen werden (vgl. *IDW PS 220*, Tz. 25).

26 Die Beauftragung des Abschlussprüfers für mehr als eine Prüfungsperiode ist nur bei freiwilligen Abschlussprüfungen zulässig und bedarf entsprechender Wahlbeschlüsse und Auftragsbestätigungen. Eine stillschweigende Verlängerung von Prüfungsaufträgen ist nicht möglich (vgl. *IDW PH 9.100.1*, Tz. 13).

1.2.2.3. Festlegung von Prüfungshandlungen

Wenn der verantwortliche Wirtschaftsprüfer die Prüfungshandlungen festlegt, sollte er folgende Eckpunkte beachten und eigenverantwortlich einschätzen, ob sie unter den gegebenen Umständen mit Blick auf das Prüfungsziel erforderlich sind:

a) Durch Einsichtnahme in die entsprechenden Protokolle ist zu überprüfen, dass die **Wahl des Abschlussprüfers** gemäß den gesetzlichen oder gesellschaftsvertraglichen Regelungen erfolgte.

---

[4] Vgl. *IDW Positionspapier zur Ausschreibung der Abschlussprüfung für Unternehmen von öffentlichem Interesse* (Stand: 30.05.2016), Tz. 41.

[5] Verordnung (EU) Nr. 596/2014 des Europäischen Parlaments und des Rates vom 16. April 2014 über Marktmissbrauch (Marktmissbrauchsverordnung) und zur Aufhebung der Richtlinie 2003/6/EG des Europäischen Parlaments und des Rates und der Richtlinien 2003/124/EG, 2003/125/EG und 2004/72/EG der Kommission, ABl. EU Nr. L 173 vom 12.06.2014, S. 1.

b) Prüfung, ob ein gültiger Auszug aus dem Berufsregister vorliegt, der die Anzeige als gesetzlicher Abschlussprüfer belegt.

c) Es ist sicherzustellen, dass ein aktuelles und vom Mandanten unterschriebenes **Auftragsbestätigungsschreiben** vorliegt. Dabei sollten die Musterauftragsbestätigungsschreiben des IDW verwendet werden.

Hinweis auf in der Praxis vorkommende Fehlerquellen, die in den Kontrollen der APAK beanstandet wurden:[6]

- *Versand des Auftragsbestätigungsschreibens erst nach Beginn der Prüfungshandlungen an den Vorsitzenden des Aufsichtsrats des zu prüfenden Unternehmens.*

1.2.3. Festlegung von Prüfungsschwerpunkten/Erweiterungen oder Ergänzungen des Prüfungsauftrags sowie Kommunikation mit dem Aufsichtsorgan

1.2.3.1. Prüfungsanforderungen

27 **Festlegungen von Prüfungsschwerpunkten** und Erweiterungen des Prüfungsauftrags durch den Auftraggeber sowie Ergänzungen über den gesetzlichen Umfang hinaus müssen im Prüfungsauftrag bzw. gesondert ausdrücklich vereinbart werden (*IDW PS 220*, Tz. 20).

> **PIE** Vereinbarte Prüfungsschwerpunkte werden bei Unternehmen von öffentlichem Interesse häufig zu im Bestätigungsvermerk darzulegenden besonders wichtigen Prüfungssachverhalten i.S.v. *IDW EPS 401* führen (vgl. Meilenstein 9).

28 Wird der Prüfungsauftrag erweitert, so ist die **Erweiterung** – im Gegensatz zu einer **Ergänzung** um einen zusätzlichen (sonstigen) Auftrag, der mit einem gesonderten Schreiben zu bestätigen ist – im Auftragsbestätigungsschreiben zur gesetzlich vorgeschriebenen Abschlussprüfung zu bezeichnen.

__Beispiel__: Der Aufsichtsrat einer GmbH erweitert den Prüfungsauftrag zur gesetzlich vorgeschriebenen Jahresabschlussprüfung um die freiwillige Prüfung des Risikofrüherkennungssystems. Für die Erweiterung greift die gesetzliche Haftungsbeschränkung, da die Prüfung des Risikofrüherkennungssystems auch bei erweiterter Beauftragung Bestandteil der Abschlussprüfung wird. Der Aufsichtsrat oder die Geschäftsführung könnte uns auch im Rahmen eines sonstigen Auftrags (also in Ergänzung des Prüfungsauftrags) mit dieser Prüfung beauftragen. In diesem Fall muss ein gesondertes Auftragsbestätigungsschreiben mit Haftungsbegrenzung erstellt werden, da für außerhalb der gesetzlich vorgeschriebenen Ab-

---

[6] Quelle: Bericht der APAK über die Ergebnisse der Inspektionen für die Jahre 2007-2010, S. 7.

schlussprüfung durchgeführte sonstige Aufträge die gesetzliche Haftungsbeschränkung nicht greift.

29 Aufgrund der unterschiedlichen Haftungslage ist sorgfältig zwischen Erweiterungen des gesetzlichen Prüfungsauftrags (Prüfungsgegenstand, Prüfungsumfang) und Ergänzungen (zusätzliche sonstige Aufträge) zu unterscheiden, indem in der Auftragsbestätigung eindeutige Begriffe verwendet werden.

30 Die **Kommunikation zwischen dem Abschlussprüfer und dem Aufsichtsorgan** während der Planungsphase dient dazu, prüfungsrelevante Informationen vom Aufsichtsorgan zu erlangen, das Aufsichtsorgan über die Verantwortung des Abschlussprüfers bei der Prüfung zu informieren und diesem einen Überblick über den geplanten Umfang und die geplante zeitliche Einteilung der Prüfung zu geben (vgl. *IDW EPS 470 n.F.*, Tz. 13). Mit dem Aufsichtsorgan sind auch Form, Zeitpunkt und erwartete vorgeschriebene Themenbereiche der Kommunikation zwischen Abschlussprüfer und dem Aufsichtsorgan zu besprechen (vgl. *IDW EPS 470 n.F.*, Tz. 25 und Tz. A41 ff.). Hierdurch erhält der Abschlussprüfer Sicherheit über die Erwartungen des Aufsichtsorgans an die Kommunikation und kann diese wirksamer erfüllen. Auch die Vereinbarung konkreter Ansprechpartner des Aufsichtsorgans und im Prüfungsteam für einzelne Kommunikationsinhalte kann die Kommunikation erleichtern. Ferner ist wichtig, seitens des Abschlussprüfers die Erwartung zu erläutern, dass die Kommunikation wechselseitig erfolgt, um die Chance zu erhöhen, von Vertretern des Aufsichtsorgans aktiv auf Sachverhalte hingewiesen zu werden, die aus deren Sicht relevant für die Prüfung sind.

31 (PIE) Bezüglich der Kommunikation zwischen dem Abschlussprüfer und dem Prüfungsausschuss eines Unternehmens von öffentlichem Interesse gelten ergänzende Anforderungen. Diese sind in der **Arbeitshilfe B-9.2.** entsprechend gekennzeichnet.

32 Die wechselseitige Kommunikation muss in angemessener Zeit erfolgen, d.h. zu geeigneten Zeitpunkten während der Planungsphase und während der Durchführungsphase der Prüfung in Abhängigkeit von der Bedeutung und Art des Sachverhalts sowie der erwarteten Reaktion vom Aufsichtsorgan (siehe Meilenstein 9, Abschn. 9.2.3.;
IDW EPS 470 n.F., Tz. 28 und A50).

33 Ein ausführlicher **Erläuterungsteil** zum Prüfungsbericht ist gesetzlich nicht vorgesehen. Sofern der Auftraggeber detaillierte – über die Berichtspflichten des § 321 HGB hinausgehende – Erläuterungen zu dem Jahresabschluss im Prüfungsbericht wünscht, sind diese erweiterte Berichterstattung und der daraus resultierende Prüfungsumfang sowie das Prüfungshonorar ausdrücklich zu vereinbaren (vgl. *IDW PH 9.100.1*, Tz. 12).

34 Die Regelungen des Kapitels A, Abschn. 4.2., sind zu beachten.

1.2.3.2. Hinweise zur Bearbeitung

35 Durch die Erörterung der bereits geplanten Prüfungshandlungen mit dem Aufsichtsorgan wird diesem die Gelegenheit gegeben, den Abschlussprüfer dabei zu unterstützen, das zu prüfende Unternehmen und dessen Umfeld besser zu verstehen und mit diesem Risikofragen, geeignete Quellen für Prüfungsnachweise und sinnvolle weitere Prüfungshandlungen zu erörtern. Die Kommunikation des **geplanten Umfangs und der geplanten zeitlichen Einteilung der Prüfung** können z.B. in einem Gespräch mit dem Aufsichtsrats- bzw. Prüfungsausschussvorsitzenden erfolgen. Gesprächspunkte können dabei sein:

- Ziele und Strategien des Unternehmens sowie die damit verbundenen Geschäftsrisiken, die wesentliche falsche Angaben in der Rechnungslegung zur Folge haben können,
- wie auf festgestellte bedeutsame Risiken zu reagieren ist,
- wie bei der Untersuchung prüfungsrelevanter interner Kontrollen vorgegangen wird,
- der Umfang, in dem die Arbeit der Internen Revision – soweit vorhanden – verwertet werden kann und das Prüfungsteam und die internen Revisoren am besten in einer konstruktiven und sich ergänzenden Weise zusammenarbeiten können,
- welche Sachverhalte bestehen, die nach Ansicht des Aufsichtsorgans besondere Aufmerksamkeit bei der Prüfung erfordern, und Gebiete, in denen das Aufsichtsorgan die Vornahme zusätzlicher Prüfungshandlungen fordert,
- welche bedeutsamen Sachverhalte ggf. mit Aufsichtsbehörden zu kommunizieren sind.

36 Der Abschlussprüfer kommuniziert mit dem Aufsichtsrat oder dem Beirat oder einem vergleichbaren Aufsichtsgremium, deren Aufgabenstellung mit der eines Aufsichtsrats vergleichbar ist. In den Fällen, in denen kein Aufsichtsrat, Beirat oder vergleichbares Aufsichtsgremium vorhanden ist, muss der Abschlussprüfer im Rahmen seines pflichtgemäßen Ermessens feststellen, mit welchen Personen oder mit welcher Personengruppe innerhalb der Überwachungsstruktur des Unternehmens zu kommunizieren ist (vgl. Meilenstein 9, Abschn. 9.2.3.2.). So kommen bei einer GmbH ohne Aufsichtsrat z.B. die Gesellschafterversammlung insgesamt oder einzelne Gesellschafter infrage. Ob und in welchem Umfang die Gesellschafter Funktionen eines Aufsichtsorgans wahrnehmen, ergibt sich im Einzelfall neben den Bestimmungen des GmbHG auch aus dem Gesellschaftsvertrag sowie der tatsächlichen Handhabung dieser Funktionen im Unternehmen. Wenn bspw. die Gesellschafter regelmäßig unterjährig Geschäftsvorfälle genehmigen, Controlling-Berichte erhalten, in strategische Entscheidungen einbezogen sind und eine Aufsicht über den Rechnungslegungsprozess ausüben, spricht dies dafür, dass die **Gesellschafterversammlung** oder ein **Gesellschafterausschuss** die Aufsichtsfunktion wahrnimmt und mit diesem in der Planungsphase zu kommunizieren ist (*IDW EPS 470 n.F.,* Tz. 18 und A3).

37 Nehmen die Gesellschafter über die gesetzlichen Pflichten hinaus keine weitere Aufsichtsfunktion wahr, kann z.B. die **Geschäftsführung** insgesamt Aufsichtsgremium sein. In klei-

nen Unternehmen, in denen ein **Allein- oder Mehrheitsgesellschafter** die Geschäfte führt und niemand anderes eine (faktische) Überwachungsfunktion ausübt, genügt es bezüglich der Kommunikation in der Planungsphase im Allgemeinen, mit diesem zu sprechen (*IDW EPS 470 n.F.*, Tz. 18 und A3).

38 Gegebenenfalls kann es insb. zur Vermeidung von Konflikten mit der Verschwiegenheitspflicht sinnvoll sein, dass der Abschlussprüfer mit dem Auftraggeber die relevanten Personen, mit denen nach *IDW EPS 470 n.F.* zu kommunizieren ist, vereinbart und dies bspw. im **Auftragsbestätigungsschreiben** (siehe **Arbeitshilfe A-4.2.3.(1)** für Non-PIE sowie **A-4.2.3.1.-PIE** für PIE) dokumentiert (*IDW EPS 470 n.F.*, Tz. A3).

1.2.3.3. Festlegung von Prüfungshandlungen

Wenn der verantwortliche Wirtschaftsprüfer die Prüfungshandlungen festlegt, sollte er folgende Eckpunkte beachten und eigenverantwortlich einschätzen, ob sie unter den gegebenen Umständen mit Blick auf das Prüfungsziel erforderlich sind:

a) Es ist darauf zu achten, dass für **Ergänzungen** des Auftragsumfangs gemäß § 317 HGB eine ausdrückliche Beauftragung vorliegt und diese mit dem Mandanten besprochen ist.

b) Auf mit dem Aufsichtsrat/der Geschäftsleitung vereinbarte **Festlegungen von Prüfungsschwerpunkten** und **Erweiterungen** des Prüfungsauftrags ist im Auftragsbestätigungsschreiben gesondert einzugehen.

c) Sofern nicht offenkundig (z.B. bei einem gesetzlich vorgeschriebenen Aufsichtsrat) ist festzulegen, welche Personen/Organe eine Aufsichtsfunktion über den Rechnungslegungsprozess wahrnehmen mit welchen zu kommunizieren ist.

d) Mit dem **Aufsichtsorgan** sind Form, Zeitpunkt und erwarteter Inhalt der Kommunikation zu besprechen; das Aufsichtsorgan ist über die Pflichten bei der Abschlussprüfung sowie über den geplanten Umfang und die geplante zeitliche Einteilung der Prüfung zu informieren (vgl. zur Kommunikation insgesamt **Arbeitshilfe B-9.2.**).

1.2.4. Benennung der zuständigen Personen/Überprüfung auf Notwendigkeit der Rotation

1.2.4.1. Prüfungsanforderungen

39 Auf der Grundlage der vorgesehenen Prüfungs- und Berichtstermine, des erwarteten Stundenvolumens, der benötigten Kenntnisse der Mitarbeiter sowie ggf. der Erfahrungen aus der Vorjahresprüfung ist der **Personalbedarf zu ermitteln**. Es ist sicherzustellen, dass nur solche Mitarbeiter dem Auftrag zugeordnet werden, die über die erforderlichen Fähigkeiten verfügen, um die ihnen zugewiesenen Aufgaben in Übereinstimmung mit den gesetzlichen und

berufsständischen Anforderungen durchführen zu können (vgl. *IDW QS 1*, Tz. 115). Dazu gehören u.a. der Ausbildungsstand und praktische Erfahrung mit vergleichbaren Aufträgen, Kenntnis der einschlägigen gesetzlichen und berufsständischen Grundlagen sowie branchenspezifische Kenntnisse. Gegebenenfalls sind **Spezialisten** hinzuzuziehen (z.B. IT-Prüfer).

40 Bei Abschlussprüfungen nach § 316 HGB sind dem Mandanten neben dem (vorrangig) auftragsverantwortlichen Wirtschaftsprüfer auch andere **verantwortliche Prüfungspartner** – soweit vorhanden – mitzuteilen (vgl. § 57 Nr. 1 BS WP/vBP). Die verantwortlichen Prüfungspartner und deren Funktion sind in den Arbeitspapieren zu dokumentieren und es ist festzuhalten, dass diese nach der WPO zugelassen, d.h. als Wirtschaftsprüfer bestellt und registriert sind (§ 51b Abs. 5 Satz 3 WPO).

41 Bereits zu Beginn der Prüfung, spätestens nach Abschluss der vorläufigen Risikobeurteilungen, muss der verantwortliche Wirtschaftsprüfer bestimmen, ob eine **Berichtskritik** (§ 48 Abs. 2 BS WP/vBP) oder eine **auftragsbegleitende Qualitätssicherung** (Artikel 8 EU-APrVO, § 48 Abs. 1 und 3 f. BS WP/vBP) erforderlich ist und die Praxisleitung bzw. den Disponenten davon unterrichten, damit diese eine Person hierfür einplanen können (vgl. Kapitel A, Abschn. 4.6.7.).

42 (PIE) Die Verpflichtung zur **internen Rotation** (Artikel 17 Abs. 7 Unterabs. 1 EU-APrVO), wonach die verantwortlichen Prüfungspartner die Durchführung der Abschlussprüfung eines Unternehmens spätestens sieben Jahre nach dem Datum ihrer Bestellung beenden müssen, gilt für alle gesetzlichen Abschlussprüfungen von Unternehmen von öffentlichem Interesse.[7] Frühestens drei Jahre nach der Beendigung dürfen sie wieder an der Abschlussprüfung dieses Unternehmens mitwirken. Durch die Anordnung der entsprechenden Anwendung für den Konzernabschluss in § 319a Abs. 2 HGB ist klar geregelt, dass sich bei **gleichzeitiger Prüfung von Jahres- und Konzernabschluss** die Frage einer Mehrfachzählung nicht stellt. Jahres- und Konzernabschluss dürfen jeweils siebenmal unterzeichnet werden.[8]

43 (PIE) Darüber hinaus sieht Artikel 17 Abs. 7 Unterabs. 3 EU-APrVO ein „angemessenes **graduelles Rotationssystem** für das an der Abschlussprüfung beteiligte Führungspersonal" vor. Neben den verantwortlichen Prüfungspartnern sind unsere Rotationsregeln auch auf andere an der Abschlussprüfung des Unternehmens von öffentlichem Interesse beteiligten Wirtschaftsprüfer anzuwenden, sofern diese bei der Abschlussprüfung eine Leitungsfunktion einnehmen. Anders als die verantwortlichen Prüfungspartner, die aufgrund der gesetzlichen Vorgabe nach spätestens sieben Jahren rotieren müssen, beenden die weiteren Führungspersonen nach spätestens [ist praxisindividuell festzulegen] Jahren die Mitwirkung an der Abschlussprüfung.

---

[7] Zur Definition vgl. Kapitel A, Abschn. A-4.1.1., Tz. 6.

1.2.4.2. Hinweise zur Bearbeitung

44 Bei der personellen Planung der Qualitätssicherung sind folgende **Skalierungsaspekte** von Bedeutung:

- Von der Durchführung der **Berichtskritik** kann abgesehen werden, wenn diese nach pflichtgemäßer Beurteilung des Prüfers nicht erforderlich ist. Zu den Voraussetzungen s. Kapitel A, Abschn. 4.6.7. (C1). (§ 48 Abs. 1 BS WP/vBP)
- Eine **auftragsbegleitende Qualitätssicherung** ist lediglich für alle gesetzlich vorgeschriebenen Abschlussprüfungen von Unternehmen des öffentlichen Interesses verpflichtend durchzuführen. Für alle anderen gesetzlich vorgeschriebenen Abschlussprüfungen richtet sich die Frage, ob eine auftragsbegleitende Qualitätssicherung durchzuführen ist, nach den Regelungen der WP-Praxis. Zu den diesbezüglich relevanten Kriterien s. Kapitel A, Abschn. 4.6.7 (C2). Es kann sein, dass keiner der Prüfungsaufträge die Kriterien für eine solche Qualitätssicherung erfüllt.

1.2.4.3. Festlegung von Prüfungshandlungen

Wenn der verantwortliche Wirtschaftsprüfer die Prüfungshandlungen festlegt, sollte er folgende Eckpunkte beachten und eigenverantwortlich einschätzen, ob sie unter den gegebenen Umständen mit Blick auf das Prüfungsziel erforderlich sind:

a) Bestimmung und Dokumentation der für die Auftragsabwicklung und ggf. die Berichtskritik benötigten Personen in der **Arbeitshilfe B-1.2.: Auftragsstammblatt**. Zur Information des Disponenten kann die **Arbeitshilfe A-4.4.(1): Bedarfsmeldung Einzelauftrag/Auftragsgruppe** verwendet werden.

b) Bestimmung der **verantwortlichen Prüfungspartner** und Benennung gegenüber dem Mandanten.

c) Benennung eines auftragsbegleitenden Qualitätssicherers durch die Praxisleitung, falls es sich bei dem zu prüfenden Abschluss um eine gesetzlich vorgeschriebene Abschlussprüfung eines Unternehmens von öffentlichem Interesse handelt oder falls aus anderen Gründen eine auftragsbegleitende Qualitätssicherung für erforderlich gehalten wird (vgl. Ergebnis der Beurteilung der Auftragsrisiken).

d) Überprüfung der Notwendigkeit einer internen **Rotation** der verantwortlichen Prüfungspartner sowie ggf. des anderen beteiligten Führungspersonals.

---

[8] S. Begründung Beschlussempfehlung und Bericht Rechtsausschuss zum BilMoG, BT-Drucks. 16/12407, S. 91

1.2.5. Prüfungsvorbereitung

1.2.5.1. Prüfungsanforderungen

45 Eine Auftragsdatei gemäß § 51c WPO ist für gesetzliche Abschlussprüfungen nach § 316 HGB spätestens mit Annahme des Prüfungsauftrags anzulegen (vgl. § 45 BS WP/vBP).

46 Mit dem Mandanten erfolgt eine **Abstimmung der Prüfungs- und Berichtstermine** (vgl. *IDW PS 240*, Tz. 7 und Tz. 9). Zur Herstellung der Prüfungsbereitschaft ist die **Bereitstellung** der angeforderten **Unterlagen** durch den Mandanten unabdingbare Voraussetzung für eine zeitgerechte Abwicklung des Prüfungsauftrags.

47 Die **Dauerakte** stellt eine systematische Sammlung derjenigen Unterlagen dar, die über einen Zeitraum von mehreren Jahren Bedeutung haben. Sie dient der schnellen Information des Abschlussprüfers über wesentliche Grundlagen des zu prüfenden Unternehmens. Die Dauerakte ist laufend zu ergänzen und auf dem neuesten Stand zu halten (*IDW PS 460 n.F.*, Tz. 25). Teil der Dauerakte für gesetzliche Abschlussprüfungen sollte auch ein Auszug aus der nach § 51c WPO für jeden gesetzlichen Abschlussprüfungsmandanten nach § 316 HGB zu führenden **Auftragsdatei (Arbeitshilfe A-4.7.(3))** sein.

48 Lassen Sie sich vom Unternehmen die für die Prüfung des Abschlusses und des Lageberichts relevanten Informationen und **vorzubereitenden Unterlagen** zu Beginn der Prüfung geben.

1.2.5.2. Hinweise zur Bearbeitung

49 Das Unternehmen ist prüfbereit, wenn alle personellen und sachlichen Voraussetzungen dafür geschaffen sind, dass die Prüfung ohne vermeidbare Verzögerungen durchgeführt werden kann.

1.2.5.3. Festlegung von Prüfungshandlungen

Wenn der verantwortliche Wirtschaftsprüfer die Prüfungshandlungen festlegt, sollte er folgende Eckpunkte beachten und eigenverantwortlich einschätzen, ob sie unter den gegebenen Umständen mit Blick auf das Prüfungsziel erforderlich sind:

a) *Wird der Auftrag angenommen bzw. fortgeführt, ist für den Mandanten/Auftrag ein Mandanten- bzw. Auftragsstammblatt (vgl.* **Formblätter B-1.1.: Mandantenstammblatt** *und* **B-1.2.: Auftragsstammblatt**) *anzulegen, in dem die wichtigsten Informationen und Daten über den Auftrag und den Mandanten (z.B. Auftragsnummer, Name, Adresse, Auftragsart, Betriebsangaben, An-*

Kapitel B: Risikoorientiertes Prüfungsvorgehen
Meilenstein 1: Auftrags- bzw. Mandatsmanagement

sprechpartner, verantwortliche Prüfungspartner) zusammengefasst sind.

b) Eine Kopie des Auftragsstammblatts ist zu den Arbeitspapieren zu nehmen und das Original anschließend zur zentralen Erfassung weiterzuleiten.

c) Anlage bzw. Aktualisierung der **Dauerakte (Arbeitshilfe B-1.7.)**. Das Mandantenstammblatt ist ebenfalls zur Dauerakte zu nehmen. Auch ein Auszug aus der Auftragsdatei sollte zur Dauerakte genommen werden.

d) Vorbereitung der Abschlussprüfung durch das zu prüfende Unternehmen. Um sowohl dem Mandanten als auch dem Prüfer vor Ort eine Hilfestellung hinsichtlich der vorzubereitenden Unterlagen zu geben, kann sich die Verwendung der **Aufstellung: Bereitstellung von Unterlagen für die Jahresabschlussprüfung (Arbeitshilfe B-1.8.)** als nützlich erweisen. Diese Aufstellung muss den Verhältnissen des Einzelfalls Rechnung tragen.

1.3. Arbeitshilfen

Muster – Auftragsbestätigungsschreiben (siehe unter Kapital A, Abschn. 4.2.)

A-4.1.1.(3):	Unabhängigkeitserklärung des Abschlussprüfers gegenüber dem Aufsichtsorgan
A-4.2.(1):	Übernahme und Fortführung eines Auftrags
A-4.2.2.(1):	Übersicht zu den Unabhängigkeitsvorschriften
A-4.2.2.(2):	Besondere Unabhängigkeitsanforderungen bei PIE-Abschlussprüfungen
A-4.2.3.(1):	Abschlussprüfung Non-PIE
A-4.2.3.(1)-PIE:	Abschlussprüfung PIE
A-4.2.3.(1)-E:	Engagement Acceptance Letter – Audit
A-4.2.3.(2):	Steuerberatung
A-4.2.3.(3):	Jahresabschlusserstellung
A-4.2.3.(4):	Prüferische Durchsicht von Abschlüssen
A-4.2.3.(4)-E:	Engagement Acceptance Letter – Review
A-4.2.3.(5):	Externe Qualitätskontrollen
A.4.2.3.(6):	Prüfungen nach IDW PS 480
A-4.2.3.(7):	Prüfungen nach IDW PS 490
A-4.2.3.(8):	Prüfung von Compliance Management Systemen
A-4.2.3.(9):	Prüfung des Risikomanagementsystems
A-4.2.3.(10):	Prüfung des IKS der Unternehmensberichterstattung
A-4.2.3.(11):	Prüfung des Internen Revisionssystems
A-4.7.(3):	Auftragsdatei
B-1.1.:	Mandantenstammblatt
B-1.2.:	Auftragsstammblatt
B-1.3.:	Korrekturvorschlagsliste inkl. Berichtigungen und Aufstellung nicht korrigierter Prüfungsdifferenzen

B-1.4.: Prüffeld-Deckblatt
B-1.5.: Arbeitspapierindex
B-1.6.: Berichtsbegleitbogen
B-1.7.: Dauerakte
B-1.8.: Bereitstellung von Unterlagen für die Jahresabschlussprüfung
B-9.2.: Kommunikation zwischen Abschlussprüfer und Aufsichtsorgan des geprüften Unternehmens

1.4. IDW Prüfungsstandards/ISA

National	International
- IDW Prüfungsstandard: Beauftragung des Abschlussprüfers (IDW PS 220)	- ISA 210: Agreeing the Terms of Audit Engagements
- Entwurf eines IDW Prüfungsstandards: Mitteilung besonders wichtiger Prüfungssachverhalte (IDW EPS 401)	- ISA 701: Communicating Key Audit Matters in the Independent Auditor's Report
- IDW Prüfungsstandard: Arbeitspapiere des Abschlussprüfers (IDW PS 460 n.F.)	- ISA 230: Audit Documentation
- Entwurf einer Neufassung des IDW Prüfungsstandards: Grundsätze für die Kommunikation mit den für die Überwachung Verantwortlichen (IDW EPS 470 n.F.)	- ISA 260 (revised): Communication with Those Charged with Governance
- IDW Prüfungshinweis: Besonderheiten der Abschlussprüfung kleiner und mittelgroßer Unternehmen (IDW PH 9.100.1)	
- IDW Qualitätssicherungsstandard: Anforderungen an die Qualitätssicherung in der Wirtschaftsprüferpraxis (IDW QS 1)	- ISQC 1: Quality Control for Firms that Perform Audits and Reviews of Financial Statements and Other Assurance and Related Services Engagements
	- ISA 220: Quality Control for an Audit of Financial Statements

M2

IDW Praxishandbuch zur Qualitätssicherung 2017/2018

Kapitel B: Risikoorientiertes Prüfungsvorgehen
Meilenstein 2:　Informationsbeschaffung und vorläufige Risikoeinschätzung

Meilenstein 2: Informationsbeschaffung und vorläufige Risikoeinschätzung

2.1. Ziele 169
2.2. Aktivitäten 170
    2.2.1. Besprechung(en) mit der Unternehmensleitung 170
    2.2.2. Gewinnung eines Verständnisses von dem Unternehmen sowie von dessen rechtlichem und wirtschaftlichem Umfeld 172
    2.2.3. Durchführung vorbereitender analytischer Prüfungshandlungen 179
    2.2.4. Identifikation von Fehlerrisiken im Zusammenhang mit nahe stehenden Personen 183
    2.2.5. Vorläufige Beurteilung der Fähigkeit zur Unternehmensfortführung 191
    2.2.6. Beurteilung des Risikos von Unrichtigkeiten und Verstößen 198
    2.2.7. Beurteilung der Angemessenheit von Zeit- und Schätzwerten 205
    2.2.8. Vorläufige Beurteilung von Konsultationen und Zusammenarbeit mit Sachverständigen 209
    2.2.9. Vorläufige Prüfung der Rechtsstreitigkeiten des Mandanten 212
    2.2.10. Berücksichtigung von Auslagerungen rechnungslegungsrelevanter Bereiche auf Dienstleistungsunternehmen 213
2.3. Arbeitshilfen 216
2.4. IDW Prüfungsstandards/IDW Rechnungslegungsstandards/ISA 216

2.1. Ziele

1   Der Abschlussprüfer muss sich einen möglichst umfassenden Überblick über das zu prüfende Unternehmen und die prüfungsrelevanten Bereiche verschaffen. Die im **Informationsbeschaffungs- und -analyseprozess** heranzuziehenden Informationen, durch die sich der Abschlussprüfer mit den grundlegenden Verhältnissen des Unternehmens vertraut macht, umfassen allgemeine Informationen über (siehe auch Tz. 11):

- die Geschäftstätigkeit,
- das wirtschaftliche und rechtliche Umfeld des Mandanten,
- das rechnungslegungsbezogene interne Kontrollsystem einschließlich des rechnungslegungsbezogenen Informationssystems sowie
- die im Unternehmen anzuwendenden Rechnungslegungsgrundsätze.

2   Der Abschlussprüfer hat diese Informationen in zweifacher Hinsicht zu nutzen: Einerseits sind diese dahin gehend zu beurteilen, inwieweit sie sich auf Jahresabschluss und Lagebericht auswirken, andererseits ist zu fragen, ob der Jahresabschluss und der Lagebericht mit diesen Erkenntnissen in Einklang stehen (vgl. *IDW Prüfungsstandard: Kenntnisse über die Geschäftstätigkeit sowie das wirtschaftliche und rechtliche Umfeld des zu prüfenden Unternehmens im Rahmen der Abschlussprüfung (IDW PS 230, Tz. 8))*.

3   Das im Rahmen des Informationsbeschaffungsprozesses gewonnene Verständnis über die Geschäftstätigkeit des Mandanten bildet die Grundlage für die **Risikobeurteilung** und die

Identifikation möglicher Problemfelder, eine wirksame und sachgerechte Prüfungsplanung und -durchführung, die Würdigung von Prüfungsnachweisen sowie eine bessere Dienstleistung gegenüber dem Mandanten (vgl. *IDW PS 230*, Tz. 6).

2.2. Aktivitäten

2.2.1. Besprechung(en) mit der Unternehmensleitung

2.2.1.1. Prüfungsanforderungen

4   Der Abschlussprüfer hat Prüfungshandlungen durchzuführen, um die Risiken wesentlicher falscher Angaben in der Rechnungslegung (**Fehlerrisiken**) festzustellen. Die Feststellung der Fehlerrisiken erfolgt im Rahmen der Gewinnung eines Verständnisses über das zu prüfende Unternehmen und dessen Umfeld. Dies umfasst auch ein ausreichendes Verständnis des prüfungsrelevanten internen Kontrollsystems (vgl. *IDW Prüfungsstandard: Feststellung und Beurteilung von Fehlerrisiken und Reaktionen des Abschlussprüfers auf die beurteilten Fehlerrisiken (IDW PS 261 n.F.*, Tz. 10 ff.) sowie des für Rechnungslegungszwecke eingesetzten IT-Systems (vgl. *IDW Prüfungsstandard: Abschlussprüfung bei Einsatz von Informationstechnologie (IDW PS 330*, Tz. 48)), vgl. Meilenstein 4.

5   Für Zwecke der Risikoidentifikation und -beurteilung ist eine Kombination von Prüfungshandlungen erforderlich. Diese müssen Folgendes umfassen (*IDW PS 261 n.F.*, Tz. 16):

- Befragungen des Managements und weiterer geeigneter Ansprechpartner innerhalb des Unternehmens (z.B. Mitarbeiter der internen Revision oder der Rechtsabteilung)
- Analytische Prüfungshandlungen
- Beobachtungen und Inaugenschein-/Einsichtnahme.

2.2.1.2. Hinweise zur Bearbeitung

6   Für die Planung des risikoorientierten Prüfungsvorgehens ist es notwendig, bereits zu Prüfungsbeginn von der Geschäftsleitung sowie von weiteren Mitarbeitern des Mandanten, die möglicherweise über relevante Kenntnisse verfügen, Informationen, z.B. über die Geschäftstätigkeit, deren Risikoeinschätzung sowie das Steuerungs- und Überwachungssystem zu erhalten.

7   Aspekte der Besprechung mit der Unternehmensleitung können z.B. sein:

- Ziele und Strategien des Unternehmens sowie damit verbundene Geschäftsrisiken (vgl. Abschn. 2.2.2.)
- Identifikation wichtiger Unternehmensbereiche (vgl. Abschn. 2.2.2.)
- Identifikation rechnungslegungsrelevanter Prozesse (vgl. Abschn. 2.2.2.)

- Bilanzierungs- und Bewertungsmethoden (vgl. Abschn. 2.2.2. und 2.2.7.)
- Identifikation nahe stehender Personen (vgl. Abschn. 2.2.4.)
- Erfolgskennzahlen und Erfolgsmessung (Budgetierung, Abweichungsanalysen, internes Berichtswesen)
- Einschätzung der gesetzlichen Vertreter über die Unternehmensfortführung (vgl. Abschn. 2.2.5.)
- Einschätzung des Risikos, dass der Abschluss wesentliche falsche Angaben aufgrund von Fraud enthält (vgl. Abschn. 2.2.6.)
- Interne Kontrollen zur Erkennung und zum Umgang mit Risiken von Verstößen (vgl. Abschn. 2.2.6.)
- Wesentliche Rechtsstreitigkeiten (vgl. Abschn. 2.2.9.)
- Auslagerung wesentlicher Dienstleistungen (vgl. Abschn. 2.2.10.)

8   Die Erlangung der erforderlichen Kenntnisse ist ein fortlaufender Prozess, der die Einholung der notwendigen Informationen und die Würdigung der eingeholten Prüfungsnachweise vor dem Hintergrund dieser Informationen in allen Phasen der Prüfung umfasst (vgl. *IDW PS 230*, Tz. 11).

9   Die Prüfung des Lageberichts ist in weiten Teilen in die Prüfung des Abschlusses integriert. Deshalb wird der Abschlussprüfer das bei der Prüfung des Abschlusses erlangte Verständnis von dem Unternehmen sowie dessen rechtlichem und wirtschaftlichem Umfeld bei der Prüfung des Lageberichts zugrunde legen (vgl. *IDW EPS 350 n.F.*, Tz. 32). Die erlangten Prüfungsnachweise zu den jeweiligen Prüffeldern und Angaben im Jahresabschluss sind für die Prüfung der Angaben im Lagebericht zu nutzen.

10 Bei **Folgeprüfungen** können die in den Arbeitspapieren sowie ggf. im Prüfungsbericht zum Vorjahr dokumentierten Kenntnisse zugrunde gelegt werden, diese müssen jedoch auf den neuesten Stand gebracht werden (vgl. *IDW PS 230*, Tz. 12).

2.2.1.3. Festlegung von Prüfungshandlungen

Wenn der verantwortliche Wirtschaftsprüfer die Prüfungshandlungen festlegt, sollte er folgende Eckpunkte beachten und eigenverantwortlich einschätzen, ob sie unter den gegebenen Umständen mit Blick auf das Prüfungsziel erforderlich sind:

a) Mit den relevanten Mitarbeitern des Unternehmens auf als geeignet eingestuften Hierarchieebenen und der Geschäftsleitung sind zu Beginn und während der Prüfung **Gespräche zur Informationssammlung** zu führen.

b) Folgende Punkte sollten hierbei beachtet werden:
   - Abstimmung der Termine mit dem Mandanten

> - Vorbereitung der Gespräche (ggf. Fragenkatalog, Interviewleitfaden). Zur Anleitung weniger erfahrener Teammitglieder kann der **Leitfaden zur Durchführung von Befragungen (Arbeitshilfe B-2.8.)** verwendet werden.
> - Dokumentation der wesentlichen Ergebnisse der Gespräche in den Arbeitspapieren
> - Nachbereitung der Gespräche und Festhalten der Schlussfolgerungen für das weitere Prüfungsvorgehen
> - Sicherstellung, dass prüfungsrelevante Ergebnisse und Beurteilungen dieser Gespräche in die **Arbeitshilfen B-5.0.: Zusammenfassung der Fehlerrisiken und Prüfungsstrategie** sowie **B-5.1.: Zusammenfassende Risikobeurteilungen/Prüfungsstrategie und Beurteilung der erreichten Prüfungssicherheit** je Prüffeld (vgl. Meilenstein 5) aufgenommen werden.

2.2.2. Gewinnung eines Verständnisses von dem Unternehmen sowie von dessen rechtlichem und wirtschaftlichem Umfeld

2.2.2.1. Prüfungsanforderungen

11 Um mit hinreichender Sicherheit beurteilen zu können, dass der Abschluss keine wesentlichen falschen Angaben enthält, führt der Abschlussprüfer im Rahmen eines risikoorientierten Prüfungsansatzes eigenverantwortlich mit berufsüblicher Sorgfalt **Prüfungshandlungen zur Risikobeurteilung** (einschließlich der Aufbauprüfung), Funktionsprüfungen und aussagebezogene Prüfungshandlungen durch (vgl. *IDW PS 210*, Tz. 14). Die Risikoeinschätzung ist den während der Prüfung gewonnenen Erkenntnissen laufend anzupassen (vgl. *IDW PS 210*, Tz. 22).

12 Um **Fehlerrisiken auf Unternehmensebene** festzustellen, muss sich der Prüfer bei der Gewinnung eines Verständnisses von der Geschäftstätigkeit, des wirtschaftlichen und rechtlichen Umfelds sowie der wesentlichen Unternehmensbereiche und Geschäftsprozesse des Mandanten mindestens mit folgenden Aspekten befassen (vgl. *IDW PS 261 n.F.*, Tz. 13 ff.):[1]

- Unternehmensumfeld
  - Besonderheiten der Branche
  - rechtliche Rahmenbedingungen
  - anzuwendende Rechnungslegungsgrundsätze
- Merkmale des Unternehmens
  - Rechtsform
  - Geschäftstätigkeit und Geschäftsentwicklung
  - Eigentümerstruktur

---

[1] Vgl. im Einzelnen *IDW Prüfungsstandard: Kenntnisse über die Geschäftstätigkeit sowie das wirtschaftliche und rechtliche Umfeld des zu prüfenden Unternehmens im Rahmen der Abschlussprüfung (IDW PS 230)*.

- Geschäftsführung
- Aufsichtsorgane
- Beteiligungsstruktur
- Finanzierung
- Angewandte Bilanzierungs- und Bewertungsmethoden
- Ziele und Strategien des Unternehmens
  - Unternehmensziele
  - sowie damit verbundene Geschäftsrisiken, die wesentliche falsche Angaben im Abschluss auslösen können (nicht sämtlicher Geschäftsrisiken!)[2]
- Erfolgskennzahlen und Erfolgsmessung (z.B. Budgetierung, Abweichungsanalysen, internes Berichtswesen)
- das rechnungslegungsbezogene interne Kontrollsystem einschließlich des rechnungslegungsbezogenen Informationssystems (vgl. Meilenstein 4).

Die folgende Abbildung fasst die o.g. Aspekte zusammen. Ferner beschreibt sie mögliche Formen von Prüfungshandlungen zur Risikobeurteilung:

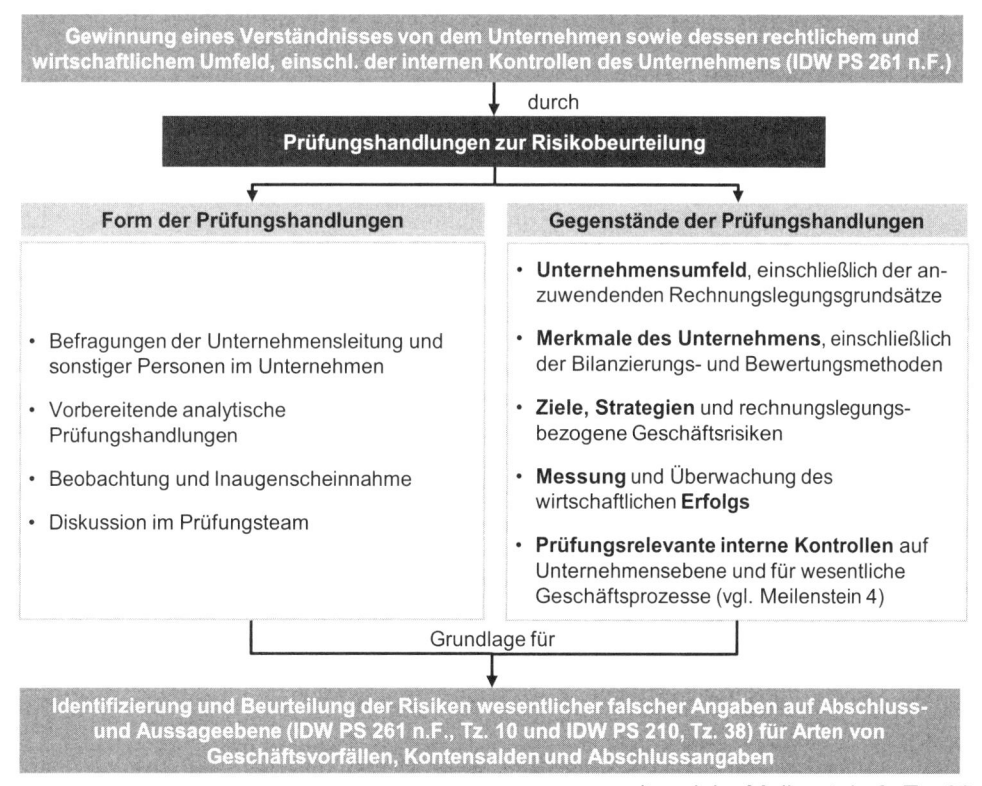

Gewinnung eines Verständnisses von dem Unternehmen sowie dessen rechtlichem und wirtschaftlichem Umfeld, einschl. der internen Kontrollen des Unternehmens (IDW PS 261 n.F.)

↓ durch

Prüfungshandlungen zur Risikobeurteilung

Form der Prüfungshandlungen
- Befragungen der Unternehmensleitung und sonstiger Personen im Unternehmen
- Vorbereitende analytische Prüfungshandlungen
- Beobachtung und Inaugenscheinnahme
- Diskussion im Prüfungsteam

Gegenstände der Prüfungshandlungen
- **Unternehmensumfeld**, einschließlich der anzuwendenden Rechnungslegungsgrundsätze
- **Merkmale des Unternehmens**, einschließlich der Bilanzierungs- und Bewertungsmethoden
- **Ziele, Strategien** und rechnungslegungsbezogene Geschäftsrisiken
- **Messung** und Überwachung des wirtschaftlichen **Erfolgs**
- **Prüfungsrelevante interne Kontrollen** auf Unternehmensebene und für wesentliche Geschäftsprozesse (vgl. Meilenstein 4)

Grundlage für ↓

Identifizierung und Beurteilung der Risiken wesentlicher falscher Angaben auf Abschluss- und Aussageebene (IDW PS 261 n.F., Tz. 10 und IDW PS 210, Tz. 38) für Arten von Geschäftsvorfällen, Kontensalden und Abschlussangaben

weiter siehe Meilenstein 3, Tz. 33

13 Berücksichtigen Sie – soweit möglich – die Ergebnisse der Beurteilung der Risiken wesentlicher falscher Angaben im Abschluss auch, um eine Grundlage für die Identifizierung und

---

[2] Zu dem Begriff „Geschäftsrisiko" und dessen Abgrenzung zu „Fehlerrisiken" vgl. *IDW Fragen und Antworten: Zur Risikoidentifikation und -beurteilung nach ISA 315 bzw. IDW PS 261 n.F. (IDW F& A zu ISA 315 bzw. IDW PS 261 n.F.)*, Abschn. 4.2.

Beurteilung von Risiken wesentlicher falscher Angaben im **Lagebericht** zu schaffen. Ggf. sind weitere Prüfungshandlungen zur Identifizierung und Beurteilung von Risiken wesentlicher falscher Angaben auf Lageberichtsebene insgesamt und auf Aussageebene durchzuführen (vgl. *IDW EPS 350 n.F.*, Tz. 28 ff.).

14 Wenn Informationen über die Geschäftstätigkeit und das wirtschaftliche und rechtliche Umfeld des Unternehmens, die in früheren Perioden ermittelt wurden, der Prüfung zugrunde gelegt werden sollen, muss festgestellt werden, ob zwischenzeitlich Änderungen eingetreten sind, welche die Relevanz dieser Informationen beeinflussen können (vgl. *IDW PS 230*, Tz. 12, *IDW EPS 350 n.F.*, Tz. 31).

2.2.2.2. Hinweise zur Bearbeitung

15 Berücksichtigen Sie z.B. folgende **Skalierungsaspekte** im Rahmen der Gewinnung des Unternehmensverständnisses:

- Erleichterte Gewinnung eines Verständnisses vom Mandanten und dessen Umfeld bei mehrjähriger Mandantenbeziehung, z.B. ist eine unterjährige Informationsbeschaffung möglich und Vorjahreskenntnisse können fortgeschrieben werden.
- Der Umfang des zu gewinnenden Verständnisses wird von der Zielsetzung des Abschlussprüfers beeinflusst, eine angemessene Grundlage für die Risikobeurteilung und die Planung von Reaktionen auf die beurteilten Risiken zu erlangen. (ISA 315.A3)
- Kleinere Unternehmen steuern und überwachen ihre Ziele und Strategien bzw. die Geschäftsrisiken oft nicht mittels formalisierter Unternehmensplanungen oder Prozesse. Häufig wird es in diesen Unternehmen keine Dokumentation derartiger Sachverhalte geben. Die Verschaffung dieser Kenntnisse erfolgt dann im Allgemeinen durch Befragungen der Unternehmensleitung und Beobachtungen, wie das Unternehmen mit den Geschäftsrisiken umgeht (*IDW PH 9.100.1*, Tz. 29).
- Es ist nicht notwendig, das erlangte Verständnis in seiner Gänze zu dokumentieren, wenn die zentralen Aspekte (*IDW PS 261 n.F.*, Tz. 86), auf die der Abschlussprüfer seine Risikobeurteilung stützt, festgehalten werden (*IDW PH 9.100.1*, Tz. 81).

16 Informationen über das Unternehmen und sein Umfeld können sowohl aus internen als auch aus externen **Quellen** stammen. Insbesondere das Verständnis über die Geschäftstätigkeit sowie das wirtschaftliche und rechtliche Umfeld kleiner und mittelgroßer Unternehmen kann aus internen Quellen, z.B. aus Gesprächen mit der Unternehmensleitung und mit sonstigen Personen im Unternehmen, der Durchsicht von Protokollen, Veröffentlichungen und wesentlicher (neuer) Verträge sowie aus früheren Erfahrungen und Kenntnissen gewonnen werden (vgl. *IDW PH 9.100.1*, Tz. 18). Die internen Informationen können dann auf ihre Übereinstimmung mit den aus externen Quellen stammenden Informationen untersucht werden, z.B. mit Daten von Branchenverbänden und Daten zur allgemeinen Wirtschaftslage, die häu-

fig im Internet erhältlich sind. Die folgende **Übersicht** beschreibt beispielhaft mögliche Informationsquellen:

	Interne Quellen	Externe Quellen
Finanzinformationen	Jahres-/Konzernabschluss Budgets/Planungsrechnungen Interne Berichte Leistungskennzahlen Steuererstattungen Verwendete Rechnungslegungsmethoden Schätzungen des Managements	Informationen aus dem Internet Informationen von Unternehmen gleicher Größe und mit vergleichbarer Geschäftstätigkeit (Peers) Brancheninformationen Wettbewerbsanalysen Ratingagenturen Informationen von Gläubigern Aufsichtsbehörden Medien und sonstige externe Stellen
Nichtfinanzinformationen	Visionen, Werte, Ziele und Strategien des Unternehmens Organisationsstruktur Stellenbeschreibungen Mitarbeiterunterlagen Leistungsindikatoren Richtlinien und Handbücher	Informationen aus dem Internet Daten von Wirtschaftsverbänden Branchenprognosen Aufsichtsbehörden Medienbeiträge

© 2011, 2017 International Federation of Accountants (IFAC). Alle Rechte vorbehalten.

17 Die Informationsgewinnung über das Unternehmen sowie dessen wirtschaftliches und rechtliches Umfeld ist den Risikobeurteilungen des Abschlussprüfers nicht vorgelagert, sondern erstreckt sich vielmehr als kontinuierlicher Prozess über die gesamte Abschlussprüfung (*IDW PS 230*, Tz. 11). Die vom Abschlussprüfer eingesetzten Verfahren zur allgemeinen Informationsgewinnung sind „**Prüfungshandlungen zur Risikobeurteilung**" und führen daher zu **Prüfungsnachweisen**.

18 Das Verständnis über die Geschäftstätigkeit sowie das wirtschaftliche und rechtliche Umfeld des Unternehmens bilden den Bezugsrahmen für eine pflichtgemäße Ermessensausübung des Abschlussprüfers im Verlauf der gesamten Abschlussprüfung. Dies gilt bspw. für (*IDW PS 230*, Tz. 7):

- die Prüfungsplanung
- die Einschätzung von Fehlerrisiken
- die Bestimmung von Prüfungsgebieten, die besondere Aufmerksamkeit oder Fähigkeiten erfordern
- die Festlegung der Wesentlichkeit und die Beurteilung ihrer Angemessenheit im Verlauf der Prüfung

- die Würdigung von Unternehmensrisiken, die wesentlichen Einfluss auf die Rechnungslegung haben können, und der diesbezüglichen Reaktionen der gesetzlichen Vertreter
- die Beurteilung der Aussagekraft von Prüfungsnachweisen und hierauf aufbauend auch der Aussagen der gesetzlichen Vertreter in Jahresabschluss und Lagebericht
- die Würdigung von Schätzungen der gesetzlichen Vertreter, die sich in Jahresabschluss und Lagebericht niederschlagen, einschließlich der Beurteilung der Unternehmensfortführungsannahme und der Chancen und Risiken der künftigen Entwicklung
- die Beurteilung der dem Abschlussprüfer erteilten Auskünfte
- die Beurteilung der Angemessenheit von Bilanzierungs- und Bewertungsmethoden sowie von Angaben in Jahresabschluss und Lagebericht
- die Identifikation von nahe stehenden Personen oder Unternehmen sowie von Geschäftsvorfällen mit diesen
- das Erkennen von Widersprüchen in den vorliegenden Informationen und Unterlagen (z.B. widersprüchliche Auskünfte und Erklärungen der gesetzlichen Vertreter oder anderer Auskunftspersonen)
- das Erkennen ungewöhnlicher Umstände und Verstöße
- die Durchführung gezielter Befragungen und die Plausibilitätsbeurteilung der Antworten.

19   Das Verständnis der **Ziele und Strategien** des Unternehmens sowie der damit verbundenen **Geschäftsrisiken** erhöht die Wahrscheinlichkeit dafür, Risiken wesentlicher falscher Angaben im Abschluss oder Lagebericht zu erkennen.

In der folgenden Übersicht[3] werden konkrete Beispiele für Geschäftsrisiken daraus folgenden möglichen Fehlerrisiken für die Rechnungslegung gegenübergestellt:[4]

Potenzieller Risikobereich	Mögliche Fragestellungen	Potenzielles Fehlerrisiko
Gesamtwirtschaft		
Steigende Zinsen	Werden die steigenden Zinsen die Nachfrage nach den Produkten nachhaltig reduzieren?	Bestandsgefährdung; Möglicherweise Einsatz aggressiver Vertriebsmaßnahmen mit Folgen für Forderungsbewertungen aus Neugeschäften (Wertberichtigungen)
Branche		
Im Vergleich zum Branchendurch-	Welche Ursachen hat die unter-	Bestandsgefährdung;

---

[3] Tabelle entnommen aus *IDW F & A zu ISA 315 bzw. IDW PS 261 n.F.*, Abschn. 4.3.
[4] Weitere beispielhafte Umstände, die ein Geschäftsrisiko darstellen, die zu wesentlichen falschen Angaben in der Rechnungslegung führen können, enthält Anhang 2 des ISA 315, vgl. Handbook of International Quality Control, Auditing, Review, Other Assurance and Related Services Pronouncements, Part I, New York, 2010, S. 311 f.

Potenzieller Risikobereich	Mögliche Fragestellungen	Potenzielles Fehlerrisiko
schnitt unterdurchschnittliche Entwicklung des Unternehmens	durchschnittliche Entwicklung?	Verstöße
Unternehmen – externe Einflussfaktoren		
Kunden	Bestehen Abhängigkeiten von einzelnen Kunden?	Bestandsgefährdung
Lieferanten	Bestehen Abhängigkeiten von einzelnen Lieferanten?	Bestandsgefährdung
Wettbewerber	Gibt es Konkurrenzprodukte, die den Absatz eigener Produkte gefährden?	Ermessensspielräume im Zusammenhang mit Bewertungsentscheidungen
Rechtliches Umfeld	Gibt es behördliche Auflagen, die umfangreiche Investitionen erforderlich machen bzw. ansonsten den Fortbestand eines Produktionsstandorts gefährden können?	Bestandsgefährdung; Investitionsmaßnahmen mit Abgrenzungsfragen bzgl. erforderlicher Aktivierung oder Aufwandserfassung
Mitarbeiter	Haben Mitarbeiter mit Schlüsselqualifikationen im Berichtszeitraum gekündigt?	Bestandsgefährdung; Erhöhtes Fehlerrisiko in den von diesen Mitarbeitern "betreuten" Finanzinformationen
Kapitalgeber	Stehen dem Unternehmen stets ausreichend finanzielle Mittel zur Verfügung?	Bestandsgefährdung
Unternehmen – interne Einflussfaktoren		
Organisation	Welche Konsequenzen haben die vom IT-Prüfer festgestellten Schnittstellenprobleme zwischen zwei DV-Programmen im Vertrieb?	Unregelmäßigkeiten; Risiken in Bezug auf die Vollständigkeit der im Jahresabschluss verarbeiteten Daten
Rechnungswesen	Wie geht das Management mit zu beachtenden neuen IFRS Standards um?	Erstmals Annahmen über die Auswirkungen künftiger Ereignisse erforderlich (z.B. Zeitwerte)

Potenzieller Risikobereich	Mögliche Fragestellungen	Potenzielles Fehlerrisiko
Planung	Ist die existierende Liquiditätsplanung hinreichend präzise?	Bestandsgefährdung
Steuerung	Reaktion auf die rückläufigen (finanziellen und nicht-finanziellen) internen Leistungskennzahlen durch das Management?	Verstöße (Management Override)

20 Zum Verständnis des zu prüfenden Unternehmens gehört auch die Beurteilung, ob die angewandten **Bilanzierungs- und Bewertungsmethoden** den anwendbaren Rechnungslegungsgrundsätzen entsprechen. Wenn im Prüfungszeitraum die Bilanzierungs- und Bewertungsmethoden geändert wurden, ist zu untersuchen, warum die Änderungen vorgenommen wurden (z.B. wegen geänderter Betriebs- oder Geschäftsabläufe oder eines Wechsels in der Konzernzugehörigkeit) und ob solche Methodenänderungen vor dem Hintergrund der anzuwendenden Rechnungslegungsgrundsätze akzeptabel sind.

21 Die Entwicklung eines Verständnisses der wichtigsten **Erfolgskennzahlen**, mit denen die Geschäftsleitung den **wirtschaftlichen Erfolg** des Unternehmens überwacht, unterstützt den Abschlussprüfer bei der Einschätzung, ob die gesetzlichen Vertreter, z.B. bedingt durch einen bestehenden Zielerreichungsdruck, bilanzpolitische Maßnahmen ergreifen, die ggf. das Risiko wesentlicher falscher Angaben im Abschluss erhöhen.

22 Bei der Prüfung der **rechtlichen Verhältnisse** werden insb. der Gesellschaftsvertrag, Protokolle der Haupt-/Gesellschafterversammlungen und des Aufsichtsorgans sowie Verträge mit Dritten relevant sein. Ein **Fragenkatalog** zur Prüfung der Rechtsverhältnisse und der rechtlichen Grundlagen, der vorwiegend auf die Rechtsverhältnisse der AG zugeschnitten ist, findet sich im WP Handbuch 2017, Bd. I, Abschn. L, Tz. 169 ff.

23 Als Analysehilfe und ggf. zur Dokumentation des entwickelten Verständnisses des Unternehmens und seines Umfelds können die Arbeitshilfen **B-2.1.**: Geschäftstätigkeit sowie wirtschaftliches und rechtliches Umfeld des Mandanten, **B-2.2.**: Rechnungslegungspolitik des Mandanten, **B-2.3.**: Analyse aktueller finanzwirtschaftlicher Informationen, **B-2.4.**: Beurteilung der Annahme zur Unternehmensfortführung und **B-2.5.**: Beurteilung des Risikos wesentlicher falscher Angaben in der Rechnungslegung aufgrund von Verstößen verwendet werden.

24 Für die Dokumentation der Prüfungshandlungen zur Risikobeurteilung bei nicht komplexen Unternehmen kann die **Arbeitshilfe B-5.2.: Planungsleitfaden** herangezogen werden.

2.2.2.3. Festlegung von Prüfungshandlungen

> *Wenn der verantwortliche Wirtschaftsprüfer die Prüfungshandlungen festlegt, sollte er folgende Eckpunkte beachten und eigenverantwortlich einschätzen, ob sie unter den gegebenen Umständen mit Blick auf das Prüfungsziel erforderlich sind:*
>
> a) Führung von **Gesprächen mit der Unternehmensleitung** und anderen relevanten Personen im Unternehmen zur Erlangung eines Verständnisses über die Geschäftstätigkeit sowie über das wirtschaftliche und rechtliche Umfeld des zu prüfenden Unternehmens, um eine ordnungsmäßige Durchführung der Abschlussprüfung zu gewährleisten. Dazu gehört das Verständnis über die wesentlichen Unternehmensbereiche, der Unternehmensziele und -strategien sowie die für den Unternehmenserfolg zentralen Einflussfaktoren. Die wesentlichen Unternehmensziele und -strategien können in der **Arbeitshilfe B-5.1.** (vgl. Meilenstein 5) dokumentiert werden. Auf der Grundlage der **Ermittlung der kritischen Erfolgsfaktoren** sind die **kritischen Geschäftsprozesse** abzuleiten, um zu verstehen, wie das Unternehmen diese Prozesse überwacht und kontrolliert (vgl. Meilenstein 4). Berücksichtigung dieser – falls vorhanden – im weiteren Prüfungsvorgehen.
>
> b) **Durchsicht wesentlicher (neuer) Verträge und der Protokolle** von Gesellschafterversammlungen, Vorstands- und Aufsichtsratssitzungen und ggf. wichtiger Ausschusssitzungen bis zum Datum des Bestätigungsvermerks und Durchführung der nachfolgenden Maßnahmen:
>
> - Anfertigung von Kopien bzw. Auszügen von wesentlichen Sachverhalten der Protokolle für die Arbeitspapiere.
> - Identifizierung der für den Auftrag wesentlichen Punkte (Sachverhalte) und Beurteilung der Auswirkung auf den Abschluss/Lagebericht.
> - Sicherstellung, dass ein aktueller Gesellschaftsvertrag vorliegt.
>
> c) **Vorläufige** Beurteilung der Lage des Unternehmens.

2.2.3. Durchführung vorbereitender analytischer Prüfungshandlungen

2.2.3.1. Prüfungsanforderungen

25 **Analytische Prüfungshandlungen** sind Plausibilitätsbeurteilungen von **Verhältniszahlen** und **Trends**, durch die Beziehungen von prüfungsrelevanten Daten eines Unternehmens zu anderen Daten aufgezeigt sowie auffällige Abweichungen festgestellt werden. Hierzu gehört z.B. die Untersuchung von Schwankungen und Zusammenhängen, die in Widerspruch zu anderen einschlägigen Informationen stehen oder von erwarteten Beträgen abweichen (vgl. *IDW Prüfungsstandard: Prüfungsnachweise im Rahmen der Abschlussprüfung (IDW PS 300*, Tz. 28*)*).

26 Mittels analytischer Prüfungshandlungen **in der Planungsphase** einer Abschlussprüfung sind die Kenntnisse über die Geschäftstätigkeit und das wirtschaftliche und rechtliche Umfeld des Unternehmens zu vertiefen sowie Hinweise zu gewinnen, ob in dem zu untersuchenden Prüffeld Besonderheiten vorliegen. Analytische Prüfungshandlungen dienen hierbei dem Ziel, potenzielle Risikobereiche bzw. Mängel des Prüfungsgegenstands festzustellen (vgl. *IDW Prüfungsstandard: Analytische Prüfungshandlungen (IDW PS 312*, Tz. 17*)*).

27 Wenn durch analytische Prüfungshandlungen

- auffällige Schwankungen im Zeitablauf oder
- Zusammenhänge, die nicht mit anderen einschlägigen Informationen vereinbar sind oder von den vorhergesehenen Zahlen abweichen,

festgestellt werden, muss diesen nachgegangen und versucht werden, sachgerechte Erklärungen und angemessene unterstützende Nachweise zu erhalten (vgl. *IDW PS 312*, Tz. 26).

28 Die **Untersuchung auffälliger Abweichungen und Zusammenhänge** von Daten beginnt üblicherweise mit der Befragung der Unternehmensleitung, gefolgt von

- einer Bestätigung der von der Unternehmensleitung gegebenen Antworten, bspw. durch Vergleich mit dem gewonnenen Verständnis über die Geschäftstätigkeit und das wirtschaftliche und rechtliche Umfeld des Unternehmens (vgl. Abschn. 2.2.2.) sowie anderer im Verlauf der Prüfung gewonnener Erkenntnisse
- einer Abwägung der Notwendigkeit, andere, auf die Ergebnisse solcher Befragungen gestützte Prüfungshandlungen vorzunehmen, wenn die Unternehmensleitung nicht in der Lage ist, ausreichende Erklärungen zu geben oder wenn die Erklärung nicht für angemessen gehalten wird (*IDW PS 312*, Tz. 27).

29 Zur Aufdeckung von Verstößen *(Fraud)* können analytische Prüfungshandlungen wertvolle Anhaltspunkte liefern. Daher sind bei der Vornahme analytischer Prüfungshandlungen zur Entwicklung eines Verständnisses des Unternehmens und dessen Umfeld, einschließlich des internen Kontrollsystems, **ungewöhnliche oder unerwartete Verhältnisse** zu berücksichtigen, die auf Risiken wesentlicher falscher Angaben aufgrund von Verstößen hinweisen können. Dies umfasst insb. auf **Umsatzerlöse** gerichtete analytische Prüfungshandlungen mit dem Ziel, ungewöhnliche oder unerwartete Relationen zu erkennen, die auf Risiken wesentlicher falscher Angaben infolge von Täuschungen hindeuten können (z.B. fingierte Umsatzerlöse oder bedeutsame Rückerstattungen an Kunden, die auf nicht kenntlich gemachte Nebenvereinbarungen hindeuten können) (vgl. *IDW Prüfungsstandard: Zur Aufdeckung von Unregelmäßigkeiten im Rahmen der Abschlussprüfung (IDW PS 210*, Tz. 32*)*) (vgl. unten Abschn. 2.2.6.).

2.2.3.2. Hinweise zur Bearbeitung

30 Berücksichtigen Sie z.B. folgende **Skalierungsaspekte** im Zusammenhang mit der Durchführung analytischer Prüfungshandlungen während der Planungsphase:

- Vorbereitende analytische Prüfungshandlungen führen zu einer risikoorientierten, zielgerichteten Prüfung, da sie kritische Prüfungsgebiete identifizieren und Prüfungsschwerpunkte aufzeigen können.

31 Analytische Prüfungshandlungen können im gesamten Prüfungsverlauf angewendet werden. Zu Beginn der Prüfung können mithilfe dieser Prüfungsmethode schnell kritische Prüfungsgebiete identifiziert und somit entsprechende Prüfungsschwerpunkte festgelegt werden. Während der Durchführungsphase ergänzen aussagebezogene analytische Prüfungshandlungen die Einzelfallprüfungen und können deren Umfang reduzieren (vgl. Meilenstein 7). Die abschließende kritische Durchsicht der Prüfungsergebnisse erfolgt ebenfalls im Rahmen analytischer Prüfungshandlungen (vgl. Meilenstein 8)[5].

32 Zur Vertiefung der Kenntnisse über die Geschäftstätigkeit des Unternehmens und zur Identifizierung von Fehlerrisiken lassen sich **Datenanalysen** als IT-gestützte Prüfungstechnik einsetzen. Beispiele für typisierte Datenanalysen zur Feststellung wesentlicher Fehler in der Rechnungslegung enthält Anhang 2, Teil 1 des *IDW Prüfungshinweises: Einsatz von Datenanalysen im Rahmen der Abschlussprüfung (IDW PH 9.330.3)*.

33 Die Anwendung analytischer Prüfungshandlungen beruht auf der Erwartung, dass Zusammenhänge zwischen bestimmten Informationen und Daten vorhanden sind und fortbestehen. Von diesen Zusammenhängen kann ausgegangen werden, solange nichts Gegenteiliges bekannt wird. Der vorgefundene Zusammenhang dient somit als Prüfungsnachweis für die Vollständigkeit, Genauigkeit und Richtigkeit von Daten des Rechnungswesens. Diese Prüfungsnachweise sind für die Abschlussprüfung relevant, soweit sie Aussagen in der Rechnungslegung stützen (*IDW PS 312*, Tz. 6).

34 Analytische Prüfungshandlungen geben dem Abschlussprüfer Gelegenheit, sowohl bei der Prüfungsplanung als auch bei der Prüfungsdurchführung auf bisher unbekannte Aspekte der Geschäftstätigkeit aufmerksam zu werden. Daraus ergibt sich die Möglichkeit, bereits während der Planungsphase das Prüfungsprogramm anzupassen (vgl. *IDW PS 240*, Tz. 21).

35 Der Einsatz analytischer Prüfungshandlungen in der Planung und Vorprüfung wird erschwert, wenn in dieser Phase die hierfür erforderliche Datenbasis noch nicht vorhanden ist. Als Alternative kann aber z.B. der Stand einer Saldenliste zu einem bestimmten Zeitpunkt mit dem Stand einer Saldenliste des Vorjahres verglichen werden oder es kann eine Hoch-

rechnung der vorgelegten Zahlen bis zum Ende des Geschäftsjahres erfolgen. Ergänzende Informationen über die Aussagekraft der Saldenliste sind im Gespräch mit den gesetzlichen Vertretern zu beschaffen (vgl. *IDW PH 9.100.1*, Tz. 70).

36 Bei den vorbereitenden analytischen Prüfungshandlungen bieten sich vor allem folgende Verfahren an:

- *Trendanalyse:* Vergleichs- oder Fluktuationsanalyse von absoluten Werten von Abschlussposten bezogen auf eine oder mehrere Vorperioden.
- *Kennzahlenanalyse*: Vergleich von Relationen zwischen Abschlussposten entweder intertemporär oder mit Benchmark-Werten.

37 Zur Unterstützung bei der Durchführung und Dokumentation von analytischen Prüfungshandlungen, empfiehlt sich die Anwendung der Arbeitshilfen **B-2.7.**: Durchführung vorbereitender analytischer Prüfungshandlungen und **B-2.3.**: Analyse aktueller finanzwirtschaftlicher Informationen.

2.2.3.3. Festlegung von Prüfungshandlungen

Wenn der verantwortliche Wirtschaftsprüfer die Prüfungshandlungen festlegt, sollte er folgende Eckpunkte beachten und eigenverantwortlich einschätzen, ob sie unter den gegebenen Umständen mit Blick auf das Prüfungsziel erforderlich sind:

a) Durchführung **vorbereitender analytischer Prüfungshandlungen**, z.B. durch einen Vergleich der Salden auf Abschlusspostenebene des aktuellen Geschäftsjahres zur Vergleichsperiode, um potenzielle Risikobereiche, auffällige Schwankungen und unerwartete Abweichungen zu erkennen, oder Zusammenhänge, die nicht mit anderen einschlägigen Informationen vereinbar sind festzustellen (vgl. zur Methodik analytischer Prüfungshandlungen auch Meilenstein 7, Abschn. 7.2.4.3.)

b) Klärung und Dokumentation auffälliger Schwankungen, Abweichungen und Zusammenhänge in der **Arbeitshilfe B-2.7.: Durchführung vorbereitender analytischer Prüfungshandlungen**.

c) Dokumentation **ungewöhnlicher oder unerwarteter Feststellungen, insb. in Bezug auf Umsatzerlöse und andere Ertragskonten**, in der **Arbeitshilfe B-2.5.: Beurteilung des Risikos wesentlicher falscher Angaben in der Rechnungslegung aufgrund von Verstößen**.

d) Schlussfolgerungen für Risikoeinschätzung und weiteres Prüfungsvorgehen ziehen: Dokumentation in **Arbeitshilfe B-5.0.: Zusammenfassung der Fehlerrisiken und Prüfungsstrategie** sowie **B-5.1.: Zusammenfassende Risikobeurteilungen/Prüfungsstrategie und Beurteilung der erreichten Prüfungssicherheit**.

---

[5] Zur Unterscheidung analytischer Prüfungshandlungen im Rahmen der Planung und aussagebezogener analytischer Prüfungshandlungen vgl. *IDW F& A zu ISA 315 bzw. IDW PS 261 n.F.*, Abschn. 3.2.

2.2.4. Identifikation von Fehlerrisiken im Zusammenhang mit nahe stehenden Personen

2.2.4.1. Prüfungsanforderungen

38 Die Unternehmensleitung muss sicherstellen, dass Geschäftsvorfälle mit nahe stehenden Personen ordnungsgemäß in Buchführung, Jahresabschluss und Lagebericht dargestellt sind.

39 Die im Rahmen der Gewinnung eines Unternehmensverständnisses durchzuführenden **Prüfungshandlungen zur Risikobeurteilung** betreffen daher auch die Identifikation von Beziehungen zu nahe stehenden Personen und Geschäftsvorfällen mit diesen. Auf diese Beziehungen und Geschäftsvorfälle mit nahe stehenden Personen ist bei der Prüfung besonders zu achten, da

- bestehende Beziehungen zu oder Geschäftsvorfälle mit nahe stehenden Personen Auswirkungen auf die Rechnungslegung haben können,
- Prüfungsnachweisen ein höherer Zuverlässigkeitsgrad beizumessen sein wird, wenn sie nicht von nahe stehenden Personen beigebracht oder erstellt wurden, und
- der Grund für Geschäftsvorfälle mit nahe stehenden Personen nicht in den üblichen kaufmännischen Erwägungen, sondern in persönlichen Motiven liegen kann (z.B. in einer Gewinnverlagerung zwischen nahe stehenden Personen oder der Ermöglichung von Vermögensschädigungen oder Gesetzesverstößen) (vgl. *IDW Prüfungsstandard: Beziehungen zu nahe stehenden Personen im Rahmen der Abschlussprüfung (IDW PS 255, Tz. 10)*).

Bereits bei der Prüfungsplanung sind mit dem Prüfungsteam mögliche Anfälligkeiten für wesentliche beabsichtigte oder unbeabsichtigte falsche Angaben in der Rechnungslegung zu erörtern, die aus Beziehungen zu und Geschäftsvorfällen mit nahe stehenden Personen resultieren können (vgl. *IDW PS 255*, Tz. 10a).

40 Zur Bestimmung des Begriffs **„nahe stehende Personen"** vgl. die IDW Stellungnahme zur Rechnungslegung: Anhangangaben nach §§ 285 Nr. 21, 314 Abs. 1 Nr. 13 HGB zu Geschäften mit nahe stehenden Unternehmen und Personen (*IDW RS HFA 33*, Tz. 8).

41 Die gesetzlichen Vertreter eines Unternehmens haben sicherzustellen, dass das **interne Kontrollsystem** einschließlich des Rechnungslegungssystems auch in Bezug auf Geschäftsvorfälle mit nahe stehenden Personen angemessen und wirksam ausgestaltet ist (vgl. *IDW PS 255*, Tz. 7). Die gesetzlichen Vertreter und erforderlichenfalls andere Personen innerhalb des Unternehmens sind zu **befragen**, um ein Verständnis von den Kontrollen zu gewinnen, die eingerichtet wurden, um

- Beziehungen zu und Geschäftsvorfälle mit nahe stehenden Personen in Übereinstimmung mit den Rechnungslegungsgrundsätzen zu identifizieren, auszuweisen oder anzugeben,
- bedeutsame Geschäftsvorfälle und Vereinbarungen mit nahe stehenden Personen zu genehmigen sowie
- bedeutsame Geschäftsvorfälle und Vereinbarungen außerhalb der gewöhnlichen Geschäftstätigkeit zu genehmigen (vgl. *IDW PS 255*, Tz. 18).

[Anm.: Letztere Befragung zu den Kontrollen in Bezug auf bedeutsame Geschäftsvorfälle und Vereinbarungen außerhalb der gewöhnlichen Geschäftstätigkeit betreffen nicht nur diejenigen Geschäftsvorfälle und Vereinbarungen, an denen nahe stehende Personen beteiligt sind, sondern auch solche mit fremden Dritten. In der Praxis stehen hinter solchen Geschäftsvorfällen und Vereinbarungen häufig nahe stehende Personen als Geschäftspartner. Zudem besteht die Gefahr, dass diese Vorgänge in der Rechnungslegung unzutreffend abgebildet werden.[6]]

42 Die gesetzlichen Vertreter sind zu **befragen** (vgl. *IDW PS 255*, Tz. 15):

- über die Identität der nahe stehenden Personen einschließlich Änderungen gegenüber der Vorperiode
- über die Art der Beziehungen zwischen dem Unternehmen und diesen nahe stehenden Personen
- ob das Unternehmen während des Berichtszeitraums Geschäftsvorfälle mit diesen nahe stehenden Personen eingegangen ist und, wenn dies der Fall ist, zu Art und Zweck dieser Geschäftsvorfälle.

43 Die Mitglieder des Prüfungsteams haben sich über die relevanten Informationen auszutauschen. Hierzu dient eine vom Mandanten einzuholende oder mit dem Mandanten abzustimmende aktuelle Übersicht, die alle bekannten nahe stehenden Personen sowie die Art der mit diesen getätigten Geschäfte enthält, die den Mitgliedern des Prüfungsteams jederzeit zugänglich zu machen ist. Für diese Zwecke kann die **Arbeitshilfe B-2.10.: Liste der nahe stehenden Unternehmen und Personen** verwendet werden.

44 Zu möglichen Prüfungshandlungen, die Hinweise auf nahe stehende Personen bzw. Geschäftsvorfälle mit diesen geben können, vgl. **Arbeitshilfe B-2.9.: Prüfung der Angaben und Erläuterungen im Zusammenhang mit nahe stehenden Personen** (vgl. *IDW PS 255*, Tz. 16 und Tz. 20.).

45 Bei der weiteren Prüfungsdurchführung ist auf Anzeichen für die Existenz von nahe stehenden Personen bzw. Geschäften mit diesen zu achten, insb. auch auf Geschäftsvorfälle, die

---

[6] Vgl. *Noodt/Kunellis*, Änderung von IDW Prüfungsstandards: Anpassung an die im Rahmen des Clarity-Projekts überarbeiteten ISA, WPg 12/2011, S. 557.

unter den gegebenen Umständen ungewöhnlich erscheinen (vgl. *IDW PS 255*, Tz. 19). Beispiele für solche **ungewöhnlichen Geschäftsvorfälle** sind:

- Geschäftsvorfälle zu ungewöhnlichen Konditionen, z.B. mit unüblichen Preisen, Zinssätzen, Garantievereinbarungen oder Rückzahlungskonditionen
- Geschäftsvorfälle, für deren Abschluss es keinen schlüssigen wirtschaftlichen Grund gibt
- Geschäftsvorfälle, deren wirtschaftlicher Gehalt von der rechtlichen Gestaltung abweicht
- Geschäftsvorfälle, die in ungewöhnlicher Weise abgewickelt wurden
- vergleichsweise hohes Geschäftsvolumen oder bedeutende Geschäftsvorfälle mit bestimmten Kunden oder Zulieferern
- nicht gebuchte Geschäftsvorfälle, wie z.B. die unentgeltliche Nutzung oder Bereitstellung von Managementdienstleistungen.

[Anm.: Die Beurteilung, ob Geschäftsvorfälle außerhalb der gewöhnlichen Geschäftstätigkeiten liegen, erfordert ein weitergehendes Verständnis für das Geschäft des geprüften Unternehmens. Der Abschlussprüfer muss in der Lage sein, nicht nur wesentliche Geschäftspartner des Unternehmens einzuordnen, sondern auch ein Verständnis von den „normalen" Konditionen der Geschäfte haben.[7]]

46 Werden **bedeutsame Geschäftsvorfälle außerhalb der gewöhnlichen Geschäftstätigkeit** festgestellt, sind die gesetzlichen Vertreter zur Art dieser Geschäftsvorfälle und darüber zu **befragen**, ob nahe stehende Personen daran beteiligt sein könnten. Die vom Abschlussprüfer identifizierten bedeutsamen Geschäftsvorfälle mit nahe stehenden Personen außerhalb der gewöhnlichen Geschäftstätigkeit sind von diesem als Geschäftsvorfälle zu behandeln, **die bedeutsame Risiken** (siehe Meilenstein 3, Abschn. 3.2.3.) darstellen (vgl. *IDW PS 255*, Tz. 20a). Diese Risiken erfordern die besondere Aufmerksamkeit des Abschlussprüfers und die gesonderte Erfassung dieser Risiken.

47 Liegen Anzeichen dafür vor, dass Geschäftsbeziehungen zu nahe stehenden Personen nicht vollständig und zutreffend festgestellt werden, sind die Prüfungshandlungen auszudehnen (vgl. *IDW PS 255*, Tz. 13, *IDW PH 9.100.1*, Tz. 58).

48 Zu den identifizierten **bedeutsamen Geschäftsvorfällen** mit nahe stehenden Personen außerhalb der gewöhnlichen Geschäftstätigkeit ist Einsicht in die zugrundeliegenden Verträge zu nehmen und einzuschätzen, ob

- der wirtschaftliche Hintergrund der Geschäftsvorfälle bzw. das Fehlen desselben darauf hindeuten, dass die Geschäftsvorfälle zur Fälschung der Rechnungslegung oder zur Unterschlagung von Vermögenswerten vorgenommen worden sein könnten[8]

---

[7] *Noodt/Kunellis*, Änderung von IDW Prüfungsstandards: Anpassung an die im Rahmen des Clarity-Projekts überarbeiteten ISA, WPg 12/2011, S. 557.

[8] Vgl. *IDW Prüfungsstandard: Zur Aufdeckung von Unregelmäßigkeiten im Rahmen der Abschlussprüfung (IDW PS 210)*, Tz. 43.

- die Bedingungen der Geschäftsvorfälle mit den Erklärungen der gesetzlichen Vertreter in Einklang stehen
- die Geschäftsvorfälle ordnungsgemäß in der Rechnungslegung erfasst und offen gelegt wurden.

Darüber hinaus sind Prüfungsnachweise über die Genehmigung der Geschäftsvorfälle zu erlangen (vgl. *IDW PS 255*, Tz. 23b). Des Weiteren können allgemeine Reaktionen auf Abschlussebene in Erwägung gezogen werden, z.B. die Betonung der kritischen Grundhaltung, der Einsatz von Spezialisten im Prüfungsteam oder die Durchführung von überraschenden Prüfungshandlungen (vgl. Meilenstein 5, Abschn. 5.2.3.1.).

49 Besondere Prüfungs- und Mitteilungspflichten bestehen, wenn nahe stehende Personen oder bedeutsame Geschäftsvorfälle mit nahe stehenden Personen identifiziert werden, die die Unternehmensleitung zuvor nicht festgestellt hat oder die dem Prüfungsteam nicht mitgeteilt wurden. In diesen Fällen sind (vgl. *IDW PS 255*, Tz. 23a):

- diese Informationen unverzüglich den Mitgliedern des Prüfungsteams mitzuteilen,
- geeignete aussagebezogene Prüfungshandlungen zu diesen neu identifizierten Beziehungen oder Geschäftsvorfällen durchzuführen,
- das Risiko solcher unentdeckten Beziehungen und Geschäftsvorfälle erneut einzuschätzen und erforderlichenfalls zusätzliche Prüfungshandlungen durchzuführen und
- falls die gesetzlichen Vertreter diese Beziehungen oder Geschäftsvorfälle offensichtlich bewusst verschwiegen haben, die Auswirkungen auf die Abschlussprüfung abzuwägen,
- die gesetzlichen Vertreter aufzufordern, sämtliche Geschäftsvorfälle mit den neu identifizierten nahe stehenden Personen festzustellen und
- zu erfragen, warum das Interne Kontrollsystem die Feststellung dieser Beziehungen oder Geschäftsvorfälle nicht ermöglicht hat.

50 Gemäß §§ 285 Nr. 21, 314 Abs. 1 Nr. 13 HGB sind im (Konzern-)Anhang die nicht zu **marktüblichen Bedingungen** zustande gekommenen Geschäfte, soweit sie wesentlich sind, **mit nahe stehenden Unternehmen und Personen** anzugeben. Sofern keine entsprechenden Angaben im (Konzern-)Anhang gegeben werden, ist dies mit der (impliziten) Aussage verbunden, dass in dem jeweiligen Geschäftsjahr entweder keine wesentlichen oder ausschließlich zu marktüblichen Konditionen erfolgte Geschäfte mit nahe stehenden Unternehmen und Personen vorgekommen sind.

51 Falls das Management im Abschluss eine **Aussage (ggf. implizit)** dahingehend getroffen hat, dass Geschäftsvorfälle mit nahe stehenden Personen unter marktüblichen Bedingungen durchgeführt wurden, sind hierüber ausreichende geeignete Prüfungsnachweise zu erlangen (vgl. *IDW PS 255*, Tz. 23c).

Eine **Überprüfung der Marktüblichkeit der vereinbarten Konditionen** kann lediglich dann unterbleiben, wenn

- keine erkennbaren Anhaltspunkte für nicht angemessene Konditionen vorliegen und
- das aufstellende Unternehmen das Wahlrecht in Anspruch nimmt, sämtliche wesentlichen Geschäfte mit nahe stehenden Personen in den Anhang aufzunehmen, da in diesen Fällen eine Untergliederung in zu marktüblichen und zu marktunüblichen Bedingungen zustande gekommene Geschäfte nicht erforderlich ist (vgl. *IDW PS 255*, Tz. 9a).

52 In den **Arbeitspapieren** sind die identifizierten nahe stehenden Personen zu benennen und die Art der Beziehungen zu ihnen festzuhalten (vgl. *IDW PS 255*, Tz. 25a). Dazu wird die vom Mandanten eingeholte oder mit dem Mandanten abgestimmte und ggf. aktualisierte Liste (vgl. Tz. 43) in die Arbeitspapiere aufgenommen.

53 Die folgende Abbildung fasst den Prozess zur Prüfung nahe stehender Personen zusammen. Er umfasst die Grundschritte, die im Rahmen der Prüfungshandlungen zur Risikobeurteilung durchzuführen sind. Die Übersicht zeigt zudem, dass die weiteren prüferischen Reaktionen von den Ergebnissen der Risikobeurteilung abhängen. Am Ende der Prüfung sind abschließende Prüfungshandlungen und Dokumentationsanforderungen zu beachten:

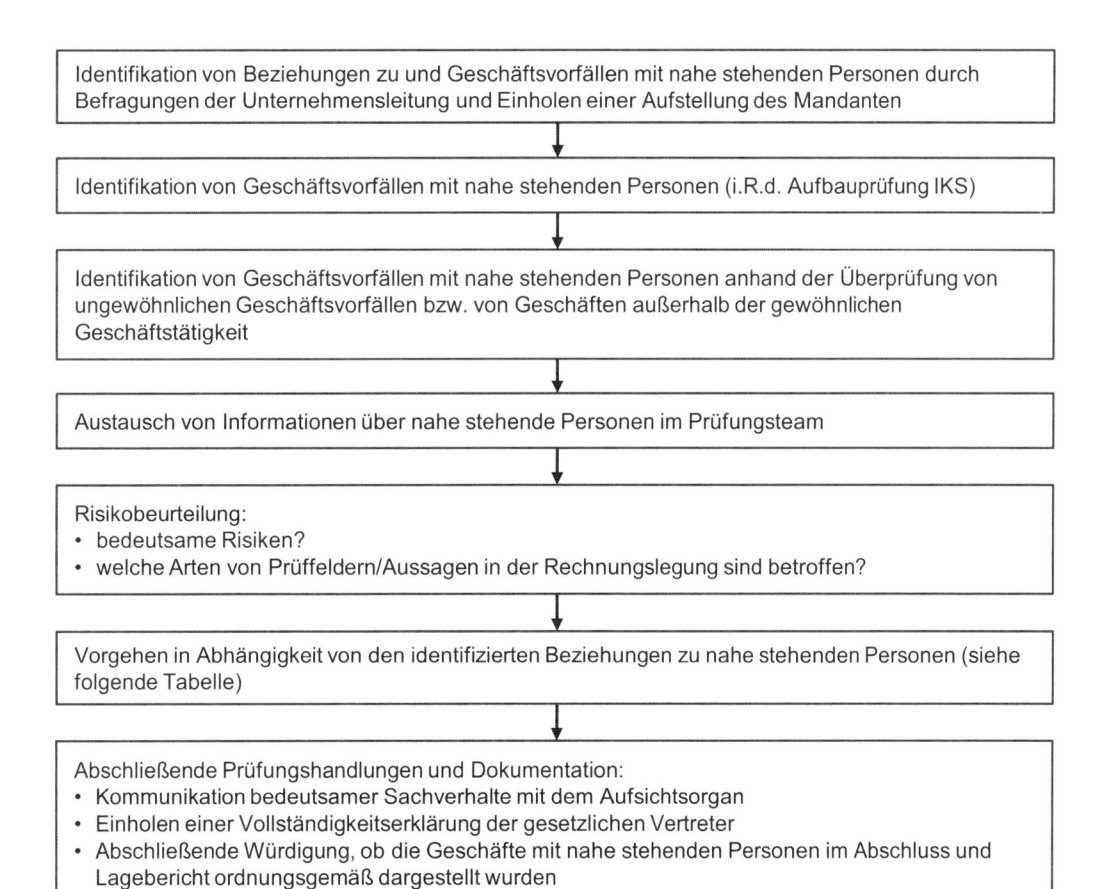

```
┌─────────────────────────────────────────────────────────────────────────────┐
│ Identifikation von Beziehungen zu und Geschäftsvorfällen mit nahe stehenden │
│ Personen durch Befragungen der Unternehmensleitung und Einholen einer       │
│ Aufstellung des Mandanten                                                   │
└─────────────────────────────────────────────────────────────────────────────┘
                                      ↓
┌─────────────────────────────────────────────────────────────────────────────┐
│ Identifikation von Geschäftsvorfällen mit nahe stehenden Personen           │
│ (i.R.d. Aufbauprüfung IKS)                                                  │
└─────────────────────────────────────────────────────────────────────────────┘
                                      ↓
┌─────────────────────────────────────────────────────────────────────────────┐
│ Identifikation von Geschäftsvorfällen mit nahe stehenden Personen anhand    │
│ der Überprüfung von ungewöhnlichen Geschäftsvorfällen bzw. von Geschäften   │
│ außerhalb der gewöhnlichen Geschäftstätigkeit                               │
└─────────────────────────────────────────────────────────────────────────────┘
                                      ↓
┌─────────────────────────────────────────────────────────────────────────────┐
│ Austausch von Informationen über nahe stehende Personen im Prüfungsteam     │
└─────────────────────────────────────────────────────────────────────────────┘
                                      ↓
┌─────────────────────────────────────────────────────────────────────────────┐
│ Risikobeurteilung:                                                          │
│ • bedeutsame Risiken?                                                       │
│ • welche Arten von Prüffeldern/Aussagen in der Rechnungslegung sind         │
│   betroffen?                                                                │
└─────────────────────────────────────────────────────────────────────────────┘
                                      ↓
┌─────────────────────────────────────────────────────────────────────────────┐
│ Vorgehen in Abhängigkeit von den identifizierten Beziehungen zu nahe        │
│ stehenden Personen (siehe folgende Tabelle)                                 │
└─────────────────────────────────────────────────────────────────────────────┘
                                      ↓
┌─────────────────────────────────────────────────────────────────────────────┐
│ Abschließende Prüfungshandlungen und Dokumentation:                         │
│ • Kommunikation bedeutsamer Sachverhalte mit dem Aufsichtsorgan             │
│ • Einholen einer Vollständigkeitserklärung der gesetzlichen Vertreter       │
│ • Abschließende Würdigung, ob die Geschäfte mit nahe stehenden Personen     │
│   im Abschluss und Lagebericht ordnungsgemäß dargestellt wurden             │
│ • In den Arbeitspapieren sind identifizierte nahe stehende Personen zu      │
│   benennen und die Art der Beziehungen festzuhalten (Liste)                 │
└─────────────────────────────────────────────────────────────────────────────┘
```

- Vorgehen in Abhängigkeit von den identifizierten Beziehungen zu nahe stehenden Personen:

Im Rahmen der bisherigen Prüfungshandlungen wurden bedeutsame Geschäftsvorfälle außerhalb der gewöhnlichen Geschäftstätigkeit festgestellt:	• Behandlung dieser Geschäftsvorfälle als bedeutsame Risiken
	• Zu den identifizierten bedeutsamen Geschäftsvorfällen mit nahe stehenden Personen außerhalb der gewöhnlichen Geschäftstätigkeit ist Einsicht in die zugrunde liegenden Verträge zu nehmen und einzuschätzen, ob
	   – der wirtschaftliche Hintergrund der Geschäftsvorfälle bzw. das Fehlen desselben darauf hindeuten, dass die Geschäftsvorfälle zur Fälschung der Rechnungslegung oder zur Unterschlagung von Vermögenswerten vorgenommen worden sein könnten (Fraud),
	   – die Bedingungen der Geschäftsvorfälle mit den Erklärungen der gesetzlichen Vertreter in Einklang stehen,
	   – die Geschäftsvorfälle ordnungsgemäß in der Rechnungslegung erfasst und offengelegt wurden;
	   – zudem sind Prüfungsnachweise über die Genehmigung der Geschäftsvorfälle zu erlangen.

Das Prüfungsteam hat nahe stehende Personen oder bedeutsame Geschäftsvorfälle mit nahe stehenden Personen identifiziert, die zuvor nicht festgestellt oder die der Mandant dem Prüfungsteam nicht mitgeteilt hat:	• Unverzügliche Information der Mitglieder des Prüfungsteams • Durchführung geeigneter aussagebezogener Prüfungshandlungen zu diesen neu identifizierten Beziehungen oder Geschäftsvorfällen • Erneutes Einschätzen des Risikos solcher unentdeckten Beziehungen und Geschäftsvorfälle und erforderlichen falls Durchführung zusätzlicher Prüfungshandlungen • Abwägen der Auswirkungen auf die Abschlussprüfung, falls die gesetzlichen Vertreter diese Beziehungen oder Geschäftsvorfälle offensichtlich bewusst verschwiegen haben • Aufforderung der gesetzlichen Vertreter, sämtliche Geschäftsvorfälle mit den neu identifizierten nahe stehenden Personen festzustellen • Erfragen, warum das interne Kontrollsystem die Feststellung dieser Beziehungen oder Geschäftsvorfälle nicht ermöglicht hat

Das Unternehmen hat im Abschluss eine (ggf. implizite) Aussage dahingehend getroffen, dass Geschäftsvorfälle mit nahe stehenden Personen zu marktüblichen Bedingungen durchgeführt wurden:	• Erlangen ausreichender geeigneter Prüfungsnachweise zur Beurteilung dieser Aussagen, z.B. – durch das Einholen einer Bestätigung oder Erörtern von Informationen über diese Geschäftsvorfälle von/mit Personen oder Unternehmen, die in die Geschäfte involviert sind, z.B. Gesellschaftern, Kreditinstituten, Versicherungsunternehmen, Vermittlern, Rechtsanwälten oder beteiligten Konzerngesellschaften, – durch Vergleich der zugrunde gelegten Konditionen mit Konditionen vergleichbarer Geschäfte zwischen voneinander unabhängigen Dritten (Drittvergleich). Hinweis: Eine Überprüfung der Marktüblichkeit der vereinbarten Konditionen kann lediglich dann unterbleiben, wenn • keine erkennbaren Anhaltspunkte für nicht angemessene Konditionen vorliegen und • das aufstellende Unternehmen das Wahlrecht in Anspruch nimmt, sämtliche wesentliche Geschäfte mit nahe stehenden Personen in den Anhang aufzunehmen, da in diesen Fällen eine Untergliederung in zu marktüblichen und zu marktunüblichen Bedingungen zustande gekommene Geschäfte nicht erforderlich ist und somit keine implizite Aussage enthalten ist, dass keine (weiteren) wesentlichen marktunüblichen Geschäfte stattgefunden haben.

2.2.4.2. Hinweise zur Bearbeitung

54 Bei **geschäftsführenden Inhabern** und Anteilseignern ist auf die Besonderheiten zu achten, die sich aus deren Beziehungen zu nahe stehenden Personen ergeben können (vgl. *IDW PH 9.100.1*, Tz. 19). Bei KMU-Prüfungen sind vielfach Geschäftsbeziehungen zwischen dem Unternehmen und nahe stehenden Personen anzutreffen. Das betrifft insb. Beziehungen zum Eigentümer-Inhaber und zu anderen Gesellschaftern, zu Mitgliedern in Aufsichtsorganen, zu nahen Angehörigen dieser Personen und zu von diesen Personen abhängigen Unternehmen. Daher sind diese Beziehungen festzustellen und zu beurteilen (vgl. *IDW PH 9.100.1*, Tz. 57).

55 Die Prüfung der Geschäfte mit nahe stehenden Unternehmen und Personen hat ferner Bedeutung für die Beurteilung, ob eventuelle Rückforderungsansprüche oder **Steuerrisiken** im Abschluss zu berücksichtigen sind. Bei KMU ist diesbezüglich zu beachten, dass der Eigen-

tümer-Inhaber seinen starken Einfluss auch bei der Festsetzung von Konditionen für Verträge mit nahe stehenden Personen geltend machen kann. Die Untersuchung, ob eventuelle Rückforderungsansprüche oder Steuerrisiken für den Abschluss relevant sind, ist bei KMU-Prüfungen somit besonders wichtig (*IDW PH 9.100.1*, Tz. 59).

56 Für den **Ausweis** von Geschäftsvorfällen mit nahe stehenden Personen im Abschluss sind z.B. folgende **Vorschriften** von Bedeutung:

- § 266 HGB (Forderungen und Verbindlichkeiten gegenüber verbundenen Unternehmen)
- §§ 285 Nr. 9, 314 Abs. 1 Nr. 6 HGB, DRS 17 (geändert 2010) (Angabe der Organbezüge)
- §§ 285 Nr. 21, 314 Abs. 1 Nr. 13 HGB (Angaben zu nicht zu marktüblichen Bedingungen zustande gekommenen Geschäften, soweit sie wesentlich sind, mit nahe stehenden Unternehmen und Personen)
- § 42 Abs. 3 GmbHG (Ausleihungen, Forderungen und Verbindlichkeiten gegenüber Gesellschaftern)
- IAS 24 enthält weitergehende Angabepflichten für Unternehmen, die einen (Konzern-)Abschluss nach den von der EU übernommenen IFRS aufstellen.

2.2.4.3. Festlegung von Prüfungshandlungen

Wenn der verantwortliche Wirtschaftsprüfer die Prüfungshandlungen festlegt, sollte er folgende Eckpunkte beachten und eigenverantwortlich einschätzen, ob sie unter den gegebenen Umständen mit Blick auf das Prüfungsziel erforderlich sind:

a) Ermittlung der **Beziehungen zu nahe stehenden Personen** sowie Geschäftsvorfälle mit diesen durch Befragungen der gesetzlichen Vertreter sowie andere Prüfungshandlungen zur Risikobeurteilung. Zur Unterstützung und Dokumentation kann die **Arbeitshilfe B-2.9.: Prüfung der Angaben und Erläuterungen im Zusammenhang mit nahe stehenden Personen** verwendet werden.

b) Prüfung der ordnungsgemäßen buchhalterischen **Erfassung und Offenlegung** festgestellter **Geschäfte mit nahe stehenden Personen** im Abschluss

c) Die aus den Beziehungen zu nahe stehenden Personen entstehenden Risiken sind bei der prüffeldspezifischen Risikobeurteilung zu berücksichtigen (*IDW PS 255*, Tz. 14). Hinweis auf die **Arbeitshilfen B-5.0.: Zusammenfassung der Fehlerrisiken und Prüfungsstrategie** sowie **B-5.1: Zusammenfassende Risikobeurteilungen/Prüfungsstrategie und Beurteilung der erreichten Prüfungssicherheit** je Prüffeld (vgl. Meilenstein 5).

2.2.5. Vorläufige Beurteilung der Fähigkeit zur Unternehmensfortführung

2.2.5.1. Prüfungsanforderungen

57 Die gesetzlichen Vertreter treffen die **Annahme der Fortführung der Unternehmenstätigkeit** gemäß § 252 Abs. 1 Nr. 2 HGB. Wenn der Abschlussprüfer Prüfungshandlungen plant und durchführt, muss er diese Annahme auf Plausibilität beurteilen und erwägen, ob bestehende wesentliche Unsicherheiten hinsichtlich der Fähigkeit des Unternehmens, die Unternehmenstätigkeit fortzusetzen, im Jahresabschluss und im Lagebericht zum Ausdruck kommen müssen (*IDW Prüfungsstandard: Die Beurteilung der Fortführung der Unternehmenstätigkeit im Rahmen der Abschlussprüfung (IDW PS 270), Tz. 13*).

58 Die folgende Übersicht fasst die Anforderungen an die Prüfung der Unternehmensfortführung im Rahmen der Abschlussprüfung zusammen:

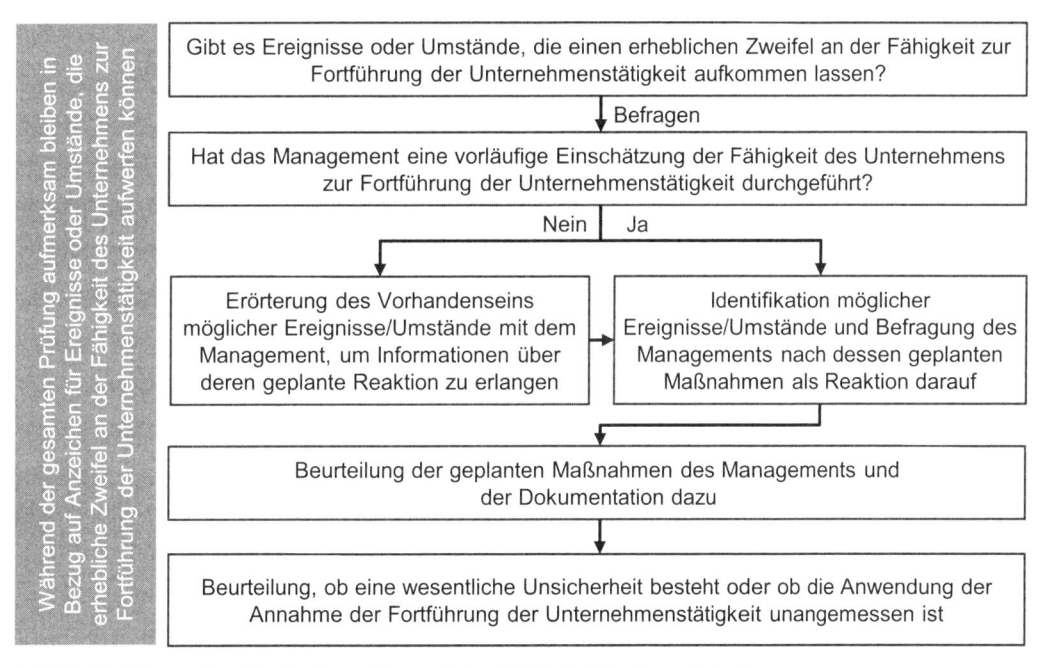

Während der gesamten Prüfung aufmerksam bleiben in Bezug auf Anzeichen für Ereignisse oder Umstände, die erhebliche Zweifel an der Fähigkeit des Unternehmens zur Fortführung der Unternehmenstätigkeit aufwerfen können

- Gibt es Ereignisse oder Umstände, die einen erheblichen Zweifel an der Fähigkeit zur Fortführung der Unternehmenstätigkeit aufkommen lassen?
  ↓ Befragen
- Hat das Management eine vorläufige Einschätzung der Fähigkeit des Unternehmens zur Fortführung der Unternehmenstätigkeit durchgeführt?
  - **Nein**: Erörterung des Vorhandenseins möglicher Ereignisse/Umstände mit dem Management, um Informationen über deren geplante Reaktion zu erlangen
  - **Ja**: Identifikation möglicher Ereignisse/Umstände und Befragung des Managements nach dessen geplanten Maßnahmen als Reaktion darauf
- Beurteilung der geplanten Maßnahmen des Managements und der Dokumentation dazu
- Beurteilung, ob eine wesentliche Unsicherheit besteht oder ob die Anwendung der Annahme der Fortführung der Unternehmenstätigkeit unangemessen ist

© 2011, 2017 International Federation of Accountants (IFAC). Alle Rechte vorbehalten.

59 Bei der Planung der Abschlussprüfung ist abzuschätzen, ob Anhaltspunkte für Ereignisse gegeben sind oder Verhältnisse bestehen, die erhebliche **Zweifel an der Fortführung der Unternehmenstätigkeit** aufwerfen können (bestandsgefährdende Tatsachen). Auch im weiteren Verlauf der Prüfung ist auf derartige bestandsgefährdende Tatsachen zu achten (*IDW PS 270, Tz. 15*).

60 Bereits während der Planung sind die mit der Annahme der Fortführung der Unternehmenstätigkeit verbundenen Gesichtspunkte mit den gesetzlichen Vertretern zu besprechen. Dabei werden deren Planungen kritisch durchgesehen und deren Lösungsansätze für er-

kannte Probleme im Zusammenhang mit der Unternehmensfortführung erörtert (vgl. *IDW PS 270*, Tz. 16).

61 Haben die gesetzlichen Vertreter noch keine ersten Einschätzungen vorgenommen, ist mit ihnen die Grundlage der beabsichtigten Anwendung der Annahme der Unternehmensfortführung zu erörtern und nach Anhaltspunkten zu fragen, die gegen diese Annahme sprechen. Insbesondere wenn bereits selbst bestandsgefährdende Tatsachen festgestellt wurden, ist es notwendig, die **Einschätzung der gesetzlichen Vertreter** zur Annahme der Fortführung der Unternehmenstätigkeit einzuholen (*IDW PS 270*, Tz. 16). Der **Prognosezeitraum** beträgt mindestens zwölf Monate gerechnet vom Abschlussstichtag an. Der Abschlussprüfer hat die gesetzlichen Vertreter über deren Kenntnisse von sich nach dem Prognosezeitraum abzeichnenden bestandsgefährdenden Tatsachen zu **befragen** (*IDW PS 270*, Tz. 8, Tz. 19, Tz. 22).

62 Haben die gesetzlichen Vertreter für ihre Einschätzung der Fortführung der Unternehmenstätigkeit einen **Zeitraum von weniger als zwölf Monaten** (gerechnet vom Abschlussstichtag des Geschäftsjahres) zugrunde gelegt, sind diese aufzufordern, den Beurteilungszeitraum auf mindestens zwölf Monate auszudehnen (vgl. *IDW PS 270*, Tz. 20a). Es reicht also in der Praxis nicht aus, eine zu kurzfristige Fortführungsprognose der gesetzlichen Vertreter für Zwecke der Abschlussprüfung durch eine entsprechend längere Beurteilung des Abschlussprüfers zu ersetzen.[9]

63 Bestehen Zweifel an der Unternehmensfortführung, haben die gesetzlichen Vertreter eingehende Fortführungsprognosen zu erstellen (vgl. *IDW PS 270*, Tz. 10).[10]

> *Hinweise auf in der Praxis vorkommende Fehlerquellen, die in den Kontrollen der APAK/WPK beanstandet wurden:[11]*
>
> - *unzureichende Dokumentation der Beurteilung der Prognoseverfahren und der Annahmen, die das Management seiner positiven Fortführungsprognose zugrunde gelegt hat, obwohl die wirtschaftliche Situation des Mandanten dies deutlich gefordert hätte.*
> - *Nicht in Einklang stehende Vorwegberichterstattung im Prüfungsbericht zu bestandsgefährdenden Risiken mit der Risikoberichterstattung im (Konzern-)Lagebericht.*

64 Liegen Anhaltspunkte für bestandsgefährdende Tatsachen vor, hat der Abschlussprüfer geeignete Prüfungshandlungen durchzuführen, um sich ausreichende und angemessene Prüfungsnachweise zu verschaffen, ob tatsächlich eine Bestandsgefährdung vorliegt (vgl. *IDW PS 270*, Tz. 26 ff.; siehe **Arbeitshilfe B-2.4.: Beurteilung der Annahme zur Unternehmensfortführung**, Fragen 6-13).

---

[9] Vgl. *Noodt/Kunellis*, Änderung von IDW Prüfungsstandards: Anpassung an die im Rahmen des Clarity-Projekts überarbeiteten ISA, WPg 12/2011, S. 557.

[10] Vgl. auch Tz. 5, 8 und 13 ff. des Positionspapiers des IDW: Zusammenwirken von handelsrechtlicher Fortführungsannahme und insolvenzrechtlicher Fortbestehensprognose (Stand: 13.08.2012), FN-IDW 9/2012, S. 463.

65 Bestandsgefährdende Tatsachen sind nach der Insolvenzordnung Zahlungsunfähigkeit (§ 17 InsO), drohende Zahlungsunfähigkeit (§ 18 InsO) und Überschuldung (§ 19 InsO). Die folgende Übersicht zeigt die in der Insolvenzordnung vorgesehenen Eröffnungsgründe für das Insolvenzverfahren einschließlich der Pflichten und Rechte der gesetzlichen Vertreter des Unternehmens:

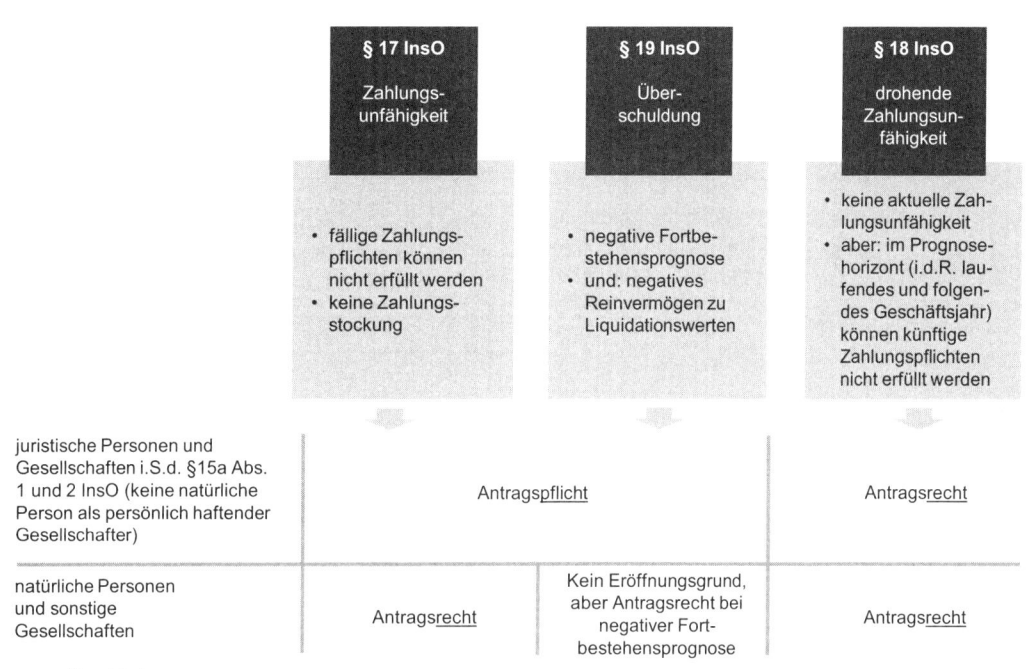

	§ 17 InsO Zahlungsunfähigkeit	§ 19 InsO Überschuldung	§ 18 InsO drohende Zahlungsunfähigkeit
	• fällige Zahlungspflichten können nicht erfüllt werden • keine Zahlungsstockung	• negative Fortbestehensprognose • und: negatives Reinvermögen zu Liquidationswerten	• keine aktuelle Zahlungsunfähigkeit • aber: im Prognosehorizont (i.d.R. laufendes und folgendes Geschäftsjahr) können künftige Zahlungspflichten nicht erfüllt werden
juristische Personen und Gesellschaften i.S.d. §15a Abs. 1 und 2 InsO (keine natürliche Person als persönlich haftender Gesellschafter)	Antrags<u>pflicht</u>		Antrags<u>recht</u>
natürliche Personen und sonstige Gesellschaften	Antrags<u>recht</u>	Kein Eröffnungsgrund, aber Antragsrecht bei negativer Fortbestehensprognose	Antrags<u>recht</u>

Abb. „Überblick über die Insolvenzeröffnungsgründe"

66 Werden Ereignisse oder Umstände festgestellt, die Anlass zu erheblichen Zweifeln an der Fähigkeit zur Fortführung der Unternehmenstätigkeit geben können, müssen diese mit dem Aufsichtsorgan (so früh wie möglich) erörtert werden. Es muss besprochen werden,

- ob die Annahme über die Fortführung der Unternehmenstätigkeit angemessen ist,
- ob die Ereignisse oder Umstände Anlass für eine wesentliche Unsicherheit hinsichtlich der Unternehmensfortführung geben und
- ob die damit zusammenhängenden Angaben und Erläuterungen im Abschluss und Lagebericht angemessen sind (vgl. *IDW PS 270*, Tz. 21a).

67 Wenn sich Anzeichen für **Liquiditätsengpässe** ergeben und daher zusätzliche Prüfungshandlungen geboten sind bzw. Nachweise eingeholt werden müssen, um die Angemessenheit der Annahme der Fortführung der Unternehmenstätigkeit beurteilen zu können, sind zudem die Grundsätze des *IDW Standards: Beurteilung des Vorliegens von Insolvenzeröffnungsgründen (IDW S 11)* ergänzend zu berücksichtigen (vgl. *IDW S 11*, Tz. 13 ff.). Hierbei ist die **Zahlungsunfähigkeit** von der einfachen **Zahlungsstockung** abzugrenzen:

---

[11] Quelle: Berufsaufsichtsbericht 2010 der WPK, S. 31.

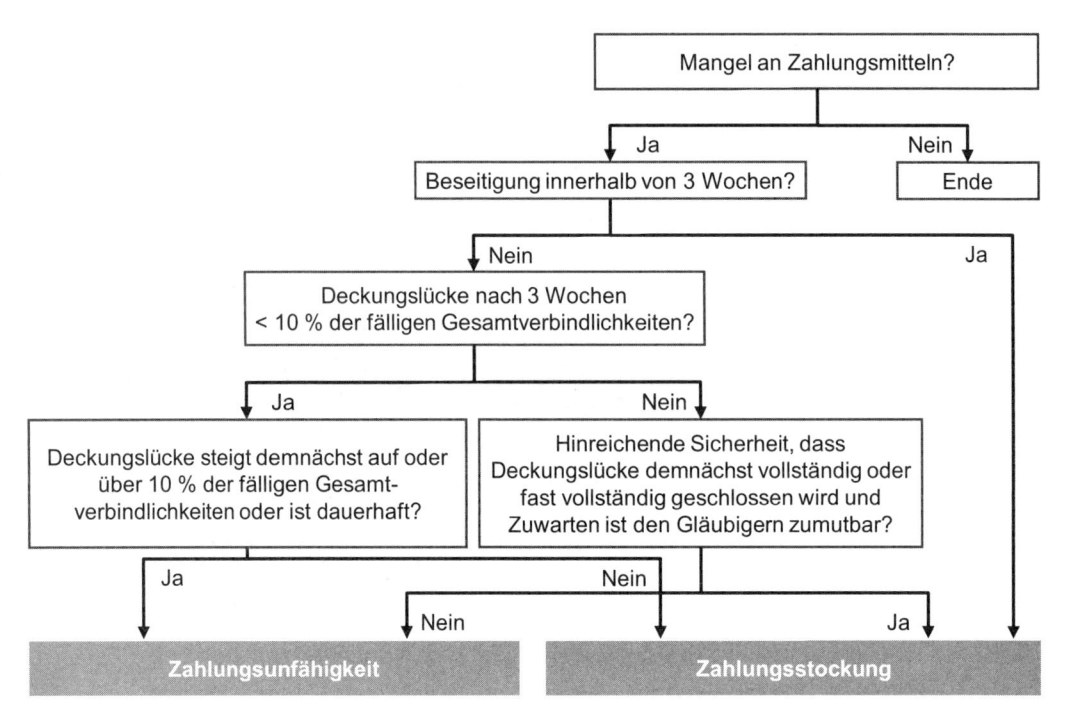

```
                    ┌─────────────────────────┐
                    │ Mangel an Zahlungsmitteln? │
                    └─────────────────────────┘
                       Ja ↓              Nein ↓
              ┌──────────────────────┐    ┌──────┐
              │ Beseitigung innerhalb │    │ Ende │
              │     von 3 Wochen?     │    └──────┘
              └──────────────────────┘
                 Nein ↓         Ja →
    ┌──────────────────────────────────┐
    │    Deckungslücke nach 3 Wochen   │
    │ < 10 % der fälligen Gesamtverbindlichkeiten? │
    └──────────────────────────────────┘
         Ja ↓                    Nein ↓
┌──────────────────────┐   ┌───────────────────────────┐
│ Deckungslücke steigt │   │  Hinreichende Sicherheit,  │
│ demnächst auf oder   │   │  dass Deckungslücke dem-   │
│ über 10 % der fälligen│  │  nächst vollständig oder   │
│ Gesamtverbindlich-   │   │  fast vollständig geschlossen│
│ keiten oder ist      │   │  wird und Zuwarten ist den │
│ dauerhaft?           │   │  Gläubigern zumutbar?      │
└──────────────────────┘   └───────────────────────────┘
       Ja ↓        Nein ↓           Nein ↓    Ja ↓
    ┌────────────────────┐     ┌────────────────────┐
    │ Zahlungsunfähigkeit │     │  Zahlungsstockung   │
    └────────────────────┘     └────────────────────┘
```

Abb. Abgrenzung Zahlungsunfähigkeit/Zahlungsstockung (vgl. *IDW S 11*, Tz. 13 ff.)

2.2.5.2. Hinweise zur Bearbeitung

68 Berücksichtigen Sie z.B. folgende **Skalierungsaspekte** im Zusammenhang mit der Beurteilung der Fähigkeit zur Unternehmensfortführung:

- Die Notwendigkeit zur Durchführung bestimmter (zusätzlicher) Prüfungshandlungen als Reaktion auf ein erhöhtes Risiko der Unternehmensfortführung ist davon abhängig, ob im Rahmen der Risikobeurteilung Anhaltspunkte für bestandsgefährdende Risiken bekannt werden. (*IDW PS 270*, Tz. 26 ff.)
- KMU verfügen häufig nicht über detaillierte **Wirtschaftlichkeits- und Planungsrechnungen**. Für die Einschätzung der Annahme über die Fortführung der Unternehmenstätigkeit kommen in Frage:
  - Gespräche mit dem Eigentümer-Unternehmer
  - Erörterung der mittel- und langfristigen Finanzierungsplanung und
  - schriftliche Erklärungen der Unternehmensleitung.

  Diese sind auf Plausibilität zu prüfen. (Vgl. *IDW PH 9.100.1*, Tz. 62)

69 Nach § 252 Abs. 1 Nr. 2 HGB ist bei der Bewertung von der Fortführung der Unternehmenstätigkeit auszugehen, sofern dem nicht tatsächliche oder rechtliche Gegebenheiten entgegenstehen. Entsprechendes gilt nach den Grundsätzen ordnungsmäßiger Buchführung für den Bilanzansatz und den Ausweis von Vermögensgegenständen, Schulden, Rechnungsabgrenzungsposten sowie für die Angaben im Anhang. Die *IDW Stellungnahme zur Rechnungslegung: Auswirkungen einer Abkehr von der Going-Concern-Prämisse auf den* *handelsrechtlichen Jahresabschluss (IDW RS HFA 17)*[12] befasst sich mit der Frage, welche Auswirkungen sich im Falle einer **Abkehr von der Going-Concern-Prämisse** für den handelsrechtlichen Jahresabschluss und Lagebericht ergeben.

70 Wenn in der Vergangenheit nachhaltige Gewinne aus der operativen Tätigkeit erzielt wurden und leicht auf finanzielle Mittel zurückgegriffen werden konnte, können die gesetzlichen Vertreter grundsätzlich von der Unternehmensfortführung ausgehen, sofern keine bilanzielle Überschuldung droht.[13] In solchen Fällen werden die Schlussfolgerungen, ob die Einschätzung der gesetzlichen Vertreter über die Unternehmensfortführung angemessen ist, getroffen, ohne dass eingehende Prüfungshandlungen zugrunde zu legen sind (vgl. *IDW PS 270*, Tz. 9). Bei einer gesamtwirtschaftlichen Krisensituation – wie anlässlich der Finanzmarkt- und Wirtschaftskrise in den Jahren nach 2007 – kann diese Annahme jedoch nicht mehr ohne Weiteres vorausgesetzt werden. Es liegt in der Verantwortung der gesetzlichen Vertreter des bilanzierenden Unternehmens, die Fähigkeit der Unternehmensfortführung auch dann zu hinterfragen, wenn das Unternehmen in der Vergangenheit nachhaltige Gewinne erzielt hat und leicht auf finanzielle Mittel zurückgreifen konnte. Bei Zweifeln am Unternehmensfortbestand sind besondere Anforderungen an die Dokumentation des Unternehmens, vor allem der geplanten Maßnahmen der gesetzlichen Vertreter, zu stellen. Der Abschlussprüfer wird die Angemessenheit der Einschätzung der gesetzlichen Vertreter zur Unternehmensfortführung kritisch würdigen. Dabei ist sorgfältig zu prüfen, ob prognostizierte Zahlungsströme eine ausreichend hohe Eintrittswahrscheinlichkeit haben (vgl. *IDW: Besondere Prüfungsfragen im Kontext der aktuellen Wirtschafts- und Finanzmarktkrise vom 19.12.2008,* Tz. 13, FN-IDW 1/2009, S. 3 ff.).

71 Folgende Risiken sind für KMU vielfach bestandsgefährdend (*IDW PH 9.100.1*, Tz. 61):

- Kündigung der Bereitschaft zur Kreditgewährung durch Banken oder andere Fremdkapitalgeber
- Abwanderung von Großkunden bzw. Arbeitnehmern in Schlüsselpositionen
- Verlust wesentlicher Wettbewerbspositionen bzw. Rechte (z.B. aus Lizenz-, Franchise- oder sonstigen Verträgen)
- Beendigung der Bereitschaft zur Unterstützung der Gesellschaft durch den Eigentümer-Unternehmer.

72 Vorhandene Erkenntnisse aus **externen Ratings** von Unternehmen können bei der Prüfung insofern verwendet werden, als sie bei der Informationsgewinnung und Risikobeurteilung als Informationsquelle dienen. Die Ergebnisse können ein Indikator für das Vorliegen von dro-

---

[12] Vgl. FN-IDW 7/2011, S. 438 ff.
[13] So auch IAS 1, Tz. 25.

henden wirtschaftlichen Schwierigkeiten und insofern Anstoß für weitergehende Prüfungshandlungen sein, insb. dann, wenn sie auf bestandsgefährdende Risiken hindeuten.[14]

73   Bei einer Finanzierung über den **Eigentümer-Unternehmer** kann der Fortbestand des Unternehmens davon abhängig sein, dass finanzielle Mittel nicht zurückgefordert oder für gewährte Darlehen ein Rangrücktritt oder sonstige Garantien zugunsten Dritter erklärt bzw. aufrechterhalten werden. In solchen Fällen sollten die zum Nachweis vorhandenen **Rangrücktritts- oder Patronatsvereinbarungen** und deren Kündbarkeit gesichtet und gewürdigt werden. Soweit das Unternehmen auf eine weitergehende Unterstützung seines Eigentümer-Unternehmers angewiesen ist, ist auch bei Vorliegen rechtsverbindlicher Vereinbarungen dessen Fähigkeit zu würdigen, die eingegangenen Verpflichtungen zu erfüllen (*IDW PH 9.100.1*, Tz. 63).

74   Bei der vorläufigen Beurteilung des Prüfungsrisikos sind erkannte Anhaltspunkte für bestandsgefährdende Tatsachen zu berücksichtigen. Liegen solche Anhaltspunkte vor, hat dies Einfluss auf die Art, den Umfang und den zeitlichen Einsatz der weiteren Prüfungshandlungen (Hinweis auf **B-5.1.: Zusammenfassende Risikobeurteilungen/Prüfungsstrategie und Beurteilung der erreichten Prüfungssicherheit** je Prüffeld, Meilenstein 5).

75   Lassen sich **Anhaltspunkte für eine Insolvenzreife** erkennen, so sind die gesetzlichen Vertreter durch den Abschlussprüfer auf ihre insolvenzrechtlichen Verpflichtungen hinzuweisen. Das IDW hat in einem Positionspapier die Zusammenhänge zwischen der Beurteilung der Fortführungsannahme im Rahmen der Prüfung des handelsrechtlichen Jahresabschlusses und der insolvenzrechtlichen Fortbestehensprognose zur Beurteilung von Insolvenzantragsgründen nach §§ 17 ff. InsO erläutert.[15]

[Anm.: Im Rahmen des Finanzmarktstabilisierungsgesetzes (FMStG) wurde der insolvenzrechtliche Überschuldungsbegriff (§ 19 Abs. 2 InsO i.d.F. des FMStG) neu gefasst: Seitdem reicht eine positive Fortführungsprognose[16] aus, um auch bei rechnerischer Überschuldung einen Insolvenzantrag zu vermeiden. Eine Überschuldung liegt nicht vor, „wenn nach überwiegender Wahrscheinlichkeit die Finanzkraft des Unternehmens mittelfristig zur Fortführung ausreicht"[17]. Der Gesetzgeber hat die zunächst bis zum 31.12.2013 befristete Änderung Ende 2012 auf unbestimmte Zeit verlängert.]

---

[14] Vgl. Ergebnisbericht-Online über die 210. Sitzung des HFA am 04. und 05.12.2007, TOP 18, abrufbar im Mitgliederbereich der IDW Website in der Rubrik „Sitzungsberichte/Ergebnisberichte.

[15] Vgl. Positionspapier des IDW: Zusammenwirken von handelsrechtlicher Fortführungsannahme und insolvenzrechtlicher Fortbestehensprognose (Stand: 13.08.2012), FN-IDW 9/2012, S. 463.

[16] Die insolvenzrechtliche Fortführungsprognose umfasst das laufende Jahr und das Folgejahr (vgl. *IDW Standard: Anforderungen an die Erstellung von Sanierungskonzepten (IDW S 6*, Tz. 13).

[17] Zur Neufassung des insolvenzrechtlichen Überschuldungsbegriffs vgl. im Einzelnen Fachausschuss für Sanierung und Insolvenz (FAS) des IDW; WPg 22/2008, S. 1053 f.

2.2.5.3. Festlegung von Prüfungshandlungen

Wenn der verantwortliche Wirtschaftsprüfer die Prüfungshandlungen festlegt, sollte er folgende Eckpunkte beachten und eigenverantwortlich einschätzen, ob sie unter den gegebenen Umständen mit Blick auf das Prüfungsziel erforderlich sind:

a) Beurteilung mithilfe der **Arbeitshilfe B-2.4.: Beurteilung der Annahme der Unternehmensfortführung** oder alternativ **B-5.2.: Planungsleitfaden** bei nicht komplexen Unternehmen, ob wesentliche Unsicherheiten hinsichtlich der Fähigkeit zur Unternehmensfortführung bestehen. Hierfür ist eine Prognose der gesetzlichen Vertreter einzuholen (Befragung!).

b) Entscheidung, ob nach der Beurteilung der Pläne des Managements und nach zusätzlichen Prüfungshandlungen weiterhin ernsthafte Zweifel an der Fähigkeit des Unternehmens zur Fortführung der Unternehmenstätigkeit bestehen. Ferner ist die ordnungsgemäße Darstellung im Jahresabschluss und Lagebericht zu prüfen. Zu unterscheiden sind folgende **Fälle**:

Angemessene Annahme über die Fortführung der Unternehmenstätigkeit
(vgl. *IDW PS 270*, Tz. 34 ff.):

aa) Besteht trotz der Angemessenheit der Annahme der Fortführung der Unternehmenstätigkeit eine erhebliche Unsicherheit hierüber, so ist zu prüfen, ob im Lagebericht die bestandsgefährdenden Tatsachen mit den hierauf abgestellten Plänen der gesetzlichen Vertreter angemessen, auf die Unsicherheit der Unternehmensfortführung abzielend, dargestellt sind.

- Zur Lagedarstellung der gesetzlichen Vertreter ist im Prüfungsbericht Stellung zu nehmen.
- Sind die Annahme der Fortführung der Unternehmenstätigkeit und die Berichterstattung im Lagebericht angemessen, kann ein uneingeschränkter Bestätigungsvermerk erteilt werden, der um einen Hinweis nach § 322 Abs. 2 Satz 3 HGB zu ergänzen ist.
- Enthält der Lagebericht keine angemessene Berichterstattung über die Unsicherheit in der Fortführung der Unternehmenstätigkeit, ist der Bestätigungsvermerk nach Konsultation mit der Praxisleitung einzuschränken. Im Prüfungsbericht ist der Grund für die Einschränkung zu erläutern.

bb) Ein uneingeschränkter Bestätigungsvermerk kann erteilt werden, wenn der Jahresabschluss unter der Annahme, dass die Unternehmenstätigkeit nicht fortgeführt wird, zu Liquidationswerten aufgestellt und diese Tatsache im Anhang und Lagebericht angemessen dargestellt ist.

cc) In beiden Fällen ist nach § 321 Abs. 1 Satz 2 HGB im Prüfungsbericht über die festgestellten Risiken zu berichten sowie nach § 322 Abs. 2 Satz 3 HGB nach Konsultation mit der Praxisleitung ein ergänzender Hinweis im Bestätigungsvermerk bezüglich der den Fortbestand des Unternehmens gefährdenden Risiken aufzunehmen.

Nicht angemessene Annahme über die Fortführung der Unternehmenstätigkeit (vgl.

> *IDW PS 270*, Tz. 41):
>
> Ist das Unternehmen nicht in der Lage, seine Unternehmenstätigkeit fortzuführen und ist der Jahresabschluss trotzdem unter der Fortführungsprämisse aufgestellt, so ist der Bestätigungsvermerk nach Konsultation mit der Praxisleitung zu versagen und die Versagung im Prüfungsbericht zu erläutern. Dies gilt auch, wenn die bestandsgefährdenden Tatsachen im Lagebericht zutreffend dargestellt sind.
>
> **Fehlende oder unzureichende Einschätzung der Fortführung der Unternehmenstätigkeit durch die gesetzlichen Vertreter** (vgl. *IDW PS 270*, Tz. 42 ff.):
>
> Falls die gesetzlichen Vertreter auch nach ausdrücklicher Aufforderung durch den Abschlussprüfer nicht bereit sind, eine Einschätzung über die Fortführung der Unternehmenstätigkeit abzugeben oder auf einen angemessenen Zeitraum zu erstrecken und ohne deren Einschätzung Unsicherheit besteht, ob keine bestandsgefährdenden Tatsachen vorliegen oder Pläne bestehen, die Geschäftstätigkeit zu beenden oder den bestandsgefährdenden Tatsachen zu begegnen, ist der Bestätigungsvermerk nach Konsultation mit der Praxisleitung zu versagen (Prüfungshemmnis).

2.2.6. Beurteilung des Risikos von Unrichtigkeiten und Verstößen

2.2.6.1. Prüfungsanforderungen

76 Die Verantwortung, Unrichtigkeiten und beabsichtigte falsche Angaben (Verstöße) zu verhindern und aufzudecken, liegt bei den **gesetzlichen Vertretern** des Unternehmens, die hierzu geeignete Regelungen und Verfahren einzuführen und zu unterhalten haben. Dazu gehört ein geeignetes internes Kontrollsystem einschließlich eines Kontrollumfelds, das eine Kultur des ethischen Verhaltens vermittelt und vorlebt. Das interne Kontrollsystem kann das Risiko für das Auftreten von Unrichtigkeiten und Verstößen zwar verringern, aber nicht völlig ausschließen. Es gehört weiter zu den Aufgaben der gesetzlichen Vertreter sicherzustellen, dass die Geschäfte des Unternehmens in Übereinstimmung mit den gesetzlichen Vorschriften geführt werden (vgl. *IDW PS 210*, Tz. 8 f.).

77 Neben den gesetzlichen Vertretern tragen auch die nach der jeweiligen Unternehmensverfassung maßgeblichen **Aufsichtsgremien** (z.B. Aufsichtsrat, Prüfungsausschuss, Gesellschafterversammlung) Verantwortung für eine wirksame Unternehmensüberwachung. Sie haben die Unternehmensleitung zu überwachen und damit sicherzustellen, dass die von den gesetzlichen Vertretern eingerichteten Kontrollen mit hinreichender Sicherheit zur Verhinderung bzw. Aufdeckung von Unrichtigkeiten und Verstößen wirksam sind. Dabei haben sie auch das Risiko einzuschätzen, dass das Management Kontrollmaßnahmen außer Kraft setzt oder sonst in unangemessener Weise auf den Rechnungslegungsprozess Einfluss

nimmt (z.B. durch Ergebnismanipulationen zur Beeinflussung der Einschätzung von Dritten über den wirtschaftlichen Erfolg des Unternehmens (*IDW PS 210*, Tz. 10)).

78 Nach § 317 Abs. 1 Satz 3 HGB ist die **Abschlussprüfung** so anzulegen, dass Unrichtigkeiten und Verstöße gegen gesetzliche Vorschriften und sie ergänzende Bestimmungen des Gesellschaftsvertrags oder der Satzung, die sich auf die Darstellung des sich nach § 264 Abs. 2 HGB ergebenden Bildes der Vermögens-, Finanz- und Ertragslage des Unternehmens wesentlich auswirken, bei gewissenhafter Berufsausübung erkannt werden. Über erkannte wesentliche Unrichtigkeiten und Verstöße ist im Bestätigungsvermerk und im Prüfungsbericht zu berichten (*IDW PS 210*, Tz. 12).

79 Im Prüfungsbericht ist zudem nach § 321 Abs. 1 Satz 3 HGB über bei der Prüfung festgestellte Tatsachen zu berichten, die schwerwiegende Verstöße der gesetzlichen Vertreter oder von Arbeitnehmern gegen Gesetz, Gesellschaftsvertrag oder Satzung erkennen lassen, die nicht zu falschen Angaben in der Rechnungslegung führen (vgl. *IDW PS 210*, Tz. 12).

80 Die Abschlussprüfung ist mit einer **kritischen Grundhaltung** gegenüber dem geprüften Unternehmen, dessen gesetzlichen Vertretern, Mitarbeitern und Aufsichtsorgan zu planen und durchzuführen. Die kritische Grundhaltung ist während der gesamten Dauer der Prüfung zu wahren. Dazu gehört es, Angaben zu hinterfragen, auf Gegebenheiten zu achten, die auf falsche Angaben hindeuten könnten, und die Prüfungsnachweise kritisch zu beurteilen (vgl. § 43 Abs. 4 WPO). Zur kritischen Grundhaltung gehört es, das Risiko der **Außerkraftsetzung von Kontrollmaßnahmen** durch das Management (Management Override) zu berücksichtigen und die Tatsache in die Überlegungen mit einzubeziehen, dass Prüfungshandlungen, die für die Aufdeckung von Unrichtigkeiten geeignet sind, im Zusammenhang mit beabsichtigten falschen Angaben nicht notwendigerweise ausreichen (*IDW PS 210*, Tz. 14).

81 Bei der Prüfungsplanung ist – sofern das Prüfungsteam aus mehreren Personen besteht – eine **Teambesprechung** vorzunehmen, in der die Mitglieder u.a. erörtern, in welchen Bereichen des Unternehmens eine erhöhte Wahrscheinlichkeit für Unrichtigkeiten und Verstöße besteht, wie Verstöße begangen werden können, wer aus dem Prüfungsteam besondere Befragungen durchführt und wie über diese berichtet wird (vgl. Meilenstein 3, Abschn. 3.2.4.). Die Erörterung muss unabhängig davon geführt werden, ob das Management sowie die Mitglieder des Aufsichtsorgans für ehrlich und integer gehalten werden (vgl. *IDW PS 210*, Tz. 25).

82 Als Teil der Prüfungshandlungen zur Gewinnung eines Verständnisses über das Unternehmen und seines Umfelds (vgl. Abschn. 2.2.2.) sind Informationen einzuholen, die dazu dienen, Risiken wesentlicher falscher Angaben aufgrund von Verstößen (Fraud-Risikofaktoren) zu erkennen:

- **Befragungen** des Managements (gesetzliche Vertreter und andere Führungskräfte), der Mitglieder des Aufsichtsorgans (i.d.R. des Vorsitzenden), ggf. der Mitarbeiter der Internen Revision und anderer Personen innerhalb des Unternehmens. Dabei ist ein Verständnis darüber zu entwickeln, wie die Mitglieder des Aufsichtsorgans ihre Überwachungstätigkeit ausführen im Hinblick auf die vom Management eingerichteten Prozesse zur Erkennung von und zum Umgang mit Risiken für Verstöße (unter besonderer Berücksichtigung der hierfür eingerichteten Teile des IKS) (vgl. *IDW PS 210*, Tz. 26 ff.)
- **Einschätzung**, ob ein oder mehrere **Risikofaktoren im Hinblick auf Verstöße** vorliegen (vgl. *IDW PS 210*, Tz. 23)
- Anwendung **analytischer Prüfungshandlungen**, um **ungewöhnliche oder unerwartete Verhältnisse** festzustellen, die auf wesentliche falsche Angaben im Abschluss aufgrund von Verstößen hinweisen (vgl. *IDW PS 210*, Tz. 32) (vgl. Abschn. 2.2.3.)
- Abwägung, ob **andere erhaltene Informationen** auf Risiken wesentlicher falscher Angaben aufgrund von Verstößen hindeuten. Dies können z.B. Informationen aus der Erörterung mit dem Prüfungsteam, Informationen, die während der Auftragsannahme und -fortführung erlangt wurden oder Informationen aus Aufträgen zur prüferischen Durchsicht von Zwischenabschlüssen des Unternehmens sein (vgl. *IDW PS 210*, Tz. 33).

Die folgende Übersicht stellt die möglichen Hintergründe, Methoden und Auswirkungen von Verstößen dar:

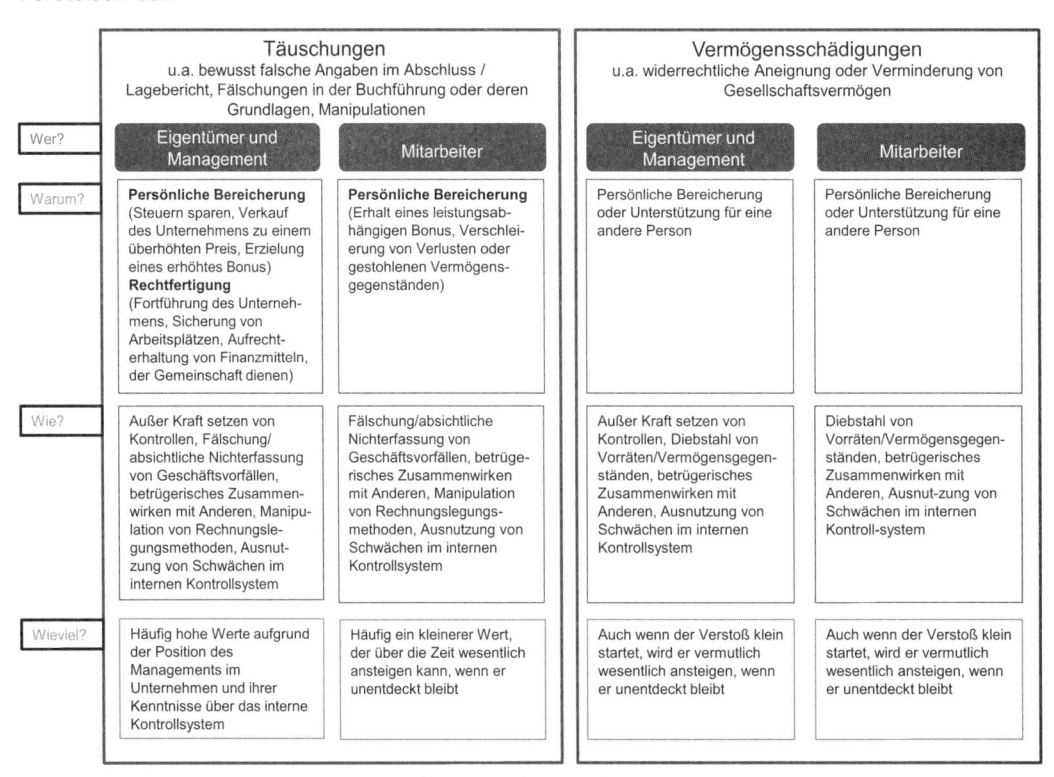

	Täuschungen u.a. bewusst falsche Angaben im Abschluss / Lagebericht, Fälschungen in der Buchführung oder deren Grundlagen, Manipulationen		Vermögensschädigungen u.a. widerrechtliche Aneignung oder Verminderung von Gesellschaftsvermögen	
Wer?	Eigentümer und Management	Mitarbeiter	Eigentümer und Management	Mitarbeiter
Warum?	Persönliche Bereicherung (Steuern sparen, Verkauf des Unternehmens zu einem überhöhten Preis, Erzielung eines erhöhtes Bonus) Rechtfertigung (Fortführung des Unternehmens, Sicherung von Arbeitsplätzen, Aufrechterhaltung von Finanzmitteln, der Gemeinschaft dienen)	Persönliche Bereicherung (Erhalt eines leistungsabhängigen Bonus, Verschleierung von Verlusten oder gestohlenen Vermögensgegenständen)	Persönliche Bereicherung oder Unterstützung für eine andere Person	Persönliche Bereicherung oder Unterstützung für eine andere Person
Wie?	Außer Kraft setzen von Kontrollen, Fälschung/absichtliche Nichterfassung von Geschäftsvorfällen, betrügerisches Zusammenwirken mit Anderen, Manipulation von Rechnungslegungsmethoden, Ausnutzung von Schwächen im internen Kontrollsystem	Fälschung/absichtliche Nichterfassung von Geschäftsvorfällen, betrügerisches Zusammenwirken mit Anderen, Manipulation von Rechnungslegungsmethoden, Ausnutzung von Schwächen im internen Kontrollsystem	Außer Kraft setzen von Kontrollen, Diebstahl von Vorräten/Vermögensgegenständen, betrügerisches Zusammenwirken mit Anderen, Ausnutzung von Schwächen im internen Kontrollsystem	Diebstahl von Vorräten/Vermögensgegenständen, betrügerisches Zusammenwirken mit Anderen, Ausnutzung von Schwächen im internen Kontroll-system
Wieviel?	Häufig hohe Werte aufgrund der Position des Managements im Unternehmen und ihrer Kenntnisse über das interne Kontrollsystem	Häufig ein kleinerer Wert, der über die Zeit wesentlich ansteigen kann, wenn er unentdeckt bleibt	Auch wenn der Verstoß klein startet, wird er vermutlich wesentlich ansteigen, wenn er unentdeckt bleibt	Auch wenn der Verstoß klein startet, wird er vermutlich wesentlich ansteigen, wenn er unentdeckt bleibt

© 2011, 2017 International Federation of Accountants (IFAC). Alle Rechte vorbehalten.

83   Der Abschlussprüfer muss Fehlerrisiken aufgrund von Verstößen auf **Abschlussebene** sowie auf der Ebene einzelner **Aussagen** in Bezug auf bestimmte Arten von Geschäftsvorfäl-

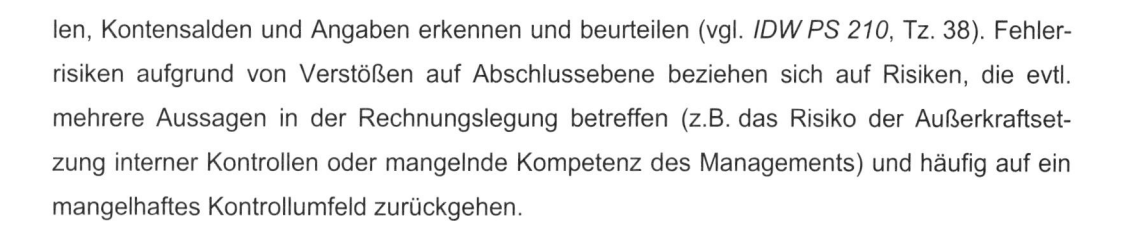

len, Kontensalden und Angaben erkennen und beurteilen (vgl. *IDW PS 210*, Tz. 38). Fehlerrisiken aufgrund von Verstößen auf Abschlussebene beziehen sich auf Risiken, die evtl. mehrere Aussagen in der Rechnungslegung betreffen (z.B. das Risiko der Außerkraftsetzung interner Kontrollen oder mangelnde Kompetenz des Managements) und häufig auf ein mangelhaftes Kontrollumfeld zurückgehen.

84 Auf Basis der Risikobeurteilungen sind weitere Prüfungshandlungen so durchzuführen, dass mit hinreichender Sicherheit wesentliche falsche Angaben entdeckt werden. Werden falsche Angaben entdeckt, ist festzustellen, auf welche Ursachen diese zurückgehen (z.B. Täuschungen, Vermögensschädigungen oder andere Gesetzesverstöße), um danach mögliche Einflüsse auf die Prüfungsstrategie und das Prüfungsprogramm abzuschätzen (vgl. *IDW PS 210*, Tz. 40, Tz. 46) (Hinweis auf Meilenstein 5).

85 Vermutet der Abschlussprüfer, dass falsche Angaben im Abschluss oder Lagebericht aus Verstößen unter Mitwirkung des höheren Managements resultieren, sind erneut die Risiken wesentlicher falscher Angaben aufgrund von Verstößen und die Auswirkungen auf Art, Umfang und Zeitpunkt der entsprechenden Prüfungshandlungen zu beurteilen. Dabei muss der Prüfer auch die Möglichkeit von **kollusivem Verhalten** unter Beteiligung von anderen Mitarbeitern oder Dritten berücksichtigen (vgl. *IDW PS 210*, Tz. 59).

[Anm.: Falls Aussagen der Unternehmensleitung oder anderer Führungskräfte und des Aufsichtsrats widersprüchlich sind, sollten zusätzliche Informationen eingeholt werden, um diese Widersprüchlichkeiten auszuräumen oder aufzuklären.]

86 Zu den **Mitteilungspflichten** des Abschlussprüfers bei aufgedeckten oder vermuteten Unregelmäßigkeiten vgl. Meilenstein 9, Abschn. 9.2.3.

87 Darüber hinaus muss sich der Abschlussprüfer über alle weiteren im Rahmen der Prüfung festgestellten Sachverhalte im Zusammenhang mit Verstößen mit dem Aufsichtsorgan austauschen, die für dessen Überwachungstätigkeit relevant sind. Hierzu können z.B. gehören (vgl. *IDW PS 210*, Tz. 31):

- Bedenken über Art, Umfang und Häufigkeit der Überprüfungen des internen Kontrollsystems einschließlich des Rechnungslegungssystems durch das Management mit dem Ziel, Unrichtigkeiten und Verstöße zu vermeiden oder aufzudecken sowie die Risiken von falschen Angaben in den Abschlüssen einzuschätzen
- Versäumnisse des Managements in Bezug auf die Behebung im Vorjahr festgestellter Mängel des internen Kontrollsystems
- die Einschätzung des Kontrollumfelds durch den Abschlussprüfer[18] einschließlich etwaiger Bedenken in Bezug auf die Kompetenz und Integrität des Managements

---

[18] Vgl. *IDW PS 261 n.F.*, Tz. 30.

- der Einfluss der genannten Sachverhalte auf Ansatz und Umfang der Abschlussprüfung. Hierzu gehören auch mögliche ergänzende Prüfungshandlungen, die der Abschlussprüfer für notwendig hält oder das Aufsichtsorgan in Auftrag gibt.

> *Hinweise auf in der Praxis vorkommende Fehlerquellen, die in den Kontrollen der APAK/WPK beanstandet wurden:[19]*
>
> - *keine bzw. unzureichende Dokumentation der Befragungen des Managements bzw. der Aufsichtsorgane*
>
> - *Befragung erfolgte lediglich formelhaft und war nicht auf die unternehmensindividuellen Verhältnisse abgestimmt*
>
> - *in vielen Fällen: keine geeigneten Prüfungshandlungen in Bezug auf das Erkennen des Risikos der Außerkraftsetzung von als wirksam erscheinenden Kontrollen durch das Management. Dies schließt ein, dass eine Durchsicht der in der Berichtsperiode und insb. zu deren Ende durchgeführten Buchungen auf unangemessene oder ungewöhnliche Transaktionen (sog. Journal Entry Tests; vgl. Meilenstein 5, Abschn. 5.2.3.1.) nicht vorgenommen wurde.*

2.2.6.2. Hinweise zur Bearbeitung

88 Berücksichtigen Sie z.B. folgende **Skalierungsaspekte** im Zusammenhang mit der Beurteilung des Risikos von Unrichtigkeiten und Verstößen:

- Größe, Komplexität und Eigentümerstruktur des zu prüfenden Unternehmens haben bei der Beurteilung der relevanten Risikofaktoren für Verstöße bedeutenden Einfluss. Während z.B. in großen Unternehmen eine wirksame Überwachung durch das Aufsichtsorgan, effektive interne Revisionstätigkeiten und das Vorhandensein schriftlich niedergelegter Verhaltenskodizes als Maßnahmen zur Begrenzung von Verstößen erwartet werden, haben in kleinen Unternehmen Unternehmenskultur, Integrität und ethisches Verhalten im Rahmen der Vorbildfunktion des Managements eine entscheidende Bedeutung. (ISA 240.A26 f.).

- Aus dem Vorhandensein eines **dominierenden Eigentümer-Unternehmers** können sich risikoerhöhende oder risikovermindernde Einschätzungen einschließlich der daraus resultierenden Einflüsse auf den Prüfungsansatz ergeben. Dies ist abhängig von der Einstellung des Eigentümer-Unternehmers zu Fragen des internen Kontrollsystems im Allgemeinen sowie zur persönlichen Ausübung von Kontrollmaßnahmen. Schwache Kontrollverfahren sowie das Risiko von Verstößen durch Mitarbeiter können dadurch ausgeglichen werden, dass Genehmigungen von der Unternehmensleitung einzuholen sind. Die Beherrschung des Geschäftsführungsgremiums durch eine oder wenige Personen, ohne Vorhandensein eines wirksamen Aufsichtsorgans, kann das Risiko von Verstößen erhöhen. (*IDW PH 9.100.1*, Tz. 54).

---

[19] Quelle: Berufsaufsichtsbericht 2010 der WPK, S. 31 sowie Tätigkeitsbericht der APAK 2013, S. 14.

89 Im Rahmen seiner **kritischen Grundhaltung** muss der Abschlussprüfer, ungeachtet seiner Erfahrungen im Hinblick auf die Ehrlichkeit und Integrität des Managements sowie der Mitglieder des Aufsichtsorgans, die Möglichkeit wesentlicher falscher Angaben aufgrund von Verstößen in Betracht ziehen. Obwohl vom Abschlussprüfer nicht erwartet werden kann, seine bisherigen diesbezüglichen Erfahrungen außer Acht zu lassen, ist die **Beibehaltung einer kritischen Grundhaltung** wichtig, weil bestimmte Verstöße schwer erkannt werden, Kontrollmaßnahmen durch das Management außer Kraft gesetzt und sich Umstände zwischenzeitlich geändert haben können (*IDW PS 210*, Tz. 14).

2.2.6.3. Festlegung von Prüfungshandlungen

Wenn der verantwortliche Wirtschaftsprüfer die Prüfungshandlungen festlegt, sollte er folgende Eckpunkte beachten und eigenverantwortlich einschätzen, ob sie unter den gegebenen Umständen mit Blick auf das Prüfungsziel erforderlich sind:

a) Erörterung der Anfälligkeit von Abschluss und Lagebericht für das Auftreten von wesentlichen falschen Angaben aufgrund von Verstößen (Fraud) im Prüfungsteam (zum Inhalt der Besprechung im Einzelnen vgl. Meilenstein 3). Die Ergebnisse können in der **Arbeitshilfe B-2.5.: Beurteilung des Risikos wesentlicher falscher Angaben in der Rechnungslegung aufgrund von Verstößen** oder alternativ in **B-5.2.: Planungsleitfaden** dokumentiert werden.

b) **Befragung des Managements** und sonstiger Mitarbeiter (u.a. der **Internen Revision**) nach deren Einschätzung des Risikos, dass der Abschluss wesentliche falsche Angaben aufgrund von Verstößen enthält und nach möglicherweise bestehenden Kenntnissen über bekannte, vermutete oder behauptete Verstöße im Unternehmen. Befragung des Managements, ob in der Vergangenheit bereits Fälle von Verstößen bekannt wurden und wie auf Behauptungen von Personen innerhalb (z.B. der Internen Revision) und außerhalb des Unternehmens über angeblich erfolgte Verstöße reagiert wird. Die Ergebnisse können in der **Arbeitshilfe B-2.5.: Beurteilung des Risikos wesentlicher falscher Angaben in der Rechnungslegung aufgrund von Verstößen** dokumentiert werden (vgl. *IDW PS 210*, Tz. 26 f., Tz. 29).

c) Darüber hinaus **Befragung des Managements** zu den **internen Kontrollen** zur Erkennung und zum Umgang mit Risiken von Verstößen innerhalb des Unternehmens und ob das Aufsichtsorgan über diese unterrichtet wird. Die Ergebnisse können in der **Arbeitshilfe B-2.5.: Beurteilung des Risikos wesentlicher falscher Angaben in der Rechnungslegung aufgrund von Verstößen** dokumentiert werden (vgl. *IDW PS 210*, Tz. 26 f.).

d) **Befragung des Aufsichtsorgans** (i.d.R. des Vorsitzenden) mit dem Ziel, ein Verständnis darüber zu gewinnen, wie das Aufsichtsorgan die internen Kontrollen des Managements zum Erkennen und zum Umgang mit Risiken von Verstößen überwacht und deren Kenntnis über bestehende, vermutete oder behauptete Verstöße im Unternehmen. Die Ergebnisse der Befragungen können in der **Arbeitshilfe B-2.5.: Beurteilung des Risikos wesentlicher falscher**

Angaben in der Rechnungslegung aufgrund von Verstößen dokumentiert werden (vgl. *IDW PS 210*, Tz. 30 f.).

e) Vorläufige **Einschätzung des Risikos von Verstößen** in der Rechnungslegung für jedes wesentliche Prüffeld.

Es soll grundsätzlich unterstellt werden, dass ein erhöhtes Risiko für wesentliche falsche Angaben aufgrund von Verstößen

- bei der **Umsatzrealisierung** besteht. Daher sind auch gezielte aussagebezogene Prüfungshandlungen in diesem Bereich durchzuführen und zu dokumentieren (zu möglichen Prüfungshandlungen vgl. Meilenstein 5, Abschn. 5.2.3.1.). Wenn im Ausnahmefall die Umsatzrealisierung nicht als ein Risikobereich angesehen wird, müssen die Gründe für diese Schlussfolgerung dokumentiert werden (vgl. *IDW PS 210*, Tz. 39).

- durch die **Außerkraftsetzung** von ansonsten wirksam erscheinenden **Kontrollmaßnahmen** durch das Management besteht. Zu den diesbezüglich vorzunehmenden Prüfungshandlungen vgl. Meilenstein 5, Abschn. 5.2.3.1. (vgl. *IDW PS 210*, Tz. 43).

Die weiteren Prüfungshandlungen bauen auf dem Verständnis der Geschäftstätigkeit des Mandanten und auf einem Grundverständnis der zu beachtenden Vorschriften auf. Hält sich das Unternehmen an den rechtlichen Rahmen, in dem es tätig ist?

f) Bei der Erstellung des Prüfungsprogramms Verknüpfung der Prüfungsschritte mit den relevanten Risiken[20], sodass das Einhalten von Vorschriften hinreichend sicher beurteilt werden kann (Hinweis auf Meilenstein 5).

g) Zur Durchführung **analytischer Prüfungshandlungen**, um wesentliche falsche Angaben im Abschluss aufgrund von Verstößen zu erkennen, vgl. Abschn. 2.2.3.

h) **Mitteilung** festgestellter oder vermuteter Verstöße so bald wie möglich gegenüber der Unternehmensleitung und/oder dem Aufsichtsgremium (vgl. *IDW PS 210*, Tz. 60 ff.). Schwerwiegende sonstige Gesetzesverstöße sind nach § 321 Abs. 1 Satz 3 HGB im **Prüfungsbericht** (Redepflicht) darzustellen (vgl. *IDW PS 210*, Tz. 73 f.) (vgl. Meilenstein 9).

i) Folgende Sachverhalte sind mindestens zu dokumentieren (vgl. *IDW PS 210*, Tz. 68):

- Ergebnisse der Prüfungshandlungen hinsichtlich des Risikos der Außerkraftsetzung von Kontrollmaßnahmen durch das Management

- Berichterstattung gegenüber Aufsichtsorgan, Management oder an Aufsichtsbehörden (in Deutschland im Regelfall durch den Prüfungsbericht abgedeckt)

---

[20] Anhang 2 des ISA 240 enthält Beispiele für Prüfungshandlungen, um auf das Risiko wesentlicher falscher Angaben aufgrund von Verstößen einschließlich des Risikos manipulierter Umsätze zu reagieren, vgl. Handbook of International Auditing, Quality Control, Auditing Review, other Assurance and Related Services Pronouncements, New York, 2010, Part I, S. 192 ff.

- Gründe, wenn der Prüfer kein besonderes Risiko von Verstößen im Zusammenhang mit Umsatzrealisierungen annimmt.

2.2.7. Beurteilung der Angemessenheit von Zeit- und Schätzwerten

2.2.7.1. Prüfungsanforderungen

90 Der Abschlussprüfer hat sich ausreichende und angemessene Prüfungsnachweise der geschätzten Werte in der Rechnungslegung einschließlich der Zeitwerte[21] zu verschaffen. Dabei ist insb. zu beurteilen, ob **geschätzte Werte bzw. Zeitwerte** unter den jeweiligen Umständen plausibel sind und – sofern erforderlich – in angemessener Weise erläutert wurden. Es ist zu beurteilen, ob die geschätzten Werte bzw. Zeitwerte in Übereinstimmung mit den zugrunde gelegten Rechnungslegungsgrundsätzen ermittelt und in der Rechnungslegung abgebildet wurden (vgl. *IDW Prüfungsstandard: Die Prüfung von geschätzten Werten in der Rechnungslegung einschließlich von Zeitwerten (IDW PS 314 n.F., Tz. 20 ff.)*).

91 Die folgende Übersicht fasst die im Zusammenhang mit der Prüfung von geschätzten Werten zu berücksichtigenden Fragen zusammen:

Risikobeurteilung
- Welche geschätzten Werte sind erforderlich?
- Wie wurden die geschätzten Werte ermittelt?
- Wie bedeutsam sind die geschätzten Werte?
- Ist ein Sachverständiger erforderlich?
- Wie genau waren die geschätzten Werte im Vorjahr?
- Gibt es Nachweise für eine Einseitigkeit des Managements?
- Wie hoch ist der Grad der Schätzunsicherheit?

Reaktion auf beurteilte Risiken
- Sind die verwendeten Schätzparameter vertretbar (interne/externe Quellen)?
- Sind die Schätzungen ordnungsgemäß unter Verwendung einer konsistenten Methodik ermittelt worden?
- Sind die zugrunde liegenden Nachweise verlässlich?
- Gibt es Nachweise für dolose Handlungen?

Berichterstattung
- Entsprechen die Abschlussangaben zu den geschätzten Werten den Rechnungslegungsgrundsätzen?
- Falls ein bedeutsames Risiko besteht: wurden Angaben zur Schätzunsicherheit gemacht?
- Einholen schriftlicher Erklärungen des Managements (vgl. Meilenstein 8)

© 2011, 2017 International Federation of Accountants (IFAC). Alle Rechte vorbehalten.

92 Die geschätzten Werte bzw. Zeitwerte in der Rechnungslegung sind auch im Hinblick auf eine **zielgerichtete und einseitige Einflussnahme** durchzusehen und zu beurteilen, ob die eine solche Einflussnahme verursachenden Umstände ein Risiko wesentlicher falscher Angaben aufgrund von Verstößen darstellen (vgl. Abschn. 2.2.6.). Bei dieser Durchsicht:

---

[21] Zeitwerte sind i.d.R. geschätzte Werte, insoweit sind an die Prüfung von Zeitwerten dieselben Anforderungen zu stellen wie an die Prüfung von geschätzten Werten (vgl. *IDW PS 314 n.F., Tz. 4*)

- ist einzuschätzen, ob die im Abschluss tatsächlich berücksichtigten geschätzten Werte, auch wenn diese einzeln betrachtet vertretbar erscheinen, insgesamt auf eine mögliche interessengerichtete Darstellung seitens des Managements hinweisen. In diesem Fall sind die geschätzten Werte noch einmal insgesamt abzuwägen;

- sind Beurteilungen und Annahmen in Bezug auf bedeutsame geschätzte Werte in der Rechnungslegung, die sich im Abschluss des vergangenen Geschäftsjahres niedergeschlagen haben, rückblickend durchzusehen (vgl. *IDW PS 210*, Tz. 43). Anzeichen für eine Einseitigkeit des Managements sind in den Arbeitspapieren zu dokumentieren (*IDW PS 314 n.F.*, Tz. 82) und im Prüfungsbericht zu erläutern (§ 321 Abs. 2 Satz 4 HGB). Darüber hinaus ist zu beurteilen, ob eine einseitige Ausnutzung von Ermessensspielräumen in der Summe den Jahresabschluss wesentlich beeinflusst (*IDW PS 314 n.F.*, Tz. 81 f.).

93 Der mit einem geschätzten Wert verbundene **Grad der Schätzunsicherheit** ist zu beurteilen. Insbesondere ist festzustellen, ob die mit einer hohen Schätzunsicherheit verbundenen geschätzten Werte **bedeutsame Risiken** zur Folge haben (vgl. *IDW PS 314 n.F.*, Tz. 34).

94 Ist dies der Fall, ist v.a. zu beurteilen:

- inwieweit das Management alternative Annahmen oder Ergebnisse herangezogen hat und – für die nicht berücksichtigten Annahmen und Ergebnisse – die Gründe, weshalb diese nicht bei der Bildung des geschätzten Werts berücksichtigt wurden oder wie das Management auf andere Weise mit einer Schätzunsicherheit bei der Ermittlung des geschätzten Werts umgegangen ist (*IDW PS 314 n.F.*, Tz. 67) und

- ob die vom Management getroffenen bedeutsamen Annahmen vertretbar sind (*IDW PS 314 n.F.*, Tz. 67).

95 Bei geschätzten Werten, die bedeutsame Risiken zur Folge haben, muss auch die Angemessenheit der **Angaben im Anhang zu einer bestehenden Schätzunsicherheit beurteilt** werden (*IDW PS 314 n.F.*, Tz. 76).

96 Hat das Management nach Einschätzung des Abschlussprüfers den **Auswirkungen der Schätzunsicherheit** auf die geschätzten Werte, die bedeutsame Risiken zur Folge haben, **nicht angemessen Rechnung getragen**, muss der Abschlussprüfer – wenn er dies als notwendig erachtet – selbst eine Bandbreite vertretbarer Ansätze entwickeln, anhand derer er die Vertretbarkeit der geschätzten Werte beurteilen kann (*IDW PS 314 n.F.*, Tz. 68).

2.2.7.2. Hinweise zur Bearbeitung

97 Berücksichtigen Sie z.B. folgende **Skalierungsaspekte** im Zusammenhang mit der Beurteilung geschätzter Werte:

- Die Komplexität der Ermittlung der geschätzten Werte und die Risikobeurteilung in Bezug auf geschätzte Werte beeinflussen Art, Umfang und zeitliche Einteilung der weiteren Prüfungshandlungen. (*IDW PS 314 n.F.*, Tz. 57 ff.)
- Kontrollen des Prozesses zur Ermittlung geschätzter Werte weisen in KMU oftmals nur einen geringen Grad an Formalisierung auf. Zudem ist es möglich, dass bestimmte Arten von Kontrollen nicht notwendig sind, weil die Geschäftsleitung aktiv in den Rechnungslegungsprozess eingebunden ist.
- Sofern bei KMU nur wenige Kontrollen vorhanden sind, besteht die Reaktion des Abschlussprüfers auf die beurteilten Risiken überwiegend in aussagebezogenen Prüfungshandlungen. (*IDW PH 9.100.1*, Tz. 21, Tz. 65)
- Die Beurteilung von Ereignissen nach dem Abschlussstichtag, welche die Schätzung des Unternehmens bestätigen können, kann insb. bei KMU eine sehr effektive Prüfungsmethode darstellen, vor allem wenn ein längerer Zeitraum zwischen dem Abschlussstichtag und der Beendigung der Prüfung liegt. (*IDW PS 314 n.F.*, Tz. 70 ff.)

98 Bei komplizierten Schätzprozessen oder speziellen Ermittlungsverfahren kann es geboten sein, **Sachverständige** zur Überprüfung der geschätzten Werte hinzuzuziehen (z.B. Versicherungsmathematiker, Umweltgutachter u.a.) (vgl. *IDW PS 314 n.F.*, Tz. 30).

99 Aus systematischen Gründen werden im Folgenden die bei der Prüfung von geschätzten Werten einschließlich Zeitwerten zu beachtenden Aspekte insgesamt dargestellt, auch wenn diese zum Teil spätere Prüfungsphasen betreffen.

2.2.7.3. Festlegung von Prüfungshandlungen

Wenn der verantwortliche Wirtschaftsprüfer die Prüfungshandlungen festlegt, sollte er folgende Eckpunkte beachten und eigenverantwortlich einschätzen, ob sie unter den gegebenen Umständen mit Blick auf das Prüfungsziel erforderlich sind:

Die Prüfung der vom Unternehmen eingerichteten organisatorischen Vorkehrungen zur Ermittlung von geschätzten Werten (einschließlich Zeitwerten) umfasst:

a) ein Verständnis der **organisatorischen Ausgestaltung des Prozesses** zur Ermittlung von geschätzten Werten, der zugrunde liegenden Daten und der relevanten Kontrollen, um die Fehlerrisiken im Zusammenhang mit geschätzten Werten beurteilen sowie Art, Umfang und zeitliche Einteilung der weiteren Prüfungshandlungen planen zu können (vgl. *IDW PS 314 n.F.*, Tz. 26, Tz. 29 und Tz. 31 ff.),

b) die Beurteilung, ob die **angewandten Bewertungsverfahren** angemessen sind (vgl. *IDW PS 314 n.F.*, Tz. 35 ff.),

c) die Beurteilung, ob die vom Management zugrunde gelegten **Annahmen** sachgerecht und schlüssig und alle verfügbaren relevanten Informationen in die Bewertung eingeflossen sind (vgl. *IDW PS 314 n.F.*, Tz. 40 ff.). Dabei sind folgende Punkte zu berücksichtigen:

- Sind die für die Schätzung verwendeten **Daten** relevant, zuverlässig, neutral, verständlich und vollständig?
- Bildet die der Schätzung zugrunde liegende Datenbasis eine vertretbare Grundlage für die Schätzungen?
- Sind die Annahmen (z.B. künftige Inflationsraten, Zinssätze, Beschäftigungsquoten) einzeln sowie insgesamt fundiert und im Hinblick auf tatsächliche Ergebnisse früherer Geschäftsjahre plausibel?
- Wurden bedeutsame Annahmen und Einflussfaktoren auch tatsächlich berücksichtigt?
- Sind die zugrunde liegenden Annahmen mit den Annahmen anderer Schätzungen bzw. mit plausiblen Planungen des Managements vereinbar?

d) die Beurteilung des Grads der **Schätzunsicherheit** (*IDW PS 314 n.F.*, Tz. 34)

e) die Prüfung der von der Unternehmensleitung verwendeten **Berechnungsverfahren** auf mathematische Richtigkeit und stetige Anwendung (vgl. *IDW PS 314 n.F.*, Tz. 52 ff.),

f) einen **Vergleich** der für vorhergehende Geschäftsjahre vorgenommenen Schätzungen **mit den späteren tatsächlichen Ergebnissen** (vgl. *IDW PS 314 n.F.*, Tz. 55 ff.). Dies ermöglicht es, Nachweise über die allgemeine Verlässlichkeit der vom Unternehmen verwendeten Schätzverfahren zu erlangen, Feststellungen über mögliche Anpassungserfordernisse bei den bisher verwendeten Formeln zu treffen und zu beurteilen, ob Differenzen, die zwischen geschätzten Werten und tatsächlichen Ergebnissen aufgetreten sind, quantifiziert wurden und ob angemessene Anpassungen vorgenommen wurden.

In Abhängigkeit von der Beurteilung der Fehlerrisiken im Zusammenhang mit geschätzten Werten sind ferner **Art, Umfang und zeitliche Einteilung der weiteren Prüfungshandlungen** (Funktionsprüfungen und aussagebezogene Prüfungshandlungen) durchzuführen. **Aussagebezogene Prüfungshandlungen** des Abschlussprüfers beinhalten bspw.:

g) den Vergleich der vom Management ermittelten Werte mit den Werten aus einer **unabhängigen Schätzung** (vgl. *IDW PS 314 n.F.*, Tz. 61 ff.),

h) die Prüfung der **stetigen Anwendung der Ermittlungsverfahren** (vgl. *IDW PS 314 n.F.*, Tz. 64 ff.),

i) die **Reaktion auf bedeutsame Risiken** (vgl. *IDW PS 314 n.F.*, Tz. 67 ff.),

j) die **Beurteilung von Ereignissen nach dem Abschlussstichtag**, welche die Schätzung bestätigen können (vgl. *IDW PS 314 n.F.*, Tz. 70 ff.).

Für das weitere Prüfungsvorgehen sind ferner erforderlich:

k) Schlussfolgerungen für Risikoeinschätzung und weiteres Prüfungsvorgehen zu ziehen: Dokumentation in **Arbeitshilfe B-5.0.: Zusammenfassung der Fehlerrisiken und Prüfungsstrategie** sowie **B-5.1.: Zusammenfassende Risikobeurteilungen/Prüfungsstrategie und Beurteilung der erreichten Prüfungssicherheit**.

Hinweise auf in der Praxis vorkommende Fehlerquellen, die in den Kontrollen der APAK/WPK beanstandet wurden:[22]

- *keine ausreichende Beurteilung der vom Unternehmen angewandten Bewertungsverfahren sowie der zugrunde liegenden Annahmen und Daten bzw.*
- *keine nachvollziehbare Dokumentation der Beurteilung in den Arbeitspapieren*
- *Bei der Prüfung der Werthaltigkeit von Geschäfts- oder Firmenwerten war häufig zu beanstanden, dass die Unternehmensplanungen, auf deren Grundlage die künftigen Cashflows ermittelt wurden, vom Abschlussprüfer nicht erkennbar im Hinblick auf ihre Plausibilität, z.B. bezüglich der unterstellten Entwicklung der Umsätze, beurteilt worden waren. Weiterhin mangelt es oftmals an einer nachvollziehbaren Beurteilung des verwendeten Kapitalisierungszinssatzes.*
- *aufgrund unzureichender Beurteilung der Unternehmensplanung konnte zugleich in mehreren Prüffeldern keine hinreichende Prüfungssicherheit erlangt werden (z.B. Prüfung des Geschäfts- oder Firmenwerts, der aktiven latenten Steuern und der Finanzanlagen).*

2.2.8. Vorläufige Beurteilung von Konsultationen und Zusammenarbeit mit Sachverständigen

2.2.8.1. Prüfungsanforderungen

100   Die Notwendigkeit, Sachverständige heranzuziehen, hat der Abschlussprüfer bereits bei der Prüfungsplanung zu beurteilen (vgl. *IDW PS 240*, Tz. 8 und Tz. 17). Dabei sind u.a. folgende Aspekte zu berücksichtigen (vgl. *IDW Prüfungsstandard: Verwertung der Arbeit eines für den Abschlussprüfer tätigen Sachverständigen (IDW PS 322 n.F.*, Tz. 10 i.V.m. Tz. A2 – A6)):

- ob die gesetzlichen Vertreter bei der Aufstellung des Abschlusses einen eigenen Sachverständigen eingebunden haben
- Art, Bedeutung und Komplexität des zu beurteilenden Sachverhalts
- die Risiken wesentlicher falscher Angaben, die aus dem Sachverhalt resultieren
- die Art der Prüfungshandlungen, die als Reaktion auf die Risikobeurteilung durchgeführt werden sollen
- die Verfügbarkeit alternativer Quellen für Prüfungsnachweise.

---

[22]   Quelle: Berufsaufsichtsbericht 2010 der WPK, S. 31 sowie Tätigkeitsbericht der APAK 2013, S. 14.

101 Die folgende Übersicht fasst die Überlegungen zusammen, die bezüglich der Inanspruchnahme eines Sachverständigen des Abschlussprüfers von Bedeutung sein können (hinsichtlich der Prüfungshandlungen zur Beurteilung der Angemessenheit der Arbeit des Sachverständigen vgl. Meilenstein 4, Abschn. 4.2.1.3.):

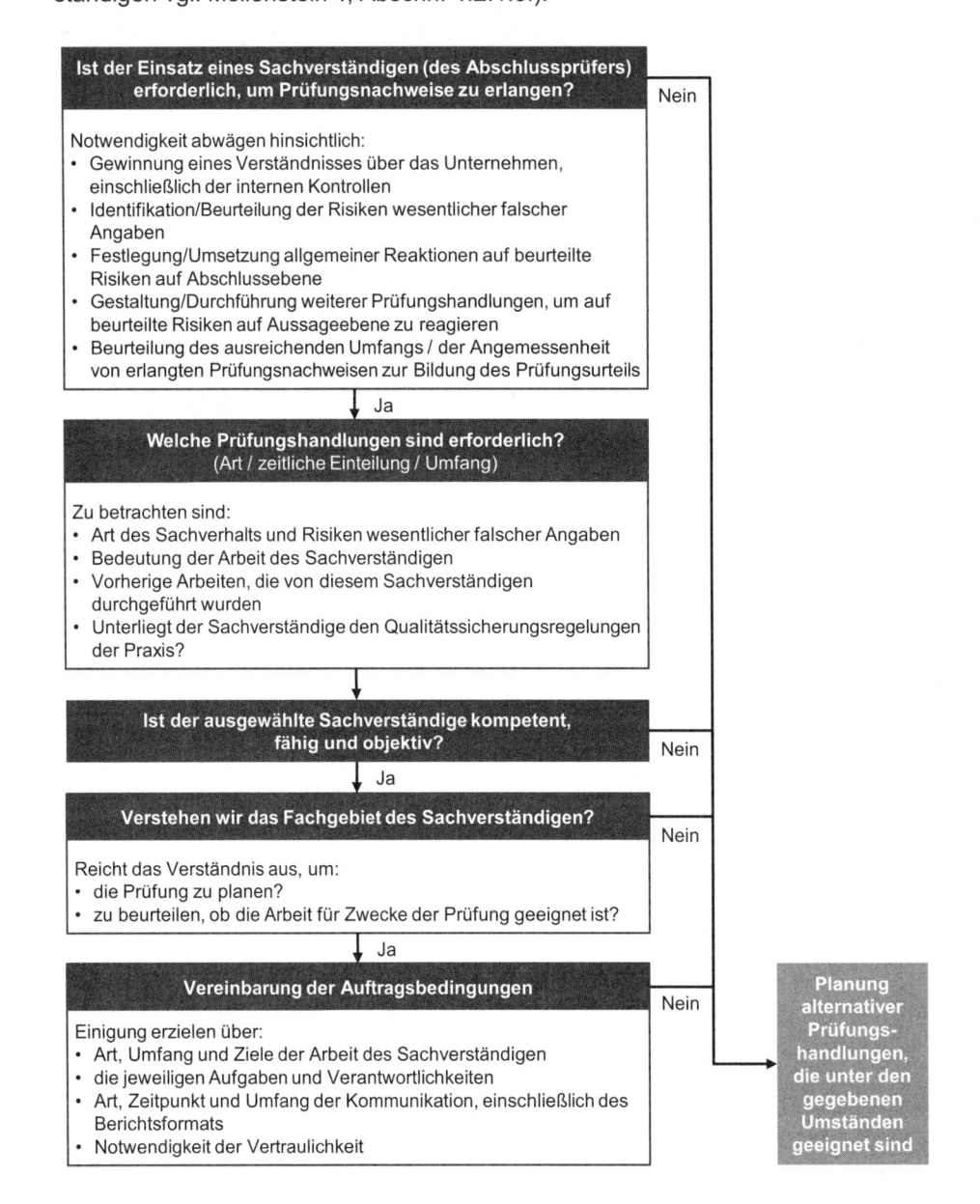

Ist der Einsatz eines Sachverständigen (des Abschlussprüfers) erforderlich, um Prüfungsnachweise zu erlangen? → Nein

Notwendigkeit abwägen hinsichtlich:
- Gewinnung eines Verständnisses über das Unternehmen, einschließlich der internen Kontrollen
- Identifikation/Beurteilung der Risiken wesentlicher falscher Angaben
- Festlegung/Umsetzung allgemeiner Reaktionen auf beurteilte Risiken auf Abschlussebene
- Gestaltung/Durchführung weiterer Prüfungshandlungen, um auf beurteilte Risiken auf Aussageebene zu reagieren
- Beurteilung des ausreichenden Umfangs / der Angemessenheit von erlangten Prüfungsnachweisen zur Bildung des Prüfungsurteils

↓ Ja

Welche Prüfungshandlungen sind erforderlich?
(Art / zeitliche Einteilung / Umfang)

Zu betrachten sind:
- Art des Sachverhalts und Risiken wesentlicher falscher Angaben
- Bedeutung der Arbeit des Sachverständigen
- Vorherige Arbeiten, die von diesem Sachverständigen durchgeführt wurden
- Unterliegt der Sachverständige den Qualitätssicherungsregelungen der Praxis?

↓

Ist der ausgewählte Sachverständige kompetent, fähig und objektiv? → Nein

↓ Ja

Verstehen wir das Fachgebiet des Sachverständigen? → Nein

Reicht das Verständnis aus, um:
- die Prüfung zu planen?
- zu beurteilen, ob die Arbeit für Zwecke der Prüfung geeignet ist?

↓ Ja

Vereinbarung der Auftragsbedingungen → Nein

Einigung erzielen über:
- Art, Umfang und Ziele der Arbeit des Sachverständigen
- die jeweiligen Aufgaben und Verantwortlichkeiten
- Art, Zeitpunkt und Umfang der Kommunikation, einschließlich des Berichtsformats
- Notwendigkeit der Vertraulichkeit

→ **Planung alternativer Prüfungshandlungen, die unter den gegebenen Umständen geeignet sind**

© 2011, 2017 International Federation of Accountants (IFAC). Alle Rechte vorbehalten.

2.2.8.2. Hinweise zur Bearbeitung

102 Im Verlauf der Abschlussprüfung kann es erforderlich sein, dass der Abschlussprüfer, entweder im Zusammenwirken mit dem zu prüfenden Unternehmen oder unabhängig von diesem, Prüfungsnachweise in Form von Berichten, Gutachten, Bewertungen oder Feststellungen von Sachverständigen einholt. Dies steht nicht in Widerspruch zur Verpflichtung des Abschlussprüfers, sich ein eigenverantwortliches Urteil zu bilden.

Kapitel B: Risikoorientiertes Prüfungsvorgehen
Meilenstein 2: Informationsbeschaffung und vorläufige Risikoeinschätzung

Beispiel: Das zu prüfende Unternehmen hat im laufenden Geschäftsjahr erstmals Verkäufe in nennenswertem Umfang über eine speziell eingerichtete Internetseite getätigt, wobei die Kunden i.d.R. mit Kreditkarte bezahlen. Bei der Planung beschließt der verantwortliche Wirtschaftsprüfer, einen IT-Spezialisten hinzuzuziehen, der u.a. die Angemessenheit und Funktionsfähigkeit der in dem IT-gestützten Geschäftsprozess integrierten Kontrollen sowie die korrekte Funktionsweise der Schnittstellen zum Buchführungssystem prüfen soll.

2.2.8.3. Festlegung von Prüfungshandlungen

Wenn der verantwortliche Wirtschaftsprüfer die Prüfungshandlungen festlegt, sollte er folgende Eckpunkte beachten und eigenverantwortlich einschätzen, ob sie unter den gegebenen Umständen mit Blick auf das Prüfungsziel erforderlich sind:

a) Beurteilung, ob ggf. eine Konsultation der Praxisleitung oder von Sachverständigen erforderlich ist. Die Konsultationsregelungen (vgl. Kapitel A, Abschn. 4.6.4.) und der *IDW PS 322 n.F.*, Tz. 10 sind zu beachten.

b) Sicherstellung der Wahl des richtigen Sachverständigen bezüglich seiner fachlichen Kompetenz, Fähigkeiten sowie seiner Objektivität (vgl. *IDW PS 322 n.F.*, Tz. 12).

c) Erlangung eines ausreichenden Verständnisses von dem Fachgebiet des Sachverständigen (vgl. *IDW PS 322 n.F.*, Tz. 13).

d) (Falls sachgerecht schriftliche) Vereinbarung mit dem Sachverständigen (vgl. *IDW PS 322 n.F.*, Tz. 14).

e) Beurteilung der Angemessenheit der Arbeit des Sachverständigen (vgl. *IDW PS 322 n.F.*, Tz. 15 f. und Meilenstein 4, Abschn. 4.2.1.3.).

f) Dokumentation der Verwertung der Ergebnisse von Sachverständigen inklusive der zugehörigen Einschätzung von deren Arbeit sowohl in den Arbeitspapieren als auch, wenn für die Arbeit wesentlich, im Prüfungsbericht (vgl. *IDW EPS 450 n.F.*, Tz. 16 und Tz. 57, *IDW PS 322 n.F.*, Tz. 17 ff.).

Hinweise auf in der Praxis vorkommende Fehlerquellen, die in den Kontrollen der APAK beanstandet wurden:[23]

- *keine ausreichende Dokumentation der Beurteilung der Objektivität sowie der fachlichen Kompetenz des Sachverständigen*
- *teilweise ließ sich nicht nachvollziehen, dass sich der Abschlussprüfer angemessen und ausreichend mit der Arbeit des Sachverständigen auseinandergesetzt und insb. die von die-*

---

[23] Quelle: Bericht der APAK über die Ergebnisse der Inspektionen für die Jahre 2007-2010, S. 11.

> sem verwendeten Annahmen und Methoden hinreichend beurteilt hat.

2.2.9. Vorläufige Prüfung der Rechtsstreitigkeiten des Mandanten

2.2.9.1. Prüfungsanforderungen

103 Es sind Prüfungshandlungen durchzuführen, um Rechtsstreitigkeiten und Ansprüche zu identifizieren, die das Unternehmen betreffen bzw. gegenüber diesem geltend gemacht werden und ein Risiko wesentlicher falscher Angaben zur Folge haben können. Zu diesen Prüfungshandlungen gehören:

- **Befragungen** des Managements und ggf. anderer Personen innerhalb des Unternehmens, einschließlich unternehmensinterner Rechtsberater
- Durchsicht der **Protokolle** von Sitzungen der Geschäftsleitung und des Aufsichtsorgans sowie des Schriftverkehrs zwischen dem Unternehmen und seinen externen Rechtsberatern
- Durchsicht von **Aufwandskonten** für Rechtsberatung.

104 Sofern ein Fehlerrisiko im Zusammenhang mit Rechtsstreitigkeiten festgestellt wurde oder wenn Prüfungshandlungen darauf hindeuten, dass möglicherweise andere wesentliche Rechtsstreitigkeiten anhängig sind oder Ansprüche gegen das Unternehmen geltend gemacht werden können, sind **Rechtsanwaltsbestätigungen** einzuholen (vgl. *IDW PS 302 n.F.*, Tz. 25).

105 Wenn die gesetzlichen Vertreter die Einholung einer Rechtsanwaltsbestätigung verhindern oder diese nicht in angemessener Weise beantwortet wird und auch keine ausreichenden und angemessenen Prüfungsnachweise aus der Durchführung alternativer Prüfungshandlungen zu erlangen sind, ist der Bestätigungsvermerk in Übereinstimmung mit *IDW EPS 400 n.F.* einzuschränken oder zu versagen (vgl. *IDW PS 302 n.F.*, Tz. 26).

2.2.9.2. Hinweise zur Bearbeitung

106 Je nach Bedeutung und Komplexität der Rechtsstreitigkeiten kann sachgerecht sein, über die genannten Prüfungshandlungen hinaus, weitere Maßnahmen zu ergreifen, wie bspw.:

- Einsichtnahme in den Schriftwechsel mit der gegnerischen Partei bzw. deren Rechtsanwalt
- Hinzuziehung eines juristischen oder sonstigen Sachverständigen des Abschlussprüfers
- Befragung von Mitgliedern des Aufsichtsorgans zu deren Kenntnis über bestehende Rechtsstreitigkeiten und deren wirtschaftliche Bedeutung

107 In bestimmten Fällen kann es erforderlich sein, auch persönliche Gespräche mit externen Rechtsberatern zu führen, um den voraussichtlichen Ausgang der Rechtsstreitigkeiten oder geltend gemachter Ansprüche zu erörtern. Dies kann z.B. der Fall sein, wenn:

- wir feststellen, dass der Sachverhalt ein bedeutsames Risiko darstellt,
- der Sachverhalt komplex ist,
- Meinungsverschiedenheiten zwischen gesetzlichen Vertretern und Rechtsberatern bestehen,
- der externe Rechtsberater eine schriftliche Antwort verweigert oder nur oberflächlich beantwortet, aber voraussichtlich bereit ist, in mündlicher Form Informationen zu geben (vgl. *IDW PS 302 n.F.*, Tz. A36).

108 Die Beurteilung ist erneut vor Beendigung der Prüfung durchzuführen (vgl. Meilenstein 8).

2.2.9.3. Festlegung von Prüfungshandlungen

Wenn der verantwortliche Wirtschaftsprüfer die Prüfungshandlungen festlegt, sollte er folgende Eckpunkte beachten und eigenverantwortlich einschätzen, ob sie unter den gegebenen Umständen mit Blick auf das Prüfungsziel erforderlich sind:

a) Zu möglichen Prüfungshandlungen vgl. Tz. 103 ff.

b) Sofern erforderlich (*IDW PS 302 n.F.*, Tz. 25), **Einholen von schriftlichen Bestätigungen** von allen bekannten, für den Mandanten tätigen **Rechtsanwälten** (**Formblatt B-2.6.: Rechtsanwaltsbestätigung**). Sofern bei einzelnen Rechtsanwälten oder insgesamt hierauf verzichtet wird, sollte dies begründet werden.

c) (Vorläufige) Beurteilung, welche Auswirkungen aus den bei vorgenannten Prüfungshandlungen getroffenen Feststellungen auf den Jahresabschluss, Lagebericht und Bestätigungsvermerk resultieren.

d) **Schlussfolgerungen** für Risikoeinschätzung und weiteres Prüfungsvorgehen ziehen: (**Arbeitshilfe B-5.0.: Zusammenfassung der Fehlerrisiken und Prüfungsstrategie** sowie **B-5.1.: Zusammenfassende Risikobeurteilungen/Prüfungsstrategie und Beurteilung der erreichten Prüfungssicherheit** bzw. **B-5.2.: Planungsleitfaden**.)

2.2.10. Berücksichtigung von Auslagerungen rechnungslegungsrelevanter Bereiche auf Dienstleistungsunternehmen

2.2.10.1. Prüfungsanforderungen

109 Um eine wirksame Prüfungsstrategie und einen entsprechenden Prüfungsplan entwickeln zu können, hat der Abschlussprüfer ein Verständnis dafür zu entwickeln, wie das Unternehmen

im Rahmen seiner Geschäftstätigkeit ausgelagerte Dienstleistungen in Anspruch nimmt und inwieweit das interne Kontrollsystem einschließlich des Rechnungslegungssystems des zu prüfenden Unternehmens durch die Auslagerung von Teilen der Rechnungslegung auf Dienstleistungsunternehmen berührt wird. Hierfür ist einzuschätzen, wie bedeutend die Tätigkeit des Dienstleistungsunternehmens für das zu prüfende Unternehmen und für die Abschlussprüfung ist. Dieses Verständnis muss ausreichen, um als Grundlage für die Feststellung und Beurteilung der Fehlerrisiken zu dienen (vgl. *IDW Prüfungsstandard: Abschlussprüfung bei teilweiser Auslagerung der Rechnungslegung auf Dienstleistungsunternehmen, (IDW PS 331 n.F.)*, Tz. 11-13).

110 Die *IDW Stellungnahme zur Rechnungslegung: Grundsätze ordnungsmäßiger Buchführung bei Auslagerung von rechnungslegungsrelevanten Prozessen und Funktionen einschließlich Cloud Computing (IDW RS FAIT 5)* konkretisiert die für die gesetzlichen Vertreter des auslagernden Unternehmens aus den §§ 238, 239 und 257 HGB resultierenden Anforderungen an die Führung der Handelsbücher mittels IT-gestützter Systeme bei der Auslagerung von rechnungslegungsrelevanten Prozessen und Funktionen. Verdeutlicht werden auch die damit im Zusammenhang stehenden möglichen Risiken für die Einhaltung der Grundsätze ordnungsmäßiger Buchführung unter besonderer Berücksichtigung des Einsatzes von Cloud Computing.

111 Wenn die vom zu prüfenden Unternehmen bereitgestellten Informationen nicht ausreichen, dieses Verständnis zu gewinnen, muss mindestens eine der folgenden Prüfungshandlungen durchgeführt werden (vgl. *IDW PS 331 n.F.*, Tz. 14):

a) Verwendung einer vorliegenden Berichterstattung vom Typ 1 oder Typ 2
b) Einholen der benötigten Informationen beim Dienstleistungsunternehmen über das auslagernde Unternehmen
c) Durchführung eigener Prüfungshandlungen bei dem Dienstleistungsunternehmen
d) Hinzuziehung eines anderen Prüfers zur Durchführung von Prüfungshandlungen bei dem Dienstleistungsunternehmen.

112 Sofern im Rahmen der Aufbauprüfung die Angemessenheit der Kontrollen des Dienstleistungsunternehmens festgestellt wird, sind bezüglich dieser Kontrollen Funktionsprüfungen durchzuführen, wenn Prüfungssicherheit aus der Annahme wirksamer Kontrollen erlangt werden soll oder wenn aussagebezogene Prüfungshandlungen alleine zur Gewinnung hinreichender Sicherheit nicht ausreichen (vgl. *IDW PS 331 n.F.*, Tz. 19, *IDW PS 261*, Tz. 74).

113 Die gesetzlichen Vertreter des auslagernden Unternehmens sind zu **befragen**,

- ob vom Dienstleistungsunternehmen Verstöße, die Nichteinhaltung von Gesetzen und regulatorischen Anforderungen oder nicht korrigierte Fehler mitgeteilt wurden, die sich auf den zu prüfenden Abschluss auswirken, oder

- ob ihm solche anderweitig bekannt geworden sind.

Das Prüfungsteam muss beurteilen, wie sich diese Sachverhalte auf Art, zeitliche Einteilung und Umfang der weiteren Prüfungshandlungen auswirken, einschließlich der Auswirkungen auf die Prüfungsfeststellungen, den Prüfungsbericht und den Bestätigungsvermerk sowie die sonstigen Kommunikationspflichten (vgl. *IDW PS 331 n.F.*, Tz. 22).

2.2.10.2. Hinweise zur Bearbeitung

114 Wenn keine ausreichenden und angemessenen Prüfungsnachweise zu den von dem Dienstleistungsunternehmen erbrachten Dienstleistungen erlangt werden können, liegt ein Prüfungshemmnis vor. Dies kann der Fall sein, wenn (vgl. *IDW PS 331 n.F.*, Tz. A35)

- kein ausreichendes Verständnis von den erbrachten Dienstleistungen gewonnen werden kann und damit keine Grundlage für die Feststellung und Beurteilung der Risiken wesentlicher falscher Angaben in der Rechnungslegung vorliegt,
- die Risikobeurteilung des Abschlussprüfers von der Erwartung ausgeht, dass Kontrollen bei dem Dienstleistungsunternehmen wirksam sind, aber hierfür keine ausreichenden und angemessenen Prüfungsnachweise erlangt werden können, oder
- der Abschlussprüfer keinen Zugriff auf Prüfungsnachweise erhält, die sich nur in bei dem Dienstleistungsunternehmen verfügbaren Aufzeichnungen befinden.

Ob in diesem Fall ein eingeschränkter Bestätigungsvermerk oder ein Versagungsvermerk erteilt wird, ist abhängig von den möglichen Auswirkungen auf den Abschluss und deren Wesentlichkeit.[24]

2.2.10.3. Festlegung der Prüfungshandlungen

Wenn der verantwortliche Wirtschaftsprüfer die Prüfungshandlungen festlegt, sollte er folgende Eckpunkte beachten und eigenverantwortlich einschätzen, ob sie unter den gegebenen Umständen mit Blick auf das Prüfungsziel erforderlich sind:

a) *Entwicklung eines ausreichenden Verständnisses darüber, ob und wie das zu prüfende Unternehmen ausgelagerte Dienstleistungen in Anspruch nimmt und inwieweit das rechnungslegungsbezogene IKS und die Abschlussprüfung davon berührt wird.*

b) *Wenn die vom zu prüfenden Unternehmen bereitgestellten Informationen für dieses Verständnis nicht ausreichen, Durchführung weiterer Prüfungshandlungen, z.B. Verwendung einer **Berichterstattung vom Typ 1 oder Typ 2** nach IDW PS 951 n.F. oder Durchführung eigener Prüfungshandlungen bei dem Dienstleistungsunternehmen (IDW PS 331 n.F., Tz. 14).*

c) *Durchführung von Funktionsprüfungen der Kontrollen (Meilenstein 6) beim auslagernden und*

---

[24] Vgl. *IDW EPS 450 n.F.*.

> beim Dienstleistungsunternehmen, wenn Prüfungssicherheit aus der Annahme wirksamer Kontrollen erlangt werden soll oder wenn aussagebezogene Prüfungshandlungen alleine zur Gewinnung hinreichender Sicherheit nicht ausreichen (vgl. *IDW PS 331 n.F.,* Tz. 19, *IDW PS 261 n.F.,* Tz. 74).
>
> d) Befragung der gesetzlichen Vertreter des auslagernden Unternehmens nach vom Dienstleistungsunternehmen mitgeteilten Verstößen, Fällen von Non-Compliance oder nicht korrigierten falschen Angaben, die sich auf den zu prüfenden Abschluss auswirken (*IDW PS 331 n.F.,* Tz. 22)
>
> e) Beurteilung der Auswirkungen der Prüfungsergebnisse auf Prüfungsbericht, Bestätigungsvermerk sowie ggf. sonstige Kommunikationspflichten.

2.3. Arbeitshilfen

- B-2.1.: Geschäftstätigkeit sowie wirtschaftliches und rechtliches Umfeld des Mandanten
- B-2.2.: Rechnungslegungspolitik des Mandanten
- B-2.3.: Analyse aktueller finanzwirtschaftlicher Informationen
- B-2.4.: Beurteilung der Annahme zur Unternehmensfortführung
- B-2.5.: Beurteilung des Risikos wesentlicher falscher Angaben in der Rechnungslegung aufgrund von Verstößen
- B-2.6.: Rechtsanwaltsbestätigung
- B-2.6.-E: Lawyer's confirmations – Englisch
- B-2.7.: Durchführung vorbereitender analytischer Prüfungshandlungen
- B-2.8.: Leitfaden zur Durchführung von Befragungen im Rahmen der Abschlussprüfung
- B-2.9.: Prüfung der Angaben und Erläuterungen im Zusammenhang mit nahe stehenden Personen
- B-2.10: Liste der nahe stehenden Unternehmen und Personen

2.4. IDW Prüfungsstandards/IDW Rechnungslegungsstandards/ISA

National	International
– *IDW Prüfungsstandard: Prüfung von Eröffnungsbilanzwerten im Rahmen von Erstprüfungen (IDW PS 205)*	– ISA 240: The Auditor's Responsibilities Relating to Fraud in an Audit of Financial Statements
– *IDW Prüfungsstandard: Zur Aufdeckung von Unregelmäßigkeiten im Rahmen der Abschlussprüfung (IDW PS 210)*	– ISA 250: Consideration of Laws and Regulations in an Audit of Financial Statements
– *IDW Prüfungsstandard: Kenntnisse über die Geschäftstätigkeit sowie das wirtschaftliche*	– ISA 300: Planning an Audit of Financial

National	International
und rechtliche Umfeld des zu prüfenden Unternehmens im Rahmen der Abschlussprüfung (IDW PS 230) - IDW Prüfungsstandard: Grundsätze der Planung von Abschlussprüfungen (IDW PS 240) - IDW Prüfungsstandard: Beziehungen zu nahe stehenden Personen im Rahmen der Abschlussprüfung (IDW PS 255) - IDW Prüfungsstandard: Feststellung und Beurteilung von Fehlerrisiken und Reaktionen des Abschlussprüfers auf die beurteilten Fehlerrisiken (IDW PS 261 n.F.) - IDW Prüfungsstandard: Die Beurteilung der Fortführung der Unternehmenstätigkeit im Rahmen der Abschlussprüfung (IDW PS 270) - IDW Prüfungsstandard: Prüfungsnachweise im Rahmen der Abschlussprüfung (IDW PS 300 n.F.) - IDW Prüfungsstandard: Bestätigungen Dritter (IDW PS 302 n.F.) - IDW Prüfungsstandard: Analytische Prüfungshandlungen (IDW PS 312) - IDW Prüfungsstandard: Die Prüfung von geschätzten Werten in der Rechnungslegung einschließlich von Zeitwerten (IDW PS 314 n.F.) - IDW Prüfungsstandards: Verwertung der Arbeit eines für den Abschlussprüfer tätigen Sachverständigen (IDW PS 322 n.F.) - IDW Prüfungsstandard: Abschlussprüfung bei Einsatz von Informationstechnologie (IDW PS 330)	Statements - ISA 300: Planning an Audit of Financial Statements - ISA 315: Identifying and Assessing the Risks of Material Misstatement Through Understanding the Entity and Its Environment - ISA 402: Audit Considerations Relating to an Entity Using a Service Organization - ISA 505: External Confirmations - ISA 510: Initial Audit Engagements – Opening Balances - ISA 520: Analytical Procedures - ISA 540: Auditing Accounting Estimates, Including Fair Value Accounting Estimates and Related Disclosures - ISA 550: Related Parties - ISA 570: Going Concern - ISA 620: Using the Work of an Auditor's Expert

National	International
- IDW Prüfungsstandard: Abschlussprüfung bei teilweiser Auslagerung der Rechnungslegung auf Dienstleistungsunternehmen (IDW PS 331 n.F.) - Entwurf einer Neufassung des IDW Prüfungsstandards: Prüfung des Lageberichts im Rahmen der Abschlussprüfung (IDW EPS 350 n.F.) - Entwurf einer Neufassung des IDW Prüfungsstandards: Bildung eines Prüfungsurteils und Erteilung eines Bestätigungsvermerks (IDW EPS 400 n.F.) - Entwurf einer Neufassung des IDW Prüfungsstandards: Grundsätze ordnungsmäßiger Erstellung von Prüfungsberichten (IDW EPS 450 n.F.) - IDW Prüfungshinweis: Besonderheiten der Abschlussprüfung kleiner und mittelgroßer Unternehmen (IDW PH 9.100.1) - IDW Prüfungshinweis: Einsatz von Datenanalysen im Rahmen der Abschlussprüfung (IDW PH 9.330.3) - IDW Stellungnahme zur Rechnungslegung: Auswirkungen einer Abkehr von der Going-Concern-Prämisse auf den handelsrechtlichen Jahresabschluss (IDW RS HFA 17) - IDW Stellungnahme zur Rechnungslegung: Anhangangaben nach §§ 285 Nr. 21, 314 Abs. 1 Nr. 13 HGB zu Geschäften mit nahe stehenden Unternehmen und Personen (IDW RS HFA 33) - IDW Stellungnahme zur Rechnungslegung: Grundsätze ordnungsmäßiger Buchführung bei Auslagerung von rechnungslegungsrelevanten Prozessen und Funktionen einschließlich Cloud Computing (IDW RS FAIT 5)	

National	International
− *IDW Standard: Anforderungen an die Erstellung von Sanierungskonzepten (IDW S 6)* − *IDW Standard: Beurteilung des Vorliegens von Insolvenzeröffnungsgründen (IDW S 11)*	

IDW Praxishandbuch zur Qualitätssicherung 2017/2018

Kapitel B: Risikoorientiertes Prüfungsvorgehen

Meilenstein 3: Vorläufige Festlegung der Wesentlichkeit und Beurteilung der Fehlerrisiken

Meilenstein 3: Vorläufige Festlegung der Wesentlichkeit und Beurteilung der Fehlerrisiken

3.1. Ziele..223
3.2. Aktivitäten..224
    3.2.1. Vorläufige Festlegung der Wesentlichkeit 224
    3.2.2. Festlegung der wesentlichen Prüffelder 234
    3.2.3. Vorläufige Beurteilung der Fehlerrisiken...235
    3.2.4. Abstimmung des Prüfungsvorgehens der an der Prüfung beteiligten Personen.............240
3.3. Arbeitshilfen..241
3.4. IDW Prüfungsstandards/ISA 242

3.1. Ziele

1   Das **Konzept der Wesentlichkeit** in der Jahresabschlussprüfung besagt, dass die Prüfung darauf auszurichten ist, mit hinreichender Sicherheit falsche Angaben aufzudecken, die wegen ihrer Größenordnung oder Bedeutung einen Einfluss auf den Aussagewert der Rechnungslegung für den Rechnungslegungsadressaten haben (vgl. *IDW Prüfungsstandard: Wesentlichkeit im Rahmen der Abschlussprüfung (IDW PS 250 n.F., Tz. 6)*.

2   Die Festlegung der Wesentlichkeit und der Toleranzwesentlichkeit sind wichtige Weichenstellungen für die Prüfungseffektivität und -effizienz. Durch die Berücksichtigung des Kriteriums der Wesentlichkeit in der Abschlussprüfung erfolgt eine Konzentration auf entscheidungserhebliche Sachverhalte (vgl. Abschn. 3.2.1. und 3.2.2.). Bei der Prüfung des IKS (Meilensteine 4 und 6) erfolgt eine Fokussierung auf die prüfungsrelevanten Kontrollen, die das Auftreten wesentlicher Fehler vermeiden sollen.

3   Für die Anwendung des Wesentlichkeitskonzepts bei der Abschlussprüfung müssen nach einer ersten Einschätzung der Unternehmenssituation Wesentlichkeiten festgelegt werden, anhand derer zu entscheiden ist, welche Bereiche in welchem Umfang zu prüfen sind und welche Fehler noch akzeptiert werden können, ohne den Bestätigungsvermerk einzuschränken oder zu versagen.

4   Der Abschlussprüfer muss die erkannten **Fehlerrisiken** hinsichtlich ihrer Auswirkungen auf die Rechnungslegung insgesamt und auf einzelne Aussagen in der Rechnungslegung **beurteilen**. Zu diesem Zweck beurteilt der Abschlussprüfer etwa, welche Kontensalden, Arten von Geschäftsvorfällen und Angaben im Anhang und Lagebericht Fehlerrisiken bergen; er erwägt, ob die Risiken ein solches Ausmaß haben, dass sie sich auf die Rechnungslegung als Ganzes auswirken können oder ob einzelne Aussagen in der Rechnungslegung beeinflusst werden können, und schätzt die Wahrscheinlichkeit ein, mit der die Risiken zu einer

wesentlichen falschen Angabe im Abschluss und Lagebericht führen können (vgl. *IDW PS 261 n.F.*, Tz. 64).

5   Ziel der **Besprechung des Prüfungsvorgehens im Prüfungsteam** ist es, dass die Mitglieder des Prüfungsteams ein besseres Verständnis von der Möglichkeit wesentlicher falscher Angaben im Abschluss und Lagebericht in den ihnen jeweils zugeteilten Prüfungsgebieten erlangen und dass sie verstehen, welche Auswirkungen die Ergebnisse der von ihnen durchgeführten Prüfungshandlungen auf andere Aspekte der Abschlussprüfung einschließlich der Entscheidungen über Art, Umfang und Zeitpunkt weiterer Prüfungshandlungen haben können (vgl. *IDW PS 261 n.F.*, Tz. 17).

6   Die Besprechung gibt erfahreneren Mitgliedern des Teams Gelegenheit, ihr Wissen und ihre Erkenntnisse über das Unternehmen einzubringen und ihre Erkenntnisse darüber, wie und wo der Abschluss für wesentliche falsche Angaben aufgrund von Verstößen anfällig ist, den anderen Mitgliedern des Prüfungsteams mitzuteilen. Außerdem gibt die Besprechung den Teammitgliedern Gelegenheit, Informationen über die wesentlichen Geschäftsrisiken des Unternehmens auszutauschen (vgl. Abschn. 3.2.4.).

3.2. Aktivitäten

3.2.1. Vorläufige Festlegung der Wesentlichkeit

3.2.1.1. Prüfungsanforderungen

7   Der Abschlussprüfer hat bei der Planung und Durchführung der Prüfung zu berücksichtigen, ab welcher Grenze das Ausmaß von Unrichtigkeiten und Verstößen im Abschluss wesentlich ist (Bestimmung der **Wesentlichkeit für den Abschluss als Ganzes**). Rechnungslegungsinformationen sind als **wesentlich** anzusehen, wenn vernünftigerweise zu erwarten ist, dass ihre falsche Darstellung (einschließlich ihres Weglassens) im Einzelnen oder insgesamt die auf Basis der Rechnungslegung getroffenen **wirtschaftlichen Entscheidungen der Rechnungslegungsadressaten** beeinflusst. Die Festlegung der Wesentlichkeit durch den Abschlussprüfer liegt in dessen pflichtgemäßem Ermessen und wird von dessen Wahrnehmung der Informationsbedürfnisse der Rechnungslegungsadressaten beeinflusst (vgl. *IDW PS 250 n.F.*, Tz. 5 f.).

8   Die Wesentlichkeit kann sich sowohl **quantitativ** in einem Grenzwert als auch **qualitativ** in einer Eigenschaft ausdrücken, der/die geeignet ist, das Entscheidungsverhalten der Rechnungslegungsadressaten zu beeinflussen (*IDW PS 250 n.F.*, Tz. 8).

9   Für Zwecke der Risikobeurteilung sowie der Festlegung von Art, zeitlichem Ablauf und Umfang der Prüfungshandlungen ist darüber hinaus nach pflichtgemäßem Ermessen ein niedri-

gerer Betrag unterhalb der Wesentlichkeit für den Abschluss als Ganzes festzulegen (sog. **Toleranzwesentlichkeit**), um die Wahrscheinlichkeit auf ein angemessen niedriges Maß zu reduzieren, dass die Summe aus den nicht korrigierten und den nicht aufgedeckten falschen Angaben die Wesentlichkeit für den Abschluss als Ganzes überschreitet (vgl. *IDW PS 250 n.F.*, Tz. 11 und Tz. 13).

10 Ferner sind (nur) dann **spezifische Wesentlichkeitsgrenzen** für bestimmte Kontensalden, Arten von Geschäftsvorfällen oder Angaben im Anhang festzulegen, wenn zu erwarten ist, dass in diesen enthaltene Fehler, die unterhalb der Wesentlichkeit für den Abschluss als Ganzes liegen, die wirtschaftlichen Entscheidungen der Rechnungslegungsadressaten beeinflussen. Werden hiernach spezifische Wesentlichkeitsgrenzen festgelegt, sind für diese auch Toleranzwesentlichkeiten festzulegen (vgl. *IDW PS 250 n.F.*, Tz. 16).

11 Im Zusammenhang mit der Prüfung des Lageberichts ist zu entscheiden, ob die Wesentlichkeit für den Abschluss als Ganzes auch für die **Prüfung des Lageberichts** herangezogen werden soll. Wurden für einzelne Abschlussposten spezifische Wesentlichkeitsgrenzen festgelegt, sind diese Wesentlichkeitsgrenzen auch für die korrespondierenden Lageberichtsangaben (z.B. im Wirtschaftsbericht) zu berücksichtigen (vgl. *IDW EPS 350 n.F.*, Tz. 26).

12 Im Fall von gravierenden Unterschieden zwischen der Planungsrechnung und dem geprüften Abschluss ist zu entscheiden, ob für die **Prüfung des Chancen- und Risikoberichts** die Wesentlichkeitsgrenze unter Berücksichtigung der Planungsrechnung festzulegen ist (vgl. *IDW EPS 350 n.F.*, Tz. 27).

13 Die Toleranzwesentlichkeit(en) für den Abschluss sind ebenfalls für den Lagebericht zu verwenden, soweit sie sich auf Angaben erstrecken, die aus dem Rechnungswesen entnommen und mit dem Abschluss abstimmbar sind (vgl. *IDW EPS 350 n.F.*, Tz. 27).

14 Die folgende Tabelle nennt einige Faktoren, die darauf hindeuten können, dass für eine oder mehrere Arten von Geschäftsvorfällen, Kontensalden oder Abschluss- bzw. Lageberichtsangaben spezifische Wesentlichkeiten festzulegen wären und ordnet diesen die entsprechenden Arten von Geschäftsvorfällen, Kontensalden oder Abschluss- bzw. Lageberichtsangaben zu.

Faktoren	Arten von Geschäftsvorfällen, Kontensalden oder Abschluss- bzw. Lageberichtsangaben
Spezielle Rechnungslegungsanforderungen oder gesetzliche Anforderungen	• Transaktionen mit nahe stehenden Personen • Vertraglich vereinbarte finanzielle Ziele (sog. Financial Covenants) • Bestimmte Ausgaben, bspw. gesetzwidrige Zah-

Faktoren	Arten von Geschäftsvorfällen, Kontensalden oder Abschluss- bzw. Lageberichtsangaben
	lungen oder Spesenzahlungen an Geschäftsführer
Wichtige Brancheninformationen	• Abbaureserven und Explorationskosten eines Bergbaubauunternehmens • Forschungs- und Entwicklungskosten eines Unternehmens der pharmazeutischen Industrie
Angaben zu bedeutsamen Ereignissen und wichtigen betrieblichen Änderungen	• Neu erworbene Beteiligungen oder Erweiterungen des Geschäftsbetriebs • Aufgegebene Geschäftsbereiche • Ungewöhnliche oder unsichere Ereignisse (z.B. Rechtsklagen) • Einführung neuer Produkte oder Dienstleistungen

Das Vorliegen dieser beispielhaft genannten Aspekte wird in der Praxis allerdings nicht genügen, um die Notwendigkeit eines spezifischen Wesentlichkeitsbetrags zu begründen. Diese Festlegung unterliegt dem pflichtgemäßen Ermessen des Abschlussprüfers und setzt daher voraus, dass im Einzelfall des zu prüfenden Unternehmens besondere Umstände oder Hinweise für deren Notwendigkeit vorliegen.[1]

15 Die folgende Abbildung fasst die unterschiedlichen Wesentlichkeitsgrenzen zusammen:

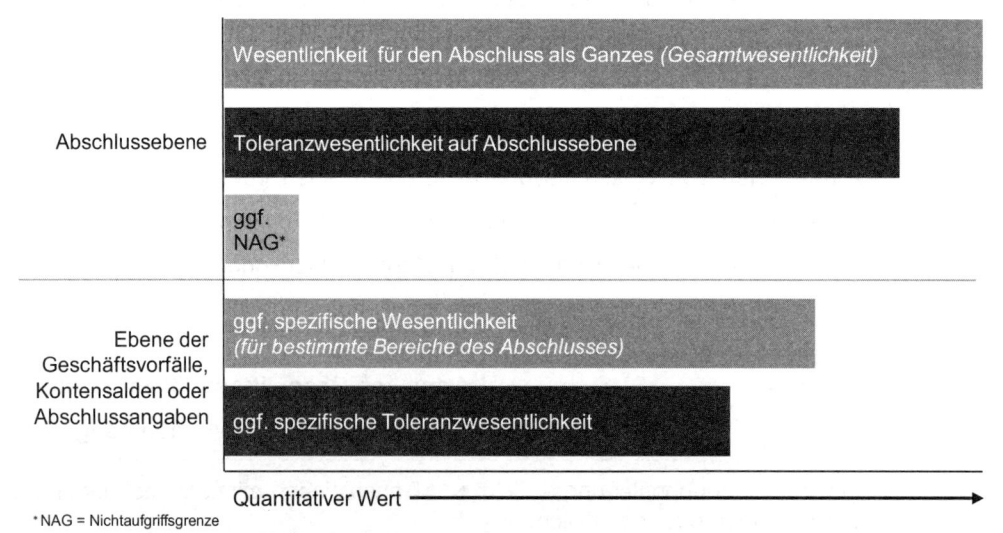

Abschlussebene
- Wesentlichkeit für den Abschluss als Ganzes (Gesamtwesentlichkeit)
- Toleranzwesentlichkeit auf Abschlussebene
- ggf. NAG*

Ebene der Geschäftsvorfälle, Kontensalden oder Abschlussangaben
- ggf. spezifische Wesentlichkeit (für bestimmte Bereiche des Abschlusses)
- ggf. spezifische Toleranzwesentlichkeit

Quantitativer Wert →

*NAG = Nichtaufgriffsgrenze

© 2011, 2017 International Federation of Accountants (IFAC). Alle Rechte vorbehalten.

---

[1] Vgl. *Noodt/Kunellis*, Änderung von IDW Prüfungsstandards: Anpassung an die im Rahmen des Clarity-Projekts überarbeiteten ISA, WPg 12/2011, S. 557.

16 Sobald der Jahresabschluss in seiner endgültigen Fassung vorliegt, ist grundsätzlich zu prüfen, ob sich im Verlauf der Abschlussprüfung erhebliche Veränderungen bei den im Rahmen der Ermittlung der Wesentlichkeitsgrenze(n) zugrunde gelegten vorläufigen Beträgen der Jahresabschlussposten ergeben haben. Die Wesentlichkeit und erforderlichenfalls die Toleranzwesentlichkeit sind im Verlauf der Prüfung anzupassen, wenn sich erweist, dass diese bei Kenntnis neuer Informationen abweichend festgelegt worden wären (vgl. *IDW PS 250 n.F.*, Tz. 18).

*[Anm.: Eine Änderung der Wesentlichkeit für den Abschluss als Ganzes bzw. erforderlichenfalls festgelegter spezifischer Wesentlichkeiten kann sich im Verlauf der Prüfung ausschließlich aufgrund einer Änderung der Abschluss-/Lageberichtsinformationen oder durch eine dem Prüfer bekannt gewordene Veränderung im Entscheidungsverhalten der Adressaten ergeben. Ändert der Abschlussprüfer seine Risikobeurteilung, führt dies dagegen nicht zu einer Änderung der Wesentlichkeit für den Abschluss als Ganzes oder der spezifischen Wesentlichkeit(en), da sich diese allein nach der Einschätzung bestimmen, ab welchem Betrag falsche Angaben erheblich für die wirtschaftlichen Entscheidungen der Abschlussadressaten sind (vgl. Tz. 7 oben). Im Unterschied hierzu kann eine Änderung der eigenen Risikobeurteilung jedoch die festgelegte Toleranzwesentlichkeit(en) beeinflussen. Eine Anpassung der Toleranzwesentlichkeit ist dann erforderlich, wenn infolge der verminderten Wesentlichkeit für den Abschluss als Ganzes oder einer spezifischen Wesentlichkeit der Abstand zwischen diesen und der Toleranzwesentlichkeit nicht mehr ausreicht, um das **Aggregationsrisiko** angemessen zu berücksichtigen.[2]]*

17 In den Arbeitspapieren sind die festgelegten Wesentlichkeitsbeträge, die festgelegte(n) Toleranzwesentlichkeit(en) und im Verlauf der Abschlussprüfung vorgenommene Anpassungen dieser Größen sowie die bei der Festlegung dieser Größen berücksichtigten Faktoren zu dokumentieren. Des Weiteren ist, sofern festgelegt, die Grenze festzuhalten, unterhalb derer Beträge als zweifelsfrei unbeachtlich eingeschätzt werden, sodass sie nicht in der Aufstellung nicht korrigierter Prüfungsdifferenzen (siehe Abschn. 8.2.9.) festgehalten werden **(Nichtaufgriffsgrenze)** (vgl. *IDW PS 250 n.F.*, Tz. 34 und Tz. 35). Zur Dokumentation dient die **Arbeitshilfe B-3.1.: Wesentlichkeitsgrenzen für die Abschlussprüfung**.

3.2.1.2. Hinweise zur Bearbeitung

18 Berücksichtigen Sie z.B. folgende **Skalierungsaspekte** im Rahmen der Festlegung der Wesentlichkeit:

- Die Prüfung ist darauf auszurichten, mit hinreichender Sicherheit wesentliche falsche Angaben aufzudecken. Eine wirksame und effiziente Prüfung wird sich deshalb auf die Risiken konzentrieren, die zu *wesentlichen* falschen Angaben führen können. Die Höhe

---

[2] Vgl. *Fragen und Antworten: Zur Festlegung der Wesentlichkeit und der Toleranzwesentlichkeit nach ISA 320 bzw. IDW PS 250 n.F. (F & A zu ISA 450 bzw. IDW PS 250 n.F.)* (Stand: 25.07.2013), Abschn. 6.2.

der festgelegten Wesentlichkeit/Toleranzwesentlichkeit beeinflusst folglich den Prüfungsumfang. (*IDW PS 250 n.F.*, Tz. 11 und Tz. 14)

- Die Toleranzwesentlichkeit kann in Form eines einheitlichen Betrags festgelegt werden, der für alle Arten von Geschäftsvorfällen, Kontensalden oder Anhang- bzw. Lageberichtsangaben Verwendung findet, oder aber in Form unterschiedlich hoher Beträge für verschiedene Prüffelder. Je nach bestehender Risikosituation kann die Festlegung sachverhaltsspezifischer Toleranzwesentlichkeiten zur Reduzierung der durchzuführenden Prüfungshandlungen beitragen. So kann zum Beispiel bei erhöhten Fehlerrisiken die Toleranzwesentlichkeit ggf. nicht insgesamt, sondern nur für bestimmte ausgewählte Abschlussinformationen gesenkt werden, die von einem bestimmten Risiko betroffen sind. (*F & A zu ISA 320 bzw. IDW PS 250 n.F.*, Abschn. 4.2.)

- Obwohl keine Pflicht zur Bereinigung der von bestimmten Effekten betroffenen Bezugsgrößen besteht, kann es sinnvoll sein, einmalige oder außergewöhnliche Effekte zu eliminieren, z.B. wenn bei einem kleineren Unternehmen ein großer Teil des Gewinns vor Steuern im Rahmen der Vergütung des Gesellschafter-Geschäftsführers abgeschöpft wird (*F & A zu ISA 320 bzw. IDW PS 250 n.F.*, Abschn. 3.2.9.).

Die Wesentlichkeit von Informationen ist danach zu bemessen, ob ihr Weglassen oder ihre fehlerhafte Darstellung – einzeln oder insgesamt – die auf der Basis der Rechnungslegung getroffenen **wirtschaftlichen Entscheidungen der Rechnungslegungsadressaten** beeinflussen kann. Auch die spezifische Wesentlichkeit einzelner Kontensalden, Arten von Geschäftsvorfällen, oder Angaben im Anhang oder Lagebericht ist besonders davon abhängig, wie sich deren absoluter oder relativer Wert auf die wirtschaftlichen Entscheidungen der Adressaten auswirkt.

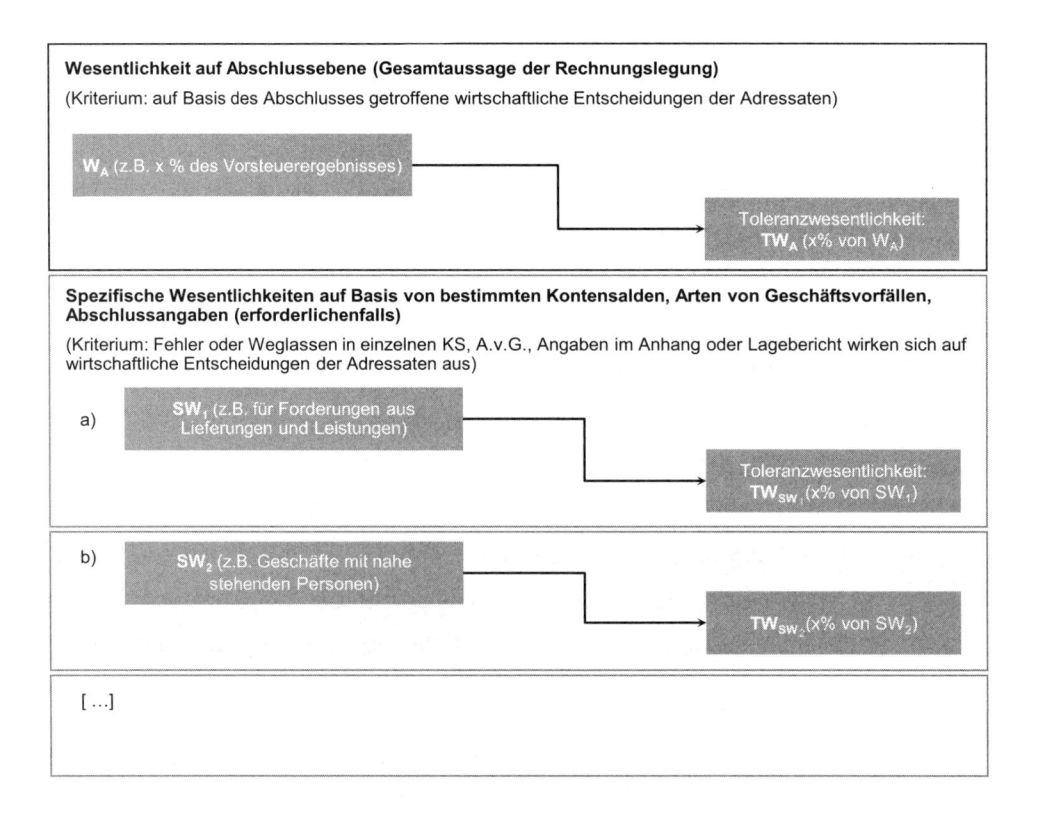

Wesentlichkeit auf Abschlussebene (Gesamtaussage der Rechnungslegung)
(Kriterium: auf Basis des Abschlusses getroffene wirtschaftliche Entscheidungen der Adressaten)

W_A (z.B. x % des Vorsteuerergebnisses) → Toleranzwesentlichkeit: TW_A (x% von W_A)

Spezifische Wesentlichkeiten auf Basis von bestimmten Kontensalden, Arten von Geschäftsvorfällen, Abschlussangaben (erforderlichenfalls)
(Kriterium: Fehler oder Weglassen in einzelnen KS, A.v.G., Angaben im Anhang oder Lagebericht wirken sich auf wirtschaftliche Entscheidungen der Adressaten aus)

a) SW_1 (z.B. für Forderungen aus Lieferungen und Leistungen) → Toleranzwesentlichkeit: TW_{SW_1} (x% von SW_1)

b) SW_2 (z.B. Geschäfte mit nahe stehenden Personen) → TW_{SW_2} (x% von SW_2)

[...]

Kapitel B: Risikoorientiertes Prüfungsvorgehen
Meilenstein 3: Vorläufige Festlegung der Wesentlichkeit und Beurteilung der Fehlerrisiken

19 Häufig wird als Ausgangspunkt für die Festlegung der Wesentlichkeit für den Abschluss als Ganzes ein **Prozentsatz** auf eine geeignete **Bezugsgröße**, z.B. Ergebnis vor Steuern, Umsatzerlöse, Eigenkapital oder Bilanzsumme angewendet. Die Festlegung eines geeigneten Prozentsatzes und einer geeigneten Bezugsgröße liegt im pflichtgemäßen Ermessen des Abschlussprüfers. Allgemeingültige Bezugsgrößen und Prozentsätze können nicht vorgegeben werden (*IDW PS 250 n.F.*, Tz. 12). Wenn die Posten des zu prüfenden Jahresabschlusses in der Phase der Risikobeurteilung und Prüfungsplanung noch nicht in ihrer endgültigen Höhe feststehen, sind die vorläufigen Werte bzw. bestmöglichen Schätzungen zu verwenden. Es ist dagegen nicht sachgerecht, die entsprechenden Beträge des Vorjahresabschlusses zu verwenden.

20 Die durch den Abschlussprüfer im Rahmen des beruflichen Ermessens vorzunehmende Beurteilung, welche Bezugsgröße für die Bestimmung der Wesentlichkeit für den Abschluss als Ganzes sachgerecht ist, ist vom Einzelfall abhängig.[3] In bestimmten Fällen kann eine der Bezugsgrößen nicht sachgerecht oder zumindest weniger geeignet sein als die anderen denkbaren Bezugsgrößen. So ist z.B. das Jahresergebnis nicht geeignet in Fällen, in denen es nicht als repräsentativer Indikator für die Größe des zu prüfenden Unternehmens angesehen werden kann. Beispielsfälle hierfür sind:

- die Erzielung eines Fehlbetrags oder eines nur knapp ausgeglichenen Jahresergebnisses („schwarze Null"),
- schwankende oder stark wachsende Ergebnisse im Fall eines neu gegründeten Unternehmens,
- Unternehmen, bei denen die Summe der Vermögenswerte als wichtigster Erfolgsindikator betrachtet wird (z.B. Investmentgesellschaften),
- gemeinnützige oder andere nicht gewinnorientierte Unternehmen,
- Gesellschaften mit Gesellschafter-Geschäftsführer, die einen erheblichen Teil des erwirtschafteten Ergebnisses in Form hoher Gehälter abschöpfen.

21 Überschreiten falsche Angaben in der Rechnungslegung eine bestimmte Größenordnung, so sind sie bereits in rein quantitativer Hinsicht – also unabhängig von weiteren qualitativen Überlegungen – als wesentlich einzustufen. Diese Größenordnung stellt den **höchstzulässigen Wert für die Wesentlichkeit** für den Abschluss als Ganzes dar. Dieser aus rein quantitativer Sicht höchstzulässige Wert könnte vom verantwortlichen Wirtschaftsprüfer z.B. mit 3 bis 5 % des „Vorsteuerergebnisses der gewöhnlichen Geschäftstätigkeit" festgelegt werden.[4]

---

[3] Zu möglichen Bezugsgrößen und Multiplikatoren vgl. auch Beck'scher Bilanz-Kommentar, 10. Auflage, § 317 HGB, Tz. 105.

[4] Auf Grundlage freiwilliger Auskünfte von zehn in Deutschland tätigen Prüfungsgesellschaften lässt sich beobachten, dass die Mehrzahl dieser Gesellschaften Bandbreiten verwendet, während einzelne Gesellschaften bewusst auf derartige Vorgaben verzichten. Die verwendeten Bandbreiten bewegen sich für die nachstehend beispielhaft aufgeführten drei Bezugsgrößen innerhalb folgender Grenzen: Bilanzsumme (0,25 % - 4 %), Umsatzerlöse (0,5 % - 2 %), Gewinn vor Steuern (3 % - 10 %); vgl. *F & A zu ISA 320 bzw. IDW PS 250 n.F.*, Abschn. 3.3.3.

22 Weicht die **Bezugsgröße** (z.B. das „Vorsteuerergebnis der gewöhnlichen Geschäftstätigkeit" oder die Bilanzsumme) in ungewöhnlichem Umfang vom üblicherweise durch das Unternehmen erzielten Wert ab, kann der verantwortliche Wirtschaftsprüfer dieses Ergebnis um Posten bereinigen, die außergewöhnlicher oder seltener Natur sind. Hierzu gehören z.B. das Ergebnis aus der Aufgabe von Geschäftsbereichen oder die Ergebnisauswirkung einer Änderung der Bilanzierungsmethoden.

23 Wird die Wesentlichkeit unter Zugrundelegung der *Bilanzsumme* oder der *Umsatzerlöse* ermittelt, sollte der verantwortliche Wirtschaftsprüfer die Zusammensetzung der Vermögensgegenstände bzw. der Umsätze kritisch würdigen und ggf. bereinigen. Besteht bspw. ein erheblicher Teil der Bilanzsumme aus immateriellen Vermögensgegenständen oder einem Geschäfts- oder Firmenwert, sollte der verantwortliche Wirtschaftsprüfer abwägen, ob die Einbeziehung dieser immateriellen Werte in die Bilanzsumme zu einer Wesentlichkeit für den Abschluss als Ganzes führen kann, die nicht repräsentativ für die Unternehmensgröße ist. Gleiches gilt für die Umsatzerlöse, falls diese z.B. in erheblichem Umfang ihrer Natur nach nicht wiederholbare Umsätze enthalten.

24 Die Höhe der **Toleranzwesentlichkeit** (auf Abschlussebene) hängt ab von den erwarteten Fehlerrisiken im zu prüfenden Abschluss und Lagebericht. Diese Fehlererwartung leitet sich z.B. ab aus dem bis dato erlangten Verständnis der Geschäftstätigkeit des Unternehmens, etwaigen Risiken für Verstöße und aus den Erfahrungen der Vorjahresprüfungen (vgl. *IDW PS 250 n.F.*, Tz. 13). Sofern keine ungewöhnlichen Umstände in Bezug auf das zu erwartende Fehlerrisiko vorliegen, kann die Toleranzwesentlichkeit in Höhe eines Prozentwerts vom verantwortlichen Wirtschaftsprüfer vorgegeben werden. Dieser Betrag könnte je nach geschätzter Risikosituation z.B. zwischen 50 bis 80 % der Wesentlichkeit für den Abschluss als Ganzes liegen; z.B. zwischen 50 und 65 % bei höherer Risikoeinschätzung und zwischen 65 und 80 % bei einer erwarteten niedrigeren Risikolage.[5]

Das Festlegen einer Toleranzwesentlichkeit für den Fall spezifischer Wesentlichkeiten kann unterbleiben, wenn sämtliche oder nahezu sämtliche Elemente eines Bilanzpostens bzw. einer Art von Geschäftsvorfällen bei einer Vollerhebung geprüft werden. Je kleiner der ungeprüfte Teil eines Bilanzpostens bzw. einer Art von Geschäftsvorfällen ist, für den eine spezifische Wesentlichkeit festgelegt wurde, umso kleiner kann der Abstand zwischen der spezifischen Wesentlichkeitsgrenze und der entsprechenden Toleranzwesentlichkeit gewählt werden.

---

[5] In der Literatur finden sich auch andere Bandbreiten, z.B. International Federation of Accountants: Guide to Using ISA in the Audits of Small- and Medium-Sized Entities, Volume 2 – Practical Guidance, 2. Aufl., 2010, S. 61 schlägt eine Bandbreite von 60 % bis 85 % vor. Vgl. auch *F & A zu ISA 320 bzw. IDW PS 250 n.F.*, Abschn. 4.4.

Kapitel B: Risikoorientiertes Prüfungsvorgehen
Meilenstein 3: Vorläufige Festlegung der Wesentlichkeit und Beurteilung der Fehlerrisiken

Beispiel:

A	Bilanz (T€)		P		S	GuV (T€)		H
Immat. VG	1.000'		EK	1.000'	Material	1.000'	Umsatz	3.500'
Fin. AV	500'		JÜ	900'	Personal	1.000'		
UV	3.000'		FK	3.100'	Abschreibungen	300'		
(davon Ford. aus Lief. u. Leist. 1.000')					Ergebnis v. St.	1.200'		
Bank	500'				E-Steuern	300'		
Bilanzsumme	5.000'			5.000'	JÜ (vor Gewinnverwendung)	900'		

Wesentlichkeit für den Abschluss als Ganzes   = z.B. 5 % d. Ergebnisses v. St. = 60' (T€)
(W_A)

Toleranzwesentlichkeit (TW_A)   = z.B. 60 % v. W_A = 36' (T€)

Die Forderungen aus Lieferungen und Leistungen des Unternehmens dienen bei einer Bank als Kreditsicherheit, für die spezielle vertragliche Nebenpflichten (Financial Covenants) vereinbart wurden. Daher wird eine spezifische Wesentlichkeit von 4 % des Bilanzpostens Forderungen aus Lieferungen und Leistungen festgelegt.

Spezifische Wesentlichkeit (SW_1)   = z.B. 4 % der Fo.L+L. = 40' (T€)
(Ford. aus Lief. u. Leist. = 1.000')

Toleranzwesentlichkeit$_{SW1}$ (TW_{SW})   = z.B. 50 % v. SW_1 = 20' (T€)

Forderungen aus Lief. u. Leist.

Grundgesamtheit N = 1000 (Debitorenpositionen)

Auswahl einer repräsentativen Stichprobe n = 20 (Debitorenpositionen) (Einholung von Saldenbestätigungen)

Fall a): entdeckte Fehler ⇒ Korrekturbetrag = 18' (T€) ⇒ Hochrechnung GG = 28' (T€)

⇒ *Da der entdeckte Fehlerbetrag unter Berücksichtigung der Hochrechnung über der Toleranzwesentlichkeit für den Kontensaldo Forderungen aus Lieferungen und Leistungen von 20' (T€) liegt, kann das Prüfungsteam das Prüffeld nicht mit hinreichender Sicherheit als ordnungsgemäß ansehen. Der Sicherheitsgrad der Stichprobe, d.h. die Wahrscheinlichkeit, dass die auf den Stichprobenergebnissen beruhende Aussage richtig ist, ist nicht hinreichend hoch. Das Prüfungsteam kann in diesem Fall das Management auffordern, die festgestellten Fehler sowie die Grundgesamtheit zu untersuchen, um festzustellen, ob tatsächlich weitere Fehler vorliegen, und alle festgestellten Fehler zu korrigieren. Erfolgt dies nicht, muss das Prüfungsrisiko durch zusätzliche Prüfungshandlungen reduziert werden. Zum Beispiel kann – unter der Voraussetzung, dass die neue Auswahl ebenfalls wiederum nach statistischen Regeln erfolgt – der Stichprobenumfang er-*

höht werden, um bei gegebenem Entdeckungsrisiko die Wesentlichkeitsgrenze nicht zu überschreiten. Das Prüfungsteam kann ggf. auch entscheiden, mit anderen Prüfungshandlungen (z.B. mit analytischen oder anderen aussagebezogenen Prüfungshandlungen) die notwendige zusätzliche Urteilssicherheit zu erlangen. Diese Entscheidung liegt im pflichtgemäßen Ermessen des Abschlussprüfers und hängt von den Umständen des Einzelfalls ab (z.B. der Höhe der Überschreitung der Toleranzwesentlichkeit und der Art des Prüffelds). Zusätzliche Prüfungshandlungen sind nicht erforderlich, wenn die gesetzlichen Vertreter nach Aufforderung den Abschluss korrigiert haben und danach die Toleranzwesentlichkeit unter Berücksichtigung der hochgerechneten Fehler unterschritten wird (vgl. Meilenstein 8, Abschn. 8.2.9.1.).

Fall b): entdeckte Fehler ⇒ Korrekturbetrag = 8' (T€) ⇒ Hochrechnung GG = 18' (T€)

⇒ *Da der ermittelte Fehlerbetrag unter Berücksichtigung der Hochrechnung unterhalb der Toleranzwesentlichkeit für den Kontensaldo Forderungen aus Lieferungen und Leistungen von 20' T€ liegt, kann das Prüfungsteam grundsätzlich davon ausgehen, dass der festgestellte Fehler auch zusammen mit weiteren nicht aufgedeckten Fehlern die spezifische Wesentlichkeitsgrenze (40' T€) nicht überschreiten wird. Weitere Prüfungshandlungen sind in diesem Fall nicht erforderlich.*

25 Bei **analytischen Prüfungshandlungen** stellt die Toleranzwesentlichkeit grundsätzlich die Obergrenze des festzulegenden Schwellenwerts (wesentliche Abweichung) dar (vgl. Meilenstein 7, Abschn. 7.2.4.3.). Die Toleranzwesentlichkeit entspricht bei einer repräsentativen Stichprobenprüfung, bei der sämtliche Elemente einer Grundgesamtheit der Stichprobe zugrunde liegen, dem **maximal tolerierbaren Fehler** (vgl. Meilenstein 7, Abschn. 7.2.4.2.).

26 Die im Rahmen des beruflichen Ermessens gleichermaßen zu berücksichtigenden **qualitativen Faktoren** resultieren aus den Prüfungshandlungen, die bei der Gewinnung eines Verständnisses des Unternehmens und dessen rechtlichen und wirtschaftlichen Umfelds durchgeführt werden (vgl. Meilenstein 2). Beispiele für qualitative Faktoren sind[6]:

- Gesetzesverstöße oder sensible Angaben, wie Angaben zu Organbezügen oder nahe stehenden Personen
- die Erwartungen der Gesellschafter/Anteilseigner
- die Gefahr der Verletzung vertraglich vereinbarter finanzieller Ziele (sog. „Financial Covenants")
- eine (beabsichtigte) Börsennotierung
- aufsichtsrechtliche Aspekte.

---

[6] Vgl. hierzu und zu weiteren qualitativen Faktoren die *Fragen und Antworten zur Beurteilung der festgestellten falschen Darstellungen nach ISA 450 bzw. IDW PS 250 n.F., (F & A zu ISA 450 bzw. IDW PS 250 n.F.)* (Stand 25.07.2013), Abschn. 6.4.

27 Die vorgenannten Wesentlichkeitsgrenzen können um eine **Nichtaufgriffsgrenze**[7] für festgestellte Prüfungsdifferenzen ergänzt werden. Auch die Nichtaufgriffsgrenze ist im Rahmen des prüferischen Ermessens zu bestimmen. Sie könnte z.B. 3 bis 5 % der Wesentlichkeit für den Abschluss als Ganzes betragen (vgl. auch Meilenstein 8, Abschn. 8.2.8.). Bei der Festlegung des Prozentsatzes sind ggf. auch Erfahrungen mit dem Mandanten aus Vorjahren (z.B. ob keine oder nur geringe Nachbuchungen erforderlich waren) zu berücksichtigen.

Anmerkung: Die Festlegung einer Nichtaufgriffsgrenze stellt eine Dokumentationserleichterung dar und liegt im Ermessen des Abschlussprüfers. Es spricht in der Praxis nichts dagegen, im Fall z.B. kleinerer Prüfungen, bei denen mit einer überschaubaren Anzahl festgestellter falscher Angaben gerechnet wird, keine Nichtaufgriffsgrenze festzulegen und im Einzelfall zu entscheiden, welche falschen Angaben zweifelsfrei unbeachtlich und demnach nicht zusammenzustellen sind.[8]

28 Zur Bedeutung der Wesentlichkeitsgrenzen bei Stichprobenprüfungen vgl. das Praxisbeispiel am Ende von Meilenstein 7.

3.2.1.3. Festlegung von Prüfungshandlungen

Wenn der verantwortliche Wirtschaftsprüfer die Prüfungshandlungen festlegt, sollte er folgende Eckpunkte beachten und eigenverantwortlich einschätzen, ob sie unter den gegebenen Umständen mit Blick auf das Prüfungsziel erforderlich sind:

a) Festlegung, Dokumentation und Kommunikation der Wesentlichkeiten für die Aufdeckung von Unrichtigkeiten und Verstößen (abschlussbezogen sowie ggf. spezifische Wesentlichkeiten). Verwendung der **Arbeitshilfe B-3.1.: Wesentlichkeitsgrenzen für die Abschlussprüfung**

b) Festlegung, Dokumentation und Kommunikation der Toleranzwesentlichkeit für den Abschluss als Ganzes und ggf. für einzelne Kontensalden, Arten von Geschäftsvorfällen und Angaben im Anhang oder Lagebericht. Verwendung der **Arbeitshilfe B-3.1.: Wesentlichkeitsgrenzen für die Abschlussprüfung.**

c) Wenn sich die Einschätzung der Wesentlichkeit und des Prüfungsrisikos im Laufe der Prüfung wegen veränderter Umstände oder neuer Erkenntnisse ändert, sind die Wesentlichkeits- und Nichtaufgriffsgrenzen anzupassen, die Anpassung ist zu dokumentieren und es sind Schlussfolgerungen für das weitere Prüfungsvorgehen zu ziehen. Ggf. ist auch die Toleranzwesentlichkeit anzupassen.

---

[7] Verstanden als Grenze, bis zu der Prüfungsdifferenzen als zweifelsfrei unbeachtlich eingeschätzt werden, sodass sie nicht in der Zusammenstellung nicht korrigierter Prüfungsdifferenzen festgehalten werden (vgl. Meilenstein 8). Zweifelsfrei unbeachtliche Sachverhalte haben eine erheblich kleinere Größenordnung als die festgelegte Wesentlichkeit (*IDW PS 250 n.F.*, Tz. 19). Die Nichtaufgriffsgrenze dient nicht zur Entscheidung, welche Positionen aufgrund ihrer Unwesentlichkeit nicht geprüft werden sollen.

[8] Vgl. *F & A zu ISA 450 bzw. IDW PS 250 n.F.*, Abschn. 3.4. *Noodt/Kunellis*, Änderung von IDW Prüfungsstandards: Anpassung an die im Rahmen des Clarity-Projekts überarbeiteten ISA, WPg 12/2011, S. 557.

Hinweise auf in der Praxis vorkommende Fehlerquellen bei der Bestimmung der Wesentlichkeit, die in den Kontrollen der APAK/WPK beanstandet wurden:[9]

- keine angemessene Berücksichtigung der Ergebnissituation des Mandanten bei der Ermittlung der Wesentlichkeit für den Abschluss als Ganzes
- keine Aktualisierung der Wesentlichkeitsgrenzen am Ende der Prüfung
- keine Berücksichtigung der Effekte aus nicht korrigierten Fehlern des Vorjahres.

3.2.2. Festlegung der wesentlichen Prüffelder

3.2.2.1. Prüfungsanforderungen

29 Nach Ermittlung der Wesentlichkeit werden die wesentlichen Prüffelder (wesentliche Arten von Geschäftsvorfällen, Kontensalden und Angaben im Anhang und Lagebericht) bestimmt.

3.2.2.2. Hinweise zur Bearbeitung

30 Die wesentlichen Prüffelder leiten sich hauptsächlich ab aus dem bis dato erlangten Unternehmensverständnis, einschließlich des wirtschaftlichen und rechtlichen Umfelds des Mandanten sowie der vorbereitenden analytischen Prüfungshandlungen. Prüffelder, die nach Durchführung der ersten Risikobeurteilungen quantitativ unwesentlich sind und keine Risiken beinhalten, können für die weitere Prüfung außer Acht bleiben. Weitere Prüfungshandlungen sind hier nicht erforderlich.

> Hinweis: Bei der quantitativen Wesentlichkeit sind nicht nur Stichtagswerte, sondern auch Verkehrszahlen (Transaktionsvolumen) zu berücksichtigen.

Die Bestimmung der **wesentlichen Prüffelder** begründet sich zum Einen aus quantitativer Sicht aus deren betragsmäßiger Größenordnung, wesentlichen Abweichungen von Vorjahres-, Budget- oder ähnlichen Wertabweichungen oder dem Umfang der Transaktionen pro Posten, zum Anderen aus qualitativen Merkmalen, z.B. aus der Identifikation inhärenter Risiken, komplexer Transaktionen etc.

31 Es empfiehlt sich, die wesentlichen Prüffelder bzw. die Gründe, warum einzelne Prüffelder als unwesentlich beurteilt werden, gesondert zu dokumentieren.

3.2.2.3. Festlegung von Prüfungshandlungen

Wenn der verantwortliche Wirtschaftsprüfer die Prüfungshandlungen festlegt, sollte er folgende Eckpunkte beachten und eigenverantwortlich einschätzen, ob sie unter den gegebenen Umständen

---

[9] Quelle: Berufsaufsichtsbericht 2010 der WPK.

mit Blick auf das Prüfungsziel erforderlich sind:

Festlegung und Dokumentation der wesentlichen Prüffelder (Arten von Geschäftsvorfällen, Kontensalden, Abschlussinformationen).

3.2.3. Vorläufige Beurteilung der Fehlerrisiken

3.2.3.1. Prüfungsanforderungen

32 Die festgestellten **Risiken wesentlicher falscher Angaben in der Rechnungslegung** sind hinsichtlich ihrer möglichen Auswirkungen auf den Abschluss/Lagebericht insgesamt (**Risiken auf Abschluss- bzw. Lageberichtsebene**) und auf **Aussageebene** zu beurteilen. Die (vorläufige) Beurteilung der Fehlerrisiken umfasst die Feststellung der *Größenordnung* der möglichen falschen Angaben in der Rechnungslegung und die *Eintrittswahrscheinlichkeit*[10] der Risiken (vgl. *IDW PS 261 n.F.*, Tz. 64 und *IDW EPS 350 n.F.*, Tz. 38 f.).

33 Aus der Gruppe der wesentlichen Fehlerrisiken sind die folgenden Risiken gesondert zu erfassen (vgl. *IDW PS 261 n.F.*, Tz. 65 ff.). Bei diesen Risiken ist es unerlässlich, die Angemessenheit und Implementierung der betreffenden internen Kontrollen zu prüfen:

- Bedeutsame Risiken (significant oder key risks)
- Risiken wesentlicher falscher Angaben, bei denen der Abschlussprüfer davon ausgehen muss, dass aussagebezogene Prüfungshandlungen nicht ausreichen, um mit hinreichender Sicherheit eine Prüfungsfeststellung über das Vorliegen von falschen Angaben in den betreffenden Prüffeldern zu treffen. Diese Risiken stellen hinsichtlich des **Risikoausmaßes** zugleich entweder bedeutsame Risiken oder sonstige über einem vertretbar niedrigen Risiko liegende Fehlerrisiken dar.

Die folgende Abbildung fasst die verschiedenen Risikoarten zusammen:

---

[10] Zur Berücksichtigung der Größenordnung und der Eintrittswahrscheinlichkeit von möglichen falschen Angaben vgl. *IDW Fragen und Antworten: Zur Risikoidentifikation und -beurteilung nach ISA 315 bzw. IDW PS 261 n.F. (IDW F & A zu ISA 315 bzw. IDW PS 261 n.F.)*, Abschn. 5.7.

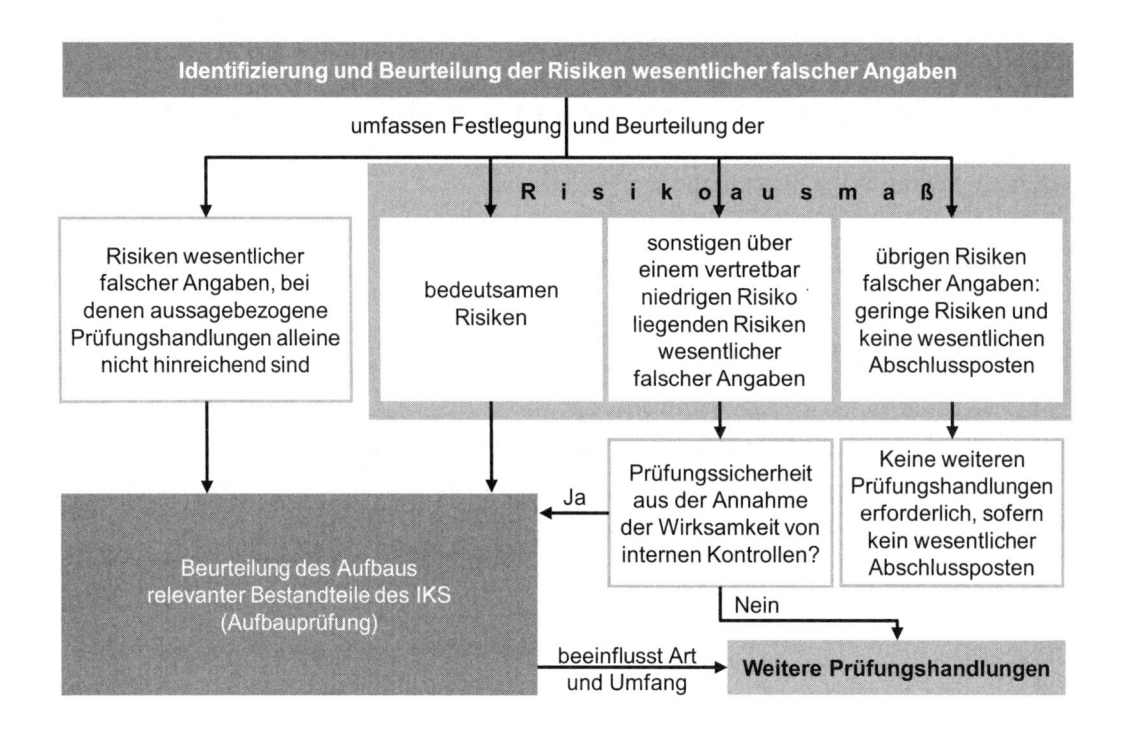

Kapitel B: Risikoorientiertes Prüfungsvorgehen
Meilenstein 3: Vorläufige Festlegung der Wesentlichkeit und Beurteilung der Fehlerrisiken

```
┌─────────────────────────────────────────────────────────────────────┐
│   Identifizierung und Beurteilung der Risiken wesentlicher falscher Angaben   │
└─────────────────────────────────────────────────────────────────────┘
              umfassen Festlegung und Beurteilung der
                          R i s i k o a u s m a ß
        ┌──────────────┐  ┌──────────┐  ┌──────────────┐  ┌──────────────┐
        │ Risiken      │  │          │  │ sonstigen    │  │ übrigen      │
        │ wesentlicher │  │          │  │ über einem   │  │ Risiken      │
        │ falscher     │  │ bedeut-  │  │ vertretbar   │  │ falscher     │
        │ Angaben, bei │  │ samen    │  │ niedrigen    │  │ Angaben:     │
        │ denen        │  │ Risiken  │  │ Risiko       │  │ geringe      │
        │ aussage-     │  │          │  │ liegenden    │  │ Risiken und  │
        │ bezogene     │  │          │  │ Risiken      │  │ keine        │
        │ Prüfungs-    │  │          │  │ wesentlicher │  │ wesentlichen │
        │ handlungen   │  │          │  │ falscher     │  │ Abschluss-   │
        │ alleine nicht│  │          │  │ Angaben      │  │ posten       │
        │ hinreichend  │  │          │  │              │  │              │
        │ sind         │  │          │  │              │  │              │
        └──────┬───────┘  └────┬─────┘  └──────┬───────┘  └──────┬───────┘
               │               │               ▼                 ▼
               │               │        ┌──────────────┐  ┌──────────────┐
               │               │   Ja   │ Prüfungs-    │  │ Keine        │
               │               │ ◄──────│ sicherheit   │  │ weiteren     │
               │               │        │ aus der      │  │ Prüfungs-    │
               ▼               ▼        │ Annahme der  │  │ handlungen   │
        ┌─────────────────────────────┐ │ Wirksamkeit  │  │ erforderlich,│
        │ Beurteilung des Aufbaus     │ │ von internen │  │ sofern kein  │
        │ relevanter Bestandteile des │ │ Kontrollen?  │  │ wesentlicher │
        │ IKS (Aufbauprüfung)         │ └──────┬───────┘  │ Abschluss-   │
        │                             │        │ Nein     │ posten       │
        │                             │        ▼          └──────────────┘
        │          beeinflusst Art   ┌──────────────────┐
        │          und Umfang ──────►│ Weitere Prüfungshandlungen │
        └─────────────────────────────┘─────────────────┘
```

weiter siehe Meilenstein 5, Tz. 11

Beispiel: *Der Abschlussprüfer stellt fest, dass eine bestimmte Art von Geschäftsvorfällen, z.B. Umsatzbuchungen, ein Risiko wesentlicher falscher Angaben in der Rechnungslegung darstellt und aussagebezogene Prüfungshandlungen alleine nicht ausreichen, um hinreichende Sicherheit hinsichtlich der ordnungsgemäßen Erfassung der Umsatzerlöse zu erlangen. Darüber hinaus ordnet er das Risiko, das mit dieser Art von Geschäftsvorfällen verbunden ist, als bedeutsames Risiko ein, was für die Umsatzrealisierung grundsätzlich angenommen wird. In der Praxis ist diese Art von Geschäftsvorfällen insb. bei Massentransaktionen wie dem Verkauf und der Fakturierung einzelner Schrauben oder anderer Teile anzutreffen, welche durch hochautomatisierte Prozesse abgewickelt werden.*

Diese Risikobeurteilung hat folgende Konsequenzen für das weitere Prüfungsvorgehen in Bezug auf die betreffenden Geschäftsvorfälle:

- *Wegen des bedeutsamen Risikos müssen auch bei unveränderten internen Kontrollen für die Umsatzrealisierung Funktionsprüfungen in der laufenden Abschlussprüfung durchgeführt werden. Eine Einbeziehung der Funktionstests in den „Drei-Jahres-Rhythmus" (vgl. Meilenstein 6, Abschn. 6.2.1.2.) kommt dann nicht in Frage.*

- *Neben einer Aufbau- und Funktionsprüfung der relevanten internen Kontrollen müssen zwingend auch speziell auf die bedeutsamen Risiken ausgerichtete aussagebezogene Prüfungshandlungen durchgeführt werden, z.B. Einholung von Saldenbestätigungen oder die Nachberechnung von Pauschalwertberichtigungen und Erlösschmälerungen (vgl. Meilenstein 7, Abschn. 7.2.4.1.).*

34 Die Risikobeurteilungen sind im Verlauf der Prüfung ggf. aufgrund neuerer Erkenntnisse anzupassen (*IDW PS 261 n.F.*, Tz. 69).

3.2.3.2. Hinweise zur Bearbeitung

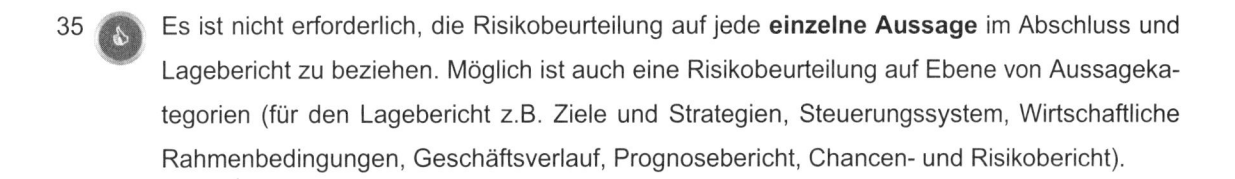

35 Es ist nicht erforderlich, die Risikobeurteilung auf jede **einzelne Aussage** im Abschluss und Lagebericht zu beziehen. Möglich ist auch eine Risikobeurteilung auf Ebene von Aussagekategorien (für den Lagebericht z.B. Ziele und Strategien, Steuerungssystem, Wirtschaftliche Rahmenbedingungen, Geschäftsverlauf, Prognosebericht, Chancen- und Risikobericht).

36 Bei den **bedeutsamen Risiken** handelt es sich um Fehlerrisiken, die aufgrund ihrer Art oder des mit ihnen verbundenen Umfangs möglicher falscher Angaben in der Rechnungslegung bei der Abschlussprüfung besondere Aufmerksamkeit, d.h. besondere Prüfungshandlungen, erfordern (vgl. *IDW PS 261 n.F.*, Tz. 65).

37 Folgende Sachverhalte sind bei der Beurteilung, welche Fehlerrisiken als „bedeutsam" einzustufen sind, besonders relevant (*IDW PS 261 n.F.*, Tz. 65):

- Hinweise auf Verstöße (z.B. Unterschlagungen oder Bilanzmanipulationen)
- Komplexität von Geschäftsvorfällen
- Transaktionen mit nahe stehenden Personen
- Maß an Subjektivität bei der Ausübung von Ermessensentscheidungen (bei geschätzten Werten, Zeitwerten)
- Ungewöhnliche Geschäftsvorfälle und Geschäftsvorfälle außerhalb des gewöhnlichen Geschäftsbetriebs (vgl. u.a. **Arbeitshilfe B-2.1.**).

38 Die Einschätzung, ob ein bedeutsames Risiko vorliegt, ist zunächst ohne Berücksichtigung der vom Unternehmen eingesetzten Kontrollmaßnahmen vorzunehmen (*IDW PS 261 n.F.*, Tz. 66) und liegt im pflichtgemäßen Ermessen des Abschlussprüfers. Das Vorliegen eines einzigen Kriteriums allein wird i.d.R. nicht zu einem bedeutsamen Risiko führen.

Beispiel: Liegt eine Transaktion mit nahe stehenden Personen vor, bei der börsennotierte Unternehmensanteile zu Marktpreisen veräußert wurden, so kann die Marktüblichkeit dieses Geschäftsvorfalls problemlos geprüft werden; eine besondere Würdigung im Rahmen der Prüfung als bedeutsames Risiko sowie die Auswahl hierauf ausgerichteter besonderer Prüfungshandlungen ist daher i.d.R. nicht erforderlich. Liegen allerdings bei einem erkannten Fehlerrisiko gleich mehrere der genannten Kriterien vor, so wächst die Wahrscheinlichkeit des Vorliegens eines bedeutsamen Risikos. Erfolgt bspw. eine Transaktion mit nahe stehenden Personen, die mit erheblichen bilanziellen Schätzunsicherheiten verbunden ist, so wird dies ein Abschlussprüfer im Rahmen seines prüferischen Ermessens häufig als bedeutsames Risiko beurteilen.[11]

39 Bedeutsame Risiken betreffen oft **Nicht-Routine-Transaktionen** sowie besonders beurteilungsbedürftige Geschäftsvorfälle. Bei Nicht-Routine-Transaktionen handelt es sich um Geschäftsvorfälle, die entweder aufgrund ihrer Größe oder ihrer Art ungewöhnlich sind und deshalb selten auftreten. Zu den beurteilungsbedürftigen Sachverhalten gehören insb. geschätzte Werte in der Rechnungslegung, bei denen eine wesentliche Bewertungsunsicherheit besteht. **Schwierige Bilanzierungsfragen**, deren Vorliegen die Einholung fachlichen Rats erfordern (vgl. Kapitel A, Abschn. 4.6.4.), oder **bilanzpolitische Maßnahmen**, über die im Prüfungsbericht nach § 321 Abs. 2 Satz 4 HGB berichtet werden muss, werden häufig mit bedeutsamen Risiken zusammenhängen.

40 Des Weiteren muss der Abschlussprüfer damit rechnen, dass Risiken wesentlicher falscher Angaben in der **Umsatzrealisierung** vorliegen können. Diese Risiken sind in der Regel als bedeutsame Risiken zu behandeln (vgl. Meilenstein 2, Abschn. 2.2.6., *IDW PS 261 n.F.*, Tz. 67, *IDW PS 210*, Tz. 39). Das bedeutsame Risiko sollte möglichst konkret für das jeweilige Unternehmen beschrieben werden, sodass maßgeschneiderte Prüfungshandlungen zur Adressierung dieses Risikos geplant und durchgeführt werden können.

41 Das Risiko, dass das Management ansonsten wirksam erscheinende **interne Kontrollen außer Kraft** setzt, stellt ebenfalls ein bedeutsames Risiko wesentlicher falscher Angaben aufgrund von Verstößen dar (vgl. Meilenstein 2, Abschn. 2.2.6.). Wesentliche falsche Angaben im Abschluss aufgrund von Verstößen beinhalten vielfach Manipulationen im Bereich des Rechnungslegungsprozesses, indem unangemessene oder nicht autorisierte Buchungen während oder zum Ende der Berichtsperiode vorgenommen werden oder Anpassungen von im Abschluss ausgewiesenen Beträgen durchgeführt werden, die sich nicht im Hauptbuch niederschlagen (z.B. in Form von Konsolidierungsbuchungen und statistischen Umgliederungen) (vgl. *IDW PS 210*, Tz. 43).

42 **Risiken, bei denen aussagebezogene Prüfungshandlungen nicht ausreichen**, betreffen insb. Routinetransaktionen, wie die Zahlungsabwicklung oder die Lohn- und Gehaltsabrechnung, die IT-gestützt erfasst und verarbeitet werden (vgl. *IDW PS 261 n.F.*, Tz. 68).

43 Bei den **übrigen Fehlerrisiken** (siehe Abbildung in Tz. 33) handelt es sich um solche Risiken, die ein vertretbar niedriges Maß nicht übersteigen, da ihre Eintrittswahrscheinlichkeit bzw. ihr maximales Fehlerausmaß vernachlässigbar gering ist. Die Prüfungsstandards verlangen nicht, solche Risiken zu identifizieren, da grundsätzlich keine weiteren Prüfungshandlungen erforderlich sind. Aus diesem Grund ist auch eine Dokumentation dieser Risiken nicht

---

[11] Vgl. *IDW F & A zu ISA 315 bzw. IDW PS 261 n.F.*, Abschn. 5.10.

erforderlich. Liegen bei einem Prüffeld keine Fehlerrisiken vor bzw. sind die Wahrscheinlichkeiten oder die maximale Größe möglicher Fehler vernachlässigbar gering, sind für dieses Prüffeld keine weiteren Prüfungshandlungen erforderlich. Dies folgt aus dem risikoorientierten Prüfungsansatz, der vorsieht, Prüfungshandlungen auf risikobehaftete Prüffelder zu konzentrieren. Ungeachtet dieser rein risikoorientierten Betrachtung sind jedoch, um dem Vorsichtsgedanken Rechnung zu tragen, für alle wesentlichen Arten von Geschäftsvorfällen, Kontensalden sowie Abschlussangaben aussagebezogene Prüfungshandlungen zu planen und durchzuführen, unabhängig von der Höhe der Fehlerrisiken (vgl. *IDW PS 261 n.F., Tz. 83*).

44 Mögliche **Risiken auf Lageberichtsebene** sind (häufig identisch mit Risiken auf Abschlussebene):

- Management Override of Control
- Risiken doloser Handlungen
- Mangelhaftes Kontrollumfeld
- Verschlechterung der wirtschaftlichen Bedingungen des Unternehmens
- Mangelnde Kompetenz des Managements
- Integrität des Managements

3.2.3.3. Festlegung von Prüfungshandlungen

Wenn der verantwortliche Wirtschaftsprüfer die Prüfungshandlungen festlegt, sollte er folgende Eckpunkte beachten und eigenverantwortlich einschätzen, ob sie unter den gegebenen Umständen mit Blick auf das Prüfungsziel erforderlich sind:

a) Dokumentation der Risiken auf Abschlussebene und Erstellung einer Zusammenfassung der Risikobeurteilungen/Prüfungsstrategie und der erreichten Prüfungssicherheit (**Arbeitshilfen B-5.0. und B-5.1.**; siehe Meilenstein 5) und fortlaufende Bearbeitung dieser Dokumente im Prüfungsprozess.

Hinweis: Diese Dokumente sollten vom verantwortlichen Wirtschaftsprüfer mindestens zu Beginn der weiteren Prüfungshandlungen als auch zum Prüfungsabschluss durchgesehen werden.

b) Darstellung der **Unternehmensziele** und diesen entgegenstehenden wesentlichen **Geschäftsrisiken** in der **Arbeitshilfe B-5.1.**, sofern sich daraus Auswirkungen auf die Abschlussprüfung ergeben (Risiken wesentlicher falscher Angaben in der Rechnungslegung) – vgl. insb. Schlussfolgerungen aus der Bearbeitung von Meilenstein 2.

c) Gesonderte **Klassifizierung der Risiken** für wesentliche falsche Angaben in der Rechnungslegung nach

   i. bedeutsamen Risiken,

> ii. Risiken, bei denen aussagebezogene Prüfungshandlungen allein keine hinreichende Sicherheit erbringen

3.2.4. Abstimmung des Prüfungsvorgehens der an der Prüfung beteiligten Personen

3.2.4.1. Prüfungsanforderungen

45 Der verantwortliche Wirtschaftsprüfer hat in die Planung der Abschlussprüfung wichtige Mitglieder des Prüfungsteams einzubeziehen. Dies gilt auch für die Teilnahme an der **Besprechung**, in der das **Prüfungsteam** mögliche Anfälligkeiten für wesentliche falsche Angaben in der Rechnungslegung erörtert (*IDW PS 240*, Tz. 11a, *IDW PS 261 n.F.*, Tz. 17).

3.2.4.2. Hinweise zur Bearbeitung

46 Berücksichtigen Sie z.B. folgende **Skalierungsaspekte** in Bezug auf die Teambesprechung:
- Es ist nicht immer notwendig oder praktisch durchführbar, alle Mitglieder des Prüfungsteams in die Besprechung einzubeziehen; ebenso ist es nicht notwendig, alle nicht teilnehmenden Mitglieder des Prüfungsteams über alle während der Besprechung getroffenen Entscheidungen zu informieren. *[ISA 315.A15]*
- Der Umfang der Besprechung wird beeinflusst durch die Stellung, Erfahrung und die Informationsbedürfnisse der teilnehmenden Mitglieder des Teams. Bei kleinen Prüfungsteams kann die Diskussion entsprechend vereinfacht werden.[12]

47 An der Besprechung nimmt der für den Auftrag verantwortliche Wirtschaftsprüfer teil, der nach pflichtgemäßem Ermessen auf der Grundlage der bisherigen Erfahrungen mit dem Unternehmen und Kenntnissen aktueller Entwicklungen festlegt, welche anderen Mitglieder des Prüfungsteams in die Besprechung einbezogen werden sollten. Im Regelfall sollten die wichtigsten Mitglieder und die dem Prüfungsteam zugeordneten Spezialisten mit teilnehmen. In kleineren Prüfungsteams werden i.d.R. alle Teammitglieder hinzugezogen. Die Teilnahme des auftragsbegleitenden Qualitätssicherers (falls vorhanden) ist nicht vorgeschrieben, kann aber aus Effizienz- und Qualitätsgründen sinnvoll sein.[13]

48 Im Regelfall findet die Besprechung im Rahmen der Prüfungsplanung nach Durchführung der Prüfungshandlungen zur Risikobeurteilung statt. Je nach den Umständen der Prüfung und Bedarf können weitere Besprechungen stattfinden, um den fortlaufenden Austausch von Informationen im Prüfungsteam zu ermöglichen.

---

[12] Vgl. *IDW F & A zu ISA 315 bzw. IDW PS 261 n.F.*, Abschn. 3.4.
[13] Vgl. *IDW F & A zu ISA 315 bzw. IDW PS 261 n.F.*, Abschn. 3.4.

49 **Arbeitshilfe B-3.2.** enthält mögliche Themengebiete für die Besprechung im Prüfungsteam. Während der Teambesprechung ist verpflichtend über die Anfälligkeit der Rechnungslegung für wesentliche falsche Angaben aufgrund von Unrichtigkeiten und Verstößen zu diskutieren (vgl. *IDW PS 210*, Tz. 25, *IDW PS 255*, Tz. 10a, *IDW PS 261 n.F.*, Tz. 17, *IDW EPS 350 n.F.*, Tz. 31).

3.2.4.3. Festlegung von Prüfungshandlungen

Wenn der verantwortliche Wirtschaftsprüfer die Prüfungshandlungen festlegt, sollte er folgende Eckpunkte beachten und eigenverantwortlich einschätzen, ob sie unter den gegebenen Umständen mit Blick auf das Prüfungsziel erforderlich sind:

a) Sicherstellung, dass zu Beginn der Prüfung eine Abstimmung mit den an der Prüfung beteiligten Personen erfolgt (sog. „Kick-off-Meeting").

b) Sicherstellung, dass im Laufe der Prüfung ein ständiger Informationsaustausch innerhalb des Prüfungsteams stattfindet. Insbesondere sind Erkenntnisse bezüglich der Geschäftstätigkeit des Mandanten, der identifizierten Risiken und besonderer Prüfungsfeststellungen regelmäßig zu kommunizieren. Sofern Meetings durchgeführt werden, sollten die Termine, Agenden und Namen der Teilnehmenden dokumentiert werden.

c) Die wesentlichen Ergebnisse der Diskussion im Prüfungsteam und getroffene Entscheidungen zum Prüfungsvorgehen sind zu **dokumentieren** (ggf. Verwendung von **Arbeitshilfe B-2.5.**) und bei der Planung der weiteren Prüfungsstrategie zu berücksichtigen. **Arbeitshilfen: Zusammenfassung der Fehlerrisiken und Prüfungsstrategie** sowie **Zusammenfassende Risikobeurteilung/Prüfungsstrategie und Beurteilung der erreichten Prüfungssicherheit je Prüffeld** (vgl. **Arbeitshilfen B-5.0.** und **B-5.1.**; Meilenstein 5).

3.3. Arbeitshilfen

B-3.1.: Wesentlichkeitsgrenzen für die Abschlussprüfung

B-3.2.: Themen für die Besprechung im Prüfungsteam

3.4. IDW Prüfungsstandards/ISA

National	International
- *IDW Prüfungsstandard: Zur Aufdeckung von Unregelmäßigkeiten im Rahmen der Abschlussprüfung (IDW PS 210)* - *IDW Prüfungsstandard: Grundsätze der Planung von Abschlussprüfungen (IDW PS 240)* - *IDW Prüfungsstandard: Wesentlichkeit im Rahmen der Abschlussprüfung (IDW PS 250 n.F.)* - *IDW Prüfungsstandard: Feststellung und Beurteilung von Fehlerrisiken und Reaktionen des Abschlussprüfers auf die beurteilten Fehlerrisiken (IDW PS 261 n.F.)* - *IDW Prüfungsstandard: Prüfung des Lageberichts im Rahmen der Abschlussprüfung (IDW EPS 350 n.F.)* - *IDW Prüfungshinweis: Besonderheiten der Abschlussprüfung kleiner und mittelgroßer Unternehmen (IDW PH 9.100.1)*	- ISA 240: The Auditor's Responsibilities Relating to Fraud in an Audit of Financial Statements - ISA 300: Planning an Audit of Financial Statements - ISA 315: Identifying and Assessing the Risks of Material Misstatement Through Understanding the Entity and Its Environment - ISA 320: Materiality in Planning and Performing an Audit

IDW Praxishandbuch zur Qualitätssicherung 2017/2018

Kapitel B: Risikoorientiertes Prüfungsvorgehen

Meilenstein 4: Auswertung der rechnungslegungsrelevanten Prozesse und internen Kontrollen

Meilenstein 4: Auswertung der rechnungslegungsrelevanten Prozesse und internen Kontrollen

4.1. Ziele	245
4.2. Aktivitäten	246
4.2.1. Aufnahme und Beurteilung der Komponenten des IKS auf Unternehmensebene sowie der Angemessenheit des IKS wesentlicher Geschäftsprozesse (Aufbauprüfung)	246
4.2.2. Aufnahme und Beurteilung des (IT-gestützten) Rechnungslegungssystems	277
4.3. Arbeitshilfen	283
4.4. IDW Prüfungsstandards/ISA	284

4.1. Ziele

1 Primäres Ziel der Prüfung des internen Kontrollsystems im Rahmen der Abschlussprüfung ist es, Prüfungssicherheit für die zu treffenden Prüfungsaussagen über die Ordnungsmäßigkeit der Rechnungslegung zu gewinnen. Insofern ist die Prüfung interner Kontrollen Mittel zum Zweck; es soll aber kein Urteil zur Angemessenheit und Wirksamkeit des rechnungslegungsbezogenen IKS abgegeben werden. Das Verständnis vom IKS hilft dem Abschlussprüfer dabei, Arten möglicher falscher Angaben und Risikofaktoren zu identifizieren sowie Art, Zeitpunkte und Umfang weiterer Prüfungshandlungen zu planen.

2 Um ein Verständnis über die prüfungsrelevanten internen Kontrollen zu gewinnen, hat sich der Abschlussprüfer zunächst einen Überblick über das eingerichtete Kontrollsystem zu verschaffen und festzustellen, welche Kontrollen für die Abschlussprüfung relevant sind (zur Rolle des internen Kontrollsystems bei der Identifizierung und Beurteilung der Risiken wesentlicher falscher Angaben vgl. Meilenstein 3, Schaubild in Abschn. 3.2.3., Tz. 33). Bei den für die Abschlussprüfung relevanten Kontrollen ist eine Aufbauprüfung durchzuführen. Die Aufbauprüfung bezieht sich auf die Beurteilung der Angemessenheit des internen Kontrollsystems und schließt die Beurteilung der Konzeption, Implementierung und Aufrechterhaltung der Kontrollen mit ein (vgl. *IDW PS 261 n.F.*, Tz. 12, Tz. 18).

3 Zur Gewinnung dieses Verständnisses muss der Abschlussprüfer mit einer Prozessanalyse v.a. feststellen, ob das Unternehmen mit angemessenen internen Kontrollen auf die festgestellten inhärenten Risiken reagiert hat. Die Prozessanalyse hat die von den Verantwortlichen als Reaktion auf die Geschäftsrisiken, die wesentlichen Einfluss auf die Rechnungslegung haben (vgl. Meilenstein 2, Abschn. 2.2.2.2.), eingerichteten Prozesse und die darin enthaltenen Kontrollen zum Gegenstand. In Abhängigkeit von der Qualität der internen Kontrollen wird ein mehr oder weniger großes Risiko verbleiben, das Einfluss darauf hat, ob der Jahresabschluss und der Lagebericht frei von wesentlichen Fehlern sind. Die folgende Übersicht

verdeutlicht den Zusammenhang zwischen identifizierten Risiken und den Kontrollen des Unternehmens:

Ziele
Aufstellen eines Abschlusses, der frei von beabsichtigten und unbeabsichtigten falschen Angaben ist

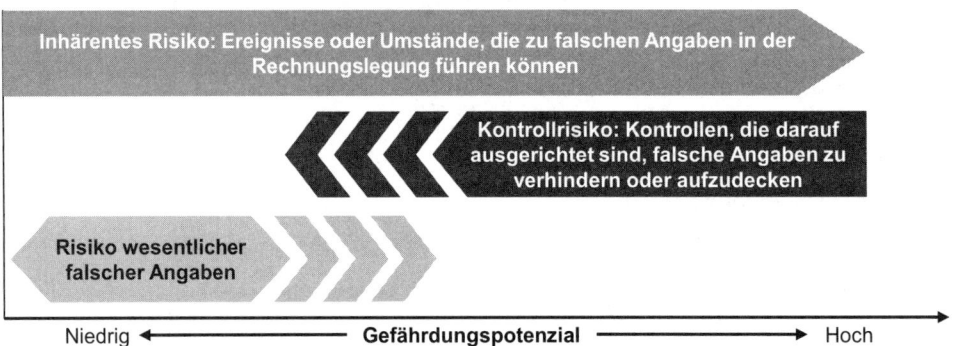

Inhärentes Risiko: Ereignisse oder Umstände, die zu falschen Angaben in der Rechnungslegung führen können

Kontrollrisiko: Kontrollen, die darauf ausgerichtet sind, falsche Angaben zu verhindern oder aufzudecken

Risiko wesentlicher falscher Angaben

Niedrig ←——— Gefährdungspotenzial ———→ Hoch

© 2011, 2017 International Federation of Accountants (IFAC). Alle Rechte vorbehalten.

4.2. Aktivitäten

4.2.1. Aufnahme und Beurteilung der Komponenten des IKS auf Unternehmensebene sowie der Angemessenheit des IKS wesentlicher Geschäftsprozesse (Aufbauprüfung)

4.2.1.1. Prüfungsanforderungen

4   Die Verantwortung für die Ausgestaltung eines angemessenen und wirksamen internen Kontrollsystems liegt bei den gesetzlichen Vertretern des zu prüfenden Unternehmens. Der Abschlussprüfer beschäftigt sich mit dem rechnungslegungsbezogenen internen Kontrollsystem, um die Risiken wesentlicher falscher Angaben in der Rechnungslegung zu beurteilen und um Prüfungshandlungen zu planen, auf die er sein Prüfungsurteil mit hinreichender Sicherheit stützen kann, aber nicht, um ein Prüfungsurteil zur Angemessenheit und Wirksamkeit des internen Kontrollsystems abzugeben.

5   Zu diesem Zweck muss ein Verständnis über das interne Kontrollsystem insoweit entwickelt werden, als es für die Feststellung und Beurteilung der Fehlerrisiken sowie der prüferischen Reaktionen auf die beurteilten Fehlerrisiken erforderlich ist. Zu den originären prüfungsrelevanten **Bestandteilen des internen Kontrollsystems** gehören das **Rechnungslegungssystem einschließlich des Buchführungssystems** und ggf. des **Risikofrüherkennungssystems** (IDW PS 261 n.F., Tz. 35).

6   Der Abschlussprüfer muss sich auch ein Verständnis über den **Prozess zur Aufstellung des Lageberichts**, einschl. der Vorkehrungen und Maßnahmen (Systeme) zur Aufstellung des Lageberichts verschaffen. Dieses Verständnis muss ausreichen, um eine Identifizierung und

Beurteilung der Risiken wesentlicher falscher Angaben im Lagebericht vorzunehmen sowie die Reaktionen auf diese beurteilten Risiken festzulegen. Das zu gewinnende Verständnis umfasst auch den Prozess zur Erfassung und Bewertung der wesentlichen **Chancen und Risiken** der künftigen Entwicklung (vgl. *IDW EPS 350 n.F.*, Tz. 34 f.) und den Prozess zur Ermittlung der wesentlichen **prognostischen Angaben** einschließlich der angewandten Methoden (z.B. der Datenerfassung und -aufbereitung sowie des Prognosemodells) und der zugrundeliegenden Annahmen (vgl. *IDW EPS 350 n.F.*, Tz. 36).

7 Ein erster Überblick umfasst die Organisation der rechnungslegungsrelevanten Geschäftsprozesse sowie der internen Kontrollen im Unternehmen (vgl. *IDW PS 261 n.F.*, Tz. 37, *IDW PS 330*, Tz. 84). Um die Organisation der rechnungslegungsrelevanten **Geschäftsprozesse** im Unternehmen sowie der darin enthaltenen internen Kontrollen zu verstehen, sind die (quantitativ oder qualitativ) relevanten Prozesse aufzunehmen. Dabei sollte eine Konzentration auf die Identifikation der Risiken und diese adressierende Kontrollen erfolgen, die zu wesentlichen falschen Angaben in der Rechnungslegung führen können.

***Beispiel:** Ein Unternehmen, das Hygieneartikel wie Papiertaschentücher und Küchentücher herstellt, hat folgende Geschäftsprozesse im Verkaufsbereich:*

Im Rahmen des Hauptbestellprozesses (schriftliche und telefonische Bestellungen) werden ca. 70 % der Umsätze erfasst.

Im Werkverkauf werden Ausschusswaren verbilligt an Mitarbeiter des Unternehmens und an Dritte abgegeben. Die Umsätze machen ca. 5 % des Gesamtumsatzes aus.

Verkäufe über das Internet in der Weise, dass elektronische Bestellungen (meist von Händlern) online erfasst und per Kreditkarte abgerechnet werden, machen ca. 25 % der Umsätze aus.

In dieser Situation ist es weniger wahrscheinlich, dass der Werkverkauf zu wesentlichen falschen Angaben in der Rechnungslegung führt. Daher kann der Abschlussprüfer zu der Auffassung kommen, dass dieser Teilprozess einschließlich der internen Kontrollen für die Abschlussprüfung von untergeordneter Bedeutung ist, sofern nicht anderweitige Anhaltspunkte besondere Risiken, z.B. aufgrund von Verstößen, nahelegen. Der Abschlussprüfer wird sich folglich auf den Hauptbestellprozess sowie den Prozess der Internetverkäufe konzentrieren und das Management nach identifizierten Risiken innerhalb dieser Prozesse und diese Risiken adressierende Kontrollen befragen. Mögliche Risiken und Kontrollen können z.B. die vollständige Erfassung und Verarbeitung von Bestellungen, Vorkehrungen zur Verhinderung fiktiver Umsatzerlöse oder der korrekten und vollständigen Erfassung von Warenausgangsbewegungen sowie Zahlungseingängen zu den jeweiligen Buchungen in der Rechnungslegung betreffen.

Kapitel B: Risikoorientiertes Prüfungsvorgehen
Meilenstein 4: Auswertung der rechnungslegungsrelevanten Prozesse und internen Kontrollen

8   Folgende Fragestellungen sind für die Beurteilung der Ausgestaltung und Implementierung einer Kontrolle von Bedeutung:[1]

- Was ist der Inhalt der Kontrolle bzw. das Kontrollziel?
- Wie häufig wird die Kontrolle durchgeführt (z.B. täglich, wöchentlich, monatlich, jährlich)?
- Wer führt die Kontrolle durch (u.a. manuell/automatisch)?
- Ist für die Durchführung der Kontrolle eine besondere Sachkenntnis oder Qualifikation erforderlich?
- Sind IT-Prozesse bzw. IT-Systeme für die Kontrolle relevant?
- Wie wird die Durchführung der internen Kontrolle bspw. bezogen auf einzelne Geschäftsvorfälle dokumentiert?
- Welche Folgerungen/Maßnahmen resultieren aus diesen Kontrolldurchführungen?

9   Für die Aufnahme kann häufig auf entsprechende Prozessdokumentationen des Unternehmens (Organigramme, Flowcharts, Arbeitsanweisungen/Richtlinien) zurückgegriffen werden. Sofern diese Prozessdokumentation nicht ausreichend ist, um ein hinreichendes Verständnis für die wesentlichen Geschäftsprozesse im Unternehmen sowie der relevanten internen Kontrollen zu erlangen, müssen die tatsächlichen Abläufe vom Prüfer aufgenommen werden. Dabei können die **Arbeitshilfen B-4.1. - B-4.9.3.** verwendet werden. Einen Leitfaden zur Dokumentation der Prüfung des internen Kontrollsystems enthält die **Arbeitshilfe B-4.1.1.**

10   Anhand der Durchsicht der Prozessdokumentation und weiterer Prüfungshandlungen (vgl. Tz. 28) beurteilt der Prüfer die Angemessenheit und Implementierung der prüfungsrelevanten Kontrollen (**Aufbauprüfung**) (vgl. *IDW PS 261 n.F.*, Tz. 40 ff.). Sind die internen Kontrollen nicht angemessen, die Kontrollziele zu erreichen (Aufbauprüfung ergibt keine zumindest mittlere bis hohe Kontrollzuverlässigkeit), ist die Durchführung von **Funktionsprüfungen** (Kontrolltests) nicht sinnvoll (vgl. *IDW PS 261 n.F.*, Tz. 74).

11   Ergibt die Aufbauprüfung einer Kontrolle eine **mittlere bis hohe Kontrollzuverlässigkeit**, sind zur abschließenden Beurteilung der ordnungsgemäßen und kontinuierlichen Anwendung Funktionsprüfungen (siehe Meilenstein 6) durchzuführen, wenn sich der Abschlussprüfer im weiteren Verlauf der Prüfung auf die Wirksamkeit dieser Kontrolle stützen will oder dies geboten ist, weil allein mit aussagebezogenen Prüfungshandlungen keine angemessenen und ausreichenden Prüfungsnachweise für die zu treffenden Prüfungsaussagen erlangt werden können (vgl. *IDW PS 261 n.F.*, Tz. 73 ff.). Hat die Aufbauprüfung des internen Kontrollsystems zu dem Ergebnis geführt, dass die betreffenden Kontrollen nicht angemessen oder nicht wie konzipiert implementiert sind und kann daher keine Prüfungssicherheit aus der Beurteilung der Wirksamkeit der Kontrollen erlangt werden, laufen Funktionsprüfungen ins Leere. In diesem Fall ist der Abschlussprüfer auf aussagebezogene Prüfungshandlungen angewiesen, um die erforderliche Prüfungssicherheit zu erlangen. Können auf diese Weise, auch unter Be-

---

[1] Vgl. *IDW Fragen und Antworten: Zur Risikoidentifikation und -beurteilung nach ISA 315 bzw. IDW PS 261 n.F*

rücksichtigung von Datenanalysen, angemessene und ausreichende Prüfungsnachweise nicht erlangt werden, liegt ein Prüfungshemmnis vor, für das der Abschlussprüfer beurteilen muss, ob eine Einschränkung oder Versagung des Bestätigungsvermerks erforderlich ist (vgl. *IDW PH 9.100.1*, Tz. 65).

12 Bei Unternehmen, die nicht die Kriterien des § 317 Abs. 4 HGB erfüllen, ergibt sich aus dem Gesetz zunächst keine Prüfungs- und Berichterstattungspflicht für das Risikofrüherkennungssystem. Dennoch hat der Abschlussprüfer über bei der Abschlussprüfung erkannte Mängel zu berichten, die auf eine Verletzung der Verpflichtung der gesetzlichen Vertreter zum Erkennen und Berücksichtigen von Risiken hinweisen (vgl. *IDW PH 9.100.1*, Tz. 30).

13 Die folgende Abbildung stellt das grundsätzliche Vorgehen bei einer Prüfung des IKS schematisch dar:

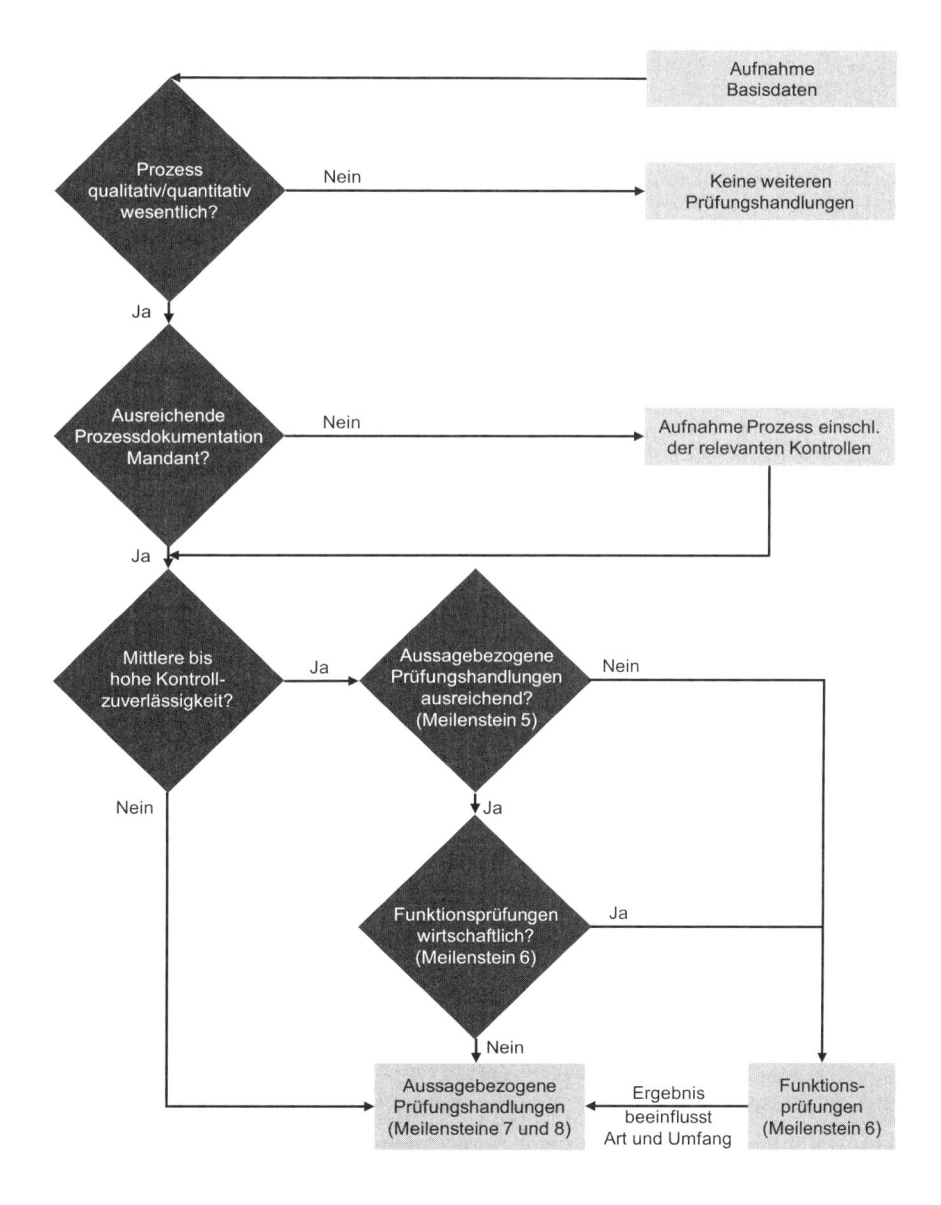

(F & A zu ISA 315 bzw. IDW PS 261 n.F.), Abschn. 4.11.

4.2.1.2. Hinweise zur Bearbeitung

14 Berücksichtigen Sie z.B. folgende **Skalierungsaspekte** bei der Prozessaufnahme und Aufbauprüfung:

- Die Ausgestaltung des internen Kontrollsystems hängt von der Größe und Komplexität des Unternehmens ab. Vor allem kleinere Unternehmen können mit weniger formalen Mitteln und einfacheren Prozessen und Vorgehensweisen auskommen, um ihre Unternehmensziele zu erreichen. Zu den Besonderheiten des IKS von KMU und deren Prüfung vgl. Tabelle unter Tz. 29. (*IDW PS 261 n.F.*, Tz. 28, *IDW EPS 350 n.F.*, Tz. A4)
- Der Prüfer muss sich nur ein Verständnis über die für die Abschlussprüfung qualitativ oder quantitativ *wesentlichen* Prozesse und der *relevanten* Kontrollen verschaffen (vgl. Tz. 26). (*IDW PS 261 n.F.*, Tz. 51 f.)
- Die Dokumentation von Prozessen und Kontrollen muss weder komplex noch umfassend sein. Es besteht keine Pflicht, ganze Geschäftsprozesse zu dokumentieren oder Kontrollen zu beschreiben, die für die Prüfung nicht relevant sind.
- Da ein Unternehmen sein internes Kontrollsystem nicht jährlich neu gestaltet, ist es in den Folgejahren meistens ausreichend, wenn die wesentlichen Änderungen erfasst und die Auswirkungen dieser Änderungen beurteilt werden. Das Erfassen/Aktualisieren des IKS kann zu jedem beliebigen Zeitpunkt im Jahr erfolgen; wesentliche Änderungen bis zum Geschäftsjahresende sind z.B. durch Befragungen zu ergänzen. Zur zeitlichen Verteilung der Funktionsprüfungen der internen Kontrollen wird auf die Ausführungen ter Meilenstein 6 verwiesen. (*IDW PS 460 n.F.*, Tz. 22, *IDW PH 9.100.1*, Tz. 83)
- Anstelle selbsterstellter Arbeitspapiere kann der Abschlussprüfer auch vom Unternehmen erhaltene und als solche gekennzeichnete Auszüge oder Kopien der Aufzeichnungen des Unternehmens (bspw. Prozessbeschreibungen) als Teil der Prüfungsdokumentation einbeziehen
- Insbesondere bei kleinen Unternehmen mit überschaubaren, wenig komplexen Organisationsstrukturen und Arbeitsabläufen bietet es sich an, die Dokumentation der Prozessaufnahme und der prüfungsrelevanten Kontrollen durch beschreibende Erläuterungen und Flowcharts vorzunehmen. (Vgl. Beispielsdokumentationen Kleinbetrieb fe **B-4.4.3** u.a.))
- Flowcharts nehmen zwar mehr Zeit für ihre Erstellung in Anspruch, können jedoch, wenn sie sorgfältig ausgearbeitet sind, eine optische Hilfe darstellen, durch die der Leser ein besseres Verständnis von Prozessabläufen und besonders wichtigen internen Kontrollen gewinnt. Außerdem können Flowcharts in Folgejahren leicht aktualisiert werden (vgl. Tz. 36).

15 Der Abschlussprüfer sollte sich bei der Aufbauprüfung an der konkreten Ausgestaltung des internen Kontrollsystems durch die Unternehmensleitung orientieren. Auf Unternehmensebe-

ne sind die folgenden **Komponenten des internen Kontrollsystems** zu beurteilen (vgl. *IDW PS 261 n.F.*, Tz. 40, Tz. 43 ff.)[2]:

- **Kontrollumfeld**: Integrität und Unternehmenskultur, Führungsstil, Rolle der Aufsichtsorgane, Unternehmensplanung, Personalpolitik.
- **Risikobeurteilungsprozess**: Feststellung und Analyse von Risiken anhand festgelegter Ziele sowie Entwicklung einer Entscheidungsgrundlage für die Bewältigung der Risiken. Mängel im Prozess der Risikobeurteilungen erhöhen das Risiko für wesentliche falsche Angaben in der Rechnungslegung.
- **Kontrollaktivitäten**: Grundsätze und Verfahren, die sicherstellen sollen, dass die Entscheidungen der Unternehmensleitung beachtet werden.
- **Information und Kommunikation** (betriebliches rechnungslegungsrelevantes Informationssystem/Berichtswesen): Aufbau des Buchführungssystems.
- **Überwachung des internen Kontrollsystems**: prozessintegrierte und prozessunabhängige (z.B. durch die interne Revision) Sicherstellung der Angemessenheit und Wirksamkeit.

Die folgende Übersicht fasst den Zusammenhang der Komponenten eines internen Kontrollsystems zwischen den umfassenden Kontrollen auf Unternehmensebene und den spezifischen Kontrollen auf der Transaktions- bzw. Geschäftsprozessebene zusammen:

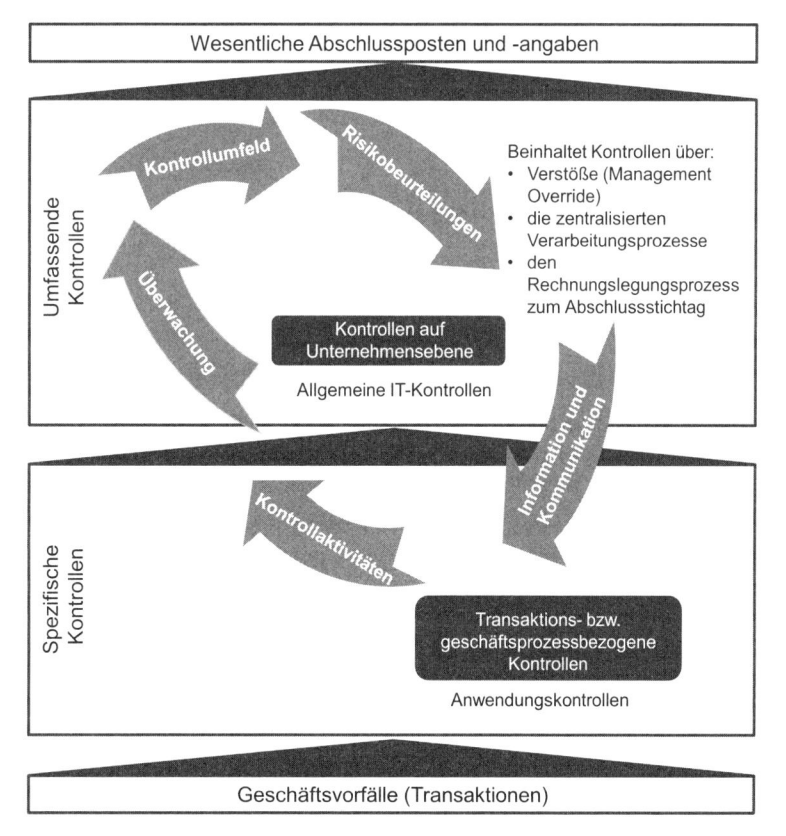

© 2011, 2017 International Federation of Accountants (IFAC). Alle Rechte vorbehalten.

---

[2] Das Committee of Sponsoring Organizations of the Treadway Commission (COSO) hat im Juni 2006 einen Leitfaden zur Internen Überwachung der Finanzberichterstattung bei kleinen Aktiengesellschaften veröffentlicht, vgl. http://www.coso.org/documents/SB_Executive_Summary_German.pdf.

16   Der Abschlussprüfer sollte den Schwerpunkt der Prüfung auf solche Kontrollen legen, die über eine hohe Kontrollspanne verfügen, d.h. einen möglichst großen Bereich des Prozesses abdecken, oder gleichzeitig mehreren Risiken wesentlicher falscher Angaben in der Rechnungslegung entgegenwirken (**bedeutsame Kontrollen** oder **Key Controls**). Beispiele für bedeutsame Kontrollen sind teilprozessübergreifende Abstimmverfahren und prozessintegrierte Genehmigungsverfahren (*IDW PH 9.330.2*, Tz. 44).

Die folgende Abbildung zeigt ein Beispiel für eine **Risiko-Kontroll-Matrix**. Diese verschafft dem Abschlussprüfer einen Überblick über die relevanten Kontrollen und unterstützt ihn bei der Identifikation bedeutsamer Kontrollen:

Risiko-Kontroll-Matrix

Prozess = Verkauf

Risikofaktoren		Risiko A	Risiko B	Risiko C	Risiko D	bedeutsame Kontrolle
Kontrolle / IKS-Komponente	Aussagen	VS	VH, G	G, VS	VS, VH	
Kontrolle 1	Kontrollumfeld	vK				
Kontrolle 2	Informationssystem		aK			
Kontrolle 3	Kontrollaktivität	vK	vK		vK	ja
Kontrolle 4	Überwachung	aK				
Kontrolle 5	Kontrollaktivität		vK		vK	ja
Kontrolle 6	Kontrollaktivität					
Kontrolle 7	Informationssystem	aK	aK		aK	ja
Ist die Ausgestaltung der Kontrolle in Ordnung? Mindern die festgestellten Kontrollen die Risikofaktoren?		ja	ja	nein	ja	

(vK = vorbeugende Kontrolle, aK = aufdeckende und korrigierende Kontrolle)

17   Bezüglich des Prozesses zur Erfassung und Bewertung der **Chancen und Risiken** der künftigen Entwicklung **im Lagebericht** sind häufig folgende Fehlerquellen/Mängel festzustellen[3]

- *Vollständigkeit*: Es werden nicht alle wesentlichen Risiken und Chancen erfasst. Das System muss nicht nur *interne* Risiken und Chancen, sondern auch wesentliche *externe* Markt- und Branchenrisiken identifizieren können.
- *Risikobewertung*: Eine Fehlermöglichkeit besteht darin, dass zwar operativ verantwortliche Personen Risiken erkennen und melden, die Bewertung der Risiken aber durch nicht sachkundige Personen erfolgt
- Eine andere Fehlerquelle ergibt sich durch die Möglichkeit der *Veränderung der Risikobewertung* im Rahmen der Endredaktion des Lageberichts durch z.B. einen Geschäftsführer. Durch die Beobachtung der Risikoeinstufung über das Berichtsjahr hinweg kann das mögliche Risiko einer z.B. unbegründeten oder nicht dokumentierten Herunterstufung von Risiken im letzten Quartal entdeckt werden.

---

[3] Vgl. *Kolb/Plömpel*, Prüfung von Systemen im Rahmen von IDW EPS 350 n.F., WPg 13/2017, S. 739 ff..

18 Die Vorkehrungen und Maßnahmen zur Ermittlung der **prognostischen Angaben** im Lagebericht betreffen insb. die Angemessenheit des implementierten Planungssystems im Unternehmen, die Herleitung der zugrunde gelegten Annahmen und ob die prognostischen Angaben sachlogisch und rechnerisch nachvollziehbar aus den für das Unternehmen zutreffenden Annahmen aus dem Planungsmodul abgeleitet werden.

19 Die Aufbauprüfung erstreckt sich auf den **für die Abschlussprüfung relevanten Teil des internen Kontrollsystems** (vgl. *IDW PS 261 n.F.*, Tz. 35). Bei der Festlegung, welche Kontrollen für die Abschlussprüfung relevant sind, kommt es vor allem darauf an, welche Bedeutung die einzelnen Kontrollen haben für die Sicherstellung der Ordnungsmäßigkeit und Verlässlichkeit der Rechnungslegung, den Fortbestand des Unternehmens sowie den Schutz des vorhandenen Vermögens einschließlich der Verhinderung oder Aufdeckung von Vermögensschädigungen. Kontrollen, die ohne Bezug zur Rechnungslegung ausschließlich dem Ziel der Ordnungsmäßigkeit des Geschäftsbetriebs dienen (z.B. Arbeitsschutzbestimmungen), werden für die Abschlussprüfung im Allgemeinen nicht relevant sein (vgl. *IDW PS 261 n.F.*, Tz. 41 f.). Unter Umständen können jedoch auch auf den ordnungsgemäßen Geschäftsbetrieb bezogene Kontrollen für die Abschlussprüfung relevant sein, z.B. Kontrollen, die die Vollständigkeit und Richtigkeit von Informationen sicherstellen sollen, die der Abschlussprüfer für seine Prüfungshandlungen verwendet, z.B. Produktionsstatistiken für analytische Prüfungshandlungen oder die als Grundlage für die Berechnung wesentlicher Leistungskennziffern des Unternehmens dienen und beispielsweise in die Angaben des Lageberichts einfließen (vgl. auch Tz. 26 zu prüfungsrelevanten Kontrollaktivitäten).

20 Die auf die **Sicherung der Ordnungsmäßigkeit und Verlässlichkeit der Rechnungslegung** (Buchführung, Jahresabschluss und Lagebericht) gerichteten Teile des internen Kontrollsystems sind sämtlich für die Abschlussprüfung von Bedeutung (*IDW PS 261 n.F.*, Tz. 22). Die folgende Abbildung grenzt die für die Abschlussprüfung relevanten Kontrollen von den hierfür nicht relevanten Kontrollen ab.

Kapitel B: Risikoorientiertes Prüfungsvorgehen
Meilenstein 4: Auswertung der rechnungslegungsrelevanten Prozesse und internen Kontrollen

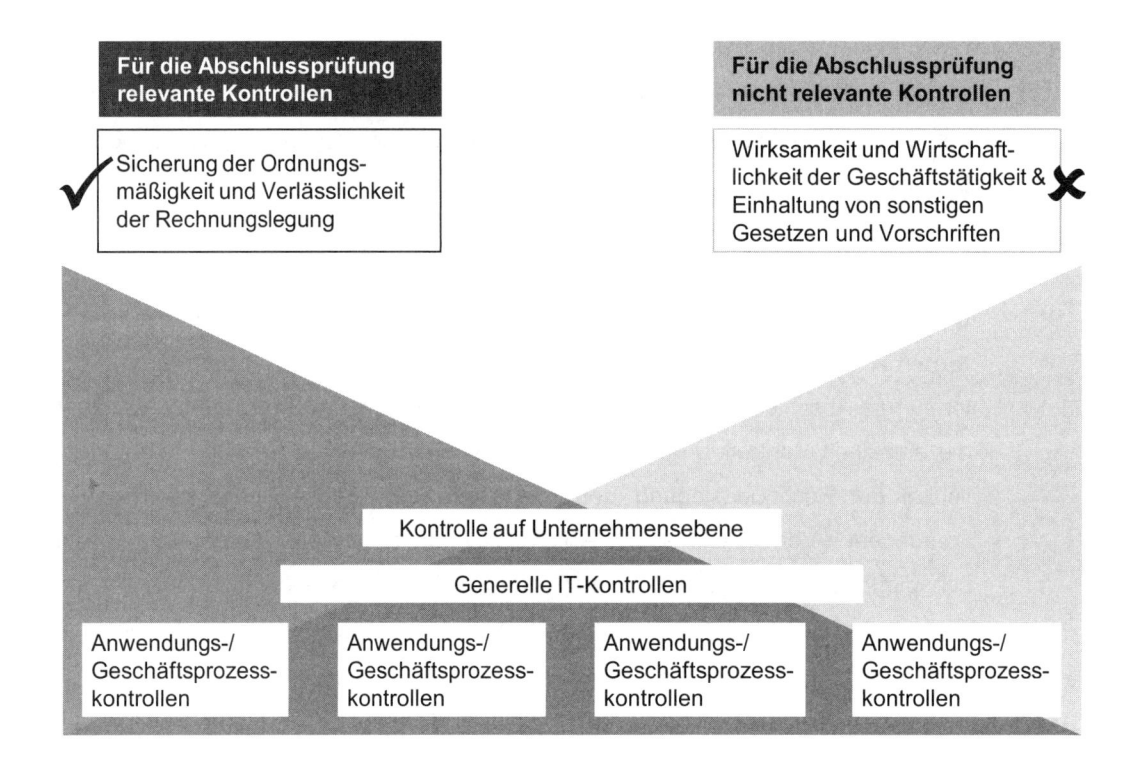

Für die Abschlussprüfung relevante Kontrollen	Für die Abschlussprüfung nicht relevante Kontrollen
✓ Sicherung der Ordnungsmäßigkeit und Verlässlichkeit der Rechnungslegung	Wirksamkeit und Wirtschaftlichkeit der Geschäftstätigkeit & Einhaltung von sonstigen Gesetzen und Vorschriften ✗

Kontrolle auf Unternehmensebene

Generelle IT-Kontrollen

Anwendungs-/Geschäftsprozesskontrollen | Anwendungs-/Geschäftsprozesskontrollen | Anwendungs-/Geschäftsprozesskontrollen | Anwendungs-/Geschäftsprozesskontrollen

- **Kontrollen auf Unternehmensebene** sind Kontrollen mit durchgreifendem Charakter, die Einfluss auf mehrere Aspekte der Aufbau- und Ablauforganisation und somit auch auf mehrere Prozesse innerhalb der Unternehmung haben können. Es handelt sich bspw. um Kompetenzregelungen, Kontrollgremien, eine übergreifende Überwachung von Kontrollen auf Prozessebene oder systematische Organisationsanweisungen mit entsprechender Durchsetzung.

- **Generelle IT-Kontrollen** (auch: *allgemeine IT-Kontrollen*) beziehen sich auf eine Vielzahl von Anwendungen (Applikationen) und gewährleisten, dass die Applikationskontrollen ordnungsgemäß funktionieren. Beispiele sind Kontrollen für die Entwicklung, Einführung und Änderung von IT-Anwendungen (Programmänderungen), für eine konsistente Berechtigungsvergabe, Kontrollen zur Stammdatenänderung, logische Zugriffskontrollen sowie Kontrollen zur Datensicherheit. Generelle IT-Kontrollen beziehen sich häufig auf die Verhinderung von Risiken auf Abschlussebene. Gibt es bspw. im Einkaufsprozess eine automatische Abstimmung zwischen Bestellungen, Wareneingang und Rechnung (automatische Applikationskontrolle), funktioniert diese Abstimmung nur verlässlich, wenn die entsprechende IT-Applikation den systematischen Änderungsverfahren der IT-Abteilung unterliegt. Generelle IT-Kontrollen wirken sich unabhängig vom jeweiligen IT-Geschäftsprozess auf das gesamte IT-System aus.

- **Anwendungs-/Geschäftsprozesskontrollen** decken innerhalb einzelner Prozesse die Risiken einer wesentlichen Fehlaussage in der Rechnungslegung von der Initiierung, Erfassung, Verarbeitung, Verbuchung bis zum Ausweis von Geschäftsvorfällen ab. Es handelt sich entweder um sog. manuelle Kontrollen oder automatische Applikationskontrollen. **Manuelle Kontrollen** sind bspw. die Überprüfung der Korrektheit von Bewertungen oder der Abgleich von Bestätigungen. **Automatische Applikationskontrollen** werden durch IT-Applikationen bzw. End-Nutzer-Applikationen (z.B. Tabellenkalkulationen) durchgeführt. Es handelt sich bspw. um die Plausibili-

Kapitel B: Risikoorientiertes Prüfungsvorgehen
Meilenstein 4: Auswertung der rechnungslegungsrelevanten
Prozesse und internen Kontrollen

> sierung von Dateneingaben oder automatische Abstimmung von Hauptbuch und Nebenbüchern. Sie können präventiver Natur sein oder zur Aufdeckung von Fehlern dienen.

21 Die folgende Abbildung zeigt Aspekte des **Kontrollumfelds** auf Unternehmensebene, über die ein Verständnis zu gewinnen ist:

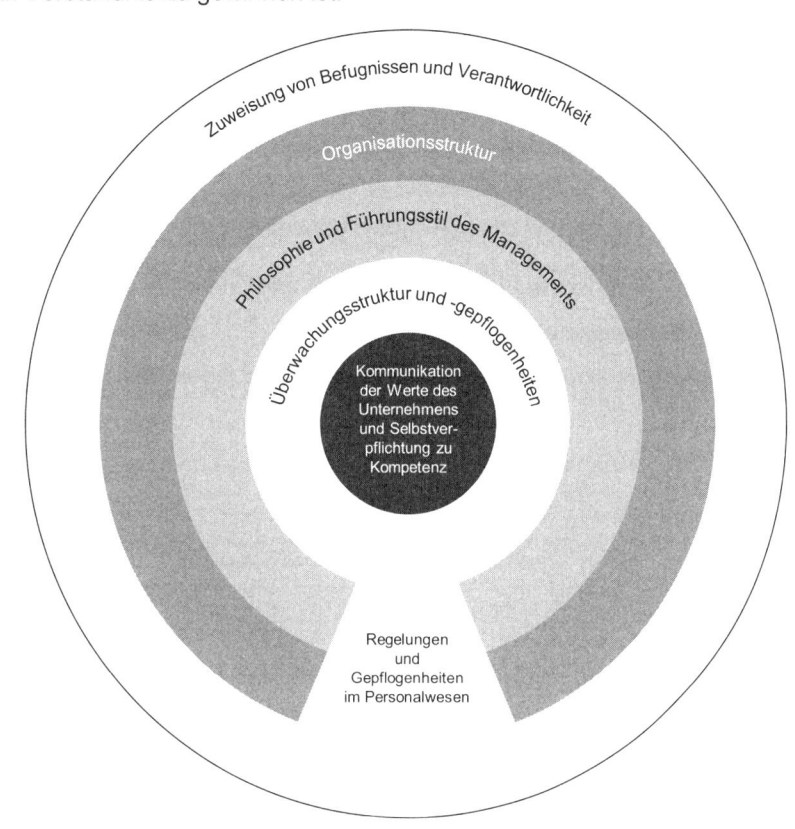

Kreisdiagramm mit folgenden Ringen (von außen nach innen):
- Zuweisung von Befugnissen und Verantwortlichkeit
- Organisationsstruktur
- Philosophie und Führungsstil des Managements
- Überwachungsstruktur und -gepflogenheiten
- Kommunikation der Werte des Unternehmens und Selbstverpflichtung zu Kompetenz
- Regelungen und Gepflogenheiten im Personalwesen

© 2011, 2017 International Federation of Accountants (IFAC). Alle Rechte vorbehalten.

22 *IDW PH 9.100.1*, Tz. 25 nennt Sachverhalte, die für ein erhöhtes Risiko aufgrund eines schwachen Kontrollumfelds sprechen (siehe dort, vgl. auch **Arbeitshilfe B-2.5.:** Beurteilung des Risikos wesentlicher falscher Angaben in der Rechnungslegung aufgrund von Verstößen). Es sollte beachtet werden, dass festgestellte Auffälligkeiten im Kontrollumfeld zu wesentlichen Fehlern in der Rechnungslegung führen können. Beispielsweise können unautorisierte Veränderungen an den Kontenplänen dazu führen, dass neu eingerichtete Konten aufgrund unzutreffender Kontenzuordnungen nicht bzw. fehlerhaft im Abschluss ausgewiesen werden.

23 Durch den Einsatz von **Datenanalysen** können erste Hinweise auf die Qualität des Kontrollumfelds gewonnen werden. *IDW PH 9.330.3*, Anhang 2, Teil 2, beschreibt Datenanalysen, die exemplarisch zur Beurteilung des Kontrollumfelds eingesetzt werden können. Darin werden auch Datenanalysen zur Beurteilung genereller IT-Kontrollen und zur Beurteilung IT-gestützter Geschäftsprozesse erläutert.

Kapitel B: Risikoorientiertes Prüfungsvorgehen
Meilenstein 4: Auswertung der rechnungslegungsrelevanten Prozesse und internen Kontrollen

24 Um ein Verständnis über das rechnungslegungsrelevante **Informationssystem** zu erlangen, sind vor allem folgende Aspekte von Bedeutung:

- Aufbau des Buchführungssystems (Haupt- und Nebenbücher),
- Arten von Geschäftsvorfällen, die im Buchführungssystem erfasst und verarbeitet werden,
- Verfahren der Auslösung, Erfassung und Verarbeitung von Geschäftsvorfallen in den Geschäftsprozessen,
- Behandlung von Nicht-Routine-Transaktionen und
- Prozess der Aufstellung des Jahresabschlusses (vgl. Arbeitshilfe **B-4.2.2.**).

25 Als **Geschäftsprozesse** eines Unternehmens gelten Aktivitäten, die darauf ausgerichtet sind

- die Produkte und Dienstleistungen des Unternehmens zu entwickeln, zu beschaffen, herzustellen, zu verkaufen und zu vertreiben,
- die Einhaltung von gesetzlichen und anderen rechtlichen Bestimmungen sicherzustellen sowie
- Informationen, einschließlich Buchführungs- und Rechnungslegungsinformationen, aufzuzeichnen.

Aus Geschäftsprozessen ergeben sich die **Geschäftsvorfälle**, die vom Informationssystem aufgezeichnet und verarbeitet werden und über die berichtet wird.

26 Der Abschlussprüfer hat zu beurteilen, ob im Unternehmen die **Risikobeurteilungen** in angemessener Weise erfolgen, d.h. ob die für die Rechnungslegung relevanten Risiken vollständig identifiziert, analysiert und deren Tragweite in Bezug auf die Eintrittswahrscheinlichkeit und auf die quantitativen Auswirkungen beurteilt wird. Die Risikobeurteilung des Unternehmens stellt den Ausgangspunkt für die Risikobeurteilung des Abschussprüfers dar und ist durch eigene Beurteilungen zu ergänzen.

27 Von den im Unternehmen eingerichteten Kontrollaktivitäten hat der Abschlussprüfer bei der Aufbauprüfung nicht sämtliche, sondern grundsätzlich die für die Abschlussprüfung **relevanten Kontrollaktivitäten** zu beurteilen. Kontrollaktivitäten sind für die Abschlussprüfung relevant, wenn sie sich:

- auf bedeutsame Risiken beziehen oder
- auf Risiken beziehen, bei denen aussagebezogene Prüfungshandlungen alleine zur Gewinnung hinreichender Sicherheit nicht ausreichen.

Darüber hinaus ist vom Abschlussprüfer eigenverantwortlich einzuschätzen, welche anderen Kontrollaktivitäten für die Abschlussprüfung relevant sind. Bei dieser Beurteilung werden neben Risikogesichtspunkten in der Regel **Effizienzüberlegungen** ausschlaggebend sein. Kommt der Abschlussprüfer zum Ergebnis, dass zur Erlangung ausreichender geeigneter Prüfungsnachweise die ausschließliche Durchführung von aussagebezogenen Prüfungs-

Kapitel B: Risikoorientiertes Prüfungsvorgehen
Meilenstein 4: Auswertung der rechnungslegungsrelevanten
Prozesse und internen Kontrollen

handlungen effizienter ist als die Kombination von Funktionsprüfungen und aussagebezogenen Prüfungshandlungen, kann bereits auf eine Aufbauprüfung verzichtet werden (vgl. *IDW PS 261 n.F.*, Tz. 51).[4]

Die Vorgehensweise bei der Identifizierung relevanter Kontrollaktivitäten verdeutlicht das folgende Beispiel:

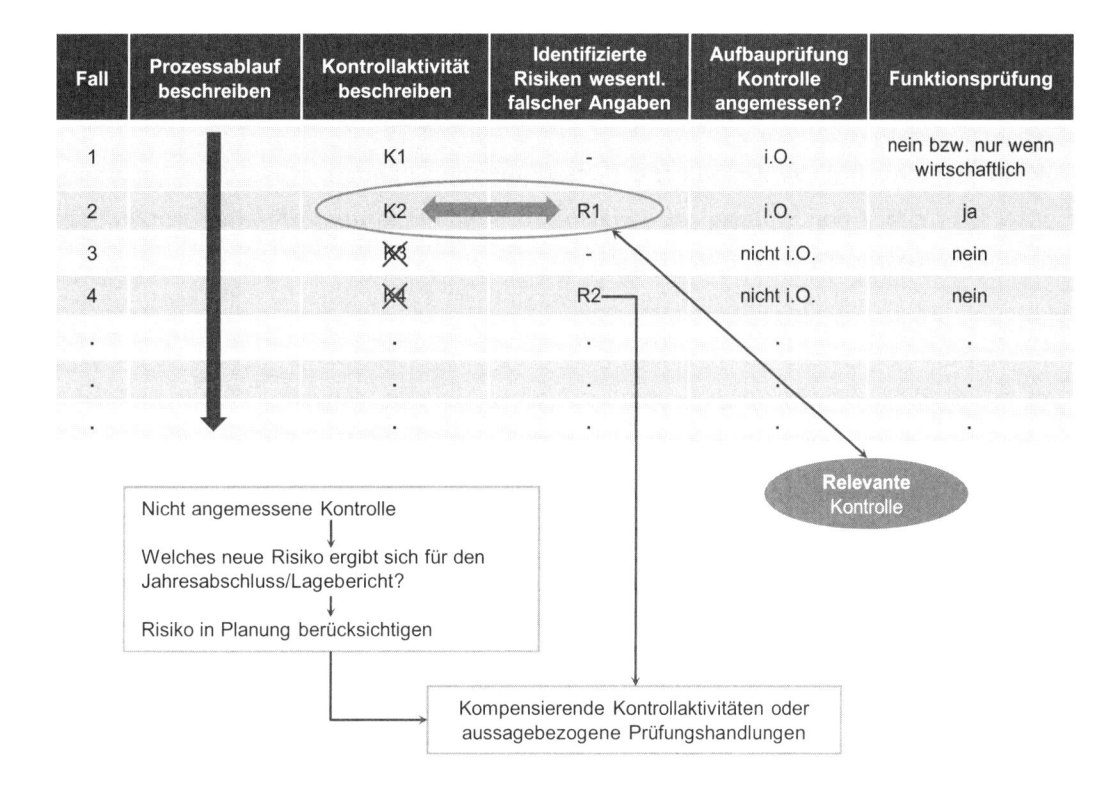

Fall	Prozessablauf beschreiben	Kontrollaktivität beschreiben	Identifizierte Risiken wesentl. falscher Angaben	Aufbauprüfung Kontrolle angemessen?	Funktionsprüfung
1		K1	-	i.O.	nein bzw. nur wenn wirtschaftlich
2		K2 ⟷	R1	i.O.	ja
3		~~K~~	-	nicht i.O.	nein
4		~~K~~	R2	nicht i.O.	nein
.		.			
.		.			

Nicht angemessene Kontrolle
↓
Welches neue Risiko ergibt sich für den Jahresabschluss/Lagebericht?
↓
Risiko in Planung berücksichtigen

Kompensierende Kontrollaktivitäten oder aussagebezogene Prüfungshandlungen

Relevante Kontrolle

Anmerkungen:

Fall 1:

Der Abschlussprüfer stellt im Rahmen der Gewinnung eines Verständnisses des rechnungslegungsbezogenen IKS (einschließlich des Überblicks über die Geschäftsprozesse) fest, dass für einen bestimmten Abschlussposten oder eine bestimmte Angabe in der Rechnungslegung die Beurteilung des Risikos wesentlicher falscher Angaben (auf Aussageebene) nicht ohne die Aufbauprüfung der relevanten Kontrollaktivität (K1) vorgenommen werden kann (es kann also nicht von vorneherein ausgeschlossen werden, dass das Fehlerrisiko gering ist).

In diesem Fall führt der Abschlussprüfer eine Aufbauprüfung der relevanten Kontrollaktivität durch, um deren Angemessenheit und Implementierung zu prüfen. Dabei stellt er fest, dass die betreffende Kontrollaktivität angemessen ausgestaltet und implementiert ist. Der Abschlussprüfer stellt weiterhin fest, dass auf Basis der Risikobeurteilung das Fehlerrisiko für den Posten bzw. die Angabe in der

---

[4] Vgl. *IDW Fragen und Antworten: Zur Risikoidentifikation und -beurteilung nach ISA 315 bzw. IDW PS 261 n.F (F & A zu ISA 315 bzw. IDW PS 261 n.F.)*, Abschn. 4.9. f.

Rechnungslegung als gering einzustufen ist.

Der Abschlussprüfer kann in diesem Fall dennoch eine Funktionsprüfung von K1 durchführen, sofern er dies aus wirtschaftlichen Gründen für sinnvoll erachtet, insb. wenn bei wesentlichen Abschlussposten oder Angaben in der Rechnungslegung aussagebezogene Prüfungshandlungen durchgeführt werden müssen. Diese können sich dann ggf. auf analytische Prüfungshandlungen beschränken, wenn sich der Abschlussprüfer bei der Risikobeurteilung auf Prüfungsnachweise aus der Funktionsprüfung stützen kann, insb. wenn die Qualität der Datengrundlage für die analytischen Prüfungshandlungen durch wirksame Kontrollen sichergestellt wird.

Wenn es sich nicht um wesentliche Posten/Angaben handelt, muss der Abschlussprüfer im weiteren Verlauf der Prüfung grundsätzlich weder Funktionsprüfungen noch aussagebezogene Prüfungshandlungen durchführen.

Fall 2:

Im zweiten Fall wird bei gleicher Ausgangslage im Rahmen der Aufbauprüfung wiederum festgestellt, dass die Kontrollaktivität (K2) angemessen ausgestaltet und implementiert wurde. Im Unterschied zu Fall 1 beurteilt der Abschlussprüfer nach der Durchführung der Aufbauprüfung das Risiko wesentlicher falscher Angaben aber als nicht gering (R1). Es handelt sich bei K2 folglich um eine für die Abschlussprüfung relevante Kontrollaktivität. In diesem Fall muss der Abschlussprüfer die Wirksamkeit dieser Kontrollaktivität durch eine Funktionsprüfung testen, wenn er bei der Beurteilung einer Aussage in der Rechnungslegung von der Wirksamkeit der Kontrolle ausgehen und damit einen Teil seiner Prüfungssicherheit daraus ziehen will. Er muss auch dann eine Funktionsprüfung durchführen, wenn aussagebezogene Prüfungshandlungen allein zur Gewinnung hinreichender Prüfungssicherheit auf Aussageebene nicht ausreichen würden (IDW PS 261 n.F., Tz. 74).

Fall 3:

Bei gleicher Ausgangslage stellt der Abschlussprüfer nach Durchführung der Aufbauprüfung fest, dass die Kontrollaktivität (K3) nicht angemessen ausgestaltet ist. Zugleich schätzt der Prüfer das Fehlerrisiko für die betroffenen Abschlussposten/Angaben nach Abschluss der Risikobeurteilung aber als gering ein.

Hier gilt das zu Fall 1 gesagte entsprechend: grundsätzlich sind weder Funktionsprüfung noch aussagebezogene Prüfungshandlungen erforderlich, es sei denn, es handelt sich um einen wesentlichen Abschlussposten/ eine wesentliche Angabe in der Rechnungslegung. Dann sind aufgrund der nicht angemessenen Kontrollaktivität aussagebezogene Prüfungshandlungen durchzuführen

Wenn der Abschlussprüfer allerdings auch nach Durchführung der Aufbauprüfung (Kontrollaktivität = nicht i.O.) das Fehlerrisiko nicht abschließend beurteilen kann, sind weitere Prüfungshandlungen zur Risikobeurteilung durchzuführen.

Kapitel B: Risikoorientiertes Prüfungsvorgehen
Meilenstein 4: Auswertung der rechnungslegungsrelevanten Prozesse und internen Kontrollen

---

Fall 4:

Wie Fall 3, es wird jedoch das Fehlerrisiko nach Abschluss der Risikobeurteilung als nicht gering eingeschätzt (R2). In diesem Fall muss der Abschlussprüfer entscheiden, ob er seine bisherige Prüfungsplanung anpassen muss. Eine Funktionsprüfung der im Rahmen der Aufbauprüfung als nicht angemessen eingestuften Kontrollaktivität (K4) wäre nicht sinnvoll. Sofern auch keine wirksamen kompensierenden Kontrollaktivitäten vorhanden sind, sind verstärkt aussagebezogene Prüfungshandlungen durchzuführen.

Ferner muss der Abschlussprüfer ggf. Konsequenzen für das Prüfungsurteil im Bestätigungsvermerk ziehen, wenn das festgestellte Fehlerrisiko eines ist, bei dem aussagebezogene Prüfungshandlungen allein zur Gewinnung hinreichender Prüfungssicherheit auf Aussageebene nicht ausreichen und nicht auf andere Weise, z.B. mittels Datenanalysen, Prüfungssicherheit erlangt werden kann.

---

28   Bei der Aufbauprüfung des internen Kontrollsystems kommen v.a. folgende Prüfungshandlungen zur Gewinnung von Prüfungsnachweisen in Betracht (vgl. *IDW PS 261 n.F.*, Tz. 61 f.):

- Befragungen von Mitgliedern der Unternehmensleitung, Personen mit Überwachungsfunktionen und sonstigen Mitarbeitern auf unterschiedlichen organisatorischen Ebenen. Die **Arbeitshilfe B-2.8.: Leitfaden zur Durchführung von Befragungen im Rahmen der Abschlussprüfung** bietet Hinweise, die dabei helfen, diese Befragungen vorzubereiten
- Durchsicht von Dokumenten, z.B. Organisationshandbüchern, Arbeitsplatzbeschreibungen und Ablaufdiagrammen
- Durchsicht von Unterlagen, die durch das interne Kontrollsystem, insb. das Rechnungslegungssystem, generiert werden
- Beobachten von Aktivitäten und Arbeitsabläufen im Unternehmen, einschließlich der IT-gestützten Verfahren und der Art und Weise der Verarbeitung von Geschäftsvorfällen
- Nachvollziehen, wie bestimmte Geschäftsvorfälle im Rechnungslegungssystem *(walk-through)* verarbeitet werden. Zur Illustration eines *Walk-through* vgl. die **Arbeitshilfe B-4.1.2.: Leitfaden zur Durchführung eines Walk-through**.

Hinweis auf in der Praxis vorkommende Fehlerquellen, die in den Kontrollen der APAK/WPK beanstandet wurden:[5]

- *Für Kontrollaktivitäten, die für die Abschlussprüfung relevant waren, wurden keine Aufbauprüfungen vorgenommen.*
- *Vernachlässigung des IT-Aspekts (keine Hinzuziehung von Spezialisten).*
- *In einigen Fällen wurde im Rahmen der Aufbauprüfung kein ausreichendes Verständnis der Kontrollen des Unternehmens erzielt. Als Konsequenz wurden in den Arbeitspapieren wesentliche Informationen zu den Kontrollen nicht dokumentiert (Art der Kontrolle, Verantwortlichkeiten, Fre-*

---

[5] Quelle: Berufsaufsichtsbericht 2010 der WPK, S. 35; Tätigkeitsbericht der APAK 2013, S. 12.

> *quenz der Durchführung und Nachweise für die Vornahme der Kontrolle).*

29 Die Ausgestaltung des internen Kontrollsystems von Unternehmen geringerer Größe und Komplexität unterscheidet sich naturgemäß von dem größerer und komplexerer Unternehmen, insb. hinsichtlich des Umfangs und des Formalisierungsgrades der eingesetzten Kontrollen. Hinweise auf Besonderheiten des IKS bei KMU enthalten die IDW Prüfungsstandards, der *IDW PH 9.100.1* sowie die Anwendungshinweise und Erläuterungen der ISA. Die folgende Tabelle gibt einen Überblick:

Aspekt des rechnungslegungsbezogenen IKS	IDW PS/IDW PH 9.100.1	ISA
Allgemeine Merkmale		
Struktur des IKS	In kleineren und mittleren Unternehmen, die bspw. von einem Gesellschafter-Geschäftsführer geleitet werden, übersichtlich sind, eine flache Hierarchie mit täglichen persönlichen Kontakten und einfache Geschäftsprozesse haben, wird das interne Kontrollsystem i.d.R. weniger formalisiert sein als in großen Unternehmen mit mehreren hierarchischen Ebenen, örtlich getrennten Einheiten und komplexen Geschäftsprozessen. Beispielsweise kann es sein, dass bei kleineren Unternehmen, bei denen die gesetzlichen Vertreter und andere Führungskräfte aktiv in den Buchführungs- und Rechnungslegungsprozess einbezogen sind, keine ausführlichen Beschreibungen der Bilanzierungsverfahren oder keine detaillierten schriftlichen Regelungen vorliegen. (*IDW PS 261 n.F., Tz. 28*).	Kleinere Einheiten setzen möglicherweise weniger strukturierte Hilfsmittel sowie einfachere Prozesse und Verfahren ein, um ihre Ziele zu erreichen (ISA 315.A45)
Grenzen des IKS	Eine Funktionstrennung ist aufgrund der geringeren Anzahl an Mitarbeitern nicht oder zumindest nur einge-	Kleinere Einheiten haben häufig weniger Mitarbeiter, mit der möglichen Folge, dass eine Funktionstrennung

Aspekt des rechnungslegungsbezogenen IKS	IDW PS/IDW PH 9.100.1	ISA
	schränkt möglich (z.B. werden Buchführungsarbeiten von wenigen Personen durchgeführt, die zudem oft sowohl operative Aufgaben als auch Überwachungsfunktionen erfüllen) (*IDW PH 9.100.1*, Tz. 21). Wichtige Vorgänge und Arbeitsabläufe werden infolge der flachen Hierarchien häufig nur durch *eine* andere Person (i.d.R. durch die Unternehmensleitung) kontrolliert. Bei Vorgängen von geringerer Bedeutung erfolgt ggf. keine Kontrolle aufgrund der begrenzten Kapazität dieser Person (*IDW PH 9.100.1*, Tz. 21).	praktisch nur begrenzt durchführbar ist. Bei einer kleinen Einheit mit Gesellschafter-Geschäftsführer kann dieser jedoch in der Lage sein, eine wirksamere Überwachung auszuüben als in einer größeren Einheit. Diese Überwachung kann ausreichen, um die im Allgemeinen eher begrenzten Möglichkeiten einer Funktionstrennung zu kompensieren (ISA 315.A49)
Möglichkeit des Außerkraftsetzens von Kontrollen durch das Management	Der geringe Umfang der Geschäftsprozesse und die Führung der Bücher durch nur eine oder wenige Personen kann die Unternehmensleitung veranlassen, statt des Ausbaus des IKS selbst Kontrollen vorzunehmen. Dadurch können jedoch wieder andere Risiken hervorgerufen werden, wie z.B. die Möglichkeit für die Unternehmensleitung, Kontrollen zu unterlaufen (*IDW PH 9.100.1*, Tz. 24 und Tz. 55).	Andererseits kann der Gesellschafter-Geschäftsführer aufgrund des weniger stark strukturierten IKS leichter in der Lage sein, Kontrollen außer Kraft zu setzen. Dies wird vom Abschlussprüfer bei der Identifizierung der Risiken wesentlicher falscher Darstellungen aufgrund von dolosen Handlungen berücksichtigt (ISA 315.A50).
Dokumentation		
Dokumentation des vom Prüfer erlangten Verständnisses über das IKS des Un-	Der Umfang der Arbeitspapiere unterliegt dem pflichtgemäßen Ermessen des Abschlussprüfers und kann an die Art, Größe und Komplexität des geprüften Unternehmens sowie seines IKS angepasst werden. (…) Es ist	Bei Einheiten, die unkomplizierte Geschäfte und rechnungslegungsbezogene Prozesse aufweisen, kann die Dokumentation einfach und relativ kurz ausgestaltet werden. Es ist nicht notwendig, das Verständnis des Ab-

Aspekt des rechnungslegungsbezogenen IKS	IDW PS/IDW PH 9.100.1	ISA
ternehmens	nicht notwendig, das erlangte Verständnis in seiner Gänze zu dokumentieren, wenn zentrale Aspekte, auf die der Abschlussprüfer seine Beurteilung von Risiken wesentlicher falscher Angaben stützt, festgehalten werden (*IDW PH 9.100.1*, Tz. 81).	schlussprüfers von der Einheit und den hiermit zusammenhängenden Sachverhalten in Gänze zu dokumentieren (ISA 315.A132).
Dokumentation des IKS	Eine Dokumentation der Regelungen zum IKS oder von Vorgaben des Unternehmens in den Arbeitsrichtlinien oder -bestimmungen ist nicht bzw. nur partiell vorhanden (*IDW PH 9.100.1*, Tz. 21). Wenn Teilsysteme des IKS nicht vollständig dokumentiert sind, wird der Prüfer gleichwohl Nachweise dafür suchen, ob solche Teilsysteme im KMU zur Kontrolle der vollständigen Abbildung der Geschäftsvorfälle im Jahresabschluss existieren. Für den Nachweis der Erlöse könnte dies ein System zur Kontrolle der Versendung von Waren oder der Erbringung von Dienstleistungen (z.B. Stundenzettel, Tätigkeitsnachweise) sein. Für den Nachweis der Aufwendungen ist dann z.B. ein Abgleich zwischen Wareneingang und gebuchten Eingangsrechnungen im Kreditorenbereich denkbar (*IDW PH 9.100.1*, Tz. 35).	
Kontrollumfeld		
Kontrollbewusstsein des Mana-	Der Abschlussprüfer achtet bei KMU auf den Gesamteinfluss der gesetzlichen Vertreter und anderer Führungs-	Das Kontrollumfeld in kleinen Einheiten unterscheidet sich in der Regel von dem in größeren Einheiten. Zum

Aspekt des rechnungslegungsbezogenen IKS	IDW PS/IDW PH 9.100.1	ISA
gements	kräfte. Dabei ist z.B. zu beurteilen, ob diese ein positives Kontrollbewusstsein besitzen, und die Art und Weise zu berücksichtigen, nach der sie in das Tagesgeschäft eingebunden sind (*IDW PH 9.100.1*, Tz. 22).	Beispiel gibt es in kleinen Einheiten möglicherweise keine unabhängigen oder externen für die Überwachung Verantwortlichen, und die Überwachungsfunktion wird möglicherweise direkt durch den Gesellschafter-Geschäftsführer wahrgenommen, wenn keine anderen Eigentümer vorhanden sind. Die Ausgestaltung des Kontrollumfelds kann auch Einfluss darauf haben, wie bedeutsam andere Kontrollen sind bzw. deren Fehlen ist. Beispielsweise kann die aktive Einbindung eines Gesellschafter-Geschäftsführers bestimmte Risiken mildern, die sich aus einer fehlenden Funktionstrennung in kleinen Einheiten ergeben; sie kann jedoch andere Risiken erhöhen, z.B. das Risiko einer Außerkraftsetzung von Kontrollen (ISA 315.A76).
„Tone at the top"	Ist ein schriftlich fixierter Verhaltenskodex nicht vorhanden, kann ein positives Kontrollumfeld auch dadurch zum Ausdruck kommen, dass die Bedeutung von Integrität und ethischem Verhalten gegenüber den Mitarbeitern mündlich kommuniziert und von der Unternehmensleitung vorgelebt wird (*IDW PH 9.100.1*, Tz. 23).	Darüber hinaus sind Prüfungsnachweise für Bestandteile des Kontrollumfelds in kleineren Einheiten möglicherweise nicht in Form von Dokumenten verfügbar, insb. bei Vorhandensein von informellen, aber dennoch wirksamen Kommunikationswegen zwischen dem Management und anderen Mitarbeitern. Zum Beispiel verfügen kleine Einheiten möglicherweise nicht über einen schriftlich niedergelegten Verhaltenskodex, sondern entwickeln stattdessen eine Kultur, welche die Bedeutung von Integrität und ethischem

Kapitel B: Risikoorientiertes Prüfungsvorgehen
Meilenstein 4: Auswertung der rechnungslegungsrelevanten
Prozesse und internen Kontrollen

Aspekt des rechnungslegungsbezogenen IKS	IDW PS/IDW PH 9.100.1	ISA
		Verhalten durch mündliche Kommunikation und durch die Vorbildfunktion des Managements betont (ISA 315.A77).
Einstellung des Managements/ der Geschäftsführung zu Kontrollen	Die Einstellung des Eigentümer-Unternehmers zu Kontrollangelegenheiten im Allgemeinen sowie zur persönlichen Ausübung von Kontrollen kann den Prüfungsansatz beeinflussen. In Tz. 25 des *IDW PH 9.100.1* werden Sachverhalte genannt, die für ein erhöhtes Risiko sprechen und die im Einzelfall zu berücksichtigen sind.	Folglich sind die Einstellung, das Bewusstsein und die Maßnahmen des Managements oder des Gesellschafter-Geschäftsführers für das Verständnis des Abschlussprüfers vom Kontrollumfeld einer kleineren Einheit von besonderer Bedeutung (ISA 315.A78).
Risikobeurteilungsprozess		
Fehlen eines formalen Prozesses	Auch KMU müssen Risiken erkennen und analysieren, welche die von der Unternehmensleitung festgelegte Geschäftsstrategie gefährden können. Allerdings ist ein formell betriebenes Risikomanagementsystem bei KMU i.d.R. nur teilweise oder nicht in systematisierter Form vorhanden (*IDW PH 9.100.1*, Tz. 27). Bei KMU, die nicht die Kriterien des § 317 Abs. 4 HGB erfüllen, ergibt sich aus dem Gesetz zunächst keine Prüfungs- und Berichterstattungspflicht. Der Abschlussprüfer von KMU hat jedoch über im Rahmen der Abschlussprüfung erkannte Mängel zu berichten, die auf eine Verletzung der Verpflichtung der gesetzlichen Vertreter zum Erkennen und Berücksichtigen von Risiken hinweisen	Wenn die Einheit keinen Risikobeurteilungsprozess eingerichtet hat oder über einen Ad-hoc-Prozess verfügt, muss der Abschlussprüfer mit dem Management erörtern, ob für Rechnungslegungsziele relevante Geschäftsrisiken identifiziert wurden und wie ihnen begegnet wurde. Der Abschlussprüfer muss beurteilen, ob das Fehlen eines dokumentierten Risikobeurteilungsprozesses den Umständen angemessen ist, oder feststellen, ob es einen bedeutsamen Mangel im IKS der Einheit darstellt (ISA 315.17). Kleinere Einheiten haben häufig keine Prozesse zur Messung und Überwachung ihres wirtschaftlichen Erfolgs. Befragungen des Managements zeigen möglicherweise, dass

Aspekt des rechnungslegungsbezogenen IKS	IDW PS/IDW PH 9.100.1	ISA
	(*IDW PH 9.100.1*, Tz. 30 f.).	es sich für die Beurteilung des wirtschaftlichen Erfolgs und für die Ergreifung angemessener Maßnahmen auf bestimmte Schlüsselgrößen stützt. Wenn solche Befragungen darauf hindeuten, dass der Erfolg nicht gemessen oder überwacht wird, besteht möglicherweise ein höheres Risiko, dass falsche Angaben nicht aufgedeckt und korrigiert werden (ISA 315.A41).
Einbindung des Managements/ der Eigentümer in das Geschäft	Das Fehlen einer geschlossenen Gesamtdokumentation ist häufig eine Folge der engen Bindung zwischen den gesetzlichen Vertretern und dem Unternehmen (z.B. Eigentümer-Unternehmer). Hier hat der Abschlussprüfer die tatsächlich getroffenen Anweisungen zur Risikoerfassung festzustellen und zu beurteilen (*IDW PH 9.100.1*, Tz. 29).	In einer kleinen Einheit gibt es in der Regel keinen festgelegten Risikobeurteilungsprozess. In solchen Fällen ist es wahrscheinlich, dass das Management Risiken durch direkte persönliche Einbindung in das Geschäft identifiziert. Ungeachtet der Umstände sind jedoch Befragungen nach identifizierten Risiken und nach deren Handhabung durch das Management trotzdem notwendig (ISA 315.A80).
Identifikation von Geschäftsrisiken durch das Management	Auf der Grundlage der Sorgfaltspflicht eines ordentlichen Kaufmanns sind auch die gesetzlichen Vertreter von KMU verpflichtet, Maßnahmen zu treffen, die geeignet sind, die das Unternehmen bedrohenden Risiken frühzeitig zu erkennen (*IDW PH 9.100.1*, Tz. 26). In Abhängigkeit von der Ausprägung der Risikoerkennung und -analyse sind	

Aspekt des rechnungslegungsbezogenen IKS	IDW PS/IDW PH 9.100.1	ISA
	folgende Besonderheiten zu beachten: - Risiken werden u.U. nicht rechtzeitig und/oder nur teilweise erkannt - Der Informationsfluss kann durch fehlende Zuständigkeiten und Verantwortlichkeiten erschwert werden - Die Einschätzung und Beurteilung erfolgt ggf. nur durch wenige Personen, i.d.R. nur durch die Unternehmensleitung. Gleichwohl kann die direkte persönliche Einbindung der Unternehmensleitung in die Geschäftsabwicklung auch dazu beitragen, dass Risiken rechtzeitig identifiziert werden können (*IDW PH 9.100.1*, Tz. 28).	
Kontrollaktivitäten		
High-level Controls	Eine gering ausgeprägte Arbeitsteilung kann bewirken, dass sich unterschiedliche Bereiche nicht ausreichend gegenseitig kontrollieren und dies z.T. durch andere Kontrollverfahren ausgeglichen wird, z.B. indem die Unternehmensleitung selbst unter Einbindung in das Tagesgeschäft regelmäßige Kontrollen durchführt (*IDW PH 9.100.1*, Tz. 24). Der geringe Umfang der Geschäftsprozesse und die Führung der Bücher durch nur eine oder wenige Personen sind typisch für KMU. Dies kann die Unternehmensleitung veranlassen,	Die Konzepte, die den Kontrollaktivitäten zugrunde liegen, sind in kleinen und größeren Einheiten normalerweise ähnlich, jedoch kann der Formalisierungsgrad unterschiedlich sein. Darüber hinaus können kleine Einheiten feststellen, dass bestimmte Arten von Kontrollaktivitäten wegen vom Management angewendeter Kontrollen für sie nicht relevant sind. Beispielsweise kann dadurch, dass sich das Management die Genehmigung von Krediten für Kunden und von bedeutsamen Anschaffungen allein vorbehält, eine starke Kon-

Aspekt des rechnungsle-gungsbezo-genen IKS	IDW PS/IDW PH 9.100.1	ISA
	statt des Ausbaus des IKS selbst Kontrollen (High Level Controls) vorzunehmen (*IDW PH 9.100.1*, Tz. 55).	trolle über wichtige Kontensalden und Geschäftsvorfälle ausgeübt werden, wodurch die Notwendigkeit weitergehender Kontrollaktivitäten sich verringert oder ganz entfällt (ISA 315.A93).

Wie können typische High-level Controls (bedeutsame Kontrollen) der Unternehmensleitung aussehen?

- Durchsicht diverser betrieblicher Auswertungen, Durchsicht von OP- und Mahnlisten, Aus- und Eingangspost

- Überwachung regelmäßiger Inventuren von Vorräten, Anlagen oder anderer Vermögensgegenstände sowie Abgleich mit den Daten des Rechnungswesens

- Zahlungsfreigabe

- Soll/Ist-Vergleiche auf Basis der Planung

	Die Kontrollaktivitäten, die für die Prüfung von KMU relevant sind, beziehen sich häufig auf die wichtigsten Geschäftsabläufe wie Umsatzerlöse, Beschaffungsvorgänge und Personalaufwand (*IDW PH 9.100.1*, Tz. 20).	In kleineren Einheiten beziehen sich die für die Abschlussprüfung einschlägigen Kontrollaktivitäten in der Regel auf die Haupttransaktionszyklen, z.B. Erlöse, Anschaffungen und Personalaufwendungen (ISA 315.A94).
Funktionstrennung	Durch Funktionstrennung soll insb. vermieden werden, dass einzelne Personen die Möglichkeit haben, dolose Handlungen vorzunehmen und diese zu verschleiern. Insbesondere in kleineren Unternehmen kann jedoch die Funktionstrennung nicht immer konsequent eingehalten werden. Dies kann ggf. durch direkt von den gesetzlichen Vertretern durchgeführte Kontrollaktivi-	Bei sehr kleinen Einheiten besteht die Möglichkeit, dass es nicht viele Kontrollaktivitäten gibt, die vom Abschlussprüfer identifiziert werden könnten, oder dass deren Vorhandensein bzw. Funktion von der Einheit nur in begrenztem Umfang dokumentiert wurde. In solchen Fällen kann es für den Abschlussprüfer wirksamer sein, weitere Prüfungs-

Aspekt des rechnungslegungsbezogenen IKS	IDW PS/IDW PH 9.100.1	ISA
	täten ausgeglichen werden. Erfolgen diese Kontrollaktivitäten nicht, kann sich der Abschlussprüfer insoweit nicht auf das interne Kontrollsystem stützen (*IDW PS 261 n.F.*, Tz. 52).	handlungen hauptsächlich aussagebezogen durchzuführen. In einigen seltenen Fällen kann jedoch das Fehlen von Kontrollaktivitäten oder anderen Komponenten des IKS es unmöglich machen, ausreichende geeignete Prüfungsnachweise zu erhalten (ISA 330.A18).
Informationssystem und Kommunikation		
Informationssystem (z.B. regelmäßige Analysen, Berichte oder Statistiken)		Die rechnungslegungsbezogenen Informationssysteme und die damit verbundenen Geschäftsprozesse sind in kleinen Einheiten in der Regel weniger hoch entwickelt als in größeren Einheiten, erfüllen jedoch eine ebenso bedeutsame Funktion. Kleine Einheiten, bei denen das Management aktiv in die betrieblichen Abläufe eingebunden ist, benötigen nicht notwendigerweise umfassende Beschreibungen von Abläufen im Rechnungswesen, eine differenzierte Buchführung oder schriftlich festgelegte Regelungen. Das Verständnis der Systeme und Prozesse der Einheit ist daher bei Abschlussprüfungen von kleineren Einheiten möglicherweise unkomplizierter und hängt möglicherweise stärker von Befragungen ab, als von einer Durchsicht der Dokumentation. Die Notwendigkeit, ein Verständnis zu gewinnen, bleibt jedoch wichtig (ISA 315.A85).
Kommunikation		Die Kommunikation kann in kleinen

Aspekt des rechnungslegungsbezogenen IKS	IDW PS/IDW PH 9.100.1	ISA
		Einheiten aufgrund der geringeren Anzahl von Zuständigkeitsebenen sowie aufgrund der größeren Sichtbarkeit und Verfügbarkeit des Managements weniger stark strukturiert und unkomplizierter sein als in größeren Einheiten (ISA 315.A87).
Überwachung		
	Die Überwachung der internen Kontrollsysteme kann bei KMU z.B. mittels einer Durchsicht der betrieblichen Statistiken und deren Beurteilung auf Plausibilität durch leitende Angestellte erfolgen. Wenn diese Kontrollen nur durch eine Person durchgeführt werden, steigt das Risiko, dass Fehlentwicklungen unentdeckt bleiben, keine wirksamen Gegenmaßnahmen eingeleitet werden und Verstöße nicht entdeckt werden. In diesen Fällen sind die Kontrollen durch die Unternehmensleitung besonders bedeutsam (*IDW PH 9.100.1*, Tz. 32).	Die Überwachung von Kontrollen durch das Management ist häufig durch eine enge Einbindung des Managements oder des Gesellschafter-Geschäftsführers in die Geschäftstätigkeit gewährleistet. Durch diese Einbindung werden häufig bedeutsame Abweichungen von den Erwartungen und Unrichtigkeiten in den Finanzdaten identifiziert, die zu nachbessernden Maßnahmen bei der Kontrolle führen (ISA 315.A100).
Einsatz von IT		
Einsatz von Standardsoftware	Das IKS bei KMU wird häufig durch den Einsatz von Standard-Software-Paketen in der Buchhaltung geprägt. Diese können bei entsprechend sorgfältiger Auswahl, Installation und sachgerechtem Einsatz eine akzeptable Grundlage für zuverlässige und kostengünstige Rechnungslegungssysteme sein (*IDW PH 9.100.1*, Tz. 37).	

Aspekt des rechnungsle-gungsbezo-genen IKS	IDW PS/IDW PH 9.100.1	ISA
Wenig komplexes IT-System	Kommt der Abschlussprüfer zum Ergebnis, dass ein wenig komplexes IT-System vorliegt, kann zunächst davon ausgegangen werden, dass nach den Grundsätzen des *IDW PS 330* eine umfassende IT-Prüfung nicht erforderlich ist (*IDW PH 9.100.1*, Tz. 44).	
Einsatz IT-gestützter Prüfungs-techniken	Der Einsatz IT-gestützter Prüfungstechniken zur Stichprobenauswahl und Analyse von Geschäftsvorfällen bietet sich auch bei KMU trotz des geringeren verarbeiteten Datenumfangs und der Verwendung von Standardsoftware an. Aufgrund des geringeren Datenumfangs können hier Daten über standardisierte Verarbeitungsvorgänge ohne aufwendige Vorselektion vom Unternehmen zur Verfügung gestellt werden. So verfügen für Rechnungslegungszwecke eingesetzte Standardprogramme über standardisierte Schnittstellen, die den Datenaustausch mit Office-Anwendungen erlauben (*IDW PH 9.100.1*, Tz. 68).	
Berechtigungs-konzept	Bestehen keine differenzierten Anordnungsbefugnisse und Zugriffsbeschränkungen der Mitarbeiter auf die verschiedenen IT-Anwendungen können Mitarbeiter Zugriffe auf einen großen Teil der Daten des Unternehmens haben, sodass eine eingerichtete Funktionstrennung unterlaufen wird (*IDW PH 9.100.1*, Tz. 21).	

4.2.1.3. Festlegung von Prüfungshandlungen

Wenn der verantwortliche Wirtschaftsprüfer die Prüfungshandlungen festlegt, sollte er folgende Eckpunkte beachten und eigenverantwortlich einschätzen, ob sie unter den gegebenen Umständen mit Blick auf das Prüfungsziel erforderlich sind:

a) Aufnahme des **IKS auf Unternehmensebene**, um dessen Angemessenheit zur Verhinderung bzw. Aufdeckung und Beseitigung wesentlicher Fehler in der Rechnungslegung zu beurteilen. Hierbei kann die **Arbeitshilfe: B-4.1.: Beurteilung des rechnungslegungsbezogenen internen Kontrollsystems auf Unternehmensebene für die vorläufige Risikoeinschätzung** hinzugezogen werden.

b) Zur Erleichterung der Aufnahme des IKS **ausgewählter typischer Geschäftsprozesse** einschließlich der darin enthaltenen internen Kontrollen werden Fragebögen zu folgenden Bereichen empfohlen:

- Aufnahmehilfen IKS Buchführung und Abschlusserstellung
- Aufnahmehilfen IKS Anlagen
- Aufnahmehilfen IKS Einkauf
- Aufnahmehilfen IKS Vorräte/Materialwirtschaft
- Aufnahmehilfen IKS Produktion
- Aufnahmehilfen IKS Verkauf
- Aufnahmehilfen IKS Personal.

Es bietet sich an, die Verbindung von den wesentlichen Jahresabschlussposten zu den Geschäftsprozessen (einschließlich der relevanten IT-Anwendungen) in einer Übersicht zusammenzufassen (vgl. **Arbeitshilfe B-4.10.: Übersicht der Jahresabschlussposten, Prozesse und Anwendungen**).

Das IKS kann auch frei dokumentiert werden (vgl. **Arbeitshilfe B-4.1.1.: Leitfaden zur Dokumentation der Prüfung des internen Kontrollsystems**).

Zum Nachweis und zur Dokumentation der Funktionsprüfungen (Kontrolltests) stehen als Hilfsmittel Kontrollmatrizen zur Verfügung (Durchführung von Funktionsprüfungen und Nachweis über die Gültigkeit von Kontrollen für den gesamten Prüfungszeitraum) (siehe Meilenstein 6: „Validierung der internen Kontrollen").

c) Zu den organisatorischen Maßnahmen des Unternehmens zur Erkennung, Genehmigung und ordnungsgemäßen Bilanzierung von Geschäften mit **nahe stehenden Personen** vgl. **Arbeitshilfe B-2.9**.

d) Die nachfolgende Tabelle dient dazu, Faktoren zu identifizieren, die bei der Prüfungsplanung und Prüfungsdurchführung zu berücksichtigen sind, sofern die jeweiligen Sachverhalte in der konkreten Prüfungssituation relevant sind. Bei Relevanz sind die diesbezüglich notwendigen Beurteilungen und Prüfungshandlungen sowie deren Ergebnisse in den Arbeitspapieren zu dokumentieren.

Faktor	falls im konkreten Prüfungskontext relevant, Beachtung folgender IDW Prüfungsstandards

Verwertung der Arbeit der Internen Revision (sofern vorhanden)	*IDW Prüfungsstandard: Interne Revision und Abschlussprüfung (IDW PS 321)*
	
	Aspekte:
	
	• Feststellung, ob die Arbeit der Internen Revision (IR) voraussichtlich für die Zwecke der Prüfung angemessen sein wird
	
	• Hierzu: Einschätzung der organisatorischen Einordnung, der Objektivität, des Tätigkeitsumfangs, der fachlichen Kompetenz sowie der beruflichen Sorgfalt der Mitarbeiter der IR
	
	• Ermittlung der geplanten Auswirkungen der Arbeit der IR auf Art, zeitliche Einteilung und Umfang der Prüfungshandlungen des Prüfungsteams. Hierbei sind zu berücksichtigen:
	
	  – Art und Umfang der durchgeführten Arbeit der IR
	
	  – Risiken wesentlicher falscher Angaben in der Rechnungslegung
	
	  – Grad der Subjektivität, die mit der Beurteilung der von der IR erlangten Prüfungsnachweise verbunden ist.
	
	• Zeitliche Koordination und Abstimmung von Abschlussprüfung und IR
	
	• Durchführung und Dokumentation von Prüfungshandlungen zur Beurteilung der Angemessenheit der Arbeit der IR für Zwecke der Abschlussprüfung. Hierzu ist abzuschätzen:
	
	  – ob die Arbeit der IR angemessen angeleitet, überwacht und ausreichend dokumentiert wurde
	
	  – ob für die Schlussfolgerungen der IR tatsächlich an-

Faktor	falls im konkreten Prüfungskontext relevant, Beachtung folgender IDW Prüfungsstandards
	gemessene und ausreichende Prüfungsnachweise erlangt wurden - Beurteilung, ob die getroffenen Schlussfolgerungen angemessen sind und die angefertigten Berichte mit den durchgeführten Arbeiten übereinstimmen - ob ungewöhnliche Sachverhalte durch die IR ordnungsgemäß geklärt wurden - ob die IR die Umsetzung ihrer Empfehlungen überwacht.
Verwertung der Arbeiten von Sachverständigen	*IDW Prüfungsstandard: Verwertung der Arbeit eines für den Abschlussprüfer tätigen Sachverständigen (IDW PS 322 n.F.)* Aspekte: Ziel: Beurteilung der Notwendigkeit zur Hinzuziehung eines Sachverständigen (SV) (vgl. Meilenstein 2, Abschn. 2.2.8.). Dies ist dann der Fall, wenn auf einem anderen Gebiet als dem der Rechnungslegung und Prüfung Fachkenntnisse notwendig sind, um ausreichende und angemessene Prüfungsnachweise zu erlangen. Falls dies bejaht wird, Beurteilung, ob die Arbeit für Zwecke der Abschlussprüfung angemessen ist. Prüfungshandlungen: • Beurteilung, ob der SV über die fachliche Kompetenz, die Fähigkeiten sowie die Objektivität verfügt, die für Zwecke der Abschlussprüfung notwendig sind. Bei **externem Sachverständigen**: Befragung zu möglichen Interessenkonflikten und Gefährdungen der Objektivität. • Vereinbarung von Art, Umfang und Zielen der Arbeit des SV sowie Art und Zeitpunkte der Kommunikation bzw. Berichterstattung des SV. Ferner Verpflichtung des SV zur Verschwiegenheit. • Beurteilung der Angemessenheit von Art und Umfang der Tätigkeit für Zwecke der Abschlussprüfung und der Arbeitsergebnisse des SV. - Relevanz und Vertretbarkeit der Feststellungen oder Schlussfolgerungen sowie deren Übereinstimmung mit

Faktor	falls im konkreten Prüfungskontext relevant, Beachtung folgender IDW Prüfungsstandards
	anderen Prüfungsnachweisen. - Relevanz und Vertretbarkeit bedeutsamer Annahmen und Methoden des SV. - Beurteilung von Relevanz, Vollständigkeit und Richtigkeit der Ausgangsdaten, die für die Arbeit des SV bedeutsam sind. • Beurteilung, ob die Arbeit des SV für Zwecke der Abschlussprüfung ausreichend ist; ggf. Vereinbarung weiterer Prüfungshandlungen des SV oder eigene Durchführung weiterer geeigneter Prüfungshandlungen.
Verwertung der Arbeit von anderen Abschlussprüfern	*IDW Prüfungsstandard: Besondere Grundsätze für die Durchführung von Konzernabschlussprüfungen (einschließlich der Verwertung der Tätigkeit von Teilbereichsprüfern) (IDW PS 320 n.F.):* *IDW PS 320 n.F.* konkretisiert die Umsetzung des risikoorientierten Prüfungsansatzes mit Blick auf die Besonderheiten der Konzernabschlussprüfung und unter Berücksichtigung des Grundsatzes der Gesamtverantwortung des Konzernabschlussprüfers (vgl. § 317 Abs. 3 HGB). Die Grundsätze des *IDW PS 320 n.F.* können auch im Rahmen von Jahresabschlussprüfungen anzuwenden sein, wenn der Jahresabschluss mehrere buchhalterisch getrennte Teilbereiche enthält, deren Rechnungslegungsinformationen im Rahmen eines Konsolidierungsprozesses zusammengeführt werden. Teilbereiche sind dabei selbstständige oder unselbstständige Einheiten sowie Geschäftstätigkeiten (*IDW PS 320 n.F.*, Tz. 3). *IDW PS 320 n.F.* erläutert zudem, dass eine sinngemäße Anwendung der Anforderungen des Prüfungsstandards auch in Situationen sinnvoll sein kann, in denen der Abschlussprüfer bei der Prüfung eines Einzelabschlusses die Arbeit anderer Teilbereichsprüfer verwerten möchte. Beispielsweise kann ein anderer Wirtschaftsprüfer damit beauftragt werden, an einem anderen Standort die Inventurdurchführung zu beobachten oder Gegenstände des Sachanlagevermögens in Augenschein zu nehmen. Ein weiteres Beispiel ist die Verwertung der Arbeit anderer Prüfer im Falle eines Shared Service Centers (vgl. *IDW PS 320 n.F.*, Tz. 3).

Faktor	falls im konkreten Prüfungskontext relevant, Beachtung folgender IDW Prüfungsstandards

Verwendung der Berichterstattung vom Typ 1 oder 2 des Prüfers eines Dienstleistungsunternehmens	*IDW Prüfungsstandard: Abschlussprüfung bei teilweiser Auslagerung der Rechnungslegung auf Dienstleistungsunternehmen (IDW PS 331 n.F.); Prüfungsstandard: Die Prüfung des internen Kontrollsystems bei Dienstleistungsunternehmen (IDW PS 951 n.F.)*
	
	Aspekte:
	
	• Zur Gewinnung eines Verständnisses über die vom Dienstleistungsunternehmen erbrachten Dienstleistungen und zur Beurteilung der Fehlerrisiken bei Auslagerungen von Dienstleistungen vgl. Meilenstein 2, Abschn. 2.2.10.
	
	• Sofern die Berichterstattung des Prüfers eines Dienstleistungsunternehmens i.S.v. *IDW PS 951 n.F.* (Bericht vom Typ 1 oder vom Typ 2) geplant ist, Beurteilung der beruflichen Kompetenz einschließlich der Unabhängigkeit des Prüfers des Dienstleistungsunternehmens (*IDW PS 331 n.F.*, Tz. 15).
	
	• Sofern die Verwendung einer Berichterstattung vom Typ 1 als Prüfungsnachweis über die *Ausgestaltung von Kontrollen* beim Dienstleistungsunternehmen geplant ist, ist (vgl. *IDW PS 331 n.F.*, Tz. 16).
	   – zu beurteilen, ob sich die Beschreibung und die Ausgestaltung der Kontrollen beim Dienstleister auf einen aus Sicht der Abschlussprüfung angemessenen Zeitraum beziehen,
	   – zu beurteilen, ob die Berichte hierfür ausreichende und angemessene Prüfungsnachweise liefern,
	   – zu entscheiden, ob von dem Dienstleister dargestellte korrespondierende Kontrollen für das auslagernde Unternehmen relevant sind und – falls ja – diese vom auslagernden Unternehmen eingerichtet wurden.
	
	• Sofern die Verwendung einer Berichterstattung vom Typ 2 als Prüfungsnachweis über die *Angemessenheit und Wirksamkeit der Kontrollen* des Dienstleistungsunternehmens geplant ist, hat der Abschlussprüfer zu beurteilen, ob (*IDW PS 331 n.F.*, Tz. 20 und Tz. A28).

Faktor	falls im konkreten Prüfungskontext relevant, Beachtung folgender IDW Prüfungsstandards
	- sich die IKS-Beschreibung, die dargestellten Kontrollen, deren Ausgestaltung und Wirksamkeit auf einen Zeitraum beziehen, der für Zwecke der Abschlussprüfung angemessen ist, - die vom Dienstleister vorausgesetzten korrespondierenden Kontrollen für das auslagernde Unternehmen relevant. Falls sie für das auslagernde Unternehmen relevant sind, ist die Angemessenheit und Wirksamkeit zu prüfen, - der von den Funktionsprüfungen des Dienstleistungsprüfers abgedeckte Zeitraum angemessen ist, - die in der Berichterstattung dargestellten Funktionsprüfungen und deren Ergebnisse für die Aussagen im Abschluss des auslagernden Unternehmens relevant sind und ausreichende und angemessene Prüfungsnachweise für die Risikobeurteilung des Abschlussprüfers liefern.
Projektbegleitende Prüfung bei Einsatz von Informationstechnologie	*IDW Prüfungsstandard: Projektbegleitende Prüfung bei Einsatz von Informationstechnologie (IDW PS 850)* Aspekte: • Erhebung von Informationen zur Prüfungsdurchführung und zum Projektmanagement • Beurteilung des Projektmanagements • Prüfung der Projektphasen • Verwertung der Ergebnisse über projektbegleitende Prüfungen durch den Abschlussprüfer, wenn die projektbegleitende Prüfung im Ausnahmefall nicht vom Abschlussprüfer durchgeführt wurde. In diesem Fall hat der Abschlussprüfer insb. bei der Beurteilung des Fehlerrisikos des zu prüfenden Unternehmens die Ergebnisse (Prüfungsbericht, Bescheinigung) der projektbegleitenden Prüfung gemäß den Grundsätzen des *IDW PS 320 n.F.* zu verwerten (vgl. *IDW PS 850*, Tz. 113 ff.).

4.2.2. Aufnahme und Beurteilung des (IT-gestützten) Rechnungslegungssystems

4.2.2.1. Prüfungsanforderungen

30 Der Abschlussprüfer hat das **IT-gestützte Rechnungslegungssystem** daraufhin zu beurteilen, ob es den gesetzlichen Anforderungen entspricht – insb. den in der *IDW Stellungnahme zur Rechnungslegung: Grundsätze ordnungsmäßiger Buchführung bei Einsatz von Informationstechnologie (IDW RS FAIT 1)* dargestellten Ordnungsmäßigkeits- und Sicherheitsanforderungen –, um die nach § 322 Abs. 1 Satz 1 i.V.m. § 317 Abs. 1 Satz 1 und § 321 Abs. 2 Satz 2 HGB geforderten Prüfungsaussagen über die **Ordnungsmäßigkeit der Buchführung** treffen zu können. Folglich ist es die Aufgabe des Abschlussprüfers, das IT-System insoweit zu prüfen, als dessen Elemente dazu dienen, Daten über Geschäftsvorfälle oder betriebliche Aktivitäten zu verarbeiten, die entweder direkt in die IT-gestützte Rechnungslegung einfließen oder als Grundlage für Buchungen im Rechnungslegungssystem in elektronischer Form zur Verfügung gestellt werden (rechnungslegungsrelevante Daten). Der Begriff der Rechnungslegung umfasst dabei die Buchführung, den Jahresabschluss und den Lagebericht bzw. auf Konzernebene den Konzernabschluss und den Konzernlagebericht (vgl. *IDW Prüfungsstandard: Abschlussprüfung bei Einsatz von Informationstechnologie (IDW PS 330*, Tz. 8)).

31 Prüfungsgegenstand sind die Prüfungsgebiete **IT-Infrastruktur**, **IT-Anwendungen** und **IT-gestützte Geschäftsprozesse** einschließlich des **IT-Umfelds** und der **IT-Organisation**. Während Schwächen des internen Kontrollsystems im Bereich IT-Umfeld und IT-Organisation sowie IT-Infrastruktur (z.B. unzulängliche Datensicherung) sich i.d.R. auf die Risikoberichterstattung im Lagebericht auswirken können, haben Schwächen bei den IT-Anwendungen und IT-Geschäftsprozessen (z.B. unzutreffend gepflegte Kontenfindungstabelle) häufig direkten Einfluss auf Ansatz, Bewertung und Ausweis im Jahresabschluss.

Art, Umfang und Zeitpunkt der **IT-Systemprüfungen** bestimmen sich auch aus:

- der Wesentlichkeit des IT-Systems für die Rechnungslegung bzw. für die Beurteilung der Ordnungsmäßigkeit der Rechnungslegung und
- der Komplexität des eingesetzten IT-Systems, die vor allem vom Grad der Integration in umfassende IT-Lösungen, wie Enterprise Resource Planning (ERP)-Systeme, abhängt (*IDW PS 330*, Tz. 10, *IDW PS 261 n.F.*, Tz. 63) sowie
- der Abhängigkeit des Unternehmens von einer funktionsfähigen IT (vgl. **Arbeitshilfe B-4.3.**).

Kapitel B: Risikoorientiertes Prüfungsvorgehen
Meilenstein 4: Auswertung der rechnungslegungsrelevanten Prozesse und internen Kontrollen

32 Gesetzliche Anforderungen hinsichtlich der Ordnungsmäßigkeit, Sicherheit und Dokumentation eines Buchführungssystems sind[6]:

- Vollständige, richtige, zeitgerechte, unveränderbare und geordnete Eintragungen in den Büchern und sonstigen Aufzeichnungen (§ 239 Abs. 2 HGB).
- Nachvollziehbarkeit der Geschäftsvorfälle nach ihrer Entstehung und Abwicklung. Es muss gewährleistet sein, dass jede Buchung und ihre Berechtigung durch einen Beleg nachgewiesen wird (**Belegfunktion**) und dass die Buchung sowohl in zeitlicher Ordnung (**Journalfunktion**) als auch in sachlicher Ordnung (**Kontenfunktion**) dargestellt werden können (§ 238 Abs. 1 Satz 3 HGB).
- Beschaffenheit der Buchführung in der Weise, dass einem sachverständigen Dritten innerhalb angemessener Zeit ein Überblick über die Geschäftsvorfälle und über die Lage des Unternehmens vermittelt wird (§ 238 Abs. 1 Satz 2 HGB).
- Die Handelsbücher und sonstigen erforderlichen Aufzeichnungen können auch auf Datenträgern geführt werden, soweit diese Form der Buchführung einschließlich des dabei angewandten Verfahrens den Grundsätzen ordnungsmäßiger Buchführung entsprechen. Es ist sicherzustellen, dass die Daten während der Dauer der Aufbewahrungspflicht verfügbar und jederzeit innerhalb angemessener Frist lesbar und entsprechend der steuerlichen Verpflichtung auswertbar vorgehalten werden (§ 239 Abs. 4 HGB).
- Die Aufbewahrung der Unterlagen kann auch auf Bild- oder anderen Datenträgern erfolgen, wenn sichergestellt ist, dass die Wiedergaben mit den empfangenen Handelsbriefen und den Buchungsbelegen bildlich und mit den anderen Unterlagen inhaltlich übereinstimmen, wenn sie lesbar gemacht werden (§ 257 Abs. 3 HGB).

33 Wesentliche **Routinetransaktionen**, zu deren Abwicklung IT eingesetzt wird, stellen **IT-gestützte Geschäftsprozesse** i.S.d. *IDW RS FAIT 1*, Tz. 11 dar. Um mit hinreichender Sicherheit zu seinem Prüfungsurteil zu gelangen, muss der Abschlussprüfer für diese Geschäftsprozesse i.d.R. nicht nur die Angemessenheit der prozessintegrierten Kontrollen (Aufbauprüfung), sondern auch die Wirksamkeit dieser Kontrollen (Funktionsprüfung) beurteilen. Unabhängig davon bietet sich die Beurteilung von Geschäftsprozessen auf Grundlage von Aufbau- und Funktionsprüfungen immer dann an, wenn die erforderliche Beurteilungssicherheit wirtschaftlicher erzielt werden kann (*IDW Prüfungshinweis: Prüfung von IT-gestützten Geschäftsprozessen im Rahmen der Abschlussprüfung (IDW PH 9.330.2, Tz. 3)*).

34 Neben der Aufnahme des IT-Systems im Unternehmen muss sich der Abschlussprüfer auch einen Überblick über **ausgelagerte Bestandteile des IT-Systems** verschaffen (vgl. Abschn. 4.2.1.3.). Die Prüfung von Unternehmen mit einem eigenständigen Rechenzentrumsbetrieb erfordert eine andere Vorgehensweise als die Prüfung von Unternehmen, deren IT-

---

[6] Die *IDW Stellungnahme zur Rechnungslegung: Grundsätze ordnungsmäßiger Buchführung bei Einsatz von Informationstechnologie (IDW RS FAIT 1)* konkretisiert die aus den §§ 238, 239 und 257 HGB resultierenden Anforderungen an die Führung der Handelsbücher mittels IT-gestützter Systeme und verdeutlicht die beim Einsatz von IT möglichen Risiken für die Einhaltung der Grundsätze ordnungsmäßiger Buchführung.

System ganz oder teilweise ausgelagert ist. Die Verantwortlichkeit des Abschlussprüfers erstreckt sich in jedem Fall auf das gesamte rechnungslegungsrelevante IT-System (*IDW PS 330*, Tz. 13).

4.2.2.2. Hinweise zur Bearbeitung

35 Berücksichtigen Sie z.B. folgende **Skalierungsaspekte** bei der Aufnahme und Beurteilung des IT-gestützten Rechnungslegungssystems:

- Um den Umfang von IT-Systemprüfungen zu bemessen, ist u.a. die **Komplexität der eingesetzten IT** zu berücksichtigen. Bei IT-Anwendungen mit geringer Komplexität (z.B. PC-gestützte Buchführungssysteme) kann sich die IT-Systemprüfung auf ausgewählte Funktionalitäten wie bspw. solche zur Generierung automatischer Buchungen beschränken, wenn die hinreichende Sicherheit der Prüfungsaussagen durch aussagebezogene Prüfungshandlungen erlangt werden kann. Bei komplexen IT-Systemen oder einem hohen Abhängigkeitsgrad des Unternehmens von einer funktionsfähigen IT ist eine umfassende IT-Systemprüfung stets erforderlich, weil eine Beurteilung der Ordnungsmäßigkeit und Sicherheit der IT-gestützten Rechnungslegung ohne Berücksichtigung der programmierten rechnungslegungsrelevanten Abläufe nicht möglich ist. (*IDW PS 330*, Tz. 12)

- KMU verfügen oft über weniger komplexe IT-Systeme mit einer einfachen Software, Hardwarestruktur und IT-Organisation. Die IT-Anwendungen sind häufig extern erworben und stellen vom Anwender nicht modifizierte Standardsoftware dar. Nur in geringem Umfang erfolgen Eigenentwicklungen bzw. Anpassungen an die individuellen Anwenderverhältnisse. Ungeachtet dessen hat der Abschlussprüfer von KMU sich einen Überblick über das IT-System des zu prüfenden Unternehmens zu verschaffen und sicherzustellen, dass ausreichende Kenntnisse über das IT-System vorhanden sind, um die Prüfung sachgerecht planen, durchführen und überwachen zu können. (*IDW PH 9.100.1*, Tz. 39)

36 Der Abschlussprüfer muss sich einen Überblick über das IT-System verschaffen, um beurteilen zu können, ob dieses komplex ist oder nicht. Hierzu bietet es sich zunächst an, eine grafische Übersicht über die im Unternehmen eingesetzten Anwendungen und Schnittstellen zu erstellen (siehe **Arbeitshilfe B-4.3.0.: Übersicht der Anwendungen und Schnittstellen**). Die systematische Erfassung und grafische Aufbereitung der eingesetzten Systeme/Anwendungen, der Schnittstellen und des Datenflusses ermöglicht eine substantielle Beurteilung, wie und wo im Unternehmen die relevanten Informationen über die Geschäftsvorfälle erfasst und verarbeitet werden und wie diese in der internen und externen Rechnungslegung für die wirtschaftlichen Entscheidungen des Unternehmens und seiner Kapitalgeber aufbereitet werden. Dieses Verständnis ermöglicht eine angemessene Beurteilung möglicher Quellen von Fehlerrisiken in der Rechnungslegung und bietet zudem Ansatzpunkte für die Beratung des Mandanten bezüglich seiner Geschäftsprozesse.

37 Bei IT-Systemen, die eine hohe Komplexität aufweisen, sollten interne oder externe Spezialisten hinzugezogen werden. Neben der Komplexität sollte insb. auch die **Abhängigkeit des Unternehmens von einer funktionsfähigen IT** beurteilt werden. Die **Arbeitshilfe B-4.3.: Beurteilung der Komplexität des IT-Systems sowie der Abhängigkeit des Unternehmens von einer funktionsfähigen IT** enthält weitere Kriterien/Anleitungen für die Einstufung der Komplexität des IT-Systems.

38 Kommt der Abschlussprüfer zum vorläufigen Ergebnis, dass ein wenig komplexes IT-System vorliegt, bzw. die Abhängigkeit des Mandanten von der IT gering ist, kann zunächst davon ausgegangen werden, dass nach den Grundsätzen des *IDW PS 330* eine umfassende IT-Prüfung nicht erforderlich ist (vgl. *IDW PH 9.100.1*, Tz. 44) (siehe **Arbeitshilfe B-4.3.1.: Aufnahme und Beurteilung nicht komplexer IT-Systeme**). Für die Aufnahme komplexer IT-Systeme sowie auch in den Fällen, in denen eine hohe Abhängigkeit des Unternehmens von einer funktionsfähigen IT gegeben ist, sollte hingegen eine umfangreichere Aufnahme der IT-Systeme erfolgen (siehe **Arbeitshilfe B-4.3.2.: Aufnahme und Beurteilung des IT-Systems**).

39 Bei der Beurteilung der Ordnungsmäßigkeit der IT-gestützten Buchführung können eine vorliegende **Softwarebescheinigung** im Sinne des *IDW Prüfungsstandards: Die Prüfung von Softwareprodukten (IDW PS 880)* und die zugrundeliegenden Feststellungen verwertet werden. Voraussetzung ist, dass dem Prüfer neben der Softwarebescheinigung auch der vollständige Prüfungsbericht über die Softwareprüfung vorliegt (vgl. *IDW PS 880*, Tz. 100).

4.2.2.3. Festlegung von Prüfungshandlungen

Wenn der verantwortliche Wirtschaftsprüfer die Prüfungshandlungen festlegt, sollte er folgende Eckpunkte beachten und eigenverantwortlich einschätzen, ob sie unter den gegebenen Umständen mit Blick auf das Prüfungsziel erforderlich sind:

a) Aufnahme der IT-Infrastruktur, -Anwendungen und -Geschäftsprozesse sowie der jeweiligen IT-Kontrollen mit der **Arbeitshilfe B-4.3.2.: Aufnahme und Beurteilung des IT-Systems**. Dabei kann, soweit dies im Hinblick auf Wesentlichkeit und Komplexität des IT-Systems sinnvoll erscheint, wie folgt vorgegangen werden:

– Als Grundlage für die spätere Prüfung der Angemessenheit und Wirksamkeit des IT-Kontrollsystems sowie für die Beurteilung der Ordnungsmäßigkeit und Sicherheit der IT-gestützten Rechnungslegung sind IT-Umfeld und IT-Organisation, IT-Infrastruktur, rechnungslegungsrelevante IT-Anwendungen und die wesentlichen rechnungslegungsrelevanten IT-gestützten Geschäftsprozesse des zu prüfenden Unternehmens aufzunehmen.

– Bei der Aufnahme der rechnungslegungsrelevanten **IT-Infrastruktur**: Verschaffen eines ersten Überblicks über physische Sicherheitsmaßnahmen und logische Zugriffskontrollen sowie Datensicherungs- und Auslagerungsverfahren, Maßnahmen für den Betrieb im Regel- und Notfall sowie Regelungen zur Sicherung der Betriebsbereitschaft.

- Bei der Aufnahme der rechnungslegungsrelevanten **IT-Anwendungen** (siehe **fe B-4.3.0.: Übersicht der Anwendungen und Schnittstellen**) sind vor allem Module und Programme zu berücksichtigen, die eine besondere Bedeutung für die Rechnungslegung und das Reporting haben. Hierzu zählen nicht nur die Buchhaltungssysteme, sondern auch die vorgelagerten Systeme, die rechnungslegungsrelevante Daten verarbeiten (z.B. Einkauf, Produktion, Controlling sowie die Management-Informationssysteme).

- Bei der Aufnahme der rechnungslegungsrelevanten **IT-gestützten Geschäftsprozesse** erfolgen Prozessaufnahmen, die dokumentieren, in welchen Prozessschritten IT-Anwendungen integriert sind und/oder manuelle Tätigkeiten ausgeführt werden, wie und welche rechnungslegungsrelevanten Daten aus dem Geschäftsprozess in die Rechnungslegung übergeleitet werden (Daten-, Belegfluss, Schnittstellen) und welche anwendungs- und prozessbezogenen Kontrollen bei der Erfassung und Verarbeitung von Geschäftsvorfällen bestehen (vgl. *IDW PS 330*, Tz. 84 sowie *IDW PH 9.330.2*). Eine Möglichkeit zur übersichtlichen Darstellung der rechnungslegungsrelevanten IT-gestützten Geschäftsprozesse und deren Zuordnung zu den wesentlichen Jahresabschlussposten bietet **Arbeitshilfe B-4.10.: Übersicht der Jahresabschlussposten, Prozesse und Anwendungen**.

- Gegebenenfalls Aufnahme vorhandener **Outsourcing**-Maßnahmen.

Zur Aufnahme und Beurteilung des IT-Systems bei Unternehmen mit nicht komplexen IT-Systemen kann die **Aufnahmehilfe B-4.3.1.: Aufnahme und Beurteilung des IT-Systems bei Mandanten mit nicht komplexen Systemen** *verwendet werden.*

b) Bei Nutzung von **Standardsoftware** wird der **Bericht über die Softwareprüfung** kritisch gewürdigt. Ferner werden die in *IDW PS 880* dargestellten Voraussetzungen und sonstigen Erfordernisse berücksichtigt (vgl. im Einzelnen *IDW PS 880*, Tz. 100-105). Bei **eigenentwickelter Software** zur Rechnungslegung oder Standardsoftware ohne Bescheinigung sind die allgemeinen Ordnungsmäßigkeitskriterien (Belegfunktion, Kontenfunktion, Journalfunktion etc.) zu prüfen.

c) Als ein Ergebnis der Prüfung des IT-Systems ist die **Ordnungsmäßigkeit des (IT-gestützten) Buchführungssystems** zu beurteilen. Hierzu ist in jedem Fall im Prüfungsbericht eine Aussage zum Buchführungssystem (jährlich) zu treffen, auch wenn dieses ohne IT-Unterstützung geführt wird. Zur Erleichterung der Aufnahme des IKS im Bereich Buchführung und Abschlusserstellung wird die **Aufnahmehilfe B-4.2.2.: Aufnahme und Beurteilung des Buchführungs- und Abschlussprozesses** empfohlen.

d) Im **Prüfungsbericht** ist im Abschnitt „Ordnungsmäßigkeit der Rechnungslegung" zum Buchführungssystem Stellung zu nehmen. Im Prüfungsbericht ist auch auf bestehende Schwächen des

IT-Kontrollsystems einzugehen, soweit die festgestellten Schwächen zu keinen wesentlichen Fehlern in der Rechnungslegung geführt haben. In diesem Zusammenhang ist auch darzustellen, wie und in welchem Umfang festgestellten IT-Fehlerrisiken durch entsprechende aussagebezogene Prüfungshandlungen begegnet wurde (*IDW PS 330*, Tz. 112).

e) Bei der Würdigung des rechnungslegungsbezogenen internen Kontrollsystems und des Risikomanagementsystems (§ 171 Abs. 1 Satz 2 AktG) hat der Abschlussprüfer gegenüber dem Aufsichtsrat bzw. dem Prüfungsausschuss auf kritische Sachverhalte, v.a. bedeutsame Schwächen, hinzuweisen (vgl. *IDW EPS 470 n.F.*, Tz. 5). Meilenstein 9, Abschn. 9.2.3.1.). In Bezug auf das Risikomanagementsystem, soweit es Berührungspunkte mit dem Rechnungslegungsprozess aufweist, ist insb. an das Management von Risiken im Zusammenhang mit der Bildung von Bewertungseinheiten oder ggf. erforderlichen Risikoeinschätzungen, bspw. zum Risiko einer Inanspruchnahme aus Eventualverbindlichkeiten, zu denken (vgl. Gesetzesbegründung zum Regierungsentwurf des BilMoG, BT-Drs. 16/10067, S. 104 f.).

Die in der folgenden Tabelle beschriebenen Prüfungshandlungen verweisen auf die **Aufnahmehilfe B-4.3.2.: Aufnahme und Beurteilung des IT-Systems** und sollten je nach Unternehmenssituation miteinander kombiniert werden. Je nach Unternehmenssituation kommt bestimmten Fragen der Aufnahmehilfe eine besondere Bedeutung zu:

Unternehmenssituation	Prüfungsschritt	Referenz zur Aufnahmehilfe IT-System
Mandant setzt IT in der Rechnungslegung ein	Prüfung der Zugriffskontrollverfahren und der Datensicherungsverfahren	Bearbeitung von Abschnitt II. der Aufnahmehilfe
Mandant hat eigenes IT-Personal	Prüfung IT-Organisation/ IT-Umfeld	Bearbeitung von Abschnitt I. der Aufnahmehilfe
Mandant hat eigenes Rechenzentrum	Prüfung der physischen Sicherungsmaßnahmen	Bearbeitung von Abschnitt II.1. der Aufnahmehilfe
Signifikante Abhängigkeit von Verfügbarkeit der IT	Prüfung der Maßnahmen für Notbetrieb und zur Sicherung der Betriebsbereitschaft	Bearbeitung von Abschnitt II.4. der Aufnahmehilfe
Mandant nutzt IT in vorgelagerten Geschäftsprozessen mit Schnittstellen zur Rechnungslegung (z.B. Materialwirtschaft)	Prüfung der IT-gestützten Geschäftsprozesse	Bearbeitung von Abschnitt IV. der Aufnahmehilfe
Mandant hat neue Standard-Software eingeführt	Prüfung der Auswahl, Einführung und Implementierung	Bearbeitung von Abschnitt III.1. der Aufnahmehilfe
Mandant hat Individualsoftware eingeführt	Prüfung des Entwicklungs-, Test- und Freigabeverfahrens, Prüfung	Bearbeitung von Abschnitt III.2.

Unternehmenssituation	Prüfungsschritt	Referenz zur Aufnahmehilfe IT-System
	der Grundfunktionen der Ordnungsmäßigkeit (soweit relevant)	und III.3. der Aufnahmehilfe
Mandant hat wesentliche Änderungen in IT-Systemen durchgeführt	Prüfung des Change Management-Verfahrens	Bearbeitung von Abschnitt III.2. und III.3. der Aufnahmehilfe
Mandant hat im Rahmen von Systementwicklungen oder -einführungen Datenmigrationen durchgeführt	Prüfung der Datenmigrations-Verfahren	Bearbeitung von Abschnitt III.2. der Aufnahmehilfe
Mandant nutzt das Internet bzw. eine Cloud für die Rechnungslegung oder vorgelagerte Systeme	Prüfung der Internet/Cloud-Sicherheit	Bearbeitung von Abschnitt II.5. der Aufnahmehilfe
Mandant hat (Teile des) IT-System(s) ausgelagert	Prüfung des IT-Outsourcing	Bearbeitung von Abschnitt VI. der Aufnahmehilfe

Ergebnisse Meilenstein 4:

Aus der Auswertung der rechnungslegungsrelevanten Prozesse und internen Kontrollen sind **Schlussfolgerungen** zu ziehen und festzuhalten in **Arbeitshilfen B-5.0., B-5.1.** sowie **B-8.0.** In der **Arbeitshilfe B-5.1.** können die vom Management eingerichteten Maßnahmen zur Steuerung und Bewältigung der festgestellten Risiken wesentlicher falscher Angaben in der Rechnungslegung zusammenfassend beschrieben werden (Übertragung wesentlicher Schlussfolgerungen aus der Bearbeitung von Meilenstein 4).

Hierbei sollte v.a. auf interne Kontrollen zur Steuerung und Bewältigung der bedeutsamen Risiken und der Risiken aus Massentransaktionen eingegangen werden.

4.3. Arbeitshilfen

- B-4.1.: Beurteilung des rechnungslegungsbezogenen internen Kontrollsystems auf Unternehmensebene für die vorläufige Risikoeinschätzung
- B-4.1.1.: Leitfaden zur Dokumentation der Prüfung des internen Kontrollsystems
- B-4.1.2: Leitfaden zur Durchführung eines Walk-through
- B-4.2.1.: Allgemeine Daten des Buchführungs- und Abschlussprozesses
- B-4.2.2.: Aufnahme und Beurteilung des Buchführungs- und Abschlussprozesses (Fragebogen)
- B-4.3.: Beurteilung der Komplexität des IT-Systems sowie der Abhängigkeit des Unternehmens von einer funktionsfähigen IT
- B-4.3.0.: Übersicht der Anwendungen und Schnittstellen
- B-4.3.1.: Aufnahme und Beurteilung nicht komplexer IT-Systeme
- B-4.3.2.: Aufnahme und Beurteilung des IT-Systems (Fragebogen)
- B-4.4.1.: Allgemeine Daten des IKS im Anlagenbereich

B-4.4.2.: Aufnahme und Beurteilung des IKS im Anlagenbereich (Fragebogen)

B-4.4.3.: Beispielhafte Dokumentation der IKS-Aufnahme im Bereich Anlagen bei einem Kleinbetrieb

B-4.5.1.: Allgemeine Daten des IKS im Einkaufsbereich

B-4.5.2.: Aufnahme und Beurteilung des IKS im Einkaufsbereich (Fragebogen)

B-4.5.3.: Beispielhafte Dokumentation der IKS-Aufnahme im Bereich Einkauf bei einem Kleinbetrieb

B-4.6.1.: Allgemeine Daten des IKS im Bereich Vorräte und Materialwirtschaft

B-4.6.2.: Aufnahme und Beurteilung des IKS im Bereich Vorräte und Materialwirtschaft (Fragebogen)

B-4.6.3.: Beispielhafte Dokumentation der IKS-Aufnahme im Bereich Vorräte und Materialwirtschaft bei Kleinbetrieb

B-4.7.1.: Allgemeine Daten des IKS im Bereich Produktion

B-4.7.2.: Aufnahme und Beurteilung des IKS im Bereich Produktion (Fragebogen)

B-4.7.3.: Beispielhafte Dokumentation der IKS-Aufnahme im Bereich Produktion bei einem Kleinbetrieb

B-4.8.1.: Allgemeine Daten des IKS im Bereich Verkauf

B-4.8.2.: Aufnahme und Beurteilung des IKS im Bereich Verkauf (Fragebogen)

B-4.8.3.: Beispielhafte Dokumentation der IKS-Aufnahme im Bereich Verkauf bei einem Kleinbetrieb

B-4.9.1.: Allgemeine Daten des IKS im Bereich Personal

B-4.9.2.: Aufnahme und Beurteilung des IKS im Bereich Personal (Fragebogen)

B-4.9.3.: Beispielhafte Dokumentation der IKS-Aufnahme im Bereich Personal bei einem Kleinbetrieb

B-4.10.: Übersicht Jahresabschlussposten, Prozesse und Anwendungen

B-8.0.: Leitfaden zur Prüfung des Lageberichts/Konzernlageberichts

4.4. IDW Prüfungsstandards/ISA

National	International
– IDW Prüfungsstandard: Feststellung und Beurteilung von Fehlerrisiken und Reaktionen des Abschlussprüfers auf die beurteilten Fehlerrisiken (IDW PS 261 n.F.).	– ISA 265: Communicating Deficiencies in Internal Control to those Charged with Governance and Management
– IDW Prüfungsstandard: Prüfungsnachweise im Rahmen der Abschlussprüfung (IDW PS 300 n.F.)	– ISA 315: Identifying and Assessing the Risks of Material Misstatement Through Understanding the Entity and Its Environment
– IDW Prüfungsstandard: Besondere Grundsätze für die Durchführung von Konzernabschlussprüfungen (einschließlich der Verwer-	– ISA 330: The Auditor's Responses to Assessed Risks

National	International
tung der Tätigkeit von Teilbereichsprüfern) (IDW PS 320 n.F.) - IDW Prüfungsstandard: Interne Revision und Abschlussprüfung (IDW PS 321) - IDW Prüfungsstandard: Verwertung der Arbeit eines für den Abschlussprüfer tätigen Sachverständigen (IDW PS 322 n.F.) - IDW Prüfungsstandard: Abschlussprüfung bei Einsatz von Informationstechnologie (IDW PS 330) - IDW Prüfungsstandard: Abschlussprüfung bei teilweiser Auslagerung der Rechnungslegung auf Dienstleistungsunternehmen (IDW PS 331 n.F.) - IDW Prüfungsstandard: Die Prüfung des Risikofrüherkennungssystems nach § 317 Abs. 4 HGB (IDW PS 340) - Entwurf einer Neufassung des IDW Prüfungsstandards: Prüfung des Lageberichts im Rahmen der Abschlussprüfung (IDW EPS 350 n.F.) - Entwurf einer Neufassung des IDW Prüfungsstandards: Grundsätze für die Kommunikation mit den für die Überwachung Verantwortlichen (IDW EPS 470 n.F.) - IDW Prüfungsstandard: Projektbegleitende Prüfung bei Einsatz von Informationstechnologie (IDW PS 850) - IDW Prüfungsstandard: Die Prüfung von Softwareprodukten (IDW PS 880) - IDW Prüfungsstandard: Die Prüfung des internen Kontrollsystems bei Dienstleistungsunternehmen (IDW PS 951 n.F.) - IDW Stellungnahme zur Rechnungslegung: Grundsätze ordnungsmäßiger Buchführung	- ISA 402: Audit Considerations Relating to Entities Using Service Organizations - ISA 600: Special Considerations – Audits of Group Financial Statements (Including the Work of Component Auditors) - ISA 610: Using the Work of Internal Auditors - ISA 620: Using the Work of an Auditor's Expert

National	International
bei Einsatz von Informationstechnologie (IDW RS FAIT 1) - IDW Stellungnahme zur Rechnungslegung: Grundsätze ordnungsmäßiger Buchführung beim Einsatz elektronischer Archivierungsverfahren (IDW RS FAIT 3) - IDW Prüfungshinweis: Besonderheiten der Abschlussprüfung kleiner und mittelgroßer Unternehmen (IDW PH 9.100.1) - IDW Prüfungshinweis: Checkliste zur Abschlussprüfung bei Einsatz von Informationstechnologie (IDW PH 9.330.1) - IDW Prüfungshinweis: Prüfung von IT-gestützten Geschäftsprozessen im Rahmen der Abschlussprüfung (IDW PH 9.330.2) - IDW Prüfungshinweis: Einsatz von Datenanalysen im Rahmen der Abschlussprüfung (IDW PH 9.330.3)	

IDW Praxishandbuch zur Qualitätssicherung 2017/2018

Kapitel B: Risikoorientiertes Prüfungsvorgehen

Meilenstein 5: Festlegung der abschließenden Prüfungsstrategie und des abschließenden Prüfungsprogramms

Kapitel B: Risikoorientiertes Prüfungsvorgehen
Meilenstein 5: Festlegung der Prüfungsstrategie und des Prüfungsprogramms

Meilenstein 5: Festlegung der Prüfungsstrategie und des Prüfungsprogramms

5.1.	Ziele	289
5.2.	Aktivitäten	290
	5.2.1. Erstellung eines Prüfungsplanungsmemorandums	290
	5.2.2. Zusammenfassung der vom Management eingerichteten Maßnahmen zur Steuerung und Bewältigung der Risiken	292
	5.2.3. Festlegung von Prüfungshandlungen als Reaktion auf Risiken wesentlicher falscher Angaben (einschl. der bedeutsamen Risiken), um das Prüfungsurteil mit hinreichender Sicherheit treffen zu können	293
5.3.	Arbeitshilfen	302
5.4.	IDW Prüfungsstandards/ISA	302

5.1. Ziele

1 Die Informationsbeschaffung und Risikoidentifizierung (Meilensteine 2 und 3) sowie die Auswertung der rechnungslegungsrelevanten Prozesse und Kontrollen (Meilenstein 4) ermöglicht dem Prüfer unter Berücksichtigung der festgelegten Wesentlichkeit (Meilenstein 3) eine Einschätzung darüber, in welchen Prüfungsgebieten das Auftreten von wesentlichen Fehlern wahrscheinlich ist. Damit kann eine auf die beurteilten Fehlerrisiken ausgerichtete Prüfungsstrategie entwickelt werden, bei der unter Berücksichtigung der relativen oder absoluten Bedeutung der Prüfungsgebiete festgelegt wird,

- in welchen Bereichen der Prüfung eine Unterstützung durch das interne Kontrollsystem gegeben ist,
- welche weiteren Prüfungshandlungen in welchem Umfang durchgeführt werden sollen, um zusätzliche Prüfungssicherheit in den einzelnen Prüfungsbereichen zu gewinnen,
- in welchen Bereichen aufgrund einer erhöhten Risikoeinschätzung (bedeutsame Risiken) besondere und umfangreichere Prüfungshandlungen erforderlich sind bzw. wo aufgrund eines geringeren Risikos eine Prüfung in vermindertem Umfang möglich erscheint („roter Faden") und
- in welchen Bereichen aussagebezogene Prüfungshandlungen nicht ausreichen, um mit hinreichender Sicherheit eine Prüfungsfeststellung über das Vorliegen von falschen Angaben zu treffen. Dies betrifft insb. (Massen-)Routinetransaktionen, die IT-gestützt erfasst und verarbeitet werden (vgl. *IDW PS 261 n.F*, Tz. 68).

Ziel des Abschlussprüfers
Feststellung, ob der Abschluss des Unternehmens wesentliche falsche Angaben enthält

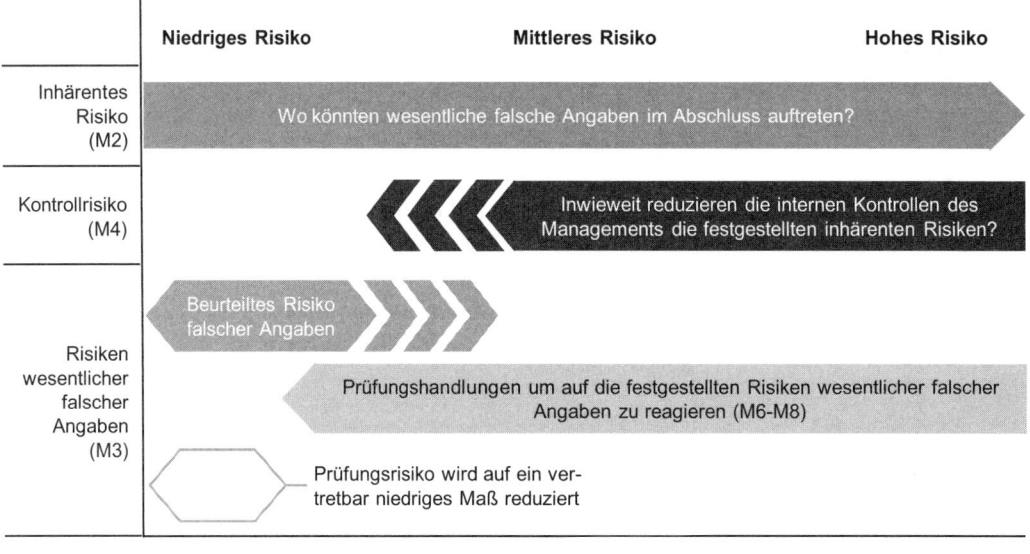

	Niedriges Risiko	Mittleres Risiko	Hohes Risiko
Inhärentes Risiko (M2)	Wo könnten wesentliche falsche Angaben im Abschluss auftreten?		
Kontrollrisiko (M4)		Inwieweit reduzieren die internen Kontrollen des Managements die festgestellten inhärenten Risiken?	
Risiken wesentlicher falscher Angaben (M3)	Beurteiltes Risiko falscher Angaben		
	Prüfungshandlungen um auf die festgestellten Risiken wesentlicher falscher Angaben zu reagieren (M6-M8)		
	Prüfungsrisiko wird auf ein vertretbar niedriges Maß reduziert		

Niedrig ←— **Risiken - beabsichtigter und unbeabsichtigter - falscher Angaben** —→ Hoch

© 2011, 2017 International Federation of Accountants (IFAC). Alle Rechte vorbehalten.

2   Bei der Bestimmung von Prüfungshandlungen als Reaktion auf die festgestellten Fehlerrisiken wird unterschieden zwischen sog. **allgemeinen Reaktionen** auf Fehlerrisiken, welche die Rechnungslegung insgesamt betreffen, und Prüfungshandlungen, mit denen auf Fehlerrisiken reagiert wird, die **bestimmte Aussagen in der Rechnungslegung** betreffen (vgl. *IDW PS 261 n.F.*, Tz. 70).

5.2. Aktivitäten

5.2.1. Erstellung eines Prüfungsplanungsmemorandums

5.2.1.1. Prüfungsanforderungen

3   Die Prüfungshandlungen sind so zu planen und durchzuführen, dass ausreichende und angemessene Prüfungsnachweise erlangt werden (vgl. *IDW PS 300 n.F.*, Tz. 9, Tz. A2 ff.)

4   Zur Dokumentation der Prüfungsstrategie empfiehlt es sich, ein **Prüfungsplanungsmemorandum** zu erstellen und im Verlauf der weiteren Prüfung zu aktualisieren.

5.2.1.2. Hinweise zur Bearbeitung

5   Berücksichtigen Sie z.B. folgende **Skalierungsaspekte** im Zusammenhang mit der Planungsdokumentation:

- Insbesondere bei der Prüfung von KMU kann es hilfreich und effizient sein, verschiedene Aspekte der Planung und Durchführung der Prüfung zusammen in einem einzigen Dokument (ggf. mit Querverweisen auf unterstützende Arbeitspapiere) aufzuzeichnen. **(Arbeitshilfe B-5.2.)**

- Bei KMU-Prüfungen ist die Koordination und Kommunikation zwischen den Mitgliedern des Prüfungsteams einfacher, eine angemessene Mindestdokumentation der Prüfungsplanung ist gleichwohl erforderlich. In der praktischen Durchführung können Einzelheiten der Prüfungsplanung auch innerhalb des Prüfungsprogramms dokumentiert werden. **(Arbeitshilfe B-5.2.)**

- Auch die Erfahrungen und Fähigkeiten der Mitglieder des Prüfungsteams sowie die eingesetzten Prüfungsmethoden und -techniken können sich auf den Umfang der Arbeitspapiere auswirken. So kann ein weniger erfahrenes Prüfungsteam ggf. umfangreichere Prüfungsanweisungen benötigen als ein erfahrenes Prüfungsteam. (vgl. *IDW PH 9.100.1*, Tz. 82)

6 Das Planungsmemorandum enthält eine Zusammenfassung der wichtigsten Planungsentscheidungen. Gewöhnlich enthält es die folgenden Punkte:

- Informationen zu den Merkmalen des zu prüfenden Unternehmens, dessen Organisation und Geschäftsprozessen, Anmerkungen über die Branche und das wirtschaftliche und rechtliche Umfeld (v.a. neue Entwicklungen/Veränderungen)
- nahe stehende Personen sowie mögliche Auswirkungen von Geschäftsvorfällen mit diesem Personenkreis auf den Abschluss und das Prüfungsvorgehen
- mögliche falsche Angaben im Abschluss aufgrund von Verstößen
- Wesentlichkeit und Toleranzwesentlichkeit (vgl. Meilenstein 3)
- wesentliche Ergebnisse und Entscheidungen sowie Teilnehmer der Besprechung im Prüfungsteam (vgl. Meilenstein 3)
- eine Zusammenfassung von Art, zeitlicher Abfolge und Umfang der geplanten Prüfungshandlungen unter Berücksichtigung der Fehlerrisiken
- Personalplanung, einschließlich der Aufgabenzuordnung an die einzelnen Mitglieder des Prüfungsteams, und Bereiche, in denen Spezialisten hinzugezogen werden sollen
- Wichtige Mitarbeiter des Mandanten, die im Rahmen der Abschlussprüfung kontaktiert werden müssen
- Terminplanung einschließlich einer Festlegung, wann der Bestätigungsvermerk und der Prüfungsbericht ausgeliefert werden sollen.

5.2.1.3. Festlegung von Prüfungshandlungen

Wenn der verantwortliche Wirtschaftsprüfer die Prüfungshandlungen festlegt, sollte er folgende Eckpunkte beachten und eigenverantwortlich einschätzen, ob sie unter den gegebenen Umständen mit Blick auf das Prüfungsziel erforderlich sind:

> Festhalten der wesentlichen Planungsaspekte in zeitlicher, sachlicher und personeller Hinsicht in einem **Planungsmemorandum** (inkl. Aufgaben- und Zeitplan, Budgetplanung und die mit dem Mandanten vereinbarten Ecktermine) und Abstimmung im Verlauf der Prüfung mit dem Status der Prüfung und ggf. Anpassung.
>
> Die Dokumentation der Risikofeststellung und -beurteilung bis zur Festlegung der Prüfungsstrategie kann in einem zusammenfassenden Arbeitspapier erfolgen. Vgl. hierzu die **Arbeitshilfe B-5.2.: Planungsleitfaden**.

5.2.2. Zusammenfassung der vom Management eingerichteten Maßnahmen zur Steuerung und Bewältigung der Risiken

5.2.2.1. Prüfungsanforderungen

7   Für **bedeutsame Risiken** ist, sofern nicht bereits geschehen (vgl. Meilenstein 4), die **Angemessenheit der damit verbundenen internen Kontrollen** des Unternehmens zu beurteilen. Dies gilt entsprechend für Kontrollen, die auf solche Risiken ausgerichtet sind, bei denen aussagebezogene Prüfungshandlungen allein nicht ausreichen
(*IDW PS 261 n.F.*, Tz. 49–51).

5.2.2.2. Hinweise zur Bearbeitung

8   Die Aufbauprüfung der Angemessenheit der internen Kontrollen für bedeutsame Risiken wird im Allgemeinen bereits bei der Feststellung dieser Risiken (vgl. Meilensteine 2 bis 4) erfolgt sein.

9   Die Aufbauprüfung umfasst neben der Beurteilung, wie die relevanten Kontrollen ausgestaltet sind, auch deren „Implementierung" und „Aufrechterhaltung". Der Begriff „**Implementierung**" bezieht sich dabei auf die tatsächliche *Einrichtung* der Kontrollen, nicht auf deren permanente Wirksamkeit. Die „**Aufrechterhaltung**" des internen Kontrollsystems schließt dessen laufende Anpassung und Weiterentwicklung bei Umfeldänderungen mit ein.

5.2.2.3. Festlegung von Prüfungshandlungen

> *Wenn der verantwortliche Wirtschaftsprüfer die Prüfungshandlungen festlegt, sollte er folgende Eckpunkte beachten und eigenverantwortlich einschätzen, ob sie unter den gegebenen Umständen mit Blick auf das Prüfungsziel erforderlich sind:*
>
> In der **Arbeitshilfe B-5.1.: Zusammenfassende Risikobeurteilung/Prüfungsstrategie und Beurteilung der erreichten Prüfungssicherheit je Prüffeld** oder alternativ in der **Arbeitshilfe B-5.2.: Planungsleitfaden** können die vom Management eingerichteten Maßnahmen zur Steuerung

und Bewältigung der festgestellten Risiken wesentlicher falscher Angaben in der Rechnungslegung zusammenfassend beschrieben werden (Übertragung wesentlicher Schlussfolgerungen aus der Bearbeitung von Meilenstein 4). Hierbei sollte v.a. auf interne Kontrollen zur Steuerung und Bewältigung der bedeutsamen Fehlerrisiken und solcher Fehlerrisiken eingegangen werden, bei denen aussagebezogene Prüfungshandlungen allein keine hinreichende Sicherheit erbringen können.

5.2.3. Festlegung von Prüfungshandlungen als Reaktion auf Risiken wesentlicher falscher Angaben (einschl. der bedeutsamen Risiken), um das Prüfungsurteil mit hinreichender Sicherheit treffen zu können

5.2.3.1. Prüfungsanforderungen

10 Der Abschlussprüfer hat auf die beurteilten Fehlerrisiken ausgerichtete Prüfungshandlungen durchzuführen. Bei diesen Reaktionen des Abschlussprüfers auf die beurteilten Fehlerrisiken kann es sich um **allgemeine Reaktionen** auf Abschlussebene sowie um Prüfungshandlungen handeln, die bestimmte **Aussagen** in der Rechnungslegung betreffen (Aussageebene) (vgl. *IDW PS 261 n.F.*, Tz. 70).

Den Zusammenhang zwischen Abschluss- und Aussageebene verdeutlicht das folgende Schaubild anhand von ausgewählten Beispielen:

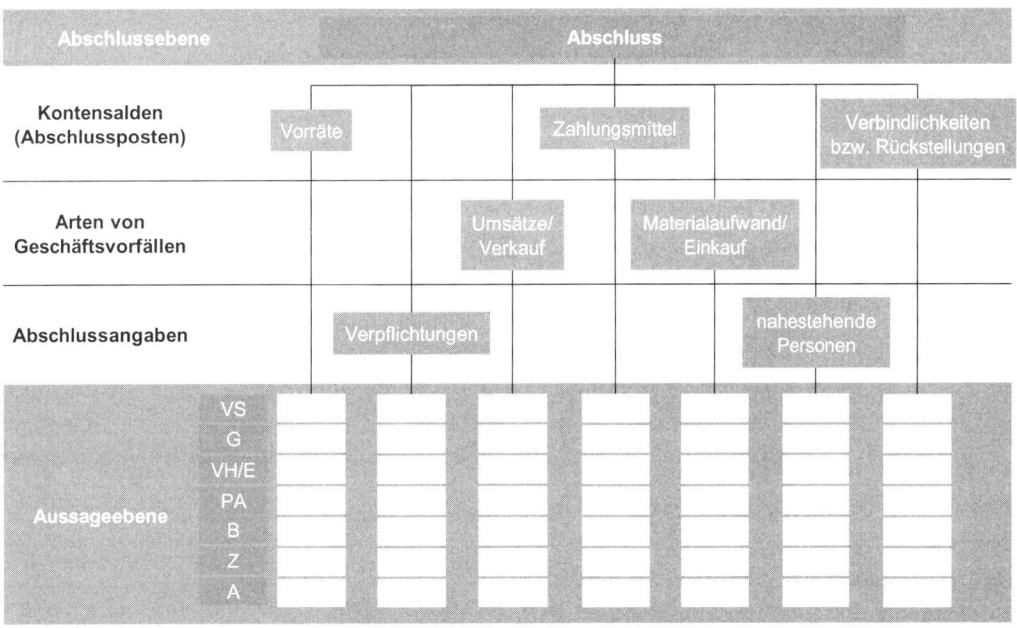

VS – Vollständigkeit; G – Genauigkeit; VH/E – Vorhandensein/Eintritt; PA – Periodenabgrenzung; B – Bewertung/Zuordnung; Z – Zurechnung; A – Ausweis/Verständlichkeit

© 2011, 2017 International Federation of Accountants (IFAC). Alle Rechte vorbehalten.

11 Die folgende Abbildung zeigt, welche **Arten von weiteren Prüfungshandlungen** der Abschlussprüfer als Reaktion auf Risiken wesentlicher falscher Angaben planen und durchführen muss, um das Prüfungsurteil mit hinreichender Sicherheit treffen zu können:

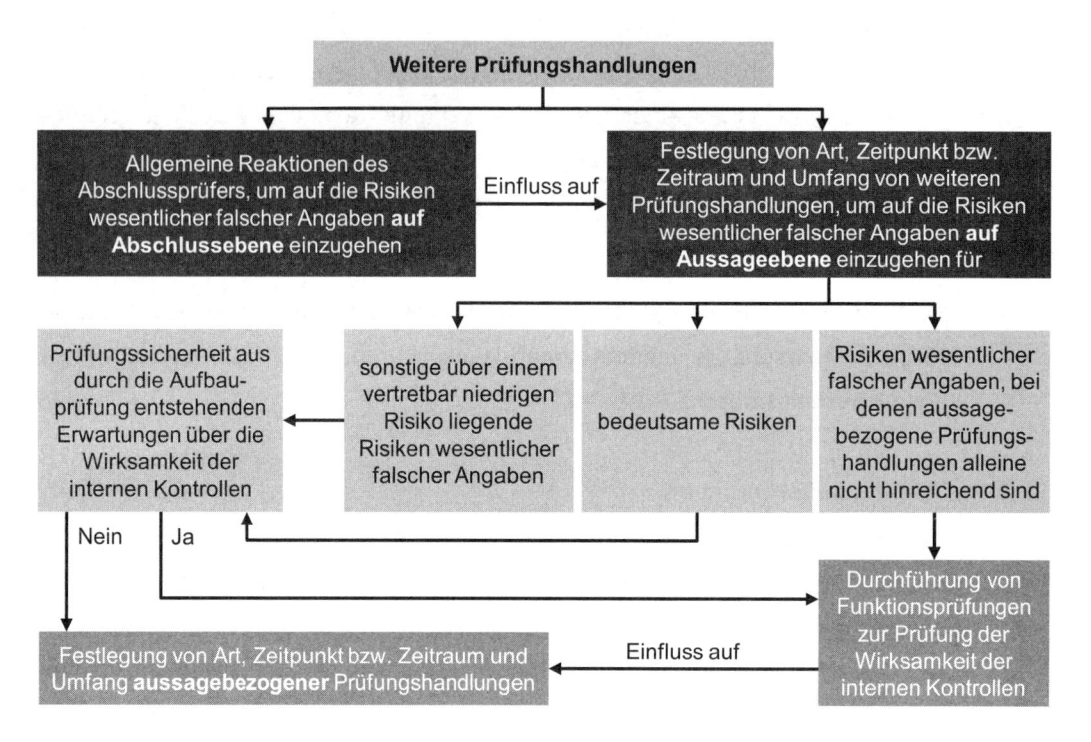

Kapitel B: Risikoorientiertes Prüfungsvorgehen
Meilenstein 5: Festlegung der Prüfungsstrategie und des Prüfungsprogramms

```
                        Weitere Prüfungshandlungen
                                   │
              ┌────────────────────┴────────────────────┐
              ▼                                         ▼
   Allgemeine Reaktionen des          Festlegung von Art, Zeitpunkt bzw.
   Abschlussprüfers, um auf die  ──►  Zeitraum und Umfang von weiteren
   Risiken wesentlicher falscher      Prüfungshandlungen, um auf die Risiken
   Angaben auf Abschlussebene         wesentlicher falscher Angaben auf
   einzugehen                         Aussageebene einzugehen für
```

- Prüfungssicherheit aus durch die Aufbauprüfung entstehenden Erwartungen über die Wirksamkeit der internen Kontrollen
- sonstige über einem vertretbar niedrigen Risiko liegende Risiken wesentlicher falscher Angaben
- bedeutsame Risiken
- Risiken wesentlicher falscher Angaben, bei denen aussagebezogene Prüfungshandlungen alleine nicht hinreichend sind

→ Festlegung von Art, Zeitpunkt bzw. Zeitraum und Umfang aussagebezogener Prüfungshandlungen ← Einfluss auf ← Durchführung von Funktionsprüfungen zur Prüfung der Wirksamkeit der internen Kontrollen

weiter siehe (Meilenstein 7, Tz. 27)

12 Die **allgemeinen Reaktionen** des Prüfers auf Abschlussebene und auf Lageberichtsebene können z.B. umfassen (vgl. *IDW PS 261 n.F.*, Tz. 71, *IDW PS 210*, Tz. 42, *IDW EPS 350 n.F.*, Tz. 40 und Tz. A37):

- **Zuordnung und Überwachung der eingesetzten Mitarbeiter** (z.B. Einsatz von Spezialisten im Prüfungsteam, Durchführung besonderer Qualitätssicherungsmaßnahmen (siehe Kapitel A, Abschn. 4.6.5. bis 4.6.7.). Dazu gehört auch die Beurteilung, ob das Wissen, die Erfahrung und die Fähigkeit der Mitglieder des Prüfungsteams mit der Risikobeurteilung des Abschlussprüfers in Einklang stehen

- die Einschätzung der von dem Unternehmen angewandten **Rechnungslegungsmethoden**, insb. wenn diese sich auf subjektive Bewertungen und komplexe Geschäftsvorfälle beziehen, und Abwägung, ob Auswahl und Anwendung von Rechnungslegungsmethoden einen Hinweis auf Täuschungen des Managements zur Ergebnisbeeinflussung geben

- die Berücksichtigung von **Überraschungselementen** bei der Auswahl von Art, Umfang und zeitlicher Einteilung der Prüfungshandlungen. Dies ist deshalb wichtig, weil Personen im Unternehmen, die mit den üblicherweise durchgeführten Prüfungshandlungen vertraut sind, Täuschungen eher verdecken können. Beispiele:

  – unangekündigte Prüfungen an bestimmten, unerwarteten Standorten

  – Prüfung von Kontensalden, die sonst nicht geprüft würden

  – Verwendung von alternativen Stichprobenauswahlverfahren

  – vom Erwarteten abweichende zeitliche Einteilung der Prüfungshandlungen

- die besondere Betonung der Notwendigkeit gegenüber dem Prüfungsteam, bei der Gewinnung und Auswertung von Prüfungsnachweisen eine **kritische Grundhaltung** beizubehalten.

13 Bei den Prüfungshandlungen, die auf das Fehlerrisiko in Bezug auf bestimmte Aussagen in der Rechnungslegung ausgerichtet sind, kann es sich um Funktionsprüfungen des internen Kontrollsystems und um aussagebezogene Prüfungshandlungen handeln (*IDW PS 261 n.F.*, Tz. 72).

14 Bei der Planung von Funktions- und Einzelfallprüfungen muss der Abschlussprüfer wirksame **Verfahren zur Auswahl** der jeweils zu prüfenden Elemente festlegen, die dem Ziel der Prüfungshandlung gerecht werden (vgl. *IDW PS 300 n.F.*, Tz. 11 und Tz. A48 ff.).

15 Für wesentliche Prüffelder (Arten von Geschäftsvorfällen, Kontensalden und Angaben im Abschluss und Lagebericht) müssen **aussagebezogene Prüfungshandlungen** (Einzelfallprüfungen und/oder analytische Prüfungshandlungen) durchgeführt werden. Dies gilt unabhängig von der Höhe der festgestellten Fehlerrisiken sowie von dem Umfang der Funktionsprüfungen. Diese haben aber einen wesentlichen Einfluss auf Art, Zeitpunkt und Umfang der aussagebezogenen Prüfungshandlungen (vgl. *IDW PS 261 n.F.*, Tz. 80, Tz. 83; *IDW EPS 350 n.F.*, Tz. 43).

16 Die Prüfungsstandards erfordern im Fall **bedeutsamer Risiken** eine besonders sorgfältige bzw. umsichtige Vorgehensweise des Abschlussprüfers. Sie sehen daher eine Reihe von Maßnahmen/besonderen Anforderungen im Umgang mit bedeutsamen Risiken vor:[1]

- Der Abschlussprüfer muss in Form einer **Aufbauprüfung** (vgl. Meilenstein 4) ein Verständnis von den für bedeutsame Risiken relevanten Kontrollen des Unternehmens gewinnen (vgl. *IDW PS 261 n.F.*, Tz. 51). Hat das Management keine Kontrollen für diese Risiken eingerichtet, kann dies möglicherweise einen Mangel im IKS darstellen, der für die Kommunikation mit dem Aufsichtsorgan relevant ist (vgl. Meilenstein 9).
- Eine Verwendung von Prüfungsnachweisen aus Vorjahren im Rahmen der Funktionsprüfung (vgl. Meilenstein 6) ist nicht zulässig (vgl. *IDW PS 261 n.F.*, Tz. 78).
- Sofern keine Funktionsprüfungen durchgeführt werden, sind unabhängig von der Größe des jeweiligen Postens stets aussagebezogene Einzelfallprüfungen durchzuführen. Aussagebezogene analytische Prüfungshandlungen allein reichen in derartigen Fällen nicht aus (vgl. *IDW PS 312*, Tz. 12), im Fall von funktionsfähigen internen Kontrollen ggf. aber schon.
- Einzelne Prüfungsstandards sehen bei Vorliegen bedeutsamer Risiken weitere spezielle Prüfungshandlungen vor (bspw. bei Schätzwerten (vgl. *IDW PS 314 n.F.*, Tz. 67 ff.)

---

[1] Vgl. *IDW F & A zu ISA 315 bzw. IDW PS 261 n.F.*, Abschn. 5.12.

bzw. bei bedeutsamen Geschäftsvorfällen mit nahe stehenden Personen außerhalb der gewöhnlichen Geschäftstätigkeit (vgl. *IDW PS 255*, Tz. 20a)).

17 Bei der Beurteilung der Risiken für Verstöße muss der Abschlussprüfer von der Grundannahme ausgehen, dass Risiken im Zusammenhang mit der **Umsatzrealisierung** vorliegen (z.B. verfrühte Umsatzrealisierungen, Buchung fingierter Erlöse, unzulässiges Verschieben von Umsatzerlösen in eine spätere Berichtsperiode) (vgl. *IDW PS 261 n.F.*, Tz. 67, *IDW PS 210*, Tz. 39). Als Prüfungshandlungen zur Reaktion auf diese Risiken kommen bspw. in Frage:

- analytische Prüfungshandlungen unter Verwendung von disaggregierten Daten, wie z.B. Vergleich der monatlichen Umsätze je Produktlinie oder Geschäftssegment mit den entsprechenden Umsätzen in Vorperioden;
- Kontaktaufnahme mit Kunden, um sich bestimmte relevante Vertragsbedingungen sowie das Nichtvorhandensein mündlicher Nebenabreden (z.B. über Abnahmekriterien, Liefer- und Zahlungsbedingungen oder Rückgaberechte) bestätigen zu lassen;
- Befragungen des Vertriebs- und Marketingpersonals zu Verkäufen oder Lieferungen, die in zeitlicher Nähe zum Abschlussstichtag erfolgt sind.

18 Der Abschlussprüfer muss darüber hinaus für das Risiko, dass das **Management interne Kontrollen außer Kraft setzt**, Prüfungshandlungen festlegen und durchführen. Im Einzelnen muss der Abschlussprüfer Prüfungshandlungen durchführen im Hinblick auf (vgl. *IDW PS 210*, Tz. 43):

- die Angemessenheit und Autorisierung von **Journalbuchungen und Anpassungen** im Rahmen des Abschlussaufstellungsprozesses, die sich nicht im Hauptbuch niederschlagen (Befragungen von Personen aus dem Rechnungswesen über unangemessene oder ungewöhnliche Buchungen und Anpassungen sowie Auswahl einer Stichprobe).
- eine zielgerichtete und einseitige Einflussnahme bei geschätzten Werten in der Rechnungslegung (vgl. Meilenstein 2, Abschn. 2.2.7.), z.B. indem die Entscheidungen des Managements in Bezug auf die wesentliche Rückstellungen daraufhin durchgesehen werden, ob sie – wenngleich im Einzelnen vertretbar – insgesamt zu einer Verzerrung der im Abschluss dargestellten Lage des Unternehmens führen können. Dies kann bspw. geschehen, indem sämtliche Rückstellungen jeweils in gleicher Weise am unteren oder oberen Ende einer Bandbreite vertretbarer Werte angesetzt werden, um entweder die Ergebnisse über zwei oder mehr Berichtsperioden zu glätten oder ein bestimmtes Ertragsniveau zu erreichen, so dass die Abschlussadressaten über die tatsächliche Rentabilität des Unternehmens getäuscht werden.
- das Erlangen eines Verständnisses von dem wirtschaftlichen Hintergrund bedeutsamer Geschäftsvorfälle, die außerhalb der gewöhnlichen Geschäftstätigkeit durchgeführt

werden oder die für den Abschlussprüfer vor dem Hintergrund seiner Kenntnisse über das zu prüfende Unternehmen und dessen Umfeld außergewöhnlich erscheinen.

19   Grundsätzlich ist ein Test der vorgenommenen Journal- und Anpassungsbuchungen (sog. **Journal Entry Testing**) bei jeder Abschlussprüfung durchzuführen. **Art, Umfang und zeitliche Einteilung** der Analyse des Buchungsstoffs liegen im pflichtgemäßen Ermessen des Abschlussprüfers und können aufgrund der Erkenntnisse aus der Prüfungsplanung und -durchführung von Fall zu Fall variieren. Da manipulierte Journal- und Abschlussbuchungen häufig am Ende eines Berichtszeitraums vorgenommen werden, hat der Abschlussprüfer stets auch diesen Zeitraum bei der Prüfung zu berücksichtigen. Zudem muss er die Notwendigkeit abwägen, auch Journaleinträge und andere Anpassungen aus dem übrigen Berichtszeitraum zu prüfen.

20   Die Tests können z.B. nach folgenden Kriterien ausgestaltet werden:

- Suche nach manuellen Buchungen auf grundsätzlich nur maschinell bebuchbaren Konten
- Suche nach Buchungen auf ungewöhnlichen oder selten verwendeten Konten
- Suche nach Buchungen mit einem Betrag, der xx über dem durchschnittlichen Buchungsbetrag dieses Kontos liegt
- Suche nach Buchungen von Personen, die typischerweise keine Journal- oder Abschlussbuchungen vornehmen
- Suche nach Buchungen unmittelbar vor und zugehörige Storno-Buchungen nach dem Periodenende
- Suche nach Buchungen, die vor oder während der Abschlussaufstellung vorgenommen werden und keine Kontonummern aufweisen
- Suche nach Buchungen mit Integritätsproblemen (z.B. Buchungen mit wenigen oder keinen Erläuterungen (Buchungstext mit weniger als xx Zeichen)).
- Suche nach Buchungen zu ungewöhnlichen Zeiten (ungewöhnliche Zeiten sind hier individuell festzulegen)
- Suche nach Buchungen mit runden Beträgen, um ggf. Genehmigungsgrenzen zu umgehen (hier ist die Größe individuell festzulegen, z.B. Zahlen die auf 99,99 oder 00,00 enden)
- Suche nach Buchungen mit dem selben Saldo, die mehr als xx mal in der Gesamtpopulation vorkommen
- Benford-Test (auf die führenden zwei Ziffern)[2].

---

[2] Nach dem Benford'schen Gesetz kommen die Ziffern 1 bis 9 als führende Ziffern natürlich entstandener Zahlenreihen in absteigender Häufigkeit vor. Beim **Benford-Test** werden dementsprechend die gefundenen Häufigkeiten der Ziffernkombinationen 10 bis 99 als Anfang von Beträgen mit den erwarteten Häufigkeiten verglichen (vgl. *Mochty*, Die Aufdeckung von Manipulationen im Rechnungswesen – Was leistet das Benford's Law? – WPg 2002, S. 725 ff.).

> *Zum Umgang mit datenschutzrechtlichen Fragen im Zusammenhang mit der Verarbeitung personenbezogener Daten bei der Abschlussprüfung:*
>
> Bei einer entsprechend hohen Anzahl an Buchungen bietet es sich an, eine Analyse des Buchungsstoffs mit technischer Unterstützung (**Datenanalyseprogramme**) durchzuführen. Der Fachausschuss Recht (FAR) des IDW sieht bei gesetzlichen Jahresabschlussprüfungen aufgrund des durch § 320 HGB eingeräumten Informationsrechts des Abschlussprüfers sowie bei freiwilligen Jahresabschlussprüfungen unter Rückgriff auf §§ 4 Abs. 1 i.V.m. 28 Abs. 1 Satz 1 Nr. 2 BDSG keine Hindernisse bei der Auswertung persönlicher Daten (vgl. *FN-IDW Nr. 4/2010, S. 179 f.*). Dabei ist jedoch jeweils das Interesse der Mitarbeiter am Schutz personenbezogener Daten zu wahren. Der Wirtschaftsprüfer muss in solchen Fällen eine besondere Sorgfalt walten lassen. Hierzu gehört etwa, dass nicht „ins Blaue" hinein ermittelt wird, sondern ausschließlich auf die festgestellten Risiken fokussierte Untersuchungen durchgeführt werden. Die Untersuchung ist zudem nach Möglichkeit auf anonymisierte Daten zu beschränken; darunter sind solche Informationen zu verstehen, bei denen bestimmte personenbezogene Daten, wie z.B. der Name, durch ein neutrales Ordnungskriterium (z.B. Ordnungsziffer) ersetzt werden, um die Identifikation der Person zu erschweren oder auszuschließen.
>
> Zu einem entsprechenden Ergebnis kommen die Rechtsanwälte *Hamm* und *Hassemer* in einem für das IDW erstellten Positionspapier[3]: Danach erlaubt § 28 BDSG dem Wirtschaftsprüfer diejenigen informationellen Eingriffe, die mit der gesetzlich geregelten Berufstätigkeit zwingend verbunden sind. Der informationelle Eingriff muss für die Abschlussprüfung aber erforderlich sein. Eine Einschränkung der Befugnis zur Verarbeitung personenbezogener Daten im Rahmen der Abschlussprüfung kann sich jenseits des Grundrechts auf informationelle Selbstbestimmung aus dem Grundsatz der Verhältnismäßigkeit ergeben. Die Eingriffe müssen deshalb für die Erreichung des prüferischen Ziels geeignet, erforderlich und angemessen sein. Insbesondere darf es keine schonendere Alternative zum Vorgehen des Prüfers geben. Für die Frage der Erforderlichkeit sind wiederum die Regeln und Routinen des Berufsstands der Wirtschaftsprüfer von Bedeutung. Im Bereich der Datenverarbeitung kann eine mildere Alternative etwa in der Pseudonymisierung und Anonymisierung personenbezogener Daten bestehen, sofern nicht die Tauglichkeit der Datenverarbeitung für die Erreichung des Prüfungsziels darunter leidet und die Kosten für solche Maßnahmen nicht unverhältnismäßig sind.

21   Den Meilensteinen 7 und 8 sind weitere Anforderungen und Hinweise zur Durchführung von aussagebezogenen Prüfungshandlungen zu entnehmen.

---

[3] Das Positionspapier weist zwar nicht die formalen Anforderungen an ein Gutachten auf, klärt aber die entscheidenden Rechtsfragen, vgl. Ergebnisbericht-Online zur 232. Sitzung des HFA, TOP 19, S. 27 f.

22 Prüfungssicherheit aus den existierenden internen Kontrollen des Unternehmens kann erst nach Prüfung der Funktionsfähigkeit, nicht bereits nach der Aufnahme und Beurteilung der Angemessenheit des IKS gewonnen werden. Zur Durchführung von **Funktionsprüfungen** der internen Kontrollen vgl. Meilenstein 6.

23 Ungeachtet der allgemeinen Dokumentationspflichten (vgl. *IDW PS 460 n.F.*) ist im Zusammenhang mit der Feststellung und Beurteilung von Fehlerrisiken und der Reaktion auf festgestellte Fehlerrisiken Folgendes zu **dokumentieren** (vgl. *IDW PS 261 n.F.*, Tz. 86):

- Zentrale Aspekte des erlangten Verständnisses des Unternehmens und seines Umfelds (einschließlich jeder der in Meilenstein 4 genannten IKS-Komponenten)
- Die Erörterung der festgestellten Risikofaktoren und des geplanten Prüfungsvorgehens im Prüfungsteam (Besprechung im Prüfungsteam) sowie ggf. bei dieser Gelegenheit getroffene bedeutsame Entscheidungen (vgl. Meilenstein 3)
- Die erkannten und beurteilten Risiken wesentlicher falscher Angaben auf Abschlussebene und Aussageebene
- Die erkannten bedeutsamen Risiken und solche Risiken, bei denen ausschließlich aussagebezogene Prüfungshandlungen nicht ausreichen, um hinreichende Sicherheit zu erlangen, sowie die damit verbundenen Kontrollmaßnahmen
- Die allgemeinen Reaktionen, die auf die beurteilten Risiken wesentlicher falscher Angaben auf Abschlussebene ausgerichtet sind
- Art, zeitliche Einteilung und Umfang der weiteren Prüfungshandlungen
- Der Bezug dieser Prüfungshandlungen zu den beurteilten Risiken auf Aussageebene
- Die Ergebnisse der Prüfungshandlungen und daraus gezogene Schlussfolgerungen, sofern diese nicht offensichtlich sind.

Die Form der Dokumentation liegt im pflichtgemäßen Ermessen des Abschlussprüfers. Art und Umfang der Dokumentation sind abhängig von Größe und Komplexität des Unternehmens sowie der Ausgestaltung des internen Kontrollsystems (vgl. *IDW PS 261 n.F.*, Tz. 87).

5.2.3.2. Hinweise zur Bearbeitung

24 Berücksichtigen Sie z.B. folgende **Skalierungsaspekte** im Zusammenhang mit Journal Entry Tests:

- Bei der Festlegung von Art und Umfang der Journal Entry Tests sind u.a. das Risiko für das Vorliegen von Verstößen, die vorhandenen Kontrollen für Journalbuchungen sowie Art und Komplexität der Rechnungslegung zu berücksichtigen. Wenn wirksame Kontrollen für Vorbereitung und Buchung von Journaleinträgen und Abschlussbuchungen vorhanden sind, kann der Umfang der notwendigen aussagebezogenen Prüfungshandlungen reduziert werden.
- Ein Verzicht auf Journal Entry Tests ist nur zulässig, wenn das Risiko für das Vorliegen von Verstößen bzw. einer Außerkraftsetzung von Kontrollen durch das Management

nach dem Ermessen des verantwortlichen Wirtschaftsprüfers mit hinreichender Sicherheit ausgeschlossen werden kann oder während der Jahresabschlussprüfung eine kritische Kontendurchsicht bereits durchgeführt wurde (z.B. sehr kleine, nicht komplexe Unternehmen, bei denen wegen der geringen Anzahl von Buchungen ohnehin nahezu eine Vollprüfung durchgeführt wurde).

25 Prüfungshandlungen als **Reaktion auf Risiken auf Aussageebene** können Funktionsprüfungen des internen Kontrollsystems (vgl. Meilenstein 6), aussagebezogene Prüfungshandlungen (vgl. zu Vorschlägen für mögliche Prüfungshandlungen die Arbeitshilfen **B-7.1.– B-7.27.** in Meilenstein 7) oder eine Kombination daraus sein. Ziel muss es sein, dass mit den jeweiligen Prüfungshandlungen auf die beurteilten Risiken reagiert und so der **rote Faden** der Abschlussprüfung deutlich wird. Der „rote Faden" bezeichnet die (dokumentierte) <u>Verknüpfung</u> der beurteilten Fehlerrisiken mit den durchzuführenden weiteren Prüfungshandlungen sowie der durchzuführenden Prüfungshandlungen mit den relevanten Aussagen in der Rechnungslegung, um das Prüfungsurteil mit hinreichender Sicherheit abgeben zu können. (Die Dokumentation erfolgt in **Arbeitshilfen B-5.0.** und **B-5.1.** bzw. **B-5.2.**)

26 Die Beurteilung, ob Prüfungsnachweise ausreichend und angemessen sind, kann u.a. von folgenden Aspekten abhängen:

- Beurteilung von Art und Höhe des inhärenten Risikos auf Abschluss- und Aussageebene
- Angemessenheit und Wirksamkeit des rechnungslegungsbezogenen internen Kontrollsystems und die darauf aufbauende Einschätzung der Kontrollrisiken
- Wesentlichkeit der zu prüfenden Posten
- Erfahrungen aus vorhergehenden Prüfungen des Unternehmens
- Ergebnisse von Prüfungshandlungen bei der laufenden Prüfung einschließlich der Aufdeckung von Verstößen
- Quelle und die Verlässlichkeit der verfügbaren Informationen.

Hinweise auf in der Praxis vorkommende Fehlerquellen, die in den Kontrollen der APAK/WPK beanstandet werden:[4]

- *Im risikoorientierten Prüfungsansatz haben die Risikobeurteilung und das Ergebnis aus der Prüfung des internen Kontrollsystems Auswirkungen auf die Bestimmung von Art, Umfang und Zeitpunkt der aussagebezogenen Prüfungshandlungen. Bei einer Reihe von untersuchten Prüfungsaufträgen war dieser Zusammenhang anhand der Dokumentation nicht nachvollziehbar. Dies war insb. in den Fällen bedeutsam, in denen das Ergebnis der Prüfung des internen Kontrollsystems zu einer Erhöhung der aussagebezogenen Prüfungshandlungen gegenüber der ursprünglichen Planung hätte führen müssen.*

- *Bei einigen Prüfungen war aus der Gesamtheit von Kontrollprüfungen und aussagebezogenen*

---

[4] Quelle: Berufsaufsichtsbericht der WPK 2010, S. 36 sowie Tätigkeitsbericht der APAK 2013, S. 14.

> *Prüfungshandlungen nicht nachvollziehbar, dass der Abschlussprüfer eine hinreichende Prüfungssicherheit zum untersuchten Prüffeld erlangt hatte.*

5.2.3.3. Festlegung von Prüfungshandlungen

Wenn der verantwortliche Wirtschaftsprüfer die Prüfungshandlungen festlegt, sollte er folgende Eckpunkte beachten und eigenverantwortlich einschätzen, ob sie unter den gegebenen Umständen mit Blick auf das Prüfungsziel erforderlich sind:

a) Verknüpfung der wesentlichen Fehlerrisiken mit den durchzuführenden Prüfungshandlungen, um das Prüfungsurteil mit hinreichender Sicherheit abgeben zu können. Hierfür können die **Arbeitshilfen B-5.0: Zusammenfassung der Fehlerrisiken und Prüfungsstrategie** sowie **B-5.1.: Zusammenfassende Risikobeurteilung/Prüfungsstrategie und Beurteilung der erreichten** Prüfungssicherheit je Prüffeld oder die **Arbeitshilfe B-5.2.: Planungsleitfaden** verwendet werden. Die festzulegenden Prüfungshandlungen müssen das Risiko der Außerkraftsetzung von internen Kontrollen durch das Management sowie das Risiko im Zusammenhang mit der Umsatzrealisierung berücksichtigen.

b) Verknüpfung der durchgeführten Prüfungshandlungen mit den Prüffeldern und den relevanten Aussagen in der Rechnungslegung in der **Arbeitshilfe B-5.1.: Zusammenfassende Risikobeurteilung/Prüfungsstrategie und Beurteilung der erreichten Prüfungssicherheit je Prüffeld** oder alternativ in der **Arbeitshilfe B-5.2.: Planungsleitfaden**

c) Aus der Dokumentation muss zur **erreichten Prüfungssicherheit** Folgendes hervorgehen:

- Darstellung der Prüfungshandlungen zur Gewinnung eines Verständnisses über das Unternehmen und sein rechtliches und wirtschaftliches Umfeld (Prüfungshandlungen zur Risikobeurteilung, siehe Meilensteine 2 und 3), einschließlich der Aufbauprüfung der internen Kontrollen (Meilenstein 4) und der Durchführung von Funktionsprüfungen und aussagebezogenen Prüfungshandlungen (Meilensteine 6 bis 8) für das jeweilige Prüffeld

- Darstellung der hierbei erhaltenen Prüfungsnachweise, um einzelne Aussagen in der Rechnungslegung zu beurteilen

- Abschließende Würdigung, ob hinreichende Sicherheit für das Prüffeld erzielt wurde he Meilenstein 8).

Bei der Bestimmung der Prüfungshandlungen ist darüber hinaus sicherzustellen, dass unabhängig von der beurteilten Wirksamkeit der internen Kontrollen, in wesentlichen Prüffeldern immer auch ausreichende und angemessene Prüfungsnachweise durch **aussagebezogene Prüfungshandlungen**, mindestens analytische Prüfungshandlungen, eingeholt wurden (vgl. *IDW PS 261 n.F.*, Tz. 83).

d) ggf. Genehmigung **des Prüfungsplans** vom verantwortlichen Wirtschaftsprüfer

5.3. Arbeitshilfen

B-5.0.: Zusammenfassung der Fehlerrisiken und Prüfungsstrategie

B-5.1.: Zusammenfassende Risikobeurteilung/Prüfungsstrategie und Beurteilung der erreichten Prüfungssicherheit je Prüffeld

B-5.2.: Planungsleitfaden

5.4. IDW Prüfungsstandards/ISA

National	International
- *IDW Prüfungsstandard: Zur Aufdeckung von Unregelmäßigkeiten im Rahmen der Abschlussprüfung (IDW PS 210)*	- ISA 230: Audit Documentation
- *IDW Prüfungsstandard: Kenntnisse über die Geschäftstätigkeit sowie das wirtschaftliche und rechtliche Umfeld des zu prüfenden Unternehmens im Rahmen der Abschlussprüfung (IDW PS 230)*	- ISA 240: The Auditor's Responsibilities Relating to Fraud in an Audit of Financial Statements
- *IDW Prüfungsstandard: Grundsätze der Planung von Abschlussprüfungen (IDW PS 240)*	- ISA 300: Planning an Audit of Financial Statements
- *IDW Prüfungsstandard: Feststellung und Beurteilung von Fehlerrisiken und Reaktionen des Abschlussprüfers auf die beurteilten Fehlerrisiken (IDW PS 261 n.F.)*	- ISA 315: Identifying and Assessing the Risks of Material Misstatement Through Understanding the Entity and Its Environment
- *IDW Prüfungsstandard: Prüfungsnachweise im Rahmen der Abschlussprüfung (IDW PS 300 n.F.)*	- ISA 330: The Auditor's Responses to Assessed Risks
- *IDW Prüfungsstandard: Prüfung des Lageberichts im Rahmen der Abschlussprüfung (IDW EPS 350 n.F.)*	- ISA 500: Audit Evidence
- *IDW Prüfungsstandard: Arbeitspapiere des Abschlussprüfers (IDW PS 460 n.F.)*	
- *IDW Prüfungshinweis: Besonderheiten der Abschlussprüfung kleiner und mittelgroßer Unternehmen (IDW PH 9.100.1)*	

IDW Praxishandbuch zur Qualitätssicherung 2017/2018

Kapitel B: Risikoorientiertes Prüfungsvorgehen
Meilenstein 6: Validierung der internen Kontrollen (Funktionsprüfungen)

Meilenstein 6: Validierung der internen Kontrollen (Funktionsprüfungen)

6.1. Ziele 305
6.2. Aktivitäten 305
    6.2.1. Durchführung von Funktionsprüfungen und Nachweis über die Gültigkeit von Kontrollen für den gesamten Prüfungszeitraum 305
    6.2.2. Festlegung von Prüfungshandlungen 310
6.3. Arbeitshilfen 311
6.4. IDW Prüfungsstandards/ISA 312

6.1. Ziele

1   Einen Beitrag zur notwendigen Prüfungssicherheit können interne Kontrollen nur leisten, wenn ihre Funktion getestet wird und ihre Wirksamkeit gegeben ist. Auch bei KMU ermöglichen Funktionsprüfungen häufig eine wirtschaftlichere Prüfung und eine Vorverlagerung von Prüfungshandlungen (*IDW PH 9.100.1*, Tz. 64).

6.2. Aktivitäten

6.2.1. Durchführung von Funktionsprüfungen und Nachweis über die Gültigkeit von Kontrollen für den gesamten Prüfungszeitraum

6.2.1.1. Prüfungsanforderungen

2   Sofern der Prüfer bei der Beurteilung der Risiken und bei der Festlegung von Art, Umfang und Zeitpunkt der aussagebezogenen Prüfungshandlungen von der Wirksamkeit des internen Kontrollsystems ausgehen will, müssen Funktionsprüfungen vorgenommen werden, um die Erwartungen über die Kontrollzuverlässigkeit zu validieren (vgl. *IDW PS 261 n.F.*, Tz. 74; *IDW EPS 350 n.F.*, Tz. 42 b)).

3   Daneben *müssen* Funktionsprüfungen bei den im Rahmen der Aufbauprüfung als angemessen beurteilten Kontrollen durchgeführt werden, wenn durch aussagebezogene Prüfungshandlungen alleine keine ausreichenden und angemessenen Prüfungsnachweise erlangt werden können (vgl. Meilenstein 5; *IDW PS 261 n.F.*, Tz. 74; *IDW EPS 350 n.F.*, Tz. 42a)).

4   Auf Funktionsprüfungen kann verzichtet werden, wenn die Aufbauprüfungen ergeben haben, dass die betreffenden Kontrollen nicht angemessen sind und der Abschlussprüfer daher keine Prüfungssicherheit aus der Beurteilung der Wirksamkeit der internen Kontrollen erlangen kann oder wenn Funktionsprüfungen unter den gegebenen Umständen unwirtschaftlich wären.

5 Auch Kontrollen, welche die **Ordnungsmäßigkeit und Sicherheit der Buchführung**, einschließlich der Einhaltung der Beleg-, Journal- und Kontenfunktion, der Anforderungen an die Dokumentation sowie Aufbewahrungspflichten zum Gegenstand haben, sind in die Funktionsprüfungen einzubeziehen (vgl. **Arbeitshilfe B-6.1.**), da der Abschlussprüfer die nach § 322 Abs. 1 Satz 1 i.V.m. § 317 Abs. 1 Satz 1 und § 321 Abs. 2 Satz 1 HGB geforderten Prüfungsaussagen über die Ordnungsmäßigkeit der Buchführung zu treffen hat.

6 Werden bei **Vorprüfungen** Funktionsprüfungen durchgeführt, um die Wirksamkeit von Kontrollen während der gesamten Berichtsperiode zu beurteilen, sind zusätzlich Prüfungsnachweise über die Wirksamkeit der Kontrollen für den verbleibenden Berichtszeitraum zwischen Vorprüfung und Abschlussstichtag zu erlangen (vgl. *IDW PS 261 nF.*, Tz. 79). Zusätzliche Prüfungsnachweise können bspw. erlangt werden, indem die Funktionsprüfungen auf den verbleibenden Zeitraum ausgedehnt werden, oder durch eine Prüfung der Überwachung von Kontrollen durch das Unternehmen (z.B. durch die Interne Revision).

7 Falls der Abschlussprüfer plant, in früheren Abschlussprüfungen erlangte Prüfungsnachweise über die Wirksamkeit von Kontrollen zu verwenden (vgl. Tz. 12), hat er die Schlussfolgerungen hinsichtlich des Ausmaßes, in dem er sich auf in einer früheren Abschlussprüfung geprüfte Kontrollen verlassen will, zu dokumentieren (vgl. *IDW PS 261 n.F.*, Tz. 86).

6.2.1.2. Hinweise zur Bearbeitung

8 Berücksichtigen Sie z.B. folgende **Skalierungsaspekte** im Zusammenhang mit der Durchführung von Funktionsprüfungen:

- In bestimmten Fällen, insb. bei einem nicht oder nur eingeschränkt funktionierenden bzw. dokumentierten internen Kontrollsystem, kann es notwendig oder wirtschaftlicher sein, Prüfungsnachweise im Wesentlichen durch aussagebezogene Prüfungshandlungen zu erlangen und weniger Funktionsprüfungen durchzuführen. (*IDW PH 9.100.1*, Tz. 7, Tz. 36)
- Bei der Durchführung aussagebezogener Prüfungshandlungen können vor dem Hintergrund der Wirtschaftlichkeit umso eher analytische aussagebezogene Prüfungshandlungen ausreichend sein, je verlässlicher das interne Kontrollsystem beurteilt wird und damit die Daten, auf deren Grundlage die Erwartungsbildung bei der Festlegung analytischer Prüfungshandlungen basiert und je geringer die nicht erklärbaren Abweichungen zwischen erwarteten und tatsächlichen Werten sind. (*IDW PS 312*, Tz. 24 f.).
- Aus Gründen der Wirtschaftlichkeit kann ggf. auf die Ergebnisse von **Vorjahresprüfungen** zurückgegriffen werden. In diesem Fall sind insb. Prüfungsnachweise im Zusammenhang mit *bedeutsamen Veränderungen von Art und Umfang des internen* Kontrollsystems einzuholen und deren Auswirkungen auf die Kontrollrisiken zu beurteilen (siehe unten Tz. 12). (*IDW PS 261 n.F.*, Tz. 77 f.)

- Die bei Aufbau- und Funktionsprüfungen erlangten Prüfungsnachweise können zugleich Prüfungsnachweise zu aussagebezogenen Prüfungshandlungen liefern. Wenn der Abschlussprüfer bei den aussagebezogenen Prüfungshandlungen Fehler aufdeckt, kann dies eine Änderung der Beurteilung der Kontrollrisiken zur Folge haben. Insoweit können die aussagebezogenen Prüfungshandlungen als Funktionsprüfungen dienen. (*IDW PS 261 n.F.*, Tz. 83)

9 Die Prüfung der Wirksamkeit von internen Kontrollen beinhaltet die Einholung von Prüfungsnachweisen darüber,

- ob die internen Kontrollen während des maßgeblichen Kontrollzeitraums (z.B. Geschäftsjahr) durchgeführt worden sind und ob ihr Einsatz durchgängig erfolgte und
- welche Personen für bestimmte Kontrollmaßnahmen (manuelle Kontrollen) verantwortlich waren bzw. mit welchen Mitteln (automatische Kontrollen) sie eingesetzt wurden und wer diese tatsächlich durchgeführt hat.

10 Als **Prüfungshandlungen bei Funktionsprüfungen** kommen in Betracht (vgl. *IDW PS 261 n.F.*, Tz. 73):

- Befragungen (sind hierbei <u>stets durchzuführen</u>)
- Nachvollzug/Beobachtungen von Kontrollaktivitäten und Abläufen
- Auswertung von Ablaufdiagrammen, Checklisten, Fragebögen
- Einsichtnahme in Berichte der Internen Revision
- Durchsicht von Nachweisen über durchgeführte Kontrollhandlungen
- IT-gestützte Prüfungshandlungen.

11 Der **Umfang der Funktionsprüfungen** ist u.a. von der Art der Kontrolle abhängig, z.B. ob es sich um eine automatische oder eine manuelle Kontrolle handelt. Bei **automatischen Kontrollen** (z.B. IT-Kontrollen) wird der Umfang regelmäßig geringer ausfallen, da diese einer identischen Verarbeitungslogik unterliegen. Bei **manuellen Kontrollen** hängt der Umfang der Funktionsprüfungen auch von der Häufigkeit der Durchführung ab. Zu typischerweise in der Praxis verwendeten Umfängen (Faustformel!) bei jährlicher quartalsmäßiger, monatlicher, wöchentlicher, täglicher oder mehrmals täglicher Durchführung einer manuellen Kontrolle hat das IDW eine Umfrage unter Prüfungsgesellschaften durchgeführt mit folgendem Ergebnis[1]:

Häufigkeit der manuellen Kontrolle	Umfang
jährlich	1
quartalsweise	1-2
monatlich	2-3

---

[1] Vgl. *Fragen und Antworten: Zur Durchführung einer repräsentativen Auswahl (Stichprobe) nach ISA 530 und IDW PS 310 oder einer bewussten Auswahl nach ISA 500 bzw. IDW PS 300 n.F.*
(F & A zu ISA 530 bzw. IDW EPS 310 oder ISA 500 bzw. IDW EPS 300 n.F.); Abschn. 9.3.

Häufigkeit der manuellen Kontrolle	Umfang
wöchentlich	4-10
täglich	10-25
mehrmals täglich	15-40

In Einzelfällen können folgende Kriterien zu einer Erhöhung des Umfangs der Funktionsprüfungen führen:

- die Art der geprüften Kontrolle (z.B. kann bei rein manuellen Kontrollen ein höherer Stichprobenumfang als sachgerecht angesehen werden als bei IT-gestützten Kontrollen)
- die Frage, ob für eine Aussage nur eine oder mehrere relevante Kontrollen geprüft werden (bei Prüfung nur einer relevanten Kontrolle kann ein höherer Stichprobenumfang als sachgerecht angesehen werden)
- die relative Bedeutung des Fehlerrisikos, das durch die Kontrolle abgedeckt wird
- die Bedeutung der Auswirkungen, die sich aus einer möglichen Kontrollabweichung ergeben könnten.

12 Im Hinblick auf die **zeitliche Planung der Funktionsprüfungen** ist zu beachten, dass die Entscheidung, ob Prüfungsnachweise über die Wirksamkeit von internen Kontrollen aus früheren Abschlussprüfungen verwendet werden können, im pflichtgemäßen Ermessen des Abschlussprüfers liegt (vgl. *IDW PS 261 n.F.*, Tz. 78). Die folgende Abbildung zeigt die **zeitliche Einteilung von Funktionsprüfungen** bezogen auf einzelne relevante Kontrollen, sofern der Abschlussprüfer beabsichtigt, sich auf die Wirksamkeit von internen Kontrollen zu stützen:

```
Ist die Kontrolle weiterhin relevant? --Nein--> Keine Funktionsprüfung
        │ Ja
Handelt es sich um ein bedeutsames Risiko? --Ja--> Funktionsprüfung muss (in jedem Jahr) durchgeführt werden
        │ Nein
Wurde die betreffende Kontrolle seit der letzten Prüfung verändert? --Ja--> Funktionsprüfung muss durchgeführt werden
        │ Nein
Wurde in einer der beiden Vorperioden eine Funktionsprüfung durchgeführt? --Nein--> Funktionsprüfung muss durchgeführt werden
        │ Ja
Auf eine Funktionsprüfung kann verzichtet werden
```

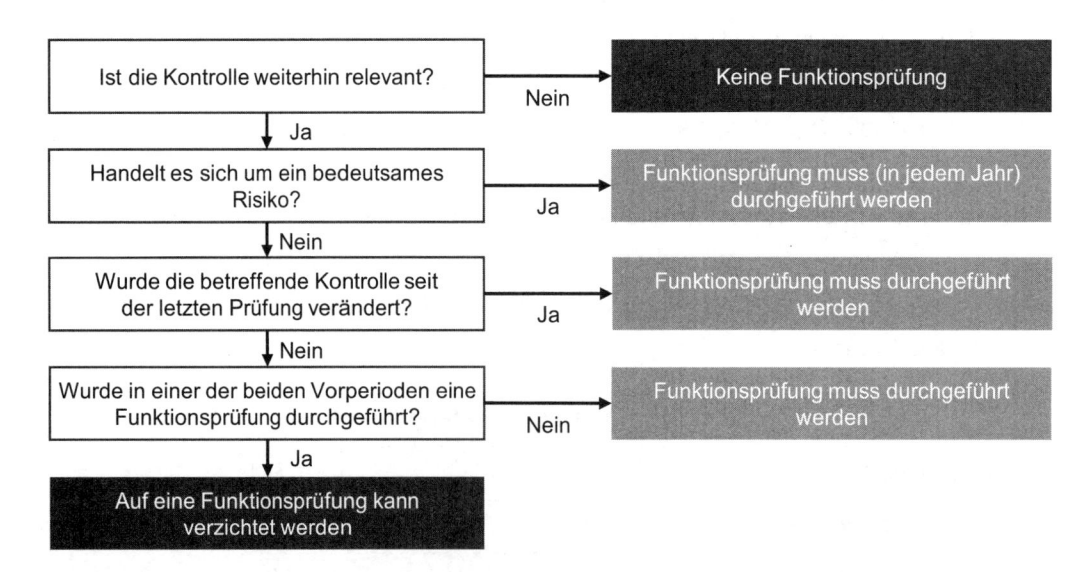

Abb. vgl. Schmidt, St., WPg 16/2005, S. 882, Übersicht 5

Erläuterungen:

- Bei Fehlerrisiken, bei denen es sich um **bedeutsame Risiken** handelt, müssen Funktionsprüfungen auch bei unveränderten Kontrollmaßnahmen in jedem Geschäftsjahr durchgeführt werden, sofern der Abschlussprüfer beabsichtigt, sich auf die Wirksamkeit des internen Kontrollsystems zu stützen.

- Wurde seit der letzten Prüfung eine **relevante Kontrolle geändert** und hat sich diese Änderung auf die andauernde Relevanz der Prüfungsnachweise aus der vorhergehenden Abschlussprüfung ausgewirkt, muss die Wirksamkeit der Kontrolle erneut geprüft werden, wenn der Abschlussprüfer beabsichtigt, sich auf die Wirksamkeit dieser Kontrollen zu stützen. Ob Änderungen von Kontrollen stattfanden, ist durch Befragungen in Kombination mit Beobachtungen oder Einsichtnahmen in Dokumente zu ermitteln.

- Sofern geplant ist, sich bei nicht bedeutsamen Risiken auf Kontrollen zu verlassen, die seit ihrer letztmaligen Prüfung unverändert geblieben sind, ist die Wirksamkeit solcher Kontrollen spätestens **in jeder dritten Abschlussprüfung** einer Funktionsprüfung zu unterziehen. Für die Funktionsprüfung dieser Kontrollen ist also ein **mehrjähriger Prüfungsplan** zulässig.

- Soll auf Prüfungsnachweise aus Funktionsprüfungen früherer Abschlussperioden zurückgegriffen werden, um sich auf die weitere Wirksamkeit dieser Kontrollen zu verlassen, so sind gleichwohl bei jeder Abschlussprüfung einige Funktionsprüfungen durchzuführen, um die fortdauernde Wirksamkeit des Kontrollumfelds zu testen und um zu vermeiden, dass nicht sämtliche Kontrollen, auf die sich der Abschlussprüfer verlassen möchte, in einer Periode einer Funktionsprüfung zu unterziehen sind und dass in den beiden Folgeperioden keine derartigen Prüfungen vorgenommen werden.

13 Für die Auswahl der zu prüfenden Kontrollen kommen unterschiedliche **Auswahlverfahren** in Betracht. Neben der Auswahl aller Elemente (Vollerhebung) lassen sich Verfahren mit bewusster Auswahl und Stichprobenverfahren (Repräsentative Auswahl) unterscheiden. (vgl. *IDW PS 300 n.F.*, Tz. 11). Die Stichprobenverfahren können nach **zufallsgesteuerten** Verfahren (statistische Verfahren) und **zufallsimitierende Verfahren** (nicht-statische Verfahren) differenziert werden. Eine ausführlichere Darstellung der Methoden der bewussten sowie der Stichprobenverfahren erfolgt in Meilenstein 7, Abschn. 7.2.4.2.

14 Bei Funktionsprüfungen können neben statistischen und nicht-statistischen (Hypothesen-)Testverfahren auch homograde **Schätzverfahren** zum Einsatz kommen, die auf die Ermittlung von Fehleranteilen in der Grundgesamtheit abzielen. Im Rahmen eines **Testverfahrens** kann der Prüfer eine Hypothese zum Fehleranteil (z.B. Anzahl erwarteter und tolerierbarer Fehler/Fehleranteil) des Prüffelds zugrunde legen, um dessen Ordnungsmäßigkeit zu beurteilen. Die Hypothese bezüglich der Grundgesamtheit wird durch den Test entweder verifiziert oder verworfen. Eine wertmäßige Hochrechnung der Ergebnisse auf die Grundgesamtheit ist hier jedoch nicht möglich. Testverfahren können – insb. bei Vorinformationen

über den Fehleranteil – auch als mehrstufige oder sequenzielle Testverfahren ausgestaltet werden.

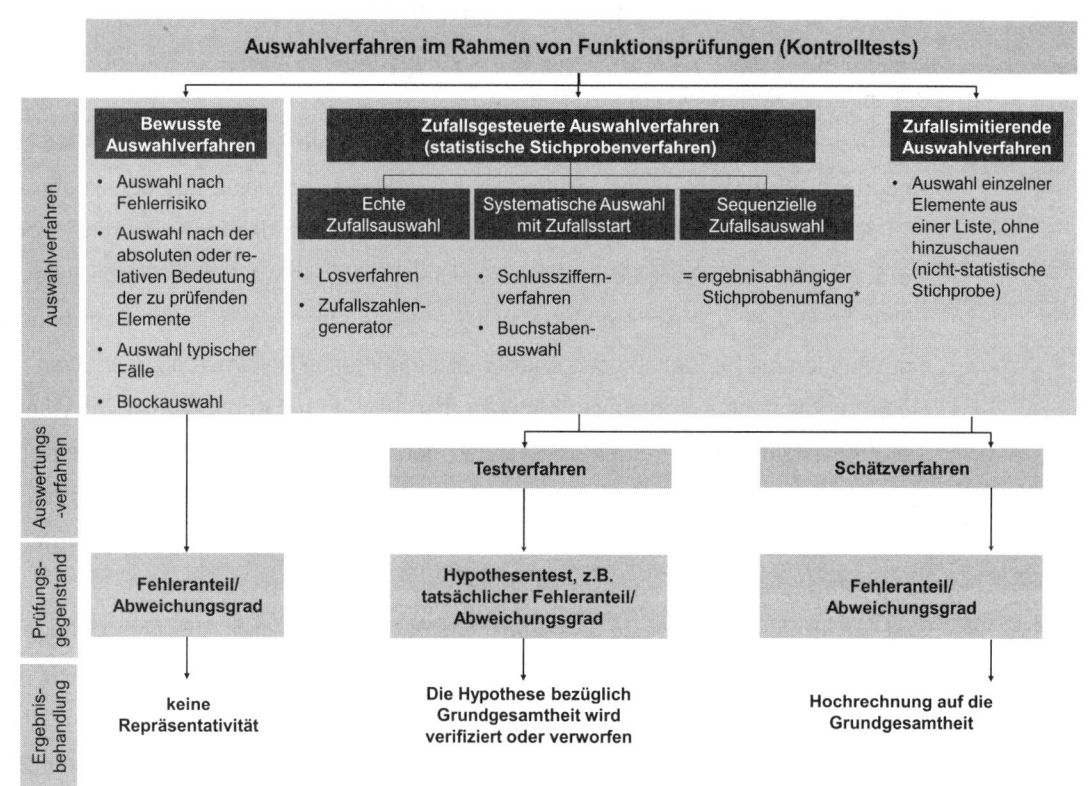

Auswahlverfahren im Rahmen von Funktionsprüfungen (Kontrolltests)

Auswahlverfahren:

- **Bewusste Auswahlverfahren**
  - Auswahl nach Fehlerrisiko
  - Auswahl nach der absoluten oder relativen Bedeutung der zu prüfenden Elemente
  - Auswahl typischer Fälle
  - Blockauswahl

- **Zufallsgesteuerte Auswahlverfahren (statistische Stichprobenverfahren)**
  - Echte Zufallsauswahl
    - Losverfahren
    - Zufallszahlengenerator
  - Systematische Auswahl mit Zufallsstart
    - Schlussziffernverfahren
    - Buchstabenauswahl
  - Sequenzielle Zufallsauswahl
    - = ergebnisabhängiger Stichprobenumfang*

- **Zufallsimitierende Auswahlverfahren**
  - Auswahl einzelner Elemente aus einer Liste, ohne hinzuschauen (nicht-statistische Stichprobe)

Auswertungsverfahren: Testverfahren | Schätzverfahren

Prüfungsgegenstand:
- Fehleranteil/Abweichungsgrad
- Hypothesentest, z.B. tatsächlicher Fehleranteil/Abweichungsgrad
- Fehleranteil/Abweichungsgrad

Ergebnisbehandlung:
- keine Repräsentativität
- Die Hypothese bezüglich Grundgesamtheit wird verifiziert oder verworfen
- Hochrechnung auf die Grundgesamtheit

* Stichprobenumfang ergibt sich im Lauf der Stichprobenauswertung

15 Falls bei der Durchführung von Funktionsprüfungen eine Abweichung zwischen der Konzeption eingerichteter Kontrollen, auf die man sich verlassen möchte, und deren tatsächlicher Durchführung festgestellt werden, sind zusätzliche Prüfungshandlungen vorzunehmen, um die erforderliche hinreichende Prüfungssicherheit zu erlangen. Zunächst sind die gesetzlichen Vertreter zu den Gründen für die Abweichung und die daraus resultierenden Konsequenzen zu befragen. Auf dieser Grundlage ist festzulegen, ob zusätzliche Funktionsprüfungen durchgeführt werden sollen oder ob den potenziellen Fehlerrisiken mithilfe von aussagebezogenen Prüfungshandlungen zu begegnen ist.

> *Hinweise auf in der Praxis vorkommende Fehlerquellen, die in den Kontrollen der WPK beanstandet wurden:*[2]
>
> - *keine oder nicht ausreichende Funktionstests*
> - *keine Dokumentation zur Bestimmung des Umfangs aussagebezogener Prüfungshandlungen auf Basis der Beurteilung des inhärenten Risikos und der Beurteilung des internen Kontrollsystems.*

6.2.2. Festlegung von Prüfungshandlungen

Wenn der verantwortliche Wirtschaftsprüfer die Prüfungshandlungen festlegt, sollte er folgende

---

[2] Quelle: Präsentation anlässlich Jour fixe-Veranstaltung der WPK, Frankfurt 2008/2009.

Eckpunkte beachten und eigenverantwortlich einschätzen, ob sie unter den gegebenen Umständen mit Blick auf das Prüfungsziel erforderlich sind:

a) In den Bereichen, in denen beabsichtigt wird, sich auf die von der Unternehmensleitung eingerichteten Kontrollen zu stützen, um eine ausreichende Prüfungssicherheit zu erlangen, sowie bei Fehlerrisiken, bei denen aussagebezogene Prüfungshandlungen alleine zur Gewinnung einer hinreichenden Prüfungssicherheit nicht ausreichend sind, sind **Funktionsprüfungen** durchzuführen (vgl. aber Abschn. 6.2.1.1., Tz. 2, 3, 5).

b) Verschaffung von Nachweisen über die Angemessenheit und Funktionsfähigkeit der Kontrollen über den gesamten Prüfungszeitraum.

c) Zum Nachweis und zur Dokumentation der Funktionsprüfungen und deren Ergebnisse können die **Arbeitshilfen B-6.1. bis B-6.8.** verwendet werden.

Hinweis: Ausgehend von dem Ziel, hinreichende Sicherheit für die Beurteilung der Ordnungsmäßigkeit der einzelnen Prüffelder zu erlangen, **ist es i.d.R. nicht erforderlich, sämtliche der in den Kontrollmatrizen beispielhaft aufgeführten Funktionsprüfungen durchzuführen. Es empfiehlt sich, den Schwerpunkt der Funktionsprüfungen nach pflichtgemäßem Ermessen auf solche Kontrollen zu legen, die über eine hohe Kontrollspanne verfügen und gleichzeitig mehreren Risiken für wesentliche falsche Angaben in der Rechnungslegung entgegenwirken (bedeutsame Kontrollen).** Sofern mit einzelnen Funktionsprüfungen von Kontrollen oder anderen Prüfungshandlungen bereits hinreichende Sicherheit für eine Aussage in der Rechnungslegung für das jeweilige Prüffeld erzielt wird, kann auf weitere Funktionsprüfungen, die dem gleichen Kontrollziel dienen, verzichtet werden. Bei den angegebenen Aussagen in der Rechnungslegung, die durch die Funktionsprüfung adressiert werden, handelt es sich um Vorschläge, die je nach Einzelfall angepasst werden müssen.

d) Sicherstellung, dass die gewonnenen Ergebnisse bei der Bestimmung der aussagebezogenen Prüfungshandlungen und bei der Berichterstattung gegenüber dem Mandanten berücksichtigt werden. Hierfür ist zu dokumentieren, welche Schlussfolgerungen aus den Ergebnissen der Aufnahme und Prüfung der Kontrollen bzw. sonstigen Erkenntnissen für die Bestimmung des weiteren Prüfungsvorgehens gezogen werden – vgl. Meilenstein 5 – (**Arbeitshilfen B-5.0.: Zusammenfassung der Fehlerrisiken und Prüfungsstrategie, B-5.1.: Zusammenfassende Risikobeurteilung/Prüfungsstrategie und Beurteilung der erreichten Prüfungssicherheit je Prüffeld** und **B-8.0.: Leitfaden zur Prüfung des Lageberichts/Konzernlageberichts** oder alternativ bei nicht komplexen Unternehmen in der **Arbeitshilfe B-5.2.: Planungsleitfaden**).

6.3. Arbeitshilfen

B-6.1.: Nachweis der Funktionsprüfungen (Kontrolltests) Buchführungs- und Abschlussprozess

B-6.2.: Nachweis der Funktionsprüfungen (Kontrolltests) IT-System

B-6.3.: Nachweis der Funktionsprüfungen (Kontrolltests) Anlagevermögen
B-6.4.: Nachweis der Funktionsprüfungen (Kontrolltests) Einkauf
B-6.5.: Nachweis der Funktionsprüfungen (Kontrolltests) Vorräte und Materialwirtschaft
B-6.6.: Nachweis der Funktionsprüfungen (Kontrolltests) Produktion
B-6.7.: Nachweis der Funktionsprüfungen (Kontrolltests) Verkauf
B-6.8.: Nachweis der Funktionsprüfungen (Kontrolltests) Personalbereich
B-8.0.: Leitfaden zur Prüfung des Lageberichts/Konzernlageberichts

6.4. IDW Prüfungsstandards/ISA

National	International
- *IDW Prüfungsstandard: Feststellung und Beurteilung von Fehlerrisiken und Reaktionen des Abschlussprüfers auf die beurteilten Fehlerrisiken (IDW PS 261 n.F.)*	- ISA 260 (revised): Communication with Those Charged with Governance
- *IDW Prüfungsstandard: Prüfungsnachweise im Rahmen der Abschlussprüfung (IDW PS 300 n.F.)*	- ISA 315: Identifying and Assessing the Risks of Material Misstatement Through Understanding the Entity and Its Environment
- *IDW Prüfungsstandard: Repräsentative Auswahlverfahren (Stichproben) in der Abschlussprüfung (IDW PS 310)*	- ISA 330: The Auditor's Responses to Assessed Risks
- *IDW Prüfungsstandard: Abschlussprüfung bei Einsatz von Informationstechnologie (IDW PS 330)*	- ISA 530: Audit Sampling
- *IDW Prüfungsstandard: Prüfung des Lageberichts im Rahmen der Abschlussprüfung (IDW EPS 350 n.F.)*	
- *IDW Prüfungshinweis: Besonderheiten der Abschlussprüfung kleiner und mittelgroßer Unternehmen (IDW PH 9.100.1)*	
- *IDW Prüfungshinweis: Prüfung von IT-gestützten Geschäftsprozessen im Rahmen der Abschlussprüfung (IDW PH 9.330.2)*	
- *Fragen und Antworten: Zur Durchführung einer repräsentativen Auswahl (Stichprobe) nach ISA 530 bzw. IDW EPS 310 oder einer bewuss-*	

National	International
ten Auswahl nach ISA 500 bzw. IDW EPS 300 n.F. (F & A zu ISA 530 bzw. IDW EPS 310 oder ISA 500 bzw. IDW EPS 300 n.F.) (Stand: 20.11.2015)	

IDW Praxishandbuch zur Qualitätssicherung 2017/2018

Kapitel B: Risikoorientiertes Prüfungsvorgehen
Meilenstein 7: Aussagebezogene Prüfungshandlungen

Meilenstein 7: Aussagebezogene Prüfungshandlungen

7.1.	Ziele	317
7.2.	Aktivitäten	317
	7.2.1. Prüfung der Eröffnungsbilanzwerte	317
	7.2.2. Prüfung der Eröffnungsbilanzwerte im Rahmen von Erstprüfungen	319
	7.2.3. Aussagebezogene Prüfungshandlungen zum Lagebericht	323
	7.2.4. Durchführung weiterer aussagebezogener Prüfungshandlungen	325
	7.2.5. Einholung von Bestätigungen Dritter	338
	7.2.6. Inventurprüfung	345
7.3.	Arbeitshilfen	346
7.4.	IDW Prüfungsstandards/ISA	348

7.1. Ziele

1   Aussagebezogene Prüfungshandlungen erfolgen mit dem Ziel, wesentliche falsche Angaben auf der Aussageebene aufzudecken. Sie umfassen analytische Prüfungshandlungen sowie Einzelfallprüfungen zu einzelnen Arten von Geschäftsvorfällen, Kontensalden und zu Angaben im Abschluss und Lagebericht (vgl. *IDW PS 300 n.F.*, Tz. A10 und A28).

2   Bei der Planung des risikoorientierten Prüfungsvorgehens wurde festgelegt, welche aussagebezogenen Prüfungshandlungen zu den wesentlichen Arten von Geschäftsvorfällen, Kontensalden sowie Angaben im Abschluss und Lagebericht notwendig sind. In diesem Meilenstein werden die durchzuführenden aussagebezogenen Prüfungshandlungen näher betrachtet; auf analytische Prüfungshandlungen bei der Risikobeurteilung und im Rahmen der abschließenden Durchsicht wird außerdem in den Meilensteinen 2 bzw. 8 Bezug genommen.

3   Mittels Einzelfallprüfungen werden durch einen unmittelbaren Soll-Ist-Vergleich von einzelnen Geschäftsvorfällen und Beständen Prüfungsnachweise gewonnen, die sich auf einzelne Aussagen in der Rechnungslegung beziehen.

7.2. Aktivitäten

7.2.1. Prüfung der Eröffnungsbilanzwerte

7.2.1.1. Prüfungsanforderungen

4   Gemäß § 265 Abs. 2 Satz 1 HGB ist in der Bilanz sowie in der Gewinn- und Verlustrechnung einer Kapitalgesellschaft zu jedem Posten der entsprechende Betrag des vorhergehenden Geschäftsjahres anzugeben. Diese Angabepflicht führt dazu, dass die **Vorjahreszahlen** Bestandteil des zu prüfenden Jahresabschlusses werden und somit auch Gegenstand der Ab-

schlussprüfung nach §§ 316 ff. HGB sind (vgl. *IDW Prüfungsstandard: Prüfung von Vergleichsangaben über Vorjahre (IDW PS 318*, Tz. 7)).

5 **Vorjahresangaben** im Anhang und im Lagebericht unterliegen ebenfalls der Prüfungspflicht des Abschlussprüfers (*IDW PS 318*, Tz. 9).

6 Es sind ausreichende und geeignete Prüfungsnachweise einzuholen, um feststellen zu können, dass die Vorjahreszahlen den Anforderungen von § 265 Abs. 2 HGB entsprechen und dass Vorjahresangaben zutreffend und vergleichbar sind (vgl. *IDW PS 318*, Tz. 12).

7 Der Abschlussprüfer beurteilt, ob die im Jahresabschluss des Vorjahres ausgewiesenen Beträge mit den im zu prüfenden Jahresabschluss angegebenen **Vorjahresbeträgen übereinstimmen** und ob ggf. die **Nichtvergleichbarkeit von Beträgen** oder die Anpassung von Vorjahresbeträgen angegeben und erläutert wurden (vgl. § 265 Abs. 1 Satz 2 HGB). Hat der Abschlussprüfer den Vorjahresabschluss geprüft und mit einem uneingeschränkten Bestätigungsvermerk versehen, können sich diese Prüfungshandlungen darauf beschränken, die zutreffende Übernahme der Angaben des Vorjahresabschlusses als Vorjahresbeträge in den zu prüfenden Jahresabschluss festzustellen. Hat der Abschlussprüfer im Bestätigungsvermerk des Vorjahres Einwendungen gegen den Vorjahresabschluss erhoben, sind deren Konsequenzen bei der Prüfung der Zahlen des zu prüfenden Geschäftsjahres zu beurteilen (vgl. *IDW PS 318*, Tz. 14).

8 Zur Berichterstattung über die Prüfung der Vorjahreszahlen vgl. *IDW PS 318*, Tz. 17 ff.

7.2.1.2. Hinweise zur Bearbeitung

9 Die Grundsätze zum Umfang der anzugebenden Vorjahreszahlen sowie zu deren Ermittlung und zu den Angabe- und Erläuterungspflichten bei **nicht vergleichbaren oder angepassten Vorjahreszahlen** sind in der *IDW Stellungnahme zur Rechnungslegung: Vorjahreszahlen im handelsrechtlichen Jahresabschluss (IDW RS HFA 39)* bzw. in der *IDW Stellungnahme zur Rechnungslegung: Vorjahreszahlen im handelsrechtlichen Konzernabschluss und Konzernrechnungslegung bei Änderungen des Konsolidierungskreises (IDW RS HFA 44)* erläutert.

10 Nach dem Grundsatz der **Bilanzidentität** (vgl. § 252 Abs. 1 Nr. 1 HGB) müssen die Wertansätze in der Eröffnungsbilanz des Geschäftsjahres mit denen der Schlussbilanz des vorhergehenden Geschäftsjahres übereinstimmen. Die anzugebenden Vorjahreszahlen sind deshalb vorbehaltlich einer Anpassung dem festgestellten Jahresabschluss des vorhergehenden Geschäftsjahres zu entnehmen. Die Vorjahresbeträge dürfen ohne weitere Angaben oder Maßnahmen jedoch nur übernommen werden, wenn sie mit den entsprechenden Angaben für das laufende Geschäftsjahr vergleichbar sind. Im Falle einer mangelnden Ver-

gleichbarkeit mit den Vorjahreszahlen ist diese durch Erläuterung im Anhang nach § 265 Abs. 2 Satz 2 HGB oder durch Anpassung und Erläuterung nach § 265 Abs. 2 Satz 3 HGB herzustellen (*IDW RS HFA 39*, Tz. 9). Nach *IDW RS HFA 39* kommt eine Anpassung der Vorjahresbeträge insb. in Betracht, wenn sich der Posteninhalt gegenüber dem Vorjahr in seiner Zusammensetzung verändert hat, bei einem Wechsel zwischen Gesamtkosten- und Umsatzkostenverfahren sowie einem Wechsel zwischen den unterschiedlichen größenabhängigen Gliederungsschemata (vgl. *IDW PS 318*, Tz. 10).

11   Die Vorschriften des § 265 Abs. 2 HGB zur Angabe von Vorjahreszahlen gelten gemäß § 298 Abs. 1 HGB grundsätzlich auch für den Konzernabschluss. Bei einer wesentlichen Änderung des Konsolidierungskreises ist es nach § 294 Abs. 2 HGB erforderlich, durch geeignete Angaben im Konzernanhang einen sinnvollen Vergleich des Konzernabschlusses mit dem Konzernabschluss des Vorjahres zu ermöglichen; alternativ kann die Vergleichbarkeit durch die Angabe angepasster Vorjahreszahlen in einer zusätzlichen dritten Spalte neben den Zahlen des Geschäftsjahres hergestellt werden (vgl. *IDW RS HFA 44*, Abschn. 3.3. und 3.4.). Die alleinige Anpassung der Vorjahreszahlen ohne Angabe der tatsächlichen Zahlen ist nicht ausreichend (vgl. *IDW RS HFA 44*, Tz. 3).

7.2.1.3. Festlegung von Prüfungshandlungen

Wenn der verantwortliche Wirtschaftsprüfer die Prüfungshandlungen festlegt, sollte er folgende Eckpunkte beachten und eigenverantwortlich einschätzen, ob sie unter den gegebenen Umständen mit Blick auf das Prüfungsziel erforderlich sind:

a) Prüfung der **Eröffnungsbilanzwerte** des Abschlusses, indem die endgültige Saldenliste des Vorjahres aus den Arbeitspapieren mit den Eröffnungsbilanzwerten zu Beginn des Geschäftsjahres (Salden zum 1.1.20xx bei kalenderjahrgleichen Geschäftsjahren) einer aktuellen Saldenliste abgestimmt wird

b) Bei Nichtvergleichbarkeit oder Anpassung der Vorjahresbeträge sind die erforderlichen **Anhangangaben** zu prüfen

c) Sofern im Bestätigungsvermerk des Vorjahres Einwendungen gegen den Vorjahresabschluss erhoben wurden, sind deren Konsequenzen bei der diesjährigen Abschlussprüfung zu beurteilen (vgl. *IDW EPS 405*, Tz. A8).

7.2.2. Prüfung der Eröffnungsbilanzwerte im Rahmen von Erstprüfungen

7.2.2.1. Prüfungsanforderungen

12   Bei einer **Erstprüfung** besteht ein unvermeidbar höheres Risiko, wesentliche falsche Angaben im Abschluss nicht zu entdecken. Denn in diesem Fall verfügt der Abschlussprüfer über

keine eigenen Prüfungsnachweise aus einer Vorjahresprüfung, die Aussagen über die Ordnungsmäßigkeit der **Eröffnungsbilanzwerte** erlauben. Daher muss in Fällen, in denen der Eröffnungsbilanzwert seine Wurzeln in früheren Jahren hat, durch eine Ausdehnung der Prüfungshandlungen auf vorhergehende Geschäftsjahre gewährleistet sein, dass Prüfungsaussagen mit hinreichender Sicherheit getroffen werden können (vgl. *IDW Prüfungsstandard: Prüfung von Eröffnungsbilanzwerten im Rahmen von Erstprüfungen (IDW PS 205, Tz. 8, IDW Prüfungsstandard: Ziele und allgemeine Grundsätze der Durchführung von Abschlussprüfungen (IDW PS 200, Tz. 24 ff.)*).

13 Bei Erstprüfungen muss der Abschlussprüfer ausreichende und angemessene Prüfungsnachweise einholen, um feststellen zu können, ob (vgl. *IDW PS 205*, Tz. 9)

- die Beträge aus der Schlussbilanz des vorhergehenden Geschäftsjahres korrekt vorgetragen worden sind und somit die Bilanzidentität zur Schlussbilanz des Vorjahres gemäß § 252 Abs. 1 Nr. 1 HGB gegeben ist,
- die Eröffnungsbilanz keine falschen Angaben enthält, die den zu prüfenden Abschluss wesentlich beeinflussen,
- zulässige Ausweis-, Bilanzierungs-, Bewertungs- und Konsolidierungsmethoden stetig im Zeitablauf angewendet werden und Willkürfreiheit im Ansatz herrscht (vgl. §§ 252 Abs. 1 Nr. 6, 265 Abs. 1, 297 Abs. 3 HGB). Änderungen dieser Methoden im zu prüfenden Abschluss – und damit eine Durchbrechung der Stetigkeit – müssen im zulässigen Rahmen durchgeführt worden sein. Kapitalgesellschaften und diesen hinsichtlich der Rechnungslegung gleichgestellte Gesellschaften müssen im Anhang Methodenänderungen angeben und ausreichend erläutern (vgl. §§ 284 Abs. 2, 313 Abs. 1 Nr. 1 und 2 HGB, vgl. auch *IDW Stellungnahme zur Rechnungslegung: Ansatz- und Bewertungsstetigkeit im handelsrechtlichen Jahresabschluss (IDW RS HFA 38)*).

7.2.2.2. Hinweise zur Bearbeitung

14 Ist der Vorjahresabschluss von einem anderen Abschlussprüfer geprüft worden, können Prüfungsnachweise zur Beurteilung der Eröffnungsbilanzwerte grundsätzlich aus der Durchsicht des Prüfungsberichts des Vorjahresprüfers und ggf. der Erörterung bedeutsamer Sachverhalte mit dem Vorjahresprüfer gewonnen werden. Falls hierdurch nicht ausreichende Prüfungsnachweise erlangt werden können, sind eine oder mehrere der folgenden Maßnahmen zu ergreifen (vgl. *IDW PS 205*, Tz. 12):

- Beurteilung, inwieweit sich mit Prüfungshandlungen zu der zu beurteilenden Rechnungslegungsperiode Nachweise auch für die Eröffnungsbilanzwerte gewinnen lassen
- spezielle Prüfungshandlungen, die auf die Eröffnungsbilanzwerte gerichtet sind
- Durchsicht der Arbeitspapiere des Vorjahresprüfers, um Prüfungsnachweise für die Eröffnungsbilanzwerte zu bekommen.

Hinweis: Gemäß § 320 Abs. 4 HGB hat der bisherige Abschlussprüfer gegenüber dem neuen Abschlussprüfer eine Berichterstattungspflicht (in entsprechender Anwendung des § 321 HGB). Dieser Pflicht hat der bisherige Abschlussprüfer nur dann nachzukommen, wenn der neue Abschlussprüfer eine solche Berichterstattung schriftlich einfordert. Eine Entbindung von der Verschwiegenheitspflicht ist nicht erforderlich. Der bisherige Abschlussprüfer ist allerdings nicht verpflichtet, dem neuen Abschlussprüfer seine Arbeitspapiere zu überlassen oder Einsicht in diese zu gewähren (vgl. Gesetzesbegründung zum Regierungsentwurf des BilMoG, BT-Drs. 16/10067, S. 91). Insofern kann die Durchsicht der Arbeitspapiere von dem Abschluss spezieller Vereinbarungen mit dem Mandanten und dem Vorjahresprüfer abhängen. Es ist zu empfehlen, mit dem neuen Abschlussprüfer eine Vereinbarung zur Informationsübermittlung und einen Haftungsausschluss abzuschließen.

15   Werden Prüfungsnachweise darüber erlangt, dass Eröffnungsbilanzwerte falsche Angaben enthalten, die den zu prüfenden Abschluss wesentlich beeinflussen können, sind angemessene ergänzende Prüfungshandlungen notwendig, um die Auswirkung auf den zu prüfenden Abschluss zu bestimmen. Wenn sich die falschen Angaben auf den zu prüfenden Abschluss auswirken, ist dies mit der Unternehmensleitung und dem Aufsichtsorgan zu erörtern (vgl. *IDW PS 205*, Tz. 13).

16   Ist der Bestätigungsvermerk zum Vorjahresabschluss eingeschränkt oder versagt worden, muss bei der laufenden Prüfung besondere Aufmerksamkeit auf die Posten gelegt werden, auf die sich die Einwendung bezogen hat (vgl. *IDW PS 205*, Tz. 13).

17   Zu den Konsequenzen für den zu prüfenden Abschluss, wenn der festgestellte Vorjahresabschluss trotz bestehender Prüfungspflicht nicht geprüft worden und somit nach § 256 Abs. 1 Nr. 2 AktG **nichtig ist**, hat der Fachausschuss Recht des IDW eine Verlautbarung mit dem Titel *„Konsequenzen unterlassener Pflichtprüfungen für die Prüfung des ses"*[1] veröffentlicht.

18   Da die Durchführung einer Erstprüfung ein erhöhtes Fehlerrisiko darstellt, können besondere qualitätssichernde Maßnahmen, wie eine Berichtskritik, in Betracht zu ziehen sein. Hierüber entscheidet der verantwortliche Wirtschaftsprüfer, ggf. in Abstimmung mit der Praxisleitung (vgl. Kapitel A, Abschn. 4.6.7. (C.1.).

7.2.2.3. Festlegung von Prüfungshandlungen

Wenn der verantwortliche Wirtschaftsprüfer die Prüfungshandlungen festlegt, sollte er folgende Eckpunkte beachten und eigenverantwortlich einschätzen, ob sie unter den gegebenen Umständen mit Blick auf das Prüfungsziel erforderlich sind:

---

[1] Vgl. FN-IDW 2002, S. 214 ff. oder als Downloadangebot im Mitgliederbereich der IDW Website in der Rubrik „Themen/Assurance/Arbeitshilfen/Unterlassene Pflichtprüfungen".

Sofern der Jahresabschluss des Mandanten im vorherigen Geschäftsjahr nicht (selbst) geprüft wurde, müssen die Anforderungen zur Prüfung der Eröffnungsbilanzwerte bei Erstprüfungen berücksichtigt werden (s.o.).

Nachstehende Prüfungshandlungen kommen in Betracht (vgl. *IDW PS 205*, Tz. 14):

- Die Eröffnungsbilanzwerte des ausgewiesenen **Anlagevermögens** sind üblicherweise anhand der ihnen zugrunde liegenden Aufzeichnungen (z.B. Anlagenbuchführung) zu prüfen. In bestimmten Fällen sind Bestätigungen der Eröffnungsbilanzwerte von Dritten einzuholen oder zusätzliche Prüfungshandlungen durchzuführen.

- Für das **Umlaufvermögen** können einige Prüfungsnachweise für Eröffnungsbilanzwerte regelmäßig bei der Prüfung der Zahlen des zu prüfenden Geschäftsjahres erlangt werden. Zum Beispiel kann der Ausgleich von in den Eröffnungsbilanzwerten ausgewiesenen Forderungen in dem laufenden Geschäftsjahr als ein möglicher Prüfungsnachweis über deren Vorhandensein, Zuordnung zum Unternehmen, Vollständigkeit und Bewertung dienen. Für die Posten des **Vorratsvermögens** ist es für den Abschlussprüfer schwieriger, sich von der Richtigkeit des Bilanzansatzes und der Bewertung zu überzeugen. Deshalb bedarf es grundsätzlich zusätzlicher Prüfungshandlungen, wie z.B. Inventurbeobachtung und Rückrechnung der bei der Inventur ermittelten Werte des aktuellen Geschäftsjahres auf den Eröffnungsbilanzwert, stichprobenweise Prüfung der Bewertung von Eröffnungsbilanzwerten sowie Rohgewinnverprobungen und Abgrenzungsprüfungen. Auch eine Kombination dieser Prüfungshandlungen kann ausreichende und angemessene Prüfungsnachweise erbringen.

- Die Eröffnungsbilanzwerte des **Eigenkapitals** sind i.d.R. durch Heranziehung der folgenden Unterlagen zu prüfen: Gesellschaftsvertrag/Satzung, Handelsregisterauszüge, Beschlüsse und Protokolle der Gesellschafterversammlungen/Aufsichtsratssitzungen sowie anderer beweiskräftiger Unterlagen zu Transaktionen (z.B. Anmeldungen zu Eintragungen ins Handelsregister, Einzahlungs- und Zeichnungsunterlagen), Aktienbuch etc.

- Die Eröffnungsbilanzwerte der **langfristigen Rückstellungen und Verbindlichkeiten** sind i.d.R. anhand der diesen Werten zugrunde liegenden Aufzeichnungen zu überprüfen. In bestimmten Fällen, z.B. bei langfristigen Darlehen, sind die Eröffnungsbilanzwerte von Dritten bestätigen zu lassen.

- Prüfungsnachweise über die Eröffnungsbilanzwerte der **kurzfristigen Rückstellungen und Verbindlichkeiten** können in gewissem Umfang mit den Prüfungshandlungen für das laufende Geschäftsjahr erlangt werden. In der Eröffnungsbilanz ausgewiesene Schulden können insoweit hinsichtlich ihres Vorhandenseins, ihrer Zuordnung zum Unternehmen, ihrer Vollständigkeit und Bewertung durch Zahlungsabflüsse des laufenden Geschäftsjahres geprüft werden.

7.2.3. Aussagebezogene Prüfungshandlungen zum Lagebericht

7.2.3.1. Prüfungsanforderungen

19 Ungeachtet der beurteilten Fehlerrisiken im Lagebericht sind für die wesentlichen Angaben im Lagebericht aussagebezogene Prüfungshandlungen durchzuführen (vgl. *IDW EPS 350 n.F.*, Tz. 43).

20 Wesentliche Lageberichtsangaben sind mit den zugrunde liegenden Unterlagen des Unternehmens abzustimmen (vgl. *IDW EPS 350 n.F.*, Tz. 44 ff.)

21 Für die **Informationskategorien** des Lageberichts sind aussagebezogene Prüfungshandlungen durchzuführen (vgl. *IDW EPS 350 n.F.*, Tz. 48–77).

7.2.3.2. Hinweise zur Bearbeitung

22 Die **Pflichtangaben** im Lagebericht beziehen sich auf folgende Informationskategorien, wie die folgende Tabelle zusammenfasst: [2]

Informationskategorien	
Grundlagen des Unternehmens	Geschäftsmodell
	Zweigniederlassungen (sofern zutreffend)
	Forschung und Entwicklung (sofern zutreffend)
Wirtschaftsbericht	Gesamtwirtschaftliche und branchenbezogene Rahmenbedingungen
	Geschäftsverlauf
	Lage
	Finanzielle und nichtfinanzielle Leistungsindikatoren
Prognose-, Chancen- und Risikobericht	Einzelrisiken und Einzelchancen
	Risikoberichterstattung in Bezug auf die Verwendung von Finanzinstrumenten

23 Für bestimmte Unternehmen können zusätzlich noch die folgenden Angaben relevant sein[3]:

Informationskategorien	Betroffene Unternehmen
Rechnungslegungsrisi-	Kapitalmarktorientierte (Mutter-)Unternehmen

---

[2] Vgl. *Kolb/Plömpel*, Prüfung von Systemen im Rahmen von IDW EPS 350 n.F., WPg 13/2017, S. 739 ff.
[3] Vgl. *Kolb/Plömpel*, Prüfung von Systemen im Rahmen von IDW EPS 350 n.F., WPg 13/2017, S. 739 ff.

Kapitel B: Risikoorientiertes Prüfungsvorgehen
Meilenstein 7: Aussagebezogene Prüfungshandlungen

Informations-kategorien	Betroffene Unternehmen
kobericht[4]	
Beschreibung des Risikomanagementsystems innerhalb des Risikoberichts	Kapitalmarktorientierte (Mutter-)Unternehmen
Vergütungsbericht	Börsennotierte AG
Übernahmerelevante Angaben	AG, KGaA und Mutterunternehmen, die einen organisierten Markt i.S. von § 2 Abs. 7 WpÜG in Anspruch nehmen
Erklärung zur Unternehmensführung	Bestimmte börsennotierte AG und KGaA, weitere AG[5] sowie mitbestimmte Unternehmen[6]
Schlusserklärung zum Abhängigkeitsbericht	Abhängige Unternehmen: inländische AG, KGaA sowie SE mit Sitz in Deutschland
Lageberichtseid	Inlandsemittenten i.S. von § 2 Abs. 7 WpHG[7]

24 Zur Prüfung der **Vollständigkeit** des Lageberichts/Konzernlageberichts empfiehlt sich die Verwendung der Checklisten (**B-8.2.-JA** und **B-8.2.-KA**).

25 Zur Planung und Durchführung sowie Dokumentation der Prüfung des Lageberichts kann darüber hinaus die **Arbeitshilfe B-8.0. „Leitfaden zur Prüfung des Lageberichts/Konzernlageberichts"** verwendet werden.

7.2.3.3. Festlegung von Prüfungshandlungen

Wenn der verantwortliche Wirtschaftsprüfer die Prüfungshandlungen festlegt, sollte er folgende Eckpunkte beachten und eigenverantwortlich einschätzen, ob sie unter den gegebenen Umständen mit Blick auf das Prüfungsziel erforderlich sind:

a) Prüfen Sie, unter Verwendung des **Leitfadens zur Prüfung des Lageberichts/Konzernlageberichts (Arbeitshilfe B-8.0.)** sowie der **Checklisten (B-8.2.-JA und B-8.2.-KA) zur Prüfung der Vollständigkeit des Lageberichts bzw. Konzernlageberichts**,

---

[4] Nach § 289 Abs. 5 und § 315 Abs. 2 Nr. 5 HGB müssen die wesentlichen Merkmale des internen Kontrollsystems und des RMS im Hinblick auf den Rechnungslegungsprozess beschrieben werden.

[5] Solche, die ausschließlich andere Wertpapiere an einem organisierten Markt i.S. von § 2 Abs. 5 WpHG ausgegeben haben und auf eigene Veranlassung über ein multilaterales Handelssystem i.S. von § 2 Abs. 3 Satz 1 Nr. 8 WpHG gehandelt werden, sowie Unternehmen, die unter ein Mitbestimmungsgesetz fallen.

[6] Unternehmen, die dem MitbestG, MontanMitbestG, MitbestErgG oder DrittelbG unterliegen.

[7] Ausgenommen sind bestimmte Kapitalanlagegesellschaften i.S. von § 327a HGB.

- die Vollständigkeit aller erforderlichen Muss-Bestandteile und

- die Richtigkeit sowie Klarheit und Übersichtlichkeit aller vorhandenen Angaben.

b) Stimmen Sie die Lageberichtsangaben mit den zugrunde liegenden Unterlagen des Unternehmens ab

c) Stellen Sie fest, ob die relevanten Angaben im Lagebericht mit denen im Abschluss in allen wesentlichen Belangen übereinstimmen (oder sich überleiten lassen).

7.2.4. Durchführung weiterer aussagebezogener Prüfungshandlungen

7.2.4.1. Prüfungsanforderungen

26 Der Abschlussprüfer hat aussagebezogene Prüfungshandlungen (analytische Prüfungshandlungen und Einzelfallprüfungen) durchzuführen, um ausreichende und angemessene Prüfungsnachweise zu gewinnen, die hinreichende Sicherheit darüber geben, ob die in der Rechnungslegung enthaltenen Aussagen keine wesentlichen falschen Angaben enthalten (vgl. *IDW PS 300 n.F.*, Tz. 7). Zur Einschätzung der Erlangung hinreichender Sicherheit siehe Meilenstein 5.

27 Die aussagebezogenen Prüfungshandlungen müssen stets folgende Bereiche abdecken:

- Abstimmung des Abschlusses mit der zugrunde liegenden Buchführung
- Prüfung wesentlicher Journalbuchungen und sonstiger im Laufe der Abschlussaufstellung erfolgter Anpassungen (vgl. Meilenstein 5)
- Speziell auf festgestellte bedeutsame Risiken ausgerichtete aussagebezogene Prüfungshandlungen. Wenn in Bezug auf ein bedeutsames Risiko ausschließlich aussagebezogene Prüfungshandlungen durchgeführt werden sollen, müssen diese Prüfungshandlungen auch Einzelfallprüfungen umfassen (*IDW PS 312*, Tz. 12).
- (Quantitativ) wesentliche Prüfungsfelder (Arten von Geschäftsvorfällen, Kontensalden, Angaben) – ungeachtet der beurteilten Risiken wesentlicher falscher Angaben (*IDW PS 261 n.F.*, Tz. 83)
- Würdigung, ob die Gesamtdarstellung des Abschlusses einschließlich der dazugehörigen Angaben im Anhang und Lagebericht in Einklang mit dem maßgebenden Rechnungslegungssystem stehen (vgl. § 321 Abs. 2 HGB, Meilenstein 8, Abschn. 8.2.11.).
- Abschließende Beurteilung auf der Grundlage der durchgeführten Prüfungshandlungen, ob die im Verlauf der Prüfung getroffenen Einschätzungen zu den Fehlerrisiken und die als Reaktion auf die Fehlerrisiken vorgenommenen Funktionsprüfungen des internen Kontrollsystems sowie die aussagebezogenen Prüfungshandlungen angemessen sind (siehe Meilenstein 8, Abschn. 8.2.11., *IDW PS 261 n.F.*, Tz. 85).

Die folgende Abbildung zeigt Arten von aussagebezogenen Prüfungshandlungen auf und gibt an, welche stets durchzuführen sind:

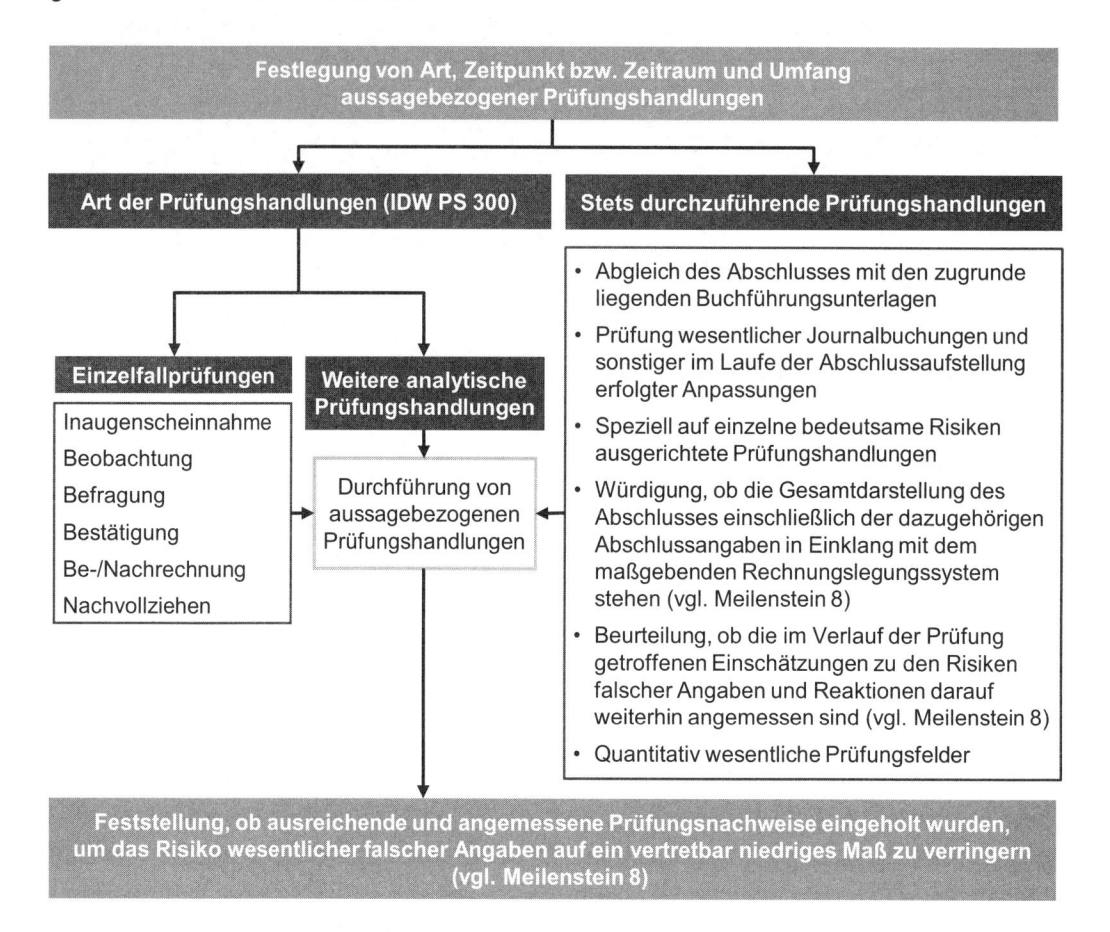

```
┌─────────────────────────────────────────────────────────────────┐
│   Festlegung von Art, Zeitpunkt bzw. Zeitraum und Umfang        │
│             aussagebezogener Prüfungshandlungen                 │
└─────────────────────────────────────────────────────────────────┘
           │                                    │
           ▼                                    ▼
┌──────────────────────────────┐   ┌────────────────────────────────┐
│ Art der Prüfungshandlungen   │   │ Stets durchzuführende          │
│ (IDW PS 300)                 │   │ Prüfungshandlungen             │
└──────────────────────────────┘   └────────────────────────────────┘
```

Art der Prüfungshandlungen (IDW PS 300):

- Einzelfallprüfungen
  - Inaugenscheinnahme
  - Beobachtung
  - Befragung
  - Bestätigung
  - Be-/Nachrechnung
  - Nachvollziehen
- Weitere analytische Prüfungshandlungen

→ Durchführung von aussagebezogenen Prüfungshandlungen

Stets durchzuführende Prüfungshandlungen:

- Abgleich des Abschlusses mit den zugrunde liegenden Buchführungsunterlagen
- Prüfung wesentlicher Journalbuchungen und sonstiger im Laufe der Abschlussaufstellung erfolgter Anpassungen
- Speziell auf einzelne bedeutsame Risiken ausgerichtete Prüfungshandlungen
- Würdigung, ob die Gesamtdarstellung des Abschlusses einschließlich der dazugehörigen Abschlussangaben in Einklang mit dem maßgebenden Rechnungslegungssystem stehen (vgl. Meilenstein 8)
- Beurteilung, ob die im Verlauf der Prüfung getroffenen Einschätzungen zu den Risiken falscher Angaben und Reaktionen darauf weiterhin angemessen sind (vgl. Meilenstein 8)
- Quantitativ wesentliche Prüfungsfelder

Feststellung, ob ausreichende und angemessene Prüfungsnachweise eingeholt wurden, um das Risiko wesentlicher falscher Angaben auf ein vertretbar niedriges Maß zu verringern (vgl. Meilenstein 8)

28 Verwendet der Abschlussprüfer Informationen, die das Unternehmen erstellt hat, muss er beurteilen, ob die Informationen für seine Ziele ausreichend verlässlich sind. Sofern dies nach den Umständen des Einzelfalls erforderlich ist, umfasst dies auch (vgl. *IDW PS 300 n.F.*, Tz. 10):

- die Erlangung von Prüfungsnachweisen über die Richtigkeit und Vollständigkeit der Informationen (vgl. *IDW PS 300 n.F.*, Tz. A45 f.) und
- die Beurteilung, ob die Informationen für die Ziele des Abschlussprüfers ausreichend genau und detailliert sind (vgl. *IDW PS 300 n.F.*, Tz. A47).

29 Der Abschlussprüfer darf sich nicht mit Prüfungsnachweisen zufriedengeben, die nicht mindestens überzeugend sind (vgl. *IDW PS 200*, Tz. 26).

30 Bei der Planung von Funktions- und Einzelfallprüfungen muss der Abschlussprüfer wirksame **Auswahlverfahren** der jeweils zu prüfenden Elemente festlegen, die dem Ziel der Prüfungshandlung gerecht werden (vgl. *IDW PS 300 n.F.*, Tz. 11). Zur Auswahl der zu prüfenden Elemente hat der Abschlussprüfer die folgenden Möglichkeiten:

- Vollerhebung (Auswahl aller Elemente)
- bewusste Auswahl (Auswahl bestimmter Elemente)

- Stichprobe (repräsentative Auswahl).

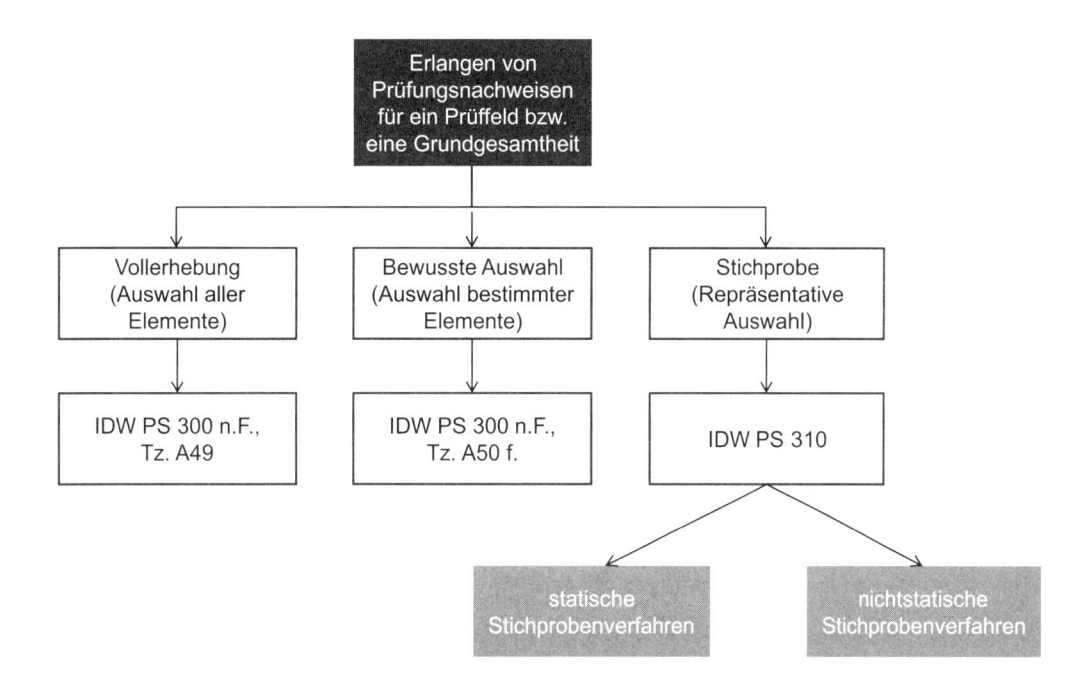

```
                    Erlangen von
                  Prüfungsnachweisen
                  für ein Prüffeld bzw.
                  eine Grundgesamtheit
           ┌────────────┬────────────┐
           ▼            ▼            ▼
      Vollerhebung  Bewusste Auswahl   Stichprobe
      (Auswahl aller (Auswahl bestimmter (Repräsentative
       Elemente)      Elemente)          Auswahl)
           │            │            │
           ▼            ▼            ▼
      IDW PS 300 n.F.,  IDW PS 300 n.F.,  IDW PS 310
      Tz. A49          Tz. A50 f.
                                    ┌────┴────┐
                                    ▼         ▼
                               statische  nichtstatische
                             Stichprobenverfahren Stichprobenverfahren
```

31 Wird ein **Stichprobenverfahren** angewendet, muss ein Stichprobenumfang festgelegt werden, der ausreicht, um das Stichprobenrisiko auf ein vertretbar niedriges Maß zu reduzieren. Der erforderliche Stichprobenumfang hängt u.a. davon ab, welches Stichprobenrisiko als vertretbar angesehen wird. Je geringer dieses vertretbare Risiko ist, desto größer muss der Stichprobenumfang sein. Der Stichprobenumfang kann durch Anwendung einer statistikbasierten Formel (**mathematisch-statistische Verfahren**) oder durch die Ausübung pflichtgemäßen Ermessens (**nichtstatistisches Verfahren**) festgelegt werden. (vgl. *IDW PS 310*, Tz. 9 f. und Tz. A10).

32 Wenn eine geplante Prüfungshandlung für ein ausgewähltes Stichprobenelement nicht angewendet werden kann, muss der Abschlussprüfer die geplante Prüfungshandlung an einem Ersatzelement durchführen. Ein Beispiel für die Notwendigkeit, die Prüfungshandlung an einem Ersatzelement vorzunehmen, ist die Auswahl einer stornierten Ausgangsrechnung bei der Prüfung der Funktionsfähigkeit einer Kontrolle im Bereich der Umsatzerlöse anhand von entsprechenden Liefernachweisen. Wenn sich der Abschlussprüfer vergewissert hat, dass die Rechnung sachgerecht storniert wurde (z.B. weil eine Bestellung vor Auslieferung zurückgezogen wurde), so stellt dies keine Kontrollabweichung dar. Es ist daher ein Ersatzelement zu ziehen (vgl. *IDW PS 310*, Tz. 12 und A13). Ein solcher Fall kann vermieden wer-

den, indem bspw. alle stornierten Belege vorab aus der zu prüfenden Grundgesamtheit ausgesondert werden.[8]

33 Wenn es dem Abschlussprüfer nicht möglich ist, die geplanten oder geeignete alternative Prüfungshandlungen auf ein ausgewähltes Element anzuwenden, muss dieses Element bei Einzelfallprüfungen als falsche Angabe bzw. bei Funktionsprüfungen als Kontrollabweichung behandelt werden (vgl. *IDW PS 310*, Tz. 12 und A14).

34 Nur in äußerst seltenen Fällen ist eine in einer Stichprobe entdeckte falsche Angabe oder Kontrollabweichung als sog. **"Anomalie"** anzusehen. Damit dies der Fall ist, muss der Abschlussprüfer ein hohes Maß an Sicherheit darüber erlangen, dass diese falsche Angabe oder Kontrollabweichung nicht repräsentativ für die Grundgesamtheit ist. Um dieses Maß an Sicherheit zu erlangen, sind zusätzliche Prüfungshandlungen durchzuführen, um ausreichende und angemessene Prüfungsnachweise darüber zu erlangen, dass sich die falsche Angabe oder Kontrollabweichung nicht auf die restliche Grundgesamtheit auswirkt (vgl. *IDW PS 310*, Tz. 15).

35 Stehen Prüfungsnachweise aus verschiedenen Quellen nicht miteinander in Einklang oder bestehen Zweifel an der Verlässlichkeit der Prüfungsnachweise, ist festzulegen, welche Anpassungen oder Ergänzungen der Prüfungshandlungen notwendig sind, um den Sachverhalt zu klären, und die etwaigen Auswirkungen des Sachverhalts auf andere Aspekte der Prüfung sind zu würdigen (vgl. *IDW PS 300 n.F.*, Tz. 12).

7.2.4.2. Hinweise zur Bearbeitung

36 Berücksichtigen Sie z.B. folgende **Skalierungsaspekte** bei der Planung und Durchführung aussagebezogener Prüfungshandlungen:

- Art und Umfang der aussagebezogenen Prüfungshandlungen hängen von der Beurteilung der Fehlerrisiken, zu der auch die Ergebnisse der Aufbauprüfung zählen, und von den Ergebnissen der Funktionsprüfungen ab. So verlangt bspw. das Fehlen von wirksamen internen Kontrollen bzw. das Aufdecken von Mängeln im Rahmen von Aufbau- und Funktionsprüfungen eine Ausweitung über den geplanten Umfang der aussagebezogenen Prüfungshandlungen hinaus, während ein gut funktionierendes internes Kontrollsystem zu einem geringeren Umfang aussagebezogener Prüfungshandlungen führt. (*IDW PS 300 n.F.*, Tz. 6 (e) und Tz. A5 ff. sowie *IDW PS 200*, Tz. 20).

---

[8] Vgl. *Fragen und Antworten: Zur Durchführung einer repräsentativen Auswahl (Stichprobe) nach ISA 530 bzw. IDW EPS 310 oder einer bewussten Auswahl nach ISA 500 bzw. IDW EPS 300 n.F.*
(F & A zu ISA 530 bzw. IDW EPS 310 oder ISA 500 bzw. IDW EPS 300 n.F.); Abschn. 6.1.

- Einzelne bei Aufbau- und Funktionsprüfungen erlangte Prüfungsnachweise können ggf. zugleich Prüfungsnachweise zu aussagebezogenen Prüfungshandlungen (**dual purpose tests**) liefern.
- Bei Auswahlverfahren im Rahmen von Einzelfallprüfungen ist häufig die bewusste Auswahl die wirtschaftlichste Methode. Diese kann durchgeführt werden, wenn Elemente aufgrund ihres hohen Wertes, ihres hohen Risikos oder anderer Eigenschaften innerhalb einer Grundgesamtheit ausgewählt werden können. Die bewusste Auswahl ist insb. dann wirtschaftlich, wenn ein großer Anteil des Betrags der Grundgesamtheit mit einer relativ kleinen Auswahl abgedeckt werden kann.
- Ist das erwartete Fehlerrisiko besonders hoch, kann es sich aus Gründen der Wirtschaftlichkeit und Wirksamkeit anbieten, die Prüfungshandlungen von vornherein auf den Abschlussstichtag zu konzentrieren, und weniger vorgezogene Prüfungshandlungen durchzuführen. Dieses Vorgehen kann sich z.B. bei Saldenbestätigungsaktionen anbieten, um aufwendige Rollforward-Procedures auf den Stichtag zu vermeiden.
- Wurde für ein Prüffeld nach Durchführung aussagebezogener analytischer Prüfungshandlungen zusammen mit im Rahmen der Prüfungshandlungen zur Risikobeurteilung und Funktionsprüfungen erlangten Prüfungsnachweisen bereits hinreichende Sicherheit erzielt, müssen keine Einzelfallprüfungen mehr durchgeführt werden, es sein denn, es liegen bedeutsame Risiken vor.
- Analytische Prüfungshandlungen spielen für die Wirtschaftlichkeit, aber auch für die Effektivität einer Abschlussprüfung eine bedeutende Rolle, da mit ihrer Hilfe die aussagebezogenen Einzelfallprüfungen und damit der Prüfungsumfang zur Gewinnung eines hinreichend sicheren Urteils insgesamt reduziert werden kann. (*IDW PS 312*, Tz. 10)
- **Datenanalysen** spielen ebenfalls für die Wirtschaftlichkeit der Abschlussprüfungen eine wesentliche Rolle, da durch sie Prüfungshandlungen automatisiert und der manuelle Prüfungsumfang zur Gewinnung hinreichender Prüfungssicherheit insgesamt reduziert werden kann. (*IDW PH 9.330.3*, Tz. 5)

37 Aussagebezogene Prüfungshandlungen beziehen sich auf bestimmte **Aussagen über Arten von Geschäftsvorfällen und Kontensalden sowie Angaben in der Rechnungslegung**. Die in der Rechnungslegung enthaltenen (expliziten oder impliziten) Erklärungen und Einschätzungen der gesetzlichen Vertreter beziehen sich auf folgende **Aussagen (Prüfungsziele)** (vgl. Anlage zu *IDW PS 300 n.F.*):

- Das *Vorhandensein* (**VH**) bestimmter Vermögensgegenstände, Schulden und Eigenkapital zu einem bestimmten Zeitpunkt
- Den *Eintritt* (**E**) *eines Geschäftsvorfalls oder Ereignisses*: offen gelegte Ereignisse, Geschäftsvorfälle und andere Sachverhalte haben stattgefunden oder bestehen
- Die *Zurechnung* (**Z**) zum Unternehmen aufgrund bestehender Rechte an Vermögensgegenständen und Verpflichtungen
- Die *Vollständigkeit* (**VS**) der ausgewiesenen Vermögensgegenstände, Schulden und Eigenkapital, der Geschäftsvorfälle und Ereignisse sowie der geforderten Angaben

- Die **Bewertung und Zuordnung (B)**: sämtliche Vermögensgegenstände, Schulden und Eigenkapital sowie sonstige Angaben im Abschluss und Lagebericht sind mit den zutreffenden Beträgen enthalten und damit verbundene Anpassungen der Bewertung oder Zuordnung wurden angemessen vorgenommen
- Die **Genauigkeit (G)**: Beträge und sonstige Daten, die sich auf erfasste Geschäftsvorfälle und Ereignisse beziehen, sowie Rechnungslegungs- und andere Informationen werden zutreffend erfasst
- Die **Periodenabgrenzung (PA)**: Geschäftsvorfälle und Ereignisse wurden in der richtigen Berichtsperiode erfasst
- Den **Ausweis** und die **Verständlichkeit (A)**: die Rechnungslegungsinformationen sind angemessen *dargestellt* und *erläutert* und die Angaben sind deutlich formuliert, Geschäftsvorfälle und Ereignisse wurden auf den richtigen Konten erfasst (Kontenzuordnung).

Hinweis: Der Abschlussprüfer kann die oben beschriebenen Aussagen verwenden oder andere Formulierungen wählen, sofern alle Aspekte abgedeckt sind. Es können auch bestimmte Aussagen kombiniert werden.

*Die Systematisierung (**Aussagenkonzept**) dient insb. dem Zweck, den Zusammenhang zwischen den identifizierten Fehlerrisiken und den einzusetzenden Prüfungshandlungen gezielter zu planen. Damit das prüferische Vorgehen stärker in solche Bereiche gelenkt wird, die mit erhöhten Risiken wesentlicher falscher Angaben verbunden sind [9], ist es erforderlich und sinnvoll, die identifizierten Risiken dahingehend zu beurteilen, welche Aussagen in der Rechnungslegung sie betreffen (vgl. Meilenstein 3, Abschn. 3.2.4.1.). Stellt bspw. ausschließlich die Bewertung von selbstgenutztem Immobilienvermögen innerhalb des Sachanlagevermögens ein wesentliches Fehlerrisiko dar, müssen die weiteren Prüfungshandlungen insb. auf das Prüfungsziel „Bewertung der Immobilien" gerichtet sein, indem etwa ein Wertgutachten eingeholt oder die Wertentwicklung vergleichbarer Immobilien aus öffentlich zugänglichen Quellen (z.B. Immobilienindices, Berichte über den lokalen Immobilienmarkt) zum Vergleich herangezogen wird. Aussagebezogene Prüfungshandlungen oder Funktionsprüfungen zum Sachanlagevermögen, die auf andere Aussagen abzielen, sind in diesem Fall von geringerer Bedeutung.*

38 Folgende **Arten von Prüfungshandlungen** kommen in Betracht:

- Analytische Prüfungshandlungen (vgl. *IDW PS 300 n.F.*, Tz. A20 sowie Meilensteine 2 und 8)
- Einsichtnahme in Unterlagen des Unternehmens (vgl. *IDW PS 300 n.F.*, Tz. A13 ff.)
- Inaugenscheinnahme von materiellen Vermögensgegenständen (vgl. *IDW PS 300 n.F.*, Tz. A13 ff.)
- Beobachtung von Verfahren oder einzelnen Maßnahmen (vgl. *IDW PS 300 n.F.*, Tz. A16)

---

[9] Vgl. *Marten/Quick/Ruhnke*, Wirtschaftsprüfung, 4. Aufl., Stuttgart 2011, S. 85.

- Befragungen und Einholung von Bestätigungen (vgl. *IDW PS 300 n.F.*, Tz. A17 und Tz. A21 ff.)
- Nachrechnen (vgl. *IDW PS 300 n.F.*, Tz. A18)
- Nachvollziehen von Verfahren und Kontrollmaßnahmen (vgl. *IDW PS 300 n.F.*, Tz. A19).

39 Auch wenn ungeachtet der Beurteilung der Fehlerrisiken zu **allen wesentlichen Arten von Geschäftsvorfällen, Kontensalden und Angaben** aussagebezogene Prüfungshandlungen vorzunehmen sind, können diese ggf. auf aussagebezogene analytische Prüfungshandlungen beschränkt werden, wenn sich der Abschlussprüfer auf Prüfungsnachweise aus Funktionsprüfungen wirksamer interner Kontrollen stützen kann.

40 Die Entscheidung, ob über analytische Prüfungshandlungen hinaus weitere **Einzelfallprüfungen** nötig sind, ist vom Abschlussprüfer nach pflichtgemäßem Ermessen zu treffen. Kriterien für die Entscheidung sind

- Wesentlichkeit des zu beurteilenden Sachverhalts,
- Verlässlichkeit der Daten, auf deren Grundlage die Erwartungsbildung des Abschlussprüfers erfolgt,
- Höhe der nicht erklärbaren Abweichungen zwischen erwarteten und tatsächlichen Werten bei analytischen Prüfungshandlungen.

41 Einzelfallprüfungen sind insb. dann erforderlich, wenn analytische Prüfungshandlungen nicht möglich sind oder die durchgeführten analytischen Prüfungshandlungen keine ausreichende Prüfungssicherheit erbringen können. Dies ist z.B. der Fall, wenn die den analytischen Prüfungshandlungen zugrunde liegenden Daten nicht ausreichend verlässlich sind oder die dabei festgestellten Auffälligkeiten nicht zweifelsfrei geklärt werden können.

42 Bei **unterjährigen aussagebezogenen Prüfungshandlungen** (z.B. Saldenbestätigungsaktion zum 31.10.d.J.) hängen Art und Umfang der für den verbleibenden Zeitraum vorzunehmenden Prüfungshandlungen von dem Risiko wesentlicher falscher Angaben in der Rechnungslegung ab. Wenn dieses Risiko gering ist und die Funktionsprüfungen ergaben, dass wirksame interne Kontrollen vorliegen, reichen ggf. schon einige weitere analytische Prüfungshandlungen aus, um für den verbleibenden Zeitraum eine ausreichende Prüfungssicherheit zu erlangen.

43 **Befragungen** (mündlich oder schriftlich) können andere Prüfungsnachweise bestätigen oder untermauern, stellen für sich allein jedoch für gewöhnlich keine ausreichenden Prüfungsnachweise dar, um wesentliche falsche Angaben auf der Aussageebene aufzudecken. Sie sind ebenso wenig ausreichend für die Prüfung der Wirksamkeit von Kontrollmaßnahmen. Daher müssen regelmäßig in Ergänzung zu Befragungen weitere Prüfungshandlungen vorgenommen werden, um ausreichende und angemessene Prüfungsnachweise zu erlangen

(vgl. *IDW PS 300 n.F.,* Tz. A3) (Zur Vorbereitung und Durchführung von Befragungen vgl. **Arbeitshilfe B-2.8.: Leitfaden zur Durchführung von Befragungen im Rahmen der Abschlussprüfung**).

44 **Datenanalysen** als IT-gestützte Prüfungstechnik bieten sich oftmals zur Durchführung aussagebezogener analytischer Prüfungshandlungen und für Einzelfallprüfungen an. Beispiele für solche Datenanalysen enthält *IDW PH 9.330.3,* Anhang 2, Teil 3.

45 Die Zielsetzung der Abschlussprüfung erfordert **keine lückenlose Prüfung**, vielmehr sind die **Einzelfallprüfungen** unter Berücksichtigung des Grundsatzes der Wesentlichkeit i.d.R. auf der Basis von **Auswahlverfahren** durchzuführen. Hierbei kommen unterschiedliche **Auswahlverfahren** in Betracht, die sich in Verfahren mit bewusster Auswahl und Verfahren mit zufallsgesteuerter bzw. zufallsimitierender Auswahl einteilen lassen. Die folgende Abbildung zeigt die unterschiedlichen Verfahren und die mit ihrer Wahl verbundenen Auswirkungen auf das Ergebnis der Prüfungshandlungen:

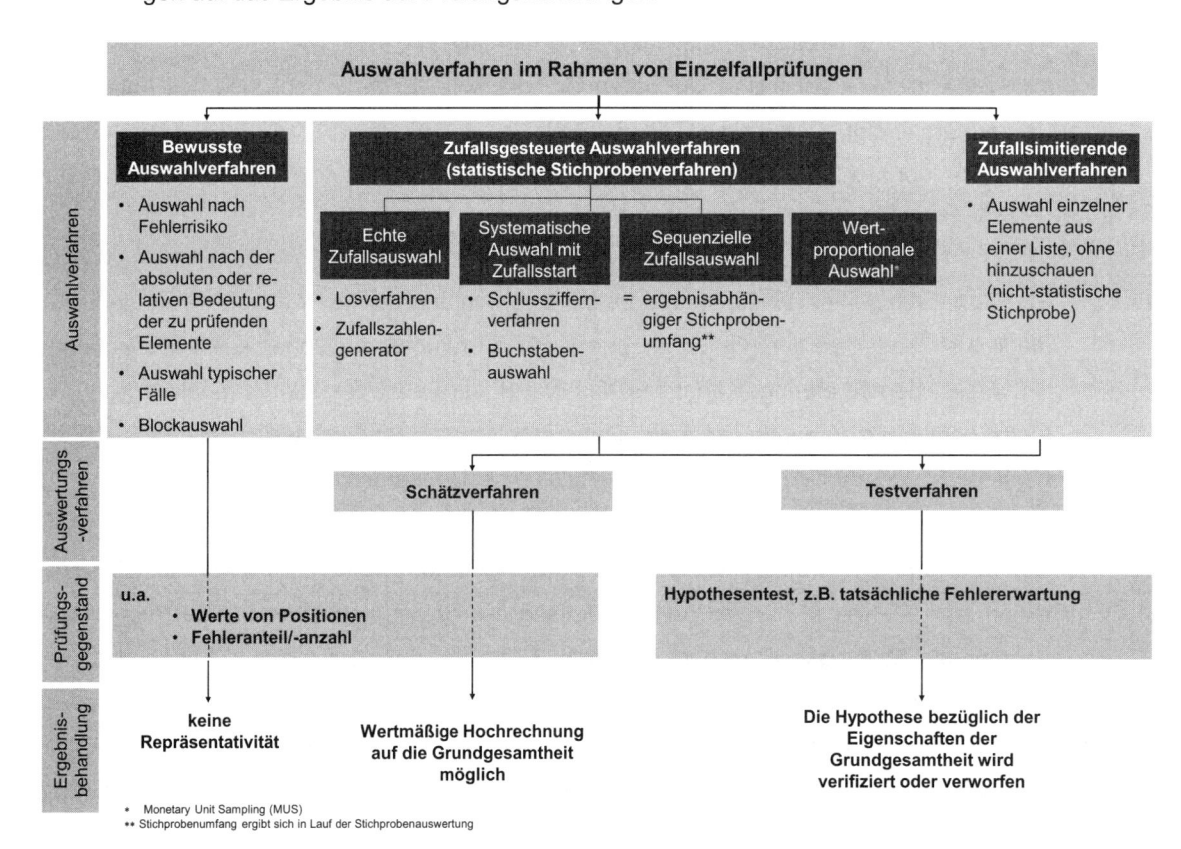

Auswahlverfahren im Rahmen von Einzelfallprüfungen

Auswahlverfahren:

- **Bewusste Auswahlverfahren**
  - Auswahl nach Fehlerrisiko
  - Auswahl nach der absoluten oder relativen Bedeutung der zu prüfenden Elemente
  - Auswahl typischer Fälle
  - Blockauswahl

- **Zufallsgesteuerte Auswahlverfahren (statistische Stichprobenverfahren)**
  - Echte Zufallsauswahl
    - Losverfahren
    - Zufallszahlengenerator
  - Systematische Auswahl mit Zufallsstart
    - Schlussziffernverfahren
    - Buchstabenauswahl
  - Sequenzielle Zufallsauswahl
    = ergebnisabhängiger Stichprobenumfang**
  - Wertproportionale Auswahl*

- **Zufallsimitierende Auswahlverfahren**
  - Auswahl einzelner Elemente aus einer Liste, ohne hinzuschauen (nicht-statistische Stichprobe)

Auswertungsverfahren: Schätzverfahren | Testverfahren

Prüfungsgegenstand:
- u.a.
  - Werte von Positionen
  - Fehleranteil/-anzahl
- Hypothesentest, z.B. tatsächliche Fehlererwartung

Ergebnisbehandlung:
- keine Repräsentativität
- Wertmäßige Hochrechnung auf die Grundgesamtheit möglich
- Die Hypothese bezüglich der Eigenschaften der Grundgesamtheit wird verifiziert oder verworfen

* Monetary Unit Sampling (MUS)
** Stichprobenumfang ergibt sich in Lauf der Stichprobenauswertung

46 Welche Auswahlmethode oder ob eine Kombination mehrerer Auswahlmethoden geeignet ist, hängt von den jeweiligen Umständen, z.B. den Risiken wesentlicher falscher Angaben, sowie von der Zweckmäßigkeit und Effizienz der verschiedenen Verfahren ab.

47 Bei der **bewussten Auswahl** werden Vorinformationen und Erfahrungen des Prüfers dazu benutzt, nach seinem pflichtgemäßen Ermessen eine Entscheidung über die in die Auswahl

aufzunehmenden Prüfungsfälle zu treffen, um diese Einzelfälle auszuwerten und daraus ein Urteil über das Prüfgebiet (Grundgesamtheit) abzuleiten. Auf Grundlage der vorgeschalteten Risikobeurteilung und des Verständnisses von den zu prüfenden Abschlussposten bzw. von der zu betrachtenden Grundgesamtheit werden die Elemente bewusst ausgewählt, bei denen der Abschlussprüfer mit einer erhöhten Wahrscheinlichkeit von Fehlern rechnet.[10] Es kann zweckmäßig sein, die Auswahl nach dem Fehlerrisiko mit der Auswahl nach der Bedeutung des Prüfungsgegenstands zu verbinden und z.B. zunächst nach dem Fehlerrisiko auszuwählen (inhärentes und Kontrollrisiko) und daran anschließend auf die Bedeutung der verbleibenden Elemente des Prüfgebiets abzustellen. Von besonderer Bedeutung für den späteren Nachweis ist, dass der Abschlussprüfer die Überlegungen bzw. Kriterien, die zu der bewussten Auswahl geführt haben, in den Arbeitspapieren festhält. Bei der Anwendung von bewussten Auswahlverfahren ist die Repräsentanz für die Grundgesamtheit nicht gegeben und nicht verlangt, da die Auswahl der Elemente nach Art und Umfang bewusst so anzulegen ist, dass möglichst sämtliche für das Prüfungsurteil wesentlichen Elemente in die Auswahl gelangen und nicht in den ungeprüften Teil der Grundgesamtheit fallen. Bei Massenverfahren, bei denen die Geschäftsvorfälle eine vergleichsweise homogene Merkmalsausprägung aufweisen, sind die Techniken der bewussten Auswahl meist nicht geeignet.

48 Bei der **zufallsgesteuerten Auswahl** werden die in die Stichprobe aufzunehmenden Prüfungsfälle nach dem Zufallsprinzip ausgewählt. Damit kann der Rückschluss von der Stichprobe auf die Grundgesamtheit unter Anwendung mathematisch-statistischer Gesetzmäßigkeiten erfolgen. Soweit konkrete Hypothesen (Annahmen) über Fehleranteile im Prüfgebiet bereits bestehen, kann die Richtigkeit dieser Annahmen anhand von Stichproben getestet werden. Die Zufallsauswahl der Stichprobenelemente ist unabdingbare Voraussetzung für die Anwendung mathematisch-statistischer Schätz- und Testverfahren.[11]

49 Bei einer **echten Zufallsauswahl** werden die aus einer Grundgesamtheit zu ziehenden Elemente so bestimmt, dass jedes Element der Grundgesamtheit die gleiche, von null verschiedene Auswahlwahrscheinlichkeit besitzt. Die Auswahl der Elemente erfolgt hierbei z.B. mittels IT-unterstützter Zufallszahlengeneratoren (z.B. mit der Funktion „Zufallszahl" in Excel oder in einer Prüfungssoftware) oder Zufallszahlentabellen.

50 Auch bei der **systematischen Zufallsauswahl** werden die aus einer Grundgesamtheit zu ziehenden Elemente so bestimmt, dass jedes Element der Grundgesamtheit die gleiche, von null verschiedene Auswahlwahrscheinlichkeit besitzt. Zu diesem Zweck wird zunächst ein Stichprobenintervall ermittelt, indem die Anzahl der Elemente der Grundgesamtheit durch

---

[10] Vgl. F & A zu ISA 530 bzw. IDW EPS 310 oder ISA 500 bzw. IDW EPS 300 n.F.; Abschn. 3.1.

[11] Zum Teil wird trotz des Vorliegens von Zufallsstichproben auf die Ableitung von mathematisch-statistisch gestützten Schätz- oder Testurteilen verzichtet. Die Deutung gefundener Fehler und sonstiger Befunde obliegt in diesem Fall der pflichtgemäßen Beurteilung des Prüfers, ohne dass auf eine statistische Formelauswertung der Stichprobenergebnisse zurückgegriffen wird, vgl. *Hömberg*, Stichprobenprüfung mit Zufallsauswahl, in: Ballwieser/Coenenberg/von Wysocki (Hrsg.): Handwörterbuch der Rechnungslegung und Prüfung, 3. Aufl., Stuttgart 2002, Sp. 2302.

den zuvor ermittelten Stichprobenumfang dividiert wird (ist bspw. bei einer Grundgesamtheit von 600 Elementen ein Stichprobenumfang von 20 ermittelt worden, so wäre jedes 30. Element der Grundgesamtheit zu ziehen). Damit tatsächlich jedes Element eine gleiche Auswahlwahrscheinlichkeit besitzt, wird die Ziehung nicht jedes Mal mit dem ersten Element der Grundgesamtheit begonnen, sondern zufällig (bspw. anhand eines Zufallszahlengenerators) oder zumindest zufallsimitierend ein Startpunkt innerhalb der ersten 30 Elemente der Grundgesamtheit gewählt. Ausgehend vom Startpunkt entspricht der Abstand der zu prüfenden Elemente genau dem Prüfungsintervall. Bei Anwendung der systematischen Auswahl ist es wichtig festzustellen, dass die Stichprobenelemente innerhalb der Grundgesamtheit nicht so strukturiert sind, dass das Stichprobenintervall mit einem bestimmten Muster in der Grundgesamtheit übereinstimmt.[12]

51 Bei der **wertproportionalen Auswahl** (auch: **Monetary** (bzw. Dollar-) **Unit-Sampling**) wird jede Werteinheit (jeder „Dollar") der Grundgesamtheit als ein Stichprobenelement betrachtet. Somit wird jedem zu prüfenden Element eine Auswahlwahrscheinlichkeit proportional zu seinem Buchwert zugeordnet. Bei diesem Verfahren, das vornehmlich bei erwarteten Überbewertungen angewendet wird, haben die Elemente mit höheren Werten also eine größere Wahrscheinlichkeit, in die Stichprobe zu gelangen, als Elemente mit niedrigeren Werten. Sofern die Voraussetzungen für die Anwendung des Verfahrens gegeben sind, kann dadurch der Stichprobenumfang reduziert werden. Dem Vorteil, dass die Auswahlwahrscheinlichkeit eines Prüfungsfalls mit seinem Buchwert steigt, steht allerdings der Nachteil gegenüber, dass bei potenziell zu niedrig ausgewiesenen Buchwerten das Verfahren nur eingeschränkt anwendbar ist, und Prüfungsfälle mit einem Buchwert von Null überhaupt keine Chance besitzen, in die Stichprobe zu gelangen. Deshalb wird das Verfahren häufig insb. bei der Prüfung des Aktivvermögens, weniger bei der Prüfung des Passivvermögens in Betracht gezogen. Unter der Annahme, dass das Auftreten eines Fehlers ein seltenes Ereignis ist[13], kann die Verteilung der Fehler am besten durch die Poisson-Verteilung approximiert werden (so auch in den üblichen, am Markt erhältlichen Datenanalyseprogrammen). Der nach der Poisson-Verteilung zu errechnende **Stichprobenumfang (n)** ergibt sich aus der Formel $n = -\ln(\beta)/\varphi$. Wobei β der für die Stichprobenauswahl vorgegebene Risikograd ist und φ der tolerierte Fehleranteil. Zur Illustration vgl. das **Praxisbeispiel** am Schluss dieses Meilensteins.

52 Die praktische Anwendung zufallsgesteuerter Stichprobenverfahren ist berechtigt, wenn im konkreten Fall die Prämissen der Stichprobentheorie vorliegen.[14] Die Berechnung mithilfe statistischer Methoden setzt stets Vorkenntnisse über die **Fehlerwahrscheinlichkeit** in den einzelnen Prüfgebieten voraus. Diese Vorkenntnisse können das Ergebnis von Prüfungshandlungen sein, die der eigentlichen Stichprobenziehung vorgeschaltet sind (z.B. Analyse

---

[12] Vgl. *F & A zu ISA 530 bzw. IDW EPS 310 oder ISA 500 bzw. IDW EPS 300 n.F.*; Abschn. 5.2. und 5.3.
[13] Vgl. *Leffson*, a.a.O., S. 178.
[14] *Leffson*, Wirtschaftsprüfung, 4. Aufl., Wiesbaden 1991, S. 171 ff.

der wirtschaftlichen und rechtlichen Verhältnisse des Mandanten einschließlich des internen Kontrollsystems, ggf. IT-gestützte Analyse des vorgelegten Prüfungsstoffs (vgl. *IDW PH 9.330.3*, Tz. 75 ff. (**Datenanalysen** zur Unterstützung bei der Stichprobenauswahl)). Die Stichprobenprüfung mit statistischen Verfahren ist nur dann anwendbar, wenn das betreffende Prüffeld eine ausreichend große **Grundgesamtheit** aufweist und hinsichtlich des gesuchten Fehlers in sich **homogen** ist. Beispielsweise können Anlage- und Debitorenkonten zu einer in sich homogenen Bewertungseinheit zusammengefasst werden, sofern ausschließlich technische Buchungsfehler gesucht werden, die in beiden Kontenbereichen anfallen und das gleiche Gewicht für das Prüfungsurteil haben. Prüft man dagegen die Bewertung, so müssen Anlagen- und Debitorenkonten gesondert geprüft werden, da sie sich nach Art und Gewicht der zu erwartenden Fehler unterscheiden. Eine Erhöhung der Homogenität lässt sich durch die Schichtung der relevanten Grundgesamtheit in Teilgrundgesamtheiten erzielen. Da Schichtungen i.d.R. zur Verringerung des Stichprobenumfangs führen, können sie die Wirtschaftlichkeit der Prüfung erhöhen. Voraussetzung ist, dass sich die Schichtungen an den Prüfungszielen, die mit der Stichprobenprüfung verfolgt werden, und den damit verbundenen untersuchten Merkmalen orientieren.

53 Stichprobenverfahren sind dann nicht anwendbar, wenn der Prüfer aufgrund seiner bisher gewonnenen Erkenntnisse erwarten muss, dass im Prüffeld ein oder mehrere **schwerwiegende Fehler enthalten** sein könnten, deren Aufdeckung ein negatives Urteil zur Folge haben würde. Schließlich setzt die Anwendung von Stichprobenprüfungen voraus, dass angegeben werden kann, welches **statistische Verteilungsgesetz** zu unterstellen ist (z.B. Normalverteilung oder Poisson-Verteilung).[15]

54 Die **zufallsimitierende Auswahl** ist eine zulässige, repräsentative Auswahlmethode zur Ziehung einer nichtstatistischen Stichprobe aus einer Grundgesamtheit. Dabei wählt der Abschlussprüfer die Stichprobe aus, ohne dabei ein strukturiertes Verfahren zu befolgen, vermeidet dabei aber jede bewusste systematische Verzerrung oder Vorhersehbarkeit und versucht auf diese Weise sicherzustellen, dass für alle Stichprobenelemente eine Chance besteht, ausgewählt zu werden. Der Abschlussprüfer hat darauf zu achten, dass die Stichprobe nicht verfälscht wird, weil er bspw. nur große bzw. kleine oder ungewöhnliche Elemente aussucht, er schwer zu ermittelnde Elemente auslässt oder er stets den ersten oder letzten Eintrag auf einer Seite auswählt oder auslässt. In der Praxis findet die zufallsimitierende Auswahl insb. Anwendung, wenn physische Prüfungsgegenstände bzw. Unterlagen in Papierform vorliegen, aus denen eine Auswahl zu treffen ist.[16]

---

[15] Zufallsgesteuerte Auswahlverfahren mittels mathematisch-statistischer Modelle erfordern i.d.R. den Einsatz entsprechender Softwareprogramme. Informationen über Anbieter solcher Softwareprogramme sind bei der IDW Geschäftsstelle erhältlich.

[16] Vgl. *F & A zu ISA 530 bzw. IDW EPS 310 oder ISA 500 bzw. IDW EPS 300 n.F.*; Abschn. 5.5.

55 Die in diesem Handbuch enthaltenen Vorschläge für aussagebezogene Prüfungshandlungen in Bezug auf Abschlussposten (**Arbeitshilfen B-7.1.-B-7.27.**) berücksichtigen **typische Fehlerrisiken**. In Abhängigkeit von der Einschätzung der inhärenten und der Kontrollrisiken werden dem Prüfer Hinweise für mögliche Prüfungshandlungen gegeben, um die erforderliche zusätzliche Prüfungssicherheit im Hinblick auf die relevanten Rechnungslegungsaussagen zu erzielen. Der verantwortliche Wirtschaftsprüfer kann anhand dieser Prüfungskataloge eine **Auswahl** der zum Erreichen der notwendigen Prüfungssicherheit durchzuführenden analytischen Prüfungshandlungen und Einzelfallprüfungen treffen. **Es ist weder erforderlich noch mit einer risikoorientierten Vorgehensweise vereinbar, alle dort genannten Prüfungshandlungen vorzunehmen. Die beispielhaft vorgegebenen Prüfungsziele (relevante Aussagen in der Rechnungslegung) sind auf den konkreten Einzelfall anzupassen.** Der Prüfer muss außerdem immer daran denken, dass die dargestellten Risikofaktoren typisiert sind und im konkreten Einzelfall andere Risikofaktoren von Bedeutung sein können, auf die entsprechend zu reagieren ist.

56 Eine Verwertung von **Ratinganalysen** als Gutachten von Sachverständigen bei aussagebezogenen Prüfungshandlungen nach den Grundsätzen des *IDW Prüfungsstandards: Verwertung der Arbeit eines für den Abschlussprüfer tätigen Sachverständigen (IDW PS 322 n.F.)* kommt i.d.R. nicht in Betracht, weil die Ratingberichte meist nicht so transparent, nachvollziehbar und aussagefähig sind, dass der Abschlussprüfer seine eigenverantwortliche Beurteilung maßgeblich auf die vorliegenden Berichte stützen kann. Hinzu kommt, dass eine Verwertung der Arbeit von Sachverständigen nach dem *IDW Prüfungsstandard* i.d.R. eine direkte Beziehung zwischen Prüfer und Sachverständigem voraussetzt (z.B. zur Abstimmung von Art und Umfang der Tätigkeit), was bei Ratings normalerweise nicht der Fall ist.[17]

57 Damit **Prüfungsnachweise**, die in einem **früheren Prüfungszeitraum** aus aussagebezogenen Prüfungshandlungen erlangt wurden, in der laufenden Prüfung verwendet werden können, dürfen sich die Prüfungsnachweise und der Sachverhalt, auf den sich diese beziehen, nicht grundlegend geändert haben, z.B. ein in der vorherigen Abschlussprüfung beurteilter Leasingvertrag.

7.2.4.3. Festlegung von Prüfungshandlungen

Wenn der verantwortliche Wirtschaftsprüfer die Prüfungshandlungen festlegt, sollte er folgende Eckpunkte beachten und eigenverantwortlich einschätzen, ob sie unter den gegebenen Umständen mit Blick auf das Prüfungsziel erforderlich sind:

Auswahl und Durchführung von aussagebezogenen Prüfungshandlungen unter Verwendung **der Arbeitshilfen B-7.1. bis B-7.27.**, um zusammen mit den Prüfungshandlungen zur Risikobeurteilung (Meilensteine 2 bis 4) und den Funktionsprüfungen (Meilenstein 6) hinreichende Sicherheit zu er-

---

[17] Vgl. Ergebnisbericht-Online über die 210. Sitzung des HFA am 04.und 05.12.2007, TOP 18.

langen, dass wesentliche Fehler auf Aussageebene aufgedeckt werden (Dokumentation in **Arbeitshilfen B-5.0., B-5.1. bzw. B-5.2.**; Meilenstein 5).

Analytische Prüfungshandlungen als aussagebezogene Prüfungshandlungen können entsprechend den folgenden Schritten vorgenommen werden. Das Vorgehen/die Ergebnisse können ebenfalls anhand dieser Schritte dokumentiert werden: Schritt 1: Erwartungsbildung se), Schritt 2: Ermittlung von wesentlichen Abweichungen und Schwellenwerten, Schritt 3: Beurteilung der wesentlichen Abweichungen.

Schritte bei der Durchführung analytischer Nachweisprüfungen

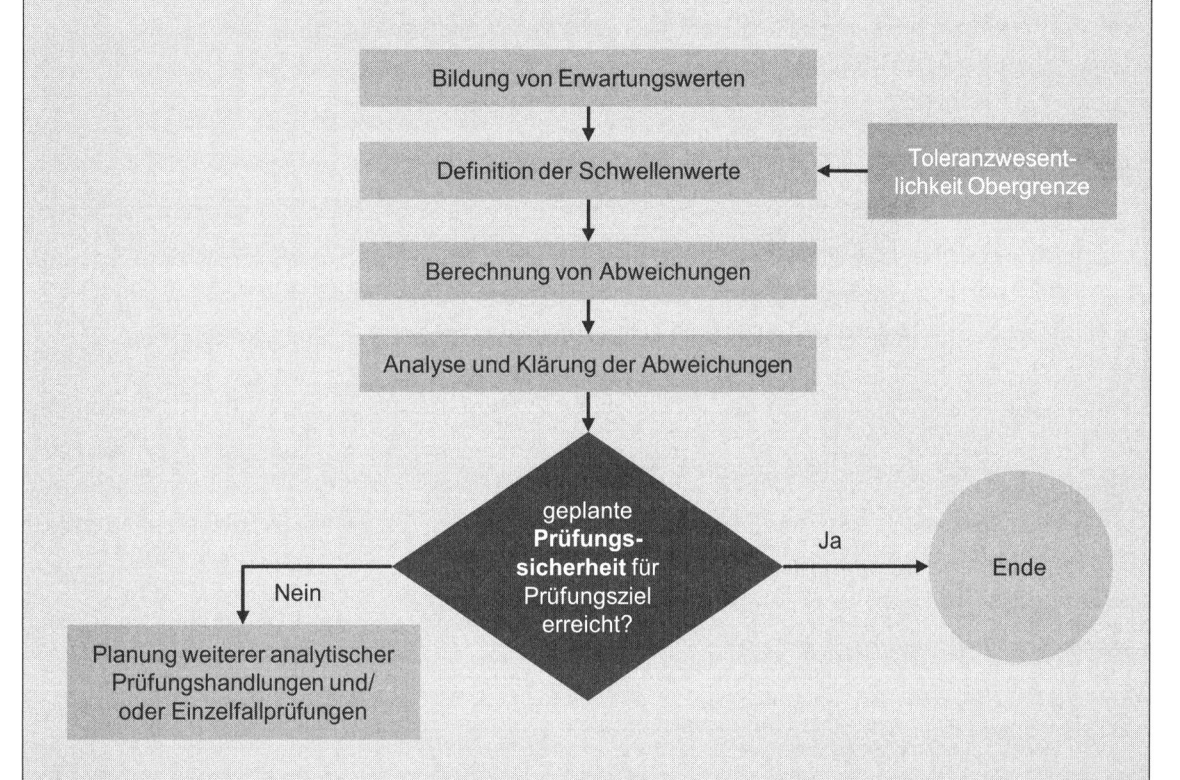

```
         Bildung von Erwartungswerten
                     ↓
         Definition der Schwellenwerte  ← Toleranzwesentlichkeit Obergrenze
                     ↓
         Berechnung von Abweichungen
                     ↓
         Analyse und Klärung der Abweichungen
                     ↓
         geplante Prüfungssicherheit für Prüfungsziel erreicht?
           Nein ↓                    Ja →  Ende
         Planung weiterer analytischer
         Prüfungshandlungen und/
         oder Einzelfallprüfungen
```

Hinweise:

Zu Schritt 1 (**Erwartungsbildung**): Bei einem einfachen Vergleich mit Vorjahreswerten könnte übersehen werden, dass bei bestimmten Größen, z.B. wegen eines starken Anstiegs des Preisniveaus in bestimmten Branchen, zwingend wesentliche Veränderungen vorliegen müssen. Die Genauigkeit einer Prognose ist ein Maß für die Zuverlässigkeit der analytischen Prüfungshandlung. Die erforderliche Genauigkeit hängt dabei von dem Grad an Prüfungssicherheit ab, der von einer analytischen Prüfungshandlung erwartet wird. Analytische Prüfungshandlungen, die in der Phase der Prüfungsdurchführung eingesetzt werden, erfordern ein höheres Maß an Prüfungssicherheit als analytische Prüfungshandlungen, die bei der Prüfungsplanung oder der abschließenden Durchsicht vorgenommen werden.

Zu Schritt 2 (**Ermittlung von wesentlichen Abweichungen und Schwellenwerten**): Durch Vergleich des Prognosewerts mit dem Ist-Wert wird die Soll-Ist-Abweichung ermittelt. Ziel von analytischen Prüfungshandlungen ist dabei die Aussage, ob der vorhandene Ist-Wert in Anbetracht der Sollgröße (Prognosewert) plausibel erscheint. Werden die beim Soll-Ist-Vergleich festgestellten Abweichungen als wesentlich angesehen (Schwellenwert: Toleranzwesentlichkeit), sind weitergehende Untersuchungen erforderlich.

Zu Schritt 3 (**Beurteilung der wesentlichen Abweichungen**): Können Abweichungen von der Unternehmensleitung nicht zufriedenstellend geklärt werden, müssen ggf. die bei der Ermittlung der Sollwerte zugrunde gelegten Daten und Annahmen noch einmal überprüft werden. Bleiben danach noch wesentliche Prüfungsdifferenzen bestehen, sind zusätzliche Einzelfallprüfungen erforderlich, um festzustellen, ob der Jahresabschluss wesentliche Falschaussagen enthält. Bei der Festlegung von **Schwellenwerten** (wesentliche Abweichungen) sind zu berücksichtigen:

→folgende **Faktoren:**

- die Methode der analytischen Prüfungshandlungen
- die Wesentlichkeit der entsprechenden Abschlussposten
- das mit der analytischen Prüfungshandlung zu erlangende Maß an Prüfungssicherheit
- der Grad der Disaggregation des zu prüfenden Postens (Untersuchungen auf der Ebene von Konten führen zu einer höheren Genauigkeit als Untersuchungen auf der Ebene des gesamten Unternehmens)
- die Genauigkeit der formulierten Erwartung.

→folgende **Zusammenhänge**:

- Je größer die erforderliche Prüfungssicherheit, umso niedriger der Schwellenwert
- Je höher der Grad der Disaggregation, umso niedriger der Schwellenwert
- Wenn die Genauigkeit der formulierten Erwartungen steigt, sollte der Schwellenwert sinken. Das heißt eine genauere Erwartung geht mit einer höheren Entdeckungswahrscheinlichkeit von Falschdarstellungen einher.

7.2.5. Einholung von Bestätigungen Dritter

7.2.5.1. Prüfungsanforderungen

58   Bei der Planung von Einzelfallprüfungen hat der Abschlussprüfer zu entscheiden, ob Bestätigungen aus externen Quellen (**Bestätigungen Dritter**) einzuholen sind. Dabei sind

insb. folgende Aspekte zu berücksichtigen (vgl. *IDW Prüfungsstandard: Bestätigungen Dritter (IDW PS 302 n.F.*, Tz. 7 und Tz. A1))[18]:

- die Beurteilung der Fehlerrisiken durch den Abschlussprüfer für die Rechnungslegung insgesamt und für einzelne Aussagen in der Rechnungslegung, die er auf der Grundlage seines Verständnisses vom Unternehmen und dessen rechtlichem und wirtschaftlichem Umfeld sowie seiner Beurteilung des rechnungslegungsbezogenen internen Kontrollsystems trifft.

- ob der Abschlussprüfer ausreichende und angemessene Prüfungsnachweise auch bei Nichteinholung von Bestätigungen Dritter durch die Prüfungshandlungen zur Risikobeurteilung, Funktionsprüfungen des internen Kontrollsystems und aussagebezogenen Prüfungshandlungen (Einholung von Nachweisen für den Bestand an Geschäftsbeziehungen mit Dritten, bspw. Kunden und Lieferanten bzw. Kreditinstituten, über Vertragsunterlagen, Auskünfte über solche Geschäftsbeziehungen) erlangen kann.

59 **Bankbestätigungen** sind mit Ausnahme der in der folgenden Textziffer aufgeführten Sachverhalte für alle Arten von geschäftlichen Beziehungen des Unternehmens mit Kreditinstituten (bzw. deren jeweiliger Niederlassung) einzuholen (*IDW PS 302 n.F.*, Tz. 20).

60 Voraussetzung für das Nichteinholen von Bankbestätigungen (vgl. *IDW PS 302 n.F.*, Tz. 23) ist, dass

- keine bedeutsamen Risiken (einschließlich Risiken für Verstöße) in Bezug auf die vollständige und richtige Darstellung der Geschäftsbeziehungen zu Kreditinstituten in der Rechnungslegung bestehen und

- eine Ausnahmesituation vorliegt, aufgrund der die Einholung von Bankbestätigungen – gemessen an der dadurch erzielbaren und zu erzielenden Prüfungssicherheit – unpraktikabel und unwirtschaftlich ist,

- die relevanten internen Kontrollen (z.B. Festlegung von Art und Höhe zulässiger Geschäfte, Genehmigungskontrollen, Überwachung durch die Interne Revision) als wirksam beurteilt werden.

Eine Ausnahmensituation kann insb. vorliegen bei einer großen Anzahl von Kreditinstituten, mit denen das Unternehmen Geschäftsbeziehungen hat, die ausschließlich dem Zahlungsverkehr dienen.

61 Sind die relevanten internen Kontrollen nicht wirksam, kann nicht mit hinreichender Sicherheit ausgeschlossen werden, dass weitere Geschäftsbeziehungen zu Kreditinstituten bestehen, die nicht vollständig und richtig in der Rechnungslegung dargestellt werden. Dies kann z.B. der Fall sein, wenn die Geschäftsbeziehungen über die reine Abwicklung des Zahlungs-

---

[18] Weitere Faktoren, die dem Abschlussprüfer bei der Entscheidung über die Einholung von Bestätigungen Dritter helfen können, werden beschrieben in den *Fragen und Antworten: Zur Einholung von Bestätigungen Dritter nach ISA 505 bzw. IDW PS 302 n.F. (F & A zu ISA 505 und IDW PS 302 n.F.)* (Stand: 02.10.2015), Abschn. 2.8.

verkehrs hinausgehen und das Unternehmen z.B. Kredite in Anspruch nimmt, Fremdgelder treuhänderisch verwaltet, Sicherheiten bestellt wurden, Avale, Gewährleistungen, Indossamentverpflichtungen oder sonstige Gewährleistungen und Bürgschaften vorliegen, Wertpapiere bei dem Kreditinstitut deponiert oder Geschäfte über Finanzderivate abgeschlossen wurden (vgl. *IDW PS 302 n.F.*, Tz. A31).

62 Demgegenüber kann als **Beispiel für das zulässige Nichteinholen von Bankbestätigungen** ein Einzelhandelsunternehmen gelten, welches regional oder bundesweit verteilt über eine große Anzahl von Verkaufsstellen verfügt, für die vor Ort jeweils eigene Bankkonten geführt werden, über die ausschließlich der Zahlungsverkehr abgewickelt wird und die arbeitstäglich glattgestellt werden oder die über eine andere Bank des Unternehmens so mit finanziellen Mitteln ausgestattet werden, dass keine Kreditgewährung erfolgt. Ähnlich gelagerte Fälle können sich bspw. bei einem Anlagenbauer oder Bauunternehmen ergeben, bei denen für Baustellen ebenfalls vor Ort Bankkonten eingerichtet werden, über die lediglich die Zahlung für den Erwerb von Baumaterialien bis zu einem bestimmten Wert abgewickelt werden, wobei die Konten arbeitstäglich glattgestellt werden oder über eine andere Bank des Unternehmens so mit finanziellen Mitteln ausgestattet werden, dass keine Kreditgewährung erfolgt (vgl. *IDW PS 302 n.F.*, Tz. A32).

63 Sofern der Abschlussprüfer Bestätigungen Dritter einholt, muss er die **Kontrolle über das Bestätigungsverfahren** bewahren. Dies schließt Folgendes ein:

 a) Festlegung der einzuholenden Informationen
 b) Auswahl eines geeigneten Dritten
 c) Ausgestaltung der Bestätigungsanfragen (einschließlich Adressierung und Aufforderung, die Antwort unmittelbar an den Abschlussprüfer zurückzusenden)
 d) Versand der Anfragen sowie eventueller Folgeanfragen.[19]

64 Geeignete Dritte können natürliche Personen, Unternehmen oder andere rechtliche oder wirtschaftliche Einheiten sein. Als Adressat einer Bestätigungsanfrage sind sie geeignet, wenn sie nach Einschätzung des Abschlussprüfers relevante und verlässliche Prüfungsnachweise liefern können. Die Verlässlichkeit der Bestätigungen Dritter wird u.a. beeinflusst von der Zuverlässigkeit der befragten Personen, ihrer Kompetenz, Objektivität, Stellung in der Unternehmenshierarchie sowie Sachkenntnis über den jeweiligen Einzelfall (*IDW PS 302 n.F.*, Tz. 8b)) und konkretisierend Tz. A7).[20]

---

[19] Hinweise zur Planung und Durchführung von Bestätigungsanfragen enthalten die *F & A zu ISA 505 und IDW PS 302 n.F.*, Abschn. 3.

[20] Hinweise zur Auswahl der konkreten Person und Beispiele dafür, wann eine Person ungeeignet ist, enthalten die *F & A zu ISA 505 und IDW PS 302 n.F.*, Abschn. 3.11. Beispiele für weitere Umstände, die Zweifel an der Verlässlichkeit der Antworten aufwerfen können, enthalten die *F & A zu ISA 505 und IDW PS 302 n.F.*, Abschn. 4.2. Hinweise, wie diesen Zweifeln begegnet werden kann enthalten die *F & A zu ISA 505 und IDW PS 302 n.F.*, Abschn. 4.3.

65　Werden Bestätigungen Dritter nicht auf den Abschlussstichtag, sondern auf einen davor liegenden Zeitpunkt eingeholt, müssen Prüfungshandlungen durchgeführt werden, um den dazwischen liegenden Zeitraum abzudecken (vgl. *IDW PS 302 n.F.*, Tz. 10).[21]

66　Weigern sich die gesetzlichen Vertreter, dem Prüfer das Einholen von Bestätigungen Dritter zu gestatten, sind die Gründe hierfür zu erfragen und Prüfungsnachweise zu deren Stichhaltigkeit und Vertretbarkeit einzuholen. Darüber hinaus sind die Auswirkungen auf die bisherige Risikobeurteilung abzuwägen und alternative Prüfungshandlungen durchzuführen (vgl. *IDW PS 302 n.F.*, Tz. 11). Sofern keine stichhaltigen Gründe erkennbar sind, ist das Aufsichtsorgan zu informieren. Das Gleiche gilt, wenn keine relevanten und verlässlichen alternativen Prüfungsnachweise erlangt werden können (vgl. *IDW PS 302 n.F.*, Tz. 12 f.).

67　Wenn Anhaltspunkte vorliegen, dass Antworten nicht verlässlich sind, müssen weitere Prüfungsnachweise eingeholt werden, um diese Zweifel zu beseitigen (vgl. *IDW PS 302 n.F.*, Tz. 14) und es sind das beurteilte Fehlerrisiko sowie das geplante Prüfungsprogramm zu überdenken (*IDW PS 302 n.F.*, Tz. 15).

68　Bleibt eine Bestätigungsanfrage unbeantwortet, liegt es im Ermessen des Abschlussprüfers mit dem Adressaten der Bestätigungsanfrage erneut Kontakt aufzunehmen. Bleibt auch dieser zweite Versuch ohne Erfolg, sind **alternative Prüfungshandlungen** vorzunehmen (vgl. *IDW PS 302 n.F.*, Tz. 16, *F & A zu ISA 505 und IDW PS 302 n.F., Abschn. 4.6.*).[22]

69　Erhält der Abschlussprüfer auf eine Bestätigungsanfrage eine Antwort, die nicht mit den in der Bestätigungsanfrage enthaltenen Informationen übereinstimmt (geschlossene Anfrage) bzw. eine Antwort, die nicht mit den Aufzeichnungen des zu prüfenden Unternehmens übereinstimmt (offene Anfrage), liegt eine **Abweichung** vor *(IDW PS 302 n.F.*, Tz. 6e)). Abweichungen sind nicht zwangsläufig mit falschen Darstellungen gleichzusetzen. Mögliche Ursachen für Abweichungen sind unterschiedliche zeitliche Abgrenzungen (z.B. schwimmende Ware, unterwegs befindliche Zahlungen), Bewertungsunterschiede (z.B. durch Wechselkurse) oder versehentliche falsche Auskünfte in den externen Bestätigungen (z.B. Zahlendreher) (vgl. *IDW PS 302 n.F.*, Tz. A22). Der Abschlussprüfer muss Abweichungen (auch unter der Nichtaufgriffsgrenze) untersuchen, um festzustellen, ob sie auf falsche Darstellungen hindeuten oder nicht. Angesichts der Vielzahl der möglichen Ursachen für Abweichungen ist somit im Einzelfall zu beurteilen, ob der Mandant den Sachverhalt zutreffend abgebildet hat oder ob tatsächlich eine falsche Angabe vorliegt (vgl. *IDW PS 302 n.F.*, Tz. 17).[23]

---

[21] Weitere Hinweise zu **Roll-Forward-Prüfungshandlungen** enthalten die *F & A zu ISA 505 bzw. IDW PS 302 n.F.*, Abschn. 6.

[22] Hinweise zur Möglichkeit sowie zur Form und zum Umfang alternativer Prüfungshandlungen enthalten die *F & A zu ISA 505 bzw. IDW PS 302 n.F.*, Abschn. 5.

[23] Vgl. *F & A zu ISA 505 bzw. IDW PS 302 n.F.*, Abschn. 4.4. Weitere Überlegungen, die Abweichungen, die als falsche Darstellung beurteilt werden, nach sich ziehen können, enthalten die *F & A zu ISA 505 bzw. IDW PS 302 n.F.*, Abschn. 4.5.

70 Sind **von Dritten verwahrte Vorräte** (z.B. in Konsignationslagern, bei Speditionen, zur Aufarbeitung weggegebene Vermögensgegenstände) nicht durch das Unternehmen selbst körperlich aufgenommen worden und für den Abschluss wesentlich, sind ausreichende und angemessene Prüfungsnachweise darüber einzuholen (vgl. *IDW PS 302 n.F.*, Tz. 19). Hierfür stehen folgende Möglichkeiten zur Verfügung:

a) Einholen einer Bestätigung von dem Dritten
b) Inaugenscheinnahme der Vorräte
c) Durchführung anderer Prüfungshandlungen, die unter den gegebenen Umständen angemessen sind.

7.2.5.2. Hinweise zur Bearbeitung

71 Zur Gestaltung der Einholung von Bestätigungen Dritter und den zulässigen Methoden der Bestätigungsanfrage vgl. *IDW PS 302 n.F.*, Tz. 7 ff. sowie *F & A zu ISA 505 und IDW PS 302 n.F.*, Abschn. 2.9. - 2.11.

72 Welche Informationen im Einzelfall durch Bestätigungen Dritter eingeholt werden, orientiert sich an den beurteilten Fehlerrisiken und den damit verbundenen, zu prüfenden Aussagen in der Rechnungslegung. Beispiele (vgl. Abschn. 3.3. der F & A):

Art der Bestätigung	Abgefragte Information	Aussagen in der Rechnungslegung[24]
Bestätigung zu Forderungen LuL	Saldo (unter Berücksichtigung der Währung)	VS[25], VH/E, G, PA
	Nebenabreden	VH/E, VS[19], B, G
	Konditionen (z.B. Lieferbedingungen)	G, VS[19], B, PA
	(einzelne) offene Posten	VH/E, G, PA
	Gesamte Geschäftsbeziehung zum Kunden (z.B. Kontokorrent aus lfd. Geschäftsbeziehung, Anzahlungen, gewährte Darlehen)	VS[19], VH/E, G, A
Bestätigung zu Verbindlichkeiten	Saldo (unter Berücksichtigung der Währung)	VS[26], VH/E[19], G, PA

---

[24] VS=Vollständigkeit; G=Genauigkeit; VH/E=Vorhandensein/Eintritt; PA=Periodenabgrenzung; B=Bewertung; Z=Zurechnung; A=Ausweis/Verständlichkeit.

[25] Dies gilt i.d.R. nur bei einer offenen Anfrage und nur im Hinblick auf den angefragten Geschäftspartner (nicht dagegen für den gesamten Abschlussposten).

[26] Dies gilt i.d.R. nur im Hinblick auf den angefragten Geschäftspartner (nicht dagegen für den gesamten Abschlussposten).

Art der Bestätigung	Abgefragte Information	Aussagen in der Rechnungslegung[24]
aus LuL	Nebenabreden	VH/E[19], VS, B, G
	Konditionen (z.B. Lieferbedingungen)	G, VS[20], B, PA
	(einzelne) offene Posten	VH/E[19], G, PA
	Gesamte Geschäftsbeziehung zum Lieferanten (z.B. Anzahlungen, erhaltene Darlehen)	VS[20], VH/E[19], G, A
Rechtsanwaltsbestätigung	bestehende Rechtsstreitigkeiten	Rückstellungen: VS Wertberichtigungen auf Forderungen: VS
	Einschätzung der Erfolgsaussichten und finanziellen Auswirkungen von Rechtsstreitigkeiten	Rückstellungen: B, G Forderungen: B, G
	ausstehende Honorare	Verbindlichkeiten: VS Rückstellungen: VS
	gesellschaftsrechtliche Vorgänge (z.B. Kapitalerhöhungen)	Betroffene Abschlussposten: A Angaben in Anhang und Lagebericht: G, VS
	Umfang der Geschäftsbeziehungen (z.B. Tätigkeitsschwerpunkte, Beratungsleistungen)	Rückstellungen: VS Angaben in Anhang und Lagebericht: VS
	Rechtsverstöße	Rückstellungen: VS Angaben in Anhang und Lagebericht: VS

73   Im Allgemeinen werden **Saldenbestätigungen** nicht lückenlos, sondern nur für bestimmte Forderungen und Verbindlichkeiten einzuholen sein. Die Auswahl kann sowohl bewusst als auch zufallsgesteuert erfolgen. Als Auswahlkriterien für die bewusste Auswahl kommen vor allem folgende Anzeichen für ein erhöhtes Fehlerrisiko in Frage:

- Höhe der einzelnen Forderung oder Verbindlichkeit,
- Umfang des Geschäftsverkehrs,
- Überschreitungen des Zahlungsziels und
- Struktur und Ordnungsmäßigkeit des Kontokorrents.

74 **Bankbestätigungen** (z.B. über eingeräumte Kreditlinien, gestellte Sicherheiten, Aufrechnungsmöglichkeiten, Avale oder andere Gewährleistungen sowie Termingeschäfte) dienen dem Nachweis, ob finanzielle Risiken oder künftige Verpflichtungen bestehen, die sich z.B. in Rückstellungen, Haftungsverhältnissen, Angabepflichten nach § 285 Nr. 1 bis 3 HGB oder im Lagebericht niederschlagen können. Ferner können sich aus Bestätigungen bspw. über Unterschriftsberechtigungen Rückschlüsse über das interne Kontrollsystem und seine Wirksamkeit ergeben. Allein auf der Grundlage vorgelegter Kontoauszüge ist keine Aussage darüber möglich, ob ggf. weitere Forderungen und Verbindlichkeiten gegenüber dem Kreditinstitut bestehen bzw. ob eine in der Vergangenheit zugesagte Kreditlinie fortbesteht (vgl. *IDW PS 302 n.F.*, Tz. A25 f.).

75 Um sonstige Risiken (z.B. Eventualverbindlichkeiten, technische Sachverhalte oder Umweltrisiken) zu erfassen, kann es für wesentliche Sachverhalte im Rahmen der Eigenverantwortlichkeit empfehlenswert sein, **Bestätigungen von Sachverständigen** oder ggf. von **Versicherungsunternehmen** einzuholen.

76 Wenn wesentliche Leasingverträge im Unternehmen bestehen, kann es für den Abschlussprüfer zudem sinnvoll sein, sich im Unternehmen bestehende Leasingverträge von einer **Leasinggesellschaft** extern bestätigen zu lassen.

Hinweis auf in der Praxis vorkommende Fehlerquellen, die in den Kontrollen der APAK beanstandet wurden:[27]

- *Für nicht beantwortete Saldenbestätigungsanfragen wurden keine angemessenen alternativen Prüfungshandlungen durchgeführt.*
- *Bei Durchführung der Saldenbestätigungsanfrage auf einen vor dem Bilanzstichtag liegenden Zeitpunkt wurden keine ausreichenden und angemessenen Prüfungsnachweise für den verbleibenden Zeitraum bis zum Ende des Geschäftsjahres eingeholt (Roll-Forward).*

7.2.5.3. Festlegung von Prüfungshandlungen

Wenn der verantwortliche Wirtschaftsprüfer die Prüfungshandlungen festlegt, sollte er folgende Eckpunkte beachten und eigenverantwortlich einschätzen, ob sie unter den gegebenen Umständen mit Blick auf das Prüfungsziel erforderlich sind:

a) Dokumentation der Durchführung der Einholung von Bestätigungen Dritter (vgl. als Muster die zugehörigen **Arbeitshilfen B-7.28. bis B-7.30.8.-E**).

b) Durchführung von **Roll-forward-Prüfungshandlungen** bei unterjährigem Stichtag für die Bestätigungen.

c) Sofern Bestätigungen Dritter nicht beantwortet wurden oder nicht eingeholt werden konnten

---

[27] Quelle: Tätigkeitsbericht der APAK 2013, S. 15.

> bzw. hierauf verzichtet wurde, sind hierfür die Gründe sowie ggf. durchgeführte **alternative aussagebezogene Prüfungshandlungen** aufzuführen.
>
> d) Führen alternative Prüfungshandlungen, die anstelle der Einholung von Bestätigungen Dritter vorgenommen werden, nicht zu einem Ergebnis mit hinreichender Urteilssicherheit, liegt ein **Prüfungshemmnis** vor, über das nach den Grundsätzen des *IDW EPS 450 n.F.*, Tz. 58 sowie des *IDW EPS 405*, Tz. 8 ff. zu berichten ist (vgl. Meilenstein 9).
>
> e) Bei Verweigerung von Bestätigungsanfragen oder wenn keine angemessenen alternativen Prüfungshandlungen durchgeführt werden können, ist darüber mit dem Aufsichtsorgan zu kommunizieren.

7.2.6. Inventurprüfung

7.2.6.1. Prüfungsanforderungen

77 Die gesetzlichen Vertreter des Unternehmens sind gemäß § 240 HGB dafür verantwortlich, dass einmal jährlich eine Inventur des Vorratsvermögens stattfindet. Die hierzu eingerichteten Verfahren müssen den Grundsätzen ordnungsmäßiger Buchführung entsprechen (*IDW Prüfungsstandard: Prüfung der Vorratsinventur (IDW PS 301*, Tz. 5*)*).

78 Sind die Vorräte von wesentlicher Bedeutung für den Jahresabschluss, muss der Abschlussprüfer – soweit durchführbar – die **körperliche Bestandsaufnahme** beobachten, um auf diesem Wege ausreichende und angemessene Prüfungsnachweise insb. über das Vorhandensein, die Vollständigkeit und die Beschaffenheit der Vorräte zu erlangen. Dabei hat er sich von der ordnungsgemäßen Handhabung der Inventurverfahren zu überzeugen. In diesem Zusammenhang sind das vorratsbezogene interne Kontrollsystem auf Angemessenheit (Aufbauprüfung) und Wirksamkeit (Funktionsprüfung) zu prüfen sowie aussagebezogene Prüfungshandlungen durchzuführen (vgl. *IDW PS 301*, Tz. 7).

79 Ist eine Inventurbeobachtung bspw. aufgrund der Art der Vorräte oder wegen ihres Lagerorts nicht möglich, hat der Abschlussprüfer durch **alternative Prüfungshandlungen** ausreichende und angemessene Prüfungsnachweise über das Vorhandensein, die Vollständigkeit und die Beschaffenheit der Vorräte zu beschaffen. So kann etwa der Nachweis eines späteren Verkaufs bestimmter Vorräte, die vor dem Inventurstichtag erworben worden waren, ein ausreichender und angemessener Prüfungsnachweis für das Vorhandensein und die Beschaffenheit dieser Vorräte zum Stichtag sein. Sind alternative Prüfungshandlungen nicht möglich, liegt ein Prüfungshemmnis vor (*IDW PS 301*, Tz. 21, Tz. 23).

Kapitel B: Risikoorientiertes Prüfungsvorgehen
Meilenstein 7: Aussagebezogene Prüfungshandlungen

7.2.6.2. Hinweise zur Bearbeitung

80 Siehe z.B. folgende **Skalierungsaspekte** im Zusammenhang mit der Inventurprüfung:

- Der Umfang der aussagebezogenen Prüfungshandlungen bestimmt sich nach dem bei der Prüfung des vorratsbezogenen internen Kontrollsystems ermittelten Fehlerrisiko und der Wesentlichkeit der jeweiligen Vorratsbestände. Als aussagebezogene Prüfungshandlungen können auch die im Rahmen der Prüfung des internen Kontrollsystems durchgeführten Kontrollzählungen berücksichtigt werden. (*IDW PS 301*, Tz. 18)

81 Prüfungsnachweise zur Angemessenheit und Wirksamkeit der internen Kontrollen im Bereich der Vorräte wurden bereits in den Meilensteinen 4 und 6 erlangt (vgl. insb. **Arbeitshilfen B-4.6.1. bis B-4.6.3. und B-6.5. zur Beurteilung des IKS im Bereich Materialwirtschaft/ Vorräte**). Mögliche Fragen zur IKS-Prüfung im Bereich der Vorratsinventur enthalten auch die **Arbeitshilfen B-7.31.: Inventurprüfung – Stichtagsinventur** und **B-7.32.: Inventurprüfung – permanente Inventur**. Bei der Beantwortung dieser Fragen kann ggf. auf die Ergebnisse in den o.g. Arbeitshilfen verwiesen werden.

82 Zu Besonderheiten der Prüfung bei Anwendung **besonderer Inventurverfahren** (ausgeweitete Stichtagsinventur, vor- oder nachverlegte Stichtagsinventur, permanente Inventur, Inventur bei vollautomatischen Lagersystemen, Werkstattinventur, Stichprobeninventur) vgl. *IDW PS 301*, Tz. 24 ff.

7.2.6.3. Festlegung von Prüfungshandlungen

Wenn der verantwortliche Wirtschaftsprüfer die Prüfungshandlungen festlegt, sollte er folgende Eckpunkte beachten und eigenverantwortlich einschätzen, ob sie unter den gegebenen Umständen mit Blick auf das Prüfungsziel erforderlich sind:

a) Bestätigung der beobachtenden **Teilnahme an der Inventur** und Dokumentation der Prüfungshandlungen und -ergebnisse in der hierfür verwendeten Arbeitshilfe.

b) Sofern an der Inventur nicht teilgenommen werden konnte, sind die Gründe sowie ggf. durchgeführte **alternative aussagebezogene Prüfungshandlungen** zu dokumentieren.

c) Führen alternative Prüfungshandlungen, die anstelle der Inventurbeobachtung durchgeführt werden, nicht zu einem Ergebnis mit hinreichender Urteilssicherheit, liegt ein **Prüfungshemmnis** vor, über das nach den Grundsätzen des *IDW EPS 450 n.F.*, Tz. 58 sowie des *IDW EPS 405*, Tz. 14 ff., zu berichten ist (vgl. Meilenstein 9).

7.3. Arbeitshilfen

B-7.1.: Prüfprogramm Immaterielle Vermögensgegenstände

B-7.2.:	Prüfprogramm Sachanlagen
B-7.3.:	Prüfprogramm Finanzanlagen
B-7.4.:	Prüfprogramm Vorräte
B-7.5.:	Prüfprogramm Forderungen Lieferungen und Leistungen
B-7.6.:	Prüfprogramm Forderungen/Verbindlichkeiten Verbundbereich
B-7.7.:	Prüfprogramm Sonstige Vermögensgegenstände
B-7.8.:	Prüfprogramm Wertpapiere (UV)
B-7.9.:	Prüfprogramm Flüssige Mittel
B-7.10.:	Prüfprogramm Aktive Rechnungsabgrenzungsposten
B-7.11.:	Prüfprogramm Aktive und Passive Steuerabgrenzungen
B-7.12.:	Prüfprogramm Eigenkapital
B-7.13.:	Prüfprogramm Sonderposten mit Rücklageanteil
B-7.14.:	Prüfprogramm Pensionsrückstellungen/Aktiver Unterschiedsbetrag aus der Vermögensverrechnung von Deckungsvermögen
B-7.15.:	Prüfprogramm Steuerrückstellungen
B-7.16.:	Prüfprogramm Sonstige Rückstellungen
B-7.17.:	Prüfprogramm Verbindlichkeiten gegenüber Kreditinstituten
B-7.18.:	Prüfprogramm Verbindlichkeiten Lieferungen und Leistungen
B-7.19.:	Prüfprogramm Anleihen
B-7.20.:	Prüfprogramm Erhaltene Anzahlungen
B-7.21.:	Prüfprogramm Wechselverbindlichkeiten
B-7.22.:	Prüfprogramm Sonstige Verbindlichkeiten
B-7.23.:	Prüfprogramm Passive Rechnungsabgrenzungsposten
B-7.24.:	Prüfprogramm sonst. Haftungsverhältnisse/Eventualverbindlichkeiten
B-7.25.:	Prüfprogramm Sonstige finanzielle Verpflichtungen
B-7.26.:	Prüfprogramm GuV Aufwendungen
B-7.27.:	Prüfprogramm GuV Erträge
B-7.28.:	Einleitung – Bestätigungen
B-7.29.:	Saldenbestätigungsrücklauf
B-7.30.1.:	Bestätigungen für von Dritten verwahrtes Vermögen
B-7.30.1.-E:	Confirmation of assets stored by third parties – Englisch
B-7.30.2.:	Bankbestätigung
B-7.30.2-E:	Bank Confirmation – Englisch
B-7.30.3.:	Saldenbestätigung Forderungen
B-7.30.3.-E:	Debitor Confirmation – Englisch
B-7.30.4.:	Saldenbestätigung Verbindlichkeiten
B-7.30.4.-E:	Creditor Confirmation – Englisch
B-7.30.5.:	Saldenbestätigung Verbindlichkeiten – offen
B-7.30.5.-E:	Creditor Confirmation – open – Englisch
B-7.30.6.:	Bestätigung Leasing
B-7.30.6.-E:	Leasing Confirmation – Englisch

B-7.30.7.: Bestätigung Sachverständige
B-7.30.7.-E: Expert Confirmation – Englisch
B-7.30.8.: Bestätigung Versicherung
B-7.30.8.-E: Insurance Confirmation – Englisch
B-7.30.9.: Bestätigung Steuerberater
B-7.30.9.-E: Confirmation Tax Advisor
B-7.31.: Inventurprüfung – Stichtagsinventur
B-7.32.: Inventurprüfung – permanente Inventur
B-8.0.: Leitfaden zur Leitfaden zur Prüfung des Lageberichts/Konzernlageberichts
B-8.2.-JA: Checkliste zur Prüfung des Lageberichts nach HGB/DRS – je nach Kapitalmarktorientierung, Rechtsform und Unternehmensgröße
B-8.2.-KA: Checkliste zur Prüfung des Konzernlageberichts nach HGB/DRS – je nach Kapitalmarktorientierung und Rechtsform des Mutterunternehmens

7.4. IDW Prüfungsstandards/ISA

National	International
– IDW Prüfungsstandard: Ziele und allgemeine Grundsätze der Durchführung von Abschlussprüfungen (IDW PS 200)	– ISA 330: The Auditor's Responses to Assessed Risks – ISA 500: Audit Evidence
– IDW Prüfungsstandard: Prüfung von Eröffnungsbilanzwerten im Rahmen von Erstprüfungen (IDW PS 205)	– ISA 501: Audit Evidence – Specific Considerations for Selected Items – ISA 505: External Confirmations
– IDW Prüfungsstandard: Feststellung und Beurteilung von Fehlerrisiken und Reaktionen des Abschlussprüfers auf die beurteilten Fehlerrisiken (IDW PS 261 n.F.)	– ISA 510: Initial Audit Engagements – Opening Balances – ISA 520: Analytical Procedures
– IDW Prüfungsstandard: Prüfungsnachweise im Rahmen der Abschlussprüfung (IDW PS 300 n.F.)	– ISA 530: Audit Sampling – ISA 705: Modifications to the Opinion in the Independent Auditor's Report
– IDW Prüfungsstandard: Prüfung der Vorratsinventur (IDW PS 301)	– ISA 710: Comparative Information – Corresponding Figures and Comparative Financial Statements
– IDW Prüfungsstandards: Bestätigungen Dritter (IDW PS 302 n.F.)	

National	International
- IDW Prüfungsstandard: Repräsentative Auswahlverfahren (Stichproben) in der Abschlussprüfung (IDW PS 310) - IDW Prüfungsstandard: Analytische Prüfungshandlungen (IDW PS 312) - IDW Prüfungsstandard: Prüfung von Vergleichsangaben über Vorjahre (IDW PS 318) - Entwurf einer Neufassung des IDW Prüfungsstandard: Prüfung des Lageberichts im Rahmen der Abschlussprüfung (IDW EPS 350 n.F.) - Entwurf eines IDW Prüfungsstandards: Modifizierungen des Prüfungsurteils im Bestätigungsvermerk (IDW EPS 405) - Entwurf einer Neufassung des IDW Prüfungsstandards: Grundsätze ordnungsmäßiger Erstellung von Prüfungsberichten (IDW EPS 450 n.F.) - IDW Prüfungshinweis: Besonderheiten der Abschlussprüfung kleiner und mittelgroßer Unternehmen (IDW PH 9.100.1) - IDW Prüfungshinweis: Einsatz von Datenanalysen im Rahmen der Abschlussprüfung (IDW PH 9.330.3) - IDW Stellungnahme zur Rechnungslegung: Ansatz- und Bewertungsstetigkeit im handelsrechtlichen Jahresabschluss (IDW RS HFA 38) - IDW Stellungnahme zur Rechnungslegung: Vorjahreszahlen im handelsrechtlichen Jahresabschluss (IDW RS HFA 39)	

National	International
– *IDW Stellungnahme zur Rechnungslegung: Vorjahreszahlen im handelsrechtlichen Konzernabschluss und Konzernrechnungslegung bei Änderungen des Konsolidierungskreises (IDW RS HFA 44)* – *Fragen und Antworten: Zur Durchführung einer repräsentativen Auswahl (Stichprobe) nach ISA 530 bzw. IDW EPS 310 oder einer bewussten Auswahl nach ISA 500 bzw. IDW EPS 300 n.F. (F & A zu ISA 530 bzw. IDW EPS 310 oder ISA 500 bzw. IDW EPS 300 n.F.) (Stand: 20.11.2015)*	

Praxisbeispiel:

Anhand eines **Praxisbeispiels** wird das Verfahren des Monetary bzw. **Dollar-Unit-Sampling** (vgl. Abschn. 7.2.4.2. Tz. 51) verdeutlicht. Hierbei sollen folgende Annahmen gelten:

a. Die durch die Einzelfallprüfung abzudeckende Prüfungssicherheit soll 95 % betragen, es besteht also keine zusätzliche Sicherheit durch Kontrollprüfungen.

b. Die Wesentlichkeitsgrenze wird mit 100.000 EUR angenommen.

c. Die Posten werden einzeln geprüft, d.h. für jeden Posten wird eine gesonderte Stichprobe ermittelt. Das Beispiel erläutert nur die Prüfung eines Postens (hier: Forderungen aus Lieferungen und Leistungen) in Bezug auf die Aussagen Vorhandensein und Genauigkeit.

d. Der betrachtete Posten habe N Elemente. Die Summe der Absolutbeträge dieser Elemente betrage M.

Es gilt:

A — Hochrechnungsfaktoren der Poisson-Verteilung (aus Tabelle)

N — Anzahl der Elemente in der Grundgesamtheit = 200

M — Summe der Absolutbeträge der Elemente in der Grundgesamtheit = 1.000.000

WG — abschlussbezogene Wesentlichkeitsgrenze = 100.000

MP — Toleranzwesentlichkeit = 80.000

φ — tolerierter Fehleranteil = MP/M = 0,08

$E_1,...,E_N$ die Elemente der Grundgesamtheit

EMM — Maximal möglicher Fehler. Übersteigt der EMM die abschlussbezogene Wesentlichkeitsgrenze (WG) wurde das Prüfungsziel u.U. nicht erreicht.

β — der vorgegebene Risikograd = 0,05, d.h. die Grundgesamtheit soll mit einer Wahrscheinlichkeit von 95 % frei von wesentlichen Fehlern sein

J — Schrittweite (Werte, die größer sind als die Schrittweite, werden aufgrund des Stichprobenverfahrens in jedem Fall ausgewählt) = MP / -ln(β) = 80.000 / 3 = 26.667

Z — eine Zufallszahl zwischen –J und 0, in diesem Fall: -100

n — Stichprobenumfang (die Formel ergibt sich aus der Annahme einer Poisson-Verteilung) = -ln(β)/φ = -ln(0,05)/0,08 = 38

Seien die Elemente der Grundgesamtheit E1, ..., E200 gegeben durch:

E_1 = 20.000

E_2 = -50

E_3 = 6.300

E_4 = 2.000

E_5 = 70.000

...

Zur Ermittlung des ersten Stichprobenelements werden Z+absBetrag(E_1)+absBetrag(E_2)... addiert bis diese Summe größer oder gleich der Schrittweite J = 26.667 ist. Also wird E_4 als erstes Stichprobenelement (S_1) ausgewählt. Das nächste Element ist S_2=E_5. So wird mit der gesamten Menge weiter verfahren.

Die Elemente S_1, ..., S_{25} sind die mithilfe dieses Verfahrens ausgewählten Stichprobenelemente. Im Beispiel ergeben sich im Gegensatz zu den vorher ermittelten 38 lediglich 25 Stichproben, da einige E_i um ein mehrfaches größer als J waren (und weil diese daher jeweils für mehrere Stichprobenelemente zählen). Bei der Prüfung werden folgende Fehler festgestellt:

Element	Buchwert	Tatsächlicher Wert	Fehler		Fehler/Buchwert
S_2	70.000	60.000	zu hoch:	10.000	0,142857
S_5	10.000	9.500	zu hoch:	500	0,05
S_{10}	5.000	5.500	zu niedrig:	500	0,1

Um den maximalen Fehler zu schätzen, müssen diese Werte in die nachfolgende Formel eingesetzt werden (OP = anteilige Überbewertung / UP = anteilige Unterbewertung).

OP_1 = 0,142857

OP_2 = 0,05

UP_1 = 0,1

S = 10.000 Bei Stichprobenelementen, deren Betrag größer als die Schrittweite (J) ist, wurde für das Element S_2 ein Fehler festgestellt. Dieser Fehler muss bei der Berechnung von EMM berücksichtigt werden, da für diese Schicht der Grundgesamtheit alle Elemente in der Stichprobe sind (vgl. Formel).

CA = 0   Korrekturen durch den Mandanten sind noch nicht erfolgt. Falls Korrekturen erfolgt sein sollten, sind diese bei der Berechnung von EMM abzuziehen (vgl. Formel).

$A_1 = 1{,}75$

$A_2 = 1{,}55$ (aus Tabelle Poisson-Verteilung übernommen)

A_3 = weitere Gewichtungsfaktoren gemäß Poisson-Verteilung

Also ergibt sich der geschätzte maximale Fehler als:

$$\text{EMM} = MP + MP/(-\ln(\beta)) * [\Sigma\, OP_i A_i - \Sigma\, UP_i] + S - CA$$
$$= 80.000 + 80.000/2{,}995 * [0{,}05*1{,}75-0{,}1]+10.000$$
$$= 89.666{,}19\ \text{EUR}$$

Da dieser unter der gewählten abschlussbezogenen Wesentlichkeitsgrenze liegt, kann somit mit 95 %-iger Wahrscheinlichkeit davon ausgegangen werden, dass der Gesamtfehler bei der Erfassung der Forderung (Vorhandensein und Genauigkeit) nicht mehr als 100.000 EUR beträgt und somit der Posten in Bezug auf die genannten Prüfungsziele frei von wesentlichen Fehlern ist.

Beachte: Eine Schlussfolgerung zur Vollständigkeit oder Bewertung der Forderungen kann aus diesem Test nicht gezogen werden.

Die nachfolgende Tabelle enthält für ausgewählte Risikograde die Gewichtungsfaktoren der Poisson-Verteilung:

	Risikograd (β)		
Gewichtungsfaktor	5 %	20 %	50 %
A_1	1,75	1,41	1,01
A_2	1,55	1,31	1,01
A_3	1,46	1,25	1,00
A_4	1,40	1,22	1,00
A_5	1,36	1,20	1,00
A_n	1,36	1,20	1,00

Literaturangaben:

Handwörterbuch der Revision, 2. Aufl., hrsg. von Adolf G. Coenenberg und Klaus v. Wysocki; Stuttgart: Poeschel, 1992 (Sp. 890 ff.).

Practical Statistical Sampling for Auditors, Arthur J. Wilburn; New York 1984 (S. 156 ff.).

IDW Praxishandbuch zur Qualitätssicherung 2017/2018

Kapitel B: Risikoorientiertes Prüfungsvorgehen
Meilenstein 8: Abschließende Prüfungshandlungen

Meilenstein 8: Abschließende Prüfungshandlungen

8.1.	Ziele	357
8.2.	Aktivitäten	358
	8.2.1. Abschließende Prüfung des Anhangs	358
	8.2.2. Abschließende Prüfung des Lageberichts	359
	8.2.3. Abschließende Abstimmungsarbeiten und abschließende analytische Durchsicht	368
	8.2.4. Abschließende Beurteilung der Fähigkeit zur Unternehmensfortführung	370
	8.2.5. Abschließende Durchsicht der Protokolle von Versammlungen	371
	8.2.6. Abschließende Prüfung der Rechtsstreitigkeiten des Mandanten	371
	8.2.7. Einholung schriftlicher Erklärungen der gesetzlichen Vertreter	371
	8.2.8. Beurteilung der Auswirkungen von Ereignissen nach dem Abschlussstichtag und kritisches Lesen zusätzlicher mit dem Jahresabschluss veröffentlichter Informationen	374
	8.2.9. Abschließende Beurteilung der Auswirkungen von festgestellten falschen Angaben auf die Abschlussprüfung und Beurteilung der Wesentlichkeit nicht korrigierter Fehler („Nicht korrigierte Prüfungsdifferenzen")	380
	8.2.10. Klärung der kritischen Sachverhalte und abschließende Durchsicht/Durchsprache aller Prüffelder	388
	8.2.11. Abschließende Beurteilung der Risiken wesentlicher falscher Angaben in der Rechnungslegung und abschließende Würdigung der Prüfungsnachweise und der Gesamtdarstellung des Abschlusses sowie des Lageberichts	389
	8.2.12. Einholung der Vollständigkeitserklärung sowie des unterschriebenen Jahres- bzw. Konzernabschlusses und des Lageberichts/Konzernlageberichts	391
8.3.	Arbeitshilfen	393
8.4.	IDW Prüfungsstandards/ISA	394

8.1. Ziele

1 Bevor der Bestätigungsvermerk erteilt und der Prüfungsbericht ausgeliefert wird, sind in der Schlussphase der Prüfung alle noch offenen Punkte zu klären sowie die Schlussfolgerungen hinsichtlich der Ordnungsmäßigkeit der einzelnen Posten und des Jahresabschlusses insgesamt zu ziehen und zu dokumentieren.

2 Aufgrund der einzelnen Prüfungsergebnisse und ihrer Gesamtbetrachtung werden endgültig die Angemessenheit der festgelegten Wesentlichkeit und Fehlertoleranz beurteilt, alle nicht korrigierten Fehler bewertet und es wird entschieden, ob die Prüfungshandlungen insgesamt ausreichend und angemessen sind, die Aussagen in der Rechnungslegung zu stützen (vgl. *IDW PS 261 n.F.*, Tz. 85). Dies gilt auch bezüglich der Beurteilung der Fähigkeit zur Unternehmensfortführung.

3 Ferner wird eine abschließende analytische Durchsicht des Jahresabschlusses durchgeführt, die die Bildung einer Gesamtbeurteilung unterstützt, ob der Abschluss mit dem gewonnenen Unternehmensverständnis in Einklang steht.

4   Zur Schlussphase der Abschlussprüfung gehören auch eine Schlussbesprechung mit der Unternehmensleitung und ggf. die Teilnahme an der Bilanzsitzung des Aufsichtsrats (siehe Meilenstein 9).

8.2. Aktivitäten

8.2.1. Abschließende Prüfung des Anhangs

8.2.1.1. Prüfungsanforderungen

5   Bei der Prüfung des (Konzern-)Anhangs (im Folgenden: Anhang) sind folgende Fragen zu berücksichtigen:

- Erfüllt der Anhang die allgemeinen Grundsätze der Berichterstattung (Klarheit und Übersichtlichkeit)?
- Vermittelt der Anhang i.V.m. der (Konzern-)Bilanz und (Konzern-)GuV (sowie, sofern zutreffend, der (Konzern-)Kapitalflussrechnung, dem (Konzern-)Eigenkapitalspiegel und der (Konzern-)Segmentberichterstattung) ein den tatsächlichen Verhältnissen entsprechendes Bild der Vermögens-, Finanz- und Ertragslage der Gesellschaft bzw. des Konzerns (§§ 264 Abs. 2, 264 Abs. 1 Satz 2, 297 Abs. 2 Satz 2 HGB)?
- Enthält der Anhang sämtliche erforderlichen Angaben?
- Sind die gemachten Angaben richtig?

8.2.1.2. Hinweise zur Bearbeitung

6   Die Angaben zu einzelnen Posten der Bilanz/GuV werden sinnvollerweise zusammen mit den jeweiligen Posten geprüft (vgl. Meilenstein 7). Soweit der Anhang zum Zeitpunkt der Prüfung der entsprechenden Posten noch nicht vorliegt, ist es zweckmäßig, die damit zusammenhängenden angabepflichtigen Sachverhalte in den Arbeitspapieren festzuhalten, damit später eine Prüfung der Anhangangaben möglich ist, ohne sich erneut mit den Sachverhalten befassen zu müssen.

7   Der von den gesetzlichen Vertretern von Inlandsemittenten (§ 2 Abs. 7 WpHG) abzugebende **Bilanzeid** (§§ 264 Abs. 2 Satz 3, 289 Abs. 1 Satz 5, §§ 297 Abs. 2 Satz 4, 315 Abs. 1 Satz 6 HGB) ist nicht Bestandteil des (Konzern-)Abschlusses oder (Konzern-)Lageberichts. Vor diesem Hintergrund kommt eine Aufnahme des Bilanzeids in den (Konzern-)Anhang oder (Konzern-)Lagebericht nicht in Betracht. Vielmehr sollte der Bilanzeid auf einem separaten Blatt abgegeben und unterschrieben werden. Damit ist der Bilanzeid auch nach außen erkennbar nicht Bestandteil des (Konzern-)Abschlusses oder (Konzern-)Lageberichts.

8   Gemäß §§ 285 Nr. 21, 314 Abs. 1 Nr. 13 HGB sind im Anhang die nicht zu marktüblichen Bedingungen zustande gekommenen **Geschäfte**, soweit sie wesentlich sind, **mit nahe stehenden Unternehmen und Personen** anzugeben – einschließlich Angaben zur Art der Beziehung, zum Wert der Geschäfte sowie weiterer Angaben, die für die Beurteilung der Fi-

nanzlage notwendig sind; ausgenommen sind lediglich Geschäfte mit und zwischen in 100 %-igem Anteilsbesitz stehenden, in einen Konzernabschluss einbezogenen Unternehmen. Hinsichtlich der Bedeutung dieser Angabepflicht für die Prüfung der Geschäftsbeziehungen zu nahe stehenden Unternehmen und Personen siehe Meilenstein 2, Abschn. 2.2.4.1., Tz. 50. Kleine Kapitalgesellschaften und bestimmte mittelgroße Kapitalgesellschaften brauchen diese Angaben im Anhang nicht zu machen (§ 288 Abs. 1 Nr. 1 und Abs. 2 HGB).

8.2.1.3. Festlegung von Prüfungshandlungen

Wenn der verantwortliche Wirtschaftsprüfer die Prüfungshandlungen festlegt, sollte er folgende Eckpunkte beachten und eigenverantwortlich einschätzen, ob sie unter den gegebenen Umständen mit Blick auf das Prüfungsziel erforderlich sind:

a) Prüfung der Vollständigkeit und Angemessenheit der Darstellungen und Erläuterungen im Anhang. Hierzu können die Checklisten zum Anhang bzw. zum Konzernanhang (**Arbeitshilfen B-8.1.-JA und B-8.1.-KA**) verwendet werden. Die Checklisten für den **Anhang** unterscheiden sich **in Abhängigkeit von Kapitalmarktorientierung, Rechtsform und Größe** des zu prüfenden Unternehmens. Die Checklisten für den **Konzernanhang** differieren nach **Kapitalmarktorientierung und Rechtsform des Mutterunternehmens**.

b) Ergeben sich Abweichungen zwischen den erforderlichen und den tatsächlichen Anhangangaben, werden die Abweichungen an das für das entsprechende Prüffeld zuständige Teammitglied zur Klärung weitergeleitet bzw. eigene klärende Prüfungshandlungen vorgenommen.

c) Sicherstellung, dass alle Falschdarstellungen dokumentiert sowie mit dem Management erörtert und ggf. geändert werden.

8.2.2. Abschließende Prüfung des Lageberichts

8.2.2.1. Prüfungsanforderungen

9 Die Prüfung des (Konzern-)Lageberichts ist gesetzlich vorgeschrieben u.a. für

- Kapitalgesellschaften und Personenhandelsgesellschaften i.S.d. § 264a HGB, die nicht kleine Gesellschaften i.S.d. § 267 HGB sind (§§ 264 Abs. 1 Satz 1 und 4 Halbsatz 1, 264a Abs. 1, 316 Abs. 1 Satz 1 HGB)
- bestimmte unter das Publizitätsgesetz fallende Unternehmen (vgl. § 5 Abs. 2 PublG, § 5 Abs. 6 PublG i.V.m. § 264 Abs. 3 HGB, § 6 Abs. 1 Satz 1 PublG)
- Kredit- und Finanzdienstleistungsinstitute sowie Versicherungsunternehmen – unabhängig von ihrer Größe und Rechtsform – (vgl. §§ 340a Abs. 1 Halbsatz 2, 340k HGB sowie §§ 341a Abs. 1, 341k HGB);
- Mutterunternehmen, die zur Aufstellung eines Konzernabschlusses verpflichtet sind (§§ 290, 316 Abs. 2 Satz 1 HGB, § 11 PublG, §§ 340i, 341i HGB).

10 Der Lagebericht/Konzernlagebericht ist ein eigenständiges Instrument der handelsrechtlichen Rechnungslegung, der neben dem Abschluss steht und diesen um zusätzliche, vor allem qualitative und prognostische Angaben ergänzt. Er dient der vergangenheits- und stichtagsorientierten sowie der zukunftsgerichteten Informationsvermittlung über die wirtschaftliche Lage des Unternehmens. Im Lagebericht sind der Geschäftsverlauf einschließlich des Geschäftsergebnisses und die Lage des Unternehmens/des Konzerns so darzustellen, dass ein den tatsächlichen Verhältnissen entsprechendes Bild der Lage vermittelt wird (§§ 289 Abs. 1 Satz 1, 315 Abs. 1 Satz 1 HGB). Die für die Aufstellung des Lageberichts relevanten Informationen werden zum großen Teil nicht aus der Buchführung, sondern aus anderen Systemen und Quellen des Unternehmens gewonnen (*IDW EPS 350 n.F.*, Tz. 3).

11 Der Deutsche Rechnungslegungs Standard Nr. 20: Konzernlagebericht (DRS 20) konkretisiert die gesetzlichen Anforderungen an die Konzernlageberichterstattung. Die Beachtung der die Konzernrechnungslegung betreffenden Grundsätze ordnungsmäßiger Buchführung wird vermutet, soweit diese Empfehlungen des DRSC beachtet worden sind (§ 342 Abs. 2 HGB).

12 In DRS 20.2 empfiehlt das DRSC eine entsprechende Anwendung von DRS 20 auf den Lagebericht nach §§ 289, 289a HGB. Werden gesetzliche Anforderungen an den Lagebericht nach §§ 289, 289a HGB durch DRS 20 konkretisiert und handelt es sich dabei um Auslegungen der allgemeinen gesetzlichen Grundsätze zur Lageberichterstattung, haben diese auch Bedeutung für den Lagebericht. Dies gilt insb. für den in DRS 20.34 dargelegten **Grundsatz der Informationsabstufung**, nach dem Ausführlichkeit und Detaillierungsgrad der Ausführungen im Lagebericht von den spezifischen Gegebenheiten des Unternehmens abhängen. Unter Berücksichtigung dessen ist der Abschlussprüfer verpflichtet, die Prüfung zu planen und im Einzelfall zu beurteilen, ob vor dem Hintergrund der Informationsbedürfnisse der jeweiligen Adressaten die gesetzlichen Vorschriften zur Aufstellung des Lageberichts in allen wesentlichen Belangen beachtet worden sind und der Lagebericht nach §§ 289, 289a HGB insgesamt ein zutreffendes Bild von der Lage des Unternehmens vermittelt sowie die Chancen und Risiken der zukünftigen Entwicklung in allen wesentlichen Belangen zutreffend darstellt. Gelangt der Abschlussprüfer zu dem Urteil, dass Auslegungen von gesetzlichen Grundsätzen der Lageberichterstattung nicht beachtet worden sind, ist er verpflichtet, nach diesen allgemeinen Grundsätzen zu beurteilen, ob sich daraus Konsequenzen für die Berichterstattung bis hin zum Bestätigungsvermerk ergeben (vgl. *IDW EPS 350 n.F.*, Tz. 5 und Tz. A2).

13 Die Prüfung des (Konzern-)Lageberichts umfasst gemäß § 317 Abs. 2 HGB die Beurteilung, ob:

- der (Konzern-)Lagebericht in allen wesentlichen Belangen mit dem Abschluss und ggf. mit dem Einzelabschluss nach § 325 Abs. 2a HGB sowie den bei der Abschlussprüfung gewonnenen Erkenntnissen in Einklang steht,

- die gesetzlichen Vorschriften zur Aufstellung des (Konzern-)Lageberichts in allen wesentlichen Belangen beachtet worden sind und
- der (Konzern-)Lagebericht insgesamt ein zutreffendes Bild von der Lage des Unternehmens bzw. des Konzerns vermittelt sowie
- die Chancen und Risiken der zukünftigen Entwicklung in allen wesentlichen Belangen zutreffend dargestellt sind (vgl. *IDW EPS 350 n.F.*, Tz. 11).

Anm.: Das Bilanzrichtlinie-Umsetzungsgesetz (BilRuG) fordert explizit, dass sich das Prüfungsurteil im Bestätigungsvermerk auch darauf zu erstrecken hat, **ob die gesetzlichen Vorschriften zur Aufstellung des Lageberichts beachtet worden sind.** *Diese Regelung ist erstmals anzuwenden für die Prüfung von Lageberichten von Geschäftsjahren, die nach dem 31.12.2015 beginnen. Die Abschlussprüfung muss darauf ausgerichtet sein, dieses Prüfungsurteil mit hinreichender Sicherheit abgeben zu können.*

14 Die Prüfung des Lageberichts ist ein Bestandteil der Abschlussprüfung. Demnach werden die Erkenntnisse aus der Prüfung des Abschlusses bei der Prüfung des (Konzern-)Lageberichts berücksichtigt.

15 Die Pflichtangaben des Lageberichts ergeben sich aus §§ 289, 289a bis 289f sowie §§ 315, 315a - 315d HGB. Anforderungen zu lageberichtstypischen Angaben resultieren auch aus DRS 20. Darüber hinaus können im Lagebericht lageberichtsfremde Angaben enthalten sein. Lageberichtsfremde Angaben sind Angaben, die weder nach §§ 289, 289a bis 289f sowie §§ 315, 315a bis 315d HGB vorgeschrieben, noch von DRS 20 gefordert sind (*IDW EPS 350 n.F.*, Tz. 13 und Tz. 19 j)).

16 Im Lagebericht enthaltene **lageberichtsfremde Angaben** sind grundsätzlich in die Lageberichtsprüfung einzubeziehen. Sie sind nicht in die Prüfung einzubeziehen, wenn das Unternehmen die lageberichtsfremden Angaben eindeutig von den lageberichtstypischen Angaben **abgrenzt** (*IDW EPS 350 n.F.*, Tz. 23, sog. „*-Lösung"). Ebenso sind die lageberichtsfremden Angaben nicht in die Prüfung einzubeziehen, wenn sie nicht eindeutig abgegrenzt sind und sich der Abschlussprüfer dazu entscheidet, diese Angaben nicht zu prüfen (vgl. *IDW EPS 350 n.F.*, Tz. A21).

Praxishinweis: Es kann sinnvoll sein, im Rahmen der Auftragsannahme eine Vereinbarung mit dem Unternehmen über die Einbeziehung von lageberichtsfremden Angaben in die Abschlussprüfung zu schließen.[1] IDW EPS 350 n.F. bietet in Bezug auf lageberichtsfremde Angaben die Möglichkeit, diese von den lageberichtstypischen Angaben eindeutig räumlich abzugrenzen und sie als ungeprüft zu kennzeichnen. Sofern die gesetzlichen Vertreter diese Möglichkeit beanspruchen möchten, sollte dies frühzeitig bei der Aufstellung des Lageberichts berücksichtigt werden. Darüber hinaus wird sich eine frühzeitige Abstimmung darüber anbieten, ob es sich bei den räumlich abgegrenzten Angaben eindeutig um lageberichtsfremde Angaben handelt.

---

[1] Je nach Art und Umfang der lageberichtsfremden Angaben kann sich der Prüfungsgegenstand signifikant erhöhen. Folglich ist der Umgang mit lageberichtsfremden Angaben in die Bemessung/Verhandlung des Prüfungshonorars einzubeziehen.

17 Wenn das Unternehmen die lageberichtsfremden Angaben nicht eindeutig von den lageberichtstypischen Angaben abgrenzt und sich der Abschlussprüfer dafür entscheidet, die lageberichtsfremden Angaben nicht in die Prüfung einzubeziehen, müssen die lageberichtsfremden Angaben im Bestätigungsvermerk benannt werden und es ist darauf hinzuweisen, dass sie nicht geprüft wurden und sich daher das Prüfungsurteil zum Lagebericht nicht darauf erstreckt (*IDW EPS 350 n.F.*, Tz. 15). Wenn das Unternehmen die lageberichtsfremden Angaben eindeutig von den lageberichtstypischen Angaben abgrenzt, kann es zur Vermeidung von Missverständnissen notwendig sein, im Bestätigungsvermerk darauf hinzuweisen, dass lageberichtsfremde Angaben nicht in die Prüfung einbezogen wurden und sich daher das Prüfungsurteil zum Lagebericht nicht darauf erstreckt. Nicht in die Prüfung einbezogene lageberichtsfremde Angaben sind entsprechend *IDW PS 202* **kritisch zu lesen**.

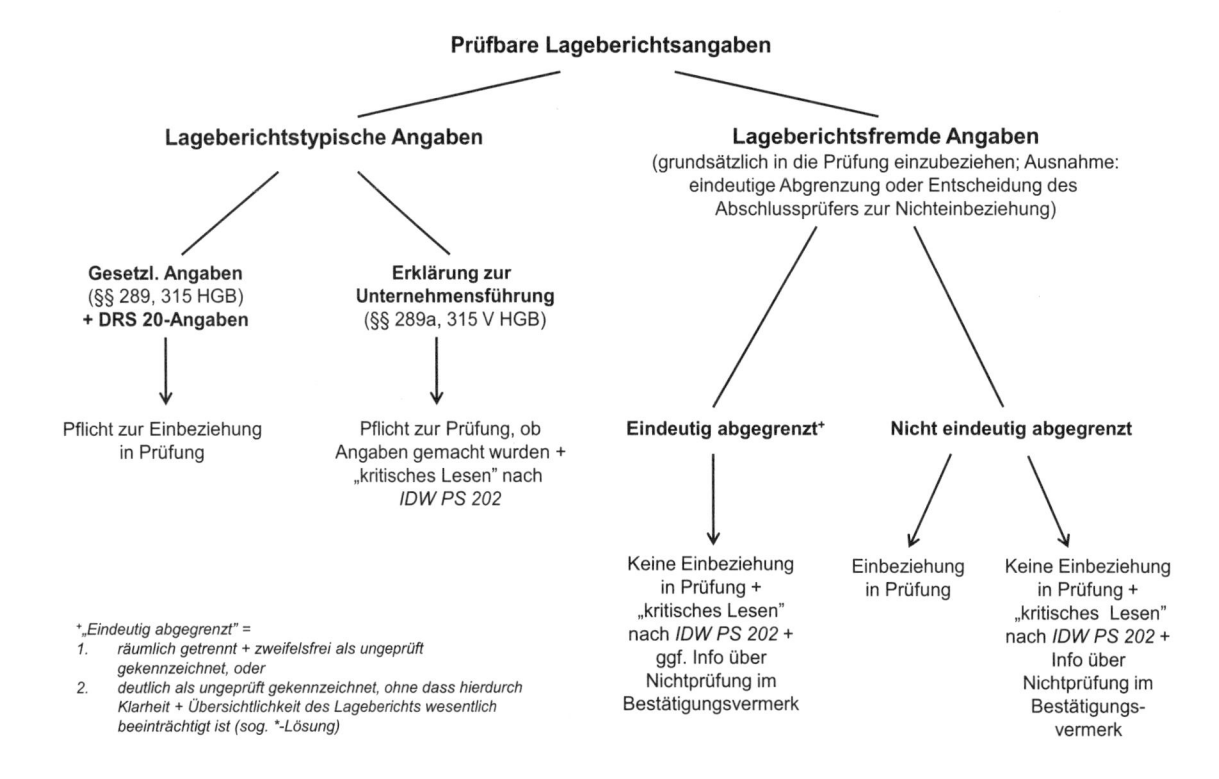

Prüfbare Lageberichtsangaben

- **Lageberichtstypische Angaben**
  - **Gesetzl. Angaben** (§§ 289, 315 HGB) **+ DRS 20-Angaben**
    → Pflicht zur Einbeziehung in Prüfung
  - **Erklärung zur Unternehmensführung** (§§ 289a, 315 V HGB)
    → Pflicht zur Prüfung, ob Angaben gemacht wurden + „kritisches Lesen" nach *IDW PS 202*

- **Lageberichtsfremde Angaben** (grundsätzlich in die Prüfung einzubeziehen; Ausnahme: eindeutige Abgrenzung oder Entscheidung des Abschlussprüfers zur Nichteinbeziehung)
  - **Eindeutig abgegrenzt**[+]
    → Keine Einbeziehung in Prüfung + „kritisches Lesen" nach *IDW PS 202* + ggf. Info über Nichtprüfung im Bestätigungsvermerk
  - **Nicht eindeutig abgegrenzt**
    → Einbeziehung in Prüfung
    → Keine Einbeziehung in Prüfung + „kritisches Lesen" nach *IDW PS 202* + Info über Nichtprüfung im Bestätigungsvermerk

[+] *„Eindeutig abgegrenzt"* =
1. räumlich getrennt + zweifelsfrei als ungeprüft gekennzeichnet, oder
2. deutlich als ungeprüft gekennzeichnet, ohne dass hierdurch Klarheit + Übersichtlichkeit des Lageberichts wesentlich beeinträchtigt ist (sog. *-Lösung)

18 Kapitalmarktorientierte Kapitalgesellschaften i.S.d. § 264d HGB müssen nach § 289 Abs. 4 HGB im Lagebericht die wesentlichen Merkmale des **internen Kontrollsystems** (einschl. des internen Revisionssystems) **und des Risikomanagementsystems** im Hinblick auf den Rechnungslegungsprozess beschreiben. Dasselbe gilt nach § 315 Abs. 4 HGB für den Konzernlagebericht, sofern das Mutter- oder ein einbezogenes Tochterunternehmen kapitalmarktorientiert ist. Mit dieser Regelung wird weder die Einrichtung noch die inhaltliche Ausgestaltung eines internen Kontroll- oder eines Risikomanagementsystems vorgeschrieben; besteht kein internes Kontroll- und Risikomanagementsystem, ist dies im (Konzern-)Lagebericht anzugeben (vgl. Gesetzesbegründung zum Regierungsentwurf des BilMoG, BT-Drs. 16/10067, S. 76 f.).

19 Die Prüfung des Lageberichts erstreckt sich nicht auf die nach §§ 289b bis 289e bzw. 315b und 315c HGB von bestimmten Gesellschaften in einem gesonderten Abschnitt des Lageberichts aufzunehmende **nichtfinanzielle (Konzern-)Erklärung** oder den auf der Internetseite öffentlich zugänglich zu machenden nichtfinanziellen (Konzern-)Bericht; der Abschlussprüfer ist nur verpflichtet zu prüfen, ob die nichtfinanzielle (Konzern-)Erklärung oder der gesonderte nichtfinanzielle (Konzern-)Bericht vorgelegt wurde. Eine inhaltliche Prüfung der Angaben ist nicht Gegenstand der Prüfung (vgl. § 317 Abs. 2 Satz 4 HGB). Ebenso sind die Angaben nach § 289f bzw. § 315d HGB (**(Konzern-)Erklärung zur Unternehmensführung**) nach § 317 Abs. 2 Satz 6 HGB nicht in die Prüfung einzubeziehen; insoweit ist im Rahmen der Prüfung lediglich festzustellen, ob diese Angaben gemacht wurden.

20 Der Abschlussprüfer hat zu beurteilen, ob die wesentlichen **Chancen und Risiken** der künftigen Entwicklung vollständig im Lagebericht angegeben werden. Der Abschlussprüfer muss sich mit den Chancen und Risiken der künftigen Entwicklung auch deshalb befassen, weil er im **Prüfungsbericht** vorweg zu der Beurteilung der Lage des Unternehmens/Konzerns durch die gesetzlichen Vertreter Stellung zu nehmen hat, wobei insb. darauf einzugehen ist, wie die gesetzlichen Vertreter den Fortbestand und die künftige Entwicklung des Unternehmens/Konzerns beurteilen (§ 321 Abs. 1 Satz 2 HGB; *IDW EPS 350 n.F.,* Tz. 102).

21 Der Abschlussprüfer hat bei der **Nichtbeachtung von DRS 20-Anforderungen** im Konzernlagebericht das Prüfungsurteil im Bestätigungsvermerk zum Konzernlagebericht einzuschränken oder zu versagen, wenn

- die DRS 20-Anforderungen einschlägig sind,
- die DRS 20-Anforderungen Konkretisierungen des HGB darstellen,
- die gesetzlichen Anforderungen nicht anderweitig erfüllt werden und

es sich um falsche Konzernlageberichtsangaben handelt, die wesentlich i.S.d. *IDW PS 250 n.F.* sind (vgl. *IDW EPS 350 n.F.*, Tz. 105).

22 Erfüllt der Konzernlagebericht einzelne einschlägige Anforderungen des DRS 20 nicht

- die nach DRS 20.32 wesentlich sind und
- bei denen es sich nicht um eine Konkretisierung des HGB handelt oder die gesetzlichen Anforderungen anderweitig erfüllt werden,

hat der Abschlussprüfer über die Nichtbeachtung der Anforderungen des DRS 20 unter Würdigung der Begründung der gesetzlichen Vertreter für die Abweichung von DRS 20 ausschließlich im **Prüfungsbericht** zu berichten (*IDW EPS 350 n.F.*, Tz. 104).

23 Prüfungsschema bei Nichtbeachtung einer DRS 20-Anforderung im Konzernabschluss

Prüfungsschema bei Nichtbeachtung einer DRS 20-Anforderung im Konzernabschluss

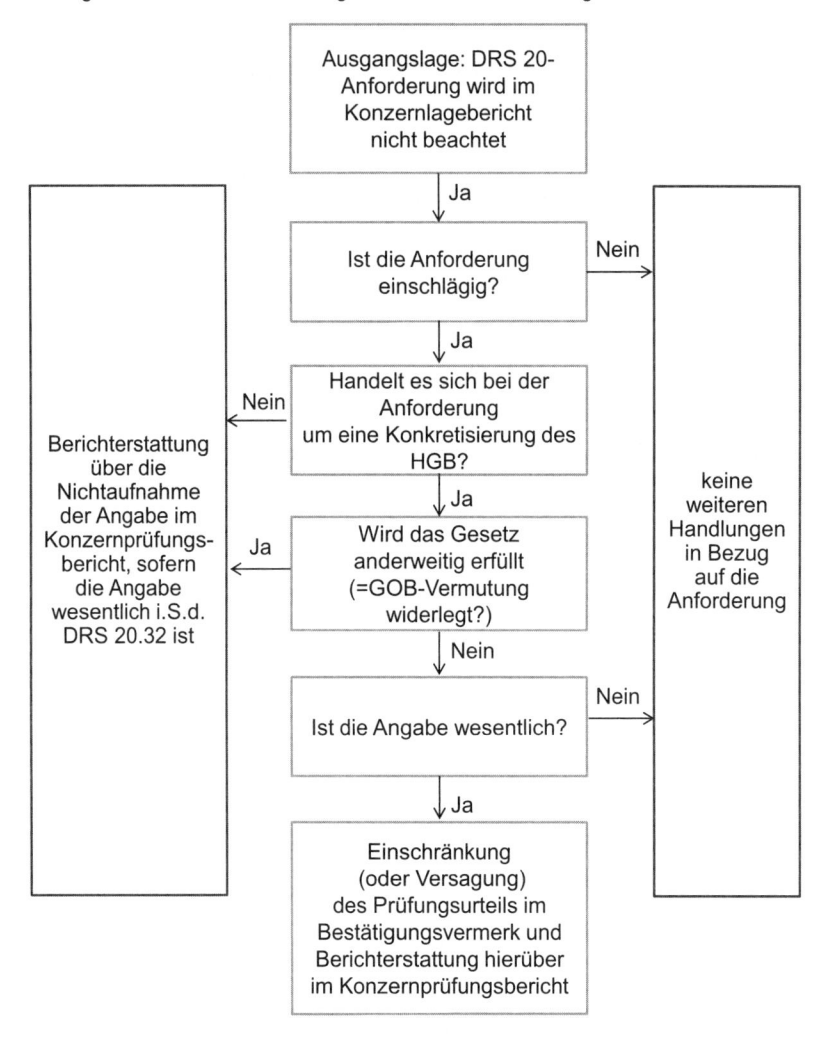

```
                    Ausgangslage: DRS 20-
                    Anforderung wird im
                    Konzernlagebericht
                    nicht beachtet
                              │ Ja
                              ▼
                    Ist die Anforderung      Nein
                    einschlägig?        ─────────►  keine
                              │ Ja                   weiteren
                              ▼                      Handlungen
      Nein        Handelt es sich bei der           in Bezug
   ◄────────      Anforderung                       auf die
                  um eine Konkretisierung des       Anforderung
   Berichter-     HGB?
   stattung                 │ Ja
   über die                 ▼
   Nichtaufnahme  Wird das Gesetz
   der Angabe im  anderweitig erfüllt
   Konzernprüfungs- (=GOB-Vermutung
   bericht, sofern   widerlegt?)
   die Angabe   Ja ◄──
   wesentlich i.S.d.         │ Nein
   DRS 20.32 ist             ▼
                    Ist die Angabe wesentlich?  Nein
                                           ─────────►
                              │ Ja
                              ▼
                    Einschränkung
                    (oder Versagung)
                    des Prüfungsurteils im
                    Bestätigungsvermerk und
                    Berichterstattung hierüber
                    im Konzernprüfungsbericht
```

24 Erklärt das Unternehmen in seinem Konzernlagebericht die Beachtung von DRS 20, obwohl einschlägige DRS 20-Anforderungen nicht beachtet wurden und es sich um falsche Konzernlageberichtsangaben handelt, die wesentlich i.S.v. DRS 20.32 sind, hat der Abschlussprüfer ein zusätzliches Prüfungsurteil in den Bestätigungsvermerk aufzunehmen zur Beachtung von DRS 20 in allen wesentlichen Belangen und dieses einzuschränken oder zu versagen (*IDW EPS 350 n.F.,* Tz. 106). Wenn das Unternehmen im Konzernlagebericht die Beachtung von DRS 20 erklärt und DRS 20 in allen wesentlichen Belangen beachtet wurde, kann der Abschlussprüfer ein Prüfungsurteil zur Beachtung von DRS 20 in den Bestätigungsvermerk aufnehmen (*IDW EPS 350 n.F.*, Tz. A98).

25 Wenn der Lagebericht wesentliche falsche Angaben enthält bzw. der Abschlussprüfer aufgrund eines Prüfungshemmnisses nicht in der Lage ist, zu wesentlichen Lageberichtsangaben ausreichende und angemessene Prüfungsnachweise einzuholen, hat der Abschlussprüfer das Prüfungsurteil zum Lagebericht einzuschränken (*IDW EPS 350 n.F.*, Tz. 107).

26 Sind die falschen Angaben im Lagebericht so wesentlich, dass eine Einschränkung des Prüfungsurteils zum Lagebericht nicht mehr angemessen ist, ist das Prüfungsurteil zum Lagebericht zu versagen. Wenn entgegen den gesetzlichen Vorschriften kein Lagebericht aufgestellt wurde, ist das Prüfungsurteil zum Lagebericht zu versagen. Sind Prüfungshemmnisse so wesentlich, dass eine Einschränkung des Prüfungsurteils zum Lagebericht nicht mehr angemessen ist, hat der Abschlussprüfer die Nichterteilung des Prüfungsurteils zum Lagebericht im Bestätigungsvermerk zu erklären (*IDW EPS 350 n.F.*, Tz. 108).

27 Ferner ist im **Bestätigungsvermerk** auf im Rahmen der Prüfung festgestellte **bestandsgefährdende Risiken** gesondert einzugehen (§ 322 Abs. 2 Satz 3 HGB). Im Bestätigungsvermerk zum Konzernabschluss des Mutterunternehmens ist auch auf Risiken hinzuweisen, die den Fortbestand eines Konzernunternehmens gefährden (§ 322 Abs. 2 Satz 4 HGB), falls das Tochterunternehmen für die Vermittlung eines den tatsächlichen Verhältnissen entsprechenden Bildes der Vermögens-, Finanz- und Ertragslage des Konzerns nicht von untergeordneter Bedeutung ist. Der Bestätigungsvermerk muss ferner eine Beurteilung enthalten, ob der Lagebericht bzw. Konzernlagebericht mit dem Jahresabschluss bzw. Konzernabschluss in Einklang steht und insgesamt ein zutreffendes Bild von der Lage des Unternehmens bzw. des Konzerns vermittelt. Schließlich ist auch darauf einzugehen, ob die Chancen und Risiken der zukünftigen Entwicklung zutreffend dargestellt sind (§ 322 Abs. 6 Satz 1 und 2 HGB).

28 Liegen **Angaben zur zukünftigen Entwicklung** nicht in fundierter quantitativer Form vor und basieren diese Angaben nicht auf von der Gesellschaft/dem Konzern erstellten, angemessen dokumentierten und regelmäßig aktualisierten Planungsrechnungen oder Budgets, sind die gesetzlichen Vertreter über mögliche Quellen zu befragen, welche die prognostischen Aussagen stützen könnten und es ist auf eine angemessene Dokumentation hinzuwirken. Die Ergebnisse der Befragung sind in den Arbeitspapieren zu dokumentieren und unter Berücksichtigung der Kenntnisse über das wirtschaftliche und rechtliche Umfeld sowie auf Basis der während der Prüfung gewonnenen Erkenntnisse zu würdigen (vgl. *IDW Prüfungshinweis: Besonderheiten der Abschlussprüfung kleiner und mittelgroßer Unternehmen (IDW PH 9.100.1,* Tz. 78*)*).

29 Werden der Konzernlagebericht und der Lagebericht des Mutterunternehmens zusammengefasst (§ 315 Abs. 3 i.V.m. § 298 Abs. 3 HGB), so muss dieser zusammengefasste Lagebericht alle Informationen enthalten, die notwendig sind, um sowohl die Lage des Mutterunternehmens als auch die Lage des Konzerns abzubilden. Dabei ist besonders darauf zu achten, dass durch die Zusammenfassung kein Informationsverlust eintritt. Dies gilt vor allem bei Anwendung unterschiedlicher Rechnungslegungsgrundsätze im Konzernabschluss und im Jahresabschluss des Mutterunternehmens (*IDW EPS 350 n.F.,* Tz. 79).

8.2.2.2. Hinweise zur Bearbeitung

30 Die gesetzlichen Anforderungen an die Lageberichterstattung von **Mutterunternehmen**, die einen **Konzernlagebericht** gemäß § 315 HGB aufzustellen haben, werden konkretisiert im Deutschen Rechnungslegungsstandard Nr. 20 „Konzernlagebericht" (DRS 20). DRS 20 empfiehlt eine entsprechende Anwendung auf den Lagebericht gemäß § 289 HGB. Die für börsennotierte AG als Mutterunternehmen verpflichtende Berichterstattung über die Vergütung der Organmitglieder i.S.v. § 315a Abs. 2 HGB (Vergütungsbericht) ist nicht Gegenstand des DRS 20, sondern ist im DRS 17 „Berichterstattung über die Vergütung der Organmitglieder" geregelt. Die Zwischenlageberichterstattung ist weiterhin in DRS 16 (Halbjahresfinanzberichterstattung) geregelt.[2]

31 Zur Bedeutung des DRS 20 für die Prüfung von (Konzern-) Lageberichten vertritt der HFA die Auffassung, dass die Anwendung von **DRS 20** zu einer aussagefähigen Konzernlageberichtsdarstellung führt. Deshalb sollte der Berufsstand eine Anwendung von DRS 20 durch die Unternehmen, die zur Aufstellung eines Konzernlageberichts verpflichtet sind, unterstützen und den Mandanten empfehlen, **im Konzernlagebericht** darauf hinzuweisen, dass DRS 20 beachtet wurde.[3]

32 Soweit es sich bei **DRS 17** um Auslegungen der allgemeinen gesetzlichen Grundsätze zur Lageberichterstattung handelt, haben diese ebenfalls Bedeutung für den Lagebericht nach § 289 HGB.

33 Mit Einführung des CSR-Richtlinie-Umsetzungsgesetz[4] müssen bestimmte große Kapitalgesellschaften und haftungsbeschränkte Personenhandelsgesellschaften, Kreditinstitute und Versicherungen mit durchschnittlich mehr als 500 Arbeitnehmern für Geschäftsjahre, die ab dem 1. Januar 2017 beginnen, eine nichtfinanzielle Erklärung veröffentlichen, die Bestandteil des Lageberichts bzw. Konzernlageberichts ist (§§ 289b bis 289e, 315b und 315c HGB n.F.; vgl. IDW Positionspapier zur Zukunft der Berichterstattung – Nachhaltigkeit (Stand: 14.06.2017), Abschn. 2.1 ff.)). Die folgende Grafik[5] zeigt die möglichen Varianten zur Veröffentlichung der nichtfinanziellen Informationen:

---

[2] DRS 16 wurde mit dem Deutschen Rechnungslegung Änderungsstandard Nr. 7 (DRÄS 7) an die durch das Gesetz zur Umsetzung der Transparenzrichtlinie-Änderungsrichtlinie und das BilRUG geänderte Rechtslage angepasst. DRS 16 gilt in der durch DRÄS 7 geänderten Fassung vom 21. April 2016 ab dem Tag der Bekanntmachung des DRÄS 7 im Bundesanzeiger. (21.06.2016). DRS 16 kann in der geänderten Fassung auch rückwirkend auf die Zwischenberichterstattung seit dem 26. November 2015 angewendet werden.

[3] Vgl. Berichterstattung über Sitzungen, 234. Sitzung des HFA, abrufbar im Mitgliederbereich der IDW Website in der Rubrik „Sitzungsberichte/Kurzberichte".

[4] Gesetz zur Stärkung der nichtfinanziellen Berichterstattung der Unternehmen in ihren Lage- und Konzernlageberichten, BGBl. I 2017 S. 802.

[5] Vgl. Richter/Johne/König, Umsetzung der CSR-Richtlinie in nationales Recht, in WPg 10/2017, S. 566.

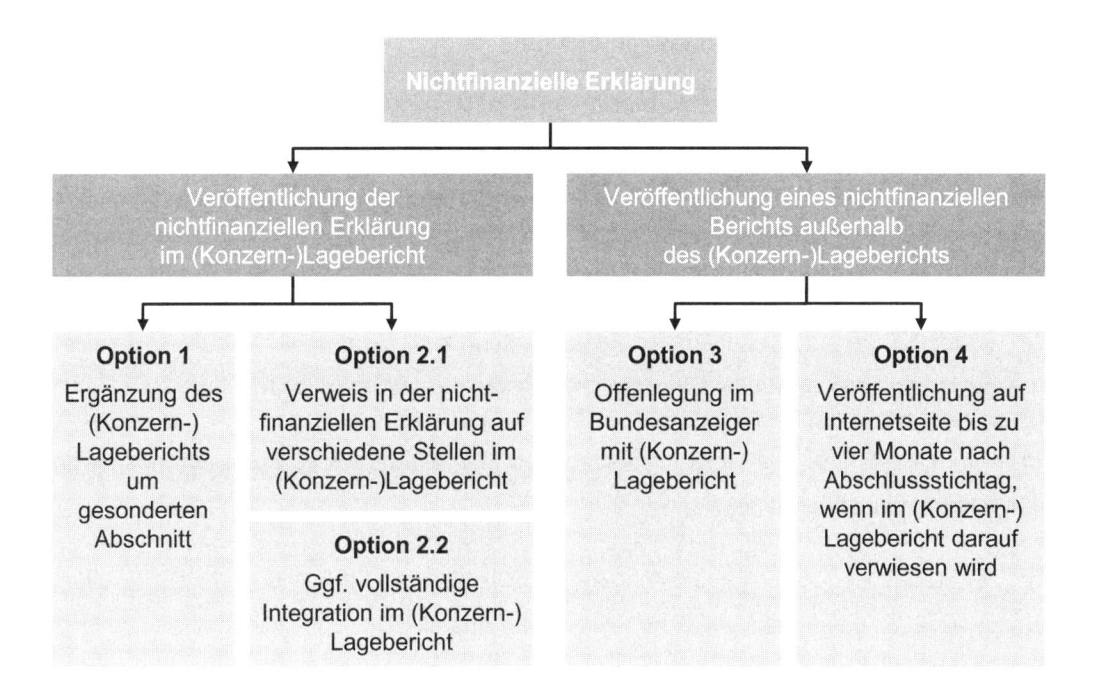

Nichtfinanzielle Erklärung

Veröffentlichung der nichtfinanziellen Erklärung im (Konzern-)Lagebericht

- **Option 1**: Ergänzung des (Konzern-)Lageberichts um gesonderten Abschnitt
- **Option 2.1**: Verweis in der nichtfinanziellen Erklärung auf verschiedene Stellen im (Konzern-)Lagebericht
- **Option 2.2**: Ggf. vollständige Integration im (Konzern-)Lagebericht

Veröffentlichung eines nichtfinanziellen Berichts außerhalb des (Konzern-)Lageberichts

- **Option 3**: Offenlegung im Bundesanzeiger mit (Konzern-)Lagebericht
- **Option 4**: Veröffentlichung auf Internetseite bis zu vier Monate nach Abschlussstichtag, wenn im (Konzern-)Lagebericht darauf verwiesen wird

34 Inhaltlich ist gemäß § 289c HGB n.F. im Rahmen der nichtfinanziellen Erklärung das Geschäftsmodell kurz, d.h. aussagekräftig zu beschreiben. Die Mindestangaben betreffen Umwelt-, Sozial- und Arbeitnehmerbelange, Achtung der Menschenrechte, Bekämpfung von Korruption und Bestechung, wenn diese Angaben erforderlich sind für das Verständnis von Geschäftsverlauf, Geschäftsergebnis, Lage des Unternehmens sowie für das Verständnis der Auswirkungen der Tätigkeiten. Zu diesen Aspekten sind Konzepte, einschließlich der Due-Diligence-Prozesse, Ergebnisse der Konzepte, Risiken und nichtfinanzielle Leistungsindikatoren zu beschreiben (vgl. IDW Positionspapier zur Zukunft der Berichterstattung – Nachhaltigkeit (Stand: 14.06.2017), Abschn. 2.4 ff.).

35 Gemäß § 317 Abs. 2 Satz 4 HGB n.F. ist nur zu prüfen, ob die nichtfinanzielle (Konzern-)Erklärung oder der gesonderte nichtfinanzielle (Konzern-)Bericht fristgerecht innerhalb von vier Monaten abgegeben bzw. vorgelegt wurde. Der Abschlussprüfer nimmt folglich keine inhaltliche Prüfung vor. Das Aufsichtsorgan kann jedoch eine freiwillige Prüfung der Berichtsinhalte in Auftrag geben (vgl. IDW Positionspapier zur Zukunft der Berichterstattung – Nachhaltigkeit (Stand: 14.06.2017), Abschn. 1.4).

8.2.2.3. Festlegung von Prüfungshandlungen

Wenn der verantwortliche Wirtschaftsprüfer die Prüfungshandlungen festlegt, sollte er folgende Eckpunkte beachten und eigenverantwortlich einschätzen, ob sie unter den gegebenen Umständen mit Blick auf das Prüfungsziel erforderlich sind:

a) *Beurteilen Sie abschließend, ob der Lagebericht die gesetzlichen Vorschriften beachtet.*

b) *Würdigen Sie, ob der Lagebericht insgesamt ein zutreffendes Bild von der Lage des Unternehmens vermittelt, sowie die Chancen und Risiken der künftigen Entwicklung zutreffend darstellt.*

c) *Beurteilen Sie, ob die Lageberichtsangaben in einem angemessenen und ausgewogenen Verhältnis zueinander stehen.*

d) *Beurteilen Sie, ob die Lageberichtsangaben entsprechend dem Grundsatz der Informationsabstufung für das Verständnis der Adressaten ausreichend und geeignet sind, und mit den Erkenntnissen aus der Prüfung des Abschlusses, insb. dem bei der Prüfung erlangten Verständnis über die Geschäftstätigkeit sowie das rechtliche und wirtschaftliche Umfeld, in Einklang stehen.*

e) *Prüfen Sie bei Vorliegen eines **zusammengefassten Lage- und Konzernlageberichts**, dass durch die Zusammenfassung kein Informationsverlust auftritt.*

f) *Beurteilen Sie, ob – soweit zutreffend – eine nichtfinanzielle (Konzern-)Erklärung fristgerecht abgegeben bzw. vorgelegt wurde.*

g) *Beurteilen Sie bei vorliegenden bestandsgefährdenden Risiken oder Einwendungen gegen dargestellte Sachverhalte die Auswirkungen auf den Bestätigungsvermerk.*

8.2.3. Abschließende Abstimmungsarbeiten und abschließende analytische Durchsicht

8.2.3.1. Prüfungsanforderungen

36 Um zusammenfassend feststellen zu können, ob der Jahresabschluss insgesamt und der Lagebericht mit den Kenntnissen des Abschlussprüfers über die Geschäftstätigkeit und das wirtschaftliche und rechtliche Umfeld des Unternehmens im Einklang stehen, sind analytische Prüfungshandlungen auch unmittelbar vor Beendigung der Prüfung notwendig (*IDW PS 312*, Tz. 23).

37 Insbesondere ist einzuschätzen, ob analytische Prüfungshandlungen, die am Ende der Abschlussprüfung vor der Festlegung des Gesamturteils durchgeführt werden, auf zuvor nicht erkannte Risiken wesentlicher falscher Angaben aufgrund von Verstößen hindeuten (vgl. *IDW PS 210*, Tz. 47).

8.2.3.2. Hinweise zur Bearbeitung

38 Berücksichtigen Sie z.B. folgende **Skalierungsaspekte** im Zusammenhang mit der Durchführung abschließender analytischer Prüfungshandlungen:

- In der Phase der Prüfungsdurchführung und der abschließenden Durchsicht können analytische Prüfungshandlungen auch bei KMU wirkungsvoll und wirtschaftlich eingesetzt werden.
- Das eingesetzte Instrumentarium der Plausibilitätsbeurteilung muss dabei der Unternehmensgröße angemessen sein. In Betracht kommen Kennzahlen- und Abweichungsanalysen, Vorjahres- und Branchenvergleiche sowie einfache Prognosemodelle. Bei der Interpretation der Kennzahlen ist zu berücksichtigen, dass Kennzahlen insb. bei KMU von einmaligen Effekten dominiert werden können, die durch Befragungen in Erfahrung gebracht und eliminiert werden können. (*IDW PH 9.100.1*, Tz. 71)

39 Die analytischen Prüfungshandlungen haben das Ziel, die im Laufe der Prüfung von einzelnen Teilbereichen des Jahresabschlusses gewonnenen Schlussfolgerungen des Abschlussprüfers zu überprüfen bzw. zu bestätigen und das Gesamturteil über die Rechnungslegung zu erleichtern. Jedoch können analytische Prüfungshandlungen in dieser Phase der Abschlussprüfung auch Bereiche erkennbar machen, in denen noch weitere Prüfungshandlungen vorzunehmen sind (*IDW PS 312*, Tz. 23).

8.2.3.3. Festlegung von Prüfungshandlungen

Wenn der verantwortliche Wirtschaftsprüfer die Prüfungshandlungen festlegt, sollte er folgende Eckpunkte beachten und eigenverantwortlich einschätzen, ob sie unter den gegebenen Umständen mit Blick auf das Prüfungsziel erforderlich sind:

a) Abstimmung des Jahresabschlusses mit der endgültigen **Saldenliste**.

b) Sicherstellung, dass zu jedem Posten des Jahresabschlusses bzw. zu jedem Prüffeld eine Zusammenstellung in den Arbeitspapieren vorhanden ist und diese Zusammenstellung mit der Saldenliste und dem Jahresabschluss übereinstimmt.

c) Feststellung, ob die Kontensalden den richtigen Jahresabschlussposten zugeordnet wurden und diese Zuordnung entsprechend dem Vorjahresabschluss vorgenommen wurde. Bei Abweichungen vom Stetigkeitsgrundsatz ist eine entsprechende Begründung und Dokumentation vom Mandanten zu verlangen und die Angabepflicht im Anhang zu beachten (vgl. *IDW RS HFA 38*; dies geschieht sinnvollerweise im Zusammenhang mit der Prüfung der einzelnen Posten (vgl. Meilenstein 7)).

d) Überprüfung der **rechnerischen Richtigkeit** des Jahresabschlusses und Abstimmung der korrespondierenden Beträge im Jahresabschluss.

e) Der Jahresabschluss ist einer **abschließenden analytischen Durchsicht** unter Berücksichtigung der Angaben im Anhang und Lagebericht zu unterziehen. Sowohl die Erläuterungen als auch die Ergebnisse aus vorbereitenden analytischen Prüfungshandlungen müssen hierbei berücksichtigt werden.

8.2.4. Abschließende Beurteilung der Fähigkeit zur Unternehmensfortführung

8.2.4.1. Prüfungsanforderungen

40 Zur Prüfung der Fähigkeit zur Unternehmensfortführung siehe Meilenstein 2.

41 Im Verlauf der Prüfung ist auf wesentliche Unsicherheiten hinsichtlich der Fähigkeit des Unternehmens zur Fortführung der Unternehmenstätigkeit (bestandsgefährdende Tatsachen) zu achten (vgl. *IDW PS 270*, Tz. 15).

42 Der Abschlussprüfer hat die Möglichkeit in Betracht zu ziehen, dass bereits bekannte (geplante oder ungeplante) Ereignisse oder Verhältnisse jenseits des Prognosezeitraums eintreten, welche die Annahme der Fortführung der Unternehmenstätigkeit in Frage stellen. Solche Anhaltspunkte können dem Abschlussprüfer bei der Prüfungsplanung und während der Prüfungsdurchführung einschließlich der Prüfung des Risikofrüherkennungssystems, bei der Prüfung der Ereignisse nach dem Abschlussstichtag und bei der Prüfung des Lageberichts zur Kenntnis kommen (*IDW PS 270*, Tz. 23).

8.2.4.2. Hinweise zur Bearbeitung

43 Bestandsgefährdende Tatsachen können während der Planung oder der Durchführung von Prüfungshandlungen erkannt werden; ihre Beurteilung ist dann im weiteren Verlauf der Prüfung fortzuführen (*IDW PS 270*, Tz. 26).

8.2.4.3. Festlegung von Prüfungshandlungen

Wenn der verantwortliche Wirtschaftsprüfer die Prüfungshandlungen festlegt, sollte er folgende Eckpunkte beachten und eigenverantwortlich einschätzen, ob sie unter den gegebenen Umständen mit Blick auf das Prüfungsziel erforderlich sind:

Dokumentation ggf. neuer Erkenntnisse (Aktualisierung der **Arbeitshilfe B-2.4.: Beurteilung der Annahme zur Unternehmensfortführung**).

8.2.5. Abschließende Durchsicht der Protokolle von Versammlungen

8.2.5.1. Prüfungsanforderungen

44   Es sind die Protokolle von Gesellschafterversammlungen, Vorstands- und Aufsichtsratssitzungen durchzusehen, u.a. auch, um Ereignisse nach dem Abschlussstichtag festzustellen, die sich auf die Rechnungslegung auswirken können (vgl. Abschn. 8.2.8.).

8.2.5.2. Festlegung von Prüfungshandlungen

Wenn der verantwortliche Wirtschaftsprüfer die Prüfungshandlungen festlegt, sollte er folgende Eckpunkte beachten und eigenverantwortlich einschätzen, ob sie unter den gegebenen Umständen mit Blick auf das Prüfungsziel erforderlich sind:

Dokumentation ggf. neuer Erkenntnisse aus der Durchsicht der Protokolle (Meilenstein 2).

8.2.6. Abschließende Prüfung der Rechtsstreitigkeiten des Mandanten

8.2.6.1. Prüfungsanforderungen

45   Der Abschlussprüfer muss sich durch geeignete Prüfungshandlungen vergewissern, dass alle Rechtsstreitigkeiten bekannt sind, die sich wesentlich auf den Jahresabschluss oder Lagebericht auswirken können.

8.2.6.2. Festlegung von Prüfungshandlungen

Wenn der verantwortliche Wirtschaftsprüfer die Prüfungshandlungen festlegt, sollte er folgende Eckpunkte beachten und eigenverantwortlich einschätzen, ob sie unter den gegebenen Umständen mit Blick auf das Prüfungsziel erforderlich sind:

Dokumentation ggf. neuer Erkenntnisse seit Abschluss der vorbereitenden Prüfungshandlungen (Meilenstein 2).

8.2.7. Einholung schriftlicher Erklärungen der gesetzlichen Vertreter

8.2.7.1. Prüfungsanforderungen

46   Der Abschlussprüfer muss im Rahmen seines **pflichtgemäßen Ermessens** geeignete **Erklärungen der gesetzlichen Vertreter** als Prüfungsnachweise einholen. Die Erklärungen sind von denjenigen gesetzlichen Vertretern einzuholen, welche die Verantwortung für den Abschluss und den Lagebericht haben sowie über die Kenntnisse der betreffenden Sachverhalte verfügen (vgl. *IDW PS 303 n.F.*, Tz. 8 und Tz. 13; siehe auch Abschn. 8.2.12.). Da das Aufsichtsorgan ggf. Kenntnisse von einzelnen prüfungsrelevanten Sachverhalten hat, kann

der Abschlussprüfer es zudem für erforderlich halten, auch schriftliche Erklärungen vom **Aufsichtsorgan** zu verlangen (vgl. *IDW PS 303 n.F.*, Tz. 22).

47 Erforderlichenfalls muss der Abschlussprüfer auch schriftliche Erklärungen der gesetzlichen Vertreter zur Unterstützung der für bestimmte Angaben im **Lagebericht** erlangten Prüfungsnachweise anfordern und deren Vertretbarkeit und Konsistenz zu anderen Prüfungsnachweisen beurteilen (vgl. *IDW EPS 350 n.F.*, Tz. 95). Hierbei kann auf die im Rahmen der Prüfung des Abschlusses vom Mandanten eingeholten Erklärungen Rückgriff genommen werden. Wenn z.B. für die Bestimmung niedrigerer beizulegender Werte im Anlagevermögen oder für die Bilanzierung von Rückstellungen schriftliche Nachweise über geplante Maßnahmen eingeholt wurden, können diese auch für die Prüfung prognostischer Angaben im Lagebericht herangezogen werden (vgl. *IDW EPS 350 n.F.*, Tz. A90).

48 Die schriftlichen Erklärungen sind **zeitnah zum Datum des Bestätigungsvermerks** einzuholen.

49 Liegen als Prüfungsnachweise zu einzelnen Sachverhalten nur mündliche Erklärungen der gesetzlichen Vertreter vor, kann Missverständnissen vorgebeugt werden, indem die mündlich gegebenen Erklärungen schriftlich von den gesetzlichen Vertretern bestätigt werden (vgl. *IDW PS 303 n.F.*, Tz. 13).

50 Bestehen **Bedenken hinsichtlich der Kompetenz, der Integrität oder der Sorgfalt** der gesetzlichen Vertreter oder hinsichtlich der **Einstellung** der gesetzlichen Vertreter **zu ethischen Werten** oder deren Durchsetzung im Unternehmen, sind die möglichen Auswirkungen zu beurteilen, die diese Bedenken auf die Verlässlichkeit der erhaltenen Erklärungen und Prüfungsnachweise haben (vgl. *IDW PS 303 n.F.*, Tz. 19, *IDW EPS 350 n.F.*, Tz. 96).

51 In Abhängigkeit von Art, Wesentlichkeit und Komplexität der zu prüfenden **Zeitwerte** kann es ggf. sinnvoll sein, schriftliche Erklärungen der gesetzlichen Vertreter in Bezug auf folgende Aussagen einzuholen:

- ob die verwendeten Bewertungsmethoden einschließlich der zugrunde gelegten Annahmen angemessen sind und die Bewertungsmethoden stetig angewendet wurden,
- ob und aus welchen Gründen in bestimmten Fällen Zeitwerte zulässigerweise nicht angesetzt wurden,
- ob die Angaben zu den Zeitwerten im Anhang und ggf. im Lagebericht entsprechend den angewandten Rechnungslegungsgrundsätzen vollständig und zutreffend sind und
- inwieweit nach dem Abschlussstichtag eingetretene Ereignisse Anpassungen in der Bewertung erfordert haben (vgl. *IDW Prüfungsstandard: Die Prüfung von geschätzten Werten in der Rechnungslegung einschließlich von Zeitwerten (IDW PS 314 n.F.*, Tz. 78)).

52 Weigern sich die gesetzlichen Vertreter, eine vom Abschlussprüfer angeforderte schriftliche Erklärung abzugeben oder sind die Erklärungen nach pflichtgemäßem Ermessen nicht verlässlich, hat der Abschlussprüfer den Sachverhalt mit den gesetzlichen Vertretern und ggf. mit dem Aufsichtsorgan zu erörtern bzw. sonstige angemessene Maßnahmen zu ergreifen. In diesen Fällen muss er die Integrität der gesetzlichen Vertreter neu beurteilen und die Verlässlichkeit anderer von den gesetzlichen Vertretern abgegebener Erklärungen überdenken. Außerdem ist zu entscheiden, ob sich aus dieser Weigerung Auswirkungen auf das Prüfungsurteil im Bestätigungsvermerk ergeben (vgl. *IDW PS 303 n.F.*, Tz. 19 ff.; *IDW EPS 350 n.F.*, Tz. 96). Unabhängig von möglichen Auswirkungen auf den Bestätigungsvermerk ist in allen Fällen, in denen eine für notwendig erachtete Erklärung nicht gegeben wurde, im **Prüfungsbericht** darauf hinzuweisen (vgl. Entwurf einer Neufassung des *IDW Prüfungsstandards: Grundsätze ordnungsmäßiger Erstellung von Prüfungsberichten (IDW EPS 450 n.F.)*, Tz. 59).

8.2.7.2. Hinweise zur Bearbeitung

53 Erklärungen der gesetzlichen Vertreter können kein Ersatz für andere Prüfungsnachweise sein, von deren Verfügbarkeit normalerweise ausgegangen werden kann (z.B. ist eine Erklärung der gesetzlichen Vertreter über die Herstellungskosten eines Vermögensgegenstands kein Ersatz für die Prüfungsnachweise, die sich ein Abschlussprüfer üblicherweise über solche Bewertungsgrundlagen verschafft) (vgl. *IDW PS 303 n.F.*, Tz. 17).

54 Können keine ausreichenden und angemessenen Prüfungsnachweise für eine Prüfungsaussage (vgl. *IDW Prüfungsstandard: Ziele und allgemeine Grundsätze der Durchführung von Abschlussprüfungen (IDW PS 200)*, Tz. 9 ff.) zu einem wesentlichen Sachverhalt erlangt werden, obwohl davon ausgegangen werden kann, dass ein solcher Prüfungsnachweis tatsächlich verfügbar ist, so stellt dies ein **Prüfungshemmnis** dar (vgl. *IDW Prüfungsstandard: Grundsätze für die ordnungsmäßige Erteilung von Bestätigungsvermerken bei Abschlussprüfungen (IDW EPS 405)*, Tz. 6c), Tz. A9 ff.), selbst wenn zu diesem Sachverhalt eine Erklärung von den gesetzlichen Vertretern abgegeben wurde (*IDW PS 303 n.F.*, Tz. 17).

55 Allerdings kann in bestimmten Fällen eine Erklärung der gesetzlichen Vertreter der einzige normalerweise zu erwartende Prüfungsnachweis sein. So ist z.B. regelmäßig davon auszugehen, dass keine weiteren Prüfungsnachweise die Absicht der gesetzlichen Vertreter bestätigen, eine bestimmte Finanzanlage aus Gründen der Erwartung langfristiger Wertsteigerung zu halten (*IDW PS 303 n.F.*, Tz. 18).

8.2.7.3. Festlegung von Prüfungshandlungen

Wenn der verantwortliche Wirtschaftsprüfer die Prüfungshandlungen festlegt, sollte er folgende Eckpunkte beachten und eigenverantwortlich einschätzen, ob sie unter den gegebenen Umständen mit Blick auf das Prüfungsziel erforderlich sind:

a) Sofern von den gesetzlichen Vertretern **schriftliche Erklärungen** zu wesentlichen Sachverhalten in der Rechnungslegung eingeholt werden:

- sind bestätigende Prüfungsnachweise aus unternehmensinternen und -externen Quellen (vgl. *IDW PS 300 n.F.*, Tz. 7 und Tz. A9) zu suchen,

- ist zu beurteilen, ob die von den gesetzlichen Vertretern abgegebenen Erklärungen plausibel und mit anderen erlangten Prüfungsnachweisen, einschließlich anderer Erklärungen, vereinbar erscheinen und

- ist abzuwägen, ob von den auskunftsgebenden Personen erwartet werden kann, dass sie über die jeweiligen Sachverhalte gut informiert sind (vgl. *IDW PS 303 n.F.*, Tz. 16).

b) Steht eine Erklärung der gesetzlichen Vertreter in Widerspruch zu einem anderen Prüfungsnachweis, muss der Sachverhalt untersucht und, sofern erforderlich, auch die Verlässlichkeit von anderen Auskünften und Erklärungen der gesetzlichen Vertreter nochmals überprüft werden.

8.2.8. Beurteilung der Auswirkungen von Ereignissen nach dem Abschlussstichtag und kritisches Lesen zusätzlicher mit dem Jahresabschluss veröffentlichter Informationen

8.2.8.1. Prüfungsanforderungen

56 Der Abschlussprüfer hat die Auswirkungen von **Ereignissen nach dem Abschlussstichtag** auf Abschluss und Lagebericht sowie auf die Berichterstattung im Prüfungsbericht und Bestätigungsvermerk zu würdigen. Durch geeignete Prüfungshandlungen sind ausreichende und angemessene Prüfungsnachweise zu gewinnen, um Ereignisse zwischen dem Abschlussstichtag und dem Datum des Bestätigungsvermerks festzustellen, die sich auf Abschluss und Lagebericht auswirken können. Dies gilt v.a. auch für nach dem Abschlussstichtag eingetretene Ereignisse, die Anpassungen in der Wertfindung von geschätzten Werten, insb. von Zeitwerten, erforderlich machen (**wertaufhellende Ereignisse**). Gleichzeitig ist sicherzustellen, dass im Jahresabschluss keine nach dem Abschlussstichtag eingetretenen **wertbegründenden Ereignisse** berücksichtigt wurden (vgl. *Neufassung des IDW Prüfungsstandards: Ereignisse nach dem Abschlussstichtag (IDW PS 203 n.F.*, Tz. 11) sowie *IDW EPS 350 n.F.*, Tz. 93).

57 **Nach dem Datum des Bestätigungsvermerks** ist der Abschlussprüfer grundsätzlich nicht verpflichtet, zu dem geprüften Jahresabschluss und Lagebericht weitere Prüfungshandlungen vorzunehmen bzw. weitere Nachforschungen anzustellen. Es liegt in der Verantwortung der Unternehmensleitung, den Abschlussprüfer über Ereignisse zu informieren, die den Jahresabschluss und Lagebericht beeinflussen können und sich im Zeitraum zwischen dem Da-

tum des Bestätigungsvermerks und der Herausgabe des geprüften Abschlusses an Dritte ereignet haben (*IDW PS 203 n.F.*, Tz. 18).

58 Die folgende Abbildung unterscheidet Ereignisse nach dem Abschlussstichtag hinsichtlich ihres zeitlichen Anfalls in solche, die bis zum Datum des Bestätigungsvermerks eintreten und solche, die danach liegen. Die unterschiedliche Vorgehensweise des Abschlussprüfers ist ebenfalls der Abbildung zu entnehmen:

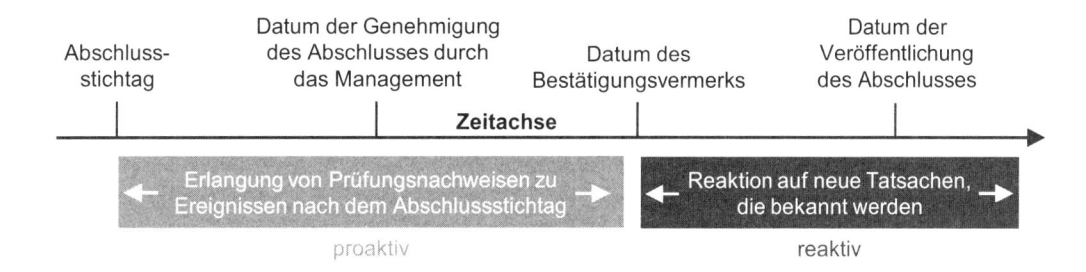

Abschluss-stichtag	Datum der Genehmigung des Abschlusses durch das Management	Datum des Bestätigungsvermerks	Datum der Veröffentlichung des Abschlusses

Zeitachse

← Erlangung von Prüfungsnachweisen zu Ereignissen nach dem Abschlussstichtag →   ← Reaktion auf neue Tatsachen, die bekannt werden →

proaktiv   reaktiv

59 Liegt jedoch **zwischen dem Datum des Bestätigungsvermerks und seiner Auslieferung** ein nicht unbeachtlicher Zeitraum oder ist auch bei einem kürzeren Zeitraum das Eintreten wesentlicher Ereignisse zu erwarten, muss der Abschlussprüfer vor der Auslieferung des Bestätigungsvermerks mit der Unternehmensleitung klären, ob zwischenzeitliche Ereignisse und Entwicklungen die Aussage des Bestätigungsvermerks berühren (*IDW PS 203 n.F.*, Tz. 19). Werden dabei Tatsachen festgestellt, die nach Auffassung des Abschlussprüfers zu einer wesentlichen Änderung des Jahresabschlusses und/oder Lageberichts führen können, sind die betreffenden Sachverhalte mit der Unternehmensleitung und erforderlichenfalls mit dem Aufsichtsorgan zu erörtern. Der Abschlussprüfer muss beurteilen, ob der bereits geprüfte Jahresabschluss und/oder Lagebericht geändert werden muss/müssen, und erfragen, wie die Unternehmensleitung mit dem Sachverhalt im Abschluss oder Lagebericht umzugehen beabsichtigt und ggf. geeignete Maßnahmen ergreifen (*IDW PS 203 n.F.*, Tz. 20).

60 Das Gleiche gilt, wenn **nach der Erteilung und Auslieferung des Bestätigungsvermerks wertaufhellende Ereignisse** bekannt werden, die schon zum Datum des Bestätigungsvermerks bestanden haben und die, sofern sie schon zu diesem Datum bekannt geworden wären, zu einem abweichenden Prüfungsurteil hätten führen können (*IDW PS 203 n.F.*, Tz. 21).

61 Bei Änderung des Jahresabschlusses und/oder des Lageberichts durch die Unternehmensleitung sind die geänderten Unterlagen im Wege der **Nachtragsprüfung** gemäß § 316 Abs. 3 Satz 1 HGB zu prüfen, soweit es die Änderungen erfordern. Zu weitergehenden Prüfungshandlungen ist der Abschlussprüfer grundsätzlich weder verpflichtet noch berechtigt. Etwas anderes gilt, wenn er Anlass zu der Annahme hat, dass ursprünglich getroffene Prüfungsfeststellungen aufgrund zwischenzeitlicher wesentlicher wertaufhellender Tatsachen nicht mehr zutreffen. Zu beachten ist die *IDW Stellungnahme zur Rechnungslegung: Änderung von Jahres- und Konzernabschlüssen (IDW RS HFA 6)*, Tz. 29, wonach im Falle einer

durch die Änderung verursachten Erhöhung des Jahresergebnisses dem Aufstellungsorgan bekannt gewordene gegenläufige wertaufhellende Ereignisse zu berücksichtigen sind.

Auch hinsichtlich der **Fortführungsannahme** besteht nach Auffassung des **HFA** grundsätzlich keine Pflicht zur neuerlichen Beurteilung im Rahmen der Nachtragsprüfung. Allerdings müssen seit dem Datum des Bestätigungsvermerks auf Seiten des Bilanzierenden oder des Abschlussprüfers erlangte Erkenntnisse über eine nicht mehr gerechtfertigte Annahme der Unternehmensfortführung berücksichtigt werden. Dabei ist nicht zwischen wertaufhellenden und wertbegründenden Ereignissen zu unterscheiden (vgl. *IDW PS 203 n.F.*, Tz. 9; *IDW PS 270*, Tz. 31; *IDW RS HFA 17*, Tz. 25). Liegen zum Zeitpunkt der Nachtragsprüfung Anhaltspunkte für bestandsgefährdende Tatsachen vor – bspw. wenn zum Abschlussstichtag bzw. zum Zeitpunkt der Erteilung des ursprünglichen Bestätigungsvermerks bereits die Fortführung des Unternehmens gefährdet war – hat der Abschlussprüfer seine Beurteilung der Annahme der Unternehmensfortführung zu aktualisieren (vgl. *IDW PS 270*, Tz. 27). Sofern die Annahme der Unternehmensfortführung nicht mehr gerechtfertigt ist, ist der Abschluss zu ändern.[6]

62 Unterlässt die Unternehmensleitung die Änderung des Jahresabschlusses und/oder des Lageberichts, obwohl der Abschlussprüfer sie für erforderlich hält und eine Korrektur des Mangels in laufender Rechnung nicht ausreicht (vgl. *IDW RS HFA 6*), ist zu prüfen, ob die Voraussetzungen für einen **Widerruf des Bestätigungsvermerks** gegeben sind (vgl. *IDW EPS 400 n.F.*, Tz. 86 ff.) sowie *IDW Prüfungshinweis: Auswirkungen von Fehlerfeststellungen durch die DPR bzw. die BaFin auf den Bestätigungsvermerk (IDW PH 9.400.11)*).

63 Eine Prüfungspflicht für **zusammen mit dem Jahresabschluss veröffentlichte zusätzliche Informationen** wird weder in § 317 HGB noch durch die Berufsübung festgelegt. Dementsprechend ist der Abschlussprüfer nicht verpflichtet zu prüfen, ob die zusätzlichen Informationen zutreffend sind. Der Abschlussprüfer hat jedoch die zusätzlichen Informationen **kritisch zu lesen**, denn Unstimmigkeiten zwischen diesen Informationen und dem geprüften Jahresabschluss oder Lagebericht können die Glaubhaftigkeit von Jahresabschluss und Lagebericht in Frage stellen (vgl. *IDW Prüfungsstandard: Die Beurteilung von zusätzlichen Informationen, die von Unternehmen zusammen mit dem Jahresabschluss veröffentlicht werden (IDW PS 202*, Tz. 6 f.*)*).

64 Wird beim kritischen Lesen der zusätzlichen Informationen eine **wesentliche Unstimmigkeit** mit dem Jahresabschluss bzw. dem Lagebericht erkannt, ist wie folgt vorzugehen:

- Feststellung vor dem Datum des Bestätigungsvermerks:
  - Betrifft der Änderungsbedarf den geprüften Jahresabschluss oder den Lagebericht, so sind dort die entsprechenden Anpassungen vorzunehmen bzw. bei deren Verweigerung der Bestätigungsvermerk unter Konsultation der Praxisleitung einzuschränken bzw. zu versagen. Im Prüfungsbericht sind Unrichtigkeiten und Verstöße gegen die

---

[6] Vgl. Berichterstattung über die 234. Sitzung des HFA, TOP 6, Seite 9 ff., abrufbar im Mitgliederbereich der IDW Website in der Rubrik „Sitzungsberichte/Kurzberichte".

Rechnungslegungsvorschriften darzustellen und in ihrer Auswirkung auf den Bestätigungsvermerk zu erläutern (vgl. *IDW PS 202*, Tz. 14).

- Betreffen die Unstimmigkeiten die zusätzlichen Informationen, so sind Anpassungen vorzunehmen bzw. ist bei deren Verweigerung der Sachverhalt **dem Aufsichtsorgan mitzuteilen** und festzustellen, ob ein schwerwiegender Verstoß gegen die Berichterstattungspflicht der gesetzlichen Vertreter vorliegt. Je nach Art und Gewichtigkeit der Unstimmigkeiten kann eine Berichterstattung im Prüfungsbericht nach § 321 Abs. 1 Satz 3 HGB bis hin zu einer Nichtherausgabe des Bestätigungsvermerks in Betracht kommen, bis die Unstimmigkeiten geklärt sind. Im Einzelfall muss die Praxisleitung konsultiert werden. Bei freiwilligen Prüfungen kann ggf. die Kündigung des Prüfungsauftrags in Erwägung gezogen werden (vgl. *IDW PS 202*, Tz. 15).

- Falls trotz weiterer Prüfungshandlungen nicht festgestellt werden kann, ob der Jahresabschluss und Lagebericht bzw. die zusätzlichen Informationen zutreffend sind, liegt hierin ein Prüfungshemmnis, aufgrund dessen der Bestätigungsvermerk unter Konsultation der Praxisleitung einzuschränken oder zu versagen ist (vgl. *IDW PS 202*, Tz. 16).

Die folgende Übersicht fasst die Vorgehensweise bei Feststellung von Unstimmigkeiten mit dem Jahresabschluss bzw. dem Lagebericht beim kritischen Lesen der zusätzlichen Informationen *vor dem Datum des Bestätigungsvermerks* zusammen:

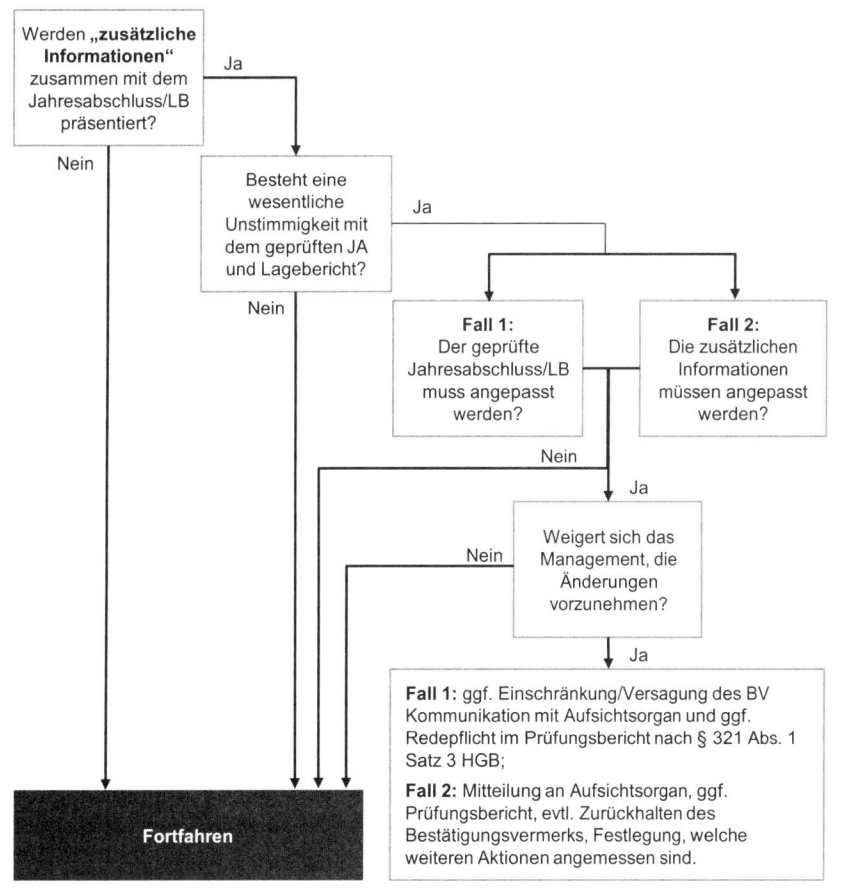

© 2011, 2017 International Federation of Accountants (IFAC). Alle Rechte vorbehalten

- Feststellung nach dem Datum des Bestätigungsvermerks:
  - Falls wesentliche Unstimmigkeiten nach Erteilung des Bestätigungsvermerks festgestellt werden, wird sich das Prüfungsteam umgehend um eine Klärung bemühen und ggf. eine Nachtragsprüfung durchführen bzw., falls eine Korrektur nicht stattfindet, den Sachverhalt dem **Aufsichtsorgan** mitteilen und, nach Konsultation mit der Praxisleitung, ggf. den Bestätigungsvermerk widerrufen (vgl. *IDW PS 202*, Tz. 17 f.).

65 Falls wesentliche **sonstige falsche Angaben** in den zusätzlichen Informationen aufgedeckt werden, die keinen Bezug zum Jahresabschluss oder Lagebericht haben, werden die Angaben mit den gesetzlichen Vertretern erörtert und bei tatsächlicher Unrichtigkeit auf eine Änderung hingewirkt. Außerdem ist das **Aufsichtsorgan** über den Sachverhalt zu informieren (vgl. *IDW PS 202*, Tz. 19 f.).

8.2.8.2. Hinweise zur Bearbeitung

66 Die Prüfungshandlungen zur Feststellung von Ereignissen zwischen dem Abschlussstichtag und dem Datum des Bestätigungsvermerks, die sich auf den Jahresabschluss oder Lagebericht auswirken können, sollten möglichst **zeitnah zum Datum des Bestätigungsvermerks** durchgeführt werden und sind in den Arbeitspapieren zu dokumentieren (*IDW PS 203 n.F.*, Tz. 12).

67 Die Unternehmensleitung und erforderlichenfalls das Aufsichtsorgan sind zu Ereignissen nach dem Abschlussstichtag zu befragen, die sich auf den Jahresabschluss oder Lagebericht auswirken könnten. Die **Befragungen** können sich bspw. beziehen auf (*IDW PS 203 n.F.*, Tz. 14):

- den derzeitigen Stand solcher Sachverhalte, die bislang auf Grundlage von vorläufigen oder geschätzten Daten im Jahresabschluss berücksichtigt worden sind,
- den Stand der bis zum Datum des Bestätigungsvermerks abgewickelten Geschäfte, die zum Abschlussstichtag noch schwebend waren,
- den Abschluss von Darlehensverträgen, die Abgabe von Garantieerklärungen und das Eingehen sonstiger Verpflichtungen,
- durchgeführte oder geplante Verkäufe wesentlicher Vermögensgegenstände,
- durchgeführte oder geplante Kapitalzuführungen, Umstrukturierungen (z.B. Verschmelzungen) oder Liquidationen,
- die Enteignung oder den Untergang wesentlicher Vermögensgegenstände (z.B. durch Feuer oder Überschwemmung),
- neue Entwicklungen in einzelnen Risikobereichen auch im Zusammenhang mit Rückstellungen, Eventualverbindlichkeiten und sonstigen finanziellen Verpflichtungen,
- vorgenommene bzw. in Betracht gezogene ungewöhnliche Berichtigungen in der laufenden Buchführung,

- eingetretene bzw. erwartete Ereignisse, die die Angemessenheit der angewandten Bilanzierungs- und Bewertungsmethoden in Frage stellen, wenn z.B. solche Ereignisse die Annahme der Unternehmensfortführung in Frage stellen (§ 252 Abs. 1 Nr. 2 HGB).

68 Zur Feststellung von Ereignissen zwischen dem Abschlussstichtag und dem Datum des Bestätigungsvermerks gehören neben der Befragung der Unternehmensleitung und ggf. des Aufsichtsorgans zu solchen Ereignissen folgende **Prüfungshandlungen** (vgl. IDW PS 203 n.F., Tz. 13):

- Gewinnung eines Verständnisses von den Maßnahmen, die die Unternehmensleitung getroffen hat, um eine vollständige Erfassung der für den Jahresabschluss und Lagebericht relevanten Ereignisse nach dem Abschlussstichtag zu gewährleisten,
- kritisches Lesen von Protokollen über in diesem Zeitraum stattgefundene Gesellschafterversammlungen und Sitzungen der Verwaltungsorgane bzw. in den Fällen, in denen entsprechende Protokolle noch nicht vorliegen, Befragung der Verwaltungsorgane zu relevanten Sachverhalten, die hier erörtert wurden (vgl. Abschn. 8.2.5.),
- kritisches Lesen von aktuellen Zwischenabschlüssen und -berichten (z.B. Monats- oder Quartalsberichten) und ggf. von Planungsrechnungen,
- Aktualisierung der Befragung der Rechtsanwälte oder der Rechtsabteilung des Unternehmens zu anhängigen und drohenden Rechtsstreitigkeiten (vgl. Abschn. 8.2.6.).

8.2.8.3. Festlegung von Prüfungshandlungen

Wenn der verantwortliche Wirtschaftsprüfer die Prüfungshandlungen festlegt, sollte er folgende Eckpunkte beachten und eigenverantwortlich einschätzen, ob sie unter den gegebenen Umständen mit Blick auf das Prüfungsziel erforderlich sind:

a) Prüfung, dass Ereignisse nach dem Abschlussstichtag im Jahresabschluss und, soweit vorhanden, im Lagebericht richtig berücksichtigt werden.

Hinweis: Die Prüfungshandlungen sind möglichst zeitnah zum Datum des Bestätigungsvermerks durchzuführen. Zur Unterstützung kann die **Arbeitshilfe B-8.3.: Prüfung von Ereignissen nach dem Abschlussstichtag** herangezogen werden.

b) Sofern **nach Erteilung des Bestätigungsvermerks** Tatsachen festgestellt werden, die nach Auffassung des Prüfers zu einer wesentlichen Änderung des Jahresabschlusses und/oder Lageberichts führen können, sind die Sachverhalte mit dem Mandanten zu erörtern. Darüber hinaus muss beurteilt werden, ob eine Änderung des Jahresabschlusses/Lageberichts erforderlich ist. Wird geändert, ist eine **Nachtragsprüfung** nach § 316 Abs. 3 HGB durchzuführen, darüber zu berichten und eine Ergänzung des Bestätigungsvermerks vorzunehmen (vgl. IDW EPS 450 n.F., Tz. 144 ff.; IDW EPS 400 n.F., Tz. 82 ff.). Unterlässt die Unternehmensleitung die erforderlichen Korrekturen, muss unter Konsultation der Praxisleitung geprüft werden, ob die Voraussetzungen für einen **Widerruf des Bestätigungsvermerks** gegeben sind (vgl.

IDW EPS 400 n.F., Tz. 86 ff.). Im Fall der Nachtragsprüfung ist der Bestätigungsvermerk mit den Daten der Beendigung der ursprünglichen Abschlussprüfung und der Beendigung der **Nachtragsprüfung (Doppeldatum)** zu unterzeichnen. Bei der zweiten Datumsangabe muss dargestellt werden, auf welche Änderung des ursprünglichen Abschlusses sich das zweite Datum bezieht (vgl. *IDW PS 203 n.F.*, Tz. 24).

c) Falls der Mandant seinen Jahresabschluss und, soweit vorhanden, Lagebericht in andere Berichte mit **zusätzlichen Informationen** einbindet, sind diese zusätzlichen Informationen nicht zu prüfen, aber **kritisch zu lesen**.

d) Wird beim kritischen Lesen der zusätzlichen Informationen eine wesentliche Unstimmigkeit erkannt, ist zu beurteilen, ob der zu prüfende Jahresabschluss oder Lagebericht oder die zusätzlichen Informationen änderungsbedürftig sind (vgl. *IDW PS 202*, Tz. 13 ff.).

e) Ggf. sind **Mitteilungspflichten gegenüber dem Aufsichtsorgan** zu beachten.

8.2.9. Abschließende Beurteilung der Auswirkungen von festgestellten falschen Angaben auf die Abschlussprüfung und Beurteilung der Wesentlichkeit nicht korrigierter Fehler („Nicht korrigierte Prüfungsdifferenzen")

8.2.9.1. Prüfungsanforderungen

69 Die Festlegung der Wesentlichkeit im Rahmen des abschließenden prüferischen Gesamturteils hat alle bis dahin gewonnenen Prüfungsfeststellungen zu berücksichtigen. Es ist daher möglich, dass die Wesentlichkeit im Rahmen des Prüfungsurteils von denjenigen Annahmen abweicht, die bei der Prüfungsplanung (siehe Meilenstein 3) unterstellt wurden. Die Wesentlichkeit (und ggf. die Toleranzwesentlichkeit) ist anzupassen, wenn sich erweist, dass diese bei Kenntnis der neuen Informationen abweichend festgelegt worden wäre. Auch bevor die Auswirkungen nicht korrigierter falscher Angaben abschließend beurteilt werden, ist die festgelegte Wesentlichkeit zu beurteilen, um festzustellen, ob diese weiterhin als angemessen betrachtet wird. (vgl. *IDW PS 250 n.F.*, Tz. 17 f., *IDW EPS 350 n.F.*, Tz. 86).

70 Der Abschlussprüfer muss die während der Prüfung **festgestellten falschen Angaben zusammenstellen** und hinsichtlich ihrer Auswirkungen auf die Abschlussprüfung und auf die Rechnungslegung beurteilen, soweit diese nicht zweifelsfrei unbeachtlich sind. Dabei sind auch fehlerhafte bzw. unterlassene Anhang- oder Lageberichtsangaben zu berücksichtigen (ggf. in gesonderter Zusammenstellung).[7] Zweifelsfrei unbeachtliche Sachverhalte haben eine erheblich kleinere Größenordnung als die festgelegte Wesentlichkeit und sind einzeln und in Summe zweifelsfrei ohne praktische Folgen für die Rechnungslegung und

---

[7] Vgl. *Fragen und Antworten zur Beurteilung der festgestellten falschen Darstellungen nach ISA 450 bzw. IDW PS 250 n.F. (F & A zu ISA 450 bzw. IDW PS 250 n.F.)* (Stand: 25.07.2013), Abschn. 3.11.

Abschlussprüfung, unabhängig davon, nach welchem Kriterium (Größe, Art oder Umstände) sie beurteilt werden. (vgl. *IDW PS 250 n.F.*, Tz. 19, *IDW EPS 350 n.F*, Tz. 89 ff.).

Bei festgestellten falschen Angaben ist wie Folgt vorzugehen:

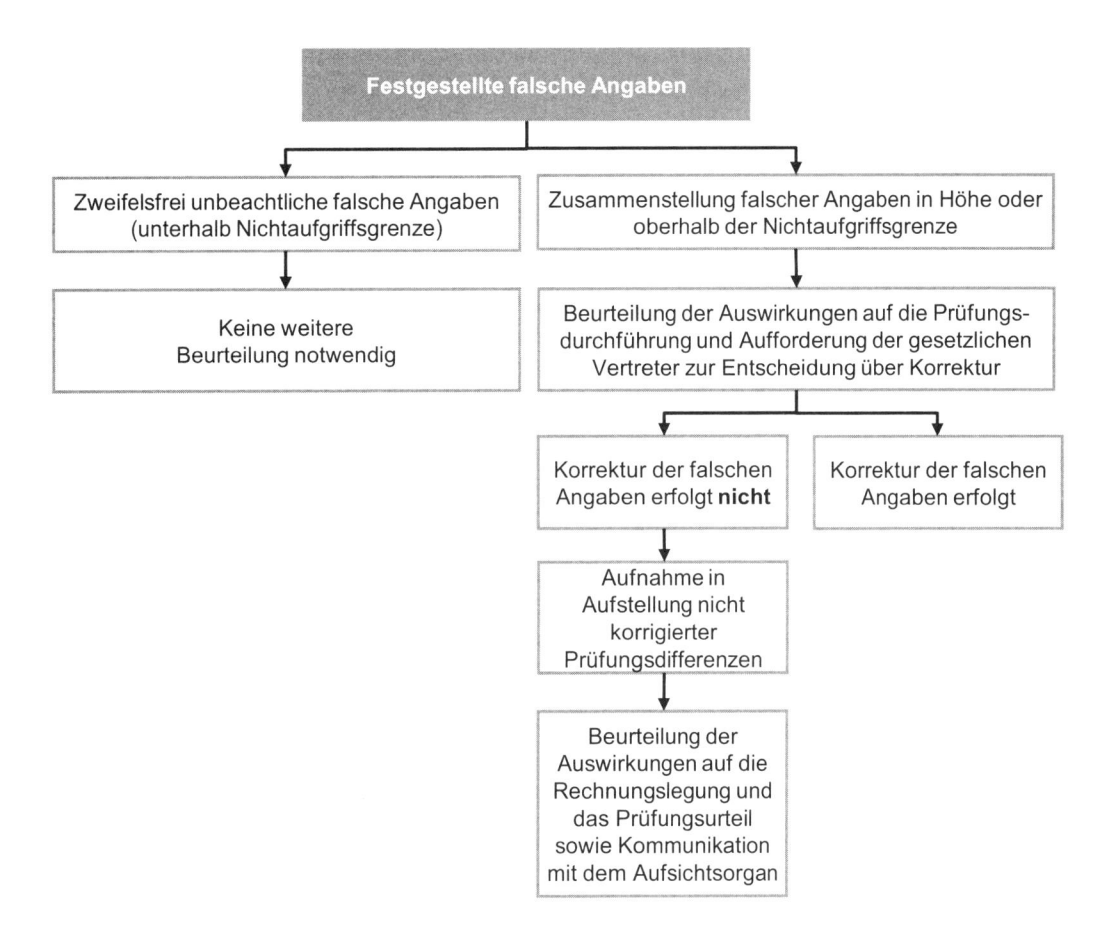

```
                    Festgestellte falsche Angaben
                    ┌──────────┴──────────┐
        Zweifelsfrei unbeachtliche       Zusammenstellung falscher Angaben
        falsche Angaben                  in Höhe oder oberhalb der
        (unterhalb Nichtaufgriffsgrenze) Nichtaufgriffsgrenze
                │                                │
        Keine weitere                    Beurteilung der Auswirkungen auf die
        Beurteilung notwendig            Prüfungsdurchführung und Aufforderung
                                         der gesetzlichen Vertreter zur
                                         Entscheidung über Korrektur
                                                │
                                 ┌──────────────┴──────────────┐
                         Korrektur der falschen       Korrektur der falschen
                         Angaben erfolgt nicht        Angaben erfolgt
                                │
                         Aufnahme in Aufstellung
                         nicht korrigierter
                         Prüfungsdifferenzen
                                │
                         Beurteilung der Auswirkungen
                         auf die Rechnungslegung und
                         das Prüfungsurteil sowie
                         Kommunikation mit dem
                         Aufsichtsorgan
```

71 In den folgenden Fällen hat das Prüfungsteam zu beurteilen, ob die Prüfungsstrategie und das Prüfungsprogramm überarbeitet werden müssen, um ausreichende geeignete Prüfungsnachweise zu erlangen:

- wenn sich die Summe der zusammengestellten falschen Angaben der festgelegten Wesentlichkeit nähert oder
- wenn die Art der zusammengestellten falschen Angaben und die Umstände, unter denen sie aufgetreten sind, darauf hindeuten, dass weitere falsche Angaben vorhanden sein können, die zusammen mit den zusammengestellten falschen Angaben wesentlich sein könnten (vgl. *IDW PS 250 n.F.*, Tz. 21).

Beispiel: *Anhaltspunkte für mögliche weitere falsche Angaben, sind festgestellte falsche Angaben, die auf einer Störung im IKS beruhen oder aus unangemessenen Bewertungsmethoden des Managements bei Schätzwerten resultieren.*[8]

---

[8] Vgl. mit weiteren Beispielen *F & A zu ISA 450 bzw. IDW PS 250 n.F.*; Abschn. 4.2.

72 Wenn das Prüfungsteam z.B. die in einer Stichprobe festgestellten falschen Angaben auf die Grundgesamtheit hochgerechnet hat, kann es das Management auffordern, bestimmte Teile der Rechnungslegung zu untersuchen, um die Ursachen der festgestellten falschen Angaben zu analysieren und um den tatsächlichen Gesamtbetrag der falschen Angaben zu ermitteln und zu korrigieren. Kommt das Management dieser Aufforderung nach, muss das Prüfungsteam zusätzliche Prüfungshandlungen durchführen, um festzustellen, ob die vom Management durchgeführten Maßnahmen angemessen sind (vgl. *IDW PS 250 n.F.*, Tz. 22).

73 Die gesetzlichen Vertreter oder andere Führungskräfte auf einer geeigneten Managementebene sind in angemessener Zeit über die zusammengestellten falschen Angaben zu informieren und aufzufordern, die festgestellten falschen Angaben zu korrigieren. Die nicht korrigierten falschen Angaben sind in die „Aufstellung nicht korrigierter Prüfungsdifferenzen" (**Arbeitshilfe B-1.3.**) aufzunehmen, soweit sie nicht zweifelsfrei unbeachtlich sind. Der Zweck dieser Aufstellung besteht darin, eine schriftliche Erklärung der gesetzlichen Vertreter zu erhalten, ob ihrer Meinung nach die Auswirkungen nicht korrigierter falscher Darstellungen auf die Rechnungslegung einzeln und in der Summe unwesentlich sind.[9]

74 Unterlassen die gesetzlichen Vertreter die Korrektur einiger oder aller falscher Angaben, so sind die Gründe hierfür bei der Bildung des Prüfungsurteils zu berücksichtigen (*IDW PS 250 n.F.*, Tz. 23 f.). Die in der **Arbeitshilfe B-1.3.** zusammengestellten falschen Angaben, die nicht korrigiert werden sollen, sind ferner dem **Aufsichtsorgan** mitzuteilen. Es ist auch darauf einzugehen, welche Auswirkungen die nicht korrigierten Fehler einzeln oder insgesamt auf das Prüfungsurteil haben. Dabei sind wesentliche nicht korrigierte Angaben einzeln zu bezeichnen. Andere Fehler dürfen in zusammengefasster Form (nicht zwingend schriftlich) kommuniziert werden (z.B. Anzahl und ihre Gesamtauswirkung). (vgl. *IDW PS 250 n.F.*, Tz. 31).

75 Bei der Beurteilung der Wesentlichkeit von Fehlern im laufenden Jahr sind auch die Effekte von **nicht korrigierten falschen Angaben aus Vorperioden** zu berücksichtigen (Übernahme in die **Arbeitshilfe B-1.3.**). Die Fehlerkumulation von nicht korrigierten unwesentlichen Fehlern aus Vorjahren kann zu einer wesentlichen Auswirkung auf die Bilanz- bzw. GuV-Posten im laufenden Geschäftsjahr führen. Damit können für sich allein betrachtet unwesentliche Fehler des aktuellen Jahresabschlusses wesentlich werden, sodass sie zu korrigieren sind. Für die Beurteilung der Wesentlichkeit kann sowohl eine **bilanz- als auch eine GuV-bezogene Betrachtung** oder **die duale Methode**[10] zugrunde gelegt werden (vgl. *IDW PS 250 n.F.*, Tz. 25).

---

[9] Vgl. *F & A zu ISA 450 bzw. IDW PS 250 n.F.*, Abschn. 3.3.
[10] Zur Bilanz- bzw. GuV-bezogenen und zur dualen Methode mit entsprechenden Beispielen vgl. *F & A zu ISA 450 bzw. IDW PS 250 n.F.*; Abschn. 6.14.

76 Schließlich ist zu beurteilen, ob die bei der Prüfung zusammengestellten und **nicht korrigierten falschen Angaben** in der Rechnungslegung insgesamt wesentlich für das Prüfungsurteil sind. Der Bestätigungsvermerk ist einzuschränken oder zu versagen, falls die gesetzlichen Vertreter zu einer Anpassung des Abschlusses bzw. Lageberichts nicht bereit sind, sofern die nicht korrigierten falschen Angaben für die Rechnungslegung wesentlich sind (vgl. *IDW PS 250 n.F.*, Tz. 32, *IDW EPS 350 n.F.*, Tz. 92, *IDW EPS 405*, Tz. 9 ff. und Tz. A3 ff.).

77 Würdigen Sie, ob die Klarheit und Übersichtlichkeit des Lageberichts durch lageberichtsfremde Angaben wesentlich beeinträchtigt ist (vgl. *IDW EPS 350 n.F.*, Tz. 91).

78 Die Beurteilung der Wesentlichkeit anhand der eingeholten Prüfungsnachweise ist in den **Arbeitspapieren** angemessen zu dokumentieren (*IDW PS 250 n.F.*, Tz. 33). In den Arbeitspapieren sind insb. sämtliche im Verlauf der Abschlussprüfung zusammengestellten falsche Angaben festzuhalten und ob sie korrigiert wurden sowie die Schlussfolgerungen des Abschlussprüfers darüber, ob nicht korrigierte falsche Angaben einzeln oder insgesamt wesentlich sind, einschließlich der Gründe für diese Einschätzung (*IDW PS 250 n.F.*, Tz. 35).

8.2.9.2. Hinweise zur Bearbeitung

79 Die Beurteilung der Auswirkungen festgestellter falscher Angaben zieht sich durch alle Phasen der Abschlussprüfung, beginnend mit der Festlegung der Wesentlichkeit im Rahmen der Prüfungsplanung bis hin zur Einschätzung der Auswirkungen nicht korrigierter falscher Angaben auf das Prüfungsurteil. Die **Arbeitshilfe B-8.4.: Beurteilung der Auswirkungen festgestellter falscher Angaben** enthält eine Übersicht über die notwendigen Prüfungshandlungen und Maßnahmen gemäß *IDW PS 250 n.F.*

80 Die festgestellten falschen Angaben, soweit sie korrigiert wurden, können in der **Arbeitshilfe B-1.3.** festgehalten werden (Arbeitsblatt Berichtigungen). Zur Dokumentation der nicht korrigierten falschen Angaben empfiehlt es sich ebenfalls, die **Arbeitshilfe B-1.3.** zu verwenden. Diese Arbeitshilfe enthält sämtliche, die festgelegte Nichtaufgriffsgrenze übersteigenden, nicht korrigierten falschen Angaben. Mit Hilfe dieser Zusammenstellung kann während und am Ende der Prüfung kontrolliert werden, ob die Auswirkungen solcher Feststellungen nicht über der festgestellten abschlussbezogenen bzw. spezifischen Wesentlichkeit liegen (vgl. Meilenstein 3, Abschn. 3.2.1.).

81 Die **Nichtaufgriffsgrenze** (vgl. auch Meilenstein 3) ist derjenige Grenzwert, ab dessen Unterschreiten festgestellte falsche Angaben vernachlässigt werden können, da sie selbst in aggregierter Form nach prüferischem Ermessen die festgelegte Wesentlichkeit nicht überschreiten können (vgl. Tz. 70). Derartig geringe Prüfungsdifferenzen werden daher, vorbehaltlich der drei nachfolgend genannten qualitativen Kriterien, weder einzeln noch

zusammengenommen auf ihre Wesentlichkeit hin untersucht und nicht in der **Arbeitshilfe B-1.3.** erfasst.

82 Prüfungsdifferenzen sollten auch bei Unterschreiten der Nichtaufgriffsgrenze in die Zusammenstellung aufgenommen werden, wenn sie:

- im Zusammenhang mit Transaktionen mit nahe stehenden Personen stehen
- einen Bezug zu Verstößen erkennen lassen oder
- einzeln oder aggregiert einen Hinweis auf Schwächen im IKS darstellen.

83 Die Entscheidung, ob nicht korrigierte falsche Angaben wesentlich sind, umfasst ferner die Beurteilung der Umstände, unter denen die falschen Angaben aufgetreten sind. Die Würdigung dieser Umstände kann das Prüfungsteam dazu veranlassen, falsche Angaben als wesentlich zu beurteilen, obwohl sie unterhalb der Wesentlichkeitsgrenze liegen. Beispiele für solche Umstände können sein, ob eine falsche Angabe eine Änderung der Ertragslage oder anderer Trends verschleiert oder ob sie sich auf die Einhaltung vertraglicher Bedingungen im Zusammenhang mit Schulden oder anderer vertraglicher Pflichten auswirkt (*IDW PS 250 n.F.*, Tz. 26).

84 Unterlassene oder fehlerhafte Angaben im **Anhang/Konzernanhang**, können sowohl **quantitative** als auch **qualitative Rechnungslegungsinformationen** betreffen. Grundsätzlich sind alle vom Gesetzgeber geforderten quantitativen und qualitativen Anhangangaben – sofern sie unterlassen wurden oder fehlerhaft sind – wesentlich. Von diesem Grundsatz kann abgewichen werden, wenn der Abschlussprüfer im Einzelfall zu dem Schluss kommt, dass eine Angabe für die Entscheidungen der Rechnungslegungsadressaten nicht relevant ist (*IDW PS 250 n.F.*, Tz. 27). Bei der Beurteilung, ob unterlassene oder fehlerhafte Angaben als wesentlich anzusehen sind, kann unterschieden werden, ob es sich um Angaben handelt, die originär nur im Anhang zu machen sind, oder ob die Angabe dem besseren Verständnis eines Bilanz- oder GuV-Postens dient, z.B. indem sie diesen aufgliedert bzw. erläutert (vgl. *IDW PS 250 n.F.*, Tz. 28).

Das folgende Schaubild gibt einen Überblick über die möglichen Fallkonstellationen und eine Hilfestellung bei deren Beurteilung, die im pflichtgemäßen Ermessen des Abschlussprüfers liegt (Tabelle entnommen aus: *F & A zu ISA 450 bzw. IDW PS 250 n.F.*[11]):

(Konzern-) Anhang	Originäre (Konzern-) Anhangangabe	Beispiele
Quantitative Angaben	(1) Unterlassen von Angaben, die Einblick in die Vermögens-, Finanz- und Ertragslage gewähren: Würdigung unter Berücksichtigung der Entscheidungsrelevanz für die Adressaten	Unterlassen der Angaben zu: • nicht in der Bilanz enthaltenen Geschäften, soweit für Finanzlage notwendig (§ 285 Nr. 3 HGB) • sonstigen finanziellen Verpflichtungen (§ 285 Nr. 3a HGB) • der Höhe der Haftungsverhältnisse, soweit nicht unterhalb der Bilanz angegeben (§ 251 HGB)
	(2) Unterlassen von Angaben, die anderen Einblickszielen dienen: grundsätzlich wesentlich	Unterlassen der Angaben zur: • Anzahl der Arbeitnehmer einschließlich der Aufteilung nach Gruppen (§ 285 Nr. 7 HGB) • Organvergütung (§ 285 Nr. 9 HGB) • Aufschlüsselung des Abschlussprüferhonorars (§ 285 Nr. 17 HGB)
	(3) Fehlerhafte Angaben: Würdigung unter Berücksichtigung der Entscheidungsrelevanz für die Adressaten	Vorhandene, aber fehlerhafte Angaben zu (1) bzw. (2)
Qualitative Angaben	(4) Unterlassen von Angaben, die Einblick in die Vermögens-, Finanz- und Ertragslage gewähren: Würdigung unter Berücksichtigung der Entscheidungsrelevanz für die Adressaten	Unterlassen der Angaben zu: • Unternehmen, deren persönlich haftender Gesellschafter die Gesellschaft ist (§ 285 Nr. 11a HGB) • Nicht auf der Passivseite ausgewiesene Verbindlichkeiten und Haftungsverhältnissen (Gründe der Einschätzung des Risikos der Inanspruchnahme; § 285 Nr. 27 HGB)

---

[11] Vgl. *F & A zu ISA 450 bzw. IDW PS 250 n.F.*, Abschn. 6.8. Die dargestellten Grundsätze sind entsprechend auf **Lageberichtsangaben** anzuwenden (*IDW PS 250 n.F.*, Tz. 28).

(Konzern-)Anhang	Originäre (Konzern-)Anhangangabe	Beispiele
	(5) Unterlassen von Angaben, die anderen Einblickszielen dienen: grundsätzlich wesentlich	Unterlassen der Angaben zu: • Namen und Berufsbezeichnungen der Mitglieder der Organe (§ 285 Nr. 10 HGB) • Name und Sitz des Mutterunternehmens (§ 285 Nr. 14 und 14a HGB)
	(6) Unvollständige oder fehlerhafte Aspekte: Würdigung unter Berücksichtigung der Entscheidungsrelevanz für die Adressaten	Vorhandene, aber fehlerhafte Angaben zu (4) bzw. (5)

(Konzern-)Anhang	Aufgliederung bzw. Erläuterung von (Konzern-) Bilanz- oder GuV-Posten	Beispiele
quantitativ bzw. qualitativ	(7) Bilanz- oder GuV-Posten unwesentlich: unterlassene oder fehlerhafte Anhangangaben sind grundsätzlich unwesentlich (8) Bilanz- oder GuV-Posten wesentlich: • unterlassene Anhangangaben sind grundsätzlich wesentlich • fehlerhafte Anhangangaben: Würdigung unter Berücksichtigung der Entscheidungsrelevanz für die Adressaten	• Mitzugehörigkeitsvermerke (§ 265 Abs. 3 HGB) • Anlagengitter (§ 284 Abs. 3 HGB) • Erläuterung der Bilanzierungs- und Bewertungsmethoden (§ 284 Abs. 2 Nr. 1 HGB) • Gesamtbetrag der Verbindlichkeit mit einer Restlaufzeit von mehr als fünf Jahren (§ 285 Nr. 1a HGB) • Höhe der gesicherten Verbindlichkeiten unter Angabe von Art und Form der Sicherheiten (§ 285 Nr. 1b HGB) • Aufgliederung der Umsatzerlöse (§ 285 Nr. 4 HGB) • Anteilsliste (§ 285 Nr. 11 HGB) • Erläuterung des Zeitraums, über den ein entgeltlich erworbener Geschäfts- oder Firmenwert abgeschrieben wird (§ 285 Nr. 13 HGB) • Bestand der eigenen Aktien (§ 160 Abs. 1 Satz 1 Nr. 2 AktG)

85   Ein Beispiel für wesentliche falsche Angaben, die zu einer Einschränkung des Prüfungsurteils zum **Lagebericht** in Bezug darauf führen, ob die gesetzlichen Vorschriften zur Aufstellung des Lageberichts in allen wesentlichen Belangen beachtet worden sind, ist das Unterlassen von quantitativen bzw. qualitativen Angaben, die **sog. anderen Einblickszielen** nach *IDW PS 250 n.F.*, Tz. 27 f., dienen. Hierzu gehört bspw. das Unterlassen von einschlägigen Einzelangaben zu:

- Zweigniederlassungen (§§ 289 Abs. 2 Nr. 3, 315 Abs. 2 Nr. 3 HGB i.d.F. des BilRUG)
- dem Vergütungssystem (§§ 289 Abs. 2 Nr. 4, 315 Abs. 2 Nr. 4 HGB i.d.F. des BilRUG)
- übernahmerelevanten Sachverhalten (§§ 289 Abs. 4, 315 Abs. 4 HGB i.d.F. des BilRUG)
- die Schlusserklärung zum Abhängigkeitsbericht nach § 312 Abs. 3 AktG
- den wesentlichen Merkmalen des internen Kontroll- und des Risikomanagementsystems im Hinblick auf den (Konzern-)Rechnungslegungsprozess (§§ 289 Abs. 5, 315 Abs. 2 Nr. 5 HGB i.d.F. des BilRUG).

Ein weiteres Beispiel ist, wenn diese Einzelangaben wesentlich fehlerhaft sind. Beispielsweise wird das Prüfungsurteil zum Lagebericht darüber, ob die gesetzlichen Vorschriften zur Aufstellung des Lageberichts in allen wesentlichen Belangen beachtet worden sind, auch dann eingeschränkt, wenn die Erklärung zur Unternehmensführung bzw. der Hinweis auf die Veröffentlichung dieser Erklärung im Internet nach § 289a HGB fehlt.

8.2.9.3. Festlegung von Prüfungshandlungen

Wenn der verantwortliche Wirtschaftsprüfer die Prüfungshandlungen festlegt, sollte er folgende Eckpunkte beachten und eigenverantwortlich einschätzen, ob sie unter den gegebenen Umständen mit Blick auf das Prüfungsziel erforderlich sind:

a) Durchsicht der **Arbeitshilfe B-1.3.:** des Vorjahres und Beurteilung, ob sich die **nicht korrigierten Fehler** der Vorperiode auf den zu prüfenden Abschluss auswirken.

b) **Anfertigung der „Aufstellung nicht korrigierter Prüfungsdifferenzen"** (B-1.3.) für die laufende Abschlussprüfung mit allen festgestellten, jedoch nicht berichtigten Fehlern oberhalb der Nichtaufgriffsgrenze. Berücksichtigung der unter a) zusammengestellten nicht gebuchten Prüfungsdifferenzen des Vorjahres mit Auswirkung auf den zu prüfenden Abschluss sowie der in diesem Jahr zusammengestellten Sachverhalte. Es sind jeweils die Auswirkungen der nicht korrigierten Prüfungsdifferenzen auf die Bilanz, Gewinn- und Verlustrechnung und ggf. Kapitalflussrechnung sowie die Gesamtauswirkung aller Fehler auf das Periodenergebnis vor und nach Ertragsteuern zu beurteilen.

c) Die Auswirkungen der nicht korrigierten Prüfungsdifferenzen sind daraufhin zu überprüfen, ob sie die festgelegten **Wesentlichkeiten** erreichen bzw. überschreiten. Dies kann sowohl durch einzelne, als auch durch die Gesamtheit aller, einzeln unwesentlicher, nicht korrigierter Prüfungsdifferenzen gegeben sein. Gegebenenfalls müssen weitere aussagebezogene Prüfungshandlungen durchgeführt werden.

d) Überschreitet die Summe der nicht korrigierten Prüfungsdifferenzen die festgelegten Wesentlichkeiten, sind die gesetzlichen Vertreter aufzufordern, den **Jahresabschluss bzw. Lagebericht anzupassen**. Bei Nichtkorrektur ist das Aufsichtsorgan zu benachrichtigen und mit diesem die Auswirkungen auf den Bestätigungsvermerk zu erörtern.

e) Die Aufstellung nicht korrigierter Prüfungsdifferenzen ist von den gesetzlichen Vertretern, ggf. zusammen mit der Vollständigkeitserklärung, zu unterschreiben.

Zur Unterstützung kann die **Arbeitshilfe B-8.4.** verwendet werden.

8.2.10. Klärung der kritischen Sachverhalte und abschließende Durchsicht/Durchsprache aller Prüffelder

8.2.10.1. Prüfungsanforderungen

86 Bevor die Prüfung beendet und der Bestätigungsvermerk unterzeichnet wird, sind alle wesentlichen und kritischen Sachverhalte zu klären und vom verantwortlichen Wirtschaftsprüfer zu überprüfen (vgl. *IDW QS 1*, Tz. 131 ff.).

8.2.10.2. Hinweise zur Bearbeitung

87 Vergleiche Kapitel A, Abschn. 4.6.5./4.6.6.

8.2.10.3. Festlegung von Prüfungshandlungen

Wenn der verantwortliche Wirtschaftsprüfer die Prüfungshandlungen festlegt, sollte er folgende Eckpunkte beachten und eigenverantwortlich einschätzen, ob sie unter den gegebenen Umständen mit Blick auf das Prüfungsziel erforderlich sind:

a) Prüfung, ob alle kritischen Sachverhalte angemessen behandelt wurden:

- Identifizierung aller kritischen Sachverhalte.

- Aufzeichnung und Klärung der Sachverhalte (z.B. Verwendung der **Arbeitshilfe A-4.6.5.(2): Zusammenstellung wesentlicher Punkte für den Wirtschaftsprüfer**).

- Falls die Sachverhalte auch für die nachfolgende Abschlussprüfung relevant sind, sind sie dafür vorzumerken.

- Genehmigung/Freigabe aller kritischen Sachverhalte durch den verantwortlichen Wirtschaftsprüfer („überprüft und geklärt").

b) Bestätigung unter Verwendung der **Arbeitshilfe A-4.6.5.(1): Nachweisbogen zur laufenden Überwachung und abschließenden Durchsicht der Auftragsergebnisse** vom verantwortlichen Wirtschaftsprüfer, dass:

> - er den Jahresabschluss gelesen hat und davon überzeugt ist, Darstellung und Offenlegung seien angemessen,
>
> - er den Prüfungsbericht gelesen und sich von seiner Richtigkeit überzeugt hat,
>
> - alle geplanten Prüfungshandlungen zufriedenstellend abgeschlossen, vollständig dokumentiert und durchgesehen sind sowie alle offenen Punkte geklärt wurden.

8.2.11. Abschließende Beurteilung der Risiken wesentlicher falscher Angaben in der Rechnungslegung und abschließende Würdigung der Prüfungsnachweise und der Gesamtdarstellung des Abschlusses sowie des Lageberichts

8.2.11.1. Prüfungsanforderungen

88 Auf der Grundlage der durchgeführten Prüfungshandlungen ist abschließend zu würdigen, ob die im Verlauf der Prüfung getroffenen Einschätzungen zu den Fehlerrisiken und die als Reaktion auf die Fehlerrisiken vorgenommenen Funktionsprüfungen des internen Kontrollsystems sowie die aussagebezogenen Prüfungshandlungen angemessen sind (vgl. *IDW PS 261 n.F.*, Tz. 85, *IDW EPS 350 n.F.*, Tz. 86 ff.). Gegebenenfalls müssen weitere Prüfungsnachweise eingeholt werden.

89 Es ist festzustellen, ob ausreichende und angemessene Prüfungsnachweise zu den einzelnen Prüffeldern eingeholt worden sind, damit die Prüfungsfeststellungen mit hinreichender Sicherheit getroffen werden können (vgl. Meilenstein 5).

90 Abschließend muss beurteilt werden, ob die **Gesamtdarstellung des Abschlusses** einschließlich der dazugehörigen Angaben im Anhang ordnungsgemäß ist. Dies betrifft auch den Ausweis und die Bezeichnung der Jahresabschlussposten (vgl. § 321 Abs. 2 HGB). In diesem Zusammenhang ist auch abschließend zu beurteilen, ob die identifizierten Beziehungen zu und Geschäftsvorfälle mit **nahe stehenden Personen** in Übereinstimmung mit den anzuwendenden Rechnungslegungsgrundsätzen zutreffend angegeben wurden (vgl. *IDW PS 255*, Tz. 24a; *IDW EPS 400 n.F.*, Tz. 12 ff.).

91 Es ist zu würdigen, ob der **Lagebericht** alle wesentlichen, gesetzlich geforderten Angaben enthält und in allen wesentlichen Belangen mit dem Abschluss sowie den bei der Abschlussprüfung gewonnenen Erkenntnissen in Einklang steht (*IDW EPS 350 n.F.*, Tz. 83 f. und Tz. 101; *IDW EPS 400 n.F.*, Tz. 19).

92 Es ist ferner zu beurteilen, ob die Lageberichtsangaben in einem angemessenen und ausgewogenen Verhältnis zueinander stehen. Wertende Aussagen sind dahingehend zu würdigen, ob nicht trotz sachlich zutreffender Einzelangaben durch die gewählte Darstellungsform und Wortwahl insgesamt ein irreführender Eindruck vermittelt wird, z.B. durch

- Weglassen bestimmter Informationen,
- unzutreffende Gewichtung von wesentlichen und unwesentlichen Informationen,
- hervorheben von Chancen ohne angemessene Erwähnung der entsprechenden Risiken,
- herausstellen von irreführenden Zusammenhängen (vgl. *IDW EPS 350 n.F.*, Tz. 82).

93 Schließlich ist zu würdigen, ob der Lagebericht insgesamt ein zutreffendes Bild von der Lage des Unternehmens vermittelt, sowie die Chancen und Risiken der künftigen Entwicklung zutreffend darstellt (vgl. *IDW EPS 350 n.F.*, Tz. 85).

94 Wenn bei der Beurteilung einer wesentlichen Aussage in der Rechnungslegung Zweifel bestehen, wird der Abschlussprüfer versuchen, ausreichende und angemessene Prüfungsnachweise zu erlangen, um solche Zweifel auszuräumen. Ist dies nicht möglich, muss das Prüfungsurteil eingeschränkt oder versagt werden (vgl. Meilenstein 9).

95 Ferner ist am Ende der Prüfung zu beurteilen, ob die **wechselseitige Kommunikation zwischen dem Prüfungsteam und dem Aufsichtsorgan** (vgl. Meilenstein 9, Abschn. 9.2.3.) für den Zweck der Prüfung angemessen war. Ist dies nicht der Fall, sind die möglichen Auswirkungen auf die Beurteilung der Risiken wesentlicher falscher Angaben und auf die Möglichkeit, ausreichende und angemessene Prüfungsnachweise zu erlangen, zu beurteilen und geeignete Maßnahmen zu ergreifen (vgl. *IDW EPS 470 n.F.*, Tz. 29).

8.2.11.2. Hinweise zur Bearbeitung

96 Berücksichtigen Sie z.B. folgende **Skalierungsaspekte** im Zusammenhang mit der abschließenden Beurteilung, ob ausreichende und angemessene Prüfungsnachweise vorliegen:

- Auch die Ergebnisse der für die Gewinnung des Unternehmensverständnisses und der internen Kontrollen erfolgten *Prüfungshandlungen zur Risikobeurteilung* (Meilensteine 2 bis 4) sowie der Funktionsprüfungen (Meilenstein 6) stellen Prüfungsnachweise dar, die bei der Beurteilung, ob hinreichende Sicherheit je Aussage in der Rechnungslegung für die einzelnen Prüfungsfelder erlangt wurde, zu berücksichtigen sind.

97 Zur Berücksichtigung der Ergebnisse von Konsultationen und einer ggf. durchgeführten auftragsbegleitenden Qualitätssicherung vgl. Kapitel A, Abschn. 4.6.4. und 4.6.7.

8.2.11.3. Festlegung von Prüfungshandlungen

Wenn der verantwortliche Wirtschaftsprüfer die Prüfungshandlungen festlegt, sollte er folgende Eckpunkte beachten und eigenverantwortlich einschätzen, ob sie unter den gegebenen Umständen mit Blick auf das Prüfungsziel erforderlich sind:

a) Dokumentation ggf. neuer Erkenntnisse über die Einschätzung der **Risiken** wesentlicher falscher Angaben in der Rechnungslegung und Beurteilung, ob und welche weiteren Prüfungshandlungen durchgeführt werden.

b) Würdigung, ob die bisherigen Prüfungsergebnisse oder Änderungen im Unternehmensumfeld (insb. der Geschäftstätigkeit) den im Vorfeld getroffenen Einschätzungen widersprechen.

c) Beurteilung und Dokumentation der Berücksichtigung der Ergebnisse von Konsultationen und ggf. der auftragsbegleitenden Qualitätssicherung für die Prüfungsdurchführung und Berichterstattung (vgl. *IDW QS 1*, Tz. 133 ff.).

d) Abschließende Feststellung, ob ausreichende und angemessene Prüfungsnachweise je Prüffeld eingeholt worden sind, damit die Prüfungsfeststellungen mit hinreichender Sicherheit getroffen werden können (zur Dokumentation kann die **Arbeitshilfe B-5.1.: Zusammenfassende Risikobeurteilungen/Prüfungsstrategie und Beurteilung der erreichten Prüfungssicherheit je Prüffeld** dienen; siehe Meilenstein 5).

e) Würdigung, ob die Buchführung, die weiteren geprüften Unterlagen, der Jahresabschluss und der Lagebericht den gesetzlichen und den ergänzenden Bestimmungen des Gesellschaftsvertrags oder der Satzung entsprechen und ob aufgrund der bei der Prüfung gewonnenen Erkenntnisse unter Beachtung der Grundsätze ordnungsmäßiger Buchführung **ein den tatsächlichen Verhältnissen entsprechendes Bild der Vermögens-, Finanz- und Ertragslage des Unternehmens** bzw. des Konzerns vermittelt wird (vgl. §§ 321 Abs. 2 Satz 3 und 322 Abs. 3 Satz 1 HGB; zu den diesbezüglichen Aussagen im Prüfungsbericht und Bestätigungsvermerk vgl. Meilenstein 9).

f) Beurteilung, welchen Einfluss Änderungen in den Bewertungsgrundlagen einschließlich der Ausübung von Ermessensspielräumen sowie sachverhaltsgestaltende Maßnahmen insgesamt auf die Darstellung der Vermögens-, Finanz- und Ertragslage haben (zu den diesbezüglichen Aussagen im Prüfungsbericht vgl. Meilenstein 9).

8.2.12. Einholung der Vollständigkeitserklärung sowie des unterschriebenen Jahres- bzw. Konzernabschlusses und des Lageberichts/Konzernlageberichts

8.2.12.1. Prüfungsanforderungen

98 Der Kaufmann hat die Verantwortung für die Buchführung, sowie für die Aufstellung von Jahresabschluss und Lagebericht (§§ 238, 242, 264 HGB).[12] Diese Verantwortung wird mit der **Unterzeichnung des Jahresabschlusses** durch die gesetzlichen Vertreter dokumentiert (§ 245 HGB). Entsprechendes gilt für die gesetzlichen Vertreter eines Mutterunternehmens, die einen Konzernabschluss aufzustellen und zu dokumentieren haben (§ 298 Abs. 1 HGB)

---

[12] Von der Buchführungs- und Aufstellungspflicht **befreit** sind Einzelkaufleute, die an zwei aufeinander folgenden Abschlussstichtagen nicht mehr als 500 TEuro Umsatzerlöse und 50 TEuro Jahresüberschuss aufweisen (§§ 241a und 242 Abs. 4 HGB).

(vgl. *Neufassung des IDW Prüfungsstandards: Erklärungen der gesetzlichen Vertreter gegenüber dem Abschlussprüfer (IDW PS 303 n.F., Tz. 11)*).

99 Von dem geprüften Unternehmen muss – zeitnah zum Datum des Bestätigungsvermerks – eine **Vollständigkeitserklärung** eingeholt werden (vgl. *IDW PS 303 n.F., Tz. 23, Tz. 29*).

100 Es ist festzustellen, ob die Vollständigkeitserklärung und der Nachweis der Gesamtverantwortung für die Rechnungslegung auch die Angaben im **Lagebericht** umfassen (vgl. *IDW EPS 350 n.F., Tz. 94*).

> *Hinweis:* Soweit der Jahresabschluss eines in den Konzernabschluss einbezogenen Teilbereichs durch einen Teilbereichsprüfer geprüft wird, ist der Teilbereichsprüfer aufgrund der geltenden Prüfungsstandards verpflichtet, eine Vollständigkeitserklärung einzuholen.

101 Hat der Abschlussprüfer **erhebliche Zweifel an der Integrität** der gesetzlichen Vertreter und gelangt er deshalb zu dem Schluss, dass die Erklärung zur Vollständigkeit der gegebenen Informationen oder der Nachweis der Gesamtverantwortung für die Rechnungslegung nicht verlässlich ist oder geben die gesetzlichen Vertreter diese Erklärungen nicht ab, ist der **Bestätigungsvermerk zu versagen** (vgl. *IDW PS 303 n.F., Tz. 27, IDW EPS 350 n.F., Tz. 94*).

102 Zusammen mit der Vollständigkeitserklärung ist eine **Erklärung** der gesetzlichen Vertreter einzuholen, dass ihrer Auffassung nach die Auswirkungen der **nicht korrigierten Prüfungsdifferenzen** im Jahres-/Konzernabschluss und von nicht korrigierten Angaben im Lagebericht/Konzernlagebericht sowohl einzeln als auch insgesamt unwesentlich sind (*IDW PS 303 n.F., Tz. 28*). Diese Erklärung muss um eine **Aufstellung nicht korrigierter Prüfungsdifferenzen** ergänzt werden.

8.2.12.2. Hinweise zur Bearbeitung

103 Die Erklärung der gesetzlichen Vertreter hinsichtlich der Gesamtverantwortung für die Rechnungslegung (Unterzeichnung des Jahresabschlusses) erfolgt im Zusammenhang mit dem festgestellten Abschluss. Der Abschlussprüfer muss einen schriftlichen Nachweis darüber einholen, dass die gesetzlichen Vertreter ihrer Verantwortung für die Aufstellung des Abschlusses und des Lageberichts in Übereinstimmung mit den maßgebenden Rechnungslegungsgrundsätzen einschließlich der während der Abschlussprüfung noch vorzunehmenden Veränderungen nachgekommen sind. Die Verantwortung der gesetzlichen Vertreter kann durch ein unterschriebenes Exemplar des aufgestellten Abschlusses dokumentiert werden (*IDW PS 303 n.F., Tz. 12*).

104 Als Formblatt für die einzuholende Vollständigkeitserklärung sind je nach Rechtsform und Geschäftszweig die vom IDW herausgegebenen **Muster der Vollständigkeitserklärungen** zu verwenden (soweit für einzelne Rechtsformen kein spezielles Muster vorliegt, ist das Geeignetste zu wählen und an die Besonderheiten der Rechtsform anzupassen). Neben die

Vollständigkeitserklärung tritt bei Abschlussprüfungen eine Erklärung der gesetzlichen Vertreter über die nicht korrigierten Prüfungsdifferenzen; diese Erklärung wird ebenfalls als Muster vom IDW herausgegeben.

8.2.12.3. Festlegung von Prüfungshandlungen

Wenn der verantwortliche Wirtschaftsprüfer die Prüfungshandlungen festlegt, sollte er folgende Eckpunkte beachten und eigenverantwortlich einschätzen, ob sie unter den gegebenen Umständen mit Blick auf das Prüfungsziel erforderlich sind:

a) Einholung der Vollständigkeitserklärung des Mandanten. Vergewisserung, dass die gesetzlichen Vertreter die Funktion einer ausgefüllten und unterschriebenen Vollständigkeitserklärung verstanden haben und damit ihre Verantwortung für den aufgestellten Jahresabschluss dokumentieren (vgl. *IDW PH 9.100.1*, Tz. 73). Die Vollständigkeitserklärung ist von denjenigen gesetzlichen Vertretern in vertretungsberechtigter Zahl einzuholen, welche die Verantwortung für den Abschluss und den Lagebericht haben sowie über die Kenntnisse der betreffenden Sachverhalte verfügen (*IDW PS 303 n.F.*, Tz. 32 und Tz. 8).

b) Prüfung der vom Mandanten übermittelten Vollständigkeitserklärung und Bestimmung, ob:

- sie zutreffend datiert ist (zeitnah zur Datierung des Bestätigungsvermerks und des Prüfungsberichts),
- sie durch ein zur Vertretung des Unternehmens berechtigtes Mitglied der Geschäftsleitung unterzeichnet wurde und
- sie alle erforderlichen Angaben und Erklärungen enthält.

c) Beurteilung der Auswirkungen der Angaben auf den Jahresabschluss, Lagebericht und Bestätigungsvermerk.

d) Einholung der Erklärung des Mandanten über die Auswirkungen der nicht korrigierten Prüfungsdifferenzen.

e) Ein mit Datumsangabe versehenes und von allen gesetzlichen Vertretern unterschriebenes Exemplar des Jahres- bzw. Konzernabschlusses ist zu den Akten zu nehmen (§§ 245, 298 HGB).

f) Weiterhin ist ein Exemplar des Lageberichts zu den Akten zu nehmen, welches sinnvollerweise ebenfalls von den gesetzlichen Vertretern unterzeichnet werden sollte.

8.3. Arbeitshilfen

A-4.6.5.(1): Nachweisbogen zur laufenden Überwachung und abschließenden Durchsicht der Auftragsergebnisse

A-4.6.5.(2): Zusammenstellung wesentlicher Punkte für den Wirtschaftsprüfer

B-1.3.: Korrekturvorschlagsliste inkl. Berichtigungen und Aufstellung nicht korrigierter Prüfungsdifferenzen

B-8.0.: Leitfaden zur Prüfung des Lageberichts/Konzernlageberichts

B-8.1.-JA: Checkliste zur Prüfung der Vollständigkeit der Angaben im Anhang nach HGB/DRS der Kapital- und Personengesellschaften/Unternehmen nach KapCoRiLiG und PublG – je nach Kapitalmarktorientierung, Rechtsform und Unternehmensgröße

B-8.1.-KA: Checkliste zur Prüfung der Vollständigkeit der Angaben nach HGB/DRS im Konzernanhang – je nach Kapitalmarktorientierung und Rechtsform des Mutterunternehmens

B-8.2.-JA: Checkliste zur Prüfung des Lageberichts nach HGB/DRS – je nach Kapitalmarktorientierung, Rechtsform und Unternehmensgröße

B-8.2.-KA: Checkliste zur Prüfung des Konzernlageberichts nach HGB/DRS – je nach Kapitalmarktorientierung und Rechtsform des Mutterunternehmens

B-8.3.: Prüfung von Ereignissen nach dem Abschlussstichtag

B-8.4.: Beurteilung der Auswirkungen festgestellter falscher Angaben

Muster für Vollständigkeitserklärungen sowie Erklärung der gesetzlichen Vertreter über nicht korrigierte Prüfungsdifferenzen des IDW (IDW Verlag GmbH)

8.4. IDW Prüfungsstandards/ISA

National	International
- *IDW Prüfungsstandard: Ziele und allgemeine Grundsätze der Durchführung von Abschlussprüfungen (IDW PS 200)* - *IDW Prüfungsstandard: Die Beurteilung von zusätzlichen Informationen, die von Unternehmen zusammen mit dem Jahresabschluss veröffentlicht werden (IDW PS 202)* - *IDW Prüfungsstandard: Ereignisse nach dem Abschlussstichtag (IDW PS 203 n.F.)* - *IDW Prüfungsstandard: Zur Aufdeckung von Unregelmäßigkeiten im Rahmen der Abschlussprüfung (IDW PS 210)* - *IDW Prüfungsstandard: Wesentlichkeit im Rahmen der Abschlussprüfung (IDW PS 250 n.F.)* - *IDW Prüfungsstandard: Beziehungen zu nahe*	- ISA 260: Communication with Those Charged with Governance - ISA 315: Identifying and Assessing the Risks of Material Misstatement Through Understanding the Entity and Its Environment - ISA 330: The Auditor's Responses to Assessed Risks - ISA 320: Materiality in Planning and Performing an Audit - ISA 500: Audit Evidence - ISA 520: Analytical Procedures - ISA 550: Related Parties - ISA 570: Going Concern

National	International
stehenden Personen im Rahmen der Abschlussprüfung (IDW PS 255) - *IDW Prüfungsstandard: Feststellung und Beurteilung von Fehlerrisiken und Reaktionen des Abschlussprüfers auf die beurteilten Fehlerrisiken (IDW PS 261 n.F.)* - *IDW Prüfungsstandard: Die Beurteilung der Fortführung der Unternehmenstätigkeit im Rahmen der Abschlussprüfung (IDW PS 270)* - *IDW Prüfungsstandard: Prüfungsnachweise im Rahmen der Abschlussprüfung (IDW PS 300 n.F.)* - *IDW Prüfungsstandard: Erklärungen der gesetzlichen Vertreter gegenüber dem Abschlussprüfer (IDW PS 303 n.F.)* - *IDW Prüfungsstandard: Analytische Prüfungshandlungen (IDW PS 312)* - *IDW Prüfungsstandard: Die Prüfung von geschätzten Werten in der Rechnungslegung einschließlich von Zeitwerten (IDW PS 314 n.F.)* - *Entwurf eines IDW Prüfungsstandards: Prüfung des Lageberichts (IDW EPS 350 n.F.)* - *Entwurf einer Neufassung des IDW Prüfungsstandards: Bildung eines Prüfungsurteils und Erteilung eines Bestätigungsvermerks (IDW EPS 400 n.F.)* - *Entwurf eines IDW Prüfungsstandards: Modifizierungen des Prüfungsurteils im Bestätigungsvermerk (IDW EPS 405)* - *Entwurf einer Neufassung des IDW Prüfungsstandards: Grundsätze ordnungsmäßiger Berichterstattung bei Abschlussprüfungen (IDW EPS 450 n.F.)* - *Entwurf einer Neufassung des IDW Prüfungsstandard: Grundsätze für die Kommunikation mit den für die Überwachung Verantwortlichen (IDW EPS 470 n.F.)*	- ISA 560: Subsequent Events - ISA 700 (revised): Forming an Opinion and Reporting on Financial Statements - ISA 701: Communicating Key Audit Matters in the Independent Auditor's Report - ISA 705: Modifications to the Opinion in the Independent Auditor's Report - ISA 720 (Revised): The Auditor's Responsibilities Relating to Other Information

National	International
- IDW Prüfungshinweis: Besonderheiten der Abschlussprüfung kleiner und mittelgroßer Unternehmen (IDW PH 9.100.1) - IDW Prüfungshinweis: Auswirkungen von Fehlerfeststellungen durch die DPR bzw. die BaFin auf den Bestätigungsvermerk (IDW PH 9.400.11). - IDW Stellungnahme zur Rechnungslegung: Änderung von Jahres- und Konzernabschlüssen (IDW RS HFA 6) - IDW Stellungnahme zur Rechnungslegung: Auswirkungen einer Abkehr von der Going-Concern-Prämisse auf den handelsrechtlichen Jahresabschluss (IDW RS HFA 17) - IDW Stellungnahme zur Rechnungslegung: Ansatz- und Bewertungsstetigkeit im handelsrechtlichen Jahresabschluss (IDW RS HFA 38) - IDW Rechnungslegungshinweis: Anhangangaben nach § 285 Nr. 18 und 19 HGB zu bestimmten Finanzinstrumenten (IDW RH HFA 1.005) - IDW Standard: Beurteilung des Vorliegens von Insolvenzeröffnungsgründen (IDW S 11) - IDW Qualitätssicherungsstandard: Anforderungen an die Qualitätssicherung in der Wirtschaftsprüferpraxis (IDW QS 1)	

IDW Praxishandbuch zur Qualitätssicherung 2017/2018

Kapitel B: Risikoorientiertes Prüfungsvorgehen
Meilenstein 9: Berichterstattung und Archivierung

Meilenstein 9: Berichterstattung und Archivierung

9.1. Ziele 399
9.2. Aktivitäten 401
    9.2.1. Erstellung des Prüfungsberichts 401
    9.2.2. Bildung des Prüfungsurteils und Erteilung des Bestätigungsvermerks 409
    9.2.3. Kommunikation mit dem Mandanten und den für die Überwachung Verantwortlichen/ Teilnahme an der Sitzung des Aufsichtsrats sowie Fertigstellung der Arbeitspapiere 421
    9.2.4. Prüfung der Offenlegung 430
9.3. Arbeitshilfen 430
9.4. IDW Prüfungsstandards/ISA 430

9.1. Ziele

1   Im **Prüfungsbericht** fasst der Abschlussprüfer Gegenstand, Art und Umfang, Feststellungen und Ergebnisse der Prüfung insb. für jene Organe des Unternehmens zusammen, denen die Aufsicht obliegt. Der Prüfungsbericht hat dabei die Aufgabe, durch die Dokumentation wesentlicher Prüfungsfeststellungen und -ergebnisse die Überwachung des Unternehmens zu unterstützen.

2   Der **Bestätigungsvermerk** bringt das Prüfungsurteil zum Jahresabschluss/Konzernabschluss (im Folgenden: Abschluss) und – sofern einschlägig – zum Lagebericht/Konzernlagebericht (im Folgenden: Lagebericht) sowie zu sonstigen Prüfungsgegenständen des Abschlussprüfers zum Ausdruck. Er stellt Gegenstand, Art und Umfang der Prüfung dar und fasst das Prüfungsergebnis in einer Beurteilung zusammen (*IDW EPS 400 n.F.*, Tz. 1 und Tz. 8).

3   Die **Kommunikation** zwischen dem **Abschlussprüfer und den für die Überwachung Verantwortlichen** in der Durchführungsphase und zum Ende der Prüfung dient der zeitgerechten Information und dem wechselseitigen Austausch über bedeutsame Probleme oder Sachverhalte, die der Abschlussprüfer während der Prüfung festgestellt hat. Sie trägt dazu bei, dass die Darstellung der wirtschaftlichen Lage der Gesellschaft, einzelner Geschäftsfelder und besonderer Risiken unter Berücksichtigung der Stellung der Gesellschaft im Markt und aktueller Branchenentwicklungen kritisch gewürdigt werden kann. Darüber hinaus können die für die Überwachung Verantwortlichen der Kommunikation und Berichterstattung des Abschlussprüfers Hinweise entnehmen, worauf sie ihre eigene Prüfungs- und Überwachungstätigkeit schwerpunktmäßig ausrichten sollten (vgl. *IDW EPS 470 n.F.*, Tz. 13).

4   Die **Kommunikation mit dem Management** dient der effektiven und effizienten Abwicklung der Prüfung und Berichterstattung über die Prüfung, deren Ergebnisse, eventuelle wesentli-

che Feststellungen und zur Abgabe von Empfehlungen und Anregungen für Verbesserungen.

5   Die **Arbeitspapiere** erfüllen die folgenden Funktionen:

- sie unterstützen die Planung und Durchführung der Abschlussprüfung,
- sie helfen, die Prüfungstätigkeit zu überwachen,
- sie dokumentieren die Prüfungsnachweise, um Prüfungsaussagen im Prüfungsbericht und im Bestätigungsvermerk zu stützen,
- sie bilden die Grundlage für den Prüfungsbericht,
- sie helfen, Rückfragen, z.B. des Berichtskritikers, zu beantworten,
- sie bilden eine Grundlage, Folgeprüfungen vorzubereiten,
- sie bieten einen Nachweis in Regressfällen,
- sie stellen eine Grundlage für die Nachschau oder die externe Qualitätskontrolle dar (vgl. *IDW PS 460 n.F.*, Tz. 8).

6   Die Arbeitspapiere und die Berichterstattung gegenüber dem Mandanten ergänzen sich insoweit, als der Abschlussprüfer in der Lage sein muss, aus beiden zusammen die Prüfungsdurchführung nachzuweisen und das Prüfungsergebnis abzuleiten. Bei einem ausführlichen Prüfungsbericht können daher die Arbeitspapiere ggf. knapper sein, während sie bei einem kürzeren Bericht entsprechend ausführlicher sein müssen.

7   Im Rahmen der Reform der gesetzlichen Abschlussprüfung der EU wurden Rechtsakte (EU-APrVO[1], Abschlussprüferrichtlinie[2]) erlassen, die zu tiefgreifenden Veränderungen in der Berichterstattung führen. Sie haben das Ziel, die Aussagekraft der Berichterstattung über das Prüfungsergebnis zu steigern und somit das Vertrauen in den geprüften Abschluss zu erhöhen. Daneben hat das IAASB neue International Standards on Auditing (ISA 700 ff.) zur Berichterstattung veröffentlicht, mit denen eine höhere Transparenz und ein verbesserter Informationswert der schriftlichen Berichterstattung erreicht werden soll. Das IDW hat die sich ergebenden Änderungen in der Berichterstattung in den *IDW Prüfungsstandards IDW EPS 400 n.F., IDW EPS 401, IDW EPS 405, IDW EPS 406* zum Bestätigungsvermerk, *IDW EPS 450 n.F.* zum Prüfungsbericht sowie *IDW EPS 470 n.F.* zur Kommunikation mit dem Aufsichtsorgan umgesetzt.

---

[1] Verordnung (EU) Nr. 537/2014 vom 16. April 2014
[2] Konsolidierte Richtlinie 2006/43/EG und Einleitung der Richtlinie 2014/56/EU vom 16. April 2014

9.2. Aktivitäten

9.2.1. Erstellung des Prüfungsberichts

9.2.1.1. Prüfungsanforderungen

8 Der Abschlussprüfer hat den Prüfungsbericht gewissenhaft und unparteiisch zu erstatten (§ 43 Abs. 1 WPO) und mit diesem die Adressaten des Prüfungsberichts über Art und Umfang sowie das Ergebnis der Prüfung schriftlich und mit der gebotenen Klarheit zu unterrichten (§ 321 Abs. 1 Satz 2 HGB). Der Bericht ist vom Abschlussprüfer zu **unterzeichnen** und den gesetzlichen Vertretern vorzulegen (§ 321 Abs. 5 HGB). Die Unterzeichnung des Prüfungsberichts hat – analog der Unterzeichnung des Bestätigungsvermerks – unter Angabe von **Ort (der Niederlassung), Datum und der Namen der Unterzeichnenden** zu erfolgen. Hierbei müssen diese Angaben grundsätzlich mit jenen unter dem Bestätigungsvermerk übereinstimmen. Dies gilt auch, wenn in Ausnahmefällen zwischen diesem Datum und der Auslieferung des Prüfungsberichts ein nicht unbeachtlicher Zeitraum liegt (*IDW EPS 450 n.F.*, Tz. 116). Hat der **Aufsichtsrat** den Auftrag erteilt, so ist der Prüfungsbericht ihm und gleichzeitig einem eingerichteten Prüfungsausschuss vorzulegen. Der (endgültige) Prüfungsbericht ist unverzüglich nach Vorlage dem Geschäftsführungsorgan mit Gelegenheit zur Stellungnahme zuzuleiten (*IDW EPS 450 n.F.*, Tz. 117).

9 Jedes Aufsichtsratsmitglied hat das Recht, von dem Prüfungsbericht Kenntnis zu nehmen. Der Prüfungsbericht ist auch jedem Aufsichtsratsmitglied oder, soweit der Aufsichtsrat dies beschlossen hat, den Mitgliedern eines Ausschusses zu übermitteln (§ 170 Abs. 3 AktG). Bei der GmbH haben die Geschäftsführer den Jahresabschluss und Lagebericht zusammen mit dem Prüfungsbericht des Abschlussprüfers unverzüglich nach Eingang des Prüfungsberichts den Gesellschaftern vorzulegen (§ 42a GmbHG).

10 Die Abschnitte zu den Feststellungen zum **Risikofrüherkennungssystem** und zu den Feststellungen aus Erweiterungen des Prüfungsauftrags entfallen, wenn § 317 Abs. 4 HGB nicht angewendet wird und auch mit dem Auftraggeber keine Erweiterungen des Prüfungsauftrags vereinbart wurden (*IDW EPS 450 n.F.*, Tz. 12).

11 Soweit das Unternehmen auf der Grundlage ergänzender Beauftragung oder in Fortführung bisheriger Berichtsgepflogenheiten weitergehende **Aufgliederungen und Erläuterungen** wünscht, sind diese in einen eigenständigen Abschnitt des Prüfungsberichts oder in eine Anlage zu diesem aufzunehmen (*IDW EPS 450 n.F.*, Tz. 102). Diese Erläuterungsteile bzw. Anlagen sind gesetzlich nicht geforderte Bestandteile des Prüfungsberichts und dürfen daher keine Pflichtangaben zu den vorgenommenen Prüfungshandlungen ersetzen.

12 Werden diese sonstigen Aufgliederungen und Erläuterungen in den Prüfungsbericht aufgenommen, sind die entsprechenden Angaben nach den allgemeinen Grundsätzen zu prüfen (zumindest analytische Prüfungshandlungen und Aufbau- und Funktionsprüfungen) (vgl. *IDW PH 9.100.1*, Tz. 87).

13 Eine klare, problemorientierte Berichterstattung schließt eine verständliche, eindeutige und problemorientierte Darlegung der berichtspflichtigen Sachverhalte sowie eine übersichtliche Gliederung des Prüfungsberichts ein. Sie verlangt, die Berichterstattung auf das Wesentliche zu beschränken, d.h. auf solche Feststellungen und Sachverhalte, die geeignet sind, die Adressaten des Prüfungsberichts bei der Überwachung des Unternehmens zu unterstützen. Daher empfiehlt es sich, Darstellungen, die über die **gesetzlichen Pflichtbestandteile des Prüfungsberichts** hinausgehen, in die **Anlagen zum Prüfungsbericht** aufzunehmen; dadurch wird der Prüfungsbericht lesbarer und übersichtlicher. Sofern solche Darstellungen im Einzelfall in den Prüfungsbericht aufgenommen werden, dürfen sie die gesetzlich verlangten Feststellungen und Sachverhalte nicht überlagern (*IDW EPS 450 n.F.*, Tz. 13).

14 Die Gliederung ist übersichtlich zu gestalten und ebenso wie die Form der Berichterstattung im Prüfungsbericht und in dessen Anlagen im Zeitablauf beizubehalten, sofern nicht sachliche Gründe ein Abweichen gebieten. Wesentliche Abweichungen sind unter Angabe der Vorjahresbezugsstelle kenntlich zu machen, sofern diese nicht aus der erstmaligen Anwendung gesetzlicher Vorgaben resultieren (*IDW EPS 450 n.F.*, Tz. 14).

15 Im Prüfungsbericht trifft der Abschlussprüfer u.a. die folgenden **Prüfungsaussagen** (vgl. im Einzelnen *IDW EPS 450 n.F.*):

- Vorweg-Stellungnahme zur Beurteilung der Lage des Unternehmens durch die gesetzlichen Vertreter, wobei insb. auf die Beurteilung des Fortbestands und der künftigen Entwicklung des Unternehmens unter Berücksichtigung des Lageberichts einzugehen ist, soweit die geprüften Unterlagen und der Lagebericht eine solche Beurteilung erlauben (§ 321 Abs. 1 Satz 2 HGB).
- Berichterstattung über bei der Prüfung festgestellte Unrichtigkeiten oder Verstöße gegen gesetzliche Vorschriften sowie Tatsachen, die den Bestand des geprüften Unternehmens oder seine Entwicklung wesentlich beeinträchtigen können, oder die schwerwiegende Verstöße der gesetzlichen Vertreter oder von Arbeitnehmern gegen Gesetz, Gesellschaftsvertrag oder die Satzung erkennen lassen sowie festgestellte bedeutsame Schwächen in den nicht auf den Jahresabschluss oder Lagebericht bezogenen Bereichen des internen Kontrollsystems (§ 321 Abs. 1 Satz 3 HGB).
- Feststellung, ob die Buchführung, die weiteren geprüften Unterlagen, der Jahresabschluss und der Lagebericht den gesetzlichen Vorschriften und den ergänzenden Bestimmungen des Gesellschaftsvertrags oder der Satzung entsprechen (§ 321 Abs. 2 Satz 1 HGB). In diesem Rahmen ist auch eine Erläuterung von Beanstandungen abzu-

geben, die nicht zur Modifizierung eines Prüfungsurteils im Bestätigungsvermerk geführt haben, soweit für die Überwachung der Geschäftsführung und des Unternehmens von Bedeutung (§ 321 Abs. 2 Satz 2 HGB).

- Beschreibung, ob der Abschluss insgesamt unter Beachtung der GoB ein den tatsächlichen Verhältnissen entsprechendes Bild der Vermögens-, Finanz- und Ertragslage der Gesellschaft vermittelt (§ 321 Abs. 2 Satz 3 HGB). Dazu ist auch auf wesentliche Bewertungsgrundlagen sowie darauf einzugehen, welchen Einfluss Änderungen in den Bewertungsgrundlagen einschließlich der Ausübung von Ermessensspielräumen sowie sachverhaltsgestaltende Maßnahmen insgesamt auf die Darstellung der Vermögens-, Finanz- und Ertragslage haben (§ 321 Abs. 2 Satz 4 HGB).

- Darstellung, ob die gesetzlichen Vertreter die verlangten Aufklärungen und Nachweise erbracht haben (§ 321 Abs. 2 Satz 6 HGB).

- Erläuterung von Gegenstand, Art und Umfang der Prüfung einschließlich der angewandten Rechnungslegungs- und Prüfungsgrundsätze (§ 321 Abs. 3 HGB). Bei bestimmten Aktiengesellschaften, die nach § 289b-f HGB in einem gesonderten Abschnitt des Lageberichts eine nichtfinanzielle Erklärung sowie eine Erklärung zur Unternehmensführung bzw. die Angabe der Internetseite aufzunehmen haben, auf der die Erklärungen dauerhaft öffentlich zugänglich gemacht werden (siehe Meilenstein 8), ist darauf hinzuweisen, dass die Angaben gemäß § 317 Abs. 2 Sätze 4-6 HGB nicht in die Prüfung einzubeziehen sind; insoweit ist im Rahmen der Prüfung lediglich festzustellen, ob diese Angaben gemacht wurden.

- Bestätigung der Unabhängigkeit des Abschlussprüfers im Prüfungsbericht (§ 321 Abs. 4a HGB) (vgl. *IDW EPS 450 n.F.*, Tz. 23a).

16 Der Abschlussprüfer hat im Prüfungsbericht gemäß § 321 Abs. 1 Satz 2 HGB zu der Lagedarstellung der gesetzlichen Vertreter im Lagebericht Stellung zu nehmen (vgl. *IDW EPS 450 n.F.*, Tz. 28 ff). Dies schließt nach § 321 Abs. 1 Satz 3 HGB den Bericht über entwicklungsbeeinträchtigende oder bestandsgefährdende Tatsachen mit ein, der eingehender ist als der Hinweis im Bestätigungsvermerk (vgl. *IDW EPS 450 n.F.*, Tz 35 ff.).

17 Erfüllt der **Konzernlagebericht** einzelne einschlägige **Anforderungen des DRS 20** nicht, die nach DRS 20.32 wesentlich sind und bei denen es sich nicht um eine Konkretisierung des HGB handelt oder die gesetzlichen Anforderungen anderweitig erfüllt werden, hat der Abschlussprüfer über die Nichtbeachtung der Anforderungen des DRS 20 unter Würdigung der Begründung der gesetzlichen Vertreter für die Abweichung von DRS 20 ausschließlich im Prüfungsbericht zu berichten (vgl. *IDW EPS 450 n.F.*, Tz. 137b).

Ergänzende Anforderungen für Unternehmen von öffentlichem Interesse i.S.d. § 319a Abs. 1 S. 1 HGB (PIE):

Artikel 11 EU-APrVO enthält Vorgaben für einen sog. zusätzlichen schriftlich abzufassenden Bericht an den Prüfungsausschuss, der die Angaben nach § 321 HGB erweitert. Die Vorgaben sind für Ge-

schäftsjahre erstmals zu berücksichtigen, die nach dem 17.6.2016 beginnen. Die zusätzlichen Anforderungen sind folgende:

- die Erklärung, dass die Prüfungsgesellschaft, die Prüfungspartner und Mitglieder der höheren Führungsebene und das Leitungspersonal, die die Abschlussprüfung durchführen, unabhängig vom geprüften Unternehmen sind (IDW EPS 450 n.F., Tz. 23a ff.);

- Angaben und Erläuterungen zu bestimmten im Laufe der Prüfung festgestellten Ereignissen oder Gegebenheiten, die erhebliche Zweifel an der Fähigkeit des Unternehmens zur Fortführung der Unternehmenstätigkeit aufwerfen können, sowie eine Einschätzung, ob diese Ereignisse oder Gegebenheiten eine wesentliche Unsicherheit darstellen; ferner eine Zusammenfassung der Maßnahmen (bspw. Garantien, Patronatserklärungen), die dem Abschlussprüfer im Rahmen der Prüfung der Going-Concern-Annahme bekannt und bei der Beurteilung der Fortführungsfähigkeit berücksichtigt wurden. Diese Angaben sind i.d.R. als gesonderter Unterabschnitt im Prüfungsbericht im Rahmen der grundsätzlichen Feststellungen im Anschluss an die Darstellungen zur Lage des Unternehmens darzustellen. (IDW EPS 450 n.F., Tz. P35/1);

- die Angabe von im Laufe der Prüfung festgestellten bedeutsamen Sachverhalten im Zusammenhang mit der tatsächlichen oder vermuteten Nichteinhaltung von nicht die Rechnungslegung betreffenden Rechtsvorschriften oder des Gesellschaftsvertrags bzw. der Satzung, soweit sie für die Fähigkeit des Prüfungsausschusses, seine Aufgaben wahrzunehmen, als relevant betrachtet werden (keine Beschränkung auf Verstöße gesetzlicher Vertreter oder Arbeitnehmer). Diese Angaben sind unter den sonstigen Unregelmäßigkeiten im Rahmen der grundsätzlichen Feststellungen darzustellen (IDW EPS 450 n.F., Tz. P50/1 f.);

- die Angabe jedes an der Prüfung beteiligten verantwortlichen Prüfungspartners gemäß § 319a Abs. 1 S. 4, Abs. 2 S. 2 HGB. Die Angaben sind den Darstellungen zu Gegenstand, Art und Umfang der Prüfung zuzuordnen (IDW EPS 450 n.F., Tz. P56/1);

- eine Beschreibung des Umfangs und des Zeitplans der Prüfung. Die Ausführungen entsprechen inhaltlich der nach § 321 Abs. 3 HGB erforderlichen Beschreibung des Prüfungsumfangs (IDW EPS 450 n.F., Tz. P56/2 f.);

- bei Gemeinschaftsprüfungen[3] die Aufgabenverteilung und die Gründe für eventuelle Uneinigkeit über Prüfungshandlungen, Rechnungslegungsvorschriften oder andere die Durchführung der Abschlussprüfung betreffende Themen (IDW EPS 450 n.F., Tz. P56/4 f.);

- ggf. Hinweise zu von anderen Abschlussprüfern oder externen Sachverständigen durchgeführten Arbeiten sowie zu deren Unabhängigkeit. Von den Sachverständigen ist eine schriftliche Erklärung über zu dem Unternehmen bestehende Interessen oder Beziehungen einzuholen. Andere Abschlussprüfer bestätigen gegenüber dem Abschlussprüfer dagegen ihre „Unabhängigkeit" schriftlich (IDW EPS 450 n.F., Tz. P57/2 ff.);

---

[3] Vgl. *IDW Prüfungsstandard: Zur Durchführung von Gemeinschaftsprüfungen (Joint Audit) (IDW PS 208)* (Stand: 24.11.2010)

- *eine Beschreibung der bei der Prüfung verwendeten Methode (Prüfungsansatz), welche Kategorien der „Bilanz" (Prüffelder) „direkt überprüft" wurden (Durchführung aussagebezogener Prüfungshandlungen) und welche Kategorien dabei „System- und Zuverlässigkeitsprüfungen" (Aufbau- und Funktionsprüfungen interner Kontrollen, Systemprüfung) unterzogen wurden sowie eine Erläuterung bedeutsamer Veränderungen der Gewichtung zwischen Systemprüfungen und aussagebezogenen Prüfungshandlungen gegenüber der Vorjahresprüfung (IDW EPS 450 n.F., Tz. P57/5);*

- *die Darlegung der quantitativen Wesentlichkeitsgrenze für den Abschluss als Ganzes und ggf. von spezifischen Wesentlichkeitsgrenzen sowie die Darlegung der qualitativen Faktoren, die bei der Festlegung der Wesentlichkeitsgrenze berücksichtigt wurden (IDW EPS 450 n.F., P57/6 f.);*

- *die Angabe, ob das geprüfte Unternehmen alle verlangten Erläuterungen und Unterlagen geliefert hat (über § 321 Abs. 2 Satz HGB abgedeckt) (IDW EPS 450 n.F., Tz. P59/1);*

- *Angaben über:*

  - *etwaige bedeutsame Schwierigkeiten während der Abschlussprüfung (IDW EPS 450 n.F., Tz. P58/1; vgl. IDW EPS 470 n.F., Tz. 21 b)),*

  - *etwaige sich aus der Abschlussprüfung ergebende bedeutsame Sachverhalte, die mit dem Management erörtert wurden (IDW EPS 450 n.F., Tz. P58/2 ff.; vgl. IDW EPS 470 n.F., Tz. 21 c) i)), und*

  - *etwaige sonstige Sachverhalte, die aus Sicht des Prüfers für die Aufsicht über den Rechnungslegungsprozess bedeutsam sind (IDW EPS 450 n.F., Tz. P58/5; vgl. IDW EPS 470 n.F., Tz. 21 e)).*

- *eine Beschreibung der Art, der Häufigkeit und des Umfangs der Kommunikation mit dem Prüfungsausschuss oder einem vergleichbaren Gremium, der Unternehmensleitung sowie dem Verwaltungs- oder Aufsichtsorgan des geprüften Unternehmens im Rahmen der Darstellungen zu Gegenstand, Art und Umfang der Prüfung (IDW EPS 450 n.F., Tz. P60/1 ff.);*

- *die Angabe bedeutsamer Mängel im internen „Finanzkontrollsystem" oder Rechnungslegungssystem des Unternehmens, d.h. bedeutsame Schwächen im rechnungslegungsbezogenen internen Kontrollsystem i.S.d. IDW PS 261 n.F., Tz. 89, einschließlich der Angabe, ob diese Mängel beseitigt wurden (IDW EPS 450 n.F., Tz. P65/1 f.);*

- *die Angabe der bei den verschiedenen Posten des Abschlusses angewandten Bewertungsmethoden einschließlich etwaiger Auswirkungen von Änderungen an diesen Methoden sowie eine postenbezogene Beurteilung durch den Abschlussprüfer (IDW EPS 450 n.F., Tz. P84/1 ff. und Tz. P93/1). Insbesondere die Beurteilung der Bewertungsmethoden und deren Änderung geht über die nach § 321 Abs. 2 Satz 4 HGB geforderten Erläuterungen der wesentlichen Bewertungsgrundlagen hinaus. Zu beurteilen ist, ob die angewandten Bewertungsmethoden pro*

> *Posten des Abschlusses im vorliegenden Fall vertretbar sind (IDW EPS 450 n.F., Tz. P84/2);*
>
> - *ggf. die Angabe, welche Prüfungsarbeiten von Teilbereichsprüfern aus Drittstaaten oder von Teilbereichsprüfern, bei denen es sich nicht um Mitglieder desselben Netzwerks des wie Konzernabschlussprüfers handelt, im Zusammenhang mit der Konzernabschlussprüfung ausgeführt wurden (IDW EPS 450 n.F., Tz. P123/1 f.);*
>
> - *Darlegung der von dem Mutterunternehmen eines Konzerns konkret angewandten Einbeziehungs- und Ausschlusskriterien für die Abgrenzung des Konsolidierungskreises und ob diese im Einklang mit den Rechnungslegungsgrundsätzen stehen (IDW EPS 450 n.F., Tz. P125/1).*
>
> - *Weitere Anforderungen an den Bericht an den Prüfungsausschuss aus der EU-APrVO sind:*
>
> - *Angabe und Einschätzung der Auswirkungen von erbrachten Steuerberatungs- und Bewertungsleistungen auf den zu prüfenden Jahresabschluss (EU-APrVO Artikel 5 Abs. 1 Unterabschnitt. 2 Buchst. a bzw. f). Hierfür ist ein eigenständiger Abschnitt im Prüfungsbericht vorzusehen (IDW EPS 450 n.F., Tz. P103/1 f.);*
>
> - *Beschreibung der bedeutsamsten beurteilten Risiken wesentlicher falscher Darstellungen sowie eine Zusammenfassung der Reaktion des Prüfers auf diese Risiken und ggf. wichtige Feststellungen, die sich in Bezug auf diese Risiken ergeben. Die im Bestätigungsvermerk darzulegenden „bedeutsamsten beurteilten Risiken wesentlicher falscher Darstellungen" im Abschluss (d.h. besonders wichtige Prüfungssachverhalte i.S.v. IDW EPS 401) besitzen ihrer Natur nach die Qualität von Prüfungsschwerpunkten. Dementsprechend sind sie an dieser Stelle im Prüfungsbericht ausdrücklich als solche zu nennen. Dazu bietet sich eine tabellarische Aufstellung an. In Bezug auf Ausführungen zu besonders wichtigen Prüfungssachverhalten als Prüfungsschwerpunkte bietet es sich an, auf die diesbezüglichen Darstellungen im Abschnitt „Wiedergabe des Bestätigungsvermerks" zu verweisen, sofern nicht im Einzelfall tiefergehende Angaben im Abschnitt „Gegenstand, Art und Umfang der Prüfung" aufgrund der Bedeutung für die Überwachungsaufgaben des Aufsichtsorgans angezeigt sind (IDW EPS 450 n.F., Tz. P57/1).*

18   Der Prüfungsbericht ist so abzufassen, dass er von den jeweiligen Adressaten des Prüfungsberichts verstanden werden kann. Dabei kann von einem Grundverständnis für die wirtschaftlichen Gegebenheiten des Unternehmens und für die Grundlagen der Rechnungslegung ausgegangen werden. Für besonders komplexe betriebswirtschaftliche und rechtliche Sachverhalte besteht die Gelegenheit, diese in der Bilanzsitzung des Prüfungsausschusses bzw. des Aufsichtsrats oder – sofern kein Aufsichtsrat besteht – ggf. in der Gesellschafterversammlung weiter zu erörtern (*IDW EPS 450 n.F., Tz. 15*).

19   Die Ausführungen im Prüfungsbericht müssen deutlich machen, welche Angaben auf geprüften und welche auf ungeprüften Grundlagen beruhen sowie ob und inwieweit sich die Beurteilungen des Abschlussprüfers auf nicht selbst durchgeführte Prüfungshandlungen oder auf Gutachten von Sachverständigen stützen (*IDW EPS 450 n.F., Tz. 16*).

Kapitel B: Risikoorientiertes Prüfungsvorgehen
Meilenstein 9: Berichterstattung und Archivierung

20 Der Prüfungsbericht ist als ein einheitliches Ganzes anzusehen und muss ohne Heranziehung anderer Dokumente für sich lesbar und verständlich sein. **Teilberichte** sind zulässig, wenn ihre Erstattung zeitlich oder sachlich geboten ist. Teilberichte sind als solche zu kennzeichnen und müssen einen Hinweis auf den Prüfungsbericht enthalten. Bei Teilberichten in Form von **Vorab-Berichten** ist auf den noch zu erstellenden Prüfungsbericht hinzuweisen. Im Prüfungsbericht muss ein Hinweis auf die erstatteten Teilberichte enthalten sein. Deren Gegenstand und wesentliche Ergebnisse sind im Prüfungsbericht darzustellen (*IDW EPS 450 n.F.*, Tz. 17).

21 Sofern für **freiwillige Abschlussprüfungen** nach den vom IDW festgestellten Grundsätzen ordnungsmäßiger Abschlussprüfung ein **Bestätigungsvermerk** erteilt wird, der dem gesetzlichen Bestätigungsvermerk in § 322 HGB **nachgebildet** ist, ist auch ein Prüfungsbericht nach den in *IDW EPS 450 n.F.* festgelegten Grundsätzen zu erstellen. In diesen Fällen darf mit dem Auftraggeber keine Berichterstattung mit einem geringeren Umfang („Kurzbericht") vereinbart werden (*IDW EPS 450 n.F.*, Tz. 20). Grundsätzlich kann vom Vorliegen eines nachgebildeten Bestätigungsvermerks ausgegangen werden, wenn ein Bestätigungsvermerk in Anlehnung an die Musterformulierungen in den Anlagen von *IDW EPS 400 n.F.*, *IDW EPS 405* und *IDW EPS 406* erteilt wird. Allerdings kann auch bei umfassenden Abweichungen im Einzelfall ein nachgebildeter Bestätigungsvermerk vorliegen. Entscheidend ist letztlich der Gesamteindruck, der mit dem jeweiligen Testat in der Öffentlichkeit vermittelt wird. Wenn durch entsprechende Formulierungen der Eindruck erweckt wird, der Prüfer erteile aufgrund einer nach Art und Umfang des § 317 HGB entsprechenden Prüfung ein Urteil, liegt ein nachgebildeter Bestätigungsvermerk vor. Wird die Bezeichnung „Bestätigungsvermerk" verwendet, liegt – unabhängig von der daran folgenden Formulierung des Testats – ebenfalls ein nachgebildeter Bestätigungsvermerk vor.

22 Während sich die Adressaten des Prüfungsberichts bei gesetzlich vorgeschriebenen Abschlussprüfungen aus der gesetzlichen Regelung ergeben, weshalb es nicht sachgerecht ist, den Prüfungsbericht zu adressieren, sollte bei freiwilligen Abschlussprüfungen einleitend klargestellt werden, dass der Prüfungsbericht an das geprüfte Unternehmen gerichtet ist (*IDW EPS 450 n.F.*, Tz. 21).

9.2.1.2. Hinweise zur Bearbeitung

23 Berücksichtigen Sie z.B. folgende **Skalierungsaspekte** bei der Erstellung des Prüfungsberichts:

- […]. Der Prüfungsbericht hat die Aufgabe, durch die Dokumentation **wesentlicher** Prüfungsfeststellungen und -ergebnisse die Überwachung des Unternehmens zu unterstützen. (*IDW EPS 450 n.F.*, Tz. 1)

Kapitel B: Risikoorientiertes Prüfungsvorgehen
Meilenstein 9: Berichterstattung und Archivierung

- […]. In den Bericht aufzunehmen sind alle Feststellungen und Tatsachen, die für eine **ausreichende** Information der Adressaten und für die Vermittlung eines klaren Bildes über das Prüfungsergebnis von Bedeutung sind. (*IDW EPS 450 n.F.*, Tz. 10)

- Eine klare, problemorientierte Berichterstattung verlangt auch die **Beschränkung der Berichterstattung auf das Wesentliche**, d.h. auf solche Feststellungen und Sachverhalte, die geeignet sind, die Adressaten des Prüfungsberichts bei der Überwachung des Unternehmens zu unterstützen. […]. (*IDW EPS 450 n.F.*, Tz. 13)

- Der Prüfungsbericht ist so abzufassen, dass er von den jeweiligen Adressaten des Prüfungsberichts verstanden werden kann. Dabei kann von einem **Grundverständnis** für die wirtschaftlichen Gegebenheiten des Unternehmens und für die Grundlagen der Rechnungslegung **ausgegangen** werden. […]. (*IDW EPS 450 n.F.*, Tz. 15)

- […]. Soweit der Prüfungsbericht entsprechende Feststellungen enthält, müssen diese nicht zusätzlich in den Arbeitspapieren wiederholt werden. […]. (*IDW PS 460 n.F.*, Tz. 10)

- Ein ausführlicher Erläuterungsteil zu dem Jahresabschluss im Prüfungsbericht ist gesetzlich nicht vorgesehen. Sofern der Auftraggeber einen Erläuterungsteil wünscht, ist dies ausdrücklich zu vereinbaren (vgl. Meilenstein 1, Abschn. 1.2.3.1.). (*IDW PH 9.100.1*, Tz. 12)

- Auf die Durchführung der Berichtskritik kann verzichtet werden, wenn diese nach pflichtgemäßer Beurteilung des Prüfers nicht erforderlich ist. Zu den Voraussetzungen s. Kapitel A, Abschn. 4.6.7. (C.1.) (§ 48 Abs. 1 BS WP/vBP).

24 Der Prüfungsbericht kann entsprechend den nachfolgend aufgeführten Abschnitten und Bezeichnungen bspw. wie folgt gegliedert werden (*IDW EPS 450 n.F.*, Tz. 12):

- Prüfungsauftrag und Erklärung der Unabhängigkeit
- Grundsätzliche Feststellungen
- Gegenstand, Art und Umfang der Prüfung
- Feststellungen und Erläuterungen zur Rechnungslegung
- Gegebenenfalls Feststellungen zum Risikofrüherkennungssystem
- Feststellungen aus Erweiterungen des Prüfungsauftrags
- Wiedergabe des Bestätigungsvermerks.

25 Die Wiedergabe des Bestätigungsvermerks kann auch an anderer Stelle, z.B. innerhalb des zweiten Berichtsabschnitts „Grundsätzliche Feststellungen" oder daran anschließend als dritter Berichtsabschnitt, eingefügt werden (*IDW EPS 450 n.F.*, Tz. 12).

26 Zur Durchführung der **Berichtskritik** vgl. Kapitel A, Abschn. 4.6.7.

27 Bei der **Auslieferung des Prüfungsberichts in elektronischer Form (PDF-Datei)** kann später ggf. nicht mehr nachvollzogen werden, wie viele Berichtsexemplare der Mandant tatsächlich herausgegeben hat und an wen. Daher empfiehlt es sich eine ausdrückliche Ver-

einbarung, möglichst i.R.d. schriftlichen Auftragsbestätigung, mit dem geprüften Unternehmen zu treffen. Die elektronischen Dateien sollten mittels Passwortvergabe gegen Änderungen und das Kopieren und das Entnehmen von Inhalten durch entsprechende programmseitige Einstellungen geschützt werden und die Übermittlung unter Verwendung adäquater Verschlüsselungsverfahren erfolgen.[4]

9.2.1.3. Festlegung von Prüfungshandlungen

Wenn der verantwortliche Wirtschaftsprüfer die Prüfungshandlungen festlegt, sollte er folgende Eckpunkte beachten und eigenverantwortlich einschätzen, ob sie unter den gegebenen Umständen mit Blick auf das Prüfungsziel erforderlich sind:

a) Erstellung des Prüfungsberichts auf Basis des *IDW EPS 450 n.F.*

Hinweis: Es ist zu empfehlen, ein Exemplar des Prüfungsberichts vor Abgabe an das Schreibbüro elektronisch zu den Arbeitspapieren zu nehmen.

b) Bei Modifizierungen des Prüfungsurteils im Bestätigungsvermerk oder bei Ausübung der Redepflicht gemäß § 321 Abs. 1 Satz 3 HGB sollte die Praxisleitung konsultiert werden.

9.2.2. Bildung des Prüfungsurteils und Erteilung des Bestätigungsvermerks

9.2.2.1. Prüfungsanforderungen

a) Bildung eines Prüfungsurteils

28 Der Abschlussprüfer bildet die jeweiligen Prüfungsurteile zum Abschluss und ggf. zum Lagebericht sowie ggf. zu sonstigen Prüfungsgegenständen auf Basis der nach geltenden Berufsgrundsätzen pflichtgemäß durchgeführten Prüfung (vgl. Meilenstein 8, Abschn. 8.2.11.).

29 Hierbei wird beurteilt, ob die Buchführung, der Jahresabschluss und der Lagebericht in allen wesentlichen Belangen mit den für das geprüfte Unternehmen geltenden Vorschriften übereinstimmen. Der Bestätigungsvermerk beinhaltet auch eine Beurteilung, ob die wirtschaftliche Lage sowie die wesentlichen Chancen und Risiken der künftigen Entwicklung im Jahresabschluss und im Lagebericht unter Berücksichtigung der für das geprüfte Unternehmen gelten Vorschriften zutreffend abgebildet wurden. Er beinhaltet jedoch keine unmittelbare Beurteilung der wirtschaftlichen Lage und der Geschäftsführung des geprüften Unternehmens als solche. Die Aussagekraft eines geprüften Abschlusses ist begrenzt auf die Erkenntnismöglichkeiten, die aus einem ordnungsgemäß aufgestellten Jahresabschluss zu gewinnen sind (*IDW EPS 400 n.F.*, Tz. 13-20).

---

[4] Vgl. IDW (Hrsg.), WP Handbuch, 15. Aufl., Abschn. M, Tz. 497.

30 Das Prüfungsurteil zum Jahresabschluss und ggf. zum Lagebericht und sonstigen Prüfungsgegenständen beruht zwar auf den Einzelergebnissen, zu denen der Abschlussprüfer aufgrund eigener Prüfungsfeststellungen gekommen ist und die kritisch durchzusehen und zu werten sind; es ergibt sich aber nicht lediglich als Summe der Beurteilungen der Teilgebiete des Prüfungsgegenstands, sondern erfordert eine Gewichtung der Einzelergebnisse und die Ableitung abschließender Prüfungsurteile durch den Abschlussprüfer. Dies schließt die abschließende Würdigung ein, ob die Buchführung und der Jahresabschluss sowie der Lagebericht den gesetzlichen Vorschriften entsprechen, einschließlich der Grundsätze ordnungsmäßiger Buchführung oder im Falle entsprechender Beauftragung anderen nationalen oder international anerkannten Rechnungslegungsgrundsätzen sowie eventuellen Bestimmungen der Satzung bzw. des Gesellschaftsvertrags.

31 Eine Aussage zu über die Rechnungslegung hinausgehenden sonstigen Prüfungsgegenständen der Jahresabschlussprüfung im Bestätigungsvermerk ist nur dann zulässig, wenn eine gesetzliche Regelung eine Aussage hierzu im Bestätigungsvermerk vorschreibt. **Vertragliche Erweiterungen des Prüfungsauftrags** und Erweiterungen, die sich aus dem Gesellschaftsvertrag oder der Satzung der geprüften Gesellschaft ergeben, sind im Bestätigungsvermerk zu berücksichtigen, wenn sie zusätzliche Normen für den Jahresabschluss oder den Lagebericht betreffen. Das Ergebnis der Prüfung aufgrund andersartiger ergänzender Beauftragungen durch den Auftraggeber (z.B. Prüfung der Ordnungsmäßigkeit der Geschäftsführung nach § 53 HGrG oder auf freiwilliger Grundlage) ist nicht in den Bestätigungsvermerk aufzunehmen, sondern gesondert zu bescheinigen oder nur im Prüfungsbericht darzustellen (*IDW EPS 400 n.F.,* Tz. A56-A57).

32 Führen festgestellte **Schwächen des internen Kontrollsystems** zu wesentlichen falschen Angaben in der Rechnungslegung, ist der Bestätigungsvermerk einzuschränken oder zu versagen. Eine Versagung ist erforderlich, wenn es aufgrund der Mängel nicht mehr möglich ist, die Ordnungsmäßigkeit des Jahresabschlusses und des Lageberichts insgesamt zu bestätigen. Ist der Mangel im Abschluss oder im Lagebericht **zwischenzeitlich behoben**, führt dies nicht zu Konsequenzen für den Bestätigungsvermerk. Eine Berichterstattung im Prüfungsbericht über zwischenzeitlich behobene Mängel in der Buchführung ist zwingend, über wesentliche zwischenzeitlich behobene Mängel im Jahresabschluss und Lagebericht ist ggf. dann erforderlich, wenn die Information über diese behobenen Mängel für die Wahrnehmung der Überwachungsfunktion der Berichtsadressaten relevant ist (vgl. *IDW PS 261 n.F.,* Tz. 91).

33 Wenn der Abschlussprüfer auf der Grundlage der erlangten Prüfungsnachweise zu dem Schluss gelangt, dass der Abschluss als Ganzes wesentliche falsche Angaben enthält bzw. der Lagebericht oder ein sonstiger Prüfungsgegenstand insgesamt nicht bzw. nur mit Ausnahmen in allen wesentlichen Belangen den maßgebenden Rechnungslegungsgrundsätzen entspricht oder aber der Abschlussprüfer nicht in der Lage ist, ausreichende und angemes-

sene Prüfungsnachweise zu erlangen, ist eine **Modifizierung des Prüfungsurteils** notwendig (*IDW EPS 405*, Tz. 5). Hierbei wird zwischen dem eingeschränkten Prüfungsurteil (wesentliche aber nicht umfassende Einwendungen gegen Abschluss und/ oder Lagebericht), einem eingeschränkten Prüfungsurteil wegen wesentlicher, aber nicht umfassender Prüfungshemmnisse, dem versagten Prüfungsurteil wegen Einwendungen (umfassende Einwendungen gegen Abschluss und/ oder Lagebericht) und der Erklärung der Nichtabgabe eines Prüfungsurteils wegen Prüfungshemmnissen unterschieden (vgl. *IDW EPS 405*, Tz. 8 ff.). Das modifizierte Prüfungsurteil sowie die Begründung für die Modifizierung - wenn möglich mit Quantifizierung der Auswirkungen der falschen Angabe - ist zu Beginn des Bestätigungsvermerks darzustellen und ggf. die Überschrift des Bestätigungs- bzw. Versagungsvermerks anzupassen (vgl. *IDW EPS 405*, Anlagen) mit Beispielformulierungen und Gliederungen).

34 Die folgende Tabelle zeigt die verschiedenen Arten der Modifikation von Prüfungsurteilen nach *IDW EPS 405*:

Art des Sachverhalts, der zu der Modifizierung führt	Beurteilung des Abschlussprüfers über den Umfang der tatsächlichen oder möglichen Auswirkungen auf den Abschluss, den Lagebericht oder einen sonstigen Prüfungsgegenstand	
	Wesentlich, jedoch nicht umfassend	Wesentlich und umfassend
Einwendung	Eingeschränktes Prüfungsurteil	Versagtes Prüfungsurteil
Prüfungshemmnis	Eingeschränktes Prüfungsurteil	Erklärung der Nichtabgabe eines Prüfungsurteils

35 Der Begriff „**umfassend**" dient der Beschreibung der Auswirkung auf den Abschluss, den Lagebericht bzw. sonstige Prüfungsgegenstände. Umfassende Auswirkungen auf den Abschluss, den Lagebericht bzw. sonstige Prüfungsgegenstände sind solche, die

- nicht auf bestimmte Bestandteile, Konten oder Posten der Finanzaufstellungen bzw. nicht auf Informationskategorien des Lageberichts, Gruppen von Angaben oder bestimmte Angaben bzw. Teilbereiche der sonstigen Prüfungsgegenstände abgrenzbar sind,
- auch wenn sie abgrenzbar sind, einen erheblichen Teil des Abschlusses, des Lageberichts bzw. der sonstigen Prüfungsgegenstände betreffen oder betreffen könnten, <u>oder</u>
- in Bezug auf Angaben grundlegend für das Verständnis des Abschlusses, des Lageberichts bzw. der sonstigen Prüfungsgegenstände durch die Adressaten sind, sodass eine Einschränkung des jeweiligen Prüfungsurteils nicht ausreichend ist (vgl. *IDW EPS 405*, Tz. 6 g)).

36 Nach § 322 Abs. 2 Satz 3 HGB ist im Bestätigungsvermerk auf **Risiken, die den Fortbestand des Unternehmens gefährden**, gesondert einzugehen. Bestandsgefährdende Risiken dürfen jedoch weder im Rahmen eines Hinweises zur Hervorhebung eines Sachverhalts

noch im Abschnitt "Besonders wichtige Prüfungssachverhalte" beschrieben werden. Stattdessen muss der Abschlussprüfer seiner Berichtspflicht nach *IDW EPS 400 n.F.* in Übereinstimmung mit *IDW EPS 270 n.F.*[5] in einem gesonderten Abschnitt nachkommen. Daher sind diese **Hinweise auf bestandsgefährdende Risiken** nach § 322 Abs. 2 Satz 3 HGB keine Hinweise i.S. des *IDW EPS 406*.

b) **Aufbau, Bestandteile und Erteilung des Bestätigungsvermerks**

Anm.: Das IDW hat Ende 2016 den Entwurf einer Neufassung des IDW Prüfungsstandards: Bildung eines Prüfungsurteils und Erteilung eines Bestätigungsvermerks (IDW EPS 400 n.F.) zur Diskussion gestellt. Der Entwurf setzt die vom IAASB verabschiedeten Anforderungen an den Bestätigungsvermerk unter Berücksichtigung der nationalen gesetzlichen Besonderheiten sowie der Regelungen der EU-Abschlussprüferverordnung um. IDW EPS 400 n.F. ist Bestandteil der neuen IDW PS 400er-Reihe, mit der die Anforderungen an den Bestätigungsvermerk künftig in den vom IDW festgestellten deutschen Grundsätzen ordnungsmäßiger Abschlussprüfung (GoA) geregelt werden sollen.

IDW EPS 400 n.F. behandelt den Regelfall eines uneingeschränkten Bestätigungsvermerks (ohne besonders wichtige Prüfungssachverhalte und Hinweise) und bildet damit die Basis für die weiteren Standards der IDW PS 400er-Reihe. Im Unterschied zu den Anforderungen des bisherigen IDW PS 400 (Stand: 28.11.2014) sah der Entwurf u.a. vor, dass der Abschlussprüfer seine Berichtspflichten über die Prüfung des (Konzern-)Lageberichts in einen gesonderten Abschnitt des Bestätigungsvermerks aufzunehmen hat. Strukturell wäre es damit zu einer Zweiteilung der Urteile und der Beschreibung der jeweiligen Verantwortlichkeiten der gesetzlichen Vertreter und des Abschlussprüfers zum Jahres- bzw. Konzernabschluss einerseits und (Konzern-)Lagebericht andererseits gekommen. Aufgrund von Stellungnahmen zum Entwurf und zahlreichen Gesprächen mit Vertretern des Berufsstands hat der HFA die bisher vorgeschlagene zweigeteilte Struktur überdacht.[6] Im Rahmen der endgültig zu verabschiedenden Neufassung des IDW PS 400, der im Dezember 2017 veröffentlicht werden soll, wird ein alternativer Ansatz im Sinne einer Zusammenführung der Prüfungsurteile zu Abschluss und Lagebericht sowie der Beschreibung der jeweiligen Verantwortlichkeiten verfolgt. Mit der Zusammenfassung der Prüfungsurteile soll dem engen Zusammenhang, in dem Abschluss und Lagebericht in der nationalen Konzeption der Rechnungslegung stehen und wie er auch von den Adressaten wahrgenommen wird, Rechnung getragen werden. Im September 2017 hat das IDW zur rechtzeitigen Vorbereitung (v.a. für die Abschlussprüfungen für 2017) ein Beispiel für die künftige Struktur des Bestätigungsvermerks veröffentlicht. IDW PS 400 n.F. (sowie die anderen Standards der IDW PS 400er-Reihe) sind erstmals für die ab dem Jahr 2019 zu erteilenden Bestätigungsvermerke (bei kalenderjahrgleichem Geschäftsjahr also für Prüfungen der Abschlüsse zum 31.12.2018) anzuwenden. Eine vorzeitige Anwendung ist zulässig. ***Bis zum Inkrafttreten des zu verabschiedenden IDW PS 400 n.F. besteht aus Praktikabilitätsgründen die Möglichkeit, Bestätigungsvermerke auch nach dem veröffentlichten***

---

[5] Vgl. *Entwurf einer Neufassung des IDW Prüfungsstandards: Die Beurteilung der Fortführung der Unternehmenstätigkeit im Rahmen der Abschlussprüfung (IDW EPS 270 n.F.)* (wird derzeit entwickelt)

[6] Siehe Mitteilung vom 27.07.2017

IDW EPS 400 n.F. zu erteilen. Während des Übergangszeitraums ist für die Abschlussprüfung von Unternehmen, die keine Unternehmen von öffentlichem Interesse sind, auch eine Anwendung des bisherigen IDW PS 400 (Stand: 28.11.2014) möglich. *Ergänzend wird darauf hingewiesen, dass für Abschlussprüfungen von Geschäftsjahren, die nach dem 31.12.2015 beginnen, die durch das BilRuG neugefasste Regelung in § 322 Abs. 6 Satz 1 HGB anzuwenden ist, wonach der Bestätigungsvermerk eine Aussage zur Entsprechung des (Konzern-)Lageberichts mit den für ihn geltenden gesetzlichen Vorschriften zu enthalten hat.[7] Auf der Grundlage des bisherigen **IDW PS 400** (Stand: 28.11.2014) zu erteilende Bestätigungsvermerke sind daher anzupassen.*

Hinweis: Nach Artikel 10 EU-APrVO sieht der Bestätigungsvermerk bei der Abschlussprüfung von Unternehmen von öffentlichem Interesse zusätzliche Angaben und Erklärungen vor. Die Vorgaben sind für Geschäftsjahre erstmals zu berücksichtigen, die nach dem 17.6.2016 beginnen. U.a. sind folgende zusätzlichen Angaben gefordert:

- Angaben zur Bestellung des Abschlussprüfers (durch welches Organ die Bestellung erfolgte und Datum der Bestellung; bisherige ununterbrochene Mandatsdauer, einschließlich bereits erfolgter Verlängerungen und erneuter Bestellungen) (Ort: sonstige gesetzliche und andere rechtliche Anforderungen: Übrige Angaben gem. Artikel 10 EU-APrVO);

- Eine Beschreibung der bedeutsamsten beurteilten Risiken wesentlicher falscher Darstellungen in der Rechnungslegung (s.o. besonders wichtige Prüfungssachverhalte bzw.: engl. „key audit matters", KAM), einschließlich der beurteilten Risiken wesentlicher falscher Darstellungen aufgrund von Betrug („fraud"), eine Zusammenfassung der Reaktion des Prüfers auf diese Risiken und ggf. wichtige Feststellungen („key observations"), die sich in Bezug auf diese Risiken ergeben (Ort: Unterabschnitt Besonders wichtige Prüfungssachverhalte im Vermerk über die Prüfung des Abschlusses);

- eine Darlegung, in welchem Maße die Abschlussprüfung als geeignet angesehen wurde, Unregelmäßigkeiten, einschließlich Betrug, aufzudecken (Ort: Verantwortung des Abschlussprüfers für die Prüfung des Abschlusses);

- eine Bestätigung, dass das Prüfungsurteil mit dem in Artikel 11 EU-APrVO genannten zusätzlichen Bericht an den Prüfungsausschuss (Prüfungsbericht i.S.d. § 321 HGB) in Einklang steht (Ort: sonstige gesetzliche und andere rechtliche Anforderungen: Übrige Angaben gem. Artikel 10 EU-APrVO);

- Erklärung, dass keine verbotenen Nichtprüfungsleistungen nach Artikel 5 Abs. 1 EU-APrVO erbracht wurden und der Abschlussprüfer die Unabhängigkeitsanforderungen erfüllt (Ort: Grundlage für das Prüfungsurteil zum Abschluss);

---

[7] Siehe Mitteilung vom 20.06.2016

Kapitel B: Risikoorientiertes Prüfungsvorgehen
Meilenstein 9: Berichterstattung und Archivierung

- *Angabe von Leistungen, die zusätzlich zur Abschlussprüfung für das geprüfte Unternehmen und für von diesem beherrschte Unternehmen erbracht wurden, sofern diese nicht schon im Abschluss oder Lagebericht angegeben wurden (Ort: sonstige gesetzliche und andere rechtliche Anforderungen: Übrige Angaben gem. Artikel 10 EU-APrVO).*

37 (PIE) Aus Artikel 10 Abs. 2 Buchst. c der EU-APrVO ergibt sich für Abschlussprüfer von Unternehmen von öffentlichem Interesse die Pflicht, im Bestätigungsvermerk in einem gesonderten Abschnitt im Vermerk über die Prüfung des Abschlusses über **besonders wichtige Prüfungssachverhalte/ KAM** zu berichten. Diese Berichterstattung muss der Abschlussprüfer in Übereinstimmung mit *IDW EPS 401* vornehmen Den Prozess zur Identifizierung dieser Sachverhalte fasst die folgende Grafik zusammen (*IDW EPS 401*, Tz. 12-13):

Key Audit Matters (Trichter):
- Alle Sachverhalte, die mit dem Aufsichtsorgan erörtert wurden
- Sachverhalte, die eine besondere Befassung bei der Prüfung des Abschlusses erforderten
- Welche Sachverhalte waren im geprüften Jahr am bedeutsamsten?
- Beschreibung als KAM im Bestätigungsvermerk

Sachverhalte, die eine besondere Befassung des Abschlussprüfers erforderten:
a. Bereiche mit höher beurteilten oder **bedeutsamen Risiken**
b. Bedeutende **Management-Einschätzungen**, insb. bilanzielle Schätzwerte mit hohem Grad an Schätzunsicherheiten
c. Bedeutsame **Ereignisse oder Geschäftsvorfälle**

Sachverhaltsbezogene Kriterien für "am bedeutsamsten":
- Bedeutung des Sachverhalts für das Verständnis der VFE-Lage
- Wesentlichkeit des Sachverhalts für den Abschluss
- Komplexität der Bilanzierungsgrundsätze
- Erforderlicher Prüfungsaufwand (z.B. Einsatz von Experten)
- Art, Anzahl und Größe festgestellter falscher Angaben
- Schwierigkeiten bei der Durchführung geplanter Prüfungshandlungen
- Schweregrad relevanter IKS Schwächen

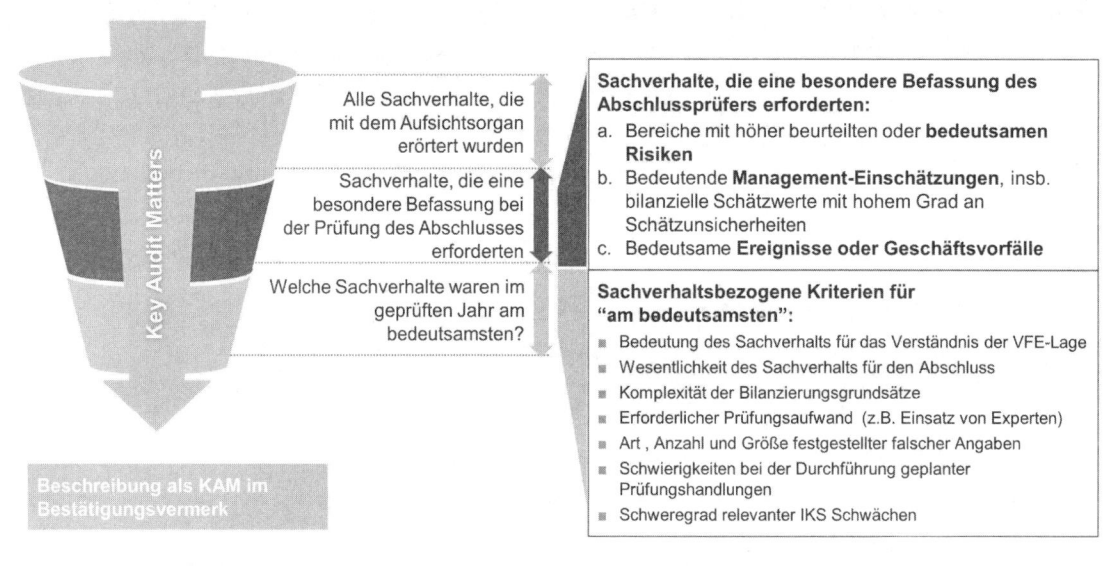

Abb.: Mehrstufiger Auswahlprozess der KAMs

38 (PIE) Im Bestätigungsvermerk ist für jeden besonders wichtigen Prüfungssachverhalt auf folgende Aspekte einzugehen (*IDW EPS 401*, Tz. 16):

- Beschreibung des Sachverhalts und warum dieser als einer der bedeutsamsten in der Abschlussprüfung betrachtet wird
- Hinweis auf etwaige zugehörige Angaben im Abschluss
- Reaktion des Prüfers auf den Sachverhalt im Rahmen der Abschlussprüfung
- ggf. wichtige Feststellungen

39 Unter den Voraussetzungen des § 322 Abs. 3 Satz 2 bzw. Abs. 4 Satz 3 2. Halbsatz HGB ist ein **Hinweis im Bestätigungsvermerk** in einem gesonderten Abschnitt mit einer vorgegebenen bzw. geeigneten Überschrift aufzunehmen. Hierbei ist zwischen folgenden Arten von Hinweisen zu unterscheiden:

- Hinweis zur Hervorhebung eines Sachverhalts,

- Hinweis auf einen sonstigen Sachverhalt,
- Hinweis zu Nachtragsprüfung.

In den Bestätigungsvermerk ist dann ein **Hinweis zur Hervorhebung** eines im Abschluss, Lagebericht oder in einem sonstigen Prüfungsgegenstand enthaltenen Sachverhalts aufzunehmen, wenn dieser Sachverhalt nach Einschätzung des Abschussprüfers grundlegende Bedeutung für das Verständnis der Adressaten vom Prüfungsgegenstand ist (*IDW EPS 406*, Tz. 8 a)). Beispiele hierfür sind Unsicherheit hinsichtlich des Ausgangs außergewöhnlicher Rechtsstreitigkeiten oder aufsichtsrechtlicher Maßnahmen oder ein bedeutsames Ereignis zwischen dem Abschlussstichtag und dem Datum des Bestätigungsvermerks (*IDW EPS 406*, Tz. A8). Analog ist mit einem **Hinweis auf einen sonstigen Sachverhalt**, der weder im Abschluss noch im Lagebericht oder einem sonstigen Prüfungsgegenstand dargestellt oder angegeben ist, vorzugehen (*IDW EPS 406*, Tz. 8 b)). Dieser findet beispielsweise Anwendung, wenn zum Datum der Bestätigungsvermerks die Erfüllung der Voraussetzung zur Inanspruchnahme der Aufstellungserleichterungen gem. § 264 Abs. 3 HGB nicht beurteilt werden konnten, da die Voraussetzungen ihrer Art nach erst zu einem späteren Zeitpunkt erfüllbar sind (*IDW EPS 406*, Tz. A13). Im Falle einer **Nachtragsprüfung** gem. § 316 Abs. 3 HGB ist stets ein entsprechender Hinweis in den Bestätigungsvermerk aufzunehmen.

40 **PIE** Die Berichterstattung über besonders wichtige Prüfungssachverhalte ist kein Ersatz für erforderliche Abschlussangaben im Abschluss oder Lagebericht der gesetzlichen Vertreter, Einschränkungen des Prüfungsurteils (vgl. *IDW EPS 405* sowie Tz. 33), Erläuterungen bei wesentlicher Unsicherheit im Zusammenhang mit der Fortführung der Unternehmenstätigkeit (vgl. *IDW EPS 270 n.F.* sowie Tz. 36) bzw. sonstige Hinweise zur Hervorhebung eines Sachverhalts (vgl. *IDW EPS 406*). Stattdessen ist im Abschnitt zu besonders wichtigen Prüfungssachverhalten auf die entsprechenden Darstellungen bei einem modifizierten Prüfungsurteil bzw. bei einem Hinweis in anderen Abschnitten zu verweisen (*IDW EPS 401*, Tz. 18). Es handelt sich bei den besonders wichtigen Prüfungssachverhalten auch nicht um Teilurteile zu Abschlussposten im Bestätigungsvermerk, sondern um eine Mitteilung besonders wichtiger Prüfungssachverhalte zur Steigerung der Aussagekraft des Bestätigungsvermerks, in dem mehr Transparenz über die durchgeführte Abschlussprüfung geschaffen wird.

41 Ist das Prüfungsurteil infolge eines Sachverhalts einzuschränken oder zu versagen, darf dieser Sachverhalt nicht als besonders wichtiger Prüfungssachverhalt aufgeführt werden. Auch Hinweise dürfen nur dann aufgenommen werden, wenn der zugrunde liegende Sachverhalt nicht zu einer Modifizierung des Prüfungsurteils, zu einer Berichtserstattung über wesentliche Unsicherheiten der Fortführung der Unternehmenstätigkeit oder bei Unternehmen von öffentlichem Interesse zu einer Mitteilung eines besonders wichtigen Prüfungsurteils hätte führen müssen.

42 Diese Hierarchie der sich aus den IDW Prüfungsstandards ergebenden Berichterstattungserfordernisse im Bestätigungsvermerk wird durch das nachfolgende Schaubild verdeutlicht:

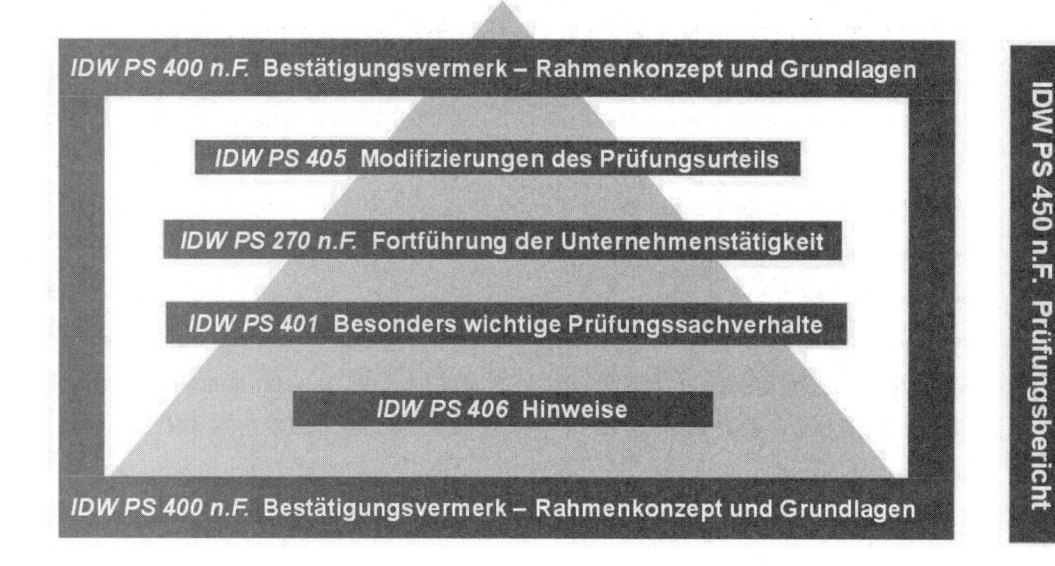

IDW PS 400 n.F. Bestätigungsvermerk – Rahmenkonzept und Grundlagen
IDW PS 405 Modifizierungen des Prüfungsurteils
IDW PS 270 n.F. Fortführung der Unternehmenstätigkeit
IDW PS 401 Besonders wichtige Prüfungssachverhalte
IDW PS 406 Hinweise
IDW PS 400 n.F. Bestätigungsvermerk – Rahmenkonzept und Grundlagen

IDW PS 450 n.F. Prüfungsbericht

43 Das Zusammenspiel zwischen den jeweiligen Prüfungsurteilen und der **Bezeichnung des Bestätigungsvermerks** ist in der folgenden Grafik anhand ausgewählter Beispiele veranschaulicht:

Prüfungsurteil zum		BestV des unabhängigen Abschlussprüfers
Jahresabschluss	Lagebericht	
Uneingeschränkt	Uneingeschränkt	Bestätigungsvermerk
Uneingeschränkt	Versagt	Bestätigungsvermerk mit versagtem Prüfungsurteil zum LB
Versagt	Versagt	Versagungsvermerk

Abb.: Verhältnis zwischen Prüfungsurteilen und Bezeichnung des Bestätigungsvermerks

44 Ein **freiwillig aufgestellter Lagebericht** ist in die Bestätigung einzubeziehen. Wird von Nichtkapitalgesellschaften ein Anhang erstellt, so wird dieser Bestandteil des Jahresabschlusses. Er muss in die Bestätigung einbezogen werden (*IDW EPS 400 n.F.*, Tz. A61).

45 Ein Bestätigungsvermerk darf erst erteilt werden, nachdem die nach pflichtgemäßem Ermessen des Abschlussprüfers für die Beurteilung erforderliche Prüfung materiell abgeschlossen ist, d.h. ausreichende und angemessene Prüfungsnachweise erlangt wurden, die Vollständigkeitserklärung sowie der durch die gesetzlichen Vertreter unterschriebene Abschluss und Lagebericht vorliegt. Eine vorherige Mitteilung über die Absicht, einen Bestäti-

gungsvermerk zu erteilen, ist keine **Erteilung des Bestätigungsvermerks**. Eine Erteilung kann vor Abschluss der materiellen Prüfungshandlungen nicht ohne Vorbehalt angekündigt werden (*IDW EPS 400 n.F.*, Tz. 74 und Tz. A68-70).

46 Der Bestätigungsvermerk bezieht sich auf den aufgestellten Jahresabschluss. Macht ein Unternehmen von **Offenlegungserleichterungen** gemäß §§ 326 f. HGB Gebrauch, so kann der Bestätigungsvermerk nur dann mit dem offenzulegenden Jahresabschluss offengelegt werden, wenn von dem Unternehmen gleichzeitig darauf hingewiesen wird, dass sich der Bestätigungsvermerk auf den vollständigen Jahresabschluss bezieht (§ 328 Abs. 1 Abs. 1a HGB). Wird der Jahresabschluss in Veröffentlichungen und Vervielfältigungen nicht in der geprüften Form wiedergegeben, darf ein Bestätigungsvermerk nicht beigefügt werden (§ 328 Abs. 2 Satz 2 HGB) (*IDW EPS 400 n.F.*, Tz. 96 und Tz. A89).

47 Der Bestätigungsvermerk ist unabhängig vom Prüfungsbericht zu erteilen und im Prüfungsbericht wiederzugeben. Er ist auf dem Jahresabschluss anzubringen oder mit diesem, ggf. dem Lagebericht sowie mit sonstigen Prüfungsgegenständen fest zu verbinden. Der Abschlussprüfer hat den Prüfungsbericht nicht später als den Bestätigungsvermerk vorzulegen (*IDW EPS 400 n.F.*, Tz. 72).

48 Liegt zwischen dem Datum des Bestätigungsvermerks und seiner Auslieferung ein nicht unbeachtlicher Zeitraum, sind die Grundsätze der Beurteilung der Auswirkungen von Ereignissen nach dem Abschlussstichtag (*IDW PS 203 n.F.*) zu beachten (vgl. Meilenstein 8, Abschn. 8.2.8.).

49 Der Bestätigungsvermerk ist in jedem Fall zu adressieren. Gesetze, andere Rechtsvorschriften oder die Auftragsbedingungen können den Adressaten festlegen. Bei gesetzlichen Abschlussprüfungen ist der Bestätigungsvermerk an das geprüfte Unternehmen gerichtet (*IDW EPS 400 n.F.*, Tz. 33 und Tz. A19).

Elektronische Unterzeichnung und Siegelung des Prüfungsberichts und des Bestätigungsvermerks:

*Mit Änderung der Berufssatzung in § 20 Abs. 2 Satz 2 BS WP/vBP hinsichtlich der Gestaltung des Berufssiegels kann das **Siegel** künftig auch elektronisch oder drucktechnisch geführt werden. Folglich kann auf die Aushändigung eines unterzeichneten und gesiegelten Exemplars in Papierform verzichtet werden, denn das Siegel kann ausschließlich in elektronischer Form in den Vermerk bzw. den Bericht integriert werden. Praktisch kann dies mittels einer **Grafikdatei** des Berufssiegels entsprechend der Anlage zur Berufssatzung umgesetzt werden. Diese muss in die elektronische Datei, die den Bestätigungsvermerk enthält, aufgenommen und untrennbar verbunden werden, sodass ein möglicher Missbrauch verhindert wird.*

Hinweis: Im IDW Verlag ist eine Grafikdatei für das Berufssiegel, das der Anlage zur Berufssat-

zung entspricht, unter folgender Adresse erhältlich: www.idw.de/idw-verlag/organisationsmittel/organisationsmittel_siegel.

Auch eine **elektronische Unterzeichnung** des Prüfungsvermerks und des -berichts gemäß §§ 321 Abs. 5 Satz 1, 322 Abs. 7 Satz 1 HGB, 32 WPO und 44 BS WP/ vBP ist möglich. Die in den genannten gesetzlichen Regelungen wird lediglich die Unterzeichnung gefordert, womit die Schriftform i.S.v. § 126 BGB gemeint ist. Die schriftliche Form kann durch die elektronische Form ersetzt werden, wenn sich nicht aus dem Gesetz ein anderes ergibt (§ 126 Abs. 3 BGB). Dies kann durch eine mit der Datei des Prüfungsberichts und des Bestätigungsvermerks verbundenen **qualifizierten elektronischen Signatur** nach dem Signaturgesetz (§ 126a BGB) unter Namensnennung erfolgen.[8]

Bei der Namensnennung am Ende der Erklärung hat der Wirtschaftsprüfer seine Berufsbezeichnung hinzuzufügen. Wird die Erklärung für eine Wirtschaftsprüfungsgesellschaft abgegeben, sollte zusätzlich deren Firma in das Dokument aufgenommen werden.[9]

- Eine qualifizierte elektronische Signatur weist nach der eIDAS-Verordnung[10] die folgenden Eigenschaften auf:
    - sie ist eindeutig dem Unterzeichner zugeordnet
    - sie ermöglicht die Identifizierung des Unterzeichners
    - sie wird unter Verwendung elektronischer Signaturerstellungsdaten erstellt, die der Unterzeichner mit einem hohen Maß an Vertrauen unter seiner alleinigen Kontrolle verwenden kann
    - sie ist so mit den auf diese Weise unterzeichneten Daten verbunden, dass eine nachträgliche Veränderung der Daten erkannt werden kann
    - sie ist von einer qualifizierten elektronischen Signaturerstellungseinheit erstellt worden und
    - beruht auf einem qualifizierten Zertifikat für elektronische Signaturen.

Der qualifizierten elektronischen Signatur können verschiedene Attribute zugeordnet werden. Bspw. kann, nach entsprechendem Nachweis gegenüber einem qualifizierten Vertrauensdiensteanbieter, zusätzlich eine Berufseigenschaft (z.B. WP), das zu vertretende Unternehmen (z.B. die WPG) oder das Vorliegen einer Zeichnungsberechtigung beigefügt werden.

---

[8] Vgl. Bruckner, Praxishinweise der WPK zum neuen Berufsrecht, „Prüfungsvermerke und –berichte zukünftig elektronisch möglich (Teil 1)"; abrufbar unter: www.wpk.de/mitglieder/praxishinweise/berufsrecht/

[9] Vgl. Petersen, Praxishinweise der WPK zum neuen Berufsrecht, „Prüfungsvermerke und -berichte zukünftig elektronisch möglich (Teil 2)"; abrufbar unter: www.wpk.de/mitglieder/praxishinweise/berufsrecht/

[10] VO (EU) Nr. 910/2014

9.2.2.2. Hinweise zur Bearbeitung

50 So genannte **Kleinstkapitalgesellschaften** i.S.d. § 267a HGB müssen nach § 264 Abs. 1 Satz 5 HGB i.d.F. des MicroBilG[11] den Jahresabschluss nicht um einen Anhang erweitern, wenn sie bestimmte Angaben unter der Bilanz darstellen (u.a. Haftungsverhältnisse, Kredite u. Vorschüsse an Geschäftsführung und Aufsichtsorgan).[12] Es besteht nach § 264 Abs. 2 Satz 4 HGB die widerlegbare Vermutung, dass ein unter Berücksichtigung der genannten Erleichterung aufgestellter Jahresabschluss den Erfordernissen des § 264 Abs. 2 Satz 1 HGB (Vermittlung eines den tatsächlichen Verhältnissen entsprechenden Bildes der Vermögens-, Finanz- und Ertragslage der Kapitalgesellschaft unter Beachtung der Grundsätze ordnungsmäßiger Buchführung) entspricht. Hiervon unbenommen bleibt, dass sich aus § 264 Abs. 2 HGB die Notwendigkeit weiterer Angaben ergeben kann. Eine solche Angabepflicht besteht insb. im Falle von nach Artikel 28 Abs. 1 bzw. Artikel 48 Abs. 6 EGHGB nicht passivierten wesentlichen Pensionsverpflichtungen aus sog. Altzusagen oder mittelbaren Altersversorgungszusagen. Sofern eine **freiwillige Prüfung** erfolgt, setzt die Erteilung eines uneingeschränkten Bestätigungsvermerks, in dem auch die Vermittlung eines den tatsächlichen Verhältnissen entsprechenden Bildes der Vermögens-, Finanz- und Ertragslage bestätigt wird, voraus, dass die vorgenannten Voraussetzungen von der Kapitalgesellschaft erfüllt werden. Weitere Voraussetzung ist, dass der Abschlussprüfer im Bestätigungsvermerk auf die Inanspruchnahme der Erleichterung gemäß § 264 Abs. 1 Satz 5 HGB hinweist. *IDW EPS 400 n.F.*, Tz. A27 enthält eine entsprechende Formulierung.

51 Die Beachtung der die Konzernrechnungslegung betreffenden Grundsätze ordnungsmäßiger Buchführung wird vermutet, soweit die Empfehlungen des DRSC beachtet worden sind (§ 342 Abs. 2 HGB). Die folgende Übersicht zeigt die Auswirkungen, die eine **Nichtbeachtung von DRS im Konzernabschluss (und/oder Konzernlagebericht)** auf den Bestätigungsvermerk zur Konzernrechnungslegung haben kann[13]. In allen dargestellten Fällen ist zudem ein Hinweis in den Konzern-Prüfungsbericht aufzunehmen.

Sachverhalt	Einwendung im Konzern-Bestätigungsvermerk bei Nichtbeachtung?
Durch DRS werden bestehende Wahlrechte für den Konzernabschluss (§§ 290 ff. HGB) eingeschränkt.	Nein.

---

[11] Gesetz zur Umsetzung der Richtlinie 2012/6/EU des Europäischen Parlaments und des Rates vom 14. März 2012 zur Änderung der Richtlinie 78/660/EWG über den Jahresabschluss von Gesellschaften bestimmter Rechtsformen hinsichtlich Kleinstbetrieben v. 20. Dezember 2012, BGBl. I S. 2751.

[12] Gleiches gilt über § 264a Abs. 1 HGB auch für Kleinstpersonenhandelsgesellschaften ohne eine natürliche Person als unmittelbaren oder mittelbaren persönlich haftenden Gesellschafter.

[13] Quelle: Ergebnisbericht-Online über die 189. Sitzung des HFA, (zu Punkt 7.); vgl. *IDW EPS 350 n.F.*, Anlage 1: Prüfungsschema bei Nichtbeachtung einer DRS 20-Anforderung im Konzernlagebericht.

Sachverhalt	Einwendung im Konzern-Bestätigungsvermerk bei Nichtbeachtung?
Durch DRS werden Einzelregelungen der §§ 290 ff. HGB konkretisiert (z.B. DRS 20).	Ja, soweit wesentlich, es sei denn, Abschlussprüfer stellt fest, dass dem Unternehmen die Widerlegung der GoB-Vermutung gemäß § 342 Abs. 2 HGB im Einzelfall gelungen ist.
Die DRS enthalten zusätzliche Angabepflichten, die über gesetzliche Regelungen hinausgehen.	Nein.
Nicht-Beachtung der Regelungen eines im BAnz. bekannt gemachten DRS, die nach Auffassung des HFA nicht mit den handelsrechtlichen Vorschriften vereinbar sind.	Nein (GoB-Vermutung ist widerlegbar).
Beachtung der Regelungen eines im BAnz. bekannt gemachten DRS, die nach Auffassung des HFA nicht mit den handelsrechtlichen Vorschriften vereinbar sind.	Nein.
Beachtung der Regelungen eines noch nicht im BAnz. bekannt gemachten DRS, die nach Auffassung des Abschlussprüfers nicht mit den handelsrechtlichen Vorschriften vereinbar sind.	Einschränkung bzw. Versagung des Bestätigungsvermerks im Fall einer wesentlichen Beanstandung.

9.2.2.3. Festlegung von Prüfungshandlungen

Wenn der verantwortliche Wirtschaftsprüfer die Prüfungshandlungen festlegt, sollte er folgende Eckpunkte beachten und eigenverantwortlich einschätzen, ob sie unter den gegebenen Umständen mit Blick auf das Prüfungsziel erforderlich sind:

Bestimmung des Umfangs des zu erteilenden Bestätigungsvermerks

- Sicherstellung, dass sich Aufbau und Mindestinhalte des Bestätigungsvermerks in Übereinstimmung mit den im IDW Rundschreiben vom 27.07.2017 (vgl. Abschn. 9.2.2.1. Unterabschn. b)) dargestellten Grundsätzen befinden.

- Überprüfung der richtigen Datierung des Bestätigungsvermerks. Der Prüfungsbericht darf

> nicht später als der Bestätigungsvermerk vorgelegt werden. Das Datum des Bestätigungsvermerks ist so zu wählen, dass die Prüfung des Jahresabschlusses und ggf. Lageberichts materiell abgeschlossen ist sowie die Vollständigkeitserklärung und der unterzeichnete Jahresabschluss und Lagebericht der gesetzlichen Vertreter vorliegt.
>
> - Im Falle der Einschränkung oder Versagung der Prüfungsurteile im Bestätigungsvermerk, eines Hinweises oder eines besonders bedeutsamen Sachverhalts (KAM) muss sichergestellt sein, dass der Mandant vorab unterrichtet und – insbesondere bei Modifizierungen des Urteils – die Praxisleitung einbezogen wurde.

9.2.3. Kommunikation mit dem Mandanten und den für die Überwachung Verantwortlichen/ Teilnahme an der Sitzung des Aufsichtsrats sowie Fertigstellung der Arbeitspapiere

9.2.3.1. Prüfungsanforderungen

52 Der Abschlussprüfer muss die **geeigneten Personen innerhalb der Überwachungsstruktur** des Unternehmens bestimmen, mit denen zu kommunizieren ist (im Folgenden auch: Aufsichtsorgan). Falls der Abschlussprüfer mit einer Untergruppe, i.d.R. dem Prüfungsausschuss, kommuniziert, hat er abzuwägen, ob er auch mit dem gesamtem Aufsichtsorgan kommunizieren muss. Insbesondere bei fehlendem Aufsichtsrat wird nicht immer klar sein, welche Personen oder Personengruppe verantwortlich für die Überwachung sind. Es kann daher erforderlich sein, dass der Abschlussprüfer mit der den Prüfungsauftrag erteilenden Partei bespricht und vereinbart (vgl. Meilenstein 1, Abschn. 1.2.3.2), wer die relevanten Personen sind, mit denen zu kommunizieren ist (*IDW EPS 470 n.F.*, Tz. 16 ff.).

53 Mit dem Aufsichtsorgan ist während der Durchführung der Prüfung über bedeutsame Feststellungen aus der Abschlussprüfung zu kommunizieren (vgl. *IDW EPS 470 n.F.*, Tz. 19 ff. sowie **Arbeitshilfe B-9.2.**):

- identifizierte **bedeutsame Risiken** (einschl., sofern anwendbar, der vorläufigen Sicht des Abschlussprüfers zu besonders wichtigen Prüfungssachverhalten nach *IDW EPS 401*),

- **bedeutsame qualitative Aspekte der Rechnungslegungspraxis**, einschließlich einer Einschätzung zu Rechnungslegungsmethoden, geschätzten Werten und Abschlussangaben (Beispiele für qualitative Aspekte finden sich in Anlage 2 des *IDW EPS 470 n.F.*). Anders als bei der Darstellung im Prüfungsbericht über die Bilanzierungs- und Bewertungsmethoden sowie die für die Bewertung von Vermögensgegenständen und Schulden maßgeblichen Faktoren (Parameter, Annahmen und Ausübung von Ermessensspielräumen und das Eingehen auf sachverhaltsgestaltende Maßnahmen) werden bei der Kommunikation über bedeutsame qualitative Aspekte der Rechnungslegungspraxis des Unternehmens auch die *Ansichten des Abschlussprüfers* verlangt. Hierbei hat er ggf.

auch zu erläutern, warum er eine bedeutsame und nach den maßgebenden Rechnungslegungsgrundsätzen vertretbare Rechnungslegungspraxis unter den jeweiligen Gegebenheiten des Unternehmens nicht für die am besten geeignet hält (vgl. IDW EPS 470 n.F., Tz. 21 a));

- **während der Prüfung aufgetretene bedeutsame Probleme**, z.B.
  - erhebliche Verzögerungen bei der Bereitstellung oder Nicht-Verfügbarkeit von erforderlichen Informationen durch das Management,
  - unangemessen kurzer Zeitraum für die Prüfung,
  - umfangreicher unerwarteter Arbeitsaufwand,
  - auferlegte Beschränkungen durch das Management,
  - fehlende Beurteilung der gesetzlichen Vertreter zur Fortführung der Unternehmenstätigkeit;
- **sonstige bedeutsame aus der Prüfung resultierende Sachverhalte**, die mit dem Management besprochen wurden oder Gegenstand des Schriftverkehrs mit diesem waren, z.B.
  - bedeutsame Ereignisse oder Geschäftsvorfälle, Geschäftspläne und –strategien, die sich auf die Risiken wesentlicher falscher Darstellungen auswirken können,
  - Bedenken des Mandanten gegen die Einholung von fachlichem Rat,
  - Besprechungen mit dem Management zu den Auftragsbedingungen, insb. das Vorgehen bei der Prüfung oder die Honorare für Prüfungs- oder andere Dienstleistungen,
  - Meinungsverschiedenheiten mit dem Management;
  - vom Abschlussprüfer angeforderte schriftliche Erklärungen,
- Umstände, die sich auf die Form und den Inhalt des Bestätigungsvermerks auswirken, z.B. **Modifizierung des Prüfungsurteils**, Hinweis zu Bestandsgefährdungen oder zur Hervorhebung eines Sachverhalts, besonders wichtige Prüfungssachverhalte;
- weitere für die Aufsicht über den Rechnungslegungsprozess bedeutsame Sachverhalte, z.B. unerwartete Ereignisse oder Gegebenheiten mit Auswirkungen auf die Prüfungsstrategie, wesentliche Unstimmigkeiten bei mit dem Abschluss bzw. dem Lagebericht zusammen veröffentlichten Informationen im Geschäftsbericht.

54 Bei aufgedeckten oder vermuteten **Verstößen** hat der Abschlussprüfer zeitnah nach pflichtgemäßem Ermessen zu beurteilen, welche Hierarchieebene des Managements zu informieren ist. Dies wird grundsätzlich zumindest immer eine Ebene über derjenigen sein, der die mit dem aufgedeckten oder vermuteten Verstoß verdächtige Person zugeordnet ist. Bei wesentlichen falschen Angaben in der Rechnungslegung ist der zuständige gesetzliche Vertreter in Kenntnis zu setzen. Nach den Umständen des Einzelfalls hat der Abschlussprüfer ab-

zuwägen, ob auch das Aufsichtsorgan über solche Feststellungen informiert werden muss (vgl. *IDW PS 210*, Tz. 60 f.).

55 Deckt der Abschlussprüfer Verstöße auf, in welche das Management, Mitarbeiter, denen eine bedeutende Rolle im internen Kontrollsystem zukommt oder andere Personen verwickelt sind, deren Verstöße eine wesentliche Auswirkung auf den Abschluss und den Lagebericht haben können, muss er so bald wie möglich das Aufsichtsorgan (i.d.R. den Vorsitzenden) informieren. Wenn der Abschlussprüfer Verstöße unter Mitwirkung der gesetzlichen Vertreter vermutet, muss er diese Vermutungen dem Aufsichtsorgan mitteilen und mit diesem Art, Umfang und Zeitpunkt der Prüfungshandlungen erörtern, die für die Beendigung der Abschlussprüfung erforderlich sind (vgl. *IDW PS 210*, Tz. 62 ff.).

56 Bei festgestellten Verstößen ist in folgenden Fällen abzuwägen, ob die Einholung rechtlichen Rats angezeigt ist:

- es ist keine höhere Hierarchieebene vorhanden, an die man sich wenden kann,
- aus der Mitteilung beim Management oder beim Aufsichtsorgan werden möglicherweise keine Konsequenzen gezogen,
- es bestehen Zweifel darüber, wem gegenüber zu berichten ist (bspw. weil das Aufsichtsorgan an den Verstößen beteiligt war; vgl. *IDW PS 210*, Tz. 60a).

57 Sofern festgestellte falsche Angaben im Abschluss oder Lagebericht nach der Entscheidung der gesetzlichen Vertreter nicht korrigiert werden sollen (vgl. Meilenstein 8, Abschn. 8.2.9.1.), muss der Abschlussprüfer über diese nicht korrigierten Fehler sowie über die Auswirkungen, die diese einzeln oder insgesamt auf das Prüfungsurteil haben, mit dem Aufsichtsorgan kommunizieren, um diesem die Gelegenheit zu geben, die gesetzlichen Vertreter zur Korrektur aufzufordern. Wesentliche nicht bereinigte falsche Angaben sind einzeln zu bezeichnen *(IDW PS 250 n.F.*, Tz. 31).

58 Sofern im Rahmen der Prüfung Schwächen im Aufbau oder in der Wirksamkeit des rechnungslegungsbezogenen internen Kontrollsystems festgestellt werden, ist zu entscheiden, ob diese Schwächen einzeln oder in Kombination bedeutsame Schwächen darstellen. Den für die Überwachung Verantwortlichen sowie den gesetzlichen Vertretern und ggf. anderen Führungskräften auf entsprechender Zuständigkeitsebene sind **bedeutsame Schwächen im Aufbau oder in der Wirksamkeit des internen Kontrollsystems** in angemessener Zeit **schriftlich** mitzuteilen. Die Mitteilung bedeutsamer Schwächen im internen Kontrollsystem an die gesetzlichen Vertreter und ggf. an andere Führungskräfte kann unterbleiben, wenn dies unter den gegebenen Umständen unangemessen wäre (z.B. Management-Fraud) (vgl. *IDW PS 261 n.F.*, Tz. 89).

59 Schwächen im rechnungslegungsbezogenen internen Kontrollsystem liegen vor, wenn

- eine Kontrollmaßnahme so ausgestaltet oder eingerichtet ist oder so angewendet wird, dass – auch unter Berücksichtigung weiterer Kontrollmaßnahmen – mit ihr falsche Angaben in der Rechnungslegung weder verhindert noch in angemessener Zeit aufgedeckt und korrigiert werden können, oder
- eine Kontrollmaßnahme fehlt, die notwendig ist, um falsche Angaben in der Rechnungslegung zu verhindern oder in angemessener Zeit aufzudecken und zu korrigieren (*IDW PS 261 n.F.*, Tz. 89).

60 Bedeutsame Schwächen des rechnungslegungsbezogenen internen Kontrollsystems sind Schwächen, die nach dem pflichtgemäßen Ermessen des Abschlussprüfers so gravierend sind, dass sie für die Überwachungsfunktion des Aufsichtsorgans relevant sind (vgl. *IDW PS 261 n.F.*, Tz. 89).

61 Während der Prüfung festgestellte sonstige Schwächen des rechnungslegungsbezogenen internen Kontrollsystems, die den gesetzlichen Vertretern und ggf. anderen Führungskräften nicht bereits bekannt sind und die nach dem pflichtgemäßen Ermessen des Abschlussprüfers für die gesetzlichen Vertreter und ggf. für andere Führungskräfte relevant sind, sind diesen in angemessener Zeit in geeigneter Form mitzuteilen (*IDW PS 261 n.F.*, Tz. 89).

62 In die **schriftliche Mitteilung** über bedeutsame Schwächen des rechnungslegungsbezogenen internen Kontrollsystems ist Folgendes aufzunehmen (vgl. *IDW PS 261 n.F.*, Tz. 90):

- eine Beschreibung der Schwäche und eine Erläuterung ihrer möglichen Auswirkungen sowie
- ausreichende Informationen, um es dem Aufsichtsorgan sowie den gesetzlichen Vertretern und ggf. anderen Führungskräften zu ermöglichen, die richtigen Schlüsse aus der Mitteilung zu ziehen. In diesem Zusammenhang ist insb. darauf hinzuweisen, dass
    - der Zweck der Abschlussprüfung darin liegt, ein Prüfungsurteil über die Rechnungslegung abzugeben,
    - die Abschlussprüfung nur die Betrachtung des für die Rechnungslegung relevanten internen Kontrollsystems umfasst, um darauf aufbauend Prüfungshandlungen zu planen, die unter den gegebenen Umständen angemessen sind, jedoch nicht mit dem Ziel, ein Prüfungsurteil zur Wirksamkeit des internen Kontrollsystems abzugeben, und
    - die berichteten Sachverhalte auf die Schwächen beschränkt sind, die während der Prüfung festgestellt wurden, und dass das Prüfungsteam nach pflichtgemäßem Ermessen zu dem Schluss gekommen ist, dass diese so wichtig sind, dass sie dem Aufsichtsorgan zu berichten sind.

63 Ferner ist abzuwägen, ob darüber hinaus weitere Sachverhalte vorliegen, die mit den Mitgliedern des Aufsichtsorgans zu erörtern sind. Solche Sachverhalte können bspw. einschließen (vgl. *IDW PS 210*, Tz. 65):

- Kompetenz und Integrität des Managements
- Unrichtigkeiten und Verstöße, die den Jahresabschluss wesentlich verfälschen
- Falsche Angaben, die eine wesentliche Verfälschung künftiger Abschlüsse zur Konsequenz haben.

64 Werden zu kommunizierende Sachverhalte mündlich erörtert sind diese Sachverhalte und der Zeitpunkt sowie der Kommunikationspartner in den Arbeitspapieren zu dokumentieren. Bei schriftlich kommunizierten Sachverhalten muss eine Kopie der Mitteilung in den Arbeitspapieren aufbewahrt werden (vgl. *IDW EPS 470 n.F.*, Tz. 32).

65 Gemäß § 171 Abs. 1 Satz 2 AktG hat der Abschlussprüfer an den Verhandlungen des Aufsichtsrats oder des Prüfungsausschusses über den Jahresabschluss und den Lagebericht sowie über den Konzernabschluss und den Konzernlagebericht (Bilanzsitzung) teilzunehmen und über die wesentlichen Ergebnisse seiner Prüfung, insb. wesentliche Schwächen des internen Kontroll- und des Risikomanagementsystems, bezogen auf den Rechnungslegungsprozess, zu berichten. Zusätzlich muss er über Umstände informieren, die seine Befangenheit besorgen lassen, über die von ihm ergriffenen Schutzmaßnahmen und über Leistungen, die er zusätzlich zu den Abschlussprüfungsleistungen erbracht hat (vgl. § 171 Abs. 1 Satz 3 AktG) (vgl. *IDW EPS 470 n.F.*, Tz. 22).

66 Abschlussprüfer von Unternehmen von öffentlichem Interesse sind gem. Artikel 6 Abs. 2 EU-APrVO verpflichtet, gegenüber dem Aufsichtsorgan jährlich schriftlich eine **Unabhängigkeitserklärung** abzugeben. Weiterhin sind dem Aufsichtsorgan alle geschäftlichen, finanziellen, persönlichen oder sonstigen Beziehungen und Sachverhalte mitzuteilen, die sich nach pflichtgemäßen Ermessen des Abschussprüfers auf dessen Unabhängigkeit auswirken können. Hierzu gehören u.a. die gesamten Honorare, die während des Berichtszeitraums für abschlussprüfungsbezogene und andere Leistungen berechnet wurden, aufgegliedert nach geeigneten Kategorien wie z.B. nach § 285 Nr. 17 HGB sowie ergriffene Schutzmaßnahmen, um identifizierte Gefährdungen der Unabhängigkeit zu beseitigen oder auf ein vertretbares Maß zu reduzieren (*IDW EPS 470 n.F.*, Tz. 23).

67 Zu den grundsätzlichen Anforderungen an die Dokumentation der Prüfung vgl. Kapitel A, Abschn. 4.6.2. und 4.6.9.

9.2.3.2. Hinweise zur Bearbeitung

68 Berücksichtigen Sie z.B. folgende **Skalierungsaspekte** im Zusammenhang mit der Kommunikation zwischen Abschlussprüfer und Aufsichtsorgan:

- In manchen Fällen ist das **Aufsichtsorgan gleichzeitig** in das **Management** des Unternehmens eingebunden, bspw. in kleinen Unternehmen, in denen ein Allein- oder Mehrheitsgesellschafter die Geschäfte führt und niemand anderes eine (faktische) Überwachungsfunktion ausübt. Wenn in diesen Fällen die unter Abschn. 9.2.3.1. dargestellten Sachverhalte mit einer oder mehreren Personen mit Managementverantwortung kommuniziert wurden, die gleichzeitig auch die Überwachungsverantwortung tragen, hat das Prüfungsteam seine Kommunikationspflicht im Allgemeinen erfüllt. In solchen Fällen wird sich das Prüfungsteam jedoch davon überzeugen, ob diejenigen Personen über bedeutsame Sachverhalte angemessen informiert werden, mit denen es sonst in ihrer Überwachungseigenschaft kommunizieren würde, z.B. Minderheitsgesellschafter (*IDW EPS 470 n.F.*, Tz. 18). Ein Sachverhalt, der bisher nur dem kaufmännischen Geschäftsführer (in seiner Managementfunktion) mitgeteilt wurde, kann so bedeutsam sein, dass er auch der gesamten Geschäftsführung (in ihrer Funktion als Aufsichtsorgan) mitzuteilen ist.

- Bei Prüfungen von kleineren Unternehmen kann sich der Abschlussprüfer in einer weniger formalen und strukturierten Weise mit dem Aufsichtsorgan austauschen als bei Unternehmen von öffentlichem Interesse und größeren Unternehmen.

69 Bei der **Bestimmung der geeigneten Personen** oder Organe, mit denen der Abschlussprüfer zu kommunizieren hat, sind die jeweiligen gesellschaftsrechtlichen Rahmenbedingungen sowie die Größen und Eigentumsmerkmale des zu prüfenden Unternehmens zu berücksichtigen:[14]

	Wie sind die geeigneten Personen oder Aufsichtsorgane festzulegen?
Trennung von Management und Aufsichtsorgan	- bspw. Aktiengesellschaft, bei der verpflichtend ein Aufsichtsrat zu bestellen ist (§§ 30, 95 ff. AktG). Bei anderen Unternehmen kann sich eine entsprechende Verpflichtung aus anderen Rechtsnormen ergeben (z.B. §§ 1, 6 MitbestG, § 1 DrittelbG). - Darüber hinaus kann sich eine Verpflichtung zur Einrichtung eines vergleichbaren Aufsichtsorgans auch aus gesellschaftsrechtlichen Bestimmungen (z.B. eine nach ihrem Gesellschaftsvertrag zur Einrichtung eines Aufsichtsrats oder

---

[14] Vgl. *Fragen und Antworten: Zur Kommunikation mit dem Aufsichtsorgan nach ISA 260 (Rev) bzw. IDW EPS 470 n.F.* (F & A zu ISA 260 bzw. IDW EPS 470 n.F.)

	Wie sind die geeigneten Personen oder Aufsichtsorgane festzulegen?
	überwachenden Beirats verpflichtete GmbH) ergeben. • In derartigen Fällen ist das eingerichtete Überwachungsgremium i.d.R. das vom Prüfer festzulegende Aufsichtsorgan.
Einheitlichkeit von Management und Aufsichtsorgan	• z.B. OHG, bei der alle Gesellschafter natürliche Personen und gleichzeitig geschäftsführend tätig sind, oder einer Ein-Mann-GmbH mit einem Gesellschafter-Geschäftsführer, mit der Folge, dass alle Mitglieder des Aufsichtsorgans zugleich in das Management des Unternehmens eingebunden sind. • In solchen Fällen ist die Geschäftsführung insgesamt i.d.R. das Aufsichtsorgan i.S. des *IDW EPS 470 n.F.*

Es empfiehlt sich, die vorgenannten Kriterien nicht isoliert, sondern im Sinne einer Gesamtwürdigung zu betrachten. Übt bspw. die Gesellschafterversammlung einer GmbH ohne Aufsichtsrat neben der jährlichen Feststellung des Jahresabschlusses und der Wahl des Abschlussprüfers keine regelmäßige, unterjährige Aufsicht über den Rechnungslegungsprozess aus, spricht dies eher dagegen, dass die Gesellschafterversammlung Aufsichtsorgan i.S.d. Prüfungsstandards ist.

70   Die Verschwiegenheitspflicht (§ 43 Abs. 1 WPO, § 323 HGB, § 203 StGB) kann uns daran hindern, Erkenntnisse über Unrichtigkeiten und Verstöße aber auch sonstige Gesetzesverstöße, die sich nicht auf die Rechnungslegung auswirken, Dritten (z.B. einzelnen Gesellschaftern, Gläubigern, Staatsanwaltschaft) mitzuteilen. Ausnahmen aufgrund gesetzlicher Regelungen sind für bestimmte Bereiche (z.B. Meldepflicht bei Verdacht auf Geldwäsche gemäß § 11 GwG) oder für bestimmte Wirtschaftszweige vorgesehen (z.B. § 29 KWG, § 57 Abs. 1 VAG) (vgl. *IDW PS 210*, Tz. 66, Tz. 75).

71   Die Kommunikation mit dem Aufsichtsorgan kann die gebotene Berichterstattung im Prüfungsbericht nicht ersetzen und darf nicht in Widerspruch zum Prüfungsbericht stehen (vgl. *IDW EPS 470 n.F.*, Tz. 30). Das Erfordernis der Berichterstattung über während der Prüfung festgestellte bedeutsame Schwächen im internen Kontrollsystem (vgl. Tz. 61) in angemessener Zeit kann dazu führen, dass neben der Berichterstattung im Prüfungsbericht vorab gesondert schriftlich zu berichten ist.

72   In der Praxis wird häufig die Beratung des Gesamtaufsichtsrats durch die Beratung eines Aufsichtsratsausschusses (Bilanz- oder Prüfungsausschuss) vorbereitet. Das Gesetz sieht

alternativ die Teilnahme des Abschlussprüfers an der Bilanzsitzung des Gesamtaufsichtsrats oder des Prüfungsausschusses vor. Der verantwortliche Prüfungspartner nimmt an beiden Sitzungen teil, sofern der Aufsichtsrat eine Teilnahme nicht ausdrücklich ablehnt.

73 Eine Übersicht über die während der Planung und Durchführung der Abschlussprüfung zu beachtenden Kommunikationspflichten sowie Hinweise zu Form und Zeitpunkten der Kommunikation enthält die **Arbeitshilfe B-9.2.**: Kommunikation zwischen Abschlussprüfer und Aufsichtsorgan des geprüften Unternehmens.

74 Berücksichtigen Sie z.B. folgende **Skalierbarkeitsaspekte bei der Dokumentation** der Abschlussprüfung:

- Form, Inhalt und Umfang der Prüfungsdokumentation hängen von der Größe und Komplexität des zu prüfenden Unternehmens ab. Die sich erfahrungsgemäß bei kleinen und mittelgroßen Unternehmen ergebenden Besonderheiten und daraus resultierende Dokumentationsbesonderheiten sind in Teil A der IDW Verlautbarung: *Hinweise und Beispiele zur Prüfungsdokumentation bei kleinen und mittelgroßen Unternehmen nach ISA und IDW Prüfungsstandards*, dargestellt.[15]

- Die Arbeitspapiere sind so anzulegen, dass sich ein erfahrener Prüfer, der nicht mit der Prüfung befasst war, in angemessener Zeit ein Bild über die Abwicklung der Prüfung machen kann. Dies schließt nicht aus, dass ordnungsgemäße Arbeitspapiere auch dann vorliegen können, wenn ein Verständnis für Detailaspekte der Abschlussprüfung erst durch eine Erörterung der Arbeitspapiere mit deren Ersteller erlangt werden kann (*IDW PS 460 n.F.*, Tz. 11).

- Eine verhältnismäßige Dokumentation bei der Prüfung von KMU ist:
    - oft weniger detailliert, einfach gestaltet und relativ kurz
    - abhängig von Komplexität und Größe des Unternehmens
    - abhängig von angewendeten Prüfungsmethoden und -hilfen

- Bei Folgeprüfungen können bestimmte Teile der Prüfungsdokumentation aus dem Vorjahr übernommen werden, ggf. mit Aktualisierungen, die Veränderungen im Geschäft oder in Prozessen des Unternehmens widerspiegeln (*IDW PS 230*, Tz. 12, *IDW PS 240*, Tz. 13).

- Die Prüfung muss nachvollziehbar sein. Es ist dabei weder notwendig noch praktikabel, dass der Prüfer alle Überlegungen und Ermessensausübungen bei der Prüfung dokumentiert (*IDW PS 460 n.F.*, Tz. 11, Tz. 14).

- Es besteht keine Pflicht, nicht vorgenommene Prüfungshandlungen zu begründen, wenn ein Prüfungsstandard ganz oder teilweise nicht relevant ist. Entsprechendes gilt für Anforderungen, die nur situationsbedingt unter Berücksichtigung der gegebenen

---

[15] Vgl. *Hinweise und Beispiele zur Prüfungsdokumentation bei kleinen und mittelgroßen Unternehmen nach ISA und IDW Prüfungsstandards*, S. 8 ff.

Umstände bzw. bei Vorliegen bestimmter Bedingungen anzuwenden sind (bedingte Anforderungen), wenn die Bedingungen nicht erfüllt sind.

- Sofern die Einhaltung einer Anforderung durch sonstige Unterlagen verdeutlicht wird, ist eine explizite weitere Dokumentation der Einhaltung von Anforderungen in den Arbeitspapieren nicht notwendig. Zum Beispiel belegt ein zu den Arbeitspapieren genommenes Auftragsbestätigungsschreiben, dass der Abschlussprüfer die Auftragsbedingungen mit dem Mandanten vereinbart hat.
- Es muss nicht auf jedem einzelnen Arbeitspapier vermerkt werden, dass es einer Durchsicht durch den WP oder durch ein erfahrenes Mitglied des Prüfungsteams unterzogen wurde. Es muss jedoch aus der Dokumentation erkennbar sein, von wem und wann welche Prüfungsarbeiten durchgesehen wurden (*IDW PS 460 n.F.*, Tz. 18).
- Soweit der Prüfungsbericht entsprechende Feststellungen enthält, müssen diese nicht in den Arbeitspapieren wiederholt werden (*IDW PS 460 n.F.*, Tz. 10).
- Auswirkung der Erfahrung des Prüfungsteams auf den Umfang der Dokumentation: Z.B. kann eine Prüfung, bei der das Prüfungsteam aus erfahrenen Mitarbeitern besteht, eine weniger detaillierte Dokumentation erfordern, damit diese ein angemessenes Verständnis von dem Unternehmen gewinnen können (*IDW PH 9.100.1*, Tz. 82).

9.2.3.3. Festlegung von Prüfungshandlungen

Wenn der verantwortliche Wirtschaftsprüfer die Prüfungshandlungen festlegt, sollte er folgende Eckpunkte beachten und eigenverantwortlich einschätzen, ob sie unter den gegebenen Umständen mit Blick auf das Prüfungsziel erforderlich sind:

a) **Kommunikation mit dem Mandanten und dem Aufsichtsorgan** über während der Prüfung aufgetretene Probleme und bedeutsame Sachverhalte, z.B. Schwächen im Aufbau bzw. der Funktionsfähigkeit des IKS oder über bekannte oder vermutete Verstöße (**Arbeitshilfe B-9.2.: Kommunikation zwischen Abschlussprüfer und Aufsichtsorgan des geprüften Unternehmens**).

b) Teilnahme und **mündliche Berichterstattung** an der Bilanzsitzung des Aufsichtsrats/Prüfungsausschusses.

c) **Aktualisierung der Dauerakte** mit allen Unterlagen, die über einen Zeitraum von mehreren Jahren grundlegende Bedeutung haben.

d) Abschluss der **Arbeitspapierdokumentation** und **Archivierung** der Arbeitspapiere (vgl. Kapitel A, Abschn. 4.6.9.)

9.2.4. Prüfung der Offenlegung

75 Unabhängig davon, ob der Abschlussprüfer die Bestandteile des Testatsexemplars in elektronischer Form zur Verfügung gestellt hat (vgl. Meilenstein 1, Abschn. 1.2.3.1.), ist er nicht verpflichtet zu prüfen, ob der Jahresabschluss/Konzernabschluss, der Lagebericht/Konzernlagebericht und der Bestätigungsvermerk richtig und vollständig offengelegt, veröffentlicht oder vervielfältigt werden. Es ist aber darauf zu achten, dass das Vertrauen in den Bestätigungsvermerk nicht leidet. Wenn der Abschlussprüfer von einer mit dem Bestätigungsvermerk versehenen unvollständigen oder abweichenden Veröffentlichung erfährt, die nicht in Einklang mit den §§ 325-328 HGB steht, ist der Auftraggeber (§ 318 Abs. 1 Satz 4 HGB) aufzufordern, eine Richtigstellung zu veranlassen (vgl. *IDW EPS 400 n.F.*, Tz. 95). Zur Beurteilung der richtigen und vollständigen Offenlegung kann die Arbeitshilfe **B-9.1.**: Leitfaden für die Prüfung der Offenlegung verwendet werden.

9.3. Arbeitshilfen

A-4.6.7.(1): Durchführung der Berichtskritik Non-PIE

A-4.6.7.(1)-PIE: Durchführung der Berichtskritik

B-9.1.: Leitfaden für die Prüfung der Offenlegung

B-9.2.: Kommunikation zwischen Abschlussprüfer und Aufsichtsorgan des geprüften Unternehmens

9.4. IDW Prüfungsstandards/ISA

National	International
− *IDW Prüfungsstandard: Ereignisse nach dem Abschlussstichtag (IDW PS 203 n.F.)* − *IDW Prüfungsstandard: Zur Aufdeckung von Unregelmäßigkeiten im Rahmen der Abschlussprüfung (IDW PS 210)* − *IDW Prüfungsstandard: Feststellung und Beurteilung von Fehlerrisiken und Reaktionen des Abschlussprüfers auf die beurteilten Fehlerrisiken (IDW PS 261 n.F.)* − *IDW Prüfungsstandard: Fortführung der Unternehmenstätigkeit im Rahmen der Abschlussprüfung (IDW PS 270)*	− ISA 230: Audit Documentation − ISA 240: The Auditor's Responsibilities Relating to Fraud in an Audit of Financial Statements − ISA 260: Communication with Those Charged with Governance − ISA 265: Communicating Deficiencies in Internal Control and Related Conforming Amendments to Other ISAs − ISA 560: Subsequent Events

National	International
– Entwurf einer Neufassung des IDW Prüfungsstandards: Bildung eines Prüfungsurteils und Erteilung eines Bestätigungsvermerks (IDW EPS 400 n.F.) – Entwurf eines IDW Prüfungsstandards: Mitteilung besonders wichtiger Prüfungssachverhalte (IDW EPS 401) – Entwurf eines IDW Prüfungsstandards: Modifizierungen des Prüfungsurteils im Bestätigungsvermerk (IDW EPS 405) – Entwurf eines IDW Prüfungsstandards: Hinweise im Bestätigungsvermerk (IDW EPS 406) – Entwurf einer Neufassung des IDW Prüfungsstandards: Grundsätze ordnungsmäßiger Erstellung von Prüfungsberichten (IDW EPS 450 n.F.) – IDW Prüfungsstandard: Arbeitspapiere des Abschlussprüfers (IDW PS 460 n.F.) – Entwurf einer Neufassung des IDW Prüfungsstandards: Grundsätze für die Kommunikation mit den für die Überwachung Verantwortlichen (IDW EPS 470 n.F.) – Fragen und Antworten: Zur Kommunikation mit dem Aufsichtsorgan nach ISA 260 (Rev) bzw. IDW EPS 470 n.F. (F & A zu ISA 260 bzw. IDW EPS 470 n.F.)	– ISA 570: Going Concern – ISA 700 (revised): Forming an Opinion and Reporting on Financial Statements – ISA 701: Communicating Key Audit Matters in the Independent Auditor's Report – ISA 705: Modifications to the Opinion in the Independent Auditor's Report – ISA 706: Emphasis of Matter Paragraphs and Other Matter Paragraphs in the Independent Auditor's Report

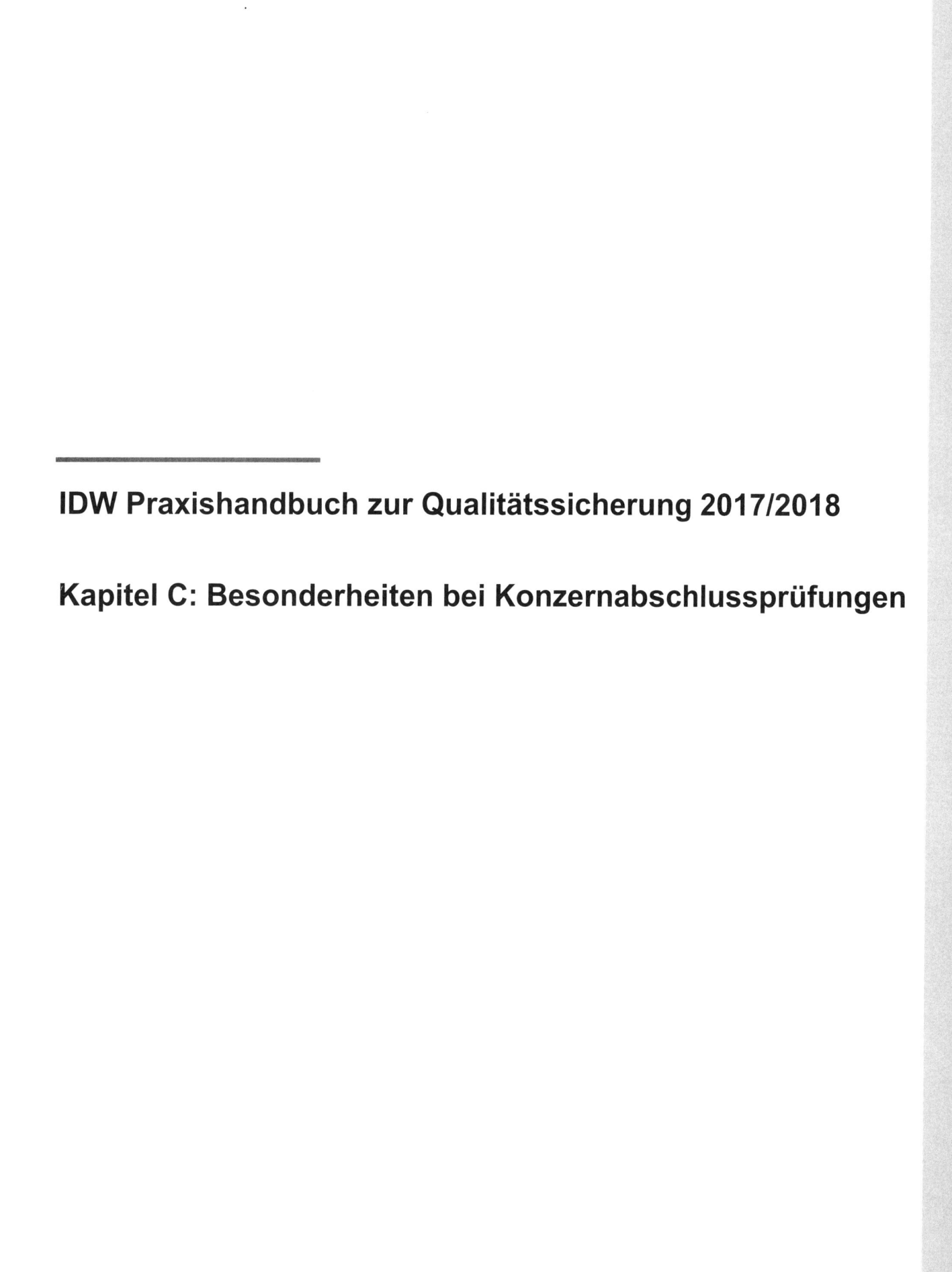

IDW Praxishandbuch zur Qualitätssicherung 2017/2018

Kapitel C: Besonderheiten bei Konzernabschlussprüfungen

Kapitel C: Besonderheiten bei Konzernabschlussprüfungen

1. Vorbemerkungen 435
2. Zielsetzung des Konzernabschlussprüfers 437
3. Auftrag und Auftragsannahme 438
4. Gewinnung eines Verständnisses von dem Konzern, von seinen Teilbereichen und dem jeweiligen Umfeld 441
5. Gewinnung eines Verständnisses über Teilbereichsprüfer 443
6. Bestimmung der Wesentlichkeit für die Konzernabschlussprüfung 447
7. Prüfungsstrategie und Prüfungsprogramm 449
7.1. Zeitliche Planung 449
7.2. Personelle Planung 450
7.3. Sachliche Planung 450
8. Reaktion auf die beurteilten Risiken 452
8.1. Funktionsprüfungen des konzernweiten internen Kontrollsystems 452
8.2. Festlegung der Art der Tätigkeiten in Bezug auf die Rechnungslegungsinformationen von Teilbereichen 452
    8.2.1. Bedeutsame Teilbereiche 452
    8.2.2. Nicht bedeutsame Teilbereiche 454
8.3. Einbindung des Konzernprüfungsteams in die Tätigkeit von Teilbereichsprüfern ... 456
8.4. Prüfung des Konsolidierungsprozesses 459
9. Ereignisse nach dem Konzernabschlussstichtag 460
10. Kommunikation mit den Teilbereichsprüfern 460
11. Beurteilung der erlangten Prüfungsnachweise 463
11.1. Beurteilung der Berichterstattung von Teilbereichsprüfern 463
11.2. Abschließende Beurteilung der erlangten Prüfungsnachweise 463
12. Kommunikation mit dem Konzernmanagement und dem Aufsichtsorgan 464
12.1. Kommunikation mit dem Konzernmanagement 464
12.2. Kommunikation mit dem Aufsichtsorgan 464
13. Dokumentation 465
14. Berichterstattung über die Konzernabschlussprüfung 466
15. Arbeitshilfen 467
16. IDW Prüfungsstandards/ISA/ISRE 468

1. Vorbemerkungen

1   Für die Planung und Durchführung von Konzernabschlussprüfungen und die Berichterstattung hierüber gelten die Vorschriften des HGB über die Prüfung (§§ 316 – 317, 320 – 322 HGB) sowie konkretisierend die vom Institut der Wirtschaftsprüfer in Deutschland e.V. (IDW) veröffentlichten *IDW Prüfungsstandards* (vgl. *IDW PS 201*, Tz. 28).

2   Die folgenden Ausführungen erläutern die Besonderheiten des risikoorientierten Prüfungsprozesses (Meilensteine 1 bis 9) bei Konzernabschlussprüfungen auf Grundlage des *IDW Prüfungsstandards: Besondere Grundsätze für die Durchführung von Konzernabschlussprüfungen (einschließlich der Verwertung der Tätigkeit von Teilbereichsprüfern) (IDW PS 320 n.F.). IDW PS 320 n.F.* konkretisiert die Umsetzung des risikoorientierten

Prüfungsansatzes mit Blick auf die Besonderheiten der Konzernabschlussprüfung und unter Berücksichtigung des Grundsatzes der Gesamtverantwortung des Konzernabschlussprüfers (vgl. § 317 Abs. 3 HGB). Dabei wird in besonderem Maße betont, dass der Konzernabschlussprüfer seine Tätigkeiten im Zusammenhang vor allem mit der Verwertung der Arbeiten von Teilbereichsprüfern sowie der Prüfung des Konsolidierungsprozesses und der konzernweiten Kontrollen mit dem erforderlichen Maß an Sorgfalt so zu bestimmen hat, dass er unter Beachtung der Grundsätze der Wesentlichkeit und der Wirtschaftlichkeit zu einem eigenverantwortlichen Prüfungsurteil gelangen kann.

3   Die Grundsätze der Wesentlichkeit und der Wirtschaftlichkeit kommen insb. darin zum Ausdruck, dass bei Teilbereichen, deren Rechnungslegungsinformationen in den Konzernabschluss eingehen, zwischen bedeutsamen und nicht bedeutsamen differenziert wird. Während es bei nicht bedeutsamen Teilbereichen ausreichend sein kann, sich auf die Durchführung analytischer Prüfungshandlungen zu beschränken, erfordern bedeutsame Teilbereiche stets weitergehende Beurteilungen. Wenn der Jahresabschluss eines in den Konzernabschluss einzubeziehenden Tochterunternehmens von einem anderen Abschlussprüfer geprüft worden ist, bedingt ferner der **Grundsatz der Wirtschaftlichkeit**, dass der Konzernabschlussprüfer die Arbeiten regelmäßig im Rahmen des § 317 Abs. 3 Satz 2 HGB zum Zwecke der Konzernabschlussprüfung verwertet. Dessen ungeachtet beeinflussen die berufliche Qualifikation, die fachliche Kompetenz und insb. die Unabhängigkeit eines Teilbereichsprüfers die Möglichkeiten zur Verwertung von dessen Arbeit durch den Konzernabschlussprüfer (vgl. *IDW PS 320 n.F.*, Tz. A2).

4   Teilbereiche i.S.d. *IDW PS 320 n.F.* können – wie bei dem in Deutschland gesetzlich umschriebenen Konzernabschluss – aus rechtlich selbstständigen Einheiten (verbundene Unternehmen) und/oder aus rechtlich unselbstständigen Teilbereichen bestehen, die nach Sparten, geographischer Lage o.a. Kriterien definiert sind. Die folgenden Erläuterungen beziehen sich auf **Konzernabschlussprüfungen** im handelsrechtlichen Sinne.

5   Im Folgenden wird vorwiegend auf die bei Konzernabschlussprüfungen zu berücksichtigenden Besonderheiten eingegangen. Hinsichtlich der allgemeinen Anforderungen wird ergänzend auf die Ausführungen in Kapitel B in den Meilensteinen 1 bis 9 verwiesen.

Kapitel C: Konzernabschlussprüfung
Besonderheiten bei Konzernabschlussprüfungen

Übersicht über den risikoorientierten Prüfungsprozess bei Konzernabschlussprüfungen

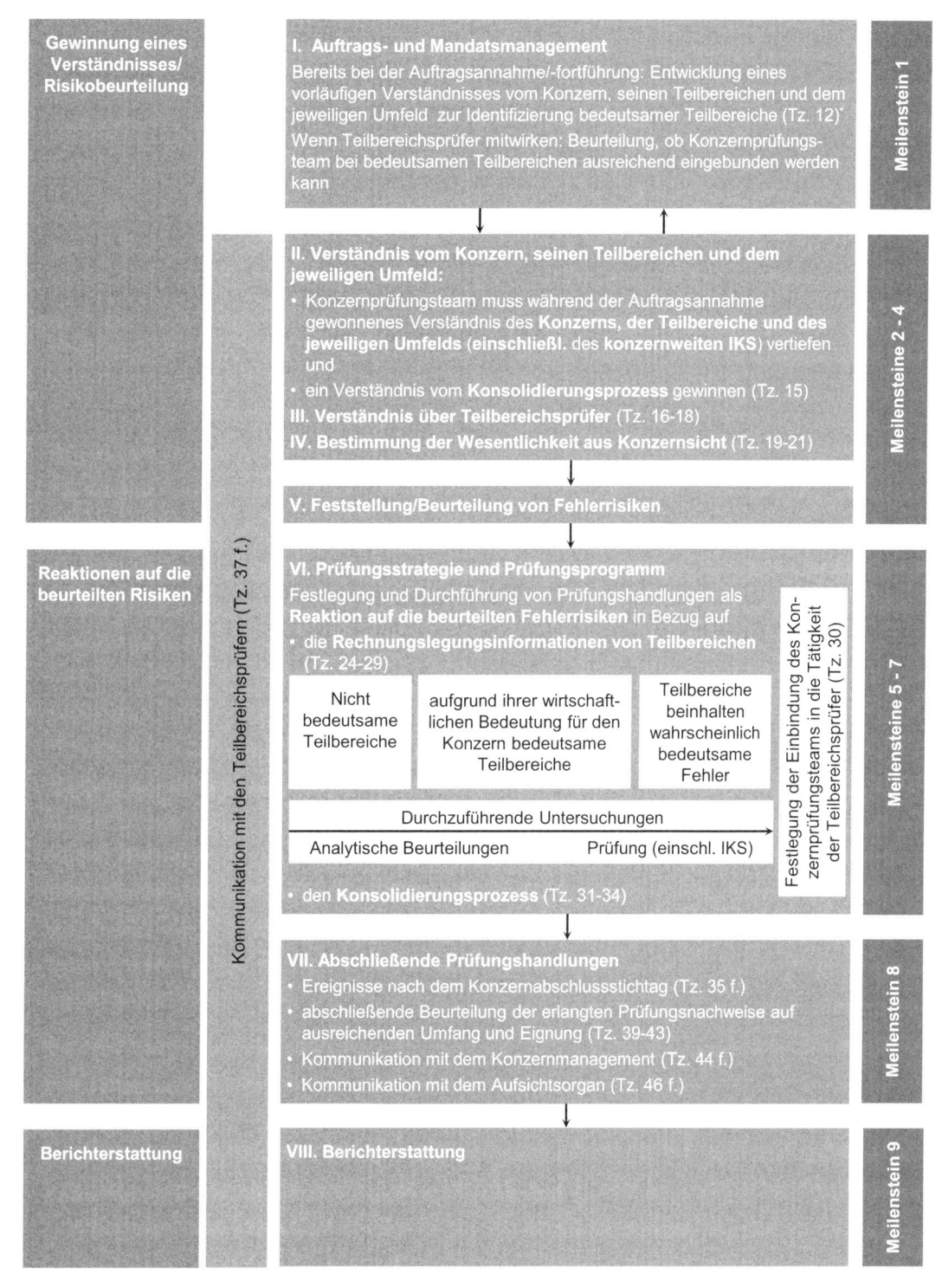

Gewinnung eines Verständnisses/Risikobeurteilung

I. Auftrags- und Mandatsmanagement
Bereits bei der Auftragsannahme/-fortführung: Entwicklung eines vorläufigen Verständnisses vom Konzern, seinen Teilbereichen und dem jeweiligen Umfeld zur Identifizierung bedeutsamer Teilbereiche (Tz. 12)*
Wenn Teilbereichsprüfer mitwirken: Beurteilung, ob Konzernprüfungsteam bei bedeutsamen Teilbereichen ausreichend eingebunden werden kann

Meilenstein 1

II. Verständnis vom Konzern, seinen Teilbereichen und dem jeweiligen Umfeld:
- Konzernprüfungsteam muss während der Auftragsannahme gewonnenes Verständnis des **Konzerns, der Teilbereiche und des jeweiligen Umfelds** (einschließl. des **konzernweiten IKS**) vertiefen und
- ein Verständnis vom **Konsolidierungsprozess** gewinnen (Tz. 15)

III. Verständnis über Teilbereichsprüfer (Tz. 16-18)

IV. Bestimmung der Wesentlichkeit aus Konzernsicht (Tz. 19-21)

Meilensteine 2 - 4

V. Feststellung/Beurteilung von Fehlerrisiken

Reaktionen auf die beurteilten Risiken

Kommunikation mit den Teilbereichsprüfern (Tz. 37 f.)

VI. Prüfungsstrategie und Prüfungsprogramm
Festlegung und Durchführung von Prüfungshandlungen als **Reaktion auf die beurteilten Fehlerrisiken** in Bezug auf
- die **Rechnungslegungsinformationen von Teilbereichen** (Tz. 24-29)

Nicht bedeutsame Teilbereiche	aufgrund ihrer wirtschaftlichen Bedeutung für den Konzern bedeutsame Teilbereiche	Teilbereiche beinhalten wahrscheinlich bedeutsame Fehler
	Durchzuführende Untersuchungen	
Analytische Beurteilungen		Prüfung (einschl. IKS)

Festlegung der Einbindung des Konzernprüfungsteams in die Tätigkeit der Teilbereichsprüfer (Tz. 30)

- den **Konsolidierungsprozess** (Tz. 31-34)

Meilensteine 5 - 7

VII. Abschließende Prüfungshandlungen
- Ereignisse nach dem Konzernabschlussstichtag (Tz. 35 f.)
- abschließende Beurteilung der erlangten Prüfungsnachweise auf ausreichenden Umfang und Eignung (Tz. 39-43)
- Kommunikation mit dem Konzernmanagement (Tz. 44 f.)
- Kommunikation mit dem Aufsichtsorgan (Tz. 46 f.)

Meilenstein 8

Berichterstattung

VIII. Berichterstattung

Meilenstein 9

* Die Textziffernverweise beziehen sich auf den *IDW PS 320 n.F.* (Stand: 10.07.2014)

2. Zielsetzung des Konzernabschlussprüfers

6   Der Konzernabschlussprüfer hat Art und Umfang der im Einzelfall erforderlichen Tätigkeiten im Rahmen seiner Eigenverantwortlichkeit nach **pflichtgemäßem Ermessen** zu bestimmen. Das Ermessen wird durch gesetzliche Bestimmungen, *IDW Prüfungsstandards* sowie

ggf. erweiternde Bedingungen für den Auftrag und die jeweilige Berichtspflicht begrenzt (vgl. *IDW PS 200*, Tz. 18).

7 Die Anforderungen des *IDW PS 320 n.F.* dienen folgenden Zielen des Konzernabschlussprüfers (*IDW PS 320 n.F.*, Tz. 8):

- darüber zu entscheiden, ob die Wirtschaftsprüferpraxis den Auftrag zur Konzernabschlussprüfung annimmt,
- sich mit den Teilbereichsprüfern eindeutig über den Umfang und die Zeitpunkte der zur Rechnungslegung der Teilbereiche durchzuführenden Tätigkeiten sowie über deren Feststellungen auszutauschen und
- ausreichende und angemessene Prüfungsnachweise über die Rechnungslegungsinformationen der Teilbereiche und über den Konsolidierungsprozess zu gewinnen, um ein Prüfungsurteil darüber abgeben zu können, ob der Konzernabschluss in allen wesentlichen Belangen den maßgebenden Rechnungslegungsgrundsätzen entspricht.

3. Auftrag und Auftragsannahme

8 Bei der Auftragsannahme und Auftragsvereinbarung sind folgende Besonderheiten zu beachten:[1]

- Wird bei gesetzlich vorgeschriebenen Konzernabschlussprüfungen kein anderer Prüfer bestellt, so gilt nach § 318 Abs. 2 HGB der Prüfer als Konzernabschlussprüfer bestellt, der für die Prüfung des in den Konzernabschluss einbezogenen Jahresabschlusses der Muttergesellschaft bestellt worden ist. In diesem Fall muss der Abschlussprüfer in seinem Auftragsbestätigungsschreiben darauf ausdrücklich hinweisen.

Hinweis: Falls der Abschlussprüfer des Mutterunternehmens gleichzeitig der von Tochterunternehmen ist, ist i.d.R. für letztere der Auftrag gesondert zu bestätigen (vgl. IDW PS 220, Tz. 16).

- Der für die Konzernabschlussprüfung verantwortliche Wirtschaftsprüfer muss sich vor der Auftragsannahme davon überzeugen, dass die mit der Durchführung des Auftrags betrauten Personen, einschließlich der Teilbereichsprüfer, gemeinsam über angemessene praktische Erfahrungen, über ein Verständnis der fachlichen Regeln und die notwendigen Branchenkenntnisse verfügen, um den Auftrag ordnungsgemäß durchführen zu können (*IDW PS 320 n.F.*, Tz. 11).
- Vor der Auftragsannahme muss der für die Konzernabschlussprüfung verantwortliche Wirtschaftsprüfer beurteilen, ob von dem Konzernprüfungsteam voraussichtlich ausreichende und angemessene Prüfungsnachweise:
  - zum Konsolidierungsprozess und

---

[1] Hinsichtlich der allgemeinen Ausführungen siehe Kapitel A, Abschn. 4.2. und Kapitel B, Meilenstein 1.

- zu den Rechnungslegungsinformationen der Teilbereiche

als Grundlage für das Konzernprüfungsurteil gewonnen werden können. Hierzu muss das Konzernprüfungsteam ein (vorläufiges) Verständnis von dem Konzern, seinen Teilbereichen und dem jeweiligen Umfeld gewinnen, das ausreicht, um die voraussichtlich bedeutsamen Teilbereiche zu identifizieren.

- Außerdem ist zu beurteilen, ob das Konzernprüfungsteam im erforderlichen Umfang in die Prüfungshandlungen von Prüfern bedeutsamer Teilbereiche eingebunden werden kann, um ausreichende und angemessene Prüfungsnachweise zu erlangen *(IDW PS 320 n.F., Tz. 12, Tz. A10 f.)*.

- Das Mandat ist (unverzüglich) abzulehnen, wenn absehbar ist, dass das Konzernprüfungsteam aufgrund von Beschränkungen durch das Konzernmanagement keine ausreichenden und angemessenen Prüfungsnachweise erlangen kann und dieses Prüfungshemmnis voraussichtlich zu einer Versagung des Prüfungsurteils führt *(IDW PS 320 n.F., Tz. 13)*.

Hinweise: *Sofern der Auftrag bereits angenommen wurde, ist das Prüfungsurteil über den Konzernabschluss aufgrund solcher Beschränkungen durch das Konzernmanagement zu versagen, nachdem die Prüfung des Konzernabschlusses so weit wie möglich durchgeführt wurde. Eine Niederlegung des Auftrags ist nach § 318 HGB nicht zulässig.*

Bei nicht vom Konzernmanagement auferlegten Prüfungshemmnissen ist in Abhängigkeit von der Bedeutsamkeit des Teilbereichs und der Art des Prüfungshemmnisses zu entscheiden, ob der Auftrag angenommen werden kann (vgl. Beispiel in IDW PS 320 n.F., Tz. A12). Beschränkungen durch das Konzernmanagement sollten stets zum Anlass genommen werden, die Verlässlichkeit von Aussagen des Konzernmanagements insgesamt kritisch zu würdigen.

- Vereinbarung der Auftragsbedingungen gemäß *IDW PS 220* (*IDW PS 320 n.F., Tz. 12*).

- (PIE) Die Verpflichtung zur **externen und internen Rotation** (siehe Kapitel A, Abschn. 4.1.1. und Meilenstein 1, Abschn. **1.2.4.1.**) gilt auch für den Konzernabschluss (Artikel 17 i.V.m. Artikel 3 der EU-Verordnung Nr. 537/2014 und Artikel 2 Nr. 1 der Abschlussprüferrichtlinie).

- (PIE) Die Pflicht zur externen Rotation des Konzernabschlussprüfers betrifft ausschließlich die Prüfung der **Konzernobergesellschaft als PIE** (Konzernabschluss und auch Einzelabschluss), nicht die Abschlussprüfung bei ihren Tochterunternehmen. Ein Ausschluss als Abschlussprüfer auch bei dem Tochterunternehmen ist nur gegeben, wenn das Tochterunternehmen ebenfalls PIE ist und der Abschlussprüfer auch dort bereits das maximale Mandatsdauer erreicht hat (vgl. *IDW Positionspapier: Inhalte und Zweifelsfragen der EU-Verordnung und der Abschlussprüferrichtlinie* (Stand: 10.04.2017), S. 24).

- (PIE) Ist die **Konzernobergesellschaft ein in Deutschland ansässiges PIE** mit Tochterunternehmen in anderen EU-Mitgliedstaaten, richtet sich die externe Rotation des Abschlussprüfers bei den PIE-Tochterunternehmen nach dem Recht des Sitzstaates des jeweiligen Tochterunternehmens. Ist die Rotationsfrist in dem anderen EU-Mitgliedstaat kürzer als die Rotationsfrist des deutschen Konzernabschlussprüfers, dürfte aber weiter zulässig sein, dass der bisherige Abschlussprüfer des Tochterunternehmens das Konzernreporting für Zwecke der Konzernabschlussprüfung prüft, da er nach dem für die Obergesellschaft geltenden Recht nicht von der Abschlussprüfung ausgeschlossen ist (vgl. *IDW Positionspapier: Inhalte und Zweifelsfragen der EU-Verordnung und der Abschlussprüferrichtlinie* (Stand: 10.04.2017), S. 24 f.).

- **PIE** • Ist die **Konzernobergesellschaft selbst kein PIE**, hat aber PIE-Tochterunternehmen in verschiedenen Mitgliedstaaten der EU, kann es dazu kommen, dass die Abschlussprüfer bei den PIE-Tochtergesellschaften unterschiedlichen Rotationszyklen unterliegen, während für den Konzernabschlussprüfer keine Rotationspflicht nach der EU-Verordnung besteht (vgl. *IDW Positionspapier: Inhalte und Zweifelsfragen der EU-Verordnung und der Abschlussprüferrichtlinie (Stand: 10.04.2017), S. 25).*

- **PIE** • Als **verantwortlicher Prüfungspartner auf Konzernebene** gilt auch, wer als Wirtschaftsprüfer auf Ebene bedeutender Tochterunternehmen als für die Durchführung von deren Abschlussprüfung vorrangig verantwortlich bestimmt worden ist (§ 319a Abs. 2 Satz 2 HGB). Bedeutende Tochterunternehmen sind solche, deren Einbeziehung in den Konzernabschluss sowohl die Vermögens- als auch die Finanz- und Ertragslage des Konzerns erheblich beeinflusst. Davon ist regelmäßig auszugehen, wenn das Tochterunternehmen mehr als 20 % des Konzernvermögens hält oder mit mehr als 20 % zum Konzernumsatz beiträgt[2]. Von der internen Rotation auf Ebene bedeutender Tochterunternehmen sind Wirtschaftsprüfer der mit der Konzernabschlussprüfung beauftragten Wirtschaftsprüfungsgesellschaft erfasst (vgl. *IDW Positionspapier: Inhalte und Zweifelsfragen der EU-Verordnung und der Abschlussprüferrichtlinie (Stand: 10.04.2017), S. 34).*

Hinweise: Die Rotationspflicht gilt bei enger Auslegung des Gesetzeswortlauts nicht für die Wirtschaftsprüfer, die zwar die Hauptverantwortung als verantwortlicher Prüfungspartner für die **HB II** *oder das* **Reporting Package** *tragen, nicht jedoch die Prüfung des Jahresabschlusses eines bedeutenden Tochterunternehmens verantwortet haben, sofern – was in der Praxis derzeit selten vorkommen wird – die beiden Funktionen auseinanderfallen (siehe Begründung Beschlussempfehlung und Bericht des Rechtsausschusses zum Regierungs-E. BilMoG, BT-Drucks. 16/12407, S. 91; Gelhausen/Fey/Kämpfer, Rechnungslegung und Prüfung nach dem Bilanzrechtsmodernisierungsgesetz 2009, Abschn. T, Rn. 73 ff.).*

---

[2] Wird aus einem für die Vermögens-, Finanz- und Ertragslage unbedeutenden Unternehmen ein bedeutendes Unternehmen, setzt die Rotationspflicht erst ein, wenn der Wirtschaftsprüfer dieses Unternehmen während dessen „bedeutender Phase" sieben Jahre in Folge geprüft hat (vgl. Gesetzesbegründung zum Regierungsentwurf des BilMoG, BT-Drs. 16/10067, S. 89).

4. Gewinnung eines Verständnisses von dem Konzern, von seinen Teilbereichen und dem jeweiligen Umfeld

9   Das Konzernprüfungsteam muss die Risiken wesentlicher falscher Angaben im Konzernabschluss feststellen und beurteilen. Hierzu ist das bei Auftragsannahme gewonnene Verständnis von dem Konzern, von seinen Teilbereichen und dem jeweiligen Umfeld einschließlich des rechnungslegungsbezogenen konzernweiten Kontrollsystems durch weitere Prüfungshandlungen zur Risikobeurteilung zu vertiefen. Das Verständnis muss ausreichen, um die im Rahmen der Auftragsannahme gewonnene Einschätzung, welche Teilbereiche des Konzerns voraussichtlich bedeutsam sind, zu bestätigen oder zu revidieren und um die Risiken wesentlicher – beabsichtigter oder unbeabsichtigter – falscher Angaben zu beurteilen (*IDW PS 320 n.F.*, Tz. 15).

10   Das Verständnis erstreckt sich auch auf den **Prozess zur Aufstellung des Konzernabschlusses** einschließlich der vorgesehenen Konsolidierungsmaßnahmen, der Konzernbilanzierungsrichtlinien sowie der sonstigen Anweisungen des Konzernmanagements für die Aufstellung des Konzernabschlusses[3] (*IDW PS 320 n.F.*, Tz. 15).

11   Neben **Befragungen** des Konzernmanagements und des Managements der in den Konzernabschluss einzubeziehenden Teilbereiche sowie analytischen Beurteilungen ist eine Besprechung im Konzernprüfungsteam vorzunehmen (vgl. *IDW PS 261 n.F.*, Tz. 16 f.; *IDW PS 210*, Tz. 25). Zu möglichen Themen der Besprechung vgl. **Anhang 1 und 2** des *IDW PS 320 n.F.* In die Besprechung des Konzernprüfungsteams können nach pflichtgemäßem Ermessen des verantwortlichen Wirtschaftsprüfers auch Teilbereichsprüfer einzubeziehen sein (*IDW PS 320 n.F.*, Tz. A14).

12   Das notwendige Verständnis von dem Konzern, den einzubeziehenden Teilbereichen sowie von den Konsolidierungsgrundsätzen kann sich z.B. auf folgende Aspekte beziehen (vgl. auch **Anhang 1** des *IDW PS 320 n.F.*):

- die Konzernstruktur bzw. wesentliche Änderungen in der Konzernstruktur, z.B. ob Erst- oder Entkonsolidierungen von Tochtergesellschaften im Konzernabschluss zu berücksichtigen sind oder ob sich Veränderungen aus im Vergleich zum Vorjahr höheren bzw. geringeren Beteiligungsquoten ergeben? (Hinweise auf Fehlerrisiken: komplexe Konzernstruktur, häufige Umstrukturierungen, Zweifelsfragen zur Konsolidierungspflicht)

- (Änderungen der) für den Konzern bedeutsame(n) Geschäftstätigkeiten von Teilbereichen (Hinweise auf Fehlerrisiken: ungewöhnliche und/oder komplexe Geschäftsvorfälle)

---

[3] Beispiele für konzernweite Kontrollen und den Konsolidierungsprozess, von denen sich das Konzernprüfungsteam ein Verständnis verschaffen muss, nennt **Anhang 1** des *IDW PS 320 n.F.*

- (Änderungen in der) Zusammensetzung der Unternehmensorgane einschließlich der Unternehmensorgane bedeutsamer Teilbereiche (Hinweise auf Fehlerrisiken: schwache Strukturen in der Unternehmensführung und/oder -überwachung)

- Häufigkeit, Art und Umfang von Transaktionen zwischen Teilbereichen (Hinweise auf Fehlerrisiken: ungewöhnliche oder komplexe Geschäftsvorfälle, insb. mit nahe stehenden Personen)

- nahe stehende Personen aus Konzernsicht

- Vorhandensein und Angemessenheit einer Konzernbilanzierungsrichtlinie (Hinweise auf Fehlerrisiken: nicht eindeutige und vollständige bzw. konsistente Anweisungen)

- konzernweites rechnungslegungsbezogenes Kontrollsystem (z.B. konzerninterne Berichterstattungs- bzw. Controllingsysteme, organisatorische Vorkehrungen in Buchhaltung und IT-System zur Erfassung und Auswertung der eingehenden Unterlagen von Konzerngesellschaften, Risikomanagement, Überwachung der Konsolidierungsmaßnahmen) (Hinweise auf Fehlerrisiken: schwache konzernweite Kontrollen)

- Konsolidierungsprozess (z.B. Verfahren der Konzernleitung zur Sicherstellung, dass die gesetzlichen Vertreter der in den Konzernabschluss einzubeziehenden Teilbereiche die für den Konzern relevanten Rechnungslegungsgrundsätze verstehen und anwenden, Verfahren zur Abstimmung der Eingabedaten (Handelsbilanz I bzw. II) der Konzernteilbereiche sowie für die einzelnen Konsolidierungsbuchungen) (Hinweise auf Fehlerrisiken: unterschiedliche Bilanzierungsmethoden und Stichtage, unvollständige oder nicht autorisierte Konsolidierungsbuchungen)

- Nutzung von Dienstleistungsorganisationen im Konzern (konzerninterne Shared Services Centers) (Hinweise auf Fehlerrisiken: z.B. Teilbereiche in Steueroasen)[4]

*Hinweise auf Fehlerrisiken können in Arbeitshilfe **C-2.**: Leitfaden zur Organisation und Dokumentation der Konzernabschlussprüfung festgehalten werden.*

13 Das rechnungslegungsbezogene konzernweite Kontrollsystem kann sich u.a. auf folgende Aspekte beziehen[5]:

- Konzernweit anzuwendende Verhaltensregeln

- Bilanzierungshandbücher des Konzerns und Kontenplan

- Zuordnung von Weisungsbefugnis und Verantwortung an das Teilbereichsmanagement

- Zentrales IT-System mit konzernweiten IT-Kontrollen

- Sitzungen von Konzern- und Teilbereichsmanagement

---

[4] Zu den Besonderheiten bei der Prüfung von ausgelagerten Dienstleistungen in konzerninterne Shared Service Center vgl. *Fragen und Antworten: Zur praktischen Anwendung von ISA 600 bzw. IDW PS 320 n.F. (F & A zu ISA 600 bzw. IDW PS 320 n.F.)*, Abschn. 9.

[5] Weitere Hinweise enthält Abschn. 3. des *IDW PS 261 n.F.*

- Konzern-Controlling
- Analyse von Fehlerrisiken durch das Konzernmanagement
- Überwachung, dass die Rechnungslegungsinformationen der Teilbereiche ordnungsmäßig sind und Termine eingehalten werden
- Arbeit der Internen Revision
- Überwachung durch Aufsichtsorgane des Mutterunternehmens bzw. andere Teilbereiche

14 Hinsichtlich der Prüfungshandlungen zur **Feststellung von Risiken für Verstöße** durch das Konzernprüfungsteam wird auch auf die Ausführungen unter Kapitel B, Meilenstein 2, Abschn. 2.2.6. verwiesen.

15 Zu den Informationen, anhand derer **Risiken** wesentlicher falscher Angaben aufgrund von **Verstößen** festgestellt werden können, gehören:

- Beurteilung des Konzernmanagements, dass der Konzernabschluss infolge von Verstößen wesentliche falsche Angaben enthält,
- eingerichtete Prozesse des Konzernmanagements zur Feststellung der Risiken von Verstößen im Konzern und zur Reaktion auf diese sowie die Art und Weise, in der das Aufsichtsorgan solche Prozesse überwacht,
- die Frage, ob bestimmte Teilbereiche vorhanden sind, bei denen ein Risiko von Verstößen wahrscheinlich ist,
- Antworten des Aufsichtsorgans, des Konzernmanagements, der Internen Revision (sowie ggf. des Teilbereichsmanagements, der Teilbereichsprüfer und weiterer Personen) auf die Befragung durch das Konzernprüfungsteam, ob sie Kenntnis von vorliegenden, vermuteten oder behaupteten Verstößen haben (*IDW PS 320 n.F.*, Tz. 15).

*Weitere Hinweise können der Arbeitshilfe **B-2.5.**: Beurteilung des Risikos wesentlicher falscher Angaben in der Rechnungslegung aufgrund von Verstößen entnommen werden (vgl. insb. Abschn. 4).*

5. Gewinnung eines Verständnisses über Teilbereichsprüfer

16 **Teilbereichsprüfer** können sein (*IDW PS 320 n.F.*, Tz. A8):

- Abschlussprüfer, die eine Abschlussprüfung bei einem rechtlich selbstständigen Teilbereich, wie einem Tochterunternehmen, einem Joint Venture oder einer Beteiligungsgesellschaft, durchführen, das nach der Equity-Methode bilanziert wird,
- Abschlussprüfer, die eine Abschlussprüfung bei einem rechtlich unselbständigen Teilbereich, wie einer Niederlassung oder einer Sparte, durchführen, oder
- Prüfer, die eine prüferische Durchsicht, festgelegte Prüfungshandlungen oder festgelegte Untersuchungshandlungen im Hinblick auf Rechnungslegungsinformationen eines

Teilbereichs oder eine Prüfung von bestimmten Kontensalden, Arten von Geschäftsvorfällen oder Abschlussangaben eines Teilbereichs durchführen,

soweit diese Prüfer für Zwecke der Konzernabschlussprüfung tätig werden.

17 Das Verständnis des Konzernprüfungsteams von den Teilbereichsprüfern umfasst folgende Aspekte (vgl. *IDW PS 320 n.F.*, Tz. 16):

- ob von den Teilbereichsprüfern die für die Konzernabschlussprüfung maßgeblichen Berufspflichten – insb. zur **Unabhängigkeit** – beachten werden
- ob die Teilbereichsprüfer über ausreichende **fachliche Kompetenzen** verfügen
- ob das **Konzernprüfungsteam** in dem nach *IDW PS 320 n.F.* erforderlichen Umfang in die Tätigkeit der Teilbereichsprüfer **eingebunden** werden kann und
- ob die Teilbereichsprüfer in einem **regulatorischen Umfeld** tätig sind, in dem Abschlussprüfer aktiv beaufsichtigt werden.

Hinweise: Das Konzernprüfungsteam muss sich ein Bild nur von denjenigen Teilbereichsprüfern machen, deren Arbeit im Rahmen der Konzernabschlussprüfung verwertet werden soll. So ist es bspw. nicht erforderlich, sich ein Bild von den Prüfern derjenigen Teilbereiche zu machen, für die das Konzernprüfungsteam lediglich die Durchführung von analytischen Prüfungshandlungen auf Konzernebene plant (vgl. IDW PS 320 n.F., Tz. A16).

Die Verpflichtung, sich ein Verständnis von dem Abschlussprüfer zu machen, gilt unabhängig davon, ob der Prüfer zu derselben Prüfungsgesellschaft oder zu demselben Netzwerk gehört, wie das Konzernprüfungsteam. Art und Umfang der Überprüfung hängen von den Risikobeurteilungen des Konzernabschlussprüfers, dem Verständnis des Konzernabschlussprüfers von den Teilbereichsprüfern und der Bedeutung des jeweiligen Teilbereichs ab.

Ein besseres oder schlechteres Verständnis eines Teilbereichsprüfers hat direkte Auswirkungen auf Art, Zeitpunkte und Umfang der Einbindung des Konzernprüfungsteams in die Prüfungshandlungen eines Teilbereichsprüfers.

18 Das Konzernprüfungsteam darf die Arbeit anderer Teilbereichsprüfer grundsätzlich nicht verwerten bzw. die betreffenden Teilbereichsprüfer grundsätzlich nicht zu Untersuchungen zu den Teilbereichen auffordern, wenn schwerwiegende Bedenken in Bezug auf eine der ersten drei der in Tz. 17 genannten Bedingungen bestehen. In diesem Fall muss das Konzernprüfungsteam ausreichende und angemessene Prüfungsnachweise zu den Rechnungslegungsinformationen der Teilbereiche erlangen, ohne auf die Arbeit der betreffenden Teilbereichsprüfer zurückzugreifen (*IDW PS 320 n.F.*, Tz. 17).

Hinweise: Dies gilt insb. bei Bedenken gegen die Unabhängigkeit. Die Tatsache, dass ein Teilbereichsprüfer nicht unabhängig ist, kann nicht dadurch ausgeglichen werden, dass das Konzernprüfungsteam seine Einbindung in die Arbeit des Teilbereichsprüfers ausweitet oder selbst weitere Prüfungshandlungen zu den Rechnungslegungsinformationen des Teilbereichs durchführt. Demgegen-

über können weniger schwerwiegende Bedenken gegen die fachliche Kompetenz eines Teilbereichsprüfers (z.B. wegen des Umfangs branchenspezifischer Kenntnisse) oder aufgrund der Tatsache, dass der Teilbereichsprüfer nicht in einem Umfeld tätig ist, in dem Abschlussprüfer aktiv beaufsichtigt werden, ggf. dadurch ausgeglichen werden, dass das Konzernprüfungsteam in einem größeren Umfang in die Tätigkeit des Teilbereichsprüfers eingebunden wird oder zusätzliche eigene Prüfungshandlungen durchführt (IDW PS 320 n.F., Tz. A21).

*Bei **ausländischen Teilbereichsprüfern** ist es zur Einhaltung der für die Konzernabschlussprüfung maßgeblichen Berufspflichten im Regelfall ausreichend, wenn diese die Grundsätze von Teil A und B des **IESBA Code of Ethics for Professional Accountants**[6] beachten, es sei denn, besondere Unabhängigkeitsvorschriften, bspw. der SEC, sind zusätzlich einzuhalten (IDW PS 320 n.F., Tz. A20).*

19 Es stellt sich die Frage, ob ein Teilbereichsprüfer nicht nur in Bezug auf die Tochtergesellschaft, sondern auch in Bezug auf die Mutter- und andere Tochtergesellschaften eines Konzerns unabhängig sein muss. Der Fachausschuss Recht (FAR) hat diese Frage erörtert[7]: „Nach Anhang 4 zum *IDW PS 320 n.F.* hat der Teilbereichsprüfer zu erklären, dass er ein ausreichendes Verständnis besitzt, um seine Berufspflichten bei der Prüfung des Konzernabschlusses zu erfüllen. Konkretisiert wird das durch die Erklärung, gegenüber der Muttergesellschaft und den anderen Teilbereichen innerhalb des Konzerns unabhängig im Sinne der [relevanten Vorschriften] zu sein." Danach setzt die Frage, „ob und unter welchen Voraussetzungen sich der Konzernabschlussprüfer auf die Prüfungsergebnisse des Teilbereichsprüfers verlassen kann" voraus, „dass der Teilbereichsprüfer die maßgeblichen Berufspflichten beachtet und insb. auch unabhängig ist. Seine „Hilfsfunktion" für die Konzernabschlussprüfung könnte den Schluss nahe legen, dass der Teilbereichsprüfer dieselben Unabhängigkeitsanforderungen erfüllen muss wie der Konzernabschlussprüfer. Andererseits übernimmt der Teilbereichsprüfer jedoch nur die Verantwortung für den von ihm geprüften Teilbereichsabschluss. Um diesen frei von unsachgemäßen Erwägungen prüfen zu können, dürfte es in der Regel ausreichen, wenn die Unabhängigkeitsanforderungen bezogen auf dieses Unternehmen und nicht konzernweit erfüllt werden. Allerdings ist insoweit darauf abzustellen, ob und welche konkrete Bedeutung die jeweilige Unabhängigkeitsgefährdung für das geprüfte Unternehmen/den geprüften Teilbereich und damit für das Prüfungsurteil zum Teilbereich hat."

Beispiel:

Fall 1: Der Abschlussprüfer von T1 erstellt den Jahresabschluss für die Tochtergesellschaft T2 (bedeutsamer Teilbereich),

---

[6] International Federation of Accountants (IFAC), Handbook of the Code of Ethics for Professional Accountants (2014).
[7] Vgl. Online-Ergebnisbericht über die 102. Sitzung des FAR vom 13.12.2012, TOP 5, abrufbar im Mitgliederbereich der IDW Website in der Rubrik „Sitzungsberichte/Ergebnisberichte".

Fall 2: Der Abschlussprüfer von T1 ist an der Mutter- oder der Tochtergesellschaft T2 finanziell beteiligt.

Im ersten Fall ist der Abschlussprüfer in Bezug auf den von ihm geprüften Teilbereich T1 als unabhängig anzusehen, da sich aus der Erstellung des Jahresabschlusses von T2 keine Reflexwirkungen auf den zu prüfenden Jahresabschluss bzw. das Reporting Package für den Teilbereich T1 ergeben.

Im Fall der finanziellen Beteiligung (zweiter Fall) ist zu prüfen, ob der Abschlussprüfer gemäß § 319 Abs. 3 Nr. 1 HGB oder ggf. gemäß § 319 Abs. 2 HGB von der Prüfung bei T1 ausgeschlossen ist. Im Fall des § 319 Abs. 2 HGB besteht allerdings die Möglichkeit, durch Schutzmaßnahmen die Besorgnis der Befangenheit zu reduzieren.

Ist der Abschlussprüfer von T1 in ein Netzwerk gemäß § 319b HGB eingebunden, gelten die Erwägungen entsprechend, ggf. mit der nach § 319b Abs. 1 HGB vorgesehenen Entlastungsmöglichkeit.

20 Art, Umfang und Zeitpunkte der Prüfungshandlungen zur Gewinnung eines Verständnisses über Teilbereichsprüfer hängen von unterschiedlichen Einflussfaktoren ab; so kann z.B. auf bisherige Erfahrungen mit dem Teilbereichsprüfer zurückgegriffen werden. Dabei ist auch von Bedeutung, inwieweit das Konzernprüfungsteam und der Teilbereichsprüfer gemeinsamen bzw. gleichwertigen Regelungen und Maßnahmen unterliegen, bspw. bezüglich (vgl. *IDW PS 320 n.F.*, Tz. A19):

- Prüfungsmethodik und Qualitätssicherung,
- firmen- oder netzwerkweiten Überwachungsmaßnahmen,
- Gesetzen und anderen Rechtsvorschriften,
- beruflicher Aufsicht, berufsrechtlichen Regelungen und externer Qualitätskontrolle,
- Aus- und Weiterbildung,
- Berufsorganisationen und beruflichen Standards,
- Sprache und Kultur.

*Hinweis: Handelt es sich bei dem Teilbereichsprüfer um einen **deutschen Wirtschaftsprüfer** oder ist der Teilbereichsprüfer in einem **Mitgliedstaat der EU** in Übereinstimmung mit den Regeln der Abschlussprüferrichtlinie als gesetzlicher Abschlussprüfer zugelassen, kann das Konzernprüfungsteam grundsätzlich davon ausgehen, dass die berufliche Qualifikation und fachliche Kompetenz zur Durchführung von Abschlussprüfungen des Teilbereichsprüfers den geltenden Erfordernissen entspricht und dass der Teilbereichsprüfer einer aktiven Berufsaufsicht unterliegt (vgl. IDW PS 320 n.F., Tz. A18).*

21 Beispiele für Prüfungshandlungen zur Gewinnung eines Verständnisses über einen Teilbereichsprüfer sind (*IDW PS 320 n.F.*, Tz. A22):[8]

- Erörterungen mit dem Teilbereichsprüfer (z.B. unter Verwendung von elektronischer Kommunikationstechnik oder persönlich vor Ort) oder Verwendung entsprechender Fragebögen
- Anforderung schriftlicher Bestätigungen (vgl. Arbeitshilfe **C-4.-E., Appendix I**)
- Beurteilung der Ergebnisse von Qualitätssicherungsmaßnahmen, sofern das Konzernprüfungsteam und der Teilbereichsprüfer derselben Wirtschaftsprüfungsgesellschaft oder demselben Netzwerk angehören
- Befragung von Berufskollegen in der eigenen Wirtschaftsprüfungsgesellschaft oder im Netzwerk
- Einholung ergänzender Informationen, z.B. von Berufsverbänden.

Hinweise: Wenn in einem der Vorjahre bereits mit dem Teilbereichsprüfer zusammengearbeitet wurde, wird es i.d.R. genügen, das erlangte Verständnis zu aktualisieren und eine schriftliche Bestätigung vom Teilbereichsprüfer einzuholen, ob sich bei den oben genannten Punkten ggf. Änderungen ergeben haben und falls ja, welche.[9]

Das Erlangen des geforderten Verständnisses von dem Konzern (einschließlich des konzernweiten IKS) sowie von den Teilbereichsprüfern stellt speziell bei Erstprüfungen einen zeitintensiven und komplexen Prozess dar. Es empfiehlt sich daher, möglichst viele Prüfungsnachweise bereits im Vorfeld des Konzernabschlussstichtags im Rahmen von Vorprüfungen einzuholen.[10]

6. Bestimmung der Wesentlichkeit für die Konzernabschlussprüfung

22 Das Konzernprüfungsteam muss bei der Planung festlegen (*IDW PS 320 n.F.*, Tz. 19) **(siehe Arbeitshilfe C-3.)**:

- eine **Konzernwesentlichkeit**. Diese wird vornehmlich bei der Festlegung der Konzernprüfungsstrategie verwendet,
- (ggf.) eine oder mehrere unter der Konzernwesentlichkeit liegende **spezifische Wesentlichkeitsgrenzen** für bestimmte Arten von Geschäftsvorfällen, Kontensalden oder Abschlussangaben, wenn zu erwarten ist, dass darin enthaltene falsche Angaben bereits unter der Konzernwesentlichkeit die wirtschaftlichen Entscheidungen der Konzernabschlussadressaten beeinflussen (z.B. für Segmentinformationen),

---

[8] Zu Art, zeitlicher Einteilung und Umfang entsprechender Prüfungshandlungen vgl. auch Tz. A33 ff. des ISA 600.
[9] Vgl. *Link/Giese/Kunellis*, Geschäftsrisikoorientierte Prüfung des Konzernabschlusses, BB 8/2008, S. 381.
[10] Vgl. *Link/Giese/Kunellis*, Geschäftsrisikoorientierte Prüfung des Konzernabschlusses, BB 8/2008, S. 379.

- unter der Konzernwesentlichkeit liegende **Teilbereichswesentlichkeiten** für solche Teilbereiche, die für Zwecke der Konzernabschlussprüfung einer Prüfung oder prüferischen Durchsicht unterzogen werden (vgl. *IDW PS 320 n.F.*, Tz. A23) sowie

- eine **Nichtaufgriffsgrenze** für den Konzernabschluss, unterhalb derer falsche Angaben als zweifelsfrei unbeachtlich für den Konzernabschluss angesehen werden können (für Teilbereiche: Meldeschwelle für Mitteilung nicht korrigierter falscher Angaben).

23 Bereits die vom Konzernprüfungsteam festzulegenden **Teilbereichswesentlichkeiten** können der Berücksichtigung des Aggregationsrisikos für den Konzernabschluss als Ganzes dienen, sodass *IDW PS 320 n.F.* keine explizite Anforderung enthält, zusätzlich eine Toleranzwesentlichkeit für den Konzernabschluss als Ganzes festzulegen. Dessen ungeachtet kann es aber sinnvoll oder sogar notwendig sein, für den Konzernabschluss als Ganzes eine **Toleranzwesentlichkeit** (vgl. Meilenstein 3 für den Jahresabschluss) unterhalb der Konzernwesentlichkeit festzulegen. Dies ist z.B. der Fall, wenn das Konzernprüfungsteam auf Grundlage von Stichproben Konsolidierungsbuchungen oder einzelne Posten prüft (bspw. Steuern oder Pensionsrückstellungen) oder aussagebezogene analytische Prüfungshandlungen auf Konzernebene durchführt (vgl. *IDW PS 320 n.F.*, Tz. A24).

24 Wenn Teilbereichsprüfer zum Zwecke der Konzernabschlussprüfung Teilbereiche prüfen, müssen diese Toleranzwesentlichkeiten unterhalb der Teilbereichswesentlichkeiten festlegen, deren Angemessenheit durch das Konzernprüfungsteam zu beurteilen ist (vgl. *IDW PS 320 n.F.*, Tz. 20). Falls der Jahresabschluss eines Teilbereichs selbst der gesetzlichen Abschlussprüfung unterlegen hat und anhand dieser Prüfung Prüfungsnachweise für die Konzernabschlussprüfung gewonnen werden sollen, muss das Konzernprüfungsteam feststellen, ob die für diese Prüfung festgelegte Teilbereichswesentlichkeit und die Toleranzwesentlichkeit(en) auf Teilbereichsebene für Zwecke der Konzernabschlussprüfung die Anforderungen erfüllen (vgl. *IDW PS 320 n.F.*, Tz. 21).

25 Im Fall einer Konzernabschlussprüfung hat das Konzernprüfungsteam **verpflichtend** eine **Nichtaufgriffsgrenze** festzulegen und diese anschließend an die Teilbereichsprüfer zu kommunizieren (vgl. *IDW PS 320 n.F.*, Tz. 19d und Tz. 37). Hintergrund dieses Unterschieds zur Jahresabschlussprüfung ist, dass ein Teilbereichsprüfer nicht nach eigenem Ermessen beurteilen kann, unterhalb welches Grenzbetrags einzelne falsche Angaben für Zwecke der Konzernabschlussprüfung zweifelsfrei unbeachtlich sind. Das Konzernprüfungsteam hat daher eine eindeutige entsprechende Vorgabe zu machen.[11]

---

[11] *Fragen und Antworten: Zur Beurteilung der festgestellten falschen Darstellung nach ISA 450 bzw. IDW PS 250 n.F. (F & A zu ISA 450 bzw. IDW PS 250 n.F.)* (Stand: 25.07.2013), Abschn. 3.6.

7. Prüfungsstrategie und Prüfungsprogramm

26 Eine sachgerechte zeitliche, personelle und sachliche Planung ist erforderlich für eine wirksame und effiziente Konzernabschlussprüfung. Das Konzernprüfungsteam muss – auf der Grundlage des von dem Konzern, seinen Teilbereichen und den Teilbereichsprüfern gewonnenen Verständnisses – eine **Prüfungsstrategie** und ein **Prüfungsprogramm** festlegen, die durch den für die Konzernabschlussprüfung verantwortlichen Wirtschaftsprüfer durchzusehen sind (vgl. *IDW PS 320 n.F.*, Tz. 14).

7.1. Zeitliche Planung

27 Mit dem Konzernmanagement, dem Management der Teilbereiche und den Teilbereichsprüfern sollten u.a. folgende Termine abgestimmt werden:

- Versand der Prüfungsanweisungen (Group Audit Instructions) an Teilbereichsprüfer (ein Muster enthält die **Arbeitshilfe C-4.-E „Group Audit Instructions"**) sowie eine Bestätigung des Teilbereichsprüfer, dass er die Prüfungsanweisungen empfangen und gelesen hat und diese entsprechend einhalten wird („**Component Auditor's confirmation**", vgl. **Appendix I zur Arbeitshilfe C-4.-E**)

- Aufbau- und Funktionsprüfungen des konzernweiten Kontrollsystems, einschließlich der Konzernrichtlinie sowie ggf. des Risikofrüherkennungssystems (möglichst i.R. einer Vorprüfung)

- Ggf. Vorlage der Prüfungsplanung von Teilbereichsprüfern

- Meldung wesentlicher Sachverhalte, die die Einhaltung des Prüfungszeitplans gefährden könnten („Early Warning Memorandum", vgl. **Appendix II zu Arbeitshilfe C-4.-E**).

- Meldetermin der Rechnungslegungsinformationen (Reporting Packages) der in den Konzernabschluss einzubeziehenden Unternehmen und der Berichterstattung von Teilbereichsprüfern („**Component Auditor's Report on the Group Reporting Package**" und „**Completion Memorandum**", vgl. **Appendix IIIa, IIIb, IIIc, IIId, IVa und IVb zu Arbeitshilfe C-4.-E**)

- Mitteilung wesentlicher Ereignisse zwischen dem Abschlussdatum des Teilbereichs und dem Bestätigungsvermerk zum Konzernabschluss („**Subsequent Events Memorandum**"; vgl. **Appendix VIII zu Arbeitshilfe C-4.-E**).

- Vorlage des Konzernabschlusses und des Konzernlageberichts

- Abgabe des Leseexemplars des Konzernprüfungsberichts (Entwurf)

- Auslieferung des endgültigen Konzernprüfungsberichts und Datum des Konzernbestätigungsvermerks

- Ggf. Management Letter.

*Hinweis: Wenn an der Konzernabschlussprüfung Teilbereichsprüfer beteiligt sind, sollte das Konzernprüfungsteam auf eine strikte **Rücklaufkontrolle** der angeforderten Mitteilungen/Berichterstattungen zu den angegebenen Terminen achten, um den Zeitplan einzuhalten. Bei zeitlichen Engpässen sollte*

> das Konzernprüfungsteam zusammen mit dem jeweiligen Teilbereichsprüfer nach Lösungen suchen, um Verzögerungen der Berichterstattung zu vermeiden. In Frage kommen z.B. eine Vergrößerung des Prüfungsteams, die Ausweitung der Vorprüfung oder das Vorziehen des Buchungsschlusses des Teilbereichs.

7.2. Personelle Planung

28 Das Konzernprüfungsteam muss insgesamt über ausreichende Kenntnisse, Erfahrungen und zeitliche Ressourcen verfügen, um die Konzernabschlussprüfung ordnungsgemäß abwickeln zu können. Die Planung des Mitarbeitereinsatzes muss sicherstellen, dass ausreichende Kenntnisse der anzuwendenden Rechnungslegungsstandards (z.B. IFRS) und IT-Kenntnisse zum Verständnis der Konsolidierungssoftware des Konzerns vorhanden sind. Des Weiteren sind der Einsatz von Spezialisten und die Zusammenarbeit mit Teilbereichsprüfern zu planen.

7.3. Sachliche Planung

29 Gegenstand der sachlichen Planung ist die Entwicklung der Prüfungsstrategie und des Prüfungsprogramms auf der Grundlage des gewonnenen Verständnisses über den Konzern, seine Teilbereiche und deren jeweiliges Umfeld sowie über die eingesetzten Teilbereichsprüfer. Das Konzernprüfungsteam reagiert damit auf die beurteilten Risiken wesentlicher falscher Angaben in der Konzernrechnungslegung.

30 Das Konzernprüfungsteam muss den Teilbereichsprüfern seine Prüfungsanweisungen für die Prüfung von Teilbereichen mitteilen; in der Regel erfolgt dies in einer schriftlichen Konzern-Prüfungsanweisung (**„Group Audit Instructions"**, siehe **Arbeitshilfe C-4.-E**). Die Konzern-Prüfungsanweisungen sollten klar und eindeutig formuliert sein. Das Konzernprüfungsteam muss dafür Sorge tragen, dass sie frühzeitig (spätestens zu Beginn der Vorprüfung) an die beteiligten Teilbereichsprüfer weitergeleitet werden. Dies gilt insb. dann, wenn sich Art und Umfang der durchzuführenden Tätigkeiten gegenüber dem Vorjahr wesentlich verändern. Die Konzern-Prüfungsanweisungen müssen mindestens Folgendes umfassen (vgl. *IDW PS 320 n.F.*, Tz. 37):[12]

---

[12] **Anhang 3** des *IDW PS 320 n.F.* enthält weitere Hinweise zum Inhalt von Audit Instructions.

Mindestinhalte der Group Audit Instructions des Konzernprüfungsteams
• Informationen zur Art der durchzuführenden Tätigkeiten einschließlich einer Zeitplanung und zum Umfang der geplanten Verwertung der Tätigkeiten des Teilbereichsprüfers (z.B. Übersicht über voll zu prüfende oder einer prüferischen Durchsicht[13] zu unterziehende Gesellschaften; Festlegung der zu prüfenden/prüferisch durchzusehenden Rechnungslegungsinformationen; Vorgabe von Prüfungsschwerpunkten)
• Festlegung von Form und Inhalt der Kommunikation des Teilbereichsprüfers mit dem Konzernprüfungsteam (z.B. frühzeitige Kommunikation von Untersuchungsergebnissen)
• Aufforderung zu bestätigen, dass der Teilbereichsprüfer in Kenntnis des Zusammenhangs, in dem das Konzernprüfungsteam die Arbeit verwerten will, mit dem Konzernprüfungsteam zusammenarbeiten wird
• die zu beachtenden Berufspflichten, insb. die Unabhängigkeitsanforderungen
• <u>bei Prüfung oder prüferischer Durchsicht der Rechnungslegungsinformationen von Teilbereichen</u>: Teilbereichswesentlichkeiten (sowie erforderlichenfalls Wesentlichkeitsgrenze(n) für bestimmte Arten von Geschäftsvorfällen, Kontensalden oder Abschlussangaben) und Nichtaufgriffsgrenzen (siehe Abschn. 6.).
• festgestellte bedeutsame Risiken wesentlicher – beabsichtigter oder unbeabsichtigter – falscher Angaben im Konzernabschluss, die für die Tätigkeit des Teilbereichsprüfers relevant sind, verbunden mit der Aufforderung, dem Konzernprüfungsteam andere festgestellte, für den Konzernabschluss bedeutsame Risiken und die Reaktion darauf zeitgerecht mitzuteilen.
• die Ergebnisse der vom Konzernprüfungsteam durchgeführten Prüfung konzernweiter Kontrollen, soweit diese Information für die Tätigkeit der Teilbereichsprüfer erforderlich ist.
• eine vom Konzernmanagement angefertigte Aufstellung der nahe stehenden Personen des Konzerns, verbunden mit der Aufforderung, dem Konzernprüfungsteam ggf. weitere bekannte nahe stehende Personen zeitgerecht mitzuteilen.
• Aufforderung zur Mitteilung/Berichterstattung gegenüber dem Konzernprüfungsteam über Sachverhalte, die für die Konzernabschlussprüfung relevant sind

---

[13] Vgl. *IDW Prüfungsstandard: Grundsätze für die prüferische Durchsicht von Abschlüssen (IDW PS 900)* bzw. ISRE 2400 (Revised) „Engagements to Review Financial Statements".

Mindestinhalte der Group Audit Instructions des Konzernprüfungsteams
(vgl. Abschn. 10.).

Hinweise: Für den Teilbereichsprüfer ist es hilfreich, wenn das Konzernprüfungsteam in einem begleitenden Schreiben hervorhebt, was sich gegenüber dem Vorjahr in den Prüfungsanweisungen geändert hat und welchen Problembereichen der Teilbereichsprüfer besondere Aufmerksamkeit widmen sollte. Das Konzernprüfungsteam hat sich von den Teilbereichsprüfern den Empfang und die Einhaltung der Prüfungsanweisungen (schriftlich) bestätigen zu lassen (vgl. **Appendix I zur Arbeitshilfe C-4.-E***).*

Die frühzeitige Weitergabe der Prüfungsanweisungen ist von außerordentlicher Bedeutung, damit der Teilbereichsprüfer rechtzeitig vorbereitende Gespräche mit dem Management vor Ort führen kann, die Zusammensetzung des Teams frühzeitig planen und andere Vereinbarungen zu Beginn der Tätigkeiten treffen kann.

8. Reaktion auf die beurteilten Risiken

31 Als Reaktion auf die beurteilten Fehlerrisiken muss das Konzernprüfungsteam die Art der Tätigkeiten festlegen, die von dem Konzernprüfungsteam oder von den Teilbereichsprüfern in Bezug auf die Rechnungslegungsinformationen der Teilbereiche durchzuführen sind. Darüber hinaus muss das Konzernprüfungsteam Art, Umfang und zeitliche Einteilung seiner Einbindung in die Tätigkeit der Teilbereichsprüfer festlegen (vgl. *IDW PS 320 n.F.*, Tz. 22, Tz. A26).

8.1. Funktionsprüfungen des konzernweiten internen Kontrollsystems

32 Wenn das Konzernprüfungsteam einen Teil seiner Prüfungssicherheit aus der Annahme wirksamer konzernweiter Kontrollen ziehen will oder wenn aussagebezogene Prüfungshandlungen allein keine ausreichenden und angemessenen Nachweise auf Aussageebene liefern können, muss das Konzernprüfungsteam die Wirksamkeit dieser Kontrollen prüfen oder einen Teilbereichsprüfer auffordern, diese Prüfung durchzuführen (vgl. *IDW PS 320 n.F.*, Tz. 23). Im letzteren Fall muss das Konzernprüfungsteam die Teilbereichsprüfer anweisen, es über festgestellte wesentliche Schwächen des rechnungslegungsbezogenen internen Kontrollsystems zu unterrichten (*IDW PS 320 n.F.*, Tz. 38).

8.2. Festlegung der Art der Tätigkeiten in Bezug auf die Rechnungslegungsinformationen von Teilbereichen

8.2.1. Bedeutsame Teilbereiche

33 Die in den Konzernabschluss einbezogenen Teilbereiche werden klassifiziert in bedeutsame und nicht bedeutsame Teilbereiche:

```
                    ┌─────────────────┐
                    │  Teilbereiche   │
                    └─────────────────┘
                      ↙           ↘
        ┌──────────────────┐   ┌──────────────────┐
        │    Bedeutsame    │   │  Nicht bedeutsame│
        │   Teilbereiche   │   │   Teilbereiche   │
        └──────────────────┘   └──────────────────┘
           ↙         ↘
┌──────────────────┐ ┌──────────────────┐
│ Bedeutsamer      │ │ Teilbereiche mit │
│ Teilbereich      │ │ bedeutsamen      │
│ aufgrund wirt-   │ │ Risiken aufgrund │
│ schaftlichen     │ │ spezifischer     │
│ Gewichts/finan-  │ │ Merkmale oder    │
│ zieller Größe    │ │ Umstände         │
└──────────────────┘ └──────────────────┘
```

Einbindung des Konzernabschlussprüfers in die Arbeit des Teilbereichsprüfers

In der Regel nur analytische Prüfungshandlungen durch Konzernabschlussprüfer

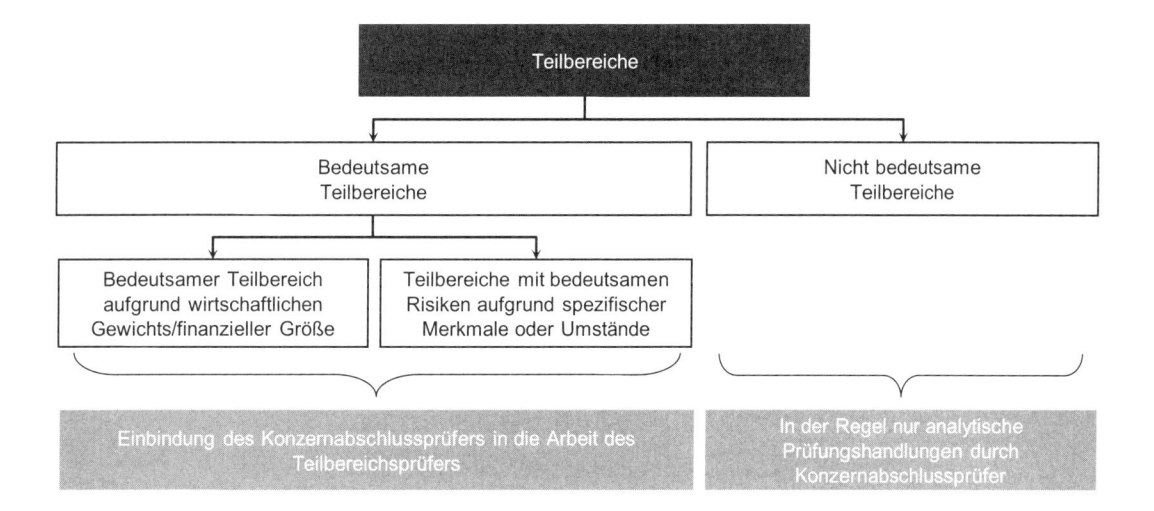

34   Teilbereiche, die bei der Risikobeurteilung als bedeutsam eingeschätzt werden, sind in Abhängigkeit von den beurteilten Risiken auf Folgendes zu untersuchen:

- Ist der Teilbereich aufgrund seines **wirtschaftlichen Gewichts** bedeutsam für den Konzern?[14]

  ⇨ **Prüfung der Rechnungslegungsinformationen des Teilbereichs** durch das Konzernprüfungsteam oder den Teilbereichsprüfer (vgl. *IDW PS 320 n.F.*, Tz. 24)

- Beinhaltet der Teilbereich aufgrund seiner spezifischen Merkmale (z.B. der Art seines Geschäfts) oder sonstiger Gegebenheiten wahrscheinlich **bedeutsame Risiken wesentlicher falscher Angaben** im Hinblick auf die Konzernrechnungslegung?

  ⇨ Nach pflichtgemäßem Ermessen des Konzernprüfungsteams muss das Konzernprüfungsteam oder ein Teilbereichsprüfer eine oder mehrere der folgenden Maßnahmen durchführen (*IDW PS 320 n.F.*, Tz. 25):

  (a) **Prüfung der Rechnungslegungsinformationen des Teilbereichs** (z.B. wenn das bedeutsame Risiko nicht auf bestimmte Bereiche begrenzt ist) oder

  (b) **Prüfung von bestimmten Kontensalden, Arten von Geschäftsvorfällen oder Abschlussangaben**, die im Zusammenhang mit den bedeutsamen Risiken stehen, und/oder

  (c) **festgelegte Prüfungshandlungen** im Hinblick auf die bedeutsamen Risiken (wenn ein bedeutsames Fehlerrisiko durch bestimmte Prüfungshandlungen hinreichend adressiert werden kann).

---

[14] Die Entscheidung, ob ein Teilbereich wegen seines wirtschaftlichen Gewichts als bedeutsam anzusehen ist, liegt im pflichtgemäßen Ermessen des Konzernprüfungsteams. In den Anwendungshinweisen des *IDW PS 320 n.F.* wird beispielhaft ein Prozentsatz von 15 % der konsolidierten Vermögenswerte, Verbindlichkeiten, Cashflows, des Konzerngewinns oder der Konzernumsatzerlöse genannt, der für die Bestimmung von bedeutsamen Teilbereichen verwendet werden kann. In Abhängigkeit von den jeweiligen Merkmalen und Umständen des Konzerns kann jedoch auch ein höherer oder niedrigerer Prozentsatz als angemessen erachtet werden (vgl. *IDW PS 320 n.F.*, Tz. A5).

> *Hinweise: Teilbereiche, die wahrscheinlich bedeutsame Risiken enthalten, sind z.B. solche, die:*
>
> - *Tätigkeiten mit besonderen Haftungsrisiken durchführen,*
>
> - *zentrale Aufgaben für den Konzern wahrnehmen, z.B. den konzernweiten Derivate- oder Devisenhandel (IDW PS 320 n.F., Tz. A6),*
>
> - *spezifische Länderrisiken aufweisen,*
>
> - *Neugründungen oder Neuerwerbungen darstellen.*
>
> - *Bedeutsame Risiken können sich auch aus Sachverhalten ergeben, die zu wesentlichen falschen Angaben im Konzernlagebericht führen können.*

8.2.2. Nicht bedeutsame Teilbereiche

35 Für nicht bedeutsame Teilbereiche sind **analytische Prüfungshandlungen** auf Konzernebene vom Konzernprüfungsteam durchzuführen. Die Ergebnisse der analytischen Prüfungshandlungen dienen der Bestätigung, dass in der Rechnungslegung der nicht als bedeutsam eingestuften Teilbereiche insgesamt keine bedeutsamen Risiken vorhanden sind (IDW PS 320 n.F., Tz. 26, Tz. A28).

> *Hinweise: Es empfiehlt sich, die analytischen Prüfungshandlungen bereits bei der Prüfungsplanung durchzuführen, sodass bei Aufdeckung eines bedeutsamen Fehlerrisikos noch genügend Zeit für eine Anpassung der Prüfungsstrategie besteht.[15]*
>
> *In der Regel werden analytische Prüfungshandlungen zur Risikobeurteilung (vgl. Meilenstein 2, Abschn. 2.2.3.) grundsätzlich ausreichend sein; aussagebezogene analytische Prüfungshandlungen (vgl. Meilenstein 7, Abschn. 7.2.3.) können nach prüferischem Ermessen zusätzlich durchgeführt werden, wobei zu überlegen ist, ob die Anforderungen des IDW PS 312 angesichts des hohen Aggregationsgrads der Rechnungslegungsinformationen auf Konzernebene eingehalten werden können (vgl. (F & A zu ISA 600 bzw. IDW PS 320 n.F.[16]).*

36 In Abhängigkeit von den Ergebnissen der Prüfung des konzernweiten internen Kontrollsystems und den in Tz. 33 - 35 genannten Prüfungshandlungen ist zu entscheiden, ob **weitere Tätigkeiten in Bezug auf nicht bedeutsame Teilbereiche** erforderlich sind, um insgesamt ausreichende und angemessene Prüfungsnachweise als Grundlage für das Konzernprüfungsurteil zu erhalten. In diesem Fall muss das Konzernprüfungsteam einzelne nicht bedeutsame Teilbereiche auswählen, für die es entweder selbst oder für Zwecke der Verwer-

---

[15] Vgl. *Link/Giese/Kunellis*, Geschäftsrisikoorientierte Prüfung des Konzernabschlusses, BB 8/2008, S. 380.

[16] *Fragen und Antworten: Zur praktischen Anwendung von ISA 600 bzw. IDW PS 320 n.F. (F & A zu ISA 600 bzw. IDW PS 320 n.F.)* (Stand: 06.07.2015).

tung ein Teilbereichsprüfer eine oder mehrere der folgenden Arten von Tätigkeiten durchführt: (*IDW PS 320 n.F.*, Tz. 27):

- Prüfung der Rechnungslegungsinformationen des Teilbereichs unter Anwendung der Teilbereichswesentlichkeit
- Prüfung von bestimmten Kontensalden, Arten von Geschäftsvorfällen oder Abschlussangaben
- prüferische Durchsicht der Rechnungslegungsinformationen des Teilbereichs unter Anwendung der Teilbereichswesentlichkeit
- festgelegte Untersuchungshandlungen.

Die Auswahl der Teilbereiche ist im Zeitablauf zu verändern.

*Hinweise: Eine prüferische Durchsicht der Rechnungslegungsinformationen eines Teilbereichs wird in Anwendung anerkannter **Grundsätze für die prüferische Durchsicht** von Abschlüssen durchgeführt. Hierzu gehören z.B. IDW PS 900[17] sowie ISRE 2400[18] und ISRE 2410[19]. Darüber hinaus kann das Konzernprüfungsteam weitere Untersuchungshandlungen zur Ergänzung dieser Tätigkeit festlegen.*

37 Wie viele und welche Teilbereiche nach Tz. 36 auszuwählen sind sowie die Art der weiteren Tätigkeiten sind abhängig von verschiedenen Faktoren (vgl. ausführlich *IDW PS 320 n.F.*, Tz. A30), z.B.:

- ob Teilbereiche neu gegründet oder übernommen wurden oder bedeutsame Änderungen in Teilbereichen zu verzeichnen waren,
- der Wirksamkeit von konzernweiten Kontrollen oder
- ungewöhnlichen Schwankungen, die durch analytische Prüfungshandlungen auf Konzernebene festgestellt wurden.

Hinweis: Es ist zu empfehlen, in Bezug auf Art und Umfang der weiteren Untersuchungen Überraschungselemente zu berücksichtigen.

Zusammenfassende **Übersicht** über die Art der Tätigkeiten in Bezug auf Teilbereiche (entnommen aus *IDW PS 320 n.F.*, Tz. A31)[20]:

---

[17] *IDW Prüfungsstandard: Grundsätze für die prüferische Durchsicht von Abschlüssen (IDW PS 900)* (Stand: 01.10.2002).
[18] *International Standard on Review Engagements (ISRE) 2400: "Engagements to Review Financial Statements".*
[19] *International Standard on Review Engagements (ISRE) 2410: "Review of Interim Financial Information Performed by the Independent Auditor of the Entity".*
[20] Die Textziffern in dieser Übersicht beziehen sich auf den *IDW PS 320 n.F.*

Flussdiagramm

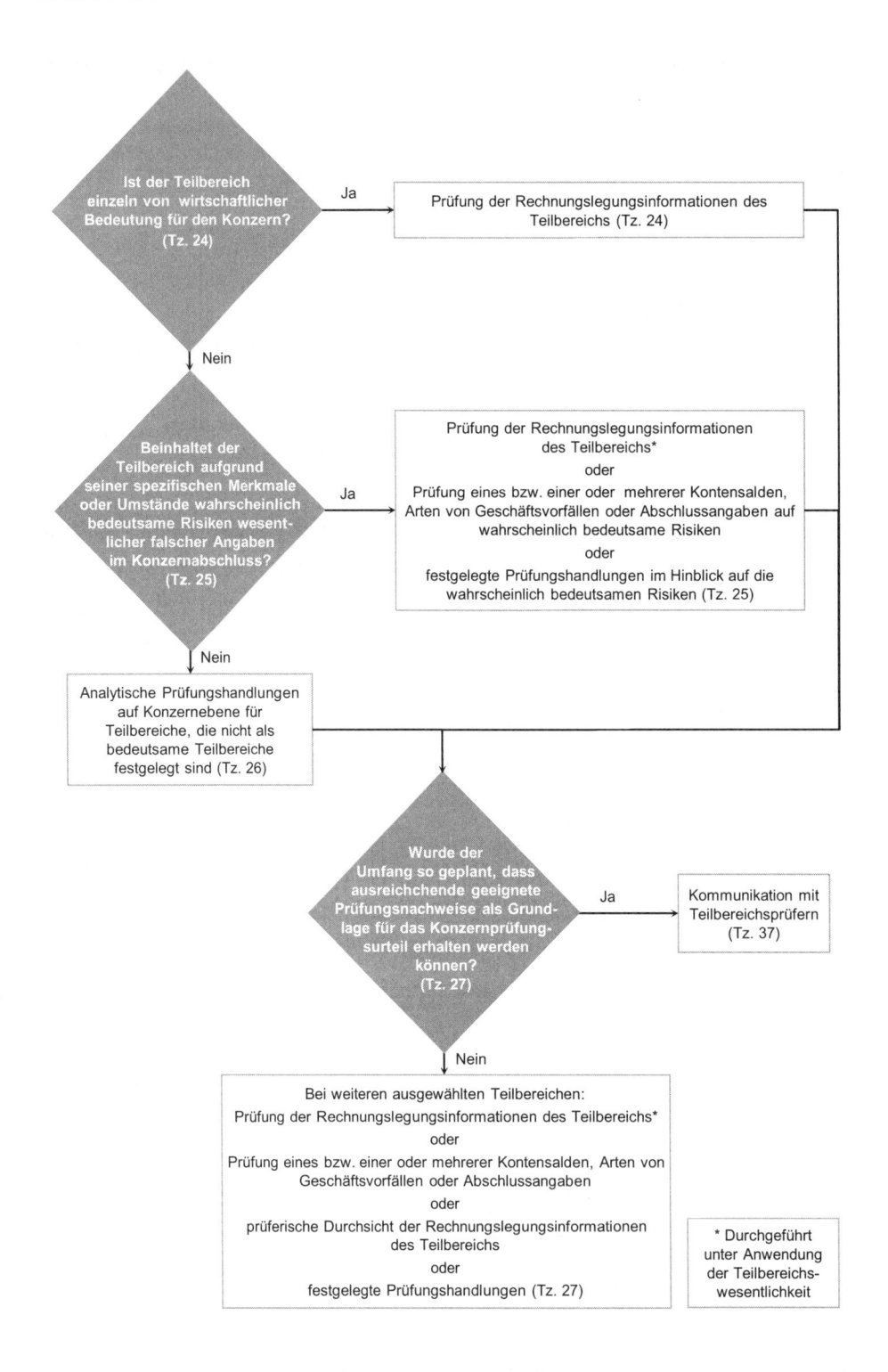

Ist der Teilbereich einzeln von wirtschaftlicher Bedeutung für den Konzern? (Tz. 24)
- Ja → Prüfung der Rechnungslegungsinformationen des Teilbereichs (Tz. 24)
- Nein ↓

Beinhaltet der Teilbereich aufgrund seiner spezifischen Merkmale oder Umstände wahrscheinlich bedeutsame Risiken wesentlicher falscher Angaben im Konzernabschluss? (Tz. 25)
- Ja → Prüfung der Rechnungslegungsinformationen des Teilbereichs*
  oder
  Prüfung eines bzw. einer oder mehrerer Kontensalden, Arten von Geschäftsvorfällen oder Abschlussangaben auf wahrscheinlich bedeutsame Risiken
  oder
  festgelegte Prüfungshandlungen im Hinblick auf die wahrscheinlich bedeutsamen Risiken (Tz. 25)
- Nein ↓

Analytische Prüfungshandlungen auf Konzernebene für Teilbereiche, die nicht als bedeutsame Teilbereiche festgelegt sind (Tz. 26)

Wurde der Umfang so geplant, dass ausreichende geeignete Prüfungsnachweise als Grundlage für das Konzernprüfungsurteil erhalten werden können? (Tz. 27)
- Ja → Kommunikation mit Teilbereichsprüfern (Tz. 37)
- Nein ↓

Bei weiteren ausgewählten Teilbereichen:
Prüfung der Rechnungslegungsinformationen des Teilbereichs*
oder
Prüfung eines bzw. einer oder mehrerer Kontensalden, Arten von Geschäftsvorfällen oder Abschlussangaben
oder
prüferische Durchsicht der Rechnungslegungsinformationen des Teilbereichs
oder
festgelegte Prüfungshandlungen (Tz. 27)

* Durchgeführt unter Anwendung der Teilbereichswesentlichkeit

8.3. Einbindung des Konzernprüfungsteams in die Tätigkeit von Teilbereichsprüfern

Bedeutsame Teilbereiche – Risikobeurteilung und weitere Prüfungshandlungen bei bedeutsamen Risiken

38 Das Konzernprüfungsteam muss in die **Risikobeurteilungen** der Prüfer **von bedeutsamen Teilbereichen** eingebunden sein (*IDW PS 320 n.F.*, Tz. 28). Damit soll insb. sichergestellt werden, dass bedeutsame Fehlerrisiken in der Konzernrechnungslegung erkannt werden,

deren Tragweite ein Teilbereichsprüfer allein nicht vollständig absehen kann oder die erst in einer Gesamtbetrachtung mehrerer Teileinheiten als bedeutsame Risiken zu erkennen sind.[21] **Art, Umfang und zeitliche Einteilung** der Einbindung sind abhängig von dem Verständnis über den Teilbereich und der Beurteilung der Unabhängigkeit, Kompetenz etc. des jeweiligen Teilbereichsprüfers (*IDW PS 320 n.F.*, Tz. 29).

39   Die Einbeziehung muss jedoch bei bedeutsamen Teilbereichen mindestens umfassen (kumulativ):

(a) Erörterung der für den Konzern bedeutsamen Geschäftsaktivitäten des Teilbereichs mit dem Teilbereichsprüfer oder dem Management des Teilbereichs;

(b) Erörterung mit dem Teilbereichsprüfer, inwiefern der Teilbereich anfällig ist für wesentliche – beabsichtigte oder unbeabsichtigte – falsche Angaben in der Rechnungslegung;

(c) Durchsicht der Dokumentation des Teilbereichsprüfers über festgestellte bedeutsame Risiken wesentlicher falscher Angaben im Konzernabschluss; diese Dokumentation kann in Form eines **Memorandums** erfolgen, das die festgestellten bedeutsamen Risiken und die Schlussfolgerungen des Teilbereichsprüfers zu diesen Risiken enthält, vgl. **Appendix IVa und IVb zu Arbeitshilfe C-4.-E**.

Hinweis: Die Notwendigkeit zur Einbindung des Konzernprüfungsteams gilt auch dann, wenn ein bedeutsamer Teilbereich nach der Equity-Methode in den Konzernabschluss einbezogen wird (vgl. IDW PS 320 n.F., Tz. A3). Soweit in der Vergangenheit keine oder keine wesentliche Einbindung des Konzernabschlussprüfers in Bezug auf einen nach der Equity-Methode in den Konzernabschluss einbezogenen Teilbereich stattgefunden hat, empfiehlt es sich, so früh wie möglich mit dem Abschlussprüfer dieses Teilbereichs Kontakt aufzunehmen, um festzustellen, ob eine Einbindung möglich ist, um ausreichende Prüfungsnachweise zu erlangen. Sollten sich hierbei Schwierigkeiten ergeben, sollte das Konzernprüfungsteam dies sobald wie möglich mit dem Konzernmanagement besprechen, um eine Lösung zu finden und die Auswirkungen auf die Durchführung der Konzernabschlussprüfung zu beurteilen (vgl. F & A zu ISA 600 bzw. IDW PS 320 n.F.).

40   Eine Einbindung des Konzernprüfungsteams in die Risikobeurteilung bei **nicht bedeutsamen Teilbereichen** liegt im pflichtgemäßen Ermessen des Konzernprüfungsteams. Auch bei einem nicht als bedeutsam angesehenen Teilbereich kann es das Konzernprüfungsteam auf der Grundlage seines Verständnisses über den Teilbereichsprüfer als notwendig ansehen, in die Risikobeurteilungen des Teilbereichsprüfers einbezogen zu werden, wenn es z.B. Bedenken gegen die fachliche Kompetenz eines Teilbereichsprüfers (z.B. in Bezug auf den Umfang oder die Aktualität der branchenspezifischen Kenntnisse) hat. Diese Bedenken

---

[21] Vgl. *Link/Giese/Kunellis*, Geschäftsrisikoorientierte Prüfung des Konzernabschlusses, BB 8/2008, S. 379.

dürfen nicht so gravierend sind, dass eine Verwertung der Tätigkeit des Teilbereichsprüfers nicht in Betracht kommt (*IDW PS 320 n.F.*, Tz. A32).

Weitere Formen der Einbindung in die Tätigkeit des Teilbereichsprüfers

41   Die weitere Einbindung des Konzernprüfungsteams in die Prüfung von Teilbereichen kann darüber hinaus durch folgende Maßnahmen (ggf. unter Nutzung von Kommunikationstechnik) erfolgen (*IDW PS 320 n.F.*, Tz. A33):

- Teilnahme an Sitzungen mit dem Teilbereichsmanagement und/oder den Teilbereichsprüfern, um ein Verständnis von dem Teilbereich und seinem Umfeld zu gewinnen;
- Durchsicht der Prüfungsstrategie und des Prüfungsprogramms;
- Durchführung von Prüfungshandlungen zur Risikobeurteilung (zusammen mit dem Teilbereichsprüfer oder durch das Konzernprüfungsteam allein);
- Teilnahme an Schlussbesprechungen und anderen besonders wichtigen Sitzungen mit dem Teilbereichsmanagement;
- Durchsicht anderer relevanter Teile der Prüfungsdokumentation der Teilbereichsprüfer.

Hinweise: Wenn dem Zugang zu relevanten Teilen der Prüfungsdokumentation eines Teilbereichsprüfers Gesetze oder andere Rechtsvorschriften entgegenstehen, kann das Konzernprüfungsteam den Teilbereichsprüfer auffordern, ein Memorandum zu erstellen, das die relevanten Informationen umfasst.

Art und Umfang der Durchsicht anderer relevanter Teile der Prüfungsdokumentation des Teilbereichsprüfers liegen im pflichtgemäßen Ermessen des Konzernprüfungsteams; in der Praxis kann sich eine Durchsicht der Arbeitspapiere vor Ort (neben der Durchsicht des vom Teilbereichsprüfer verfassten Memorandums) ggf. als nicht erforderlich herausstellen, wenn das Konzernprüfungsteam z.B.

- *ein ausreichendes Verständnis von dem Teilbereichsprüfer hat,*
- *es entsprechend den Anforderungen des IDW PS 320 n.F. in angemessenem Umfang in die Tätigkeit des Teilbereichsprüfers eingebunden war und*
- *es bedeutsame Sachverhalte, die sich aus der Beurteilung der Berichterstattung des Teilbereichsprüfers ergeben haben, mit diesem in ausreichendem Umfang erörtert hat (vgl. F & A zu ISA 600 bzw. IDW PS 320 n.F.)*

Festgestellte bedeutsame Risiken wesentlicher falscher Angaben – Einbindung des Konzernprüfungsteams in weitere Prüfungshandlungen

42   Sofern in einem Teilbereich für den Konzernabschluss **bedeutsame Risiken** festgestellt wurden, muss das Konzernprüfungsteam die Angemessenheit der (geplanten) weiteren Prüfungshandlungen des Teilbereichsprüfers und – auf Grundlage seines Verständnisses von

dem Teilbereichsprüfer – die Notwendigkeit der eigenen Einbindung in diese Prüfungshandlungen beurteilen (*IDW PS 320 n.F.*, Tz. 30).

8.4. Prüfung des Konsolidierungsprozesses

43 Bei der Gewinnung eines Verständnisses über die konzernweiten Kontrollen (vgl. Tz. 9 – 13) muss sich das Konzernprüfungsteam auch mit dem **Konsolidierungsprozess** unter Einbeziehung der Konzernbilanzierungsrichtlinie befassen. Es sind weitere Prüfungshandlungen zu planen und durchzuführen, um auf die beurteilten Risiken im Konsolidierungsprozess zu reagieren (*IDW PS 320 n.F.*, Tz. 31 f.). Für die Prüfung des Konsolidierungsprozesses einschließlich der für die Konzernabschlussprüfung relevanten konzernweiten Kontrollen kann die **Arbeitshilfe C-2.1.** verwendet werden.

44 Wenn das Konzernprüfungsteam von der Wirksamkeit der internen Kontrollen ausgeht oder wenn aussagebezogene Prüfungshandlungen alleine keine ausreichenden und angemessenen Prüfungsnachweise liefern können (vgl. Tz. 32), muss das Konzernprüfungsteam auch die Wirksamkeit der für die Konsolidierung relevanten Kontrollen prüfen (*IDW PS 320 n.F.*, Tz. 31).

45 Bezüglich des **Konsolidierungsprozesses** sind insb. diejenigen internen Kontrollen zu überprüfen, die die Vollständigkeit des Konsolidierungskreises sowie die Ordnungsmäßigkeit und Sicherheit der konsolidierungsbedingten Maßnahmen sicherstellen sollen (vgl. *IDW PS 320 n.F.*, Tz. 32). Zu den Anforderungen an die Ordnungsmäßigkeit und Sicherheit IT-gestützter Konsolidierungsprozesse vgl. *IDW RS FAIT 4*.

46 Das Konzernprüfungsteam muss feststellen, ob die in der Berichterstattung des Teilbereichsprüfers enthaltenen Rechnungslegungsinformationen und die in den Konzernabschluss einbezogenen Informationen identisch sind. Falls relevant, muss das Konzernprüfungsteam die zutreffende Anpassung der Rechnungslegungsinformationen des Teilbereichs an die konzerneinheitlichen Rechnungslegungsmethoden (HB II) einschließlich der Währungsumrechnung und des konzerneinheitlichen Stichtags (§§ 300 und 308 f. HGB, IAS 21 und 29) beurteilen (*IDW PS 320 n.F.*, Tz. 33).

47 Die Angemessenheit, Vollständigkeit und Richtigkeit von Anpassungen, Konsolidierungsbuchungen und Umgliederungen sind durch das Konzernprüfungsteam zu beurteilen. Ferner ist einzuschätzen, ob Risikofaktoren für Verstöße oder Anzeichen für eine mögliche einseitige Beeinflussung der Bilanzierung durch das Management vorliegen (*IDW PS 320 n.F.*, Tz. 34, Tz. A35).

48 Folgende Bereiche der **Konzernrechnungslegung** sind in diesem Zusammenhang von Bedeutung:

- Abgrenzung des Konsolidierungskreises (§§ 290, 294, 296 HGB, IFRS 10 und 11)

- zutreffende Erfassung der Daten aus den zugrunde liegenden Abschlüssen der einbezogenen Teilbereiche („Reporting Packages")
- Kapitalkonsolidierung (§ 301 HGB, IFRS 10, IFRS 3)
- At-Equity-Bewertung der assoziierten Unternehmen (§§ 311 f. HGB, IAS 28)
- Schuldenkonsolidierung (§ 303 HGB, IFRS 10)
- Zwischenerfolgseliminierung (§ 304 HGB, IFRS 10)
- Aufwands- und Ertragskonsolidierung (§ 305 HGB, IFRS 10)
- Steuerabgrenzung (§ 306 HGB, IAS 12)
- Konzern-Kapitalflussrechnung, Konzern-Segmentberichterstattung, Konzern-Eigenkapitalspiegel bzw. -veränderungsrechnung (§ 297 HGB, IAS 7, IFRS 8, IAS 1)
- Konzernanhang und Konzern-Lagebericht (§§ 313 bis 315a HGB, div. IFRS/IAS)

Hinweis: Fehlerrisiken im Konsolidierungsprozess werden ausschließlich vom Konzernprüfungsteam eingeschätzt.

9. Ereignisse nach dem Konzernabschlussstichtag

49 Werden die Rechnungslegungsinformationen eines Teilbereichs einer Prüfung unterzogen, müssen das Konzernprüfungsteam oder Teilbereichsprüfer Prüfungshandlungen durchführen, die darauf abzielen, in den betreffenden Teilbereichen Ereignisse festzustellen, die zwischen dem Abschlussdatum des Teilbereichs und dem Datum des Konzern-Bestätigungsvermerks eintreten und die ggf. eine Korrektur oder eine zusätzliche Angabe im Konzernabschluss oder im Konzernlagebericht erfordern (*IDW PS 320 n.F.*, Tz. 35).

Hinweis: Das Konzernprüfungsteam sollte die Teilbereichsprüfer über das Datum des Bestätigungsvermerks zum Konzernabschluss informieren.

50 Sofern keine Prüfung, sondern z.B. nur eine prüferische Durchsicht der Rechnungslegungsinformationen eines Teilbereichs erfolgt, sind die jeweiligen Teilbereichsprüfer aufzufordern, das Konzernprüfungsteam zu informieren, falls ihnen bei dieser Tätigkeit nachträgliche Ereignisse bekannt werden, die ggf. eine Korrektur oder eine zusätzliche Angabe im Konzernabschluss oder im Konzernlagebericht erfordern (*IDW PS 320 n.F.*, Tz. 36).

10. Kommunikation mit den Teilbereichsprüfern

51 Zu den Konzern-Prüfungsanweisungen des Konzernprüfungsteams an Teilbereichsprüfer vgl. Abschn. 7.3.

52 Das Konzernprüfungsteam muss die Teilbereichsprüfer auffordern, ihm alle Sachverhalte mitzuteilen, die für die Schlussfolgerungen des Konzernprüfungsteams relevant sind. Hierzu gehören stets (*IDW PS 320 n.F.*, Tz. 38):

Berichterstattung der Teilbereichsprüfer an den Konzernabschlussprüfer

- Feststellung/Bestätigung, ob/dass die für die Konzernprüfung relevanten Berufspflichten, einschließlich der Unabhängigkeitsanforderungen und der Anforderungen an die fachliche Kompetenz, eingehalten wurden (vgl. **Appendix I zu Arbeitshilfe C-4.-E**). Zu beachten ist, dass sich die in Appendix I enthaltene Bestätigung der Einhaltung der Unabhängigkeitsanforderungen auf sämtliche der in den Konzernabschluss einbezogenen Teilbereiche bezieht, nicht nur auf den oder die vom Teilbereichsprüfer selbst betreuten Teilbereich(e).

- Feststellung/Bestätigung, ob/dass die Anforderungen des Konzernprüfungsteams (Konzernprüfungsanweisung) eingehalten wurden (vgl. **Appendix I zu Arbeitshilfe C-4.-E**)

- Identifizierung der Rechnungslegungsinformationen (des Teilbereichs), über die Bericht erstattet wird (Reporting Package)

- Informationen über Fälle der Nichteinhaltung von Gesetzen oder anderen Rechtsvorschriften, die eine wesentliche falsche Angabe im Konzernabschluss oder Konzernlagebericht zur Folge haben könnten

- Aufstellung nicht korrigierter falscher Angaben in der Rechnungslegung des Teilbereichs (oberhalb der Meldeschwelle (Nichtaufgriffsgrenze) des Teilbereichs)

- Anzeichen für einseitige Ermessensausübungen des Teilbereichsmanagements bei der Bilanzierung

- Beschreibung von festgestellten wesentlichen Schwächen im rechnungslegungsbezogenen internen Kontrollsystem des Teilbereichs

- [PIE] andere bedeutsame Sachverhalte, die der Teilbereichsprüfer dem Aufsichtsorgan mitgeteilt hat oder mitteilen wird. Dies umfasst festgestellte <u>oder vermutete</u> Verstöße, an denen Mitglieder des Teilbereichsmanagements oder Mitarbeiter mit bedeutsamen Funktionen im Rahmen des internen Kontrollsystems beteiligt sind. Sofern andere Mitarbeiter des Teilbereichs <u>an festgestellten</u> Verstößen beteiligt sind, die wesentliche falsche Angaben in der Rechnungslegung des Teilbereichs nach sich ziehen, ist auch hierüber zu berichten. Zur Mitteilung von besonders wichtigen Prüfungssachverhalten im Bestätigungsvermerk (vgl. *IDW EPS 401*) bei der Konzernabschlussprüfung von Unternehmen von öffentlichem Interesse wird auf die Ausführungen im Meilenstein 9, Abschn. 9.2.2. sowie Arbeitshilfe C-2., Abschn. V. verwiesen.

- sonstige Sachverhalte, die für die Konzernabschlussprüfung relevant sein können

Berichterstattung der Teilbereichsprüfer an den Konzernabschlussprüfer
(z.B. nachträglich bekannt gewordene Ereignisse oder Ergebnisse der Prüfung des Risikofrüherkennungssystems)
• zusammenfassende Feststellungen des Teilbereichsprüfers, seine Schlussfolgerungen oder das Prüfungsurteil.

53 Die Kommunikation des Teilbereichsprüfers mit dem Konzernprüfungsteam kann in Form eines **Completion Memorandums** über die durchgeführte Tätigkeit erfolgen, siehe **Appendix IVa, IVb zu Arbeitshilfe C-4.-E.**

Hinweise: Es empfiehlt sich, dass das Konzernprüfungsteam Prüfungsberichte über die Prüfung von Jahresabschlüssen von Teilbereichen würdigt, die dem Konzernprüfungsteam vor Beendigung der Konzernabschlussprüfung vorgelegt werden, weil darin für die Konzernabschlussprüfung relevante Informationen enthalten sein können (vgl. IDW PS 320 n.F., Tz. A42). Die nach IDW PS 320 n.F. vorgeschriebene Kommunikation zwischen dem Konzernprüfungsteam und Teilbereichsprüfern geht in ihren Mindestinhalten jedoch über die Pflichtbestandteile eines Prüfungsberichts gemäß IDW EPS 450 n.F. hinaus und hat zudem wechselseitig und zeitgerecht zu erfolgen. Daher reicht die Durchsicht des Prüfungsberichts durch das Konzernprüfungsteam alleine nicht aus.

Die Kommunikation zwischen dem Konzernprüfungsteam und den Teilbereichsprüfern muss nicht notwendigerweise schriftlich erfolgen, z.B. kann das Konzernprüfungsteam einen Teilbereichsprüfer auch persönlich aufsuchen, um festgestellte bedeutsame Risiken zu erörtern oder relevante Teile der Dokumentation des Teilbereichsprüfers durchzusehen. Es sind dann jedoch die allgemeinen Dokumentationsanforderungen zu beachten (vgl. IDW PS 320 n.F., Tz. A39).

Wenn Probleme der Rechnungslegung, der Prüfung oder andere Probleme auftreten, die die Beziehung zum Mandanten beeinträchtigen können, ist ein sofortiger Informationsaustausch zwischen dem Konzernprüfungsteam und den Teilbereichsprüfern von besonderer Bedeutung. Die Teilbereichsprüfer sollten aufgefordert werden, das Konzernprüfungsteam über derartige Sachverhalte und ggf. deren Lösung unverzüglich zu informieren. Weitere Beispiele sind erkannte bedeutsame Risiken/Sachverhalte, neu festgestellte nahe stehende Personen oder alle anderen Sachverhalte, die für die Konzernabschlussprüfung relevant sein können.

Bedeutsame Risiken auf Teilbereichsebene stellen nicht immer auch bedeutsame Risiken auf Konzernebene dar. So wird das Konzernprüfungsteam ein vom lokalen Einzelabschlussprüfer identifiziertes bedeutsames Risiko häufig nicht als bedeutsames Risiko auf Ebene des Konzernabschlusses werten, wenn die möglichen Auswirkungen des Risikos auf den Konzernabschluss wegen der geringen Größe des betroffenen Teilbereichs begrenzt sind. Ähnliche Erwägungen würden auch im Falle des Risikos von Verstößen auf Teilbereichsebene zum Tragen kommen. Das Konzernprü-

fungsteam könnte z.B. zu der Schlussfolgerung gelangen, dass ein auf Teilbereichsebene festgestelltes Risiko von Verstößen kein bedeutsames Risiko auf Konzernabschlussebene darstellt, wenn

- *es bei nur einem Teilbereich auftritt und*

- *es wegen seiner individuellen Besonderheiten oder der geringen Größe des Teilbereichs nicht zu wesentlichen falschen Angaben im Konzernabschluss führen kann*

(vgl. F & A zu ISA 600 bzw. IDW PS 320 n.F., Abschn. 4.6.)

11. Beurteilung der erlangten Prüfungsnachweise

11.1. Beurteilung der Berichterstattung von Teilbereichsprüfern

54 Das Konzernprüfungsteam muss die **Berichterstattung der Teilbereichsprüfer** (siehe Abschn. 10.) würdigen. Danach bedeutsame Sachverhalte sind je nach Erfordernis mit dem Teilbereichsprüfer, dem Teilbereichsmanagement oder dem Konzernmanagement zu erörtern. Daneben muss das Konzernprüfungsteam in Erwägung ziehen, ob darüber hinaus eine Durchsicht weiterer relevanter Teile der Arbeitspapiere des Teilbereichsprüfers erforderlich ist (*IDW PS 320 n.F.*, Tz. 39). Dies kann der Fall sein, wenn die bis dahin stattgefundene Berichterstattung des Teilbereichsprüfers, ggf. erfolgte Nachfragen des Konzernprüfungsteams beim Teilbereichsprüfer und die wechselseitige Kommunikation zwischen Konzern- und Teilbereichsprüfer für das Konzernprüfungsteam nicht zur Urteilsfindung ausreichen. Bei **bedeutsamen Teilbereichen** muss die Dokumentation über die festgestellten bedeutsamen Risiken wesentlicher falscher Angaben im Konzernabschluss durchgesehen werden (vgl. Tz. 39).

55 Kommt das Konzernprüfungsteam zu der Schlussfolgerung, dass die Tätigkeit des Teilbereichsprüfers nicht ausreichend ist, muss es festlegen, welche zusätzlichen Prüfungshandlungen von wem durchzuführen sind (*IDW PS 320 n.F.*, Tz. 40).

Hinweis: Sofern eine Durchsicht der Arbeitspapiere erfolgt, liegt deren Schwerpunkt oft auf den für den Konzernabschluss relevanten bedeutsamen Risiken. Wenn die Arbeitspapiere der Teilbereichsprüfer bereits einer Durchsicht durch eine nicht an der Prüfung beteiligte Person (z.B. einer auftragsbegleitenden Qualitätssicherung) unterlegen haben, kann der Umfang der Durchsicht ggf. eingeschränkt werden (IDW PS 320 n.F., Tz. A44).

11.2. Abschließende Beurteilung der erlangten Prüfungsnachweise

56 Abschließend ist zu beurteilen, ob aus den zum Konsolidierungsprozess durchgeführten Prüfungshandlungen sowie aus den Tätigkeiten des Konzernprüfungsteams und der Teilbereichsprüfer insgesamt ausreichende und angemessene Prüfungsnachweise als Grundlage für das Konzernprüfungsurteil erlangt wurden. Der für die Konzernabschlussprüfung verant-

wortliche Wirtschaftsprüfer muss die Auswirkungen nicht korrigierter falscher Angaben sowie von Fällen, in denen keine ausreichenden und angemessenen Prüfungsnachweise erlangt werden konnten, auf das Konzernprüfungsurteil würdigen (*IDW PS 320 n.F.*, Tz. 41 f.).

57 Im Falle einer gesetzlichen Konzernabschlussprüfung steht dem Konzernabschlussprüfer aufgrund von § 320 Abs. 3 Satz 2 2. Halbsatz i.V.m. Abs. 2 HGB ein Auskunftsrecht gegenüber dem Abschlussprüfer des Mutterunternehmens oder von inländischen Tochterunternehmen zu. In anderen Fällen muss der Konzernabschlussprüfer das Konzernmanagement auffordern darauf hinzuwirken, dass ihm entsprechende Auskunftsrechte gegenüber anderen Teilbereichsprüfern eingeräumt werden. Werden die **Auskunftsrechte** nicht gewährt oder wird den Mitwirkungspflichten nicht nachgekommen, hat der Konzernabschlussprüfer zu beurteilen, ob ein **Prüfungshemmnis** vorliegt (*IDW PS 320 n.F.*, Tz. 18).

Hinweis: § 320 Abs. 5 HGB regelt die Zulässigkeit der Übermittlung von Unterlagen durch den Abschlussprüfer des Tochterunternehmens an den Abschlussprüfer des Konzernabschlusses eines in einem Drittland ansässigen Mutterunternehmens. Der Abschlussprüfer des Tochterunternehmens kann Unterlagen an den Abschlussprüfer des Konzernabschlusses weitergeben, soweit diese für die Prüfung des Konzernabschlusses des Mutterunternehmens erforderlich sind. Für die Übermittlung personenbezogener Daten gelten § 4b Absatz 2 bis 6 und § 4c des Bundesdatenschutzgesetzes entsprechend. Die Regelung normiert dabei lediglich eine Übermittlungsbefugnis, keine Übermittlungspflicht des Abschlussprüfers und räumt dem Abschlussprüfer dabei ein Ermessen hinsichtlich einer solchen Übermittlung ein. Enthalten die fraglichen Unterlagen Informationen, die einer Geheimhaltungspflicht unterliegen und würden sie im Falle einer Übermittlung dem Zugriff der zuständigen Drittlandsbehörden unterliegen, hat der Abschlussprüfer im Rahmen seiner Ermessensausübung insbesondere zu berücksichtigen, ob die geheimhaltungspflichtigen Informationen bei den entsprechenden Drittlandsbehörden einer hinreichenden Geheimhaltung unterliegen (vgl. § 57 Absatz 9 Satz 2 und § 66c Absatz 6 WPO).

12. Kommunikation mit dem Konzernmanagement und dem Aufsichtsorgan

12.1. Kommunikation mit dem Konzernmanagement

58 Das Konzernprüfungsteam muss nach pflichtgemäßem Ermessen entscheiden, welche Mängel des konzernweiten rechnungslegungsbezogenen internen Kontrollsystems oder des internen Kontrollsystems von Teilbereichen dem **Konzernmanagement** mitzuteilen sind. Darüber hinaus sind dem Konzernmanagement in angemessener Zeit und auf einer angemessenen Verantwortungsebene festgestellte oder vermutete Verstöße mitzuteilen (*IDW PS 320 n.F.*, Tz. 44 f.).

12.2. Kommunikation mit dem Aufsichtsorgan

59 Mit dem **Aufsichtsorgan** (z.B. dem Aufsichtsrat) muss das Konzernprüfungsteam zu geeigneten Zeitpunkten Folgendes erörtern (schriftlich oder mündlich) (*IDW PS 320 n.F.*, Tz. 46, Tz. A47):

- die Art der Tätigkeiten, die zu den Rechnungslegungsinformationen der jeweiligen Teilbereiche durchzuführen sind (in Form einer Übersicht), und die geplante Einbindung des Konzernprüfungsteams bei bedeutsamen Teilbereichen, die von den Teilbereichsprüfern geprüft werden (Mitteilung im Vorfeld der Prüfungshandlungen)

- Fälle, in denen sich aus der Beurteilung der Arbeitsergebnisse eines Teilbereichsprüfers gravierende Bedenken gegen die Qualität der Tätigkeit ergeben haben (Mitteilung am Ende der Prüfung)

- Beschränkungen von Art und Umfang der Prüfungshandlungen, z.B. Beschränkungen des Zugangs zu Informationen eines Teilbereichs (Mitteilung je nach dem Grad der Bedeutung des Sachverhalts für die Unternehmensüberwachung bei ihrem Anfall oder am Ende der Prüfung)

- festgestellte oder vermutete Verstöße, an denen das Konzernmanagement, das Teilbereichsmanagement, Mitarbeiter mit bedeutsamen Funktionen im Rahmen des konzernweiten internen Kontrollsystems oder andere Personen beteiligt sind und die wesentliche falsche Angaben in der Konzernrechnungslegung zur Folge haben können (Mitteilung je nach dem Grad der Bedeutung des Sachverhalts für die Unternehmensüberwachung bei ihrem Anfall oder am Ende der Prüfung)

- anlässlich der Konzernabschlussprüfung festgestellte wesentliche Schwächen des konzernweiten internen Kontrollsystems oder des internen Kontrollsystems von bedeutsamen Teilbereichen (Mitteilung je nach dem Grad der Bedeutung des Sachverhalts für die Unternehmensüberwachung bei ihrem Anfall oder am Ende der Prüfung).

Hinweis: Im Konzern-Prüfungsbericht ist ferner unter Gegenstand, Art und Umfang der Konzernabschlussprüfung über die Verwertung von wesentlichen Arbeiten der Teilbereichsprüfer zu berichten (vgl. IDW EPS 450 n.F., Tz. 57).

60 Sofern auch nach Aufforderung durch das Konzernprüfungsteam das Konzernmanagement es bspw. aus Geheimhaltungsgründen ablehnt, dem Konzernprüfungsteam bekannt gewordene wesentliche Sachverhalte (z.B. Pläne zur Stilllegung von Betrieben, mögliche Rechtsstreitigkeiten, Ereignisse nach dem Abschlussstichtag), die für die gesetzliche Prüfung von Teilbereichen relevant sind, dem Teilbereichsmanagement mitzuteilen, muss das Konzernprüfungsteam diese Sachverhalte mit dem Aufsichtsorgan erörtern. Wenn auch daraufhin das Teilbereichsmanagement nicht informiert wird, muss das Konzernprüfungsteam unter Berücksichtigung der beruflichen Verschwiegenheitspflicht (§§ 43 Abs. 1 WPO, 323 Abs. 1 HGB) abwägen, ob es dem Teilbereichsprüfer mitteilen soll, den Bestätigungsvermerk zum Teilbereichsabschluss nicht zu erteilen, bis der Sachverhalt gelöst ist (*IDW PS 320 n.F., Tz. 47, Tz. A48*).

13. Dokumentation

61 Bei der Dokumentation der Konzernabschlussprüfung sind die allgemeinen Dokumentationsanforderungen des *IDW PS 460 n.F.* zu beachten. Das Konzernprüfungsteam hat auch

die Überprüfung der Arbeit von Teilbereichsprüfern zu dokumentieren (vgl. § 317 Abs. 3 Satz 2 HGB). Die Dokumentation umfasst mindestens:

- die Analyse der Teilbereiche (gesondert: bedeutsame Teilbereiche) einschließlich der Art der in Bezug auf die Rechnungslegungsinformationen der Teilbereiche durchgeführten Tätigkeiten
- Art, Umfang und zeitliche Einteilung der Einbindung des Konzernprüfungsteams in die Tätigkeit von Teilbereichsprüfern zu bedeutsamen Teilbereichen, ggf. einschließlich der Durchsicht von relevanten Teilen der Prüfungsdokumentation der Teilbereichsprüfer durch das Konzernprüfungsteam sowie der diesbezüglichen Schlussfolgerungen
- schriftliche Mitteilungen zwischen dem Konzernprüfungsteam und den Teilbereichsprüfern zu den Anforderungen des Konzernprüfungsteams.

Hinweis: Gemäß § 51b Abs. 4a WPO kann die Wirtschaftsprüferkammer vom Konzernabschlussprüfer schriftlich die Unterlagen über die Arbeit anderer Abschlussprüfer aus Drittstaaten, soweit diese nicht gemäß § 134 Abs. 1 WPO eingetragen sind oder eine Vereinbarung zur Zusammenarbeit gemäß § 57 Abs. 9 Satz 5 Nr. 3 WPO nicht besteht, über die Prüfung eines in den Konzernabschluss einbezogenen Tochterunternehmens anfordern. Durch entsprechende Vereinbarungen muss das Konzernprüfungsteam darauf hinwirken, dass es auf Anforderung der Wirtschaftsprüferkammer innerhalb angemessener Frist Zugang zu diesen Unterlagen erhält, sofern sie nicht Bestandteil seiner eigenen Arbeitspapiere sind. Wird der Zugang zu diesen Unterlagen nicht ermöglicht, sind der Versuch ihrer Erlangung und die Hindernisse zu dokumentieren und der Wirtschaftsprüferkammer die Gründe dafür mitzuteilen. (Dabei sind mit dem Begriff der „Unterlagen" in erster Linie die Arbeitspapiere oder vergleichbare Dokumente des Abschlussprüfers aus dem Drittstaat gemeint, die im Rahmen der Abschlussprüfung erstellt worden sind und eine Beurteilung der Arbeit des Abschlussprüfers aus dem Drittstaat erlauben. Vgl. Gesetzesbegründung zum Regierungsentwurf des BilMoG, BT-Drs. 16/10067, S. 110.)

14. Berichterstattung über die Konzernabschlussprüfung

62 Zur Erteilung des Konzern-Bestätigungsvermerks und zur Erstellung des Konzernprüfungsberichts vgl. Kapitel B, Meilenstein 9.

63 Hat das Konzernprüfungsteam bei der Durchführung der Konzernabschlussprüfung nach pflichtgemäßem Ermessen die Arbeit eines oder mehrerer Teilbereichsprüfer verwertet, so dürfen hierauf keine verweisenden Angaben in dem den Prüfungsumfang beschreibenden Abschnitt des Bestätigungsvermerks zum Konzernabschluss aufgenommen werden, da dies dem Grundsatz der Gesamtverantwortung des Konzernabschlussprüfers widersprechen würde (*IDW PS 320 n.F.*, Tz. 49). In den Ausführungen zur Verantwortung des Konzernabschlussprüfers ist darauf hinzuweisen, dass der Konzernabschlussprüfer für die Anleitung, Überwachung und Durchführung der Konzernabschlussprüfung verantwortlich und folglich die alleinige Verantwortung für das Prüfungsurteil trägt (*IDW EPS 400 n.F.*, Tz. 52 c) sowie A49).

64   Für den Fall, dass ein Teilbereichsprüfer den Bestätigungsvermerk zum Abschluss eines Teilbereichs einschränkt oder versagt oder dies beabsichtigt, hat das Konzernprüfungsteam die Auswirkung der beabsichtigten oder tatsächlichen Einschränkung oder Versagung auf den Bestätigungsvermerk zum Konzernabschluss zu beurteilen. Je nach Art und Bedeutung des Mangels kann es erforderlich sein, dass der Bestätigungsvermerk zum Konzernabschluss ebenfalls eingeschränkt oder versagt wird. Dies setzt voraus, dass der Grund, der zu der Einschränkung oder Versagung durch den Teilbereichsprüfer geführt hat, für den zu prüfenden Konzernabschluss weiterhin besteht und sich auf den Konzernabschluss wesentlich auswirkt (*IDW PS 320 n.F.*, Tz. 50).

65   Es empfiehlt sich die Abfassung eines **Management Letters** (siehe **Arbeitshilfe C-4.-E, Appendix VII**), der ergänzende Informationen enthält, mit denen das Konzernprüfungsteam getrennt vom Prüfungsbericht organisatorische oder sonstige Hinweise aus Anlass der Prüfung gibt. Angaben im Management Letter können jedoch notwendige Angaben des Prüfungsberichts nicht ersetzen.

66   Wenn der Konzernabschluss und der Jahresabschluss des Mutterunternehmens bzw. der Einzelabschluss nach § 325 Abs. 2a HGB **gemeinsam offengelegt** werden, besteht nach § 325 Abs. 3a Satz 2 HGB ein Wahlrecht für den Abschlussprüfer, die Bestätigungsvermerke und die Prüfungsberichte jeweils zusammenzufassen.

15. Arbeitshilfen

C-1.: Übersicht über die zu bearbeitenden Arbeitshilfen

C-2.: Leitfaden zur Organisation und Dokumentation der Konzernabschlussprüfung

C-2.1.: Prüfung des Konsolidierungsprozesses

C-3.: Bestimmung der Wesentlichkeit für die Konzernabschlussprüfung

C-4.-E: Group Audit Instructions

  – Appendix I: Component Auditor's Confirmations

  – Appendix II: Early Warning Memorandum

  – Appendix IIIa: Component Auditor's Report on the Group Reporting Package (Audit Report)

  – Appendix IIIb: Component Auditor's Report on the Group Reporting Package (Review Report)

  – Appendix IIIc: Component Auditor's Report on the audit of specific account balances, classes of transactions or disclosures

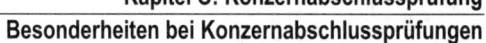

- Appendix IIId: Memorandum on specified audit procedures

- Appendix IVa: Completion Memorandum (Audit)

- Appendix IVb: Completion Memorandum (Specified Audit Procedures or Review)

- Appendix V: Summary of Unadjusted Differences

- Appendix VI: Tax Review Memorandum

- Appendix VII: Management Letter

- Appendix VIII: Subsequent Events Memorandum

- Appendix IX: Letter of Representation

C.-5.: Bereitstellung von Unterlagen für die Konzernabschlussprüfung

16. IDW Prüfungsstandards/ISA/ISRE

National	International
– *IDW Prüfungsstandard: Besondere Grundsätze für die Durchführung von Konzernabschlussprüfungen (einschließlich der Verwertung der Tätigkeit von Teilbereichsprüfern) (IDW PS 320 n.F.)* – *Entwurf einer Neufassung des IDW Prüfungsstandards: Bildung eines Prüfungsurteils und Erteilung eines Bestätigungsvermerks (IDW EPS 400 n.F.)* – *Entwurf einer Neufassung des IDW Prüfungsstandards: Grundsätze ordnungsmäßiger Erstellung von Prüfungsberichten (IDW EPS 450 n.F.)* – *Neufassung des IDW Prüfungsstandards: Arbeitspapiere des Abschlussprüfers (IDW PS 460 n.F.)* – *IDW Prüfungsstandard: Grundsätze für die prüferische Durchsicht von Abschlüssen*	– ISA 240: The Auditor's Responsibilities Relating to Fraud in an Audit of Financial Statements – ISA 600: Special Considerations – Audits of Group Financial Statements (Including the Work of Component Auditors) – ISA 700 (revised): Forming an Opinion and Reporting on Financial Statements – ISRE 2400 (revised): Engagements to Review Financial Statements – ISRE 2410: Review of Interim Financial Information Performed by the Independent Auditor of the Entity

National	International
(IDW PS 900)	
– IDW Stellungnahme zur Rechnungslegung: Anforderungen an die Ordnungsmäßigkeit und Sicherheit IT-gestützter Konsolidierungsprozesse (IDW RS FAIT 4)	

IDW Praxishandbuch zur Qualitätssicherung 2017/2018

Inhaltsverzeichnis der Materialsammlung auf der CD-ROM

Inhaltsverzeichnis: Materialsammlung (auf CD-ROM hinterlegt)

1. Berufssatzung für Wirtschaftsprüfer/vereidigte Buchprüfer – BS WP/vBP (Stand: 21.06.2016)

2. Gesetzliche Grundlagen:
    i. WPO (Stand: 10.05.2016)
    ii. GenG (§§ 56, 57a, 63e – 63h)
    iii. HGB (§§ 316, 317, 318 – 324, 340k, 341k)
    iv. EGHGB (Artikel 50 und 58, 66 – 68, 75, 78, 79)
    v. Gesetz über das Aufspüren von Gewinnen aus schweren Straftaten (Geldwäschegesetz - GwG) (Stand: 23.06.2017)
    vi. Gesetz zur Stärkung der nichtfinanziellen Berichterstattung der Unternehmen in ihren Lage- und Konzernlageberichten (CSR-Richtlinie-Umsetzungsgesetz) (Stand: 11.04.2017)
    vii. Gesetzes zur Umsetzung der Richtlinie 2013/34/EU des Europäischen Parlaments und des Rates vom 26. Juni 2013 über den Jahresabschluss, den konsolidierten Abschluss und damit verbundene Berichte von Unternehmen bestimmter Rechtsformen und zur Änderung der Richtlinie 2006/43/EG des Europäischen Parlaments und des Rates und zur Aufhebung der Richtlinien 78/660/EWG und 83/349/EWG des Rates (Bilanzrichtlinie-Umsetzungsgesetz – BilRUG)
    viii. Entwurf eines Gesetzes zur Neuregelung des Schutzes von Geheimnissen bei der Mitwirkung Dritter an der Berufsausübung schweigepflichtiger Personen (Stand: 12.04.2017)
    ix. Beschlussempfehlung und Bericht des Ausschusses für Recht und Verbraucherschutz (6. Ausschuss) zum Entwurf eines Gesetzes zur Neuregelung des Schutzes von Geheimnissen bei der Mitwirkung Dritter an der Berufsausübung schweigepflichtiger Personen (Stand: 27.06.2017)

3. Satzung für Qualitätskontrolle (Stand: 21.06.2016)

4. Richtlinie 2006/43/EG des Europäischen Parlaments und des Rates vom 17. Mai 2006 über Abschlussprüfungen von Jahresabschlüssen und konsolidierten Abschlüssen, zur Änderung der Richtlinien 78/660/EWG und 83/349/EWG des Rates und zur Aufhebung der Richtlinie 84/253/EWG des Rates – konsolidierte Fassung (Abschlussprüferrichtlinie)

5. Verordnung (EU) Nr. 537/2014 des Europäischen Parlaments und des Rates vom 16. April 2014 über spezifische Anforderungen an die Abschlussprüfung bei Unternehmen von öffentlichem Interesse und zur Aufhebung des Beschlusses 2005/909/EG der Kommission (EU-VO zur Abschlussprüfung von PIE)

6. IDW Positionspapier zu Inhalten und Zweifelsfragen der EU-Verordnung und der Abschlussprüferrichtlinie (Stand: 10.04.2017)

7. IDW Positionspapier zu Nichtprüfungsleistungen des Abschlussprüfers (Stand: 12.05.2017)

8. IDW Positionspapier zur Zusammenarbeit zwischen Aufsichtsrat und Abschlussprüfer (Stand: 04.05.2012)

9. IDW Positionspapier zur Ausschreibung der Abschlussprüfung für Unternehmen von öffentlichem Interesse (Stand: 30.05.2016)

10. IDW Positionspapier zur Zukunft der Berichterstattung – Nachhaltigkeit (Stand: 14.06.2017)

11. Hinweise und Beispiele zur Prüfungsdokumentation bei kleinen und mittelgroßen Unternehmen nach ISA und IDW Prüfungsstandards (25.06.2012)

12. Dokumentationsanforderungen bei der Prüfung des Jahresabschlusses nach ISA bzw. IDW PS (Stand: 20.11.2013)

13. Hinweis des WPK-Vorstands zur skalierten Prüfungsdurchführung auf Grundlage der ISA (Stand: 09.07.2012)

14. Tätigkeitsbericht der APAK für das Jahr 2014

15. Tätigkeitsbericht der APAK für das Jahr 2015/2016

16. APAK-Bericht über die Ergebnisse der anlassunabhängigen Sonderuntersuchungen nach § 62b WPO für die Jahre 2007-2010

17. Tätigkeitsbericht der Kommission für Qualitätskontrolle (2015)

18. Tätigkeitsbericht der Kommission für Qualitätskontrolle (2016)

19. Hinweise der Kommission für Qualitätskontrolle

    i. Hinweis der Kommission für Qualitätskontrolle zu Qualitätskontrollen bei Sozietäten und Partnerschaft

    ii. .Hinweis der Kommission für Qualitätskontrolle zur Berichterstattung über eine Qualitätskontrolle (Stand: 06.09.2016)

    iii. Hinweis der Kommission für Qualitätskontrolle zur Anerkennung von Fortbildungsveranstaltungen zur speziellen Fortb le (Kriterienkatalog) (Stand: 05.10.2016)

    iv. Hinweis der Kommission für Qualitätskontrolle zu Erfüllungsberichten i.S.v. § 57e Abs. 2 Satz 2 WPO (Stand: 05.10.2016)

    v. Hinweis der Kommission für Qualitätskontrolle zur Prüfung eines Qualitätssicherungssystem unter besonderer Berüc 25.10.2016)

    vi. Hinweis der Kommission für Qualitätskontrolle zur Prüfung der Vollständigkeit der Grundgesamtheit für die Prüfung der Au

    vii. Hinweis der Kommission für Qualitätsk tätskontrollen nach APAReG (Stand: 07.03.2017)

    viii. Hinweis der Kommission für Qualitätskontrolle zur Aufsicht über die Prüfer für Qualitätskontrolle § 57e Abs. 7 WPO (Stand: 30.11.2016)

20. Grundsätze der WPK zur Nutzung der Erkenntnisse aus den Sonderuntersuchungen im Rahmen anderer beruflicher Kontrollen (Stand: 24.03.2011)

21. WPK: Beispiele für Mängel des Qualitätssicherungssystems (Stand: 17.03.2015)

22. IDW Verlautbarung: EU-Regulierung zur Abschlussprüfung – Klassifizierung von Prüfungsmandanten als public interest entity (PIE) (Stand: 07/2014)

IDW Praxishandbuch zur Qualitätssicherung 2017/2018

Literaturverzeichnis zum Buch

Verzeichnis weiterführender Literatur

Zu Kapitel A: Qualitätssicherung

Beyer/Guggemos/Hoffian, Die Erweiterung der Controlling-Konzeption einer mittelständischen Wirtschaftsprüfungs- und Steuerberatungsgesellschaft, DStR 2013, S. 105.

Bruckner, Erfolgsfaktor Mitarbeiter: Entwicklung einer Personalstrategie, Düsseldorf 2012

Deckers/Hermann, Die kritische Grundhaltung des Abschlussprüfers (professional scepticism), DB 2013, S. 2315.

Deussen, Auftragsbezogene Qualitätssicherung: Berichtskritik und auftragsbegleitende Qualitätssicherung als Berufspflicht, WP Praxis 2013, S. 34.

Deussen, Berufsrechtliche Verpflichtung zur Fortbildung der Wirtschaftsprüfer, WP Praxis 2013, S. 123.

Dißars, Kündigung des Auftrags zur gesetzlichen Abschlussprüfung aus wichtigem Grund, BB 2005, S. 2231.

Döbbel, Wachstumsstrategie und Wettbewerb, Düsseldorf 2012

Ebke, Die Besorgnis der Befangenheit des Abschlussprüfers und ihre Auswirkungen auf die Abschlussprüfung und den testierten Jahresabschluss, in: *Crezelius/Hirte/Vieweg* (Hrsg.), Festschrift für Volker Röhricht zum 65. Geburtstag – Gesellschaftsrecht Rechnungslegung Sportrecht, Köln 2005, S. 833.

Farr/Niemann, Änderungsbedarf für das Qualitätssicherungssystem von WP/vBP-Praxen aufgrund der WPO-Novelle (APAReG), DStR 2016, S. 1231

Farr/Niemann, Geltungsumfang der Anforderungen an die Qualitätssicherung für kleine WP-/vBP-Praxen, DStR 2012, S. 668.

Fortun, „Ersetzung" bereits gewählter Abschlussprüfer, BB 2002, S. 2012.

Gehringer, Abschlussprüfung, Gewissenhaftigkeit und Prüfungsstandards, Baden-Baden 2002.

Gelhausen/Fey/Kämpfer, Rechnungslegung und Prüfung nach dem Bilanzrechtsmodernisierungsgesetz, Düsseldorf 2009.

Gelhausen/Heinz, Der befangene Abschlussprüfer, seine Ersetzung und sein Honoraranspruch – Eine aktuelle Bestandsaufnahme auf der Grundlage des Bilanzrechtsreformgesetzes –, WPg 2005, S. 693.

Gelhausen/Kuss, Vereinbarkeit von Abschlussprüfung und Beratungsleistungen durch den Abschlussprüfer, NZG 2003, S. 424.

Hense/Ulrich (Hrsg.), WPO Kommentar – Kommentar zum Berufsrecht der Wirtschaftsprüfer und vereidigten Buchprüfer – Wirtschaftsprüferordnung (WPO) –, 2. Auflage, Düsseldorf 2013.

Hoffmann, Erfolgsfaktor Soft Skills – Was Wirtschaftsprüfer aus der Sozialpsychologie lernen können, Düsseldorf 2013

Jasper, Management der Mandantenbeziehungen, Düsseldorf 2013

Kons, IT-Risiken und IT-Risikomanagement in der kleinen und mittelständischen Wirtschaftsprüferpraxis, WPg 2013, S. 599

Krein, Die Haftung des Abschlußprüfers gegenüber der Gesellschaft wegen Nichtaufdeckung von „Unrichtigkeiten und Verstößen gegen gesetzliche Vorschriften" im Jahresabschluß, (Diss.), Köln 2000.

Lanfermann/Lanfermann, Besorgnis der Befangenheit des Abschlussprüfers – Verunsicherung der Praxis durch das BGH-Urteil vom 25.11.2002, II ZR 49/01?, DStR 2003, S. 900.

Lenz, Abschlussprüfungsaufsichtsreformgesetz: Die Prüfung der Prüfer, DB 2016, S. 875

Lindgens, Aus der Arbeit der Kommission für Qualitätskontrolle, in: *Marten/Quick/Ruhnke* (Hrsg.), Externe Qualitätskontrolle im Berufsstand der Wirtschaftsprüfer – Status quo und Weiterentwicklung, Düsseldorf 2004, S. 41.

Ludewig, Das berufswürdige Verhalten des Wirtschaftsprüfers – eine Begriffsbestimmung –, in: *Kirsch/Thiele* (Hrsg.), Rechnungslegung und Wirtschaftsprüfung – Festschrift zum 70. Geburtstag von Jörg Baetge, Düsseldorf 2007, S. 985.

Ludewig, Zur Berufsethik der Wirtschaftsprüfer, WPg 2003, S. 1093.

Meyer/Mattheus, Das Abschlussprüfungsreformgesetz (AReG) – Neuerungen für Prüfungsausschüsse, DB 2016, S. 695

Mock, Die Verschwiegenheitspflicht des Abschlussprüfers und Interessenkonflikte, DB 2003, S. 1996.

Müller, Beurteilung der Praxisorganisation im Rahmen der externen Qualitätskontrolle, in: *Marten/Quick/Ruhnke* (Hrsg.), Externe Qualitätskontrolle im Berufsstand der Wirtschaftsprüfer – Status quo und Weiterentwicklung, Düsseldorf 2004, S. 107.

Naumann, Stand und Weiterentwicklung der Normen zur Qualitätssicherung und Qualitätskontrolle, in: *Marten/Quick/Ruhnke* (Hrsg.), Externe Qualitätskontrolle im Berufsstand der Wirtschaftsprüfer – Status quo und Weiterentwicklung, Düsseldorf 2004, S. 67.

Niemann, Anforderungen an die Qualitätssicherung in kleinen und mittleren WP/vBP-Praxen, DStR 2005, S. 1581.

Peters/Klingberg, Die Entbindung von der Schweigepflicht bei Wirtschaftsprüfern und gemischten Sozietäten durch juristische Personen, ZWH 2012, S. 11.

Petersen/Zwirner/Boecker, Das AReG wurde verabschiedet – Umsetzung der prüfungsbezogenen EU-Vorgaben – ein Überblick über zentrale Neuerungen im HGB, DStR 2016, S. 984.

Pfitzer/Schneiß, Die Sicherung und Überwachung der Qualität in der Wirtschaftsprüferpraxis, in: *Kirsch/Thiele* (Hrsg.), Rechnungslegung und Wirtschaftsprüfung – Festschrift zum 70. Geburtstag von Jörg Baetge, Düsseldorf 2007, S. 1085.

Plendl/Schneiß, Die Durchführung von Qualitätskontrollen nach der Neufassung des IDW PS 140 – Erweiterte Berichterstattungspflichten des Prüfers für Qualitätskontrolle –, WPg 2005, S. 545.

Poll, Beurteilung der internen Nachschau im Rahmen der externen Qualitätskontrolle, in: *Marten/Quick/Ruhnke* (Hrsg.), Externe Qualitätskontrolle im Berufsstand der Wirtschaftsprüfer – Status quo und Weiterentwicklung, Düsseldorf 2004, S. 161.

Poll, Formen der Zusammenarbeit: Praxismodelle und Netzwerke, Düsseldorf 2012

Quick, Geheimhaltungspflicht des Abschlussprüfers – Strafrechtliche Konsequenzen bei Verletzung, BB 2004, S. 1490.

Sahner/Clauß/Sahner, Qualitätskontrolle in der Wirtschaftsprüfung, Köln 2002.

Schmidt, Externe Qualitätskontrollen zur Sicherung der Qualität der Abschlussprüfung, Düsseldorf 2000.

Schmidt/Pfitzer/Lindgens, Qualitätssicherung in der Wirtschaftsprüferpraxis, WPg 2005, S. 321.

Schmidt/Schneiß/v.d. Eynden, Fortentwicklung der externen Qualitätskontrolle – Überarbeitung von IDW PS 140, IDW Life, S. 596.

Weber, Die Entscheidung über die Auftragsannahme in der Wirtschaftsprüfung, Wiesbaden 2012.

Zu Kapitel B: Risikoorientiertes Prüfungsvorgehen

Adam/Quick, Das Going-Concern-Prinzip – Konzeption und praktische Implikationen, BFuP 2010, S. 243.

Bantleon/Thomann/Bühner, Die Neufassung des IDW Prüfungsstandards: „Zur Aufdeckung von Unregelmäßigkeiten im Rahmen der Abschlussprüfung (IDW PS 210)" und dessen Auswirkungen auf die Unternehmensorganisation, DStR 2007, S. 1978.

Berndt/Jeker, Fraud Detection im Rahmen der Abschlussprüfung, BB 2007, S. 2615.

Boecker, Accounting Fraud aufdecken und vorbeugen – Formen der Kooperation von Unternehmensführung und -überwachung, Berlin 2010.

Boecker/Zwirner, Accounting Fraud – vielfältiges Betätigungsfeld des Abschlussprüfers, DB 2011, S. 889.

Bungartz, Handbuch Interne Kontrollsysteme (IKS) – Steuerung und Überwachung von Unternehmen, 3. Aufl., Berlin 2012.

Diehl, Strukturiertes Prüfungsvorgehen durch risikoorientierte Abschlußprüfung, in: *Schitag Ernst & Young-Gruppe* (Hrsg.), Aktuelle Fachbeiträge aus Wirtschaftsprüfung und Beratung – Festschrift zum 65. Geburtstag von Professor Dr. Hans Luik, Stuttgart 1991, S. 187.

Farr, Besonderheiten der Abschlussprüfung kleiner und mittlerer Unternehmen (KMU) – Neufassung des IDW PH 9.100.1 (vom 29.11.2006), DStR 2007, S. 822.

Farr/Niemann, Anforderungen an die Dokumentation bei der Prüfung des Jahresabschlusses nach IDW PS bzw. ISA : Ein Hindernis für die skalierte Prüfung?, DStR 2013, S. 668.

Farr/Niemann, Skalierte Prüfungsdurchführung - Anregungen der WP-Kammer nach Änderung der Berufssatzung, DStR 2012, S. 1875.

Ferlings/Poll/Schneiß, Aktuelle Entwicklungen im Bereich nationaler und internationaler Prüfungs- und Qualitätssicherungsstandards – Unter besonderer Berücksichtigung von KMU –, WPg 2007, S. 101 (Teil 1) und S. 145 (Teil 2).

Finking, Die Aufdeckung von Fraud als Aufgabe der handelsrechtlichen Jahresabschlussprüfung – Theoretischer Rahmen, Status quo und Verbesserungspotenzial, Hamburg 2011.

Förschle/Schmidt, Die Weiterentwicklung der deutschen und internationalen Prüfungsstandards, in: *Wollmert/Schönbrunn/Jung/Siebert/Henke* (Hrsg.), Wirtschaftsprüfung und Unternehmensüberwachung, Festschrift für Prof. Dr. Dr. h.c. Wolfgang Lück, Düsseldorf 2003, S. 205.

Gäth, Stichproben im Auditing – Was bedeutet das für den Wirtschaftsprüfer? – Bestimmung von Stichprobenumfängen für die Plausibilitätsprüfung von Buchwerten, IRZ 2009, S. 335.

Giezek, Monetary Unit Sampling – Der Einsatz statistischer Verfahren im Rahmen der Jahresabschlussprüfung, Wiesbaden 2011.

Graumann, Wirtschaftliches Prüfungswesen, 3. Aufl., Herne 2012.

Groß, Zur Beurteilung der „handelsrechtlichen Fortführungsprognose" durch den Abschlussprüfer, WPg 2010, S. 119.

Haake, Risikogerechte Berichterstattung und risikoorientierte Prüfungsplanung, ZIR 2002, S. 2.

Hannen/Gies, Einsatz virtueller Datenräume bei der Abschlussprüfung – Neue Anforderungen an Prüfer und Unternehmen, StuB 2012, S. 262.

Heese, Der risiko-, prozess- und systemorientierte Prüfungsansatz, WPg 2003, Sonderheft S. S223.

Heese/Kreisel, Prüfung von Geschäftsprozessen, WPg 2010, S. 907.

Heese/Ossadnik, Prüfung des rechnungslegungsbezogenen Internen Kontrollsystems, in: *Freidank/Peemöller* (Hrsg.), Corporate Governance und Interne Revision – Handbuch für die Neuausrichtung des Internal Auditings, Berlin 2008, S. 323.

Hirsch, Voraussetzungen für den Widerruf eines Bestätigungsvermerks – Anmerkungen zur Entscheidung des Kammergerichts Berlin vom 19.9.2000, WPg 2001, S. 606.

Hömberg, Stichprobenprüfung mit Zufallsauswahl, in: *Ballwieser/Coenenberg/von Wysocki* (Hrsg.), Handwörterbuch der Rechnungslegung und Prüfung, 3. Aufl., Stuttgart 2002, Sp. 2287.

Jaspers, Inventur von Vertriebseinrichtungen des Handels mit Hilfe von Stichprobenverfahren, WPg 2010, S. 692.

Jaspers, Stichprobeninventur – Anwendungsvoraussetzungen für die praktische Durchführung, DB 2004, S. 264.

Jaspers, Stichprobeninventurprüfung, StBp 2005, S. 319.

Joecks, Handelsrechtliche Abschlußprüfung und das Recht, BFuP 2004, S. 239.

Kämpfer/Schmidt, Die Auswirkungen der neueren Prüfungsstandards auf die Durchführung von Abschlussprüfungen, WPg 2009, S. 47.

Köster/Kuschel/Ribbert, Risiko- und prozessbasierte Vorbereitung und Durchführung von Journal-Entry-Tests auf Basis von IDW PS 210, WPg 2010, S. 727.

Krommes, Handbuch Jahresabschlussprüfung – Ziele, Technik, Nachweise – Wegweiser zum sicheren Prüfungsurteil, 3. Aufl., Wiesbaden 2011.

Krommes, Prüfungsziele und Prüfungstechnik als strategische Einheiten in der Abschlussprüfung – Lagebestimmung im Koordinatensystem, DB 2012, S. 585.

Kümpel/Oldewurtel/Wolz, Fraud und die Rolle des Abschlussprüfers – Externe Erwartungen vs. tatsächliche Verpflichtungen innerhalb des Systems der Corporate Governance, ZRFC 2011, S. 198.

Lehwald, Die Prüfung kleiner und mittelgroßer Unternehmen nach dem IDW-Prüfungshinweis IDW PH 9.100.1 (Teil 1 und 2), Bonn 2005.

Lilienbecker/Link/Rabenhorst, Beurteilung der Going-Concern-Prämisse durch den Abschlussprüfer bei Unternehmen in der Krise, BB 2009, S. 262.

Link, Abschlussprüfung und Geschäftsrisiko – normative Anforderungen an die Abschlussprüfung und ihre Erfüllung durch einen geschäftsrisikoorientierten Prüfungsprozess, Wiesbaden 2006.

Marten, Related Parties: Prüfung nach dem neuen ISA 550 und Grundlagen der Behandlung in der Rechnungslegung, IRZ 2006, S. 49.

Marten/Quick/Ruhnke, Lexikon der Wirtschaftsprüfung – Nach nationalen und internationalen Normen, Stuttgart 2006.

Marten/Quick/Ruhnke, Wirtschaftsprüfung – Grundlagen des betriebswirtschaftlichen Prüfungswesens nach nationalen und internationalen Normen, 4. Aufl., Stuttgart 2011.

Mekat, Der Grundsatz der Wesentlichkeit in Rechnungslegung und Abschlussprüfung, Baden-Baden 2010.

Melcher/Nimwegen, Das Zusammenrücken von Aufsichtsrat und Abschlussprüfer zur Vermeidung und Aufdeckung von Fraud – Möglichkeiten einer erfolgreichen Zusammenarbeit, ZCG 2010, S. 87.

Meyer-Hollatz, Prüfungsdokumentation bei skalierter Abschlussprüfung: Arbeitspapiere des Abschlussprüfers bei der Prüfung kleiner und mittelgroßer Unternehmen, WP Praxis 2012, S. 27.

Mielke, Geschäftsrisikoorientierte Abschlussprüfung – Strukturvorgaben für die Prüfungsplanung und -durchführung sowie Analyse der Einflussfaktoren, Düsseldorf 2007.

Mochty, Nicht-statistische Stichproben, in: *Kirsch/Thiele* (Hrsg.), Rechnungslegung und Wirtschaftsprüfung – Festschrift zum 70. Geburtstag von Jörg Baetge, Düsseldorf 2007, S. 1055.

Niemann, „Besonderheiten" der Abschlussprüfung kleiner und mittelgroßer Unternehmen Analyse des IDW PH 9.100.1, DStR 2005, S. 663.

Niemann, Ermessen, unbestimmter Rechtsbegriff und Beurteilungsspielraum bei der Abschlussprüfung, DStR 2004, S. 52.

Niemann, Grundsätze ordnungsmäßiger Durchführung von Abschlussprüfungen im Umbruch, DStR 2003, S. 1454.

Niemann, Jahresabschlusserstellung – Arbeitshilfen zur Qualitätssicherung, 2. Aufl., München 2010.

Niemann, Jahresabschlussprüfung – Arbeitshilfen zur Qualitätssicherung, 4. Aufl., München 2011.

Nonnenmacher, Möglichkeit zur weiteren Verbesserung der Zusammenarbeit zwischen Aufsichtsrat und Abschlussprüfer, WPg 2001, Sonderheft S. S15.

Noodt/Kunellis, Die Anpassung von IDW Prüfungsstandards an die im Rahmen des Clarity-Projekts überarbeiteten ISA – Wesentliche Änderungen und Auswirkungen auf die Prüfungspraxis, WPg 2011, S. 557.

Orth, Fraud: Möglichkeiten und Grenzen der Entdeckung von beabsichtigten Verstößen gegen Normen der Rechnungslegung und sonstige Vorschriften, DK 2009, S. 608.

Quick, Abschlussprüferreformgesetz (AReG) – Kritische Würdigung zentraler Neuregelungen, DB 2016, S. 1205.

Ruhnke, Business Risk Audits: State of the Art und Entwicklungsperspektiven, JfB 2006, S. 189.

Ruhnke, Geschäftsorientierte Abschlussprüfung – Revolution im Prüfungswesen oder Weiterentwicklung des risikoorientierten Prüfungsansatzes?, DB 2002, S. 437.

Ruhnke, Geschäftsorientierte Prüfung von IFRS-Abschlüssen – Prüfungsansatz, Konkretisierung am Beispiel geschätzter Werte sowie Beurteilung des Ansatzes, KoR 2007, S. 155.

Ruhnke/Lubitzsch, Abschlussprüfung und das neue Aussagen-Konzept der IFAC: Darstellung, Beweggründe und Beurteilung, WPg 2006, S. 366.

Ruhnke/Michel, Geschäftsrisikoorientierte Aufdeckung von Fraud nach internationalen Prüfungsnormen, BB 2010, S. 3074.

Ruhnke/Schmiele/Schwind, Die Erwartungslücke als permanentes Phänomen der Abschlussprüfung – Definitionsansatz, empirische Untersuchung und Schlussfolgerungen, ZfbF 2010, S. 394.

Ruhnke/von Torklus, Monetary Unit Sampling – Eine Analyse empirischer Studien, WPg 2008, S. 1119.

Scherff/Willeke, Zur Abschlussprüfung kleiner und mittelgroßer Unternehmen (KMU) – der IDW PH 9.100.1, StuB 2005, S. 61.

Schindler, Aktuelle Entwicklungen bei der Berücksichtigung von Verstößen (fraud) im Rahmen der Abschlussprüfung in Deutschland und ein Vergleich mit der Situation in den USA, in: *Winkeljohann/Bareis/Volk* (Hrsg.), Rechnungslegung, Eigenkapital und Besteuerung – Entwicklungstendenzen, Festschrift für Dieter Schneeloch zum 65. Geburtstag, München 2007, S. 83.

Schindler/Gärtner, Verantwortung des Abschlussprüfers zur Berücksichtigung von Verstößen (fraud) im Rahmen der Abschlussprüfung – Eine Einführung in ISA 240 (rev.) –, WPg 2004, S. 1233.

Schindler/Haußer, Die Pflicht gesetzlicher Vertreter von Kapitalgesellschaften zur Aufdeckung von Unregelmäßigkeiten und die Reaktion des gesetzlichen Abschlussprüfers, WPg 2012, S. 233.

Schmidt, Geschäftsverständnis, Risikobeurteilungen und Prüfungshandlungen des Abschlussprüfers als Reaktion auf beurteilte Risiken, WPg 2005, S. 873.

Schmidt, Handbuch Risikoorientierte Abschlussprüfung – Fachliche Regeln für Auftragsabwicklung und Qualitätssicherung, Düsseldorf 2008.

Schmidt, Risikoorientiertes Prüfungsvorgehen, in: Beck'scher Bilanz-Kommentar, Teil-Kommentierung zu § 317 HGB, 9. Aufl., München 2014, S. 2061.

Schmidt/Reimer, Zusammenwirken von Abschlussprüfung und Interner Revision, in: *Freidank/Peemöller* (Hrsg.), Corporate Governance und Interne Revision – Handbuch für die Neuausrichtung des Internal Auditings, Berlin 2008, S. 643.

Schruff, Zur Aufdeckung von Top-Management-Fraud durch den Wirtschaftsprüfer im Rahmen der Jahresabschlussprüfung, WPg 2003, S. 901.

Schruff/Gärtner, Neuere Ansätze zur Aufdeckung von Gesetzesverstößen im Rahmen der Jahresabschlussprüfung, in: *Freidank* (Hrsg.), Rechnungslegung und Corporate Governance – Reporting, Steuerung und Überwachung der Unternehmen im Umbruch, Berlin 2007, S. 171.

Schruff/Spang, Künftige Meldepflicht des Abschlussprüfers bei Gesetzesverstößen des Mandanten, WPK Magazin 2016, S. 61

Siebert, Zur Anwendung der IDW Prüfungsstandards auf die Abschlussprüfung kleiner und mittlerer Unternehmen, WPg 2004, S. 973.

Vogel, Skalierter Prüfungsansatz: Ansatzpunkte zur praktischen Umsetzung, Steuern und Bilanzen 2013, S. 211.

Wilburn, Practical Statistical Sampling for Auditors, New York 1984.

Wolz, Wesentlichkeit im Rahmen der Jahresabschlussprüfung – Bestandsaufnahme und Konzeption zur Umsetzung des Materialitygrundsatzes, Düsseldorf 2003.

Zaeh, Das Entdeckungsrisiko im Kontext der Risikoorientierten Abschlußprüfung, ZIR 2001, S. 78.

Zaeh, Risiko und Wesentlichkeit im Kontext der Abschlußprüfung nach IDW PS 240: unter Würdigung des Bayesschen Theorems, in: *Freidank* (Hrsg.), Die deutsche Rechnungslegung und Wirtschaftsprüfung im Umbruch – Festschrift für Wilhelm Theodor Strobel zum 70. Geburtstag, München 2001, S. 303.

Zu Kapitel C: Besonderheiten bei Konzernabschlussprüfungen

Davids, Die Auswirkungen des neuen Konzern-Prüfungsstandards auf den Teilbereichsprüfer : Konzernabschlussprüfung nach IDW PS 320 n.F., WP Praxis 2013, S. 41.

Link/Giese/Kunellis, Geschäftsrisikoorientierte Prüfung des Konzernabschlusses: neue Anforderungen und Handlungsspielräume bei einer Prüfung nach ISA 600, BB 2008, S. 378.

Niemann/Bruckner, Qualitätssicherung bei der Konzernabschlussprüfung, DStR 2010, S. 345.

Philipps/Wilting, Neue, besondere Grundsätze für Konzernabschlussprüfungen (IDW PS 320 n.F.), WP Praxis 2012, S. 21.

Ruhnke/Canitz, Besonderheiten der Prüfung von Konzernabschlüssen – Darstellung und Analyse des Proposed ISA 600RR unter besonderer Berücksichtigung einer geschäftsrisikoorientierten Prüfung, WPg 2007, S. 447.

Ruhnke/Schmitz, Wesentlichkeitsüberlegungen bei der Prüfung von Konzernabschlüssen, KoR 2011, S. 193.

Stirnimann, Die Konzernabschlussprüfung – ISA 600 – Überlegungen zu den Konzernabschlussprüfungen und der Tätigkeit von den Teilbereichsprüfern nach dem ISA 600, ST 2011, S. 995.

IDW Praxishandbuch zur Qualitätssicherung 2017/2018

Inhaltsverzeichnis des Prüfungsnavigators auf CD-ROM

Kapitel B: Prüfungsnavigator
Inhaltsverzeichnis Prüfungsnavigator (CD-ROM)

Inhaltsverzeichnis: Prüfungsnavigator (auf CD-ROM hinterlegt)

- Prüfungsnavigator – Vorbemerkungen
- Prüfungsnavigator
- Prüfungsnavigator – Besonderheiten bei der Prüfung nach IDW PS 480 und IDW PS 490
- Prüfungsnavigator – Kerndokumentationsanforderungen
- Prüfungsnavigator – Grafiken
- Prüfungsnavigator – Kommunikation
- Prüfungsnavigator – Relevante Normen
- Prüfungsnavigator – Vertiefende Skalierungsaspekte
- Prüfungsnavigator – Zusätzliche Informationen

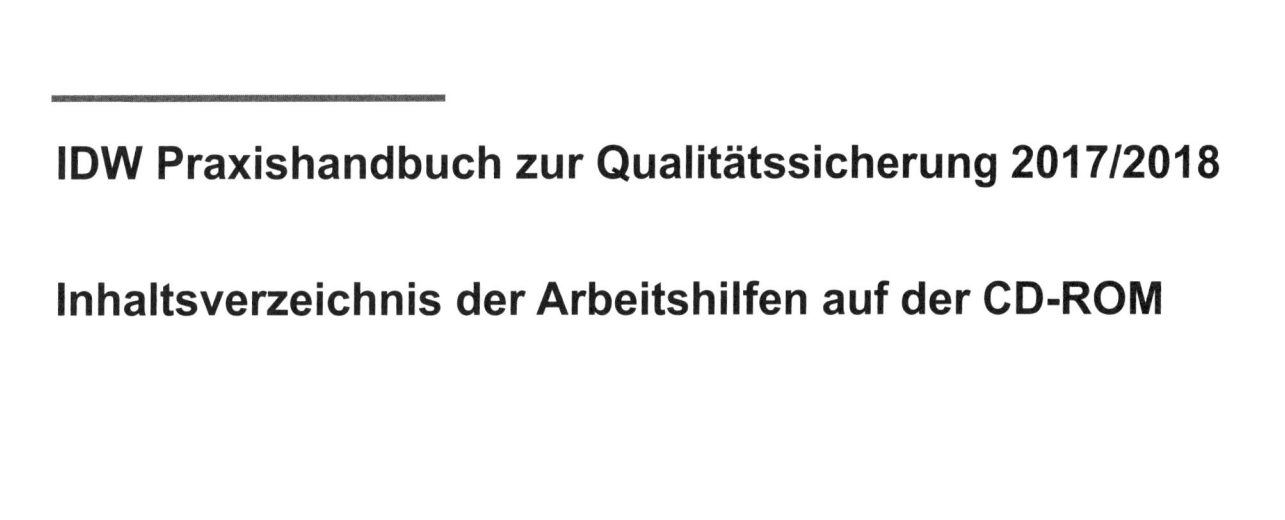

IDW Praxishandbuch zur Qualitätssicherung 2017/2018

Inhaltsverzeichnis der Arbeitshilfen auf der CD-ROM

Inhaltsverzeichnis: Arbeitshilfen (auf CD-ROM hinterlegt)

Kapitel A:

A-4.1.(1)	Merkblatt zur Unterrichtung über die Berufsgrundsätze
A-4.1.1.(1)	Erklärung zur berufsrechtlichen Unabhängigkeit und zur Einhaltung der Qualitätssicherungsregelungen (bei Einstellung neuer Mitarbeiter)
A-4.1.1.(2)	Erklärung zur berufsrechtlichen Unabhängigkeit (jährliche Abfrage)
A-4.1.1.(3)	Unabhängigkeitserklärung des Abschlussprüfers gegenüber dem Aufsichtsorgan
A-4.1.3.(1)	Verpflichtungserklärung für Gehilfen und Mitarbeiter von Angehörigen der wirtschaftsprüfenden und der steuerberatenden Berufe zur Verschwiegenheit
A-4.1.5.-Erl.	Erläuterung zur Mustergeldwäscherichtlinie
A-4.1.5.	Mustergeldwäscherichtlinie
A-4.1.3.(2)	Verhaltensregeln für die Benutzung von IT-Systemen und zur Datensicherheit
A-4.2.(1)	Übernahme und Fortführung eines Auftrags
A-4.2.2.(1)	Übersicht zu den Unabhängigkeitsvorschriften
A-4.2.2.(2)	Besondere Unabhängigkeitsanforderungen bei PIE-Abschlussprüfungen
A-4.2.3.(1)	Auftragsbestätigungsschreiben Abschlussprüfung Non-PIE
A-4.2.3.1.-PIE	Auftragsbestätigungsschreiben Abschlussprüfung PIE
A-4.2.3.(1)-E	Engagement Acceptance Letter Audit Non-PIE
A-4.2.3.(2)	Auftragsbestätigungsschreiben Steuerberatung
A-4.2.3.(3)	Auftragsbestätigungsschreiben Jahresabschlusserstellung
A-4.2.3.(4)	Auftragsbestätigungsschreiben Prüferische Durchsicht von Abschlüssen
A-4.2.3.(4)-E	Engagement Acceptance Letter Review of Financial Statements
A-4.2.3.(5)	Auftragsbestätigungsschreiben Externe Qualitätskontrolle
A.4.2.3.(6)	Auftragsbestätigungsschreiben Prüfungen nach IDW PS 480
A.4.2.3.(7)	Auftragsbestätigungsschreiben Prüfungen nach IDW PS 490
A-4.2.3.(8)	Auftragsbestätigungsschreiben Prüfung von Compliance Management Systemen
A-4.2.3.(9)	Auftragsbestätigungsschreiben Prüfung des Risikomanagementsystems
A-4.2.3.(10)	Auftragsbestätigungsschreiben Prüfung des IKS der Unternehmensberichterstattung
A-4.2.3.(11)	Auftragsbestätigungsschreiben Prüfung des Internen Revisionssystems
A-4.2.(4)	Bestimmung der Größenklassen nach §§ 267, 267a HGB
A-4.3.(1)	Bewerberbeurteilung
A-4.3.(2)	Merkblatt – Maßnahmen bei der Einstellung von Mitarbeitern
A-4.3.(3)	Beurteilung Probezeit
A-4.3.(4)	Mitarbeiterbeurteilung

A-4.3.(5)	Mitarbeiteraus- und Fortbildungsstatistik für das Jahr …
A-4.3.(6)	Mitarbeiteraus- und Fortbildungsprofil
A-4.3.(7)	Nachweis der Fortbildungsmaßnahmen
A-4.4.(1)	Bedarfsmeldung Einzelauftrag/Auftragsgruppe
A-4.4.(2)	Auftragsplanung Einzelauftrag
A-4.4.(3)	Kapazitätsplanung
A-4.4.(4)	Mitarbeitereinsatzplanung (monatlich)
A-4.6.2.(1)	Zeitliche Prüfungsplanung
A-4.6.5.(1)	Nachweisbogen zur laufenden Überwachung und abschließenden Durchsicht der Auftragsergebnisse
A-4.6.5.(2)	Zusammenstellung wesentlicher Punkte für den Wirtschaftsprüfer
A-4.6.7.(1)	Durchführung der Berichtskritik Non- PIE
A-4.6.7.(1)-PIE	Durchführung der Berichtskritik PIE
A-4.6.7.(2)	Durchführung der Auftragsbegleitenden Qualitätssicherung
A-4.6.7.(3)	Durchführung der Konsultation
A-4.7.(1)	Planung der Nachschau der allgemeinen Praxisorganisation
A-4.7.(2)	Planung der Nachschau der Auftragsabwicklung
A-4.7.(3)	Auftragsdatei
A-4.7.(4)	Gliederungsvorschlag zum Nachschaubericht
A-4.7.(5)	Durchführung der Nachschau – Allgemeine Praxisorganisation
A-4.7.(6)	Durchführung der Nachschau – Auftragsabwicklung
A-4.7.(7)	Durchführung der Nachschau – Auftragsabwicklung KAP

Kapitel B:

B-1.	Übersicht über die zu bearbeitenden Arbeitshilfen
B-1.1.	Mandantenstammblatt
B-1.2.	Auftragsstammblatt
B-1.3.	Korrekturvorschlagsliste inkl. Berichtigungen und Aufstellung nicht korrigierter Prüfungsdifferenzen
B-1.4.	Prüffeld – Deckblatt
B-1.5.	Arbeitspapierindex
B-1.6.	Berichtsbegleitbogen
B-1.7.	Dauerakte
B-1.8.	Bereitstellung von Unterlagen für die Jahresabschlussprüfung
B-2.1.	Geschäftstätigkeit sowie wirtschaftliches und rechtliches Umfeld des Mandanten
B-2.2.	Rechnungslegungspolitik des Mandanten
B-2.3.	Analyse aktueller finanzwirtschaftlicher Informationen
B-2.4.	Beurteilung der Annahme zur Unternehmensfortführung

B-2.5.	Beurteilung des Risikos wesentlicher falscher Angaben in der Rechnungslegung aufgrund von Verstößen
B-2.6.	Rechtsanwaltsbestätigung
B-2.6.-E	Lawyer's confirmation
B-2.7.	Durchführung vorbereitender analytischer Prüfungshandlungen
B-2.8.	Leitfaden zur Durchführung von Befragungen im Rahmen der Abschlussprüfung
B-2.9.	Prüfung der Angaben und Erläuterungen im Zusammenhang mit nahe stehenden Personen
B-2.10.	Liste der nahe stehenden Unternehmen und Personen
B-3.1.	Wesentlichkeitsgrenzen für die Abschlussprüfung
B-3.2.	Themen für die Besprechung im Prüfungsteam
B-4.1.	Beurteilung des rechnungslegungsbezogenen internen Kontrollsystems auf Unternehmensebene für die vorläufige Risikoeinschätzung
B-4.1.1.	Leitfaden zur Dokumentation der Prüfung des internen Kontrollsystems
B-4.1.2.	Leitfaden zur Durchführung eines Walk-through
B-4.2.1.	Buchführungs- und Abschlussprozess – Allgemeine Daten
B-4.2.2.	Buchführungs- und Abschlussprozess – Fragebogen IKS
B-4.3.	Beurteilung der Komplexität des IT-Systems sowie der Abhängigkeit des Unternehmens von einer funktionsfähigen IT
B-4.3.0.	Übersicht der Anwendungen und Schnittstellen
B-4.3.1.	Aufnahme und Beurteilung nicht komplexer IT-Systeme
B-4.3.2.	Aufnahme und Beurteilung des IT-Systems
B-4.4.1.	Anlagenbereich – Allgemeine Daten
B-4.4.2.	Anlagenbereich – Fragebogen IKS
B-4.4.3.	Anlagenbereich – Beispielsdokumentation Kleinbetrieb
B-4.5.1.	Einkauf – Allgemeine Daten
B-4.5.2.	Einkauf – Fragebogen IKS
B-4.5.3.	Einkauf – Beispielsdokumentation Kleinbetrieb
B-4.6.1.	Vorräte und Materialwirtschaft – Allgemeine Daten
B-4.6.2.	Vorräte und Materialwirtschaft – Fragebogen IKS
B-4.6.3.	Vorräte und Materialwirtschaft – Beispielsdokumentation Kleinbetrieb
B-4.7.1.	Produktion – Allgemeine Daten
B-4.7.2.	Produktion – Fragebogen IKS
B-4.7.3.	Produktion – Beispielsdokumentation Kleinbetrieb
B-4.8.1.	Verkaufsbereich – Allgemeine Daten
B-4.8.2.	Verkaufsbereich – Fragebogen IKS
B-4.8.3.	Verkaufsbereich – Beispielsdokumentation Kleinbetrieb

B-4.9.1.	Personalbereich – Allgemeine Daten
B-4.9.2.	Personalbereich – Fragebogen IKS
B-4.9.3.	Personalbereich – Beispielsdokumentation Kleinbetrieb
B-4.10.	Übersicht der Jahresabschlussposten, Prozesse und Anwendungen
B-5.0.	Zusammenfassung der Fehlerrisiken und Prüfungsstrategie
B-5.1.	Zusammenfassende Risikobeurteilungen/Prüfungsstrategie und Beurteilung der erreichten Prüfungssicherheit
B-5.2.	Planungsleitfaden
B-6.1.	Nachweis der Funktionsprüfungen (Kontrolltests) Buchführungs- und Abschlussprozess
B-6.2.	Nachweis der Funktionsprüfungen (Kontrolltests) IT-System
B-6.3.	Nachweis der Funktionsprüfungen (Kontrolltests) Anlagevermögen
B-6.4.	Nachweis der Funktionsprüfungen (Kontrolltests) Einkauf
B-6.5.	Nachweis der Funktionsprüfungen (Kontrolltests) Vorräte und Materialwirtschaft
B-6.6.	Nachweis der Funktionsprüfungen (Kontrolltests) Produktion
B-6.7.	Nachweis der Funktionsprüfungen (Kontrolltests) Verkaufsbereich
B-6.8.	Nachweis der Funktionsprüfungen (Kontrolltests) Personalbereich
B-7.1.	Prüfprogramm Immaterielle Vermögensgegenstände
B-7.2.	Prüfprogramm Sachanlagen
B-7.3.	Prüfprogramm Finanzanlagen
B-7.4.	Prüfprogramm Vorräte
B-7.5.	Prüfprogramm Forderungen aus Lieferungen und Leistungen
B-7.6.	Prüfprogramm Forderungen/Verbindlichkeiten Verbundbereich
B-7.7.	Prüfprogramm Sonstige Vermögensgegenstände
B-7.8.	Prüfprogramm Wertpapiere (UV)
B-7.9.	Prüfprogramm Flüssige Mittel
B-7.10.	Prüfprogramm Aktive Rechnungsabgrenzungsposten
B-7.11.	Prüfprogramm Aktive und Passive Steuerabgrenzung
B-7.12.	Prüfprogramm Eigenkapital
B-7.13.	Prüfprogramm Sonderposten mit Rücklageanteil
B-7.14.	Prüfprogramm Pensionsrückstellungen/Aktiver Unterschiedsbetrag aus der Vermögensrechnung von Deckungsvermögen
B-7.15.	Prüfprogramm Steuerrückstellungen
B-7.16.	Prüfprogramm Sonstige Rückstellungen
B-7.17.	Prüfprogramm Verbindlichkeiten gegenüber Kreditinstituten
B-7.18.	Prüfprogramm Verbindlichkeiten Lieferungen und Leistungen
B-7.19.	Prüfprogramm Anleihen
B-7.20.	Prüfprogramm Erhaltene Anzahlungen

B-7.21.	Prüfprogramm Verbindlichkeiten aus der Annahme gezogener Wechsel und der Ausstellung eigener Wechsel
B-7.22.	Prüfprogramm Sonstige Verbindlichkeiten
B-7.23.	Prüfprogramm Passive Rechnungsabgrenzungsposten
B-7.24.	Prüfprogramm Sonstige Haftungsverhältnisse/Eventualverbindlichkeiten
B-7.25.	Prüfprogramm Sonstige finanzielle Verpflichtungen
B-7.26.	Prüfprogramm Gewinn- und Verlustrechnung – Aufwendungen
B-7.27.	Prüfprogramm Gewinn- und Verlustrechnung – Erträge
B-7.28.	Einleitung – Bestätigung
B-7.29.	Saldenbestätigungsrücklauf
B-7.30.1.	Betätigung für von Dritten verwahrtes Vermögen
B.7.30.1.-E	Confirmation of assets stored by third parties
B-7.30.2.	Bankbestätigung
B-7.30.2.-E	Bank Confirmation
B-7.30.3.	Saldenbestätigung Forderungen
B-7.30.3.-E	Debitor Confirmation
B-7.30.4.	Saldenbestätigung Verbindlichkeiten
B-7.30.4.-E	Creditor Confirmation
B-7.30.5.	Saldenbestätigung Kreditoren – offen
B-7.30.5.-E	Creditor Confirmation – open
B-7.30.6.	Bestätigung Leasing
B-7.30.6.-E	Leasing Confirmation
B-7.30.7.	Bestätigung Sachverständige
B-7.30.7.-E	Expert Confirmation
B-7.30.8.	Bestätigung Versicherung
B-7.30.8.-E	Insurance Confirmation
B-7.30.9.	Bestätigung Steuerberater
B-7.30.9.-E	Confirmation Tax Advisor
B-7.31.	Inventurprüfung – Stichtagsinventur
B-7.32.	Inventurprüfung – Permanente Inventur
B-8.0.	Leitfaden zur Prüfung des Lageberichts/Konzernlageberichts
B-8.1.-JA	Checkliste zur Prüfung der Vollständigkeit der Angaben im Anhang nach HGB/DRS – je nach Kapitalmarktorientierung, Rechtsform und Unternehmensgröße
B-8.1.-KA	Checkliste zur Prüfung der Vollständigkeit der Angaben nach HGB/DRS im Konzernanhang – je nach Kapitalmarktorientierung und Rechtsform des Mutterunternehmens
B-8.2.-JA	Checkliste zur Prüfung des Lageberichts nach HGB/DRS – je nach Kapitalmarktorientierung, Rechtsform und Unternehmensgröße

B-8.2-KA	Checkliste zur Prüfung des Konzernlageberichts nach HGB/DRS – je nach Kapitalmarktorientierung und Rechtsform
B-8.3.	Prüfung von Ereignissen nach dem Abschlussstichtag
B-8.4.	Beurteilung der Auswirkungen festgestellter falscher Angaben
B-9.1.	Leitfaden für die Prüfung der Offenlegung
B-9.2.	Kommunikation zwischen Abschlussprüfer und Aufsichtsorgan des geprüften Unternehmens

Kapitel C:

C-1.	Übersicht über die zu bearbeitenden Arbeitshilfen
C-2.	Leitfaden zur Organisation und Dokumentation der Konzernabschlussprüfung
C-2.1.	Prüfung des Konsolidierungsprozesses
C-3.	Bestimmung der Wesentlichkeit für die Konzernabschlussprüfung
C-4.-E	Group Audit Instructions
C-4.-E.1.	Component Auditor's Confirmations (Appendix I)
C-4.-E.2.	Early Warning Memorandum (Appendix II)
C-4.-E.3a	Component Auditor's Report – Audit (Appendix IIIa)
C-4.-E.3b	Component Auditor's Report – Review (Appendix IIIb)
C-4.-E.3c	Component Auditor's Report on the audit of specific account balances, classes of transactions or disclosures (Appendix IIIc)
C-4.-E.3d	Component Auditor's Memorandum on specified audit procedures (Appendix IIId)
C-4.-E.4a	Completion Memorandum – Audit (Appendix IVa)
C-4.-E.4b	Completion Memorandum – Specified Audit Procedures or Review (Appendix IVb)
C-4.-E.5.	Summary of Unadjusted Differences (Appendix V)
C-4-E.6.	Tax Review Memorandum (Appendix VI)
C-4.-E.7.	Management Letter (Appendix VII)
C-4.-E.8.	Subsequent Events Memorandum (Appendix VIII)
C-4.-E.9.	Letter of Representation (Appendix IX)
C-5.	Bereitstellung von Unterlagen für die Konzernabschlussprüfung

Kapitel D:

D-A-4.2.	Übernahme und Fortführung eines Auftrags zur Prüfung nach IDW PS 480/490
A.4.2.3.(6)	Auftragsbestätigungsschreiben Prüfungen nach IDW PS 480
A-4.2.3.(7)	Auftragsbestätigungsschreiben Prüfungen nach IDW PS 490

D-B-2.3.	Austausch mit dem Abschlussprüfer
D-B-3.1.	Wesentlichkeitsgrenzen für die Prüfung von Finanzaufstellungen oder deren Bestandteilen
D-B-9.2.	Leitfaden für die Berichterstattung des Wirtschaftsprüfers bei der Prüfung nach IDW PS 480/490

IDW Praxishandbuch zur Qualitätssicherung 2017/2018

Benutzerhandbuch

IDW (Hrsg.)

Disclaimer
Das beiliegende Programm ist für die Verwendung mit „IDW Prüfungsstandards (IDW PS) IDW Stellungnahmen zur Rechnungslegung (IDW RS) IDW Standards (IDW S), Stand 62. Ergänzungslieferung", optimiert.

Inhalt

1. Einführung 4
2. Installation 5
3. Projekt-/Mandantenanlage und -verwaltung 7
4. Benutzerführung 18
5. Dokumentation und Sicherheit 24
6. Systemvoraussetzungen 39
7. Optimale Nutzung mit IDW PS CD-ROM 39
8. Technischer Support 39
9. Hinweis auf technischen Kopierschutz und Nutzung 39

⚠ Wichtiger Hinweis für Anwender von AuditAgent:

Bitte beachten Sie die Installationsanweisung unter Kapitel 1.4 und 2 des Benutzerhandbuches

1. Einführung

1.1 Zum Inhalt

Die Anwendung IDW Praxishandbuch zur Qualitätssicherung (nachfolgend: IDW Praxishandbuch) basiert auch in der vorliegenden 11. Auflage (Ausgabe 2017/2018) auf der Softwareplattform CaseWare (CaseWare international Inc.) und wurde in Zusammenarbeit mit der Audicon GmbH entwickelt.

Beibehalten wurde der aus den Vorauflagen bekannte Aufbau, der Sie zuverlässig und sicher durch die Inhalte des IDW Praxishandbuchs führt.

Der Dokumentenmanager der IDW Praxishandbuch Anwendung erlaubt einen direkten Zugriff auf die Inhalte und ermöglicht eine intuitive Verwaltung der Dokumente, welche in eigenen Mandantendateien abgelegt werden.

1.2 Zum Anwenderleitfaden

Dieser Anwenderleitfaden soll Ihnen dabei helfen, auch ohne hohen Einarbeitungsaufwand einen Mandanten in der IDW Praxishandbuch Anwendung anzulegen und zu bearbeiten. Hierbei werden Schritt für Schritt die wichtigsten Bearbeitungsstufen, u.a. anhand von Bildschirmmasken erläutert.

1.3 Wichtiger Hinweis für Nutzer der Vorversion des IDW Praxishandbuches zur Qualitätssicherung

Da die Softwareplattform sich verändert hat werden die Inhalte der IDW Praxishandbuch zur Qualitätssicherung Anwendung in der Ausgabe 2017/2018 nicht parallel zu der bereits installierten Anwendung des Vorjahres aufgespielt. Näheres hierzu finden Sie unter Punkt 1.6

Wie bei der Vorversion liegen die Inhalte des IDW Praxishandbuchs im Word und Excel Format vor und ermöglichen Ihnen die individuelle Anpassung der Mustertexte und Arbeitshilfen.

1.4 Hinweis für Nutzer von AuditAgent/CaseWare Produkten

Das IDW Praxishandbuch zur Qualitätssicherung kann parallel mit AuditAgent/CaseWare Produkten genutzt werden. Bei einer gleichzeitigen Nutzung sind die nachfolgenden Besonderheiten zu beachten:

1.4.1 Zugriff auf Mandantendateien

Beide Programme mit ihren Mandantendateien sind stets als vollständig voneinander getrennte Produkte zu behandeln. Daher ist die Bearbeitung der Mandantendateien jeweils mit dem Programm vorzunehmen, in dem die Mandantendateien erstellt wurden.

1.4.2 Installation

Wählen Sie den in der Installationsroutine vorgeschlagenen Pfad für die Installation aus und nicht das Verzeichnis von AuditAgent. Die Pfade für die Programme lauten üblicherweise:

IDW Praxishandbuch: C:\Programme (x86)\IDW-Verlag\IDW Qualitätssicherung.

Für AuditAgent: C:\Programme (x86)\AuditAgent\Data.

1.5 Neue Inhalte und inhaltliche Änderungen

Aktualisierungen, die sich gegenüber der 10. Auflage des IDW Praxishandbuchs ergeben haben, sind in den Office Dokumenten mit einem Randbalken markiert, so dass Änderungen/Ergänzungen bzw. neue Dokumente schnell aufgefunden werden können. Auf die Hervorhebung rein redaktioneller Änderungen wurde verzichtet.

Grundlegend überarbeitete sowie neue Arbeitshilfen werden in der Kopfzeile des Dokuments durch einen Randbalken gekennzeichnet.

1.6 Technische Neuerungen

1.6.1 Neue Softwareplattform Caseware

Mit der aktuellen Ausgabe erscheint das IDW Praxishandbuch zur Qualitätssicherung auf einer neuen technischen Plattform.

Alle Mandanten-Dateien und Vorlagen aus den vorhergehenden Auflagen bleiben erhalten.

Es kann vorkommen, dass ihnen bei der Erstellung neuer Mandanten Vorlagen der Vorjahre angeboten werden (Icons der Vorjahre), die nicht auf Ihrem Rechner vorhanden sind. Dies hat keine Auswirkungen auf die Anlage neuer Mandaten mit den aktuellen Vorlagen.

2. Installation

Legen Sie die CD-ROM „IDW Praxishandbuch zur Qualitätssicherung 2017/2018" in das CD bzw. DVD Laufwerk Ihres PC/Notebook ein.

Starten Sie das Installationsprogramm (Setup.exe) auf der CD-ROM über den Windows Explorer. Folgen Sie bitte den Anweisungen des Installationsprogramms bis zum Abschluss der Installation.

2.1 Einstellung des Installationspfads

Der voreingestellte Installationspfad kann entsprechend Ihrer Rechnereinrichtung geändert werden.

WICHTIGER HINWEIS – Pfadeinstellung
Wählen Sie bitte ggf. den bestehenden Pfad der bisherigen IDW-Installation (im Regelfall C:\Programme (x86)\IDW-Verlag\IDW Qualitätssicherung). Bei Neuinstallation empfehlen wir C:\Programme (x86)\IDW-Verlag\ IDW Qualitätssicherung.

> ⚠ Wichtiger Hinweis für Anwender von AuditAgent:
> Bitte wählen Sie keinesfalls das ggf. vorgeschlagene Verzeichnis von AuditAgent!

2.2 Makros aktzeptieren

Die Office-Dokumente verwenden die Microsoft Office Makroprogrammierung. Ihr MICROSOFT Word Programm wird beim Aufruf der Dokumente, eine Sicherheitswarnung herausgeben (Abbildung „Warnung").

(Abbildung „Warnung")

Mit einem Klick auf die Schaltfläche ‹Inhalt aktivieren› aktivieren Sie einmalig die Makros für dieses Dokument.

Damit Sie nicht jedes Mal beim Aufruf der Dokumente diesen Hinweis angezeigt bekommen, wurden seitens des Softwareherstellers (Doctronic GmbH & Co) die Dateien mit einer Digitalen Signatur ausgestattet. MICROSOFT Word erkennt diese Digitale Signatur und bietet Ihnen die Option, das Dokument mit dieser Signatur als vertrauenswürdig anzuerkennen.

Klicken Sie hierfür auf den Text „Makros wurden deaktiviert". *(Abbildung „Warnung")*.

Im jetzt geöffneten Fenster klicken Sie bitte auf den Button *„Inhalte aktivieren"* und wählen *„Erweiterte Optionen"* aus. Anschließen wählen Sie ‹Allen Dokumenten von diesem Herausgeber vertrauen› (Abbildung 4) an und bestätigen diese Eingabe mit Mausklick auf den Schalter ‹OK›.

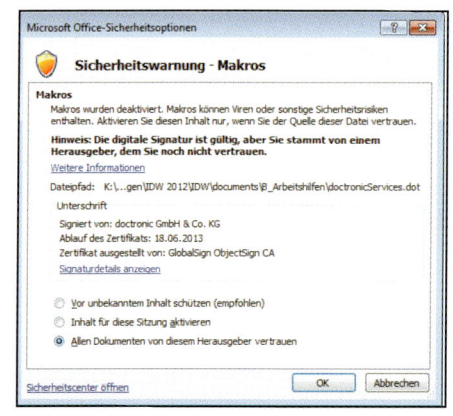

Abbildung 4

2.3 Besonderheiten der neuen Softwareplattform

Durch die neue Softwareplattform wird eine Deinstallation der alten Version notwendig. Bei der Installation der neuen Version übernimmt das Setup die Deinstallation automatisch.

Nach der Deinstallation werden Sie zu einem Neustart aufgefordert. Bitte führen Sie diesen aus.

Die Installation wird nach dem Neustart automatisch fortgesetzt. Sollte dies nicht der Fall sein, so starten Sie bitte die Installation erneut und verneinen Sie gegebenenfalls die Aufforderung zum Neustart.

Alte Mandanten werden beim ersten Öffnen durch das Programm in die neue Version konvertiert.

Achtung; wurde der Mandant einmal konvertiert, so ist er nur noch auf Basis der neuen Version nutzbar.

2.3.1 Neue Microsoft Office Formate

Microsoft Office 2007 wird nicht mehr unterstützt, da Microsoft den Support für diese Office-Version eingestellt hat.
Sämtliche Word- und Excel-Dokumente liegen im Format .docx bzw. .xlsx vor. Ältere Dokumente im Format .doc oder .xls werden nicht mehr von der Software unterstützt.

2.3.2 Vorlagen vorheriger Versionen

Die Verwendung von Vorlagen älterer Versionen des IDW Praxishandbuch zur Qualitätssicherung bedarf einer vorherigen Konvertierung der Office-Dateien.

Beim Öffnen einer Vorlage aus einer älteren Version wird das Programm die Vorlagen nach einer Sicherheitsabfrage automatisch konvertieren. Zur Sicherung der alten Daten können Sie an dieser Stelle auch eine Backup-Kopie erstellen.

3. Projekt-/Mandantenanlage und -verwaltung

3.1 Projekt bzw. Mandantendatei erstellen

Das Anlegen eines neuen Projektes (nachfolgend: Mandantendatei oder Mandant) kann mit Hilfe der IDW Vorlage oder einer bestehenden Mandantendatei erfolgen.

3.1.1 Mandanten mit Hilfe der IDW Vorlage neu anlegen

Beim Start/Aufruf der Anwendung erscheint folgende Dialogbox *(Abbildung 5)*, in der entschieden werden kann, ob ein bestehender Mandant geöffnet oder ein neuer Mandant angelegt werden soll.

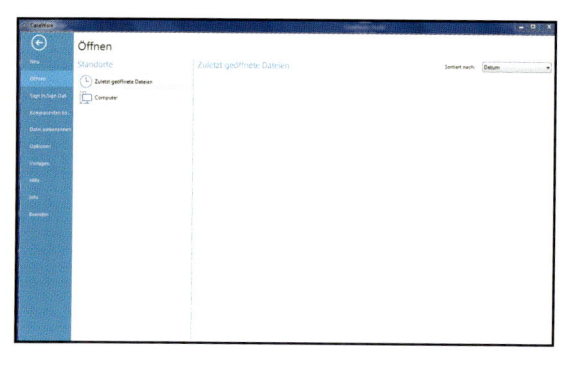

Abbildung 5

Es wird Ihnen folgende Dialogbox (*Abbildung 6*) angezeigt, in der Sie zwischen der IDW Vorlage und einer ggf. bereits angelegten Mandantendatei wählen können.

Alternativ lässt sich ein neuer Mandant auch über den Reiter „*Datei/Neu*" anlegen, dann gelangen Sie direkt in die folgende Dialogbox (*Abbildung 6*). Es erscheinen die gleichen Folgemasken wie bei der ersten Vorgehensweise.

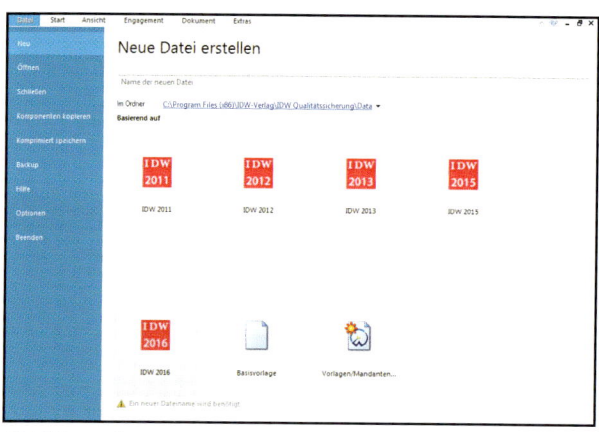

Abbildung 6

Markieren Sie in der Dialogbox das IDW Symbol und tragen Sie in dem Feld „Name der neuen Datei" den gewünschten Dateinamen für die neue Mandantendatei ein (maximal 100 Zeichen, Leerzeichen sind erlaubt). In dem Feld „Im Ordner" wird der voreingestellte Speicherort der Mandantendatei angezeigt, den Sie ggf. über den kleinen schwarzen Pfeil und der Auswahl „Durchsuchen" ändern können. Um den Vorgang abzuschließen klicken Sie auf ‹OK›.

Um die Kontinuität der Mandantenbezeichnungen zu bewahren, empfehlen wir die Abkürzung der Firma zusammen mit der Jahresangabe z.B. Mustermandant_2017 zu verwenden. Alternativ zur Abkürzung der Firma können Sie auch die Mandantennummer verwenden z.B. 12345_2017.

Die genaue Firma, so wie sie im Handelsregister eingetragen ist und auch im Bericht erscheinen soll, tragen Sie später in den Mandantenstammdaten ein (siehe Punkt 3.2 des Anwenderleitfadens).

3.1.2 Einen Mandanten auf Basis einer vorhandenen Mandantendatei neu anlegen

Eine neue Mandantendatei kann auch mit Hilfe einer beliebigen, bereits angelegten Mandantendatei, erstellt werden. Dies bietet sich insbesondere dann an, wenn Sie in der existierenden Mandantendatei viele eigene Arbeitspapiere und -hilfen und/oder Anpassungen in Standarddokumenten vorgenommen haben, die Sie in der neuen Mandantendatei ebenfalls verwenden möchten.

Klicken Sie unter „*Datei/Neu*" auf das Symbol „*Vorlagen/Mandanten...*" und tragen Sie in dem Feld „*Neue Datei erstellen*" den gewünschten Dateinamen ein (maximal 100 Zeichen, Leerzeichen sind erlaubt). Klicken Sie anschließend unter das markierte Symbol auf „*Datei erstellen*".

Hinweis:
Die unter „*Erstellen und Daten importieren*" hinterlegten Funktionen werden vom IDW Praxishandbuch nicht unterstützt.

In der folgenden Dialogbox (*Abbildung 7*) wählen Sie die Mandantendatei aus, mit deren Hilfe bzw. auf deren Basis die neue Mandantendatei angelegt werden soll.

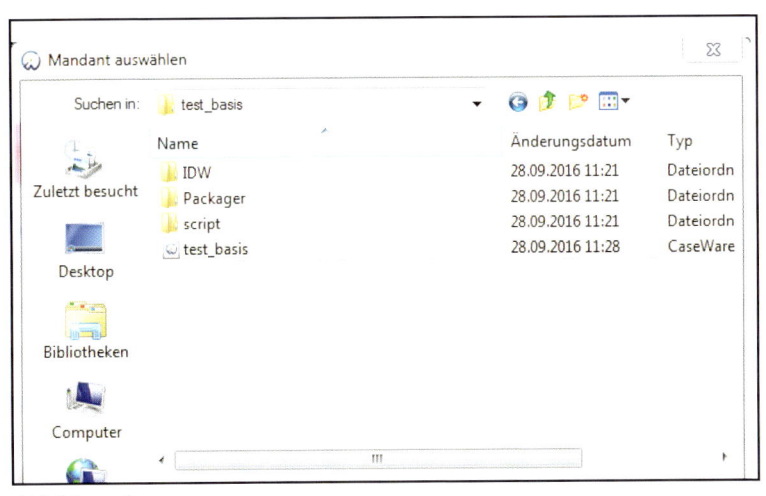

Abbildung 7

Starten Sie mit einem Mausklick auf den Schalter ‹Öffnen› die Anlage der neuen Mandantendatei.

3.1.3 Übernehmen einzelner Teile aus anderen Mandantendateien in z.B. die aktuelle Mandantendatei – Funktion „Komponenten kopieren" von CaseWare

Sollen in die aktuelle Mandantendatei nur einzelne Teile einer Mandantendatei oder einer Vorlage eingefügt werden, wählen Sie *„Datei/Komponenten kopieren"* aus. Es erscheint der Assistent „Komponenten kopieren" (*Abbildung 8*).

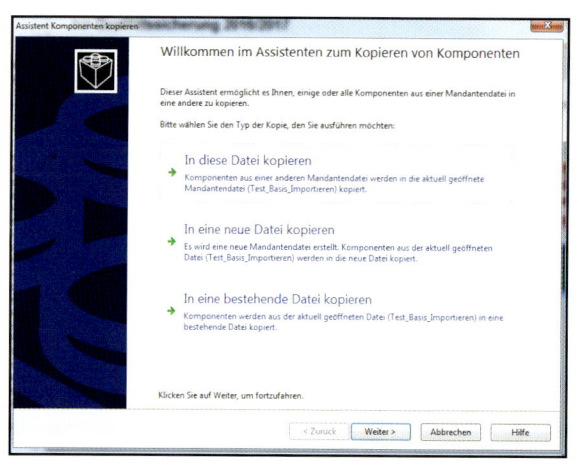

Abbildung 8

Hier finden Sie eine Auswahl der unterschiedlichen möglichen Kopiervorgänge

3.2 Dokumente übernehmen; Übernahme ausgewählter Dokumenteninhalte (auf Basis der Wordfunktionen)

WICHTIGE HINWEISE:
- **Diese Funktion kann nur genutzt werden, wenn das zu übernehmende Dokument mit dem IDW Praxishandbuch ab der 9. Auflage angelegt wurde. Bei älteren Auflagen liegen die Dokumente in unterschiedlichen Dateiformaten vor.**
- Die Dokumentenübernahme wird ab Word 2007 unterstützt.
- Bevor die Dokumentenübernahme gestartet werden kann, müssen alle Word Dokumente geschlossen werden.
- Während der Nutzung der Dokumentenübernahme dürfen keine weiteren Word Dokumente geöffnet werden.
- Die Dokumentenübernahme unterstützt ausschließlich Word Dokumente.
- Es können nur Dokumente ersetzt oder übernommen werden, die sich sowohl im aktuellen Mandanten als auch im ausgewählten Vorjahresmandanten befinden. Falls Dokumente in den aktuellen Mandanten übernommen werden sollen, die dort noch nicht existieren, so kann dieses über die im bisherigen Benutzerhandbuch unter 3.1.3 „Übernehmen einzelner Teile aus einer Mandantendatei ..." beschriebene Caseware Funktion erfolgen.

3.2.1 Vorgehensweise bei der Dokumentenübernahme

1. Klicken Sie auf der Startseite auf den Button „Dokumente übernehmen". Es öffnet sich ein Word-Dokument mit den Funktionalitäten der Dokumentenübernahme *(Abbildung 9)*.
2. Bestimmen Sie bitte über die Schaltfläche „Mandantenauswahl" den Vorjahresmandanten zum aktuell bearbeiteten Mandanten, aus welchem Sie Inhalte in den aktuellen Mandanten übernehmen möchten
3. Nach der Auswahl des Vorjahresmandanten können Sie eine der beiden Funktionen „Dokument ersetzen" oder „Dokument übernehmen" über die entsprechenden Schaltflächen starten.
4. Bei beiden Funktionen müssen Sie als erstes in einem entsprechenden Dialog das Dokument aus dem aktuellen Mandanten auswählen, in welches Sie Inhalte übernehmen bzw. welches Sie ersetzen möchten.
    - **Dokument ersetzen:** Nachdem Sie das Dokument ausgewählt haben, können Sie in dem entsprechenden Dialog über die Schaltfläche "Ersetzen" das Dokument im aktuellen Mandanten durch das Dokument aus dem Vorjahresmandanten ersetzen lassen.
    - **Dokumententeile übernehmen:** Nachdem Sie das Dokument ausgewählt haben, können Sie in dem entsprechenden Dialog über die Schaltfläche „Übernehmen" das Dokument aus dem Vorjahresmandanten und dem aktuellen Mandanten nebeneinander anzeigen lassen und per Kopieren und Einfügen (Copy & Paste) Inhalte aus dem Vorjahresmandanten in den aktuellen Mandanten übernehmen.

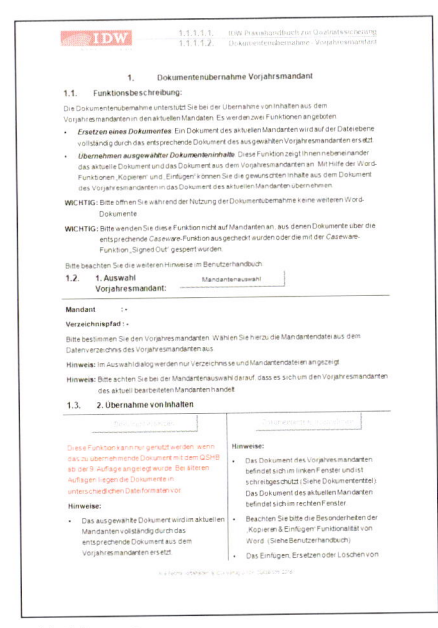

Abbildung 9

3.2.1.1 Allgemeine Hinweise zur Mandantenauswahl
- Es dürfen **keine** Mandanten ausgewählt werden, auf welche Caseware Funktionen angewendet wurden, die den von Caseware intern genutzten Verzeichnispfad zum Mandanten Datenverzeichnis anpassen, wie z.B.:
  - ◊ auschecken eines Dokumentes
  - ◊ „Signed Out" eines Mandanten
- Die Mandantendatei befindet sich im Verzeichnis des Mandanten, dass sich standardmäßig unter *C:\Programme (x86)\IDW-Verlag\IDW Qualitätssicherung\Data\{Mandantenverzeichnis}* befindet. Der Name des Mandantenverzeichnises und auch der Name der Mandantendatei entspricht dem Mandantennamen. Die Mandantendatei ist an der Endung „**.ac**" erkennbar. Die Dateiendung wird je nach Konfiguration der Ordneransicht von Windows nicht immer angezeigt. Aus diesem Grund werden im angebotenen Auswahldialog nur Verzeichnisse und Mandantendateien angezeigt.
- Der zuletzt ausgewählte Mandant bleibt auch nach einem Beenden der Dokumentübernahme beim nächsten Öffnen ausgewählt.

3.2.2 *Vorgehensweise bei der Übernahme von Dokumententeilen*

1. Im Modus zur Übernahme von Inhalten aus einem Dokument werden das Dokument aus dem Vorjahresmandanten und das Dokument aus dem aktuellen Mandanten in zwei nebeneinander angeordneten Fenstern angezeigt. Die beiden Dokumente werden durch die Word Funktion „Nebeneinander vergleichen mit …" in dieser Form dargestellt. Diese Word Funktion befindet sich im „Synchronmodus". Dieser kann vom Benutzer über den entsprechenden Menüpunkt deaktiviert werden *(Abbildung 10)*.
2. Im linken Fenster wird in der Regel das Dokument aus dem Vorjahresmandanten dargestellt, im rechten Fenster das Dokument aus dem aktuellen Mandanten.
3. Das Dokument aus dem Vorjahresmandanten ist dadurch gekennzeichnet, dass es schreibgeschützt ist und keine Anpassungen im Dokument durchgeführt werden können. Man kann es leicht daran erkennen, dass sich in der Titelzeile hinter dem Dokumentnamen der Zusatz „(schreibgeschützt)" befindet
4. Nach der Übernahme von Inhalten müssen Sie das Dokument selbst speichern, falls Sie diese Anpassungen beibehalten möchte. Es findet kein automatisches Speichern statt.
5. Schließen Sie eines der beiden Dokumente, wird automatisch auch das zugehörige Dokument geschlossen.
6. Schließen Sie das Dokument mit der Funktion der Dokumentenübernahme, dann werden automatisch auch die beiden zur Übernahme von Inhalten geöffneten Dokumente geschlossen.
7. **Sonderfall Arbeitshilfen B-8.1.-JA, B-8.1.-KA, B-8.2.-JA und B-8.2.-KA:** Sollen Inhalte in diesen Arbeitshilfen übernommen werden, dann müssen Sie im aktuellen Mandanten eine entsprechende Arbeitshilfe erstellen, bevor Sie die Dokumentenübernahme aktivieren. Dazu müssen Sie die Arbeitshilfe mit den gleichen Einstellungen erzeugen lassen, mit denen Sie die entsprechende

Arbeitshilfe aus dem Vorjahresmandanten erzeugt haben. Die so erstellte Arbeitshilfe muss unter dem gleichen Namen gespeichert werden, wie die entsprechende Übernahmearbeitshilfe im Vorjahresmandanten. Erst dann sollte die Dokumentenübernahme gestartet werden. (Zur Erstellung von Arbeitshilfen Siehe im Benutzerhandbuch 4.5 „Nutzung der Arbeitshilfen ...").

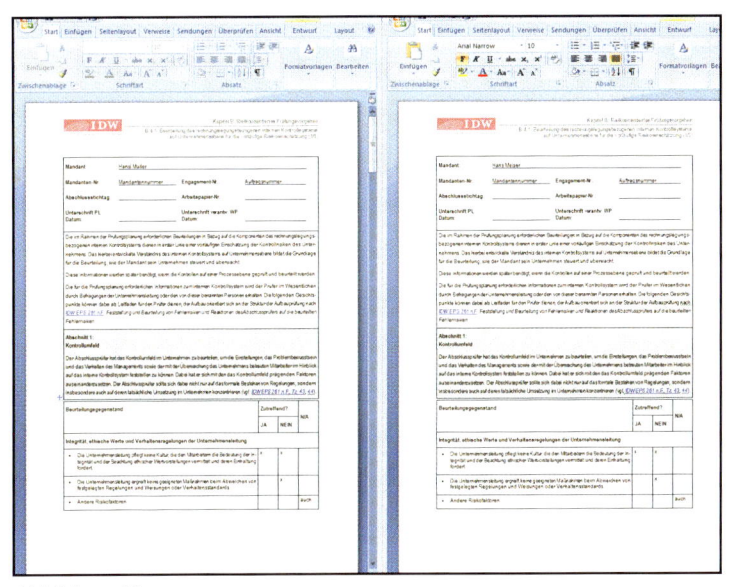

Abbildung 10

3.2.2.1 Allgemeine Hinweise zum Kopieren und Einfügen (Copy & Paste)

- Beim Kopieren und Einfügen von Inhalten sollten Sie die Eigenarten dieser Word Funktionen beachten. Insbesondere beim Kopieren von Bereichen aus Tabellen kann es zu unerwarteten Verhaltensweisen kommen. Kopiert man z.B. eine Tabellenzeile in der sich Feldfunktionen befinden, kann es dazu kommen, dass anstatt der Feldfunktion der konkrete Wert der Feldfunktion eingefügt wird. Dieses fällt zunächst nicht unbedingt auf, kann aber Auswirkungen auf Funktion des QSHB haben, wie z.B. die automatische Aktualisierung der Mandantenstammdaten, die in diesem Fall dann nicht mehr möglich wäre.
- Nach dem Einfügen von Inhalten sollte kontrolliert werden, ob diese wie erwartet eingefügt wurde und z.B. eventuell enthaltene Feldfunktionen erhalten geblieben sind.
- Da das Kopieren und Einfügen ganzer Tabellenbereiche unter Umständen zu unerwarteten Ergebnissen führen kann, sollten Inhalte aus Tabellen, falls sie z.B. Feldfunktionen enthalten zellenweise kopiert und eingefügt werden.

3.3 Anlage der Mandantenstammdaten

Bei der ersten Anlage eines neuen Mandanten können Sie die „Mandantenstammdaten" eintragen.

Seit der 6. Auflage ist die Übernahme der Inhalte aus der Maske „Mandantenstammdaten" in die Köpfe der wordbasierten Arbeitshilfen automatisiert. Um diese zu Ändern verwenden Sie den Reiter „Engagement". Dort finden Sie den Punkt „Stammdaten"

Wenn Sie die Inhalte der Mandantenstammdaten ändern, hat dies unmittelbar Auswirkungen auf die Mandanteninformationen in den Word-Dokumenten. Diese werden automatisch an den neuen Inhalt angepasst.

Tragen Sie möglichst viele Informationen zum Mandanten unter dem Reiter „Name/Adresse" (*Abbildung 11*) ein. Der neue Reiter „Ansprechpartner 1" hält weitere Felder für die Übertragung in die Word-Dokumente bereit.

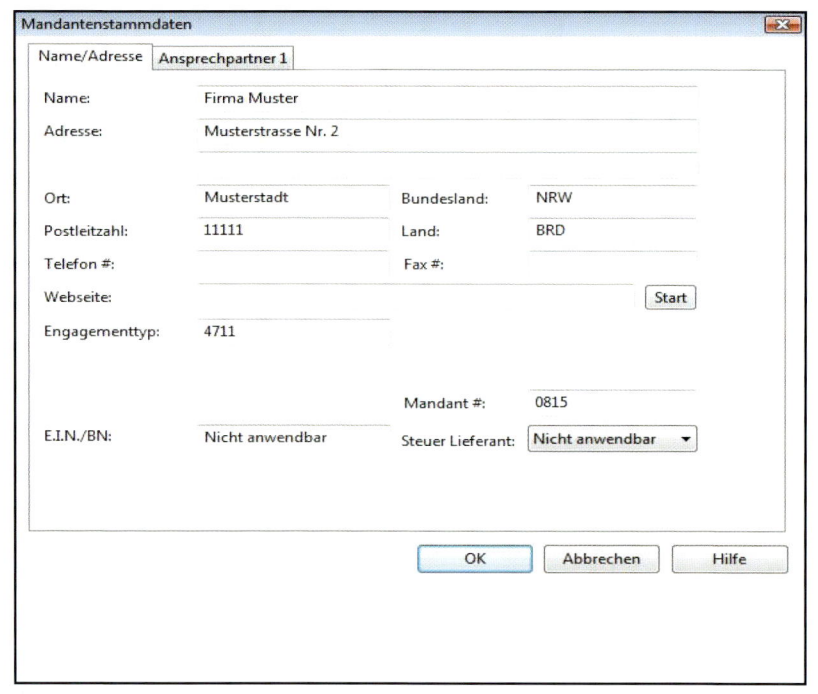

Abbildung 11

Die Word-Dokumente haben nur einen beschränkten Platz für die Inhalte der Mandantenstammdaten.

Es gelten daher die folgenden Maximallängen in den einzelnen Feldern:

Reiter „Mandant":

Name:	50 Zeichen
Mandant(Nummer:)	20 Zeichen
Straße:	50 Zeichen
PLZ:	10 Zeichen
Ort:	40 Zeichen
Land:	30 Zeichen
Telefon:	20 Zeichen
Telefax:	20 Zeichen
Engagementtyp:	40 Zeichen

Reiter „Ansprechpartner":

Nachname:	20 Zeichen
Vorname:	20 Zeichen
Titel:	20 Zeichen
Position:	20 Zeichen
Telefon:	20 Zeichen
Telefax:	20 Zeichen
E-Mail:	50 Zeichen

Sollten mehr Zeichen verwendet werden, so werden die Angaben im Word-Dokument auf die maximale Länge gekürzt. Versuchen Sie in diesem Fall, die Zeichenzahl zu reduzieren.

Beispiel: Sie haben die Mandantenstammdaten eingetragen und öffnen in Kapitel B die Arbeitshilfe B_1_1. Alle Informationen, die Sie bereits in den Mandantenstammdaten des IDW Praxishandbuchs ausgefüllt haben, werden nun automatisch hier eingetragen.

WICHTIGE HINWEISE:
Wenn Sie die Word-Dokumente außerhalb des IDW Praxishandbuchs verwenden, wird die Verknüpfung zu den Mandantenstammdaten des IDW Praxishandbuchs unterbrochen. In diesem Fall können die Mandantenstammdaten nicht mehr automatisch aktualisiert werden. Ein entsprechender Warnhinweis wird beim Öffnen des Dokuments eingeblendet.

Hinweis für Nutzer von Word ab Version 2007:
In bestimmten Konstellationen kann es vorkommen, dass die Mandantenstammdaten nicht automatisch aktualisiert werden. Dies ist z.B. der Fall, wenn Sie über den Button „Arbeitshilfen" auf der Startseite eine Arbeitshilfe aufrufen. Eine Aktualisierung erfolgt hier erst, wenn Sie zwischen den zwei geöffneten Word-Dokumenten wechseln.

3.4 IDW Prüfungsnavigator

Der Prüfungsnavigator (*Abbildung 12*) ist eine kompakte, auf das wesentliche beschränkte Darstellung des Gesamtzusammenhangs einer risikoorientierten Prüfung. Er soll den Weg durch den Prüfungsprozess für die Prüferinnen und Prüfer transparent und nachvollziehbar machen. Das vorhandene Wissen zum risikoorientierten Prüfungsvorgehen sowie bereitstehende Arbeitsmittel des IDW Praxishandbuchs werden hierdurch leichter erschlossen.

Detaillierte Informationen über die Funktionsweise und die Verwendung der Schaltfläche können Sie dem Dokument „Vorbemerkungen" zum IDW Prüfungsnavigator in der Software entnehmen. Es befindet sich im Ordner Kapitel B/Prüfungsnavigator/PN_VORB.

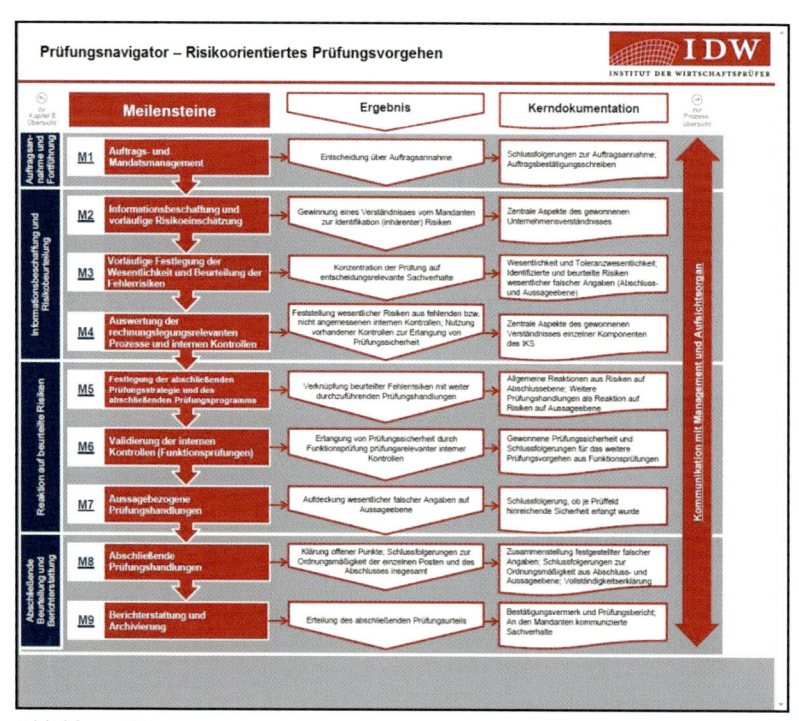

Abbildung 12

3.5 Dokumentenübergreifende Suche

Um eine Suche zu starten, klicken Sie auf der Startseite auf den Button ‹Suche›.

Es öffnet sich ein Word-Formular, das Ihnen die Funktionsweise beschreibt.

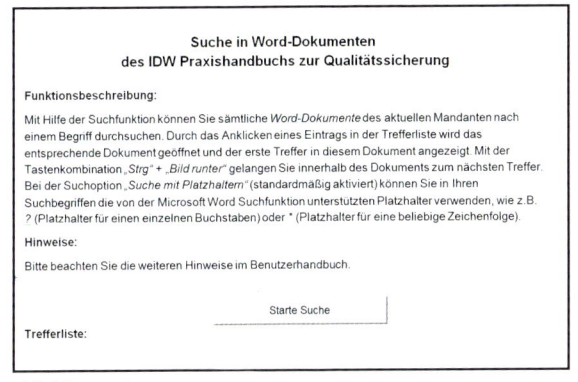

Abbildung 13

Nach einem Klick auf ‹Starte Suche› öffnet sich ein Fenster in dem Sie den gesuchten Begriff eintragen und die Auswahl treffen können, welcher Bereich des IDW Praxishandbuchs durchsucht werden soll.

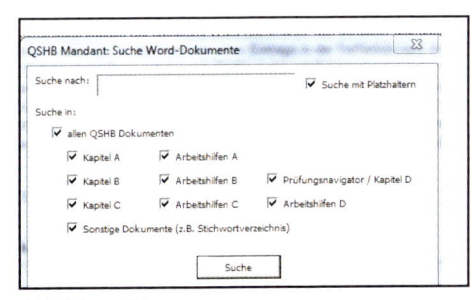

Abbildung 14

Nachdem der Suchlauf gestartet wurde, erhalten Sie im gleichen Formular die Dokumente als Links angezeigt, in denen sich Treffer Ihrer Suche befinden.

Mit einem Klick auf den Link wird Ihnen das Dokument mit markierten Suchtreffern angezeigt.

Sie können die Suche jederzeit mit einem Klick auf den Button ‹Abbrechen› anhalten.

Sie verlassen die Suche, indem Sie das Word-Formular schließen.

Hinweise:

- Es wird ausschließlich der Text der Word-Dokumente durchsucht. In Grafiken verwendete Begriffe werden von der Suche nicht erfasst.
- Die Suchfunktion berücksichtigt weder geöffnete Word-Dokumente noch solche, die mit der Bearbeitungseinschränkung „Ausfüllen von Formularen" versehen sind.
- Die QSHB-Suchfunktion nutzt die in Microsoft Word enthaltene Suchfunktion. Diese kann nicht alle Verweistexte durchsuchen. Hiervon sind insbesondere Verweise auf die *IDW Prüfungsstandards* betroffen.
- Bitte wenden Sie die Suchfunktion nicht auf Mandanten an, aus denen Dokumente über die entsprechende *Caseware*-Funktion ausgecheckt wurden oder die mit der *Caseware*-Funktion „Signed Out" gesperrt wurden.

4. Benutzerführung

Nach Anlage eines neuen bzw. Aufruf eines bestehenden Mandanten erscheint die folgende Benutzerführung der IDW Praxishandbuch Anwendung (*Abbildung 15*)

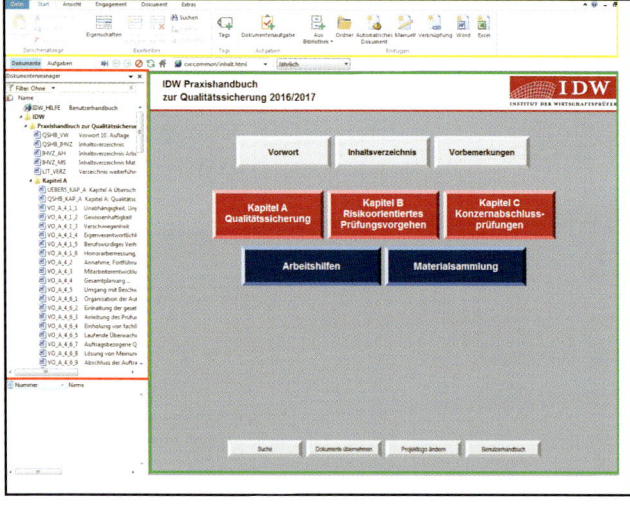

Abbildung 15

4.1 Dokumentenmanager

Der Dokumentenmanager – vergleichbar dem Windows Explorer – erlaubt die Auswahl und Organisation der Mandantendokumente (*Abbildung 15*, roter Kasten). Eine nähere Beschreibung finden Sie in der CaseWare Hilfe, im Programm Menü unter dem Menüeintrag „*Hilfe*".

4.2. Programm Menü

In diesem Bereich finden Sie Funktionen zur Bearbeitung und Verwaltung der Mandantendateien (*Abbildung 15*, gelber Kasten)

WICHTIGER HINWEIS:
Nicht alle Funktionen von CaseWare sind im IDW Praxishandbuch freigeschaltet.

4.2.1 Als PDF speichern:

Über das rechte Mausmenü können sie einzelne Dokumente über die Funktion „*Als PDF-Datei speichern*" exportieren. Notizen und Kommentare können bei dem Speichern entweder eingebunden oder unterdrückt werden. Zugunsten der Übersichtlichkeit kann hier eine Legende mit ausgegeben werden. Sämtliche Optionen bestimmen Sie durch Klick auf die entsprechenden Checkboxen (*Abbildung 16*).

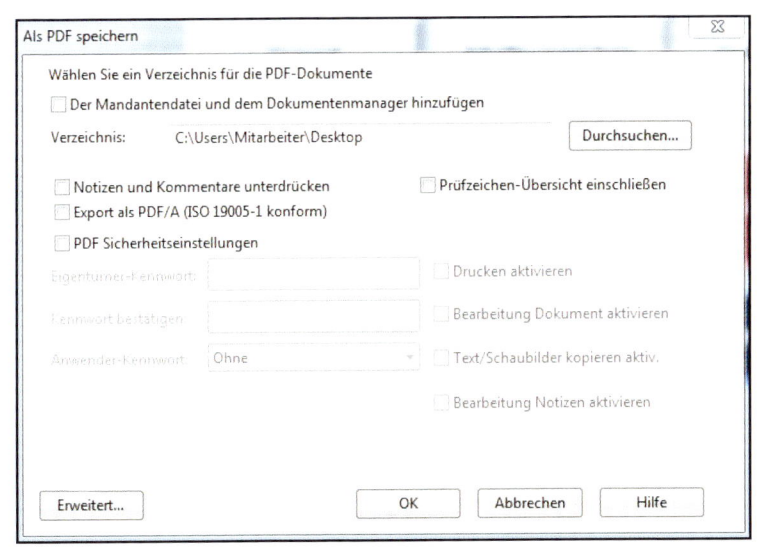

Abbildung 16

Über „Engagement/Exportieren" haben Sie die Möglichkeit eine beliebige Menge an Dokumenten als PDF zu exportieren (Abbildung 17).

Abbildung 17

4.3 Grafische Benutzeroberfläche

Die Anwendung IDW Praxishandbuch verfügt über eine intuitive und einfach zu handhabende grafische Benutzerführung

Diese gibt Ihnen einen schnellen Überblick über die Inhalte der Anwendung und ermöglicht Ihnen das einfache Auffinden der gesuchten Dokumente (siehe auch *Abbildung 15, grüner Kasten*).

Durch das Anklicken der Schaltflächen können Sie sich die Inhalte der Anwendung, sicher und komfortabel, erschließen. Die grafische Benutzeroberfläche erlaubt Ihnen eine Navigation zu den gewünschten Dokumenten.

Sie gelangen z.B. in die korrespondierenden Arbeitshilfen im Kapitel A über den Button ‹Gesamtplanung aller Aufträge› (*Abbildung 18*).

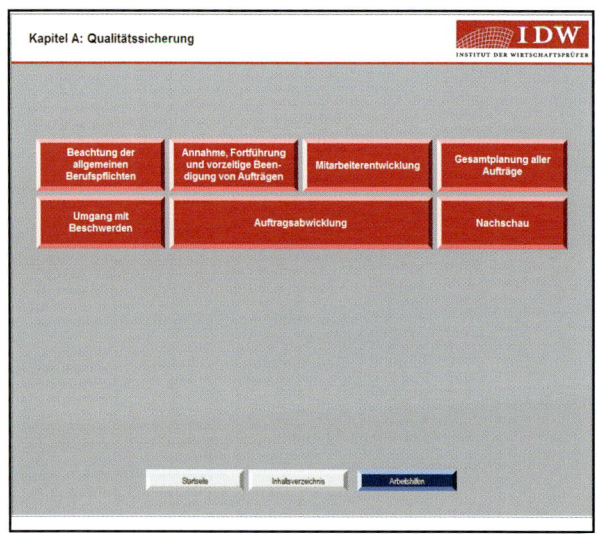

Abbildung 18

Zudem bieten Ihnen die verlinkten Inhaltsverzeichnisse zu Kapitel A, Kapitel B, Kapital C, Arbeitshilfen und Materialsammlung sowie das umfangreiche Stichwortverzeichnis die Möglichkeit, gesuchte Inhalte absatzgenau aufzurufen.

Sämtliche Office Dokumente sind mit einer Vielzahl elektronischer Querverweise (Links) ausgestattet, die Ihnen das komfortable und absatzgenaue Ansteuern der verknüpften Inhalte ermöglichen. Über elektronische Querverweise (Links) wird Ihnen auch innerhalb der Dokumente eine direkte, schnelle Navigationsmöglichkeit geboten, ohne zur Ausgangsmaske zurückkehren zu müssen.

Falls Sie die IDW Prüfungsstandards Anwendung auf Ihrem Rechner installiert haben, wird diese automatisch von der IDW Praxishandbuch Anwendung erkannt. Die in den Office Dokumenten zitierten Stellen werden dann als Links hervorgehoben und können durch Anklicken direkt aufgerufen werden

4.3.1 Funktionsschalter

In jeder Maske der grafischen Benutzeroberfläche sind folgende Funktionsschalter eingefügt (*Abbildung 19*):

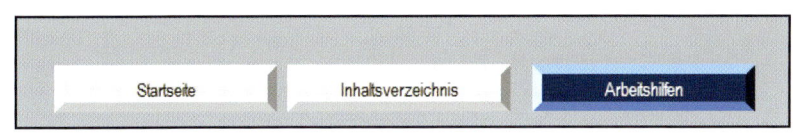

Abbildung 19

Diese Schalter ermöglichen den direkten Zugriff auf die angegebenen Inhalte

4.3.2 Projektlogo ändern

Mit dieser Funktion können Sie Ihr Logo als Standard für die Mandantendatei einfügen. Sämtliche Dateien der Anwendung werden automatisch mit diesem Logo versehen. Das IDW Logo ist die Grundeinstellung.

Um das Logo ändern zu können, müssen Sie zuvor die Sicherheitseinstellung im Windows Internet Explorer (IE) anpassen.

Gehen Sie dafür (z.B. im IE 11) auf „*Extras*" und wählen Sie den letzten Punkt „*Internetoptionen*" aus. Klicken Sie auf den Reiter „*Sicherheit*" und danach auf „*Stufe anpassen*". Unter „*Einstellungen*" scrollen Sie bis zum Eintrag „*Verschiedenes*" und aktivieren Sie den Eintrag „*Lokalen Verzeichnispfad beim*

Hochladen von Dateien auf einen Server mit einbeziehen".

Nach dieser Einstellung können Sie über den Button ‹Projektlogo ändern› eine Logo Ihrer Wahl einstellen.

Logo Format und Größe: wir empfehlen das JPG bzw. BMP Grafik Format zu verwenden und eine Logo-Größe von 120 (B) x 30 (H) Pixel nicht zu überschreiten. Zur möglicherweise notwendigen Anpassung des Logos verwenden Sie ein Grafik-Programm.

4.4 Nutzung der Arbeitshilfen B-8.1.-JA, B-8.1.-KA, B-8.2.-JA und B-8.2.-KA

Die vier komplett neu überarbeiteten Arbeitshilfen zu Anhang (B-8.1.-JA), Konzernanhang (B-8.1.-KA), Lagebericht (B-8.2.-JA) und (B-8.2.-KA) sind dynamisch gestaltet, d.h. die einzelnen Checklistenpunkte der Arbeitshilfen werden aufgrund Ihrer Vorauswahl der unternehmensspezifischen Kriterien auf dem Deckblatt generiert.

Nach dem Start einer der Arbeitshilfen werden Sie möglicherweise zunächst aufgefordert, die Makros des Dokuments zu aktivieren. Aktivieren Sie die Makros, indem Sie den Button „Makros aktivieren" klicken.

Um eine wiederholte Abfrage zu umgehen, können Sie auch einen Haken in das Kästchen vor „Makros aus dieser Quelle immer vertrauen" setzen.

Nun öffnet sich zunächst das teilweise schreibgeschützte Deckblatt der ausgewählten Checkliste. Der teilweise Schreibschutz wurde nur für das Deckblatt eingerichtet.

Im Beispiel (*Abbildung 20*) wurde die Checkliste B-8.1.-JA geöffnet.

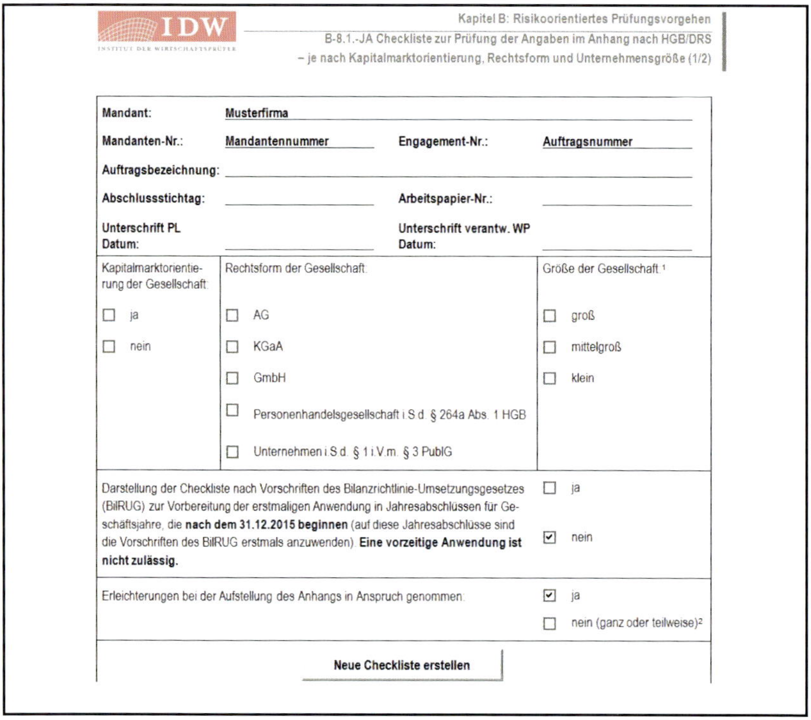

IDW
INSTITUT DER WIRTSCHAFTSPRÜFER

Kapitel B: Risikoorientiertes Prüfungsvorgehen
B-8.1.-JA Checkliste zur Prüfung der Angaben im Anhang nach HGB/DRS
– je nach Kapitalmarktorientierung, Rechtsform und Unternehmensgröße (1/2)

Mandant:	**Musterfirma**		
Mandanten-Nr.:	**Mandantennummer**	**Engagement-Nr.:**	**Auftragsnummer**
Auftragsbezeichnung:			
Abschlussstichtag:		**Arbeitspapier-Nr.:**	
Unterschrift PL Datum:		**Unterschrift verantw. WP Datum:**	

Kapitalmarktorientierung der Gesellschaft:	Rechtsform der Gesellschaft:	Größe der Gesellschaft:[1]
☐ ja	☐ AG	☐ groß
☐ nein	☐ KGaA	☐ mittelgroß
	☐ GmbH	☐ klein
	☐ Personenhandelsgesellschaft i.S.d. § 264a Abs. 1 HGB	
	☐ Unternehmen i.S.d. § 1 i.V.m. § 3 PublG	

Darstellung der Checkliste nach Vorschriften des Bilanzrichtlinie-Umsetzungsgesetzes (BilRUG) zur Vorbereitung der erstmaligen Anwendung in Jahresabschlüssen für Geschäftsjahre, die **nach dem 31.12.2015 beginnen** (auf diese Jahresabschlüsse sind die Vorschriften des BilRUG erstmals anzuwenden). **Eine vorzeitige Anwendung ist nicht zulässig.**	☐ ja ☑ nein
Erleichterungen bei der Aufstellung des Anhangs in Anspruch genommen:	☑ ja ☐ nein (ganz oder teilweise)[2]

Neue Checkliste erstellen

Abbildung 20

Bei den Checklisten zu Anhang (B-8.1.-JA) und Konzernanhang (B-8.1.-KA) besteht jeweils die Möglichkeit von Erleichterungen. Vorausgewählt ist immer der Punkt „Erleichterungen bei der Aufstellung des Anhangs in Anspruch genommen". Sofern Erleichterungen ganz oder teilweise nicht in Anspruch genommen werden sollen, ist der Haken bei „nein" zu setzen. Die Checklisten enthalten in diesem Fall alle (Pflicht-) Angaben, Auswahlalternativen und Hinweise, soweit bei bestimmten Angaben Erleichterungen in Anspruch genommen werden könnten

Beispiel:
Da es sich bei kapitalmarktorientierten Unternehmen sowie bei Unternehmen i.S.d. PublG jeweils um „große" handelt, wird automatisiert unter „Größe der Gesellschaft" ein Haken beim Kästchen „groß" gesetzt; die Ausprägung „mittelgroß" bzw. „klein" sind in diesen Fällen nicht mehr auswählbar.

Vor der Generierung der Checklisten muss zu jedem vorgegebenen Kriterium jeweils eine Ausprägung ausgewählt worden sein, anderenfalls erscheint ein entsprechender Hinweis.

Wenn Sie nun Ihre Auswahl zur Erstellung der Checkliste getroffen haben, klicken Sie auf den Button „Neue Checkliste erstellen“.

Um die so erstellte Checkliste zu sichern, verwenden Sie die Speicherfunktion von Word.

Nach jedem erneuten Öffnen der Checkliste können Sie nun auf die einmal erstellte Checkliste zurückgreifen.

WICHTIGE HINWEISE:
Sollten Sie auf dem Deckblatt eine Einstellung verändern, so wird die Checkliste komplett neu generiert.

Alle bereits ausgefüllten Checklistenpunkte gehen nach der Speicherung der neuen Checkliste endgültig verloren.

Ein entsprechender Warnhinweis wird vor der Erstellung einer neuen Checkliste angezeigt.

Es kann vorkommen, dass hinterlegte Links nicht ordnungsgemäß dargestellt werden. In diesem Fall verwenden Sie bitte die Tastenkombination „Alt+F9“. Die Links werden anschließend ordentlich angezeigt.

4.5 Auswahlkästchen im Word-Dokument

In einigen Word-Dokumenten, z.B. Arbeitshilfe B_1, haben Sie die Möglichkeit Auswahlkästchen zu aktivieren (*Abbildung 21*).

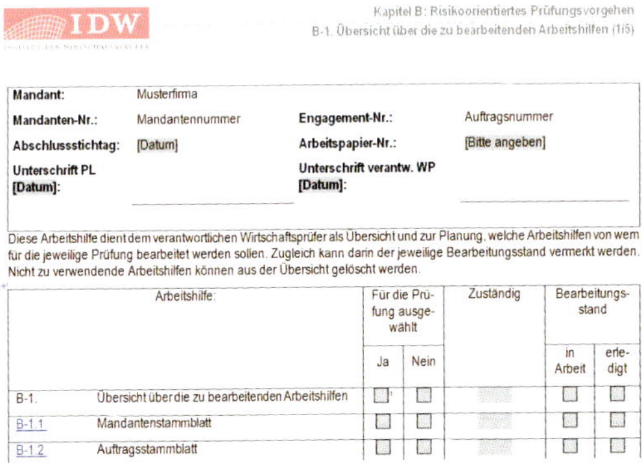

IDW

Kapitel B: Risikoorientiertes Prüfungsvorgehen
B-1. Übersicht über die zu bearbeitenden Arbeitshilfen (1/5)

Mandant:	Musterfirma		
Mandanten-Nr.:	Mandantennummer	**Engagement-Nr.:**	Auftragsnummer
Abschlussstichtag:	[Datum]	**Arbeitspapier-Nr.:**	[Bitte angeben]
Unterschrift PL [Datum]:		**Unterschrift verantw. WP [Datum]:**	

Diese Arbeitshilfe dient dem verantwortlichen Wirtschaftsprüfer als Übersicht und zur Planung, welche Arbeitshilfen von wem für die jeweilige Prüfung bearbeitet werden sollen. Zugleich kann darin der jeweilige Bearbeitungsstand vermerkt werden. Nicht zu verwendende Arbeitshilfen können aus der Übersicht gelöscht werden.

Arbeitshilfe:		Für die Prüfung ausgewählt		Zuständig	Bearbeitungsstand	
		Ja	Nein		in Arbeit	erledigt
B-1.	Übersicht über die zu bearbeitenden Arbeitshilfen	☐	☐		☐	☐
B-1.1	Mandantenstammblatt	☐	☐		☐	☐
B-1.2	Auftragsstammblatt	☐	☐		☐	☐

Abbildung 21

Durch Doppelklick auf eines der Kästchen öffnet sich ein Optionsfenster*(Abbildung22)*.
Unter Standardwert können Sie das Kästchen aktivieren oder deaktivieren.

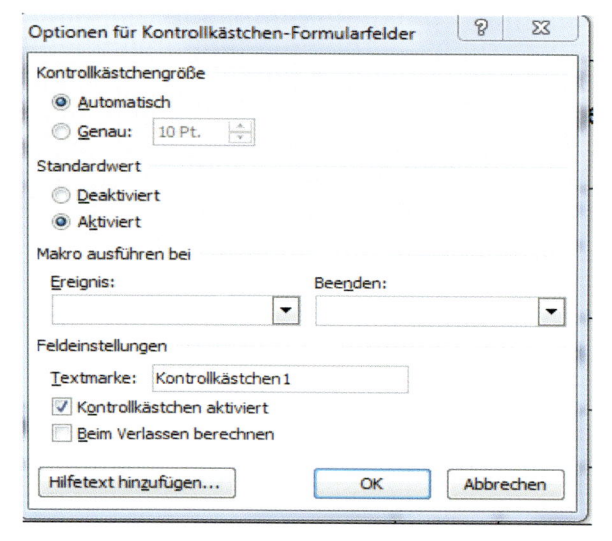

Abbildung 22

5. Dokumentation und Sicherheit

5.1 Prüferhaken setzen

Sie haben die Möglichkeit, die Arbeitspapiere, die Sie bereits bearbeitet haben, im Dokumentenmanager mit einem „Häkchen" zu kennzeichnen.

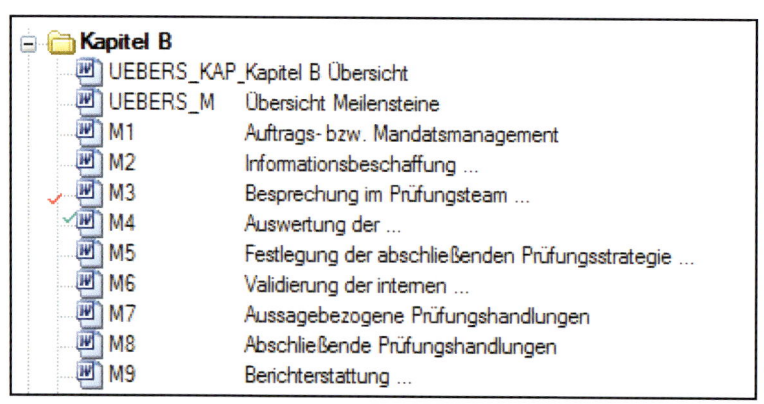

Abbildung 23

Markieren Sie im Dokumentenmanager die Arbeitspapiere, welche mit einem Prüferhaken gekennzeichnet werden sollen (*Abbildung 23*). Klicken Sie mit der rechten Maustaste auf das zu kennzeichnende Dokument und wählen Sie einen der angebotenen Anwender (max. 8) im unteren Bereich des Kontextmenüs aus. Anschließend wird der betreffende Eintrag im Dokumentenmanager mit einem farbigen „Häkchen" gekennzeichnet. Unter „*Extras/Optionen*" können Sie innerhalb der Registerkarte Anwender die Anzahl der Bearbeitungsstati für die Prüfung sowie deren Bezeichnung eingeben, wie z.B. Vorbereitet oder Geprüft, mit denen Sie die Arbeitspapiere kennzeichnen können (*Abbildung 24*).

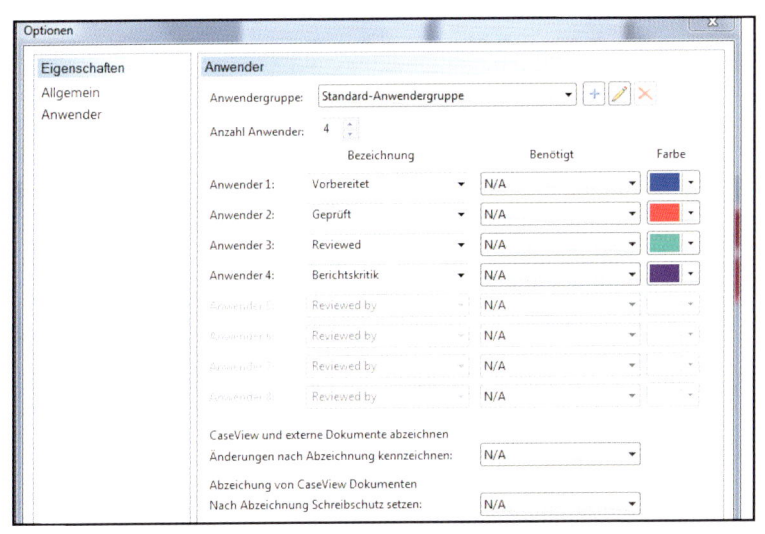

Abbildung 24

5.2 Sign Out/Sign In

Die Funktion *Sign Out* (*Abbildung 25*) ermöglicht dem Anwender das Ausleihen der gesamten Mandanten Datenbasis (Masterdatei) aus dem Quell-/Stammverzeichnis zur externen Bearbeitung – z.B. unterwegs mit dem Notebook. Im ausgeliehenen Zustand kann die Mandanten Datenbasis (Masterdatei) nicht geändert werden (Änderungsschutz).
Sie erreichen die Funktion über den Reiter „*Engagement*".

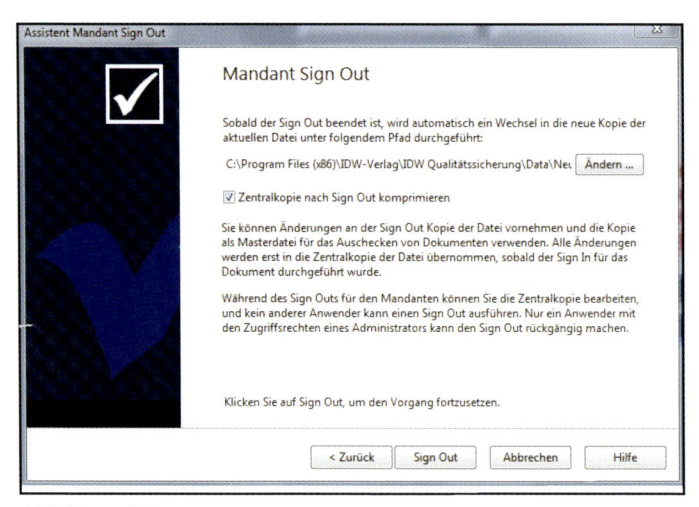

Abbildung 25

Sobald mit der Funktion Mandant Sign Out eine Kopie der Mandanten Datenbasis erstellt wurde, kann diese mit den Funktionen Einchecken und Auschecken weiter unterteilt werden. Kein Anwender kann Änderungen an der Masterdatei vornehmen, bis die Funktion Sign In (*Abbildung 26*) ausgeführt wurde.

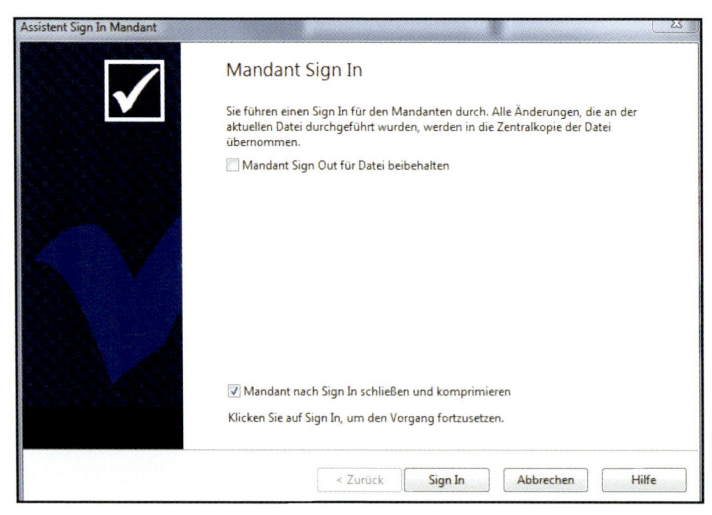

Abbildung 26

Ausführliche Erläuterungen erhalten Sie in der kontextsensitiven Online-Hilfe der IDW Praxishandbuch Anwendung, die Sie über die Schaltfläche <?> oder unter „*Datei/Hilfe*" aufrufen können.

5.3 Dokumente aus- und einchecken

Ausleihen ausgewählter Dateien aus der Mandanten Datenbasis (Masterdatei).

Diese Option kann immer dann eingesetzt werden, wenn mehr als eine Person an einem Mandanten arbeitet, jedoch keine Netzwerkverbindung zwischen den beiden Rechnern besteht.

Es bestehen zwei Möglichkeiten, Dokumente auszuchecken, je nachdem, ob ein oder mehrere Dokumente ausgeliehen werden sollen:

Hinweis: Bitte beachten Sie, dass programmseitig nur die Änderungen beim Einchecken übernommen werden, deren Dokumente zuvor auch tatsächlich ausgecheckt wurden.

5.3.1 Ein Dokument auschecken (ausleihen)

Wenn Sie nur ein Dokument auschecken möchten, dann können Sie die Funktion Auschecken aus dem Kontextmenü im Dokumentenmanager wählen.

Markieren Sie im Dokumentenmanager das Dokument, welches Sie auschecken möchten und führen Sie einen rechten Mausklick darauf aus. Das folgende Kontextmenü wird daraufhin angezeigt (*Abbildung 27*):

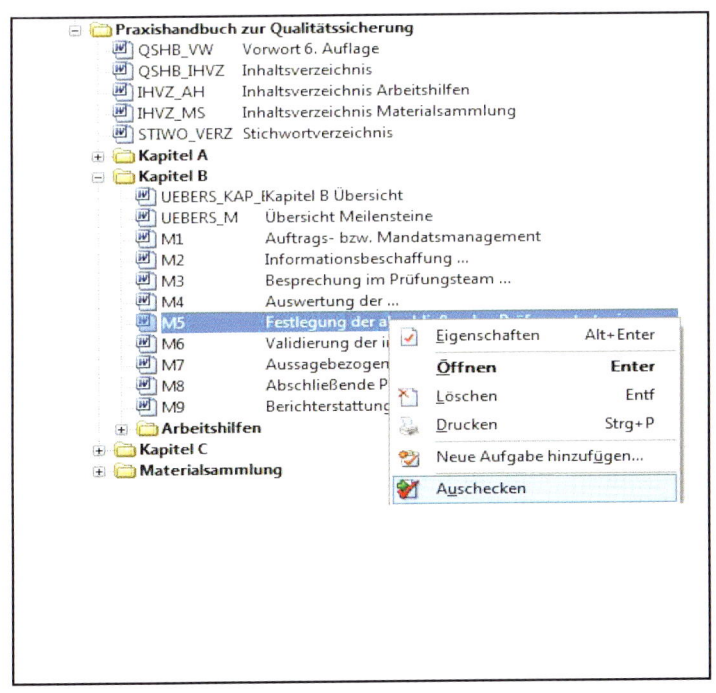

Abbildung 27

Wählen Sie im Kontextmenü die Funktion ‹Auschecken› Ein Assistent wird aufgerufen, der Sie durch den Vorgang begleitet (*Abbildung 27*).

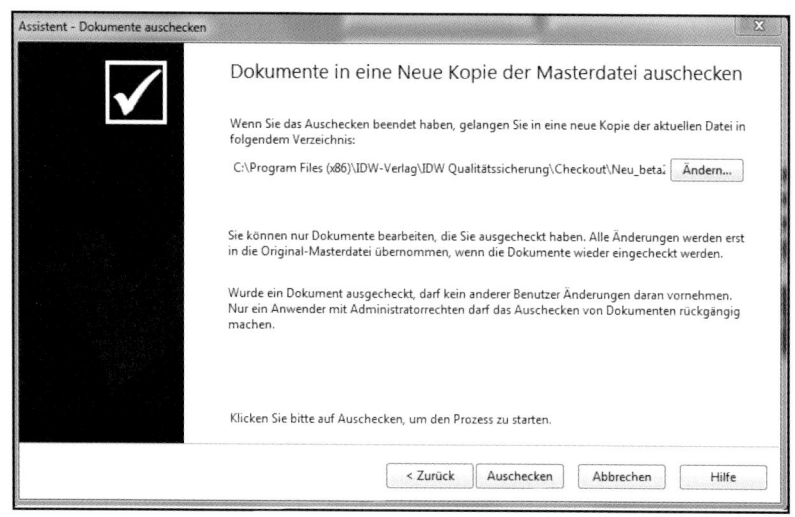

Abbildung 28

Der Assistent – Dokumente auschecken führt Sie durch den Auscheck-Vorgang (*Abbildung 28*). Für jeden Schritt im Assistenten finden Sie eine Anleitung in der jeweiligen Dialogbox. Um mit dem Prozess fortzufahren klicken Sie auf die Schaltfläche <Weiter>.

Standardmäßig wird ein neues Verzeichnis Checkout unter dem Pfad angelegt, in dem das IDW Praxishandbuch installiert wurde, z. B. C:\Programme (x86)\IDW-Verlag\IDW Qualitätssicherung\Checkout. Sie können natürlich einen anderen Pfad bestimmen bzw. ein Verzeichnis auswählen (z.B. ein Transfer-Verzeichnis oder einen Laptop, auf dem das ausgecheckte Dokument von einem anderen Benutzer bearbeitet werden kann), indem Sie auf die Schaltfläche <Ändern> klicken. Wählen Sie bitte in der Dialogbox das gewünschte Zielverzeichnis aus, um das Dokument dorthin auszuchecken. Über die Schaltfläche <Neuer Ordner> können Sie auch in dem ausgewählten Verzeichnis einen neuen Unterordner anlegen und diesen entsprechend benennen. Haben Sie das gewünschte Verzeichnis ausgewählt, klicken Sie bitte auf <OK>.

Um das Dokument auszuchecken, klicken Sie bitte anschließend auf die Schaltfläche <Auschecken>

Bitte beachten Sie, dass Sie sich nun in der Kopie der Mandantendatei befinden und nur das ausgecheckte Dokument aktiviert ist, während alle anderen Dokumente abgeblendet sind (*Abbildung 29*).

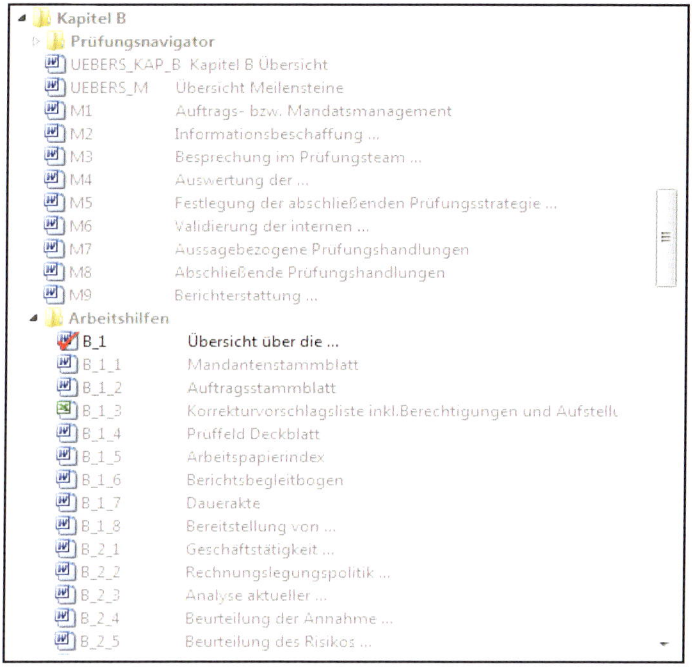

Abbildung 29

WICHTIGER HINWEIS:
Änderungen, die an dem ausgecheckten Dokument vorgenommen wurden, werden beim Einchecken des Dokuments in die Masterdatei mit übernommen. Ein anderer Anwender darf im denselben Dokument Referenzen (Dokumentenreferenzen, Notizen, Prüfzeichen) setzen, diese Einträge werden mit denen in der ausgecheckten Kopie beim Einchecken zusammengeführt.

Nach dem Auschecken befinden Sie sich in der Kopie der Masterdatei. Um in die Originaldatei zurückzukehren, wählen Sie bitte aus dem Menü Datei die Funktion „In Masterdatei wechseln".

Ebenso wechseln Sie von der Masterdatei in die Kopie über den Reiter „*Datei*" „*In ausgecheckte Kopie wechseln*".

In der Masterdatei können weiterhin in vollem Umfang Änderungen an den nicht ausgeliehenen Dokumenten vorgenommen werden (*Abbildung 29*). Am ausgeliehenen (abgeblendeten) Dokument können keine Änderungen vorgenommen werden, es kann jedoch z.B. eine Referenz zugewiesen werden. Die in der Masterdatei eingetragenen Referenzen (Dokumentenreferenzen, Notizen, Prüfzeichen) werden beim Einchecken mit denen aus der ausgecheckten Kopie zusammengeführt. Somit bietet sich Ihnen die Möglichkeit, ausgeliehene Dokumente weiterhin in Ihre Arbeit mit einzubeziehen.

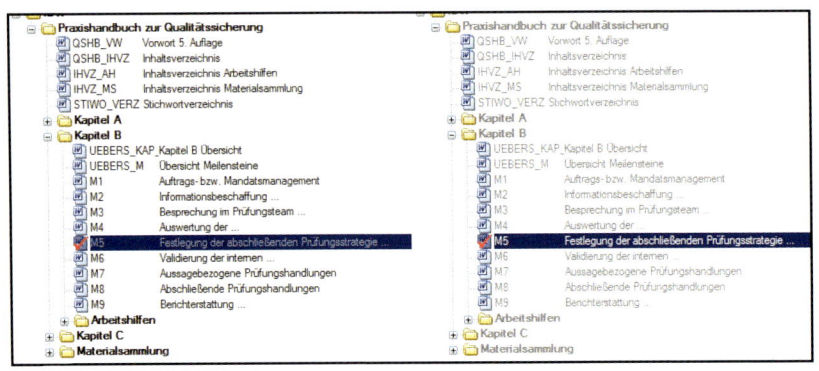

Abbildung 30

Umgekehrt kann der Anwender mit dem ausgecheckten Dokument alle anderen Dokumente der Mandantendatei öffnen und ansehen, aber er hat keine Möglichkeit Änderungen an diesen auszuführen. Somit stehen den Bearbeitern alle Informationen zur Verfügung (*Abbildung 30*).

Ausführliche Erläuterungen erhalten Sie in der kontextsensitiven Online-Hilfe der IDW Praxishandbuch Anwendung, die Sie über die Schaltfläche <?> oder unter dem Reiter „*Datei/Hilfe*" aufrufen können.

5.3.2 Mehrere Dokumente auschecken

Wenn Sie mehrere Dokumente auf einmal auschecken möchten, dann wählen Sie bitte aus dem Reiter „*Engagement*" in Abhängigkeit davon, ob Sie das klassische Menüsystem verwenden, die Funktion „Auschecken" (*Abbildung 31*).

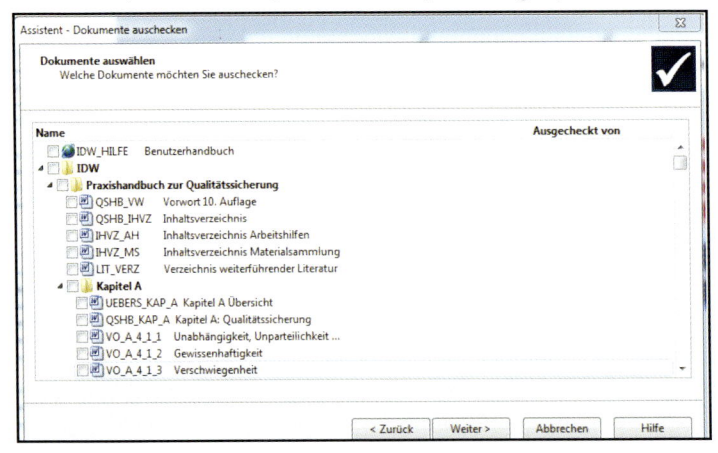

Abbildung 31

Hier werden Ihnen alle Dokumente aus dem Dokumentenmanager angeboten. Bitte klicken Sie das entsprechende Kontrollkästchen der Dokumente an, die Sie auschecken möchten. Im Bereich Ausgecheckt von wird angezeigt, ob Dokumente bereits von anderen Anwendern ausgecheckt wurden.

Über die Option Aktualisieren der vorhandenen Datei durch Änderungen aus der Masterdatei legen Sie fest, ob das Dokument aus der Masterdatei die Kopie überschreiben soll. Diese Option und somit folgende Dialogbox erscheint, wenn bereits aus dieser Mandantendatei ausgecheckt wurde. Wird aus dieser Mandantendatei erstmalig ausgecheckt, erscheint die Dialogbox, die der *Abbildung 32* entspricht.

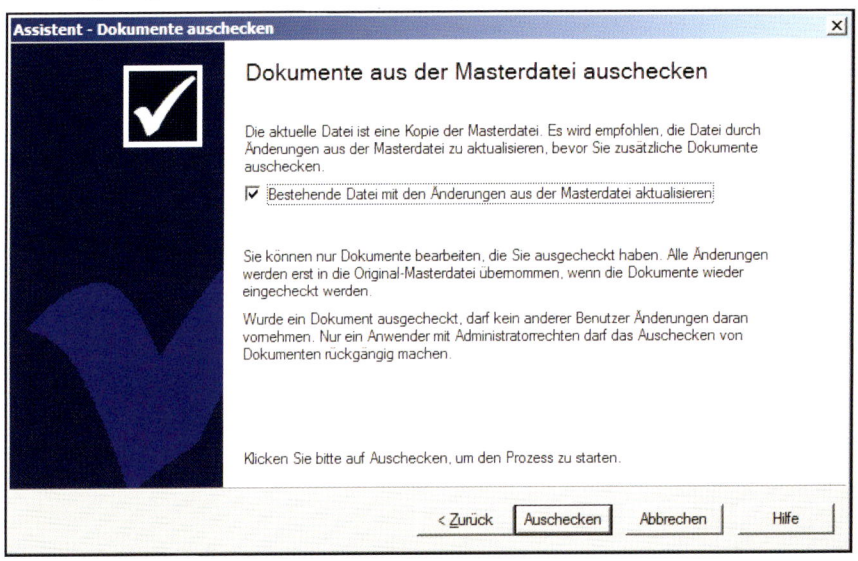

Abbildung 32

Klicken Sie bei dieser und der nachfolgenden Maske auf die Schaltfläche ‹Weiter› und dann ‹Auschecken›, um den Vorgang durchzuführen.

5.3.3 Dokumente einchecken

Um Dokumente wieder einzuchecken, müssen Sie sich in der Masterdatei befinden. Möchten Sie nur ein Dokument einchecken, dann markieren Sie bitte das betreffende Dokument und führen einen rechten Mausklick darauf aus. Aus dem daraufhin angezeigten Kontextmenü wählen Sie bitte die Funktion Einchecken aus.

Sollen gleichzeitig mehrere Dokumente eingecheckt werden, dann wählen Sie aus dem Reiter „*Engagment*", die Funktion „*Einchecken*". Folgende Dialogbox wird angezeigt (*Abbildung 33*):

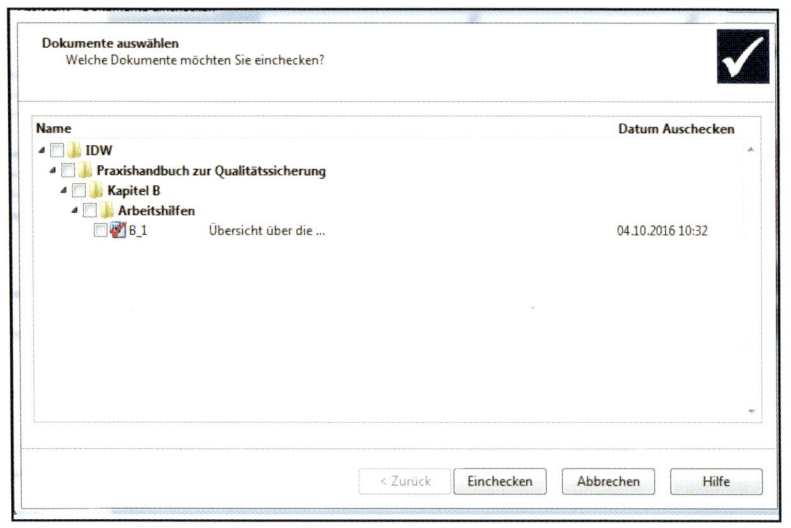

Abbildung 33

Klicken Sie das entsprechende Kontrollkästchen der Dokumente an, die Sie wieder einchecken möchten (*Abbildung 33*). Klicken Sie auf <Weiter> und es wird Ihnen folgende Dialogbox angezeigt (*Abbildung 34*):

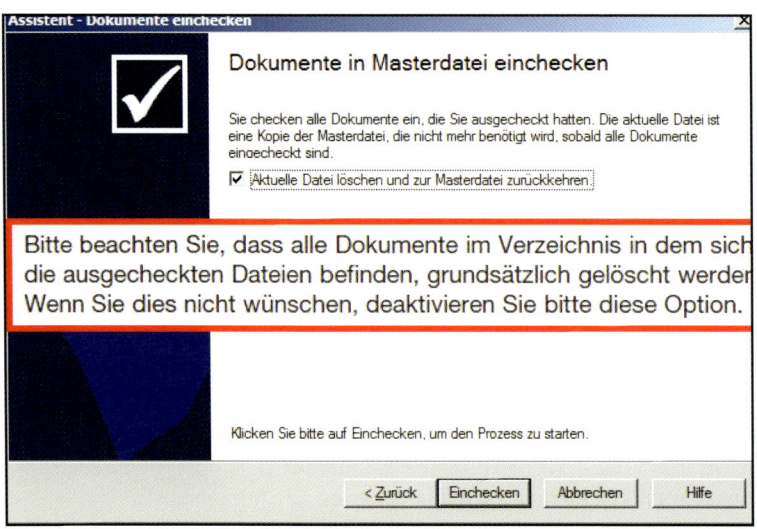

Abbildung 34

Anschließend klicken Sie bitte auf die Schaltfläche <*Einchecken*>. Alle an den ausgecheckten Dokumenten vorgenommenen Änderungen werden mit in die Masterdatei übernommen.

5.3.4 Auschecken rückgängig machen

Für den Fall das ausgecheckte Dokumente nicht mehr verfügbar sind, beispielsweise aufgrund eines Krankheitsfalles eines Mitarbeiters, kann das Auschecken rückgängig gemacht werden.

WICHTIGER HINWEIS:
- Änderungen, die an der Kopie bzw. dem ausgecheckten Dokument vorgenommen wurden, gehen verloren!
- Der ursprüngliche Zustand des Dokumentes (zum Zeitpunkt des Auscheckens) wird wiederhergestellt.

Um das Auschecken einer oder mehrerer Dokumente wieder rückgängig zu machen, wählen Sie bitte aus dem Reiter *„Extras"* die Funktion *„Wartung"*. Der Wartungsassistent wird geöffnet (*Abbildung 35*):

Abbildung 35

Aktivieren Sie die Option *„Auschecken rückgängig machen"* und klicken Sie auf die Schaltfläche <Weiter>.
Über die Auswahl Dokumentenverknüpfungen verwalten haben Sie hier die Möglichkeit zu bestimmen, ob Dateien, die im Mandantenverzeichnis, aber nicht im Dokumentenmanager verknüpft sind, gelöscht, oder in das Mandantenverzeichnis kopiert werden sollen.

Hinweis:
Die Option *„Nicht mehr benötigte Konten löschen"* können Sie in dieser Ausgabe des IDW Praxishandbuches außer Acht lassen.

Die Option „*Auswahl Checkouts nach Element*" innerhalb von Auschecken rückgängig machen ist dann sinnvoll zu nutzen, wenn nur einzelne Elemente (Dokumente oder Abschlussbuchungen) von einem Anwender ausgecheckt wurden und dies rückgängig gemacht werden soll *(Abbildung 37)*.

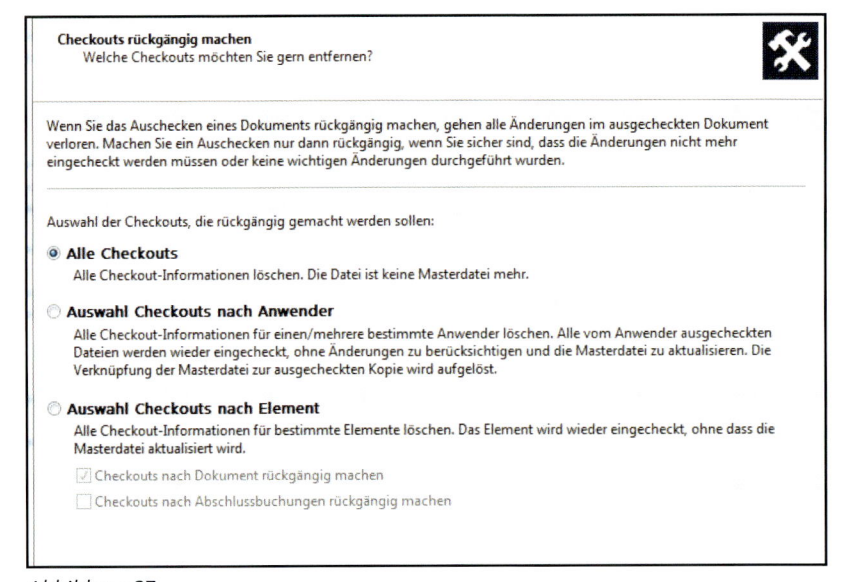

Abbildung 37

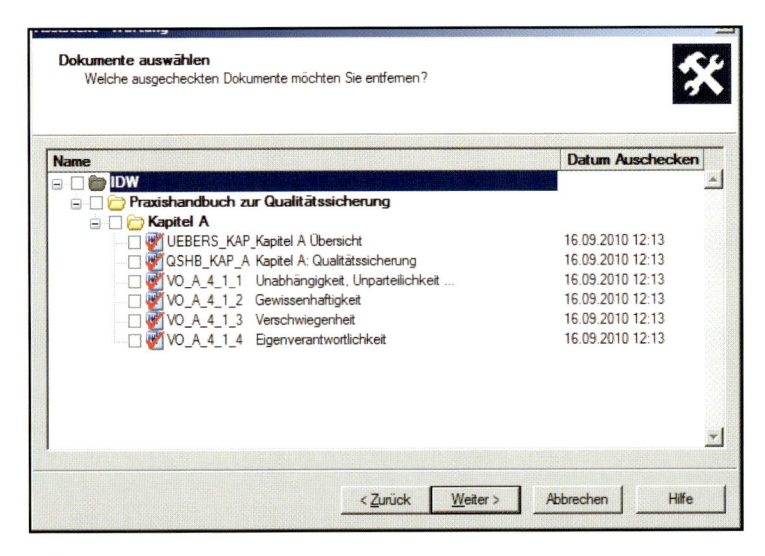

Abbildung 38

Wählen Sie bitte alle Dokumente aus, die in ihrem ursprünglichen Zustand eingecheckt werden sollen, indem Sie das entsprechende Kontrollkästchen anklicken (*Abbildung 38*). Klicken Sie anschließend auf die Schaltfläche ‹Weiter›.

Klicken Sie bitte auf die Schaltfläche ‹Fertig stellen›, um den Vorgang zu beenden.

Die dritte Option Auswahl Checkouts nach Element ist dann sinnvoll zu nutzen, wenn nur einzelne Elemente (Dokumente oder Abschlussbuchungen) von einem Anwender ausgecheckt wurden und dies rückgängig gemacht werden soll.

5.4 Ausdrucken der Arbeitspapiere

Zum Ausdruck der Arbeitspapiere stehen Ihnen zwei alternative Funktionen zur Verfügung – Batch-Druck und Batch PDF. Mit diesen Befehlen können Sie mehrere Dokumente auf einmal ausdrucken.

5.4.1 *Batch Druck*

Vor dem Ausdruck kann es sinnvoll sein, sich mit dem Reiter „*Dokument*" – Seitenansicht das Dokument so anzeigen zu lassen, wie es nachher im Druck erscheinen wird.

Arbeitsschritte zum Batch-Druck:
- Wählen Sie im Reiter „*Engagement*" die Funktion „*Batch-Druck*".
- Aktivieren Sie für jedes auszudruckende Dokument / jeden auszudruckenden Ordner das jeweilige Kontrollkästchen. Ist ein Kontrollkästchen nicht aktiviert, wird das betreffende Dokument nicht gedruckt. Mit der Option „*Alle auswählen*" werden alle Dokumente des Dokumentenmanagers ausgedruckt. Mit der Option „*Alle abwählen*" schließen Sie alle Dokumente aus dem Batch-Druck aus.
- Richten Sie unter der Schaltfläche ‹*Optionen*› den Drucker ein und bestätigen Sie mit ‹OK›.
- Klicken Sie anschließend in der Dialogbox „*Dokumente zum Drucken auswählen*" ebenfalls auf ‹OK›.
- Es erscheint dann die Dialogbox *Drucken*, in der Sie (falls noch nicht unter Optionen vorgenommen) den Drucker einrichten und die Anzahl der Kopien festlegen können. Bestätigen Sie Ihre Eingaben mit ‹OK›.

Alternativ können Sie auch mehrere Dokumente drucken, indem Sie im Dokumentenmanager die gewünschten Dokumente markieren und über die rechte Maustaste den Befehl „*Drucken*" auswählen.

Die für den Batch-Druck ausgewählten Dokumente können zudem optional auch als PDF-Datei gedruckt werden. Klicken Sie dafür auf die Checkbox „*In PDF drucken*".

5.4.2 Batch PDF

Verwenden Sie diese Funktion, um ausgewählte Dokumente zu kombinieren und in einer einzelnen PDF Datei zu exportieren.

Arbeitsschritte zum Batch PDF Export:

- Wählen Sie aus dem Reiter *„Engagement"* die Option *„Exportieren"* und anschließend *„Batch PDF"*.
- Klicken Sie auf die Schaltfläche ‹*Neu*› (*Abbildung 39*). Geben Sie eine Beschreibung für die Export Gruppierung ein, die Sie erstellen möchten. Wenn Sie bereits eine Export Gruppierung erstellt haben, die Sie erneut verwenden möchten, wählen Sie diese aus der Dropdown-Liste.
- Programmseitig wird Ihnen einen Standardname vorgeschlagen. Wenn Sie einen neuen Namen vergeben möchten, markieren Sie ihn und klicken auf die Schaltfläche ‹*Eigenschaften*›. Überschreiben Sie im Feld *Beschreibung* der Dialogbox *Export Gruppierung* den Standardnamen.
- Im linken Bereich der Dialogbox *PDF Export (Abbildung 39)* werden alle Dokumente aus dem Dokumentenmanager angezeigt. Auf der rechten Seite können Sie einzelne PDF Dokumente anlegen, die der gewählten Export Gruppierung angehören. Ein PDF Dokument kann mehrere Dokumente aus dem Dokumentenmanager beinhalten. Markieren Sie ein Dokument, das Sie in den PDF Export mit einschließen möchten. Klicken Sie auf den Schalter ‹*Hinzufügen*›, um das Dokument zur vorgeschlagenen PDF hinzuzufügen. Wiederholen Sie diesen Schritt für jedes Dokument, das Sie zum ersten PDF Dokument hinzufügen möchten. Sie können auch mehrere Dokumente markieren, indem Sie bei gedrückter STRG oder SHIFT Taste anklicken. Jedes Dokument, das in das PDF Dokument eingeschlossen wird, wird mit einem roten Häkchen markiert.

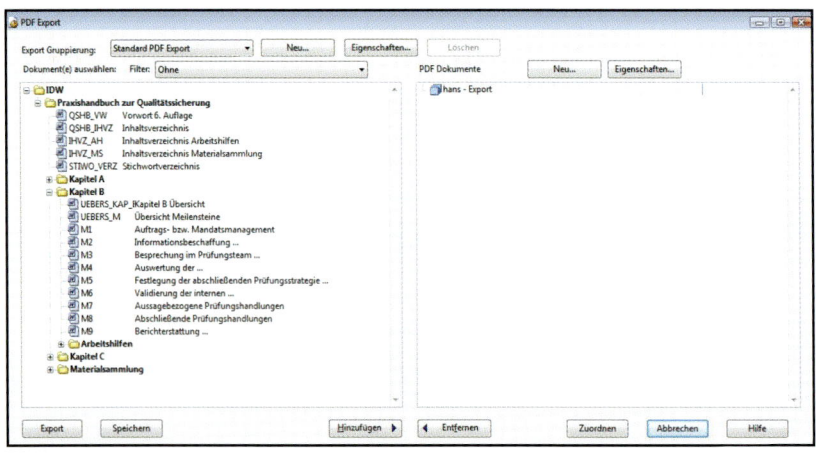

Abbildung 39

- Ziehen Sie jedes Dokument an die gewünschte Position, die es innerhalb der PDF-Datei einnehmen soll. Die Dokumente werden in der definierten Reihenfolge in der PDF angeordnet, Seitenumbrüche trennen dabei die Dokumente. Für jedes Dokument wird im PDF Dokument ein Lesezeichen angelegt.
- Klicken Sie auf die Schaltfläche ‹Neu›, um bei Bedarf ein weiteres PDF Dokument zu erstellen. Wiederholen Sie die Schritte, um den Inhalt der PDF zu definieren.
- Klicken Sie auf ‹Export›, um die PDF Dokumente zu exportieren. Geben Sie den Pfad und den Verzeichnisnamen an, unter dem die Exportdateien platziert werden sollen. Klicken Sie auf „Durchsuchen", um das Verzeichnis zu lokalisieren und klicken Sie anschließend auf ‹OK›.
- Wenn Sie die definierten Gruppierungen der PDF Dokumente für eine zukünftige Verwendung speichern möchten, klicken Sie auf die Schaltfläche ‹Speichern›.

5.5 Datensicherung

So legen Sie in der IDW Praxishandbuch Anwendung eine Sicherheitskopie an:

- Falls Sie die zu sichernde Mandanten Datei noch nicht im IDW Praxishandbuch geöffnet haben: Wählen Sie im Reiter „Datei" die Funktion „Öffnen" und öffnen Sie die zu komprimierende Datei.
- Wählen Sie im Reiter „Datei" die Funktion „Komprimiert speichern".
- Aktivieren Sie die Option Sicherungsdateien (.BAK) einschließen, wenn diese mit gespeichert werden sollten. Ist diese Option aktiviert, so nimmt hierdurch allerdings auch der benötigte Speicherbedarf für die Mandantendatei zu.
- Bestätigen Sie mit ‹Ja›.
- Wählen Sie im Reiter „Datei" die Funktion „Beenden."
- Kopieren Sie die Datei anschließend mit Hilfe des Windows-Explorers auf ein Speichermedium. Die komprimierte Datei erhält das Dateinamensuffix .AC_.

5.6 Anwenderadministration

5.6.1 Anwender (Identität) einrichten

- Wählen Sie im Reiter „Extras" die Funktion „Identität wechseln".
- Klicken Sie auf die Schaltfläche ‹Verwalten› in der linken unteren Ecke der Dialogbox *Anwenderidentifikation (Abbildung 40)*.

Abbildung 40

- Klicken Sie auf die Schaltfläche ‹Neu› um eine neue Identität (neue Anwender) anzulegen
- Geben Sie den Vor- und Zunamen sowie die Anwender ID ein und klicken Sie auf ‹OK›
- Wiederholen Sie die Schritte 3 und 4, bis sämtliche Anwender angelegt wurden.
- Klicken Sie auf ‹OK›, um zur Dialogbox Anwenderidentifikation zurückzukehren.

Das Löschen von Anwendern (Identitäten) erfolgt ebenfalls über die Dialogbox „*Identitäten verwalten*". Wählen Sie den zu löschenden Anwender aus und klicken auf die Schaltfläche ‹Löschen›.

5.6.2 Sicherheitsaspekte

Die Anwenderidentifikation in dem IDW Praxishandbuch stellt sicher, dass nur bestimmte Anwender genau spezifizierte Aktionen durchführen können, hierzu werden die Zugriffsrechte der einzelnen Anwender festgelegt. Dies erfolgt in vier Schritten:

- Einrichten des Supervisor-Kennworts
- Eingeben der Mitarbeiter und der entsprechenden Positionen und Kennwörter
- Festlegen der Zugriffsrechte und Mitarbeiter für einen Mandanten
- Planung der Aktivitäten

Um auf die Sicherheitsfunktionen zugreifen zu können, wählen Sie im Reiter „*Extras*" die Option „*Zugriffschutz*".

Ausführliche Erläuterungen erhalten Sie in der kontextsensitiven Online-Hilfe der IDW Praxishandbuch Anwendung, die Sie über die Schaltfläche ‹Hilfe› oder in der Befehls leiste unter dem Menüeintrag Hilfe/CaseWare Hilfe aufrufen können.

6. Systemvoraussetzungen

Betriebssystem:
- Windows 10
- Windows 8.1 (32-Bit und 64-Bit)
- Windows 7 Service Pack 1,

Software:
- Microsoft Office 2016, Desktopversion (32-Bit und 64-Bit)
- Microsoft Office 2013, Desktopversion (32-Bit und 64-Bit)
- Microsoft Office 2010, Desktopversion (32-Bit und 64-Bit)
- Adobe Acrobat Reader DC Version 2015.017.20050 (Deutsch)

7. Optimale Nutzung mit IDW PS CD-ROM

Verlinkungen auf IDW Verlautbarungen funktionieren optimal mit der IDW PS CD-ROM 2016/2017 mit den aktuellen Updates für September 2017.

8. Technischer Support

Doctronic GmbH & Co. KG
Fränkische Str. 6
53229 Bonn
Fon +49 (0)228 409 770-222
Fax +49 (0)228 409 770-30

9. Hinweis auf technischen Kopierschutz und Nutzung

Zum Schutz des Werkes wird auf dem Datenträger ein technischer Kopierschutz eingesetzt, der gemäß den geltenden Gesetzen ohne Zustimmung des Rechtsinhabers nicht umgangen werden darf.

Zur Nutzung der Inhalte müssen die Systemvoraussetzungen erfüllt werden.

Die Software „IDW Praxishandbuch zur Qualitätssicherung 2017/2018" darf auf max. drei Microsoft Windows-Rechnern installiert werden.

Bei Bedarf weiterer Lizenzen bitte schriftliche Anfrage an:
IDW Verlag GmbH, Tersteegenstraße 14, 40474 Düsseldorf

oder per Fax unter: 0211-4 56 12 06

www.idw-verlag.de

IDW VERLAG GMBH

IDW (Hrsg.)

Beilage zum IDW Praxishandbuch
zur Qualitätssicherung 2017/2018

Risikoorientiertes Prüfungsvorgehen Planungsleitfaden

Risikoorientiertes Prüfungsvorgehen
Planungsleitfaden

Beilage zum IDW Praxishandbuch zur Qualitätssicherung 2017/2018

Das Werk einschließlich aller seiner Teile ist urheberrechtlich geschützt. Jede Verwertung außerhalb der engen Grenzen des Urheberrechtsgesetzes ist ohne vorherige schriftliche Einwilligung des Verlages unzulässig und strafbar. Dies gilt insbesondere für Vervielfältigungen, Übersetzungen, Mikroverfilmungen und die Einspeicherung und Verbreitung in elektronischen Systemen. Es wird darauf hingewiesen, dass im Werk verwendete Markennamen und Produktbezeichnungen dem marken-, kennzeichen- oder urheberrechtlichen Schutz unterliegen.

© 2017 IDW Verlag GmbH, Tersteegenstraße 14, 40474 Düsseldorf
Die IDW Verlag GmbH ist ein Unternehmen des Instituts der Wirtschaftsprüfer in Deutschland e. V. (IDW).

Druck und Bindung: C.H.Beck, Nördlingen

Die Angaben in diesem Werk wurden sorgfältig erstellt und entsprechen dem Wissensstand bei Redaktionsschluss. Da Hinweise und Fakten jedoch dem Wandel der Rechtsprechung und der Gesetzgebung unterliegen, kann für die Richtigkeit und Vollständigkeit der Angaben in diesem Werk keine Haftung übernommen werden. Gleichfalls werden die in diesem Werk abgedruckten Texte und Abbildungen einer üblichen Kontrolle unterzogen; das Auftreten von Druckfehlern kann jedoch gleichwohl nicht völlig ausgeschlossen werden, so dass für aufgrund von Druckfehlern fehlerhafte Texte und Abbildungen ebenfalls keine Haftung übernommen werden kann.

www.idw-verlag.de

Kapitel B: Risikoorientiertes Prüfungsvorgehen
B-5.2. Planungsleitfaden (1/39)

Mandant:	Musterfirma		
Mandanten-Nr.:	Mandantennummer	**Engagement-Nr.:**	Auftragsnummer
Abschlussstichtag:	[Datum]	**Arbeitspapier-Nr.:**	[Bitte angeben]
Unterschrift PL		**Unterschrift verantw. WP**	
[Datum]:		**[Datum]:**	

Informationsquellen:

- z.B. Besprechungen mit dem Management am [Datum]
- Handelsregisterauszug, interne Zwischenabschlüsse per [Datum]
- Arbeitspapiere des Vorjahres
- Aktuelle Branchenpresse
- […]

Vorgehensweise:

- z.B. Durchsicht der Arbeitspapiere des Vorjahres
- Befragungen des Managements
- Durchsicht der aktuellen Branchenpresse, Website des Mandanten und der letzten internen Zwischenabschlüsse per [Datum]
- […]

Vorbemerkung: Dieser Planungsleitfaden wurde für die Dokumentation der Risikobeurteilung und Prüfungsplanung bei nicht komplexen Unternehmen entwickelt. Der Planungsleitfaden führt durch alle wesentlichen Aspekte des Planungsprozesses einer Abschlussprüfung und soll eine effiziente Dokumentation der Prüfungsplanung ermöglichen. Bei Feststellung besonderer Sachverhalte oder Risiken kann auf die ausführlicheren, im Planungsleitfaden referenzierten Arbeitshilfen des Praxishandbuchs zurückgegriffen werden.

Sofern auch ein **Lagebericht** zu prüfen ist, ist zusätzlich der Leitfaden zur Prüfung des Lageberichts (Arbeitshilfe B-8.0) zu bearbeiten.

Durch die elektronische Verlinkung des Planungsleitfadens mit den ausführlicheren Arbeitshilfen kann der Leitfaden auch bei größeren und komplexeren Prüfungen herangezogen werden. Am Ende des Planungsleitfadens ist eine abschließende Risikobeurteilung und eine Festlegung des weiteren Prüfungsvorgehens, bezogen auf die jeweiligen Abschlussposten und Rechnungslegungsaussagen, vorgesehen. Durch die zusammenfassende und strukturierte Informationssammlung, Risikobeurteilung und Festlegung der prüferischen Reaktionen auf die festgestellten Risiken wird der Prüfer bei der Verfolgung des **"roten Fadens"** unterstützt.

Der Planungsleitfaden kann darüber hinaus bei wenig verändertem Unternehmensumfeld eine Ausgangsbasis für die Prüfungsplanung des Folgejahres bilden.

Ergebnis der Auftragsannahme-, Fortführungsbeurteilung (vgl. Arbeitshilfe A-4.2.(1))

In welche Risikokategorie wurde das Mandat vorläufig eingestuft?

Hat die vorläufige Risikobeurteilung im Rahmen der Auftragsannahme- bzw. Fortführungsentscheidung ergeben, dass spezielle qualitätssichernde Maßnahmen zu ergreifen sind?

Inhaltsverzeichnis:

I.	Gewinnung eines Verständnisses über das Unternehmen sowie dessen rechtliches und wirtschaftliches Umfeld (vgl. IDW PS 261 n.F., Tz. 13 ff.)	4
A.	Geschäftstätigkeit sowie wirtschaftliches und rechtliches Umfeld des Mandanten	4
B.	Rechnungslegungspolitik des Mandanten	5
C.	Analyse aktueller finanzwirtschaftlicher Informationen des Mandanten	5
D.	Beurteilung der Annahme zur Unternehmensfortführung	6
E.	Beurteilung des Risikos wesentlicher falscher Angaben in der Rechnungslegung aufgrund von Verstößen	7
1.	Besprechung des Prüfungsteams	7
2.	Risikofaktoren für das Vorliegen von wesentlichen falschen Angaben in der Rechnungslegung aufgrund von Verstößen	7
3.	Ergebnisse aus analytischen Prüfungshandlungen in der Planungsphase	8
4.	Befragung des Managements, des Aufsichtsorgans und ggf. der internen Revision	8
5.	Zusammenfassung und Schlussfolgerungen	9
F.	Identifikation und Beurteilung der Risiken aus Beziehungen zu nahe stehenden Personen	9
G.	Berücksichtigung von Auslagerungen rechnungslegungsrelevanter Bereiche auf Dienstleistungsunternehmen	9
H.	Beurteilung des rechnungslegungsbezogenen internen Kontrollsystems auf Unternehmensebene für die vorläufige Risikoeinschätzung	10
1.	Kontrollumfeld (vgl. Meilenstein 4, Abschn. 4.2.1.)	10
2.	Risikobeurteilungsprozess	10
3.	Kontrollaktivitäten, Information und Kommunikation	11
4.	Überwachung des internen Kontrollsystems	12
5.	Vorläufige Beurteilung des unternehmensweiten IKS	12
I.	Aufnahme und Beurteilung des IT-Systems	12
1.	Beurteilung der Komplexität des IT-Systems sowie der Abhängigkeit des Unternehmens von einer funktionsfähigen IT	12
2.	IT-Infrastruktur (ggf. Verweis auf Arbeitshilfe B-4.3.0.)	13
3.	Wesentliche rechnungslegungsrelevante IT-Anwendungen und IT-gestützte Prozesse (ggf. Verweis auf Arbeitshilfe B-4.3.0. und B-4.10.)	13
4.	Einzelfragen	14
5.	Zusammenfassung der Schlussfolgerungen für die Prüfung	16
II.	Bestimmung der Wesentlichkeit für die Abschlussprüfung (vgl. Meilenstein 3, Abschn. 3.2.1.)	17
1.	Bestimmung der Wesentlichkeit für den Abschluss als Ganzes	17
A.	Festlegung der sachgerechten Bemessungsgrundlage	17
B.	Betragsmäßige Bestimmung der Wesentlichkeit für den Abschluss als Ganzes	17
C.	Bestimmung der Toleranzwesentlichkeit auf Abschlussebene	17
D.	Bestimmung von spezifischen Wesentlichkeitsgrenzen	17
E.	Ggf. Anpassung der Wesentlichkeiten und Toleranzwesentlichkeiten im Laufe der Prüfung	18
F.	Bestimmung der Nichtaufgriffsgrenze für Prüfungsdifferenzen	18
III.	Identifizierung nicht wesentlicher Jahresabschlussposten	18
IV.	Aufnahme und Beurteilung des rechnungslegungsbezogenen internen Kontrollsystems für einzelne Geschäftsprozesse	18
A.	Buchführungs- und Abschlussprozess	18
B.	Anlagenbereich	20
C.	Einkauf	21
D.	Vorräte und Materialwirtschaft	23
E.	Produktion	25

F.	Verkauf	27
G.	Personalbereich	29
V.	Beurteilung der Fehlerrisiken	32
VI.	Festlegung der Prüfungsstrategie	33
VII.	Zeitliche Planung	39

Kapitel B: Risikoorientiertes Prüfungsvorgehen

B-5.2. Planungsleitfaden (4/39)

I. Gewinnung eines Verständnisses über das Unternehmen sowie dessen rechtliches und wirtschaftliches Umfeld (vgl. IDW PS 261 n.F., Tz. 13 ff.)

A. Geschäftstätigkeit sowie wirtschaftliches und rechtliches Umfeld des Mandanten

Kurzbeschreibung der **Art des Unternehmens, wesentlicher Marktkräfte und Umweltfaktoren** (Gesamtwirtschaftliches Risiko, Branchenrisiko, Rechtlicher Rahmen)

Geben Sie nachfolgend einen kurzen Überblick über die prägenden Faktoren und mögliche Veränderungen, die sich gegenüber dem Vorjahr ergeben haben. Alternativ kann zur ausführlicheren Dokumentation die **Arbeitshilfe B-2.1.** verwendet werden bzw. können die dort gegebenen Informationen als Hinweise genutzt werden.

Hinweis: An dieser Stelle sind auch die bereits i.R. der Entscheidung über die Auftragsannahme bzw. -fortführung getroffenen Festellungen zu berücksichtigen (ggf. nur Querverweis auf **Arbeitshilfe A-4.2.(1)**).

Unternehmensinterne Einflüsse (Eigentümerstruktur, Führung und Überwachung durch das Management, Ziele, Unternehmensstrategie und spezielle Geschäftsrisiken).

- Liegen besondere Geschäftsvorfälle mit wesentlichen Auswirkungen auf den Jahresabschluss vor (z.B. Verschmelzung, Anwachsung, Auf-/Abspaltung, Ausgliederung von Unternehmensteilen, Kauf und Verkauf von Beteiligungen, Sale and Lease-Back-Geschäfte?
- Ergeben sich Besonderheiten aus rechtlichen Verträgen (z.B. Darlehensverträge mit besonderen Bedingungen, Leasingverträge, besondere Vereinbarungen in Anstellungsverträgen mit leitenden Angestellten, besondere Vergütungsvereinbarungen, z.B. eigenkapitalbezogene Vergütungen oder ein Bonus- oder Gewinnbeteiligungsprogramm)?
- Ergeben sich Risiken aus einer hohen Abhängigkeit des Unternehmens von einer funktionsfähigen IT?

Finden **Auslagerungen** von rechnungslegungsrelevanten Bereichen **auf Dienstleistungsunternehmen** statt und welche Bedeutung haben diese für die Abschlussprüfung (Art der erbrachten Dienstleistungen, Ausmaß des Zusammenspiels zwischen dem IKS des zu prüfenden Unternehmens und des Dienstleistungsunternehmens, Art der Kontrollmaßnahmen des zu prüfenden Unternehmens zur Überwachung der ausgelagerten Funktionen, wirtschaftliche Lage des Dienstleistungsunternehmens)?

Geben Sie nachfolgend einen kurzen Überblick über die prägenden Faktoren und mögliche Veränderungen, die sich gegenüber dem Vorjahr ergeben haben. Alternativ kann hierfür die **Arbeitshilfe B-2.1.** verwendet werden bzw. können die dort gegebenen Informationen als Hinweise genutzt werden. Für die Beurteilung, ob eine hohe Abhängigkeit des Unternehmens von einer funktionsfähigen IT gegeben ist, sind die Fragen in der **Arbeitshilfe B-4.3.: Beurteilung der Komplexität des IT-Systems sowie der Abhängigkeit des Unternehmens von einer funktionsfähigen IT** zu bearbeiten.

Schlussfolgerungen:

Geben Sie die wesentlichen **Geschäftsrisiken** und die daraus folgenden **bedeutsamen Risiken** an und erläutern Sie, welche Auswirkungen daraus auf den Jahresabschluss und/oder den Lagebericht entstehen können:

Alle Rechte vorbehalten. © IDW Verlag GmbH, Düsseldorf, 2017

B. Rechnungslegungspolitik des Mandanten

Wie ist die grundsätzliche Rechnungslegungspolitik des Mandanten zu charakterisieren (eher konservativ oder progressiv)? Hat der Mandant die Rechnungslegungspolitik im zu prüfenden Jahr geändert und wenn ja warum? Gibt es kritische oder noch ungelöste Bilanzierungs-, Bewertungs- oder Ausweisfragen, die sich auf den Abschluss wesentlich auswirken können? Geben Sie nachfolgend einen kurzen Überblick über die Rechnungslegungspolitik und mögliche Veränderungen, die sich gegenüber dem Vorjahr ergeben haben. Sofern besondere Risiken oder Entwicklungen erkennbar sind, ggf. ausführliche Dokumentation unter Verwendung der **Arbeitshilfe B-2.2**.

Welche Jahresabschlussposten und Aussagen in der Rechnungslegung (Vollständigkeit, Bewertung, Auswies etc.) sind von den wesentlichen Geschäftsrisiken betroffen? Resultieren ggf. Risiken aus einer hohen Abhängigkeit des Unternehmens von einer funktionsfähigen IT, die im Lagebericht bei den wesentlichen Risiken der künftigen Entwicklung des Unternehmens darzustellen sind? Übernehmen Sie die Schlussfolgerungen bitte in **Abschn. V. Beurteilung der Fehlerrisiken** und in **Abschn. VI. Festlegung der Prüfungsstrategie.**

Ergeben sich **Schlussfolgerungen für die Prüfung** und/oder Punkte für den Management Letter?

Schlussfolgerungen:

Sind aus den Angaben **Fehlerrisiken**, insbesondere **bedeutsame Risiken**, für den Mandanten erkennbar?

Ergeben sich **Schlussfolgerungen für die Prüfung** und/oder Punkte für den Management Letter?

Welche Jahresabschlussposten und Aussagen in der Rechnungslegung sind von den Risiken betroffen? Übernehmen Sie die Schlussfolgerungen bitte in **Abschn. V. Beurteilung der Fehlerrisiken** und in **Abschn. VI. Festlegung der Prüfungsstrategie.**

C. Analyse aktueller finanzwirtschaftlicher Informationen des Mandanten

Analytische Durchsicht der Bilanz, Gewinn- und Verlustrechnung und Cashflow-Entwicklung sowie Kennzahlenanalyse (Hierfür kann die **Arbeitshilfe B-2.7.** verwendet werden, vgl. Meilenstein 2, Abschn. 2.2.3.). Weisen ungünstige Entwicklungen auf Problembereiche hin?

Gibt es bei der Beurteilung der Finanzlage des Mandanten Hinweisen auf finanzielle Risiken? Bei Hinweisen auf finanzielle Risiken: Hat das Unternehmen Maßnahmen zur Sicherung/Verbesserung der Liquiditätslage/Finanzlage unternommen? Sofern besondere Risiken oder Entwicklungen erkennbar sind, soll die ausführliche Dokumentation unter Verwendung der **Arbeitshilfe B-2.3.** erfolgen.

Schlussfolgerungen:

Sind aus den o.g. Angaben **Fehlerrisiken**, insbesondere **bedeutsame Risiken**, für den Mandanten erkennbar?

Ergeben sich **Schlussfolgerungen für die Prüfung** und/oder Punkte für den Management Letter?

Welche Jahresabschlussposten und Aussagen in der Rechnungslegung sind von den Risiken betroffen? Übernehmen Sie die Schlussfolgerungen bitte in Abschn. V. Beurteilung der Fehlerrisiken und in Abschn. VI. Festlegung der Prüfungsstrategie.

D. Beurteilung der Annahme zur Unternehmensfortführung

Beurteilen Sie die Angemessenheit der durch die gesetzlichen Vertreter getroffenen Annahme der Unternehmensfortführung und erwägen Sie, ob bestehende wesentliche Unsicherheiten hinsichtlich der Unternehmensfortführung in der Rechnungslegung zum Ausdruck kommen müssen (vgl. Meilenstein 2, Abschn. 2.2.5.). Folgende Fragen sollten Sie im Rahmen Ihrer Einschätzung beantworten:

- Existieren Ereignisse und Bedingungen (einschließlich damit in Verbindung stehender Geschäftsrisiken), die erhebliche **Zweifel an der Unternehmensfortführung** in der absehbaren Zukunft begründen?
- Ist die Einschätzung der **gesetzlichen Vertreter** hinsichtlich der Unternehmensfortführung angemessen? Falls eine solche nicht vorgenommen wurde, befragen Sie geeignete Personen aus dem Kreis der gesetzlichen Vertreter über die Fähigkeit des Unternehmens, die Unternehmenstätigkeit fortzusetzen.
- Bestehen lt. Auskunft der gesetzlichen Vertreter **nach dem Prognosezeitraum** sich abzeichnende bestandsgefährdende Tatsachen?

Bemerkung und Begründung:

Bezüglich Art und Umfang der Prüfungshandlungen beachten Sie das Risiko einer nicht gegebenen Unternehmensfortführungsfähigkeit während der gesamten Abschlussprüfung und beurteilen Sie bis zum Zeitpunkt des Bestätigungsvermerks die Ergebnisse aller durchgeführten Prüfungshandlungen. Wenn es nach Ihrer Einschätzung eine signifikante Verzögerung hinsichtlich der Unterzeichnung oder Genehmigung des Jahresabschlusses/Lageberichts gibt, überprüfen Sie die Gründe für diese Verzögerung.

Ergeben sich **Schlussfolgerungen für die Prüfung** und/oder Punkte für den Management Letter?

Hinweis: Wenn Sie nach der Durchführung der oben genannten Prüfungshandlungen der Auffassung sind, dass ernsthafte Zweifel an der Fähigkeit zur Unternehmensfortführung bestehen, führen Sie weitere Untersuchungen mithilfe der **Arbeitshilfe B-2.4. Beurteilung der Annahme zur Unternehmensfortführung** durch.

Die Schlussfolgerungen, die Einfluss auf die Risikobeurteilung und Prüfungsstrategie haben, sind in **Abschn. V. Beurteilung der Fehlerrisiken** und in **Abschn. VI. Festlegung der Prüfungsstrategie** zu berücksichtigen.

E. Beurteilung des Risikos wesentlicher falscher Angaben in der Rechnungslegung aufgrund von Verstößen

1. Besprechung des Prüfungsteams

Dokumentieren Sie unter Verwendung der Arbeitshilfe B-3.2. nachfolgend die wesentlichen Ergebnisse aus der/den **Besprechung(en) des Prüfungsteams**, u.a. über (vgl. Meilenstein 2):

- die Anfälligkeit der Rechnungslegung für wesentliche falsche Angaben aufgrund von Verstößen und aufgrund von irrtümlich falschen Angaben
- wann die Besprechung(en) stattfanden und welche Teammitglieder daran teilgenommen haben
- wesentliche Punkte, die mit anderen Teammitgliedern, die nicht an der Besprechung teilgenommen haben, zu kommunizieren sind.

2. Risikofaktoren für das Vorliegen von wesentlichen falschen Angaben in der Rechnungslegung aufgrund von Verstößen

Dokumentieren Sie nachfolgend die durch Verstöße (Fraud) bedingten möglichen Risiken wesentlicher falscher Angaben in der Rechnungslegung sowie die geplanten prüferischen Maßnahmen, um diese Risiken zu adressieren. Zu möglichen Risikofaktoren vgl. **Arbeitshilfe B-2.5.** Sofern besondere Risikofaktoren erkennbar sind, ausführliche Dokumentation unter Verwendung der **Arbeitshilfe B-2.5.**

Kapitel B: Risikoorientiertes Prüfungsvorgehen

B-5.2. Planungsleitfaden (8/39)

Es ist immer damit zu rechnen, dass Risiken wesentlicher falscher Angaben in der Umsatzrealisierung liegen können. Diese sind als **bedeutsame Risiken** zu behandeln. Sollte die Risiken im konkreten Fall nicht als bedeutsame Risiken beurteilt werden, dokumentieren Sie hier die **Gründe** für diese Beurteilung (vgl. *IDW PS 210*, Tz. 39).

3. Ergebnisse aus analytischen Prüfungshandlungen in der Planungsphase

Dokumentieren Sie hier anhand der Ergebnisse der im Rahmen der Prüfungsplanung durchgeführten analytischen Prüfungshandlungen (**Arbeitshilfe B-2.7.**) alle ungewöhnlichen oder unerwarteten Feststellungen, insbesondere in Bezug auf Umsatzerlöse und andere Ertragskonten, die auf Fehlerrisiken aufgrund von Verstößen hinweisen können.

4. Befragung des Managements, des Aufsichtsorgans und ggf. der internen Revision

Dokumentieren Sie nachfolgend die Ergebnisse der Befragungen des Managements, des Aufsichtsorgans und anderer relevanter Mitarbeiter, einschließlich, sofern vorhanden, der internen Revision (vgl. Meilenstein 2, Abschn. 2.2.6.). Halten Sie auch die Grundlagen für deren Antworten fest (z.B. warum Sie glauben, dass ihre Einschätzung der *Fraud*-Risiken angemessen ist). Geben Sie den/die Namen und Position(en) der Gesprächspartner an.

Alle Rechte vorbehalten. © IDW Verlag GmbH, Düsseldorf, 2017

5. Zusammenfassung und Schlussfolgerungen

Basierend auf den Ergebnissen der vorstehenden Prüfungshandlungen und auf Ihrer Vorjahreserfahrung mit dem Mandanten dokumentieren Sie die folgenden Punkte:

- Sind aus den obigen Informationen **besondere Risikofaktoren** wesentlicher falscher Angaben in der Rechnungslegung aufgrund von Verstößen für den Mandanten erkennbar?

- Ihre Einschätzung des unternehmensweiten internen Kontrollsystems in Bezug auf die Verhinderung bzw. Aufdeckung von Verstößen (erst nach Bearbeitung des nachfolgenden **Abschn. I.H. und I.I.** abschließend zu dokumentieren).

- Ergeben sich **Schlussfolgerungen für die Prüfung** und/oder Punkte für den Management Letter?
  – Unsere prüferischen Maßnahmen als Reaktion auf identifizierte *Fraud*-Risiken, die durch Kontrollen des Mandanten oder andere Faktoren nicht ausreichend abgeschwächt werden, insbesondere:
  – Prüfungshandlungen zur Reaktion auf das Risiko, dass das Management Kontrollen außer Kraft gesetzt hat (vgl. unten **Abschn. VI. Festlegung der Prüfungsstrategie**)
  – Prüfungshandlungen, um auf das Risiko wesentlicher falscher Angaben aufgrund manipulierter Umsätze zu reagieren.

Welche Jahresabschlussposten und Aussagen in der Rechnungslegung sind von den Risiken betroffen? Übernehmen Sie die Schlussfolgerungen bitte in **Abschn. V. Beurteilung der Fehlerrisiken** und in **Abschn. VI. Festlegung der Prüfungsstrategie**.

F. Identifikation und Beurteilung der Risiken aus Beziehungen zu nahe stehenden Personen

Dokumentieren Sie hier (oder unter Verwendung der **Arbeitshilfen B-2.9. und B-2.10**) die identifizierten Risiken aus Beziehungen zu und Geschäftsvorfällen mit nahe stehenden Personen und deren Beurteilung.

Ergeben sich **Schlussfolgerungen für die Prüfung** und/oder Punkte für den Management Letter?

Die Schlussfolgerungen, die Einfluss auf die Risikobeurteilung und die Prüfungsstrategie haben, sind in **Abschn. V. Beurteilung der Fehlerrisiken** und in **Abschn. VI. Festlegung der Prüfungsstrategie** zu berücksichtigen.

G. Berücksichtigung von Auslagerungen rechnungslegungsrelevanter Bereiche auf Dienstleistungsunternehmen

Dokumentieren Sie hier, ob und wie das zu prüfende Unternehmen ausgelagerte Dienstleistungen in Anspruch nimmt und inwieweit das rechnungslegungsbezogene IKS und die Abschlussprüfung davon berührt wird.

Kapitel B: Risikoorientiertes Prüfungsvorgehen
B-5.2. Planungsleitfaden (10/39)

H. Beurteilung des rechnungslegungsbezogenen internen Kontrollsystems auf Unternehmensebene für die vorläufige Risikoeinschätzung

Die im Rahmen der Prüfungsplanung erforderlichen Beurteilungen in Bezug auf die Komponenten des rechnungslegungsbezogenen internen Kontrollsystems dienen einer vorläufigen Einschätzung der Kontrollrisiken des Unternehmens. Das hierbei entwickelte Verständnis des **internen Kontrollsystems auf Unternehmensebene** bildet die Grundlage für die Beurteilung, wie der Mandant sein Unternehmen steuert und überwacht. Diese Informationen werden später benötigt, wenn die Kontrollen auf einer Prozessebene geprüft und beurteilt werden. Die für die Prüfungsplanung erforderlichen Informationen zum internen Kontrollsystem wird der Prüfer im Wesentlichen durch Gespräche mit der Unternehmensleitung oder den von dieser benannten Personen erhalten.

Weitere Anhaltspunkte für die Beurteilung können der **Arbeitshilfe B-4.1.** entnommen werden.

1. Kontrollumfeld (vgl. Meilenstein 4, Abschn. 4.2.1.)

Beschreiben Sie den Rahmen, innerhalb dessen die Grundsätze, Verfahren und Maßnahmen des internen Kontrollsystems eingeführt und angewendet werden.

Die nachfolgende Auflistung verdeutlicht beispielhaft mögliche **Bestimmungsfaktoren des Kontrollumfelds**:

- die Bedeutung von Integrität und ethischen Werten im Unternehmen,
- die Bedeutung der fachlichen Kompetenz im Unternehmen,
- die Unternehmenskultur und -philosophie sowie das dadurch vermittelte Wertverständnis der Mitarbeiter,
- der Führungsstil des Managements,
- die Zuordnung von Weisungsrechten und Verantwortung,
- die Überwachungstätigkeit des Aufsichtsrats bzw. der Gesellschafterversammlung sowie
- die Grundsätze der Personalpolitik.

2. Risikobeurteilungsprozess

In KMU ist ein formell betriebenes Risikomanagementsystem i.d.R. nur teilweise oder nicht in systematisierter Form vorhanden. Gleichwohl kann die direkte persönliche Einbindung der Unternehmensleitung in die Geschäftsabwicklung dazu beitragen, dass Risiken rechtzeitig identifiziert werden können (vgl. *IDW PH 9.100.1*, Tz. 27 f.). Befragen Sie in diesen

Kapitel B: Risikoorientiertes Prüfungsvorgehen

B-5.2 Planungsleitfaden (11/39)

Fällen die Unternehmensleitung, wie sie die vorhandenen Risiken identifiziert und bewältigt und welche Risiken identifiziert und bewältigt wurden.

Beschreiben Sie, wie im Unternehmen sichergestellt wird, dass Geschäftsrisiken und daraus resultierende Fehlerrisiken erkannt und notwendige Gegenmaßnahmen festgelegt werden. Ermöglicht der Risikobeurteilungsprozess insbesondere die Identifizierung und Beurteilung der Risiken für Verstöße (Fraud)?

3. Kontrollaktivitäten, Information und Kommunikation

Beschreiben Sie, ob und ggf. welche Grundsätze, Verfahren und Maßnahmen bestehen, die sicherstellen sollen, dass die Anweisungen der Unternehmensleitung, die im Zusammenhang mit dem Risikomanagement stehen, befolgt werden. Kontrollaktivitäten beziehen sich meist auf Kontrollen in den Prozessen (Business process controls), die es erlauben, die Abläufe zu überwachen. Dabei geht es häufig um präventive Maßnahmen wie Unterschriftenregelungen, Vier-Augen-Prinzip oder Analysen von Leistungskennziffern.

Die nachfolgende Auflistung verdeutlicht beispielhaft die Vielfalt möglicher Kontrollaktivitäten, die von Art, Größe und Struktur eines Unternehmens abhängen:

- Soll/Ist-Vergleiche zwischen tatsächlichen und budgetierten Werten,
- Zeitvergleiche und zwischenbetriebliche Vergleiche durch die Unternehmensleitung,
- Durchsicht von Leistungsberichten durch die für die betreffenden Funktionen oder Aktivitäten zuständigen Mitarbeiter.
- Überprüfung der Richtigkeit, Vollständigkeit und Genehmigung von Transaktionen,
- Durchführung von Inventuren und Abgleich der Ergebnisse mit Buchbeständen,
- Analyse von betrieblichen oder finanziellen Kennzahlen und
- Funktionstrennung zur Verminderung des Risikos für das Auftreten von Unregelmäßigkeiten.

(Vgl. auch Abschn. IV. Aufnahme und Beurteilung des rechnungslegungsbezogenen internen Kontrollsystems für einzelne Geschäftsprozesse).

Werden im Fall von **Auslagerungen von rechnungslegungsrelevanten Bereichen auf Dienstleistungsunternehmen** vom zu prüfenden Unternehmen zudem Kontrollmaßnahmen über die Tätigkeit des Dienstleistungsunternehmens durchgeführt und wenn ja, welche?

Finanzielle und sonstige **Informationen** werden auf allen organisatorischen Ebenen eines Unternehmens benötigt, um einen ordnungsgemäßen Geschäftsbetrieb in Übereinstimmung mit den Unternehmenszielen zu gewährleisten. Beschreiben Sie, ob Geschäfts- und Finanzinformationen in ausreichendem Detaillierungsgrad für die Entscheidungen des Managements aufbereitet werden.

Kommunikation: Wie wird gewährleistet, dass die richtigen Informationen zum richtigen Zeitpunkt den zuständigen Mitarbeitern zur Verfügung stehen, damit diese ihre Aufgaben erfüllen können? Eine effektive interne Kommunikation zeichnet sich dadurch aus, dass die Mitarbeiter über ihre Pflichten – sowohl im regulären Geschäftsbetrieb als auch in ungewöhnlichen Situationen – informiert sind und die ihnen im internen Kontrollsystem zugeordneten Aufgaben kennen.

Kapitel B: Risikoorientiertes Prüfungsvorgehen

B-5.2. Planungsleitfaden (12/39)

I. Aufnahme und Beurteilung des IT-Systems

1. Beurteilung der Komplexität des IT-Systems sowie der Abhängigkeit des Unternehmens von einer funktionsfähigen IT

Im Rahmen der Prüfung muss ein Verständnis über die Bedeutung und Komplexität der der beim Mandanten eingesetzten rechnungslegungsrelevanten IT erlangt werden. (Hierfür sollte die **Arbeitshilfe B-4.3. Beurteilung der Komplexität des IT-Systems sowie der Abhängigkeit des Unternehmens von einer funktionsfähigen IT** verwendet werden).

Liegt voraussichtlich ein wenig komplexes IT-System vor oder ist die Abhängigkeit voraussichtlich gering, kann die **Arbeitshilfe B-4.3.1. Aufnahme und Beurteilung nicht komplexer IT-Systeme** verwendet werden.

Bei Einstufung als komplexes IT-System und/oder bei einem hohen Abhängigkeitsgrad des Unternehmens von einer funk-

---

4. Überwachung des internen Kontrollsystems

Beschreiben Sie die wesentlichen auf die Überwachung des internen Kontrollsystems bezogenen Maßnahmen.

---

5. Vorläufige Beurteilung des unternehmensweiten IKS

Das rechnungslegungsbezogene interne Kontrollsystem auf Unternehmensebene für die vorläufige Risikoeinschätzung beurteilen wir zusammenfassend wie folgt (auch unter Berücksichtigung von in Abschn. I.I. Aufnahme und Beurteilung des IT-Systems) (bitte begründen):

☐ angemessen

☐ nicht angemessen

Beschreibung wesentlicher Mängel und deren Auswirkungen auf die Abschlussprüfung – Risiken wesentlicher falscher Angaben:

Sind bestimmte Jahresabschlussposten und Aussagen in der Rechnungslegung von den Risiken betroffen? Übernehmen Sie die Schlussfolgerungen bitte in Abschn. V. Beurteilung der Fehlerrisiken und in Abschn. VI. Festlegung der Prüfungsstrategie (Allgemeine Reaktionen auf Abschlussebene).

Mitteilung wesentlicher Mängel des internen Kontrollsystems gegenüber dem Aufsichtsorgan und den gesetzlichen Vertretern (IDW PS 261 n.F., Tz. 89).

Bitte notieren, wer zu welchem Zeitpunkt über welche festgestellten Mängel unterrichtet wurde:

Alle Rechte vorbehalten. © IDW Verlag GmbH, Düsseldorf, 2017

Kapitel B: Risikoorientiertes Prüfungsvorgehen
B-5.2 Planungsleitfaden (13/39)

tionsfähigen IT sollte für die Aufnahme des IT-Systems die **Arbeitshilfe B-4.3.2.: Aufnahme und Beurteilung des IT-Systems** verwendet und ggf. ein IT-Spezialist hinzugezogen werden.

Bemerkungen:

2. IT-Infrastruktur (ggf. Verweis auf Arbeitshilfe B-4.3.0.)

Hardware (Hersteller und Modellbezeichnung)	Systemsoftware (insb. Betriebssystem und Version)	Einbindung in Netzwerke (Local Area Network/LAN und Wide Area Network/WAN)

Stellen Sie die wichtigsten Standorte der IT-Systeme (insb. Server und Netzwerk-Clients sowie deren Verbindungen fest (zeichnen Sie ein einfaches Schaubild dieser Verbindungen oder fügen Sie – falls verfügbar – ein Schaubild des Mandanten bei).

Welche Datenübertragungswege (z.B. Stand- oder Wählleitung) und Nutzungen (z.B. EDI, webbasierte IT-Anwendungen) existieren?

3. Wesentliche rechnungslegungsrelevante IT-Anwendungen und IT-gestützte Prozesse (ggf. Verweis auf Arbeitshilfe B-4.3.0. und B-4.10.)

Anwendungsbereich***	IT-Anwendung (Bezeichnung, Version/Release, wesentliche genutzte Funktionen)	Standardsoftware (SSW), Modifizierte Standardsoftware (MSW), eigenerstellte Software (ESW)	Genutzte Hardware (Verweis auf Tabelle 1.)	Letzte Aufnahme (Jahr)
Finanzbuchhaltungssystem				
Electronic Banking System				
Anlagenbuchhaltung				
Auftragsverwaltungssystem				
Materialwirtschaftssystem				
Personalabrechnungssystem				
Produktionsplanungssystem				
Zeiterfassungssystem				

*** Berücksichtigen Sie bei der Aufnahme die im jeweiligen Fragebogen IKS der einzelnen Geschäftsprozesse (B-4.4.1.-B-4.9.3.) identifizierten IT-Anwendungen.

Alle Rechte vorbehalten. © IDW Verlag GmbH, Düsseldorf, 2017

Kapitel B: Risikoorientiertes Prüfungsvorgehen
B-5.2. Planungsleitfaden (14/39)

Hat der Mandant in der Prüfungsperiode eine neue Buchhaltungssoftware angeschafft oder hat er ein Upgrade auf eine neuere als die im letzten Jahr eingesetzte Version durchgeführt?

Falls ja, beschreiben Sie kurz die Auswirkungen (sofern vorhanden) auf die Verarbeitung von Buchhaltungstransaktionen, auf die für den Jahresabschluss relevanten Daten des Rechnungswesens und auf den Erstellungsprozess von Jahresabschlüssen:

4. Einzelfragen (bitte ggf. geeignete Dokumentationen beifügen)	Antwort	AP-Ref.*
IT-Umfeld		
• Ist sich das Management der Risiken aus dem Einsatz von IT bewusst? — Risiken auf die Rechnungslegung? — Risiken auf den Geschäftsbetrieb?		
• Sind diese Risiken im Unternehmen kommuniziert?		
• Welche wichtigen Unternehmensaktivitäten sind von wesentlichen IT-Komponenten abhängig?		
• Existiert eine Dokumentation (Sicherheitskonzept) bzgl. der Risiken aus der IT und den ergriffenen Maßnahmen, z.B. hinsichtlich — Firewall — Virenscanner — Datensicherungskonzept — Netzwerksicherheit/W-LAN — etc.		
• Gab es nennenswerte Ausfälle des IT-Systems, die zu einer Beeinträchtigung der Leistungsbereitschaft des Unternehmens in der Vergangenheit geführt haben?		
IT-Organisation		
• Sind die Verantwortlichkeiten und Aufgaben im Zusammenhang mit IT klar beschrieben und abgegrenzt? Z.B. — Aktualisierung der Virenscanner und Firewall — Durchführung und Auslagerung der Datensicherung — etc.		
• Sind im Unternehmen unvereinbare Tätigkeiten personell getrennt (Funktionstrennung)? Liegt eine **Funktionstrennungsmatrix** vor, auf deren Basis die Umsetzung der Funktionstrennung im IT-System überprüft werden kann? Falls nicht, sind in der Prüfung der einzelnen Geschäftsprozesse (**B-4.4.1.-B-4.9.3.**) vom Mandanten definierte Funktionstrennungsregelungen identifiziert worden, die im Hinblick auf die Umsetzung im IT-System überprüft werden sollten?		
• Wie ist sichergestellt, dass die vorhandenen Zugriffsrechte von IT-Mitarbeitern nicht zur Buchung von Belegen verwendet werden?		
• Sind angemessene Zugriffsschutzverfahren (z.B. auf Betriebssystem,		

* = Arbeitspapierreferenz

Alle Rechte vorbehalten. © IDW Verlag GmbH, Düsseldorf, 2017

4. Einzelfragen (bitte ggf. geeignete Dokumentationen beifügen)	Antwort	AP-Ref.*
Netzwerk oder Anwendungen) implementiert und wie werden Berechtigungen hierfür vergeben?		
• Gewährleisten das Zugriffsschutz- und das Berechtigungsvergabeverfahren die Umsetzung des Grundsatzes der Funktionstrennung?		
• Wurden Verfahren eingeführt, um versuchte oder erfolgte ungenehmigte Zugriffe auf Daten, Programme, Netzwerke und Anwendungen zu überwachen (beispielsweise system- oder anwendungsbezogene Zugriffskontrollen)?		
• Werden regelmäßige Passwortänderungen erzwungen? Werden weitere Anforderungen zur Passwortsicherheit (z.B. Mindestlänge) sichergestellt?		
• Wurden unberechtigte Zugriffe auf das IT-System festgestellt?		
• Sind angemessene Regelungen zur Aufbewahrung nach § 257 HGB getroffen worden?		
IT-Infrastruktur		
• Bieten die baulichen und räumlichen Gegebenheiten (z.B. Serverraum) angemessenen Schutz für die IT?		
• Ist ggf. eine unterbrechungsfreie Stromversorgung (USV) installiert?		
• Existieren Datensicherungsverfahren (z.B. Mehr-Generationen-Prinzip mit Tages-, Wochen-, Monats- und evtl. Jahressicherungen), Sicherungsmedien (z.B. Bänder, WORM, Platten) und angemessene Auslagerungsorte und -intervalle?		
• Existieren schriftliche Überlegungen zum Wiederanlauf der IT nach einem Notfall?		
IT-Anwendungen (ggf. Verweis auf Arbeitshilfe B-4.3.0.)		
• Wird eine der oben aufgeführten IT-Anwendungen auf der Grundlage von Software betrieben, die vom geprüften Unternehmen selbst erstellt oder nach Vorgabe des geprüften Unternehmens durch Dritte entwickelt wurde (Individual-Software). Wenn ja, stellen Sie fest, ob das Management rechtliche Vereinbarungen über den Zugriff auf den Programmquellcode mit dem Lieferanten geschlossen hat?		
• Beim Einsatz von Standardsoftware: a) sind hinreichende Kontrollen zur Gewährleistung der Sicherheit der rechnungslegungsrelevanten Daten vorhanden, b) erfolgt eine sachgerechte Anwendung der Software (insb. Bedienung) und c) ist die Einstellung der Software-Steuerungsparameter zutreffend (Customizing)? Dies gilt auch bei Vorliegen einer Softwarebescheinigung zur Ordnungsmäßigkeit, nachdem Sie sich vom ordnungsgemäßen Einsatz und der ordnungsgemäßen Implementierung der Programme sowie davon überzeugt haben, dass die Softwarebescheinigung sich auf die vorgefundene Version der Software bezieht.		
• Erfolgen alle Programmeinführungen und -änderungen nach einem vorgegebenen Verfahren?		

Kapitel B: Risikoorientiertes Prüfungsvorgehen
B-5.2. Planungsleitfaden (16/39)

4. Einzelfragen (bitte ggf. geeignete Dokumentationen beifügen)	Antwort	AP-Ref.*
• Werden Änderungen/Versionswechsel von IT-Anwendungen vor dem Produktiveinsatz angemessen getestet?		
• Existieren Schnittstellen zwischen einzelnen IT-Anwendungen und werden diese regelmäßig überwacht und abgestimmt (ggf. Verweis auf Arbeitshilfe **B-4.3.0.**)? (Eine Betrachtung der Kontrollen zu Schnittstellen ist auch Bestandteil der Prüfung der einzelnen Geschäftsprozesse (**B-4.4.1.-B-4.9.3.**), Abschnitt "Fortschreibung des Hauptbuches".)		
• Existiert eine Verfahrensdokumentation mit der Beschreibung der wesentlichen Programmfunktionen?		
IT-Geschäftsprozesse	[Bitte angeben]	[Bitte angeben]
• Siehe IKS-Fragebögen zur Aufbauprüfung der rechnungslegungsrelevanten Geschäftsprozesse (**B-4.4.1.-B-4.9.3.**).		
IT-Outsourcing		
• Wird ein Service-Rechenzentrum in Verbindung mit einer der oben aufgeführten IT-Anwendungen genutzt? Wenn dies der Fall ist, stellen Sie dar, ob sich das Management Kenntnisse über das interne Kontrollsystem dieser Organisation beschafft hat (z.B. durch Berichte unabhängiger Wirtschaftsprüfer).		
• Sind rechnungslegungsrelevante Aspekte (z.B. Regelungen zur Aufbewahrung nach § 257 HGB bei IT-Outsourcing) angemessen geregelt?		
• Ist ein Prüfungsrecht des Unternehmens beim Outsourcing-Dienstleister schriftlich geregelt?		

5. Zusammenfassung der Schlussfolgerungen für die Prüfung

Aus der Aufnahme des IT-Systems und der internen Kontrollen im IT-Bereich ergibt sich Folgendes:

Das **rechnungslegungsbezogene IT-System** für die vorläufige Risikoeinschätzung beurteilen wir zusammenfassend wie folgt (bitte begründen):

☐ angemessen

☐ nicht angemessen

Beschreibung bedeutsamer Mängel:

Sind bestimmte Jahresabschlussposten und Aussagen in der Rechnungslegung von den Risiken betroffen?

Wurden festgestellte (bedeutsame) Mängel gegenüber dem Management und/oder dem **Aufsichtsorgan** mitgeteilt (Datum/Gesprächspartner)?

Alle Rechte vorbehalten. © IDW Verlag GmbH, Düsseldorf, 2017

Kapitel B: Risikoorientiertes Prüfungsvorgehen
B-5.2. Planungsleitfaden (17/39)

II. Bestimmung der Wesentlichkeit für die Abschlussprüfung (vgl. Meilenstein 3, Abschn. 3.2.1.)

1. Bestimmung der Wesentlichkeit für den Abschluss als Ganzes

A. Festlegung der sachgerechten Bemessungsgrundlage

Unter Zugrundelegung der **Arbeitshilfe B-3.1.** sind die **Wesentlichkeit** für den Abschluss als Ganzes sowie ausgehend von dieser ein darunter liegender Betrag (sog. **Toleranzwesentlichkeit**) für die Risikobeurteilung und Prüfungsplanung vom verantwortlichen Wirtschaftsprüfer festzulegen. Ferner sind **spezifische Wesentlichkeiten** für bestimmte Kontensalden, Arten von Geschäftsvorfällen oder Angaben im Anhang oder Lagebericht zu bestimmen, wenn zu erwarten ist, dass Fehler in diesen Kontensalden, Arten von Geschäftsvorfällen oder Angaben die wirtschaftlichen Entscheidungen der Jahresabschlussadressaten beeinflussen. Werden hiernach spezifische Wesentlichkeitsgrenzen festgelegt, sind für diese auch Toleranzwesentlichkeiten zu bestimmen. Daneben kann ferner die sog. **Nichtaufgriffsgrenze** vom verantwortlichen Wirtschaftsprüfer festgelegt werden.

Bemessungsgrundlage:	Ggf. Bereinigung:	Bereinigter Wert:

B. Betragsmäßige Bestimmung der Wesentlichkeit für den Abschluss als Ganzes

Der verantwortliche Wirtschaftsprüfer hat den Betrag der Wesentlichkeit für den Abschluss als Ganzes im Rahmen seines pflichtgemäßen Ermessens zu bestimmen. Im Rahmen dieses Ermessens sind auch alle qualitativen Einflussfaktoren für die Wesentlichkeit zu würdigen.

(Vorläufige) Wesentlichkeit für den Abschluss als Ganzes:	
Die (vorläufige) Wesentlichkeit für den Abschluss als Ganzes beträgt X % der (bereinigten) Bemessungsgrundlage.	

C. Bestimmung der Toleranzwesentlichkeit auf Abschlussebene

Ausgehend von der festgelegten Wesentlichkeit für den Abschluss als Ganzes ist für die Risikobeurteilung und Prüfungsplanung im Rahmen des pflichtgemäßen Ermessens die Toleranzwesentlichkeit zu bestimmen. Sie beträgt im Regelfall X %, in Abhängigkeit von der Risikoeinschätzung, (Anm.: z.B. 50-80 %) der Wesentlichkeit für den Abschluss als Ganzes (vgl. Meilenstein 3, Abschn. 3.2.1.2.).

Toleranzwesentlichkeit auf Abschlussebene:	

D. Bestimmung von spezifischen Wesentlichkeitsgrenzen

Unter Umständen ist es notwendig, für bestimmte Prüffelder (Kontensalden, Arten von Geschäftsvorfällen, Kontensalden oder Angaben im Anhang und Lagebericht) eine niedrigere Wesentlichkeit zu bestimmen. In diesen Fällen sind/ist die verwendete(n) spezifische(n) Wesentlichkeit(en) zu dokumentieren. Außerdem sind Toleranzwesentlichkeiten für die spezifische(n) Wesentlichkeit(en) zu bestimmen.

Bestimmte Prüffelder angeben (falls erforderlich)	Spezifische Wesentlichkeitsgrenze(n)	Toleranzwesentlichkeit(en) für diese spezifische(n) Wesentlichkeit(en):

Alle Rechte vorbehalten. © IDW Verlag GmbH, Düsseldorf, 2017

Kapitel B: Risikoorientiertes Prüfungsvorgehen
B-5.2. Planungsleitfaden

E. Ggf. Anpassung der Wesentlichkeiten und Toleranzwesentlichkeiten im Laufe der Prüfung:

F. Bestimmung der Nichtaufgriffsgrenze für Prüfungsdifferenzen

Die Nichtaufgriffsgrenze für Prüfungsdifferenzen ist der Betrag, ab dessen Überschreiten Prüfungsdifferenzen erfasst und kumuliert werden müssen. Prüfungsdifferenzen unterhalb dieses Betrags müssen nicht in der Zusammenstellung „Nicht korrigierte Prüfungsdifferenzen" (**Arbeitshilfe B-1.3.**) festgehalten werden. Die Nichtaufgriffsgrenze für Prüfungsdifferenzen darf X % (vgl. Meilenstein 3, Abschn. 3.2.1.2.) der Wesentlichkeitsgrenze für den Abschluss als Ganzes nicht überschreiten.

Nichtaufgriffsgrenze für Prüfungsdifferenzen:	

III. Identifizierung nicht wesentlicher Jahresabschlussposten

Die wesentlichen Jahresabschlussposten leiten sich hauptsächlich aus dem bis dato erlangten Verständnis der Geschäftstätigkeit, des wirtschaftlichen und rechtlichen Umfelds des Mandanten sowie der vorbereitenden analytischen Prüfungshandlungen ab. Nach Durchführung der ersten Risikobeurteilungen können sich bereits einige **unwesentliche Jahresabschlussposten** herauskristallisieren, die für die weitere Prüfung grundsätzlich außer Acht bleiben können. Einzelfallprüfungen sind hier nur dann durchzuführen, wenn analytische Prüfungshandlungen Hinweise auf erhöhte Fehlerrisiken ergeben haben. Im Ergebnis begründet sich die Bestimmung der wesentlichen Jahresabschlussposten einerseits aus quantitativer Sicht aus deren betragsmäßiger Größenordnung, wesentlichen Abweichungen von Vorjahres-, Budget- oder ähnlichen Wertabweichungen oder dem Umfang der Transaktionen pro Posten, andererseits auch aus qualitativen Merkmalen, z.B. aus der Identifikation inhärenter Risiken, komplexer Transaktionen etc. (vgl. Meilenstein 3).

Wenn Sie einen Jahresabschlussposten als nicht wesentlich erachten, begründen Sie dies bitte nachfolgend.

Nicht wesentliche Abschlussposten	Begründung

IV. Aufnahme und Beurteilung des rechnungslegungsbezogenen internen Kontrollsystems für einzelne Geschäftsprozesse

A. Buchführungs- und Abschlussprozess

Basisdaten	Aktueller JA	Vorjahr
Anzahl Konten		
Anzahl Schnittstellen (Nebenbücher)		
Anzahl Buchungen p.a.		

Alle Rechte vorbehalten. © IDW Verlag GmbH, Düsseldorf, 2017

IV. Aufnahme und Beurteilung des rechnungslegungsbezogenen internen Kontrollsystems für einzelne Geschäftsprozesse

A. Buchführungs- und Abschlussprozess

Bemerkungen: (z.B.: Ausdruck der Summen- und Saldenliste incl. Vorjahressalden anfordern zur Bestimmung der Kontenzahl)

Besondere Risikobereiche	Ja	Nein
Sind besondere Risiken z.B. Verstöße, GV mit nahe stehenden Personen erkennbar? (vgl. **Abschn. I.** des Planungsleitfadens)	☐	☐

Bemerkungen:

Aufbauorganisation und Prozessdokumentation

Dokumentieren Sie die tatsächlichen Abläufe beim Mandanten. Dies kann entweder durch Verwendung von Mandantenunterlagen (Organigramm, Flowcharts und/oder Meilensteinplan für den Abschluss, Richtlinien/Arbeitsanweisungen) oder, sofern Mandantenunterlagen nicht hinreichend sind, durch eigene Aufnahme geschehen (als Referenzquelle können die **Arbeitshilfen B-4.3.0**, **B-4.10.** und der Fragebogen **Arbeitshilfe B-4.2.2.** verwendet werden. Anhand der festgestellten Risikofaktoren sollten vorab irrelevante Fragen aus der Liste gestrichen werden.).

Bemerkungen:

Vorläufige Beurteilung der Kontrollzuverlässigkeit für den Buchführungs- und Abschlussprozess	eingeschränkt	mittel bis hoch
	☐	☐

Basis der Einschätzung: Aufbauprüfung (IKS-Fragebogen Buchführungs- und Abschlussprozess (**Arbeitshilfe B-4.2.2.**)), Gespräch mit der Unternehmensleitung.

Hinweis: **Falls** aufgrund der Ergebnisse der Aufbauprüfung die **Ordnungsmäßigkeit der Buchführung gefährdet** erscheint, sollte eine Abstimmung mit der Praxisleitung bezüglich des weiteren Vorgehens erfolgen. Außerdem ist das Kontrollorgan (ggf. die Gesellschafter) zu informieren.

B. Anlagenbereich

I.d.R. sind folgende Abschlussposten betroffen (ggf. anpassen): Immaterielles AV, Sach-AV, Finanz-AV, Abschreibungen.

Basisdaten	Aktueller JA	Durchschnitt der letzten 3 Jahre
IVG, Sach-AV, Finanz-AV (T€)	[……]	[……]
Investitionsvolumen (T€)	[……]	[……]
Abschreibungen (T€)	[……]	[……]
Anzahl Buchungen p.a. (rund)	[……]	[……]
Anzahl Stammsätze (rund)	[……]	[……]

Bemerkungen: (z.B.: Besonderheiten wie Verschmelzungen)

Besondere Risikobereiche	Ja	Nein
Sind besondere Risiken z.B. Verstöße, GV mit nahe stehenden Personen erkennbar? (vgl. **Abschn. I.** des Planungsleitfadens)	☐	☐

Bemerkungen:

Wesentlichkeitseinschätzung	unwesentlich	wesentlich
Quantitativ (Begründung: Verweis auf **Abschn. II.**)	☐	☐
Qualitativ (Begründung: z.B. Risiken für Verstöße)	☐	☐

Bemerkungen:

← Falls sowohl quantitativ als auch qualitativ unwesentlich, **keine weiteren Prüfungshandlungen**

B. Anlagenbereich

Aufbauorganisation und Prozessdokumentation

Dokumentieren Sie die tatsächlichen Abläufe beim Mandanten. Dies kann entweder durch Verwendung von Mandantenunterlagen (Organigramm, Flowcharts und/oder Meilensteinplan für den Abschluss, Richtlinien/Arbeitsanweisungen) oder, sofern Mandantenunterlagen nicht hinreichend sind, durch eigene Aufnahme geschehen (als Referenzquelle können die **Arbeitshilfen B-4.3.0**, **B-4.10.** und der Fragebogen **Arbeitshilfe B-4.4.2.** verwendet werden. Anhand der festgestellten Risikofaktoren sollten vorab irrelevante Fragen aus der Liste gestrichen werden). Die Dokumentation kann bei kleinen und wenig komplexen Unternehmen in vereinfachter Form gemäß dem Beispiel in **Arbeitshilfe B-4.4.3.** erfolgen.

Bemerkungen:

	eingeschränkt	mittel bis hoch
Vorläufige Beurteilung der Kontrollzuverlässigkeit für den Anlagenbereich	☐	☐

Basis der Einschätzung: Aufbauprüfung mit **IKS-Fragebogen Anlagenbereich (B-4.4.2.)**, Gespräch mit der Unternehmensleitung, Walk-through.

	Ja	Nein
Schlussfolgerungen für das weitere Prüfungsvorgehen (Zusammenfassung siehe Abschn. **V.** und **VI.**).		
Keine Prüfungshandlungen Wegen quantitativer und qualitativer Unwesentlichkeit sind weder eine IKS-Aufnahme noch aussagebezogene Prüfungshandlungen erforderlich.	☐	☐
Funktionsprüfungen Durchführung von Kontrolltests (vgl. Meilenstein 6, ggf. Kontrollmatrix)	☐	☐

Begründung, falls trotz angemessenen IKS keine Funktionsprüfungen durchgeführt wurden bzw. wie bei eingeschränkt angemessenen IKS entschieden wurde.

*Das zusammenfassende Ergebnis der Prüfung des Prozesses „Anlagenbereich" ist in **Abschn. V.** „Beurteilung der Fehlerrisiken" und in **Abschn. VI.** „Festlegung der Prüfungsstrategie" zu übertragen.*

C. Einkauf

I.d.R. sind folgende Abschlussposten betroffen (ggf. anpassen): Anlagevermögen (Zugänge), Vorräte, Flüssige Mittel, Rückstellungen, Verbindlichkeiten aus LuL, Materialaufwand.

Basisdaten	Aktueller JA	Durchschnitt der letzten 3 Jahre
Anlagevermögen (Zugänge) (T€)	[……]	[……]
Roh-, Hilfs- und Betriebsstoffe (T€)	[……]	[……]
Waren (T€)	[……]	[……]
Flüssige Mittel (T€)	[……]	[……]

Kapitel B: Risikoorientiertes Prüfungsvorgehen
B-5.2. Planungsleitfaden (22/39)

C. Einkauf		
Rückstellungen für ausstehende Rechnungen (T€)	[......]	[......]
Verbindlichkeiten LuL (T€)	[......]	[......]
Materialaufwand (T€)	[......]	[......]
Durchschnittliche Bestellungen p.a. (Anzahl)	[......]	[......]
Anzahl Buchungen p.a. (rund)	[......]	[......]
Anzahl Kreditorenstammsätze (rund)	[......]	[......]
Bemerkungen: (z.B.: Besonderheiten)		

Besondere Risikobereiche	Ja	Nein
Sind besondere Risiken z.B. Verstöße, GV mit nahe stehenden Personen erkennbar? (vgl. **Abschn. I.** des Planungsleitfadens)	☐	☐
Bemerkungen:		

Wesentlichkeitseinschätzung	unwesentlich	wesentlich
Quantitativ (Begründung: *Verweis auf Abschn. II.*)	☐	☐
Qualitativ (Begründung: z.B.: Risiken für Verstöße, GV mit nahe stehenden Personen)	☐	☐
Bemerkungen:		

⟵ Falls sowohl quantitativ als auch qualitativ unwesentlich, **keine weiteren Prüfungshandlungen**

Aufbauorganisation und Prozessdokumentation

Kapitel B: Risikoorientiertes Prüfungsvorgehen
B-5.2. Planungsleitfaden (23/39)

C. Einkauf

Dokumentieren und beurteilen Sie die tatsächlichen Abläufe beim Mandanten. Dies kann entweder durch Verwendung von Mandantenunterlagen (Organigramm, Flowcharts und/oder Meilensteinplan für den Abschluss, Richtlinien/Arbeitsanweisungen) oder, sofern Mandantenunterlagen nicht hinreichend sind, durch eigene Aufnahme geschehen (als Referenzquelle können die **Arbeitshilfen B-4.3.0, B-4.10.** und der Fragebogen **Arbeitshilfe B-4.5.2.** verwendet werden. Anhand der festgestellten Risikofaktoren sollten vorab irrelevante Fragen aus der Liste gestrichen werden.). Die Dokumentation kann bei einem kleinen und wenig komplexen Unternehmen in vereinfachter Form gemäß dem Beispiel in **Arbeitshilfe B-4.5.3.**

Bemerkungen:

Vorläufige Beurteilung der Kontrollzuverlässigkeit für den Bereich Einkauf	eingeschränkt	mittel bis hoch
	☐	☐

Basis der Einschätzung: Aufbauprüfung mit **IKS-Fragebogen Einkauf (B-4.5.2.)**, Gespräch mit der Unternehmensleitung, Walk-through.

	Ja	Nein
Schlussfolgerungen für das weitere Prüfungsvorgehen (Zusammenfassung siehe Abschn. **V.** und **VI.**		
Keine Prüfungshandlungen Wegen quantitativer und qualitativer Unwesentlichkeit sind weder eine IKS-Aufnahme noch aussagebezogene Prüfungshandlungen erforderlich.	☐	☐
Funktionsprüfungen Durchführung von Kontrolltests (vgl. Meilenstein 6, ggf. Kontrollmatrix).	☐	☐

Begründung, falls trotz angemessenen IKS keine Funktionsprüfungen durchgeführt wurden bzw. wie bei eingeschränkt angemessenem IKS entschieden wurde.

*Das zusammenfassende Ergebnis der Prüfung des Prozesses „Einkauf" ist in Abschn. **V.** „Beurteilung der Fehlerrisiken" und in Abschn. **VI.** „Festlegung der Prüfungsstrategie" zu übertragen.*

D. Vorräte und Materialwirtschaft

I.d.R. sind folgende Abschlussposten betroffen (ggf. anpassen): Roh-, Hilfs- und Betriebsstoffe, Waren, Rückstellungen, Bestandsveränderungen, Materialaufwand.

Basisdaten	Aktueller JA	Durchschnitt der letzten 3 Jahre
Roh-, Hilfs- und Betriebsstoffe (T€)	[……]	[……]
Waren (T€)	[……]	[……]
Rückstellungen für ausstehende Rechnungen (T€)	[……]	[……]
Bestandsveränderungen	[……]	[……]
Materialaufwand (T€)	[……]	[……]

D. Vorräte und Materialwirtschaft

Durchschnittliche Bestellungen p.a. (Anzahl)	[......]	[......]
Anzahl Buchungen p.a. (rund)	[......]	[......]
Anzahl Materialstammsätze (rund)	[......]	[......]

Bemerkungen: (z.B.: Besonderheiten)

	Ja	Nein
Besondere Risikobereiche		
Sind besondere Risiken z.B. Verstöße, GV mit nahe stehenden Personen erkennbar? (vgl. **Abschn. I.** des Planungsleitfadens)	☐	☐

Bemerkungen:

	unwesentlich	wesentlich
Wesentlichkeitseinschätzung		
Quantitativ (Begründung: Verweis auf **Abschn. II.**)	☐	☐
Qualitativ (Begründung: z.B.: Risiken für Verstöße)	☐	☐

Bemerkungen:

← Falls sowohl quantitativ als auch qualitativ unwesentlich, **keine weiteren Prüfungshandlungen**

Aufbauorganisation und Prozessdokumentation

Dokumentieren Sie die tatsächlichen Abläufe beim Mandanten. Dies kann entweder durch Verwendung von Mandantenunterlagen (Organigramm, Flowcharts und/oder Meilensteinplan für den Abschluss, Richtlinien/Arbeitsanweisungen) oder, sofern Mandantenunterlagen nicht hinreichend sind, durch eigene Aufnahme geschehen (als Referenzquelle können die **Arbeitshilfen B-4.3.0, B-4.10.** und der Fragebogen **Arbeitshilfe B-4.6.2.** verwendet werden. Anhand der festgestellten Risikofaktoren sollten vorab irrelevante Fragen aus der Liste gestrichen werden.). Die Dokumentation kann bei einem kleinen und wenig komplexen Unternehmen in vereinfachter Form gemäß dem Beispiel in **Arbeitshilfe B-4.6.3.** erfolgen.

D. Vorräte und Materialwirtschaft

Bemerkungen:

	eingeschränkt	mittel bis hoch
Vorläufige Beurteilung der Kontrollzuverlässigkeit für den Bereich Vorräte und Materialwirtschaft	☐	☐

Basis der Einschätzung: Aufbauprüfung mit IKS-Fragebogen Vorräte/Materialwirtschaft (B-4.6.2.), Gespräch mit der Unternehmensleitung, Walk-through.

	Ja	Nein
Schlussfolgerungen für das weitere Prüfungsvorgehen (Zusammenfassung siehe Abschn. V. und VI.)		
Keine Prüfungshandlungen Wegen quantitativer und qualitativer Unwesentlichkeit sind weder eine IKS-Aufnahme noch aussagebezogene Prüfungshandlungen erforderlich.	☐	☐
Funktionsprüfungen Durchführung von Kontrolltests (vgl. Meilenstein 6, ggf. Kontrollmatrix).	☐	☐

Begründung, falls trotz angemessenen IKS keine Funktionsprüfungen durchgeführt wurden bzw. wie bei eingeschränkt angemessenem IKS entschieden wurde.

Das zusammenfassende Ergebnis der Prüfung des Prozesses „Vorräte und Materialwirtschaft" ist in **Abschn. V. „Beurteilung der Fehlerrisiken"** und in **Abschn. VI. „Festlegung der Prüfungsstrategie"** zu übertragen.

E. Produktion

I.d.R. sind folgende Abschlussposten betroffen (ggf. anpassen): Vorräte (RHB, Unfertige Erzeugnisse, Fertige Erzeugnisse), Sonstige Rückstellungen, Materialaufwand bzw. Herstellungskosten der zur Erzielung der Umsatzerlöse erbrachten Leistungen.

Basisdaten	Aktueller JA	Durchschnitt der letzten 3 Jahre
Roh-, Hilfs- und Betriebsstoffe (T€)	[……]	[……]
Fertige Erzeugnisse und Leistungen (T€)	[……]	[……]
Unfertige Erzeugnisse und Leistungen (T€)	[……]	[……]
Sonstige Rückstellungen (T€)	[……]	[……]
Umsatzerlöse aus Produktion (T€)	[……]	[……]
Materialaufwand/Herstellkosten für Produktion (T€)	[……]	[……]
Anzahl Mitarbeiter in der Produktion	[……]	[……]
Anzahl Produktstammsätze (rund)	[……]	[……]

E. Produktion

Bemerkungen: (z.B.: Besonderheiten)

Besondere Risikobereiche	Ja	Nein
Sind besondere Risiken z.B. Verstöße, GV mit nahe stehenden Personen erkennbar? (vgl. **Abschn. I.** des Planungsleitfadens)	☐	☐

Bemerkungen:

Wesentlichkeitseinschätzung	unwesentlich	wesentlich
Quantitativ (Begründung: Verweis auf **Abschn. II.**)	☐	☐
Qualitativ (Begründung; z.B.: Risiken für Verstöße, sehr ambitionierte Gewinnprognosen der Unternehmensleitung)	☐	☐

Bemerkungen:

⟵ Falls sowohl quantitativ als auch qualitativ unwesentlich, **keine weiteren Prüfungshandlungen**

Aufbauorganisation und Prozessdokumentation

Dokumentieren Sie die tatsächlichen Abläufe beim Mandanten. Dies kann entweder durch Verwendung von Mandantenunterlagen (Organigramm, Flowcharts und/oder Meilensteinplan für den Abschluss, Richtlinien/Arbeitsanweisungen) oder, sofern Mandantenunterlagen nicht hinreichend sind, durch eigene Aufnahme geschehen (als Referenzquelle können die **Arbeitshilfen B-4.3.0., B-4.10.** und der Fragebogen **Arbeitshilfe B-4.7.2.** verwendet werden. Anhand der festgestellten Risikofaktoren sollten vorab irrelevante Fragen aus der Liste gestrichen werden.). Die Dokumentation kann bei einem kleinen und wenig komplexen Unternehmen in vereinfachter Form gemäß dem Beispiel in **Arbeitshilfe B-4.7.3** erfolgen.

E. Produktion

Bemerkungen:

Vorläufige Beurteilung der Kontrollzuverlässigkeit für den Bereich Produktion	eingeschränkt	mittel bis hoch
	☐	☐

Basis der Einschätzung: Aufbauprüfung mit IKS-Fragebogen Produktion (B-4.7.2.), Gespräch mit der Unternehmensleitung, Walk-through.

	Ja	Nein
Schlussfolgerungen für das weitere Prüfungsvorgehen (Zusammenfassung siehe Abschn. V. und VI.)		
Keine Prüfungshandlungen Wegen quantitativer und qualitativer Unwesentlichkeit sind weder eine IKS-Aufnahme noch aussagebezogene Prüfungshandlungen erforderlich.	☐	☐
Funktionsprüfungen Durchführung von Kontrolltests (vgl. Meilenstein 6, ggf. Kontrollmatrix).	☐	☐

Begründung, falls trotz angemessenem IKS keine Funktionsprüfungen durchgeführt wurden bzw. wie bei eingeschränkt angemessenem IKS entschieden wurde.

Das zusammenfassende Ergebnis der Prüfung des Prozesses "Produktion" ist in Abschn. V. "Beurteilung der Fehlerrisiken" und in Abschn. VI. "Festlegung der Prüfungsstrategie" zu übertragen.

F. Verkauf

I.d.R. sind folgende Abschlussposten betroffen (ggf. anpassen): Forderungen aus LuL, Erhaltene Anzahlungen, Sonstige Rückstellungen, Umsatzerlöse, Materialaufwand, Wertberichtigungen.

Basisdaten	Aktueller JA	Durchschnitt der letzten 3 Jahre
Forderungen aus Lieferungen und Leistungen (T€)	[……]	[……]
Erhaltene Anzahlungen (T€)	[……]	[……]
Umsatzerlöse (T€)	[……]	[……]
Wertberichtigungen (T€)	[……]	[……]
Außenstandstage (Anzahl)	[……]	[……]
Rechnungen p.a. (Anzahl)	[……]	[……]
Gutschriften p.a. (Anzahl)	[……]	[……]
Anzahl Debitorenstammsätze (rund)	[……]	[……]

F. Verkauf

Bemerkungen: (z.B.: Besonderheiten)

Besondere Risikobereiche	Ja	Nein
Sind besondere Risiken z.B. Verstöße, GV mit nahe stehenden Personen erkennbar? (vgl. **Abschn. I.** des Planungsleitfadens)	☐	☐

Bemerkungen:

Wesentlichkeitseinschätzung	unwesentlich	wesentlich
Quantitativ (Begründung: Verweis auf **Abschn. II.**)	☐	☐
Qualitativ (Begründung: z.B.: Risiken für Verstöße, sehr ambitionierte Gewinnprognosen der Unternehmensleitung)	☐	☐

Bemerkungen:

⟵ Falls sowohl quantitativ als auch qualitativ unwesentlich, keine weiteren Prüfungshandlungen

Aufbauorganisation und Prozessdokumentation

Dokumentieren Sie die tatsächlichen Abläufe beim Mandanten. Dies kann entweder durch Verwendung von Mandantenunterlagen (Organigramm, Flowcharts und/oder Meilensteinplan für den Abschluss, Richtlinien/Arbeitsanweisungen) oder, sofern Mandantenunterlagen nicht hinreichend sind, durch eigene Aufnahme geschehen (als Referenzquelle können die **Arbeitshilfen B-4.3.0, B-4.10** und der Fragebogen **Arbeitshilfe B-4.8.2.** verwendet werden. Anhand der festgestellten Risikofaktoren sollten vorab irrelevante Fragen aus der Liste gestrichen werden.). Die Dokumentation kann bei einem kleinen und wenig komplexen Unternehmen in vereinfachter Form gemäß dem Beispiel in **Arbeitshilfe B-4.8.3.** erfolgen.

F. Verkauf

Bemerkungen:
[Bitte angeben]

Vorläufige Beurteilung der Kontrollzuverlässigkeit für den Bereich Verkauf	eingeschränkt	mittel bis hoch
	☐	☐

Basis der Einschätzung: Aufbauprüfung mit **IKS-Fragebogen Verkauf (B-4.8.2.)**, Gespräch mit der Unternehmensleitung, Walk-through.

Schlussfolgerungen für das weitere Prüfungsvorgehen (Zusammenfassung siehe Abschn. **V.** und **VI.**)	Ja	Nein
Keine Prüfungshandlungen Wegen quantitativer und qualitativer Unwesentlichkeit sind weder eine IKS-Aufnahme noch aussagebezogene Prüfungshandlungen erforderlich.	☐	☐
Funktionsprüfungen Durchführung von Kontrolltests (vgl. Meilenstein 6, ggf. Kontrollmatrix).	☐	☐

Begründung, falls trotz angemessenem IKS keine Funktionsprüfungen durchgeführt wurden bzw. wie bei eingeschränkt angemessenen IKS entschieden wurde.

*Das zusammenfassende Ergebnis der Prüfung des Prozesses "Verkauf" ist in **Abschn. V.** "Beurteilung der Fehlerrisiken" und in Abschn. **VI.** "Festlegung der Prüfungsstrategie" zu übertragen.*

G. Personalbereich

I.d.R. sind folgende Abschlussposten betroffen (ggf. anpassen): Sonstige Vermögensgegenstände, Sonstige Rückstellungen, Sonstige Verbindlichkeiten, Sonstige betriebliche Erträge, Personalaufwand, Sonstige betriebliche Aufwendungen.

Basisdaten	Aktueller JA	Durchschnitt der letzten 3 Jahre
Sonstige Vermögensgegenstände (T€)	[......]	[......]
Personalrückstellungen (T€)	[......]	[......]
Sonstige Verbindlichkeiten (T€)	[......]	[......]
Sonstige betriebliche Erträge (T€)	[......]	[......]
Personalaufwand (T€)	[......]	[......]
Sonstige betriebliche Aufwendungen (T€)	[......]	[......]
Durchschnittlicher Personalbestand (Anzahl)	[......]	[......]
Anzahl Buchungen p.a. (rund)	[......]	[......]
Anzahl Stammsätze (rund)	[......]	[......]

G. Personalbereich

Bemerkungen: (z.B.: Besonderheiten)

Besondere Risikobereiche	Ja	Nein
Sind besondere Risiken z.B. Verstöße, GV mit nahe stehenden Personen erkennbar? (vgl. **Abschn. I.** des Planungsleitfadens)	☐	☐

Bemerkungen:

Wesentlichkeitseinschätzung	unwesentlich	wesentlich
Quantitativ *(Begründung: Verweis auf Abschn. II.)*	☐	☐
Qualitativ (Begründung: z.B.: Risiken für Verstöße)	☐	☐

Bemerkungen:

⟵ **Falls sowohl quantitativ als auch qualitativ unwesentlich, keine weiteren Prüfungshandlungen**

Aufbauorganisation und Prozessdokumentation

Dokumentieren Sie die tatsächlichen Abläufe beim Mandanten. Dies kann entweder durch Verwendung von Mandantenunterlagen (Organigramm, Flowcharts und/oder Meilensteinplan für den Abschluss, Richtlinien/Arbeitsanweisungen) oder, sofern Mandantenunterlagen nicht hinreichend sind, durch eigene Aufnahme geschehen (als Referenzquelle können die **Arbeitshilfen B-4.3.0, B-4.10.** und der Fragebogen **Arbeitshilfe B-4.9.2.** verwendet werden. Anhand der festgestellten Risikofaktoren sollten vorab irrelevante Fragen aus der Liste gestrichen werden.). Die Dokumentation kann bei einem kleinen und wenig komplexen Unternehmen in vereinfachter Form gemäß dem Beispiel in **Arbeitshilfe B-4.9.3.** erfolgen.

Bemerkungen:

G. Personalbereich

Vorläufige Beurteilung der Kontrollzuverlässigkeit des Personalbereichs	eingeschränkt	mittel bis hoch
Basis der Einschätzung: Aufbauprüfung mit IKS-Fragebogen Personalbereich (B-4.9.2.), Gespräch mit der Unternehmensleitung, Walk-through.	☐	☐
Schlussfolgerungen für das weitere Prüfungsvorgehen (Zusammenfassung siehe Abschn. V. und VI.)	Ja	Nein
Keine Prüfungshandlungen Wegen quantitativer und qualitativer Unwesentlichkeit sind weder eine IKS-Aufnahme noch aussagebezogene Prüfungshandlungen erforderlich.	☐	☐
Funktionsprüfungen Durchführung von Kontrolltests (vgl. Meilenstein 6, ggf. Kontrollmatrix).	☐	☐

Begründung, falls trotz angemessenen IKS keine Funktionsprüfungen durchgeführt wurden bzw. wie bei eingeschränkt angemessenen IKS entschieden wurde.

Das zusammenfassende Ergebnis der Prüfung des Prozesses „Personalbereich" ist in **Abschn. V. „Beurteilung der Fehlerrisiken"** und in Abschn. VI. „Festlegung der Prüfungsstrategie" zu übertragen.

V. Beurteilung der Fehlerrisiken

Beschreibung der Risiken, die sich auf die Rechnungslegung insgesamt auswirken (**Risiken auf Abschlussebene**), z.B. wesentliche Schwächen im Kontrollumfeld des Unternehmens:

Geplante **Allgemeine Reaktionen auf die beurteilten Fehlerrisiken auf Abschlussebene** (z.B. Betonung der kritischen Grundhaltung, Einsatz von Spezialisten, Durchführung überraschender Prüfungshandlungen, besondere Qualitätssicherungsmaßnahmen):

Zudem werden in der folgenden Tabelle die Risiken gesondert festgehalten, die in eine der beiden folgenden Gruppen fallen:

- **bedeutsame Risiken**, die einer besonderen Berücksichtigung bei der Prüfung bedürfen (dies betrifft insbesondere Nicht-Routine-Transaktionen sowie Sachverhalte mit besonderen Ermessensspielräumen oder Fraud-Risiken))
- **Risiken, bei denen aussagebezogene Prüfungshandlungen alleine keine ausreichenden und angemessenen Prüfungsnachweise erbringen** => gewöhnlich beziehen sich solche Risiken auf bedeutsame Routine (-Massen-)transaktionen wie Verkäufe oder Einkäufe. Geben Sie bitte für jede der aufgeführten Transaktionen eine kurze Erläuterung, aus der hervorgeht, welche Fehlerarten auftreten können und wie diesen Risiken im Rahmen der Prüfung begegnet werden soll.

Kapitel B: Risikoorientiertes Prüfungsvorgehen
B-5.2. Planungsleitfaden

VI. Festlegung der Prüfungsstrategie[1]

Dokumentieren Sie Art und Umfang der geplanten **Prüfungshandlungen, die auf Risiken einer Außerkraftsetzung von Kontrollen durch das Management ausgerichtet sind** (z.B. Überprüfung von Journaleinträgen im Hauptbuch und von Abschlussbuchungen, Würdigung wesentlicher Schätzungen des Managements hinsichtlich einer Einseitigkeit und Beurteilung des wirtschaftlichen Hintergrunds von bedeutsamen Geschäftsvorfällen, die außerhalb der gewöhnlichen Geschäftstätigkeit erfolgt sind (vgl. Meilenstein 5, Abschn. 5.2.3.1. und 5.2.3.2.)):

Bitte geben Sie Art und Umfang der geplanten Prüfungshandlungen hier an.

Prüffeld	Wesentlichkeit[1]	Prüfungshandlungen zur Risikobeurteilung			Sonstige Prüfungshandlungen
		Beschreibung des Risikos und Bezug zur Aussage in der Rechnungslegung[2]	Beurteilung des Risikos (ggf. mehrere Kategorien)[3]	Beschreibung der auf das Risiko bezogenen Kontrolle für die eine Funktionsprüfung durchgeführt wird[4]	Funktionsprüfungen[5] (zur Verifizierung der Wirksamkeit der Kontrolle)	Aussagebezogene Prüfungshandlungen[6]
Immaterielle Vermögensgegenstände	Bitte auswählen	Bitte Risiko beschreiben und Aussage auswählen	Bitte auswählen		Bitte auswählen	Bitte Art der PH auswählen und beschreiben
Sachanlagen	Bitte auswählen	Bitte Risiko beschreiben und Aussage auswählen	Bitte auswählen		Bitte auswählen	Bitte Art der PH auswählen und beschreiben
Finanzanlagen	Bitte auswählen	Bitte Risiko beschreiben und Aussage auswählen	Bitte auswählen		Bitte auswählen	Bitte Art der PH auswählen und beschreiben
Vorräte	Bitte auswählen	Bitte Risiko beschreiben und Aussage auswählen	Bitte auswählen	Bitte auswählen	Bitte auswählen	Bitte Art der PH auswählen und beschreiben

1 Ist der Jahresabschlussposten quantitativ oder qualitativ wesentlich? Bitte durch Auswahl in der Drop-Down-Liste angeben.
2 Aussagen in der Rechnungslegung: Vollständigkeit (VS), Genauigkeit (G), Vorhandensein und Eintritt (VH/E), Periodenabgrenzung (PA), Bewertung und Zuordnung (B), Zurechnung (Z), Ausweis und Verständlichkeit (A).
3 Bedeutsames Risiko / Massenrisiko (= Risiken bei denen aussagebezogene Prüfungshandlungen nicht ausreichen, vgl. IDW PS 261 n.F., Tz. 68) / sonstiges wesentliches Risiko.
4 Vgl. Aufbauprüfung, M 4.
5 Ist die Kontrolle wirksam? Zur Dokumentation der durchgeführten Funktionsprüfungen stehen Ihnen die Arbeitshilfen **B-6.1 bis B-6.8** zur Verfügung.
6 Bitte geben Sie an, ob Sie analytische oder einzelfallbezogene Prüfungshandlungen durchführen und beschreiben Sie diese kurz. Vgl. M 7 sowie **Prüfungsprogramme B-7.1. bis B-7.27**.

Alle Rechte vorbehalten. © IDW Verlag GmbH, Düsseldorf, 2017

Kapitel B: Risikoorientiertes Prüfungsvorgehen
B-5.2. Planungsleitfaden

Prüffeld	Wesentlichkeit[1]	Prüfungshandlungen zur Risikobeurteilung			Sonstige Prüfungshandlungen	
		Beschreibung des Risikos und Bezug zur Aussage in der Rechnungslegung[2]	Beurteilung des Risikos (ggf. mehrere Kategorien)[3]	Beschreibung der auf das Risiko bezogenen Kontrolle für die eine Funktionsprüfung durchgeführt wird[4]	Funktionsprüfungen[5] (zur Verifizierung der Wirksamkeit der Kontrolle)	Aussagebezogene Prüfungshandlungen[6]
Forderungen aus Lieferungen und Leistungen	Bitte auswählen	Bitte Risiko beschreiben und Aussage auswählen	Bitte auswählen		Bitte Art der PH auswählen und beschreiben	Bitte Art der PH auswählen und beschreiben
Sonstige Vermögensgegenstände	Bitte auswählen	Bitte Risiko beschreiben und Aussage auswählen	Bitte auswählen		Bitte Art der PH auswählen und beschreiben	Bitte Art der PH auswählen und beschreiben
Flüssige Mittel	Bitte auswählen	Bitte Risiko beschreiben und Aussage auswählen	Bitte auswählen		Bitte Art der PH auswählen und beschreiben	Bitte Art der PH auswählen und beschreiben
Rechnungsabgrenzungsposten (aktiv)	Bitte auswählen	Bitte Risiko beschreiben und Aussage auswählen	Bitte auswählen		Bitte Art der PH auswählen und beschreiben	Bitte Art der PH auswählen und beschreiben
Eigenkapital	Bitte auswählen	Bitte Risiko beschreiben und Aussage auswählen	Bitte auswählen		Bitte Art der PH auswählen und beschreiben	Bitte Art der PH auswählen und beschreiben
Pensionsrückstellungen	Bitte auswählen	Bitte Risiko beschreiben und Aussage auswählen	Bitte auswählen		Bitte Art der PH auswählen und beschreiben	Bitte Art der PH auswählen und beschreiben
Steuerrückstellungen	Bitte auswählen	Bitte Risiko beschreiben und Aussage auswählen	Bitte auswählen		Bitte Art der PH auswählen und beschreiben	Bitte Art der PH auswählen und beschreiben
Sonstige Rückstellungen	Bitte auswählen	Bitte Risiko beschreiben und Aussage auswählen	Bitte auswählen		Bitte Art der PH auswählen und beschreiben	Bitte Art der PH auswählen und beschreiben
Verbindlichkeiten gegenüber Kreditinstituten	Bitte auswählen	Bitte Risiko beschreiben und Aussage auswählen	Bitte auswählen		Bitte Art der PH auswählen und beschreiben	Bitte Art der PH auswählen und beschreiben
Erhaltene Anzahlungen auf Bestellungen	Bitte auswählen	Bitte Risiko beschreiben und Aussage auswählen	Bitte auswählen		Bitte Art der PH auswählen und beschreiben	Bitte Art der PH auswählen und beschreiben
Verbindlichkeiten aus Lieferungen und Leistungen	Bitte auswählen	Bitte Risiko beschreiben und Aussage auswählen	Bitte auswählen		Bitte Art der PH auswählen und beschreiben	Bitte Art der PH auswählen und beschreiben
Sonstige Verbindlichkeiten	Bitte auswählen	Bitte Risiko beschreiben und Aussage auswählen	Bitte auswählen		Bitte Art der PH auswählen und beschreiben	Bitte Art der PH auswählen und beschreiben

Kapitel B: Risikoorientiertes Prüfungsvorgehen
B-5.2. Planungsleitfaden

Prüffeld	Wesentlichkeit[1]	Prüfungshandlungen zur Risikobeurteilung			Sonstige Prüfungshandlungen		
		Beschreibung des Risikos und Bezug zur Aussage in der Rechnungslegung[2]	Beurteilung des Risikos (ggf. mehrere Kategorien)[3]	Beschreibung der auf das Risiko bezogenen Kontrolle für die eine Funktionsprüfung durchgeführt wird[4]	Funktionsprüfungen[5] (zur Verifizierung der Wirksamkeit der Kontrolle)	Aussagebezogene Prüfungshandlungen[6]	
Rechnungsabgrenzungsposten (passiv)	Bitte auswählen	Bitte Risiko beschreiben und Aussage auswählen	Bitte auswählen		Bitte auswählen	Bitte Art der PH auswählen und beschreiben	

Kapitel B: Risikoorientiertes Prüfungsvorgehen
B-5.2. Planungsleitfaden

Prüffeld	Wesentlichkeit[7]	Prüfungshandlungen zur Risikobeurteilung			Sonstige Prüfungshandlungen	
		Beschreibung des Risikos und Bezug zur Aussage in der Rechnungslegung[8]	Beurteilung des Risikos (ggf. mehrere Kategorien)[9]	Beschreibung der Kontrolle für die eine Funktionsprüfung durchgeführt wird[10]	Funktionsprüfungen[11]	Aussagebezogene Prüfungshandlungen[12]
Umsatzerlöse	Bitte auswählen	Bitte Risiko beschreiben und Aussage auswählen	Bitte auswählen	Bitte beschreiben	Bitte auswählen	Bitte Art der PH auswählen und beschreiben
Erhöhungen oder Verminderung des Bestands an fertigen und unfertigen Erzeugnissen	Bitte auswählen	Bitte Risiko beschreiben und Aussage auswählen	Bitte auswählen	Bitte beschreiben	Bitte auswählen	Bitte Art der PH auswählen und beschreiben
Andere aktivierte Eigenleistungen	Bitte auswählen	Bitte Risiko beschreiben und Aussage auswählen	Bitte auswählen	Bitte beschreiben	Bitte auswählen	Bitte Art der PH auswählen und beschreiben
Sonstige betriebliche Erträge	Bitte auswählen	Bitte Risiko beschreiben und Aussage auswählen	Bitte auswählen	Bitte beschreiben	Bitte auswählen	Bitte Art der PH auswählen und beschreiben
Materialaufwand	Bitte auswählen	Bitte Risiko beschreiben und Aussage auswählen	Bitte auswählen	Bitte beschreiben	Bitte auswählen	Bitte Art der PH auswählen und beschreiben
Personalaufwand	Bitte auswählen	Bitte Risiko beschreiben und Aussage auswählen	Bitte auswählen	Bitte beschreiben	Bitte auswählen	Bitte Art der PH auswählen und beschreiben
Abschreibungen	Bitte auswählen	Bitte Risiko beschreiben und Aussage auswählen	Bitte auswählen	Bitte beschreiben	Bitte auswählen	Bitte Art der PH auswählen und beschreiben
Sonstige betriebliche Aufwendungen	Bitte auswählen	Bitte Risiko beschreiben und Aussage auswählen	Bitte auswählen	Bitte beschreiben	Bitte auswählen	Bitte Art der PH auswählen und beschreiben
Sonstige Zinsen und ähnliche Erträge/Aufwendungen	Bitte auswählen	Bitte Risiko beschreiben und Aussage auswählen	Bitte auswählen	Bitte beschreiben	Bitte auswählen	Bitte Art der PH auswählen und beschreiben

[7] Ist der Jahresabschlussposten quantitativ oder qualitativ wesentlich? Bitte durch Auswahl in der Drop-Down-Liste angeben.
[8] Aussagen in der Rechnungslegung: Vollständigkeit (V), Genauigkeit (G), Vorhandensein und Eintritt (VH/E), Periodenabgrenzung (PA), Bewertung und Zuordnung (B), Zurechnung (Z), Ausweis und Verständlichkeit (A).
[9] Bedeutsames Risiko / Massenrisiko (= Risiken bei denen aussagebezogene Prüfungshandlungen nicht ausreichen, vgl. *IDW PS 261 n.F.*, Tz. 68) / sonstiges wesentliches Risiko.
[10] Vgl. Aufbauprüfung, M 4.
[11] Ist die Kontrolle wirksam? Zur Dokumentation der durchgeführten Funktionsprüfungen stehen Ihnen die Arbeitshilfen **B-6.1 bis B-6.8** zur Verfügung.
[12] Bitte geben Sie an, ob Sie analytische oder einzelfallbezogene Prüfungshandlungen durchführen und beschreiben Sie diese kurz. Vgl. M 7 sowie **Prüfungsprogramme B-7.1. bis B-7.27.**

Kapitel B: Risikoorientiertes Prüfungsvorgehen
B-5.2. Planungsleitfaden

Prüffeld	Wesentlichkeit[7]	Prüfungshandlungen zur Risikobeurteilung			Sonstige Prüfungshandlungen		
		Beschreibung des Risikos und Bezug zur Aussage in der Rechnungslegung[8]	Beurteilung des Risikos (ggf. mehrere Kategorien)[9]	Beschreibung der Kontrolle für die eine Funktionsprüfung durchgeführt wird[10]	Funktionsprüfungen[11]		Aussagebezogene Prüfungshandlungen[12]
Beteiligungsergebnis	Bitte auswählen	Bitte Risiko beschreiben und Aussage auswählen	Bitte auswählen	Bitte beschreiben	Bitte auswählen	Bitte beschreiben	Bitte Art der PH auswählen und beschreiben
Außerordentliches Ergebnis	Bitte auswählen	Bitte Risiko beschreiben und Aussage auswählen	Bitte auswählen	Bitte beschreiben	Bitte auswählen	Bitte beschreiben	Bitte Art der PH auswählen und beschreiben

Kapitel B: Risikoorientiertes Prüfungsvorgehen
B-5.2. Planungsleitfaden (38/39)

Prüffeld[13]	Wesentlichkeit[14]	Prüfungshandlungen zur Risikobeurteilung			Sonstige Prüfungshandlungen	
		Beschreibung des Risikos und Bezug zur Aussage in der Rechnungslegung[15]	Beurteilung des Risikos (ggf. für die eine Funktionsprüfung durchgeführt wird)[16]	Beschreibung der Kontrolle für die eine Funktionsprüfung durchgeführt wird[17]	Funktionsprüfungen[18]	Aussagebezogene Prüfungshandlungen[19]
Anhang	Bitte auswählen	Bitte Risiko beschreiben und Aussage auswählen	Bitte auswählen	Bitte beschreiben	Bitte auswählen	Bitte Art der PH auswählen und beschreiben
Lagebericht (ggf. nur Verweis auf Arbeitshilfe B-8.0)	Bitte auswählen	Bitte Risiko beschreiben und Aussage auswählen	Bitte auswählen	Bitte beschreiben	Bitte auswählen	Bitte Art der PH auswählen und beschreiben

---

[13] Bitte fügen Sie für jede Angabe, bei der ein wesentliches Risiko besteht, eine eigene Zeile ein und beschreiben Sie die jeweilige Angabe.
[14] Ist der Jahresabschlussposten quantitativ oder qualitativ wesentlich? Bitte durch Auswahl in der Drop-Down-Liste angeben.
[15] Aussagen in der Rechnungslegung: Vollständigkeit (VS), Genauigkeit (G), Vorhandensein und Eintritt (VH/E), Periodenabgrenzung (PA), Bewertung und Zuordnung (B), Zurechnung (Z), Ausweis und Verständlichkeit (A).
[16] Bedeutsames Risiko / Massenrisiko (= Risiken bei denen aussagebezogene Prüfungshandlungen nicht ausreichen, vgl. *IDW PS 261 n.F.*, Tz. 68) / sonstiges wesentliches Risiko.
[17] Vgl. Aufbauprüfung, M.4.
[18] Ist die Kontrolle wirksam? Zur Dokumentation der durchgeführten Funktionsprüfungen stehen Ihnen die Arbeitshilfen **B-6.1 bis B-6.8** zur Verfügung.
[19] Bitte geben Sie an, ob Sie analytische oder einzelfallbezogene Prüfungshandlungen durchführen und beschreiben Sie diese kurz. Vgl. M 7 sowie **Prüfungsprogramme B-7.1. bis B-7.27.**

VII. Zeitliche Planung

Zur Dokumentation der zeitlichen Prüfungsplanung kann ergänzend auf die Arbeitshilfe A-4.6.2.(1) **Zeitliche Prüfungsplanung** zurückgegriffen werden.

Tätigkeit	Datum
Vorprüfung (Beginn/Ende)	
Inventur	
Zeitpunkt, zu dem die Abschlussunterlagen des Unternehmens zur Prüfung bereit stehen	
Zeitpunkt der Besprechung des Prüfungsteams	
Beginn der Hauptprüfung	
Zwischenbesprechung mit dem Management	
Schlussbesprechung mit dem Management	
Einholung der Vollständigkeitserklärung	
Vorgesehener Zeitpunkt der Beendigung der materiellen Prüfungshandlungen (= Erteilung des Bestätigungsvermerks)	
Vorgesehener Zeitpunkt für Auslieferung des Prüfungsberichts	
Sitzung des Aufsichtsorgans/Prüfungsausschusses (Bilanzsitzung)	
Gesellschafterversammlung	
Sonstige Termine	
....	
....	

IDW VERLAG GMBH